U0903870

སྒྲོ་བཞི་མཛོད་ལྔའི་ཡང་བཅུད།

དེབ་ལྔ་བཅུ་པ། སུམ་བརྒྱ་པའི་འགྲེལ།

སི་ཁྲོན་དུས་དེབ་ཚོགས་པ། སི་ཁྲོན་མི་རིགས་དཔེ་སྐྲུན་ཁང་།

图书在版编目(CIP)数据

乘论：全2册：藏文 / 元旦平措主编. — 成都：四川民族出版社, 2014.12

（藏族典籍精选）

ISBN 978-7-5409-5633-2

Ⅰ. ①乘… Ⅱ. ①元… Ⅲ. ①密宗－佛经－藏语 Ⅳ. ①B946.6

中国版本图书馆CIP数据核字（2014）第255145号

藏族典籍精选

CHENGLUN

元旦平措　　主编

项目策划　阿旺泽仁扎西
责任编辑　扎　西
责任校对　阿斯加
封面设计　陆　馗
技术设计　宁　牡
出版发行　四川党建期刊集团·四川民族出版社
地　　址　成都市三洞桥路12号
成品尺寸　170mm×240mm
印　　数　1~2000册
印　　张　20.75
字　　数　245千
印　　刷　成都蜀通印务有限责任公司
版　　次　2014年12月第一版
印　　次　2014年12月第一次印刷
书　　号　ISBN 978-7-5409-5633-2
定　　价　85.00元（49–50卷）

དཔེ་སྐྲུན་གསལ་བཤད།

དེ་ཡང་ལོ་རྒྱུས་ཀྱི་མིག་རྒྱང་གིས་གཞིགས་ན་སྔང་པ་བོད་ཀྱི་དཔལ་ཡོན་གྱི་འབྱུང་ཁུངས་སམ་དབུ་ཚུགས། གནས་ལུགས་དངོས་ལ་དམིགས་ན་ཁ་བ་རི་པའི་འོད་སྐྱོང་འཕྲོས་པའི་སྲོལ་རྒྱུན་རིག་གནས་ཀྱི་མ་གདན་དུ་གྲུབ་པའི་གཡུང་དྲུང་བོན་ལུགས་ཀྱི་བཀའ་དང་དགོངས་འགྲེལ་འདི་ཀོ་རྒྱ་ཆེ་ཞིང་གཏིང་ཟབ་པ་བརྗོད་ལས་འདས་པ་ཞིག་མཆིས་མོད། དེ་རྣམས་ལས་བཀའ་ལ་བསྡུས་ཏེ་བརྗོད་ན་རྫོགས་ཆེན་གྱི་གཞུང་གཙོ་བོར་སྟོན་པའི་བོན། དཔོན་གསས་མན་ངག་ལུང་གི་བོན། མོ་རྩིས་གཏོ་དཔྱད་གཙོ་བོར་སྟོན་པའི་བོན། ཚབ་ནག་སྲིད་པ་རྒྱུད་ཀྱི་བོན། གསང་སྔགས་ཀྱི་རྒྱུད་སྡེ་གཙོ་བོར་སྟོན་པའི་བོན། ཚབ་དཀར་དྲག་པོ་སྔགས་ཀྱི་བོན། ཕར་ཕྱིན་ཐེག་པའི་གཞུང་གི་བོན། འཕན་ཡུལ་རྒྱས་པ་འབུམ་གྱི་བོན། སྣང་སྲིད་ཆགས་འཇིག་སྟོན་པའི་བོན། མཐོ་ཐོག་སྤྱི་རྒྱུགས་མཛོད་ཀྱི་བོན་བཅས་སུ་འདུས་ལ། དེའང་བསྡུས་ན་སྒོ་བཞི་མཛོད་ལྔ་སྟེ། འཕན་ཡུལ་འབུམ་གྱི་བོན་སྒོ་དང་། ཚབ་དཀར་དྲག་པོ་སྔགས་ཀྱི་བོན་སྒོ། ཚབ་ནག་སྲིད་པ་རྒྱུད་ཀྱི་བོན་སྒོ། དཔོན་གསས་མན་ངག་ལུང་གི་བོན་སྒོ། མཐོ་ཐོག་སྤྱི་རྒྱུགས་མཛོད་ཀྱི་བོན་སྒོ་བཅས་སུ་འདུས་སོ། །འདིར་ཡང་སྒོ་བཞི་མཛོད་ལྔའི་ཡང་བཅུད་ཅེས་པ་སྟེ། དཔལ་གཤེན་བསྟན་ཀོ་རྒྱལ་དགོན་བདེ་ཆེན་

ཀུན་གྲགས་གླིང་ནས་གཡུང་དྲུང་བོན་གྱི་རིག་གཞུང་རྒྱ་མཚོ་ལས་དེང་གི་འདུས་སྡེ་ཁག་གི་བཤད་གྲྭར་འཆད་ཉན་ལ་རྒྱུགས་ཆེ་བའི་གཞུང་ལུགས་གྲགས་ཅན་རྗེ་རིན་པོ་ཆེའི་ཚད་མ་རྣམ་འབྱེད་འཕྲུལ་སྒྲོན། མཁན་ཆེན་ཉི་མའི་བསྡུས་གྲྭ། མཁན་ཆེན་ཉི་མ་དང་། ཡོངས་འཛིན་རྣམ་དག་འོད་ཟེར་ཟླུང་གི་ཕར་ཕྱིན་རྣམ་བཤད། མེ་སྟོན་གྱི་དབུ་མ་བདེན་གཉིས། རྗེ་རིན་པོ་ཆེའི་མཛོད་འགྲེལ་དང་འདུལ་གཞུང་སྐོར། ཡོངས་འཛིན་བསྟན་རྣམ་པའི་གསང་སྔགས་བཀའ་འགྲེལ། བྲུ་རྒྱལ་བ་གཡུང་དྲུང་གི་ཉམས་རྒྱུད་རྒྱལ་བའི་ཕྱག་ཁྲིད་དང་ཨ་ཁྲིད་སྐོར། དག་པོ་དྲན་པ་ནམ་མཁའི་རྫོགས་པ་ཆེན་པོ་དྲང་དོན་དང་ངེས་དོན་སྐོར། རྫོགས་པ་ཆེན་པོ་ཞང་ཞུང་སྙན་རྒྱུད་སྐོར། ཁྲུང་སྤྲུལ་འཇིགས་མེད་ཀྱི་བརྡ་སྤྲོད་སྐོར། མཁས་གྲུབ་ལུང་རྟོགས་རྒྱ་མཚོའི་ནག་རྩིས་སྐོར། ཁྲུང་སློབ་ཚུལ་རྒྱན་པའི་སྙན་ངག་དང་སྐར་རྩིས་སྐོར། ཀུན་མཁྱེན་ཉི་མའི་བཟོ་རིག་སྐོར། ཁྲུང་སྤྲུལ་གྱི་གསོ་རིག་ཉེར་མཁོ་དཔག་བསམ་ལྗོན་པའི་སྙེ་མ་སོགས་བཀའ་དང་བཀའ་བརྟེན་གཉིས་སུ་གཏོགས་པའི་གཞུང་ལུགས་སྣ་ཁ་བརྒྱད་ཅུ་རྩ་གཉིས་(དཔེ་ཚན་བརྒྱ་དང་རྩ་གསུམ)ཕྱོགས་གཅིག་ཏུ་བསྒྲིགས་ཤིང་དེབ་ཕྲེང་སོ་གཉིས་ཀྱི་བདག་ཉིད་ཅན་དུ་ངེད་དཔེ་སྐྲུན་ཁང་ནས་ཐེངས་དང་པོར་པར་དུ་བསྐྲུན་ཅིང་འགྲེམས་སྤེལ་བྱས་པ་ལ་རྒྱ་ཆེ་བའི་ཀློག་པ་པོ་ནས་དགའ་བསུ་ཆེན་པོ་ཐོབ། ད་ལན་ཡང་དེབ་ཕྲེང་སོ་གཉིས་ཐོག་ཏུ་དེབ་གྲངས་བཅོ་བརྒྱད་ཁ་བསྣན་ཏེ་ཁྱོན་སྡོམ་དེབ་ཕྲེང་ལྔ་བཅུ་ཅན་དུ་ཐེངས་གཉིས་པར་དཔེ་སྐྲུན་བྱེད་པ་ལ། དེབ་ཕྲེང་སོ་གསུམ་ནས་ལྔ་བཅུའི་ནང་དུ་གྱེར་བསྟན་ཉིན་མོར་བྱེད་པའི་མཁས་གྲུབ་བྱེ་བའི་གཙུག་རྒྱན་འ་ཞ་བློ་གྲོས་རྒྱལ་མཚན་གྱི་བཀའ་འབུམ་ལག་ཏུ་ལོན་ནོ་ཅོག་དང་། རྨེའུ་མཁས་པ་

དཔལ་ཆེན་གྱི་ཁམས་འགྲེལ། རྫོགས་ཆེན་ཡང་རྩེ་ལྟ་བ་ཐོག་བབ་ཀྱི་གཞུང་འགྲེལ་གསལ་བྱེད་འཕྲུལ་གྱི་སྒྲོན་མེ། དྲན་པ་ཆོག་དྲུག ཀུན་འདུས་རྩ་རྒྱུད་དང་མཁས་བཞིའི་ཕྱག་བཞེས། སེམས་སྨད་སྡེ་དགུ། རྫོགས་ཆེན་སྨུ་མེད་བདལ་པའི་གཞུང་དང་འགྲེལ་པ། སྤྱི་རྒྱུད་ཆེན་པོ་ནམ་མཁའ་དཀར་པོ་ཡེ་ཁྲི་མཐའ་སེལ་གྱི་རྒྱུད། སྒ་སྟོན་ཆེན་མོའི་ཐེག་རིམ་གྱི་རྣམ་བཤད་གསལ་བའི་མེ་ལོང་། བཀའ་བརྟན་སུམ་བརྒྱ་པའི་རྩ་འགྲེལ་སོགས་ཕྱོགས་སྒྲིག་བྱས་ཡོད། ངེད་དཔེ་སྐྲུན་ཁང་ནས་གསུང་རབ་འདི་དག་པར་དུ་བསྐྲུན་པར་ཞིབ་བཤེར་བྱས་པ་ལས་ཁྱད་ཆོས་འདི་དག་མཐོང་སྟེ། གཅིག་ནི་དཔེ་ཚོགས་འདི་ཡི་བོད་རང་རྒྱའི་ཁྱད་ཆོས་ཏེ། དཔེ་ཚོགས་སུ་འཁོད་པའི་གཞུང་ལུགས་དག་གི་རྩོམ་པ་པོ་ཡོད་དོ་ཅོག་ནི་ཞང་བོད་མཐོ་སྒང་རང་ས་ནས་ཐོན་པའི་གདོང་དམར་བོད་ཀྱི་ཡབ་མྱེས་ཤ་སྟག་ཡིན་ཏེ། མི་ལོ་སུམ་སྟོང་དགུ་བརྒྱ་ཡར་སྔོན་དུ་ཐོན་པའི་སྟོན་པ་གཤེན་རབ་མི་བོ་ཆེ་ནས་དེང་གི་དུས་འདིར་བཤད་སྒྲུབ་ཟུང་གི་འཕྲིན་ལས་སྤེལ་མུས་སུ་མཆིས་པའི་ཡོངས་འཛིན་རིན་པོ་ཆེ་བསྟན་འཛིན་རྣམ་དག་ཚང་གི་བར་དུ་ཉི་ཟླ་ལྟ་བུའི་མཁས་གྲུབ་དག་ཡིན། གཉིས་ནི་དཔེ་ཚོགས་འདི་ཡི་ཁེབས་ཁྱབ་རྒྱ་ཆེ་བའི་ཁྱད་ཆོས་ཏེ། འདིར་འཁོད་གཞུང་རྣམས་གཡུང་དྲུང་བོན་གྱི་མདོ་སྔགས་སེམས་གསུམ་ལ་ཁྱབ་ཅིང་། རིག་ཚན་ལྟར་དུ་ཕྱི་ན་སྒྲོལ་རྒྱུན་ལྟ་ཕྲག་ཟུང་གི་རིག་པ་ཡོངས་སུ་ཚང་བའོ། །གསུམ་ནི་དཔེ་ཚོགས་འདི་ཡི་དམིགས་འཛུགས་གསལ་བའི་ཁྱད་ཆོས་ཏེ། སྤྱིར་གཞུང་ལུགས་འདི་དག་ནི་བོད་རང་སའི་མཁས་པས་ལོ་རྒྱུས་ཀྱི་དུས་ཡུན་མི་འདྲ་བའི་ནང་དུ་བོད་རང་ཡུལ་ནས་བརྩམས་པ་ལགས་པས། དེང་གི་ཆར་འབྲེལ་ཡོད་མི་སྣས་ཡ་ཐོག་བོད་ཀྱི་ལོ་རྒྱུས་དང་། བོད་མིའི་འདུ་ཤེས་

འཛིན་སྟངས། བོད་ཀྱི་སྤྱི་ཚོགས་འཕོ་འགྱུར། བོད་མིའི་ཡུལ་སྲོལ་གོམས་གཤིས། བོད་ཀྱི་ཤེས་རིག་གི་འཕེལ་རབས་སོགས་རྒྱུས་ལོན་ནམ་ཞིབ་འཇུག་བྱེད་པར་རིན་ཐང་གཞལ་དུ་མེད་པའི་དཔྱད་གཞིའི་ཡིག་ཆར་སོང་ཞིང་། ཁྱད་པར་དུ་དཔེ་ཚོགས་འདི་ཉིད་ནི་རྒྱལ་བ་སྨན་རི་བའི་རིང་ལུགས་དྲི་མ་མེད་པར་འཛིན་པའི་བཤད་སྒྲུབ་འདུས་སྡེ་དག་གི་དགེ་བཤེས་རབ་འབྱམས་པ་གསོ་སྐྱོང་བྱེད་པའི་བསླབ་གཞི་དང་ཟུར་བལྟའི་ཡིག་ཆར་དམིགས་ནས་ཆེད་དུ་བསྒྲིགས་པ་ལགས་པས་དཔེ་ཚོགས་ཀྱི་མཚན་དུའང་སྒོ་བཞི་མཛོད་ལྔའི་ཡང་བཅུད་དེ་ཞྭ་དཀར་གཡུང་དྲུང་བོན་གྱི་ཆེས་མཐོའི་སློབ་གཉེར་བར་ཉེར་མཁོའི་ཡིག་ཆ་ཞེས་གསོལ་བ་བཅས་སོ།།

ཞེས་སྒོ་བཞི་མཛོད་ལྔའི་ཡང་བཅུད་ཅེས་པའི་དཔེ་ཚོགས་ཀྱི་དཔེ་སྐྲུན་གསལ་བཤད་དུ་གུས་ཕྲན་ཨ་སྟགས་ཚེ་རིང་བཀྲ་ཤིས་སམ་བཛ་སྲིད་བཏགས་མིང་དུ་སྨྲ་དབྱངས་སྨྲ་བའི་རྡོ་རྗེར་འབོད་པས་སྤྱི་ལོ་༢༠༡༩ལོའི་ཟླ་༡༠ཚེས་༢༣ཉིན་སྲོས་དང་ལྷང་བའི་གྲོང་ནས་ཡང་བསྐྱར་དུ་སྦྱར་བ་དགེའོ།།

སྙིང་གཞི།

དེ་ཡང་བསྐལ་བཟང་སངས་རྒྱས་སྟོང་གི་ཐུ་བོ་བརྒྱ་པའི་མགོན་པོ་ཁྲི་གཙུག་རྒྱལ་བ་མཆོག འཛམ་བུ་གླིང་དུ་གང་འདུལ་སྤྲུལ་པའི་སྐུ་རུ་བསྟན་ཞིང་། འདུལ་བར་བྱེད་པའི་འཕྲུལ་ངག་བདེན་པའི་བོན་སྒོ་མཐའ་ཡས་གསུངས་པ་དག་ལས། གདུལ་བྱའི་བློ་སྟོབས་ཐེག་པའི་དབང་དུ་བྱས་ན་རིམ་པ་དགུར་འདུས་ཏེ། བློ་ཐ་མའི་ཐ་མ་ལ་ཕྱྭ་གཤེན་ཐེག་པ་དང་། ཐ་མའི་འབྲིང་ལ་སྣང་གཤེན་ཐེག་པའི་བོན་སྒོ། ཐ་མའི་རབ་ལ་འཕྲུལ་གཤེན་ཐེག་པའི་བོན་སྒོ་བཅས་ཐ་མའི་དབང་དུ་བྱས་ན་གསུམ་དང་། འབྲིང་གི་ཐ་མར་སྲིད་གཤེན་ཐེག་པའི་བོན་སྒོ་དང་། འབྲིང་གི་འབྲིང་ལ་དགེ་བསྙེན་ཐེག་པའི་བོན་སྒོ། འབྲིང་གི་རབ་ལ་དྲང་སྲོང་ཐེག་པའི་བོན་སྒོ་བཅས་འབྲིང་གི་སྐོར་གསུམ་དང་། རབ་ཀྱི་ཐ་མ་ལ་ཨ་དཀར་ཐེག་པའི་བོན་སྒོ་དང་། རབ་ཀྱི་འབྲིང་ལ་ཡེ་གཤེན་ཐེག་པའི་བོན་སྒོ། རབ་ཀྱི་རབ་ལ་རྫོགས་པ་ཆེན་པོའི་བོན་སྒོ་སྟེ་རབ་ཀྱི་བོན་སྒོ་རྣམ་པ་གསུམ་སྟེ་གངས་ཅན་བོན་སྐོར་ལྟར་རོ། །འགྲོ་བའི་སེམས་རྒྱུད་ཀྱི་ཉོན་མོངས་པ་ལ་ལྟོས་ན་སྒོ་བཞི་མཛོད་ལྔ་སྟེ། འདོད་ཆགས་ཀྱི་གཉེན་པོ་འཕན་ཡུལ་འབུམ་གྱི་བོན་སྒོ་དང་། ཞེ་སྡང་གི་གཉེན་པོ་ཆབ་དཀར་སྔགས་ཀྱི་བོན་སྒོ་དང་། གཏི་མུག་གི་གཉེན་པོ་དཔོན་གསས་མན་ངག་གི་བོན་སྒོ་དང་། གསུམ་ཆ་

སྙོམས་པའམ་ཁ་ཚང་བའི་གཉེན་པོ་མཐོ་ཐོག་མཛོད་གསུངས་པ་ཡིན། ཡང་དམིགས་བསལ་གཡུང་དྲུང་བོན་གྱི་ལུགས་མཆོག་ཏུ་གྱུར་པའི་དབང་དུ་གཏོང་ན་ཕྱི་ནང་གསང་གསུམ་སྟེ། སྤང་ལམ་གཙོ་བོར་སྟོན་པ་ཕྱི་རྒྱུད། བསྒྱུར་ལམ་གཙོ་བོར་སྟོན་པ་ནང་རྒྱུད། གྲོལ་ལམ་གཙོ་བོར་སྟོན་པ་གསང་རྒྱུད་ཀྱི་བོན་བཅས་སོ། །ད་ལན་འདིར་སྨན་བཞི་མཛོད་ལྔའི་ཡང་བཅུད་ཅེས་སུ་འབོད་པའི་བོན་སྡེ་ཆེན་པོ་འདི་ཉིད་ནི། གོང་ལྟར་ཐེག་པ་རིམ་དགུའམ། སྨན་བཞི་མཛོད་ལྔ། ཕྱི་ནང་གསང་གསུམ་གྱི་གཞུང་ལུགས་རྣམས་ལས་འགའ་ཞིག་ཕྱོགས་གཅིག་ཏུ་སྡོམ་པ་ཡིན་ལ། གཞུང་འདིར་བཀའ་དང་བཀའ་བརྟེན་གཉིས་སུ་འདུས་ཡོད། སྤྱིར་ན་གཡུང་དྲུང་གི་བོན་རིན་པོ་ཆེ་དག་ནི་རྒྱ་ཆེ་ཞིང་གཏིང་ཟབ་པས་ཕལ་གྱིས་རྟོག་དཔྱོད་ཀྱི་ཡུལ་ལས་འདས་མོད། འགྲོ་བའི་བསོད་ནམས་བཟང་པོ་ལ་བརྟེན་ནས་ཁ་བ་རི་པའི་ཞིང་ཁམས་འདིར་དར་ཞིང་རྒྱས་པས། སྟོན་དུས་སུ་གྲུབ་པའི་རིག་འཛིན་འཕགས་མཆོག་མཁའ་ལ་སྐར་ཚོགས་བཀྲ་བ་བཞིན་བྱོན་ལ། བོད་འབངས་རྣམས་ཀྱང་བདེ་སྐྱིད་ཀྱིས་འཚོ་ཞིང་། ལུགས་གཉིས་ཀྱི་བསྐལ་པ་རབ་ཏུ་བཟང་ནའང་། བར་སྐབས་སུའང་བོད་མི་བློ་ཡང་པ་དང་། གདུལ་བྱའི་ལས་འགྲིབ་པ། ཕྱི་ཡི་ཆབ་སྲིད་བཙན་པ་སོགས་ཀྱིས་ཉུབ་པའི་འཕྲང་རིང་མང་དུ་བརྒྱུད་མོད། ཉེ་བའི་ཆར་གོང་གི་སྡེ་ཚན་རྣམས་ཁ་ཚང་བར་འགྲོ་བའི་གཉེན་དུ་བཞུགས། དེ་ལྟར་དུ་བཞུགས་པ་རྣམས་གང་ཟག་རང་ཉིད་ཀྱི་ལས་བསོད་ཀྱིས་གཞུང་ལུགས་དག་ལ་འཕྲད་མིན་གྱི་སྐལ་པ་ནི་སྤྱིར་གཙོ་ཆེ་ཡང་། དངོས་སུ་བཞུགས་པར་འགྱུར་བ་ནི་གཞུང་ལུགས་ཀྱི་མཐུན་རྐྱེན་མ་ལག་ཏུ་དམིགས་ཤིང་། གོ་ལའི་ཞིང་དུ་བོན་གྱི་བཤད་སྒྲུབ་འདུས་པའི་སྡེ་དང་བོན་གྱི་རིག་གཞུང་ཞིབ་འཇུག་པ། དེ་བཞིན་

བོད་རང་གི་གནའ་གཞུང་དོན་གཉེར་བའི་སློབ་མ་སོགས་ལ་ཁ་ཚ་དགོས་གཏུགས་དང་། དུས་ཐོག་གི་སྣང་ཚར་ལྟར་གྱུར་རེ་དང་བཅས་པ་ཡིན། གཞུང་ལུགས་ཆེན་པོ་འདི་དག་ལས་གནའ་བོའི་བོད་མིའི་འདུ་ཤེས་འཛིན་སྟངས་དང་། ཡུལ་སྲོལ་གོམས་གཤིས། དད་མོས་སེམས་ཁམས་སོགས་རིམ་པར་མཐོང་བས་ན་བོད་ཀྱི་ཐུན་མིན་ཤེས་རིག་གི་བྲོ་བ་ཡང་མྱོང་པར་འགྱུར། ད་སྟོན་གྱི་དཔེ་གཞུང་སྟེ "སློ་བཞི་མཛོད་ལྔའི་ཡང་བཅུད" དེབ་ཕྲེང་སོ་གཉིས་པ་དངོས་སུ་བོན་གྱི་བཤད་གྲྭ་བའི་སློབ་མ་རྣམས་ཀྱི་ཕྱག་ཏུ་ཕུལ་ཟིན་ལ། ད་ལན "སློ་བཞི་མཛོད་ལྔའི་ཡང་བཅུད" ཀྱི་དེབ་ཕྲེང་གཉིས་པ་དེབ་གྲངས་བཅོ་བརྒྱད་ཡོད་པའི་ནང་། བོན་གྱི་སྨྲུན་ལྡན་ཆེན་མོ་འགྲོ་མགོན་བློ་གྲོས་རྒྱལ་མཚན་གྱི་གསུང་འབུམ་དེབ་ཕྲེང་བདུན་ཡོད་པ་ལས། སོ་གསུམ། རྫོགས་ཆེན་གྱི་སྐོར། སོ་བཞི། དབལ་གསས་འགྲེལ། སོ་ལྔ། ཕྱག་བཞེས་སྐོར། སོ་དྲུག བསེན་ཐུབ་འགྲེལ། སོ་བདུན། ཚད་མ་ཀུན་བཏུས། སོ་བརྒྱད། ས་ལམ་གྱི་འགྲེལ། སོ་དགུ མཛོད་འགྲེལ་བཅས་དང་། བཞི་བཅུ་དང་ཞེ་གཅིག མཁས་པ་དཔལ་ཆེན་གྱི་ཁམས་འགྲེལ་སྟོད་སྨད་གཉིས། ཞེ་གཉིས་དང་ཞེ་གསུམ། རྫེའུ་རིག་པ་རང་ཤར་གྱི་རྫོགས་པ་ཆེན་པོ་ལྟ་བ་ཐོག་བབ་གཞུང་འགྲེལ་སྟོད་སྨད་གཉིས། ཞེ་བཞི། སྙན་རྒྱུད་དྲན་པ་ཚོག་དྲུག ཞེ་ལྔ། ཀུན་འདུས་རིན་ཆེན་རྩ་རྒྱུད་གཞུང་འགྲེལ་དང་། མཁས་བཞིའི་ཕྱག་བཞེས། ཞེ་དྲུག རྫོགས་ཆེན་སེམས་སྨད་སྡེ་དགུ། ཞེ་བདུན། རྫོགས་ཆེན་ཐུ་མེད་བདལ་པ། ཞེ་བརྒྱད། རྫོགས་ཆེན་ཡེ་ཁྲི་མཐའ་སེལ་ནམ་མཁའ་དཀར་པོའི་རྒྱུད། ཞེ་དགུ། སྨྲ་སྟོན་ཚུལ་ཁྲིམས་རྒྱལ་མཚན་གྱི་ཐེག་འགྲེལ། ལྔ་བཅུ། རྒྱལ་རོང་བ་རིན་ཆེན་རྒྱལ་མཚན་གྱི་སུམ་བརྒྱ་པའི་འགྲེལ་བཅས་དེབ་ཕྲེང་ལྔ་བཅུ་ཐམ་པ་ཡིན།

འདི་དག་ཆེས་དཔེ་དཀོན་ཡིན་པའི་ངེས་པ་མེད་ནའང་། མང་ཐོས་སྐྱེ་བོ་ཡོངས་ལ་བོད་ཀྱི་རིག་གཞུང་བལྟ་བའི་ཆ་རྐྱེན་དང་དཔེ་རྒྱུད་འགྲེམ་སྤེལ་གྱི་དམིགས་པས་ཕྱོགས་གཅིག་ཏུ་སྒྲུངས་པའོ།།

ཞུ་དག་ཐད་འདི་ལོར་དུས་ཡུན་ཐུང་ཐུང་ནང་སྒྲུབ་པ་ཡིན་ཡང་། མཆེད་གྲོགས་དགེ་བཤེས་རྣམ་གསུམ་གྱིས་ཕྱག་རོགས་གནང་བའི་མཐུ་དང་། ལྷག་པར་ངེད་ཀྱི་རྒྱལ་དགོན་པའི་བླ་མ་དགེ་བཤེས་གྲྭ་ཚང་བཤད་སྒྲུབ་འདུས་སྡེ་སུ་སོམ་གང་སོམ་གྱིས་འབད་པ་བྱས་ནས་ལེགས་གྲུབ་བྱུང་བ་ཡིན།

འོན་ཀྱང་ངེད་ཙག་སྐྱེས་ཐོབ་ཀྱི་ཤེས་རིག་དམན་ཁར་སྦྱང་སྟོབས་ཀྱི་བརྩོན་པ་ཞན་པས་ད་དུང་སྐྱོན་དང་ནོར་འཁྲུལ་མི་ཉུང་བ་ཞིག་ཡོད་པ་གདོན་མི་ཟ་ཞིང་། ང་ཚོ་ལ་དཀའ་ངལ་འཕྲད་པ་ནི། མ་དཔེ་ལ་ལ་ཞིབ་བསྡུར་བྱེད་ས་ཡང་དག་ཅིག་མ་རྙེད་པ་དང་། ལ་ལར་མ་དཔེ་དུ་མ་ཡོད་ཀྱང་མ་དཔེ་ཚང་མ་གཅིག་མཚུངས་མིན་པ་སོགས་ཀྱི་དཀའ་ལས་བྱུང་།

ད་ལན་བསམ་གཞིག་ཏུ་མ་བཏང་སྔེ་དངོས་སུ་ནོར་བ་དག་ཐད་ཀར་བཅོས་པ་དང་། ལྷག་པ་མར་འཐེན། ཆད་པ་ཡར་བསྡུག་བྱས་པ་དང་། གོ་མི་ཐུབ་པའམ་གོ་དཀའ་བ་དག་རང་སོར་བཞག་པ་ལས་བཟོ་བཅོས་གུག་རྟགས་ནང་བཞག་མེད། ལྷག་པར་དུ་དཔེ་རྒྱུན་འགར་ཡོད་པའི་བརྡ་རྙིང་ངམ་བྲིས་ཚུལ་རྙིང་པ་འགའ་ཞིག་ཀྱང་སྐྱེད་ཀོན་ལྷ་བུ་མ་བཅོས་པ་བཞག་ཡོད། གཞན་པའི་ཕྲད་དང་རྣམ་དབྱེ་སྐབས་འགར་མཐུན་པ་དང་སྐབས་འགར་མི་མཐུན་པ་བྱུང་བ་གཅིག་གྱུར་གང་ཐུབ་བྱས་པ་ཡིན། ཆེད་དུ་ཞུ་དགོས་པ་གཅིག་ནི། རང་རེ་བོད་ཀྱི་དཔེ་ཆ་ཁག་ནང་ཡོད་པའི་ཡི་

རི་སོགས་ལ་བླ་ཆེས་ཡོད་མེད་འབྲི་ཚུལ་དང་གཏམ་རྒྱུད་མང་པོ་ཡོད་ལ། དཔེ་རྙིང་སོ་བཞག་བྱས་ན་གཅིག་གྱུར་བྱས་མེད། འདིའི་དོན་༸སྐྱ་དབང་ཡོངས་འཛིན་མཆོག་ལ་བཀའ་འདྲི་ཞུས་པར་ང་སྐྲ་དང་མ་སྐྲ་གཉིས་ལ་བླ་ཆེས་ཀྱི་ཁྱད་པར་ཡིན་ཟེར་ཡ་དེ་གཏམ་རྒྱུད་རེད། དཔེ་རྒྱུན་གང་གི་ནང་ནས་མཐོང་མ་བྱུང་ཁྱེད་རང་ཆོས་ཨོཾ་ལ་ངེས་པར་དུ་ལྟ་ཚང་དགོས་པའི་དཔེ་ཆ་འདུག གཞན་པ་ལ་ཡོད་མེད་ཀྱི་གསལ་ཁ་ཅན་གྱི་དཔེ་རྒྱུན་མ་མཐོང་བར་བླ་ཆེས་མེད་པ་གྱིས་ཤོག་གསུངས་པའི་བཀའ་གསུང་ཡོད་པ་དང་། ངེད་ཚོས་ད་ལྟའི་བར་དུ་དཔེ་ཆ་མཇལ་རིགས་ནང་དེའི་དོན་མཇལ་མ་བྱུང་བས་དཔེ་ཚོགས་འདིར་བཞུགས་ཚང་མ་མ་དཔེ་ལ་མ་ལྟོས་པར་གཅིག་གྱུར་དུ་བླ་ཆེས་མེད་པ་བཟོས་ཡོད། ཡང་སྐྱུཾ་དང་སྦྱུཾ་ལྟ་བུ་བཟོ་བཅོས་མ་ཞེས་པས་བཞག་ཡོད། སྐར་ཡིག་དང་དྲག་ཡིག་གི་རིགས་ཡོད་དོ་ཅོག་དཔེ་ཇི་བཞིན་ལག་བྲིས་དང་བསྐྱར་དཔར་བྱས་ནས་རང་རང་གི་གནས་སུ་བཞག་པ་དང་། སྔགས་ཡིག་བརྩེགས་མའི་རིགས་སློག་ཀླད་མཁས་པར་བཅོལ་ཏེ་དཔེ་ཇི་བཞིན་བཟོས་པ་ཡིན་བཅས་མཁྱེན་ལྡན་རྣམ་པས་དགོངས་ལམ་ལ་འཇགས་པར་ཞུ།

ཞེས་གླེང་གཞིའི་ཚུལ་སྒོ་བའི་མཛོད་ལྟའི་ཡང་བཅུད་དཔེ་སྐྲིག་ཚོགས་པས་དཔལ་གཉེན་བསྟན་གོ་རྒྱལ་བདེ་ཆེན་ཀུན་གྲགས་གླིང་གི་དགོན་སྡེར་བྲིས།

དཀར་ཆག

བྱང་ཆུབ་སྒྲུབ་ཐབས་ཀྱི་བོན་ཚིགས་སུ་བཅད་པ་སུམ་བརྒྱ་སུམ་ཅུ་པའི་ཊཱི་ཀ་གསལ་བའི་སྒྲོན་མེ་ཞེས་བྱ་བ་བཞུགས།

བྱང་ཆུབ་སྒྲུབ་ཐབས་ཀྱི་བོན་ཚིགས་སུ་བཅད་པ་སུམ་བརྒྱ་སུམ་ཅུ་པའི་འགྲེལ་པ་གསལ་བའི་སྒྲོན་མེ་ཞེས་བྱ་བ། ཕྱོགས་བཅུའི་རྒྱལ་བ་རྒྱལ་སྲས་ཉན་ཐོས་སློབ་པ་དང་བཅས་པའི་ཚོགས་ཐམས་ཅད་ལ་ཕྱག་འཚལ་ལོ།།

དཔག་མེད་བསྐལ་པར་ཚོགས་གཉིས་བསགས་པའི་མཐུས།།
མཁྱེན་བརྩེའི་ལུས་རྫོགས་གཞན་ཕན་ཕྲིན་ལས་ཀྱིས།།
གདུལ་བྱའི་འདོད་དགུ་ཚིམས་མཛད་དགེ་ལེགས་གཏེར།།
འགྲོ་བའི་ཡབ་གཅིག་རྫོགས་སངས་རྒྱས་ལ་འདུད།།

གང་གིས་སྲིད་ཞིའི་རྒྱུད་པ་འཕྲོག་བྱེད་ཅིང་།།
འཇིག་རྟེན་འཇིག་རྟེན་འདས་པའི་འབྱོར་བ་ཀུན།།
འབད་མེད་སྩོལ་མཛད་རྒྱལ་བའི་བསྟན་པ་དང་།།
བསྟན་འཛིན་རྣམས་ཀྱང་སྐྱེ་དགུའི་གཙུག་ན་རྒྱལ།།

ཤེས་བྱའི་གནས་ལ་བློ་གྲོས་རབ་འཇུག་པས།།
མཁྱེན་པའི་འོད་ཀྱིས་གསུང་རབ་གསལ་བར་བྱེད།།
བརྩེ་བའི་ཟེར་གྱིས་གདུལ་བྱ་སྨིན་པར་མཛད།།
མཁས་པའི་དབང་པོས་ལེགས་གསུང་འདོམས་ལ་འདུད།།

བྱང་ཆུབ་སེམས་ཀྱི་ཐེག་སྟོབས་ཡོངས་རྫོགས་པས།།
གོ་འཕང་མཆོག་ཏུ་བགྲོད་པའི་བཞོན་པ་ཡིས།།
རང་གཞན་དམན་པའི་གནས་ལས་སྒྲོལ་མཛད་པ།།
རྩ་བའི་བླ་མ་བརྒྱུད་པ་བཅས་ལ་འདུད།།

རྗེ་བཙུན་སྨྲ་བའི་དབང་པོ་དེ་ཉིད་ཀྱིས།།
ཕན་བདེའི་གཏེར་གྱིས་འགྲོ་དགུགས་འཕྱིན་སླད་དུ།།
གསུང་རབ་རྒྱ་མཚོའི་བཅུད་བསྡུས་ཡིད་བཞིན་ནོར།།
སྐལ་ལྡན་རྣམས་ལ་ལེགས་བཤད་དགའ་སྟོན་འགྱེད།།

དེ་ཡི་དགོངས་དོན་གོ་སླ་ཀུན་རྙའི་ཚལ།།
སྡོན་རབས་མཁས་དབང་ཟླ་འོད་ཤར་བས་ཕྱེས།།
ཟབ་དོན་སྙིང་པོ་ཆུ་སྐྱེས་ཟེའུ་འབྲུའི་ཚོགས།།
དེང་འདིར་བློ་གྲོས་ཉི་འོད་ཤར་བས་འབྱེད།།

དེ་ཡང་དབང་པོ་མཆོག་དང་དམན་པ་ཡི།།
སྣོད་ལ་རིམ་པར་གང་འཚམས་གཞུང་གི་དོན།།
རང་རང་དགྱེས་པའི་ལམ་གྱི་ཚུལ་བསྟན་ནས།།
ལུང་རིག་མན་ངག་གནད་ཀྱིས་བཤད་པར་བྱ།།

ཉེས་ལེགས་འབྱེད་པའི་བློ་མིག་མི་གསལ་ཞིང་།།
ཕྱོགས་འཛིན་ཞེན་པས་བསླད་པའི་སྣང་ངོ་ཙ།།
ལེགས་པར་བཤད་ཀྱང་གུས་པར་མི་འགྱུར་ནའང་།།
བློ་ལྡན་གྲོལ་བ་དོན་གཉེར་གུས་པས་ཉོན།།

འདིར་གང་དག་འཁོར་བ་དང་ངན་སོང་གི་སྡུག་བསྔལ་མཐའ་དག་ལས་གྲོལ་ཞིང་། ཐར་པ་དང་ཐམས་ཅད་མཁྱེན་པའི་གོ་འཕང་ཐོབ་པར་འདོད་པའི་སྐལ་པ་དང་ལྡན་པའི་དལ་འབྱོར་གྱི་མི་ལུས་ཐོབ་པ་རྣམས་ཀྱིས། དྲང་སྲོང་ཕུར་བུའི་རྗེས་འབྲང་ལྟར་ཚེ་འདི་ཙམ་གྱི་བདེ་བའི་ཚོགས་ཁོ་ནར་སྒྲུབ་པ་དང་། དྲང་སྲོང་སེར་སྐྱ་དང་གསང་བ་ལྟར་བདག་ཤེས་རིག་ལ་རྣམ་རྟོག་ཐིམ་པས་གྲོལ་བར་འདོད་པ་དང་། རྒྱལ་དཔོག་པ་ལྟར་ཁྲུས་ལ་སོགས་པས་དག་པར་འདོད་པ་དང་། གཟེག་ཟན་པ་ལྟར་དབང་ཕྱུག་ལ་སོགས་འཇིག་རྟེན་པ་ལ་སྲོག་གི་མཆོད་སྦྱིན་གྱིས་གྲུབ་པར་འདོད་པ་དང་། རྒྱལ་བ་དམ་པ་ལྟར་མེ་ལྔ་བརྟེན་པ་དང་། དབྱུ་གུ་གསུམ་པ་ལ་སོགས་ཚུལ་ཁྲིམས་བརྟུལ་ཞུགས་ཀྱི་སྤྱོད་པས་གྲོལ་བར་འདོད་པ་ལ་སོགས་སྤྱོད་པ་ལ་དཀའ་སྤྱད་ཅི་

ཙམ་བྱས་ཀྱང་ལམ་ལོག་པ་ལ་ཞུགས་པས། འདོད་དོན་མི་འགྲུབ་པར་མ་ཟད་འཁོར་བ་དང་ངན་སོང་གི་རྒྱུ་འབའ་ཞིག་ལས་མ་འདས་པས། རང་ལེགས་སུ་འདོད་པའི་བློ་དང་ལྡན་པ་དག་གིས་ནི། སངས་རྒྱས་ཀྱི་བསྟན་པ་ཕོ་ན་ལ་ཞུགས་ནས་བླང་དོར་གྱི་གནས་ལ་འཇུག་ལྡོག་བྱ་དགོས་ཏེ། གཏན་ཚིགས་ཀྱི་ཐིགས་པ་ལས། མུ་སྟེགས་ཞེས་བྱ་བ་ནི། ལྟ་པ་ངན་པའི་མུ་ལ་ཞུགས་ནས་འཁོར་བའི་རྒྱ་མཚོ་ལ་སྟེགས་འཆོས་པའོ། །འཁྲུལ་བའོ། །ལམ་ལོག་པའོ། །འཁོར་བ་ངན་སོང་གི་རྒྱུ་འབའ་ཞིག་གོ །ཞེས་སོགས་དང་། དེ་བས་ན་སངས་རྒྱས་ཀྱི་བསྟན་པ་ལ་འཇུག་པར་བྱའོ། །ཞེས་གསུངས་པ་བཞིན་ནོ། །སངས་རྒྱས་ཀྱི་བསྟན་པ་དེ་ཡང་ལུང་རྟོགས་གཉིས་ལས། དང་པོ་གསུང་རབ་ལུང་གི་བསྟན་པ་ལ་ཐོས་བསམ་གྱིས་ཞུགས་ནས། སྤང་བླང་གི་གནས་ལ་མ་རྨོངས་པར་བྱས་ནས་སྒོམ་བྱུང་གི་ཤེས་རབ་བསྐྱེད་དེ། མདོ་ལས། དང་པོ་འཛིན་པའི་རྒྱུ་ལ་གླིགས་བམ་གཅེས། །ཞེས་དང་། གསང་བའི་ལྷ་རྒྱུད་ལས། དང་པོ་འཛིན་པའི་ཤེས་རབ་ཀྱིས། །མིང་ལ་དམིགས་པ་སྐྱེད་པ་དང་། །བར་དུ་བསམ་པའི་ཤེས་རབ་ཀྱིས། །མིང་དོན་ཡོངས་སུ་འབྲེལ་བ་དང་། །ཐ་མར་བསྒོམ་པའི་ཤེས་རབ་ཀྱིས། །དོན་ཉིད་ལ་ནི་རབ་ཏུ་བསྟུད། །ཅེས་པ་ལྟར་རོ། །དེའི་དང་པོ་འཇུག་པའི་སྒོ་མ་ལོག་པ་ནི། གསུང་རབ་རིན་པོ་ཆེ་རྣམས་ཡིན་ནོ། །དེ་ལ་ཡང་བཀའ་དང་བརྟེན་པ་གཉིས་ཡིན་ལ། བཀའ་གསུང་པ་པོ་སངས་རྒྱས་ཀྱི་ལོ་རྒྱུས། གསུང་པ་བཀའི་རང་བཞིན། དེ་ལ་བརྟེན་པའི་རྒྱུད་འཛིན་དང་གསུམ་སྟེ། རྒྱས་པར་སྤྱི་དོན་ལོ་རྒྱུས་གཞན་དུ་གསལ་བ་ལས་ཤེས་པར་བྱའོ། །ཁྱད་པར་དུ་གཞུང་འདི་ནི་རྩོམ་པ་པོ་ཚད་ལྡན་གྱིས་བཀའི་དགོངས་འགྲེལ་དུ་བསྡེབས་པའི་བཀའ་བརྟེན་ཏེ། དེ་ཡང་རྩོམ་པ་པོ་ཚད་ལྡན་ནི། སློབ་དཔོན་

ལྷ་ཚེ་ཡིན་པར་ལུང་དུ་བསྟན་ཏེ། མདོ་ལས། སྟོན་པའི་སྒྲོན་མ་ལྷ་ཚེ་ལྡེམ་དྲུག་སོང་། །གསུང་རབ་བཀའ་རྒྱུད་ཤོད་ལ་འགྲོ་བ་ཐར་པར་དྲོངས། །ཞེས་དང་། སྟོན་པའི་བཀའ་ལ་སློབ་དཔོན་བཀས་བརྟེན་ནས། །རིག་པས་མང་པོར་ཕྱེས་ཤིང་ཡོངས་སུ་རྒྱ་ཆེར་སྤེལ། །ཞེས་གསུངས་པ་ལྟར། དེ་ལའང་སློབ་དཔོན་ལྷ་ཚེ་ནི་ཡོན་ཏན་ལྔ་དང་ལྡན་པས་བཀའ་བརྟེན་རྩོམ་པར་བྱས་ཏེ། དེ་ཡང་ཤེས་རབ་ཀྱི་རྩལ་རྫོགས་པ། མངོན་ཤེས་དྲུག་དང་ལྡན་པ། ཚིག་དོན་གྱི་སྡེབ་སྦྱོར་ལ་མཁས་པ། གོང་མའི་ལུང་བསྟན་ཐོབ་པ། གཞན་དོན་དུ་ཐུགས་བསྐྱེད་དག་པ་སྟེ། རིམ་པ་ལྟར། ང་དང་དབྱེར་མེད་ཤེས་རབ་རྩལ་རྫུགས་ཕྱོད་ལ་ཡོད། །ཅེས་དང་། མངོན་ཤེས་རྩལ་དྲུག་རྫོགས་པས་དྲུག །ཅེས་དང་། སྲིད་པ་ལྷ་མེད་བོན་སྡེ་མཁྱེན་པས་ལྷ། །བསྐལ་པ་གྲངས་མེད་ཚེ་རབས་འདོན་པས་ཚོ། །ཞེས་དང་། སྣད་ཀྱི་སྟོན་པ་མ་བྱོན་བར་དུ་ནི། །བདག་གི་གདུང་སོབ་ཀྱིས་ལ་སེམས་ཅན་ཁ་ལོ་བསྒྱུར། །ཞེས་པ་ལ་སོགས་དང་། སྐུ་ལྡེམ་ལྡེམ་འགྲོ་བའི་དོན་མཛད་གསུངས་པའི་ཕྱིར་རོ། །རྗེས་འཇུག་གི་རྩོམ་པ་པོ་རྣམས་ལ་ཡང་ཡོན་ཏན་དེ་ལྟའི་ཆ་མཐུན་ལྡན་ན་རྩོམ་པ་པོ་ཕུན་སུམ་ཚོགས་པའི་རྒྱུ་ཡིན་པར་བཤད་པས། གཞུང་འདི་རྩོམ་པའི་རྗེ་བཙུན་ཆེན་པོ་ལ་ནི་ཡོན་ཏན་ལྔ་པོ་དེ་ཅི་ལྟ་བ་བཞིན་དུ་མངའ་སྟེ། རྒྱས་པ་རྣམ་ཐར་ལས་ཤེས་པར་བྱའོ། །དེ་ལྟ་བུ་ན་གཞུང་འདི་ཆེས་ཡོངས་སུ་ལྷག་པའི་བཀའ་བརྟེན་ཏེ། རྩོམ་པ་པོ་ཚད་ལྡན་གྱིས་རྒྱལ་བའི་བཀའ་ལ་བརྟེན་ནས་མཛད་པའི་ཕྱིར་རོ། །དེ་ལྟ་བུའི་ཚད་ལྡན་གྱི་བསྟན་བཅོས་ཀྱིས་རྒྱུད་ཀྱི་ཉོན་མོངས་དང་ཉེས་སྤྱོད་འཆོས་པ་དང་། ངན་འགྲོ་དང་སྡུག་བསྔལ་ལས་སྐྱོབ་པའི་ཡོན་ཏན་གཉིས་དང་ལྡན་པ་ཡང་བཤད་དེ། རྣམ་བཤད་དུ། ཉོན་མོངས་དགྲ་རྣམས་མ་ལུས་འཆོས་པ་དང་། །

ངན་འགྲོའི་སྲིད་ལས་སྐྱོབ་བྱེད་གང་ཡིན་པ། །འཆོས་སྐྱོབ་ཡོན་ཏན་ཕྱིར་ན་བསྟན་བཅོས་ཏེ། །གཉིས་པོ་འདི་དག་གཞན་གྱི་ལུགས་ལ་མེད། །ཅེས་གསུངས་སོ། །དེ་ལ་བསྟན་བཅོས་སྤྱིར་དམན་མཆོག་གི་སྒོ་ནས་དབྱེ་ན་གསུམ་ཚན་གསུམ་སྟེ། དོན་མེད་དོན་ལོག་དོན་མཆོག་ལྡན། །ཐོས་བཙོན་བསྒྲུབ་པ་ལྷུར་ལེན་དང་། །སྙིང་མེད་ངན་གཡོ་སྡུག་བསྔལ་སྤོང་། །བསྟན་བཅོས་སུམ་ཚན་གསུམ་དུ་འདོད། །ཅེས་གསུངས་པ་ལས། འདི་ནི་ཕྱི་མ་རེའི་དོན་དང་ལྡན་པས་མཆོག་སྟེ། འདི་ལས་བཤད་པའི་དོན་ཅི་ལྟ་བ་བཞིན་ཉམས་སུ་བླངས་ན་ཐར་པ་དང་ཐམས་ཅད་མཁྱེན་པ་ཐོབ་པས་དོན་མཆོག་དང་ལྡན་པའི་ཕྱིར་དང་། ལམ་གྱི་གཙོ་བོར་བྱང་ཆུབ་ཀྱི་སེམས་གཉིས་གཞིར་བྱས་པའི་ཚོགས་རྣམ་པ་གཉིས་ཉམས་སུ་ལེན་པའི་ཐབས་སྟོན་པས་སྒྲུབ་པ་ལྷུར་ལེན་པ་དང་ལྡན་པའི་ཕྱིར་དང་། འཁོར་བ་དང་ངན་སོང་གི་སྡུག་བསྔལ་སྤང་པའི་ཐབས་ནན་ཏན་དུ་བཤད་པའི་ཕྱིར་རོ། །བྱེད་ལས་ཀྱིས་དབྱེ་ན། རྒྱས་པ་དང་འཐོར་བ་སྡུད་པའི་བཀའ་བརྟེན་དང་། ཟབ་པ་དང་བརླིང་བ་བྱེ་བའི་བཀའ་བརྟེན་དང་། འཁྲུག་པ་དང་འདྲེས་པ་བསྡེབ་པའི་བསྟན་བཅོས་དང་གསུམ་ལས། འདི་ལ་གསུམ་ཆར་ལྡན་ཏེ། རྒྱ་ཆེ་བ་དང་སོ་སོར་འཐོར་བའི་གསུང་རབ་ཐམས་ཅད་ཀྱི་དགོངས་དོན་ཕྱོགས་གཅིག་ཏུ་བསྡུས་པའི་ཕྱིར་དང་། གོ་དཀའ་བའི་དོན་ཟབ་མོ་དང་། ཚིག་བརླིང་པ་རྣམས་ཀྱི་དོན་གསལ་བར་བྱ་བའི་ཕྱིར་དང་། གདུལ་བྱ་སྣ་ཚོགས་པ་ལ་ལྟོས་ནས་གསུངས་པའི་དབང་གིས་གོང་འོག་འཁྲུག་པ་དང་། དྲང་ངེས་དང་དགོངས་ལྡེམ་འདྲེས་པ་རྣམས་དབང་པོ་དམན་འབྲིང་མཆོག་གསུམ་གྱི་ཉམས་སུ་ལེན་པའི་གོ་རིམ་དུ་བསྡེབ་པས། བཤེས་གཉེན་བསྟེན་ཚུལ་ནས་བདག་མེད་ཀྱི་བར་རྒྱུད་ལ་

སྔ་ཕྱིའི་རིམ་པས་བསྐྱེད་ཚུལ་དང་བསྟུན་ནས་བསྡེབ་པའི་ཕྱིར་རོ། །གསལ་བྱེད་ཀྱིས་ཕྱི་ན་འབྲུ་དོན་འགྲེལ་བ་དང་དགོངས་དོན་འགྲེལ་གཉིས་ལས་འདི་ནི་དགོངས་དོན་འགྲེལ་བ་སྟེ། གསུང་རབ་སྤྱིའི་དགོངས་དོན་ཕྱིན་ཅི་མ་ལོག་པར་སྟོན་པའི་ཕྱིར་རོ།།

དེ་ལྟ་བུའི་ཁྱད་པར་དུ་འཕགས་པའི་གཞུང་འདི་འཆད་པར་བྱེད་པ་ལ་གསུམ་སྟེ། མཆོད་པར་བརྗོད་ཅིང་བཤད་པར་དམ་བཅའ་བ་སྐབས་ཀྱི་དོན་དང་། བཤད་པར་བྱ་བའི་གཞུང་དངོས་དང་། གཞུང་གི་མཇུག་རྫོགས་པར་བྱ་བ་དང་གསུམ་མོ། །དང་པོ་ལ་གཉིས། མཆོད་པར་བརྗོད་པ་དང་། བཤད་པར་དམ་བཅའ་བའོ། །དང་པོ་ནི། གང་ཟག་དམ་པ་རྣམས་ཀྱིས་བྱ་བ་གང་ལ་ཡང་བར་ཆད་མེད་པར་མཐར་ཕྱིན་པར་བྱ་བའི་ཕྱིར་སྔོན་དུ་ཡུལ་དམ་པ་ལ་སྐྱབས་སུ་གསོལ་ནས་འཇུག་པ་ལྟར། འདིར་དམ་པའི་སྤྱོད་པ་དང་མཐུན་པ་གཞུང་འདི་རྩོམ་པའི་སྔོན་དུ་ཡུལ་དམ་པ་ལ་སྐྱབས་སུ་གསོལ་བ་ནི། སྐྱེ་མེད་དོན་རྟོགས་བླ་མ་ཐུགས་རྗེ་ཅན། །ཤེས་རབ་སྲིད་འཛོམས་ཐབས་ལྡན་སངས་རྒྱས་དང་། །འཕྲུལ་ངག་བོན་དང་སེམས་དཔའི་ཚོགས་རྣམས་ལ། །ཞེས་གསུངས་ཏེ། འདིར་མཆོད་བརྗོད་ཀྱི་ཡུལ་བཞི་སྟོན་པས་འཁོར་འདས་ཀྱི་བོན་ཐམས་ཅད་དོན་དམ་པར་རང་གི་ངོ་བོ་ཉིད་ཀྱིས་སྐྱེ་བ་མེད་པ་སྟོང་ཉིད་ཀྱི་དོན་རྟོགས་པའི་དོན་དམ་བྱང་ཆུབ་ཀྱི་སེམས་དང་། སེམས་ཅན་ཐམས་ཅད་ལ་ཕྱོགས་རིས་མེད་པར་བུ་གཅིག་པའི་མ་ལྟར་བརྩེ་བའི་སྙིང་རྗེའི་རྩ་བ་ཅན་གྱི་ཀུན་རྫོབ་བྱང་ཆུབ་ཀྱི་སེམས་ཏེ་བྱང་ཆུབ་ཀྱི་སེམས་གཉིས་ཐུགས་རྒྱུད་ལ་འཁྲུངས་པའི་བླ་མ་དང་། ཤེས་རབ་ཆེན་པོས་མཚན་གྱི་ཡིད་ཡུལ་ན་ཐམས་ཅད་མཚན་མ་མེད་པའི་དབྱིངས་སུ་རྟོགས་པ་དེ་ཉིད་ལ་ཡང་དང་ཡང་དུ་གོམས་པའི་ཡེ་ཤེས་ཀྱི་ཚོགས་ཡོངས་སུ་རྫོགས་པའི་སྟོབས་ཀྱིས་སྲིད་པའི་དངོས་པོ་ཐམས་ཅད

འཛོམས་པས་འཁོར་བའི་མཐའ་ལ་མི་གནས་ཤིང་། སྙིང་རྗེ་ཆེན་པོས་སེམས་ཅན་གྱི་དོན་ལ་དམིགས་པའི་བསོད་ནམས་ཀྱི་ཚོགས་ཡང་ནས་ཡང་དུ་བསགས་པས་ཡོངས་སུ་རྫོགས་པའི་སྟོབས་ཀྱིས། ཀུན་རྫོབ་ཏུ་གཟུགས་སྐུར་སྣང་ནས་སེམས་ཅན་འདྲེན་པའི་ཐབས་སྣ་ཚོགས་པ་དང་ལྡན་པས་ཞི་བའི་མཐའ་ལ་མི་གནས་པའི་སངས་རྒྱས་དང་། སངས་རྒྱས་སྤྲུལ་པའི་སྐུ་དངོས་སུ་མཐོང་བའི་དབང་མེད་པའི་གདུལ་བྱ་སྐལ་པ་དམན་པ་རྣམས་ལ་ཉེས་ལེགས་འདོར་ལེན་གྱི་བསླབ་བྱ་བསྟན་པའི་ཐབས་ལ་འཕྲུལ་གྱི་ཡི་གེ་སུམ་ཅུ་ཙ་བརྒྱད་ལ། སྐབས་སྦྱོར་གྱི་ཙ་བ་བྱས་ནས་སྒོ་བཞི་མཛོད་ལྡའམ་ཕྱི་མཚན་ཉིད་ཀྱི་སྡེ་སྣོད་གསུམ་དང་། ནང་གསང་སྔགས་ཀྱི་རྒྱུད་སྡེ་བཞིའི་གསུང་རབ་རྣམས་ཏེ། ལུང་གི་བོན་བརྗོད་པ་འདིས་འགོག་ལམ་ལ་མངའ་བའི་ཡོན་ཏན་རྣམས་ཀྱང་ཕྱག་ཡུལ་ཡིན་པར་མཚོན་པས་ལུང་རྟོགས་ཀྱི་བོན་གཉིས་དང་། རང་གཞན་གྱི་དོན་དུ་བྱང་ཆུབ་ཀྱི་སེམས་གཉིས་སྦྱངས་པའི་མཐུས། ས་དང་པོ་ཐོབ་ནས་བཅུ་པའི་ས་ལ་གནས་པའི་སེམས་དཔའ་སྟེ། མདོ་སྐྱེ་བཞེས་ལས། གཡུང་དྲུང་སེམས་དཔའ་ས་མ་ཐོབ་པ་རྣམས་ཀྱིས་གསུངས་པ་ལྟར་ན། འཁོར་བའི་ས་ལ་གནས་པའི་གང་ཟག་གིས་ཀྱང་སྨོན་འཇུག་བྱང་ཆུབ་ཀྱི་སེམས་གཉིས་དང་ལྡན་པའི་ཚེ་རྒྱལ་སྲས་སམ་གཡུང་དྲུང་སེམས་དཔའ་ཞེས་མིང་འཐོབ་པ་དང་། ལྷ་དང་མིའི་ཕྱག་མཆོད་ཀྱིས་བཀུར་བའི་ཡུལ་དུ་འགྱུར་བས་དོན་འཐོབ་པར་བཤད་པས་ཀུན་རྫོབ་བྱང་ཆུབ་ཀྱི་སེམས་གཉིས་རྒྱུད་ལ་སྐྱེས་པ་ཡན་ཆད་ཕྱག་ཡུལ་དུ་བཞག་པའོ། །ཚོགས་རྣམས་ཞེས་པ་ནི། སོ་སྐྱེ་ཡིན་ན་བཞི་ཡན་ཆད་ཀྱིས་ཚོགས་པའི་གྲངས་ཚང་ལ། འཕགས་པ་ཡིན་ན་གཅིག་གིས་ཀྱང་དགེ་འདུན་གྱི་མིང་ཐོབ་པར་བཤད་དོ། །སྐབས་ཡུལ་གསུམ་ལ་བླ་མ་ཁྱད་པར་དུ་བཀར་

ནས་ཕྱག་ཡུལ་དང་པོར་བཞག་པ་ནི། ཀུན་བཟང་ལུང་ཆེན་ལས། བླ་མ་མེད་པའི་གོང་རོལ་ན། །སངས་རྒྱས་བྱ་བའི་མིང་ཡང་མེད། །དུས་གསུམ་སངས་རྒྱས་ཐམས་ཅད་ཀྱང་། །བླ་མ་དག་ལ་བརྟེན་ཏེ་བྱུང་། །ཞེས་དང་། བླ་མ་ནི་ཐམས་ཅད་འདུས་པའི་ངོ་བོ། །ཞེས་པ་སོགས་སངས་རྒྱས་ལས་གཞན་པའི་ལུང་མང་བས་རྩ་བའི་བླ་མའི་དབང་དུ་བྱས་པའོ།། དེ་ལ་སངས་རྒྱས་ནི་བསྒྲུབ་བྱ་དོན་གྱི་འབྲས་བུ། བོན་ནི་སྒྲུབ་བྱེད་ལམ་གྱི་ཐབས། སེམས་དཔའ་ནི་ལམ་སྒྲུབ་པའི་གྲོགས་ཡིན་པས་མཆོད་བརྗོད་ཀྱི་ཡུལ་དུ་བཞག་པ་ཡིན་ནོ།།

དེ་ལ་མཆོད་བརྗོད་དངོས་ནི། ལུས་དང་ངག་ཡིད་གུས་པས་ཕྱག་འཚལ་ལོ། །ཞེས་པས། ལུས་གུས་པས་བཏུད་པ། ངག་གུས་པས་བསྟོད་པ་བརྗོད་པ། ཡིད་གུས་པས་ཡོན་ཏན་དྲན་པའི་དྭངས་པའོ། །ཕྱག་འཚལ་ཞེས་པ་ནི། ཁྲོ་རྒྱུད་ལས། ལྷ་ཕྱག་དག་ནི་ཕར་བཅལ་ན། །སྒྲིབ་པ་དག་ནི་ཚུར་གྱིས་ཕྱག །ཅེས་པ་ལྟར་རང་རྒྱུད་ཀྱི་སྒྲིབ་པ་དང་ཉེས་སྐྱོན་ཐམས་ཅད་ཕྱག་ནས་ཡོན་ཏན་ཐམས་ཅད་ཐོབ་པའི་ཐབས་སྐྱབས་གནས་ལ་མངའ་བ་དེ་བཅལ་བའི་དོན་ནོ། །ཕྱག་གང་གིས་འཚལ་ན། སྟོན་རྗེ་བཙུན་ཆེན་པོ་ཉིད་ཀྱིས་རྩོམ་པའི་ཚེ་ནས་དང་རྗེས་འཇུག་འདི་ལ་འཆད་ཉན་པ་རྣམས་ཀྱིས་སོ། །དགོས་པ་ནི། རྩོམ་བཤད་ལ་སོགས་བྱ་བ་གང་ཡང་བར་ཆད་མེད་པར་མཐར་ཕྱིན་པར་འགྱུར་བ་དང་། སྒྲིབ་པ་སྲབ་པ་དང་། སྟོན་བྱུང་གི་རྩོམ་པ་པོ་རྣམས་དང་རྗེས་སུ་མཐུན་པ་དང་། རྩོམ་གྱི་སྟོན་འགྲོའི་ཡན་ལག་ཁྱད་པར་ཅན་སྟོན་དུ་བཏང་ནས་རྩོམ་པས་རྩོམ་པ་པོ་ཚད་ལྡན་དུ་ཤེས་པའི་དགོས་པ་ཡོད་དོ།།

གཉིས་པ་བཤད་པར་དམ་བཅའ་བ་ལ་གསུམ། བསམ་དོན་བཞག་པ་དང་། རང་

བཟློ་སྤྱང་བ། དམ་བཅའ་དངོས་སོ། །དང་པོ་ལ་གསུམ། ལས་འབྲས་བསམ་པ། རང་དོན་བསམ་པ། གཞན་དོན་བསམ་པའོ། །དང་པོ་ནི། འཁོར་བའི་སྡུག་བསྔལ་མཚོ་བསྐམ་བདེ་སྒྲུབ་ཕྱིར། །ལོག་པའི་ལས་སྤྱང་བདེན་པའི་དོན་ལ་འཇུག །ཅེས་པས། ཐོག་མ་མེད་པ་ནས་ད་ལྟའི་བར་རང་བཞིན་གྱིས་འཁོར་བའི་རྒྱ་མཚོ་ལ་རིང་དུ་སྨྱུང་ཡང་རང་ལོག་ཏུ་མ་སོང་བ་འདི་ཆེད་ཀྱིས་བཟློག་ནས་སྐེམ་པར་བྱེད་ཅིང་། ཐར་པ་དང་ཐམས་ཅད་མཁྱེན་པའི་བདེ་བ་ཆེན་པོ་བསྒྲུབ་པའི་ཕྱིར། ལོག་པ་སྟེ་འཁོར་བ་སྒྲུབ་བྱེད་ཟག་བཅས་ཀྱི་ལས་དང་ཉོན་མོངས་པའི་ཀུན་འབྱུང་སྤྱང་བའི་ཐབས་དང་། ལམ་ལྔའི་སྐབས་སུ་འཆར་བའི་རྟོགས་པ་གཡུང་དྲུང་གི་ཡན་ལག་སོ་བདུན་རྣམས་ཀྱང་བསླབ་པ་རིན་པོ་ཆེ་གསུམ་མམ། ཚོགས་རྣམ་པ་གཉིས་སུ་བསྡུས་ནས་ལམ་གྱི་བདེན་པ་དེ་ཉིད་ཆ་ཚང་ཞིང་མ་ནོར་བ་ལ་འཇུག་པའི་ཐབས་སྟོན་པ་ཞིག་བྲིའོ་སྙམ་དུ་དགོངས་ནས་སོ།།

གཉིས་པ་ནི། འོ་ན་ཐམས་ཅད་ཀྱི་འཁོར་བའི་སྡུག་བསྔལ་སྤྱང་ཞིང་ཐར་པ་དང་ཐམས་ཅད་མཁྱེན་པ་ཐོབ་པའི་ནུས་པ་ཁྱེད་ལ་ཡོད་དམ་ཞེ་ན། དེའི་ཐབས་ཡོངས་འདུལ་བསྟན་པའི་ནུས་མེད་ཀྱང་། །རང་ལ་རང་གིས་གསལ་དང་བསྐུལ་འདེབས་དགོས། །ཞེས་པས། སྙིགས་མའི་སེམས་ཅན་དམུ་རྒོད་ལྟ་བུ་འདུལ་དཀའ་ཞིང་བློ་དང་མོས་པ་ཐ་དད་དུ་གྱུར་པ་དེ་དག་ཐམས་ཅད་ཡོངས་ཀྱི་ལོག་པའི་ལས་སྤྱང་བ་དང་བདེན་པའི་དོན་ལ་འཇུག་པའི་ནུས་པ་མེད་པ་ནི། མདོ་ལས། དུས་གསུམ་གྱི་སྟོན་པ་འཚོགས་ནས་སེམས་ཅན་དྲངས་ཀྱང་འདྲེན་མི་ནུས་པར་གསུངས་ན་བདག་གིས་ཅི་སྨོས། ཞེས་ཏེ་རྗོམ་པ་པོ་མཁས་པས་གཞན་དོན་ནུས་སོ་སྙམ་པའི་ཁེངས་པའི་ང་རྒྱལ་བཅོམ་ནས་དུལ་བར་བསྟན་པའོ། །འོ་ན་གང་གིས་ཞེ་ན། ལམ་གྱི་

ཆ་ཤས་ཡོངས་སུ་རྫོགས་པ་ལ་རང་གི་བློ་གྲོས་མི་གསལ་བ་དང་། ཐེ་ཚོམ་ཅན་རྣམས་གསུང་རབ་ལ་བརྟགས་གཞིག་བྱས་པས་གསལ་འདེབས་པ་དང་སྒོ་གསུམ་ལེ་ལོ་དང་བག་མེད་ཀྱིས་གཡེང་བ་དང་། ལམ་གྱི་ཆ་ཤས་ཡོངས་སུ་རྫོགས་པར་ཉམས་སུ་ལེན་མི་ནུས་པ་ལ་འདི་བརྩམ་པས་བསྐུལ་ནས་ཡིད་འཕྲུལ་པས་ཉམས་ལེན་ལ་བརྩོན་འགྲུས་ཐོན་པའི་ཆེད་དུའོ། །འོ་ན་རང་དོན་ཡིན་ན་མི་ཤེས་པས་རྩོམ་མི་ནུས་ཤིང་ཤེས་ན་དེའི་ཚོག་ཅེ་ན། སྐྱོན་མེད་དེ་སྒྲ་རྟོག་ཡུལ་གཅིག་པས་སྒྲའི་བཀོད་པས་དོན་གྱི་རྟོགས་པ་འཕེལ་བ་སྲིད་པས་གྲུབ་ཅིང་། སྦྱོར་བ་གོམ་པས་རང་ཉིད་ལ་རྟོགས་པ་སྐྱེ་བ་རིག་པའི་འབྱུང་གནས་ཀྱིས་ཀྱང་གསལ་བའི་ཕྱིར་རོ།།

གཞན་དོན་མེད་པ་དམ་པའི་བྱ་བ་མིན་ཞེ་ན། གསུམ་པ་གཞན་དོན་དུ་འགྱུར་ཚུལ་ནི། ཡང་ན་རང་བས་དམན་རྣམས་ཕན་དོན་ཕྱིར། །ཞེས་པས། རང་བས་ཤེས་རབ་དང་བརྩོན་འགྲུས་ཆེ་བ་རྣམས་ལ་དྲན་བསྐུལ་མི་འོས་ཤིང་། བདག་དང་སྐལ་པ་མཉམ་པ་དང་། རང་བས་བློ་དམན་པ་རྣམས་ལ་ནི་ཕན་པར་འགྱུར་བསམ་ནས་དེའི་དོན་དུའང་རྩོམ་པའོ། །འོ་ན་གསུང་རབ་ལས་མ་བྱུང་བའི་དོན་ཐ་དད་པའི་མི་མཐུན་པ་ཞིག་སྟོན་ན་ཡིད་ཆེས་ཀྱི་གནས་སུ་མི་རུང་ལ། གསུང་རབ་ལས་བྱུང་བའི་དོན་མཐུན་ཞིག་སྟོན་ན་གསུང་རབ་ལ་བལྟས་པའི་ཚོག་པས་བློས་པའི་དགོས་པ་མེད་དོ་ཞེ་ན།

གཉིས་པ་རང་བཟོ་སྤང་ནས་དགོས་པ་ཡོད་པ་ནི། བླ་མ་སངས་རྒྱས་བཀའ་ལུང་རྒྱ་མཚོ་ལས། །ཁོ་བོས་ཆུ་ཐིགས་ཙམ་གོ་གང་ཡིན་པ། །ཞེས་པས། བླ་མའི་བཀའ་དང་སངས་རྒྱས་ཀྱི་ལུང་ཟབ་ལ་རྒྱ་ཆེ་བ་རྒྱ་མཚོ་དང་འདྲ་བ་ལས་བྱུང་བའི་དོན་ཁོ་བོའི་བློས་ཆ་ཤས་ཆུ་ཐིགས་ཙམ་གོ་བ་གང་ཡིན་པས་རང་བཟོ་བར་མི་འགྱུར་ལ།

དགོངས་དོན་ཟབ་ཅིང་སོ་སོར་འཕོར་བ་རྣམས་རྗེས་འཇུག་བློ་དང་བརྩོན་འགྲུས་ཞེན་པ་དག་གིས་གཟུང་དཀའ་བས་དེའི་དོན་དུ། རང་གི་ནུས་ཚད་ཀྱིས་གསལ་བར་བྱས་ཤིང་ཕྱོགས་གཅིག་ཏུ་བསྡུས་པས་བློས་པ་དང་དགོས་མེད་དུ་ཡང་མི་འགྱུར་རོ།།

གསུམ་པ་དམ་བཅའ་དངོས་ནི། བྱང་ཆུབ་སྒྲུབ་ཐབས་བོན་འདི་བཤད་པར་བྱ། །ཞེས་པས། འདི་ཚེ་འདི་ཙམ་གྱི་བདེ་བའི་ཆེད་དང་། ཕྱི་མ་ལྷ་མིའི་བདེ་འབྲས་ཙམ་ཐོབ་པའི་ཆེད་མ་ཡིན་པས། འབྲས་བུ་བྱང་ཆུབ་སྒྲུབ་ཐབས་ཀྱི་བོན་ཡིན་ནོ། །དེ་ཡང་བཤད་པར་བྱའོ། །ཞེས་དམ་བཅའ་བའི་དགོས་པ་བཞི་སྟེ། ཡུལ་ཁྱད་པར་ཅན་དཔང་པོར་བཞག་ནས་དམ་བཅས་པ་ན་དམ་བཅའ་བརྩོན་འགྲུས་ཀྱི་ལྷག་ཡིན་པས་རྩོམ་པ་མཐར་ཕྱིན་ཏེ་ལེ་ལོའི་བར་ཆད་ཞི་བ་དང་། དགེ་བ་དྲང་ལེན་གྱི་ཚུལ་ཁྲིམས་སུ་འགྱུར་བས་ཚོགས་ཆེ་བ་དང་། སྔོན་བྱུང་གི་རྩོམ་པ་པོ་རྣམས་དང་རྗེས་སུ་མཐུན་པ་དང་། རྩོམ་གྱི་སྔོན་འགྲོའི་ཡན་ལག་ཏུ་འོས་པ་སྔོན་དུ་བཏང་ནས་རྩོམ་པས་རྩོམ་པ་པོ་ཁྱད་པར་ཅན་དུ་གོ་ནས་བློ་ལྡན་རྣམས་གཞུང་དུ་འཇུག་པའི་དགོས་པ་ཡོད་དོ། །བཤད་པར་དམ་བཅའ་བ་འདིས་དགོངས་འབྲེལ་ཀྱང་སྟོན་ཏེ། དེ་ལ་བརྗོད་བྱ་དང་། རྗོད་བྱེད་དང་། དགོས་པ་དང་། ཉིང་དགོས་དང་བཞི། ཉིང་དགོས་དགོས་པ་ལས་བྱུང་བ་སོགས་ནི་འབྲེལ་བ་སྟེ། འདིས་མཚོན་ནས་བཤད་པར་བྱོས་ཤིག ཀྲུས་པ་ནི་ཡི་གེ་མང་དོགས་པས་འཛིགས་ནས་གཞན་དུ་བཤད་པར་བྱའོ།།

གཉིས་པ་བཤད་པར་བྱའི་གཞུང་དངོས་ལ་ལེའུ་བཅུ་གཉིས་ཡོད་པ་ལས། དང་པོ་གང་ཟག་མཆོག་དམན་གང་ཡང་འདོད་དོན་བསྒྲུབ་པ་ལ་སངས་རྒྱས་ཀྱི་བསྟན་པ་ལ་བརྟེན་ནས་འཇུག་ལྡོག་བྱེད་དགོས་པས་སྟེ་སྣོད་སྤྱིའི་དོན་བསྟན། དེ་ནས་ལམ་གྱི་

རྩ་བ་ཐམས་ཅད་བླ་མ་ལ་ཐུག་པས་བཤེས་གཉེན་བསྟེན་ཚུལ་ལེའུ་དང་པོར་བསྟན། དེ་ནས་འཁོར་བ་དང་ངན་སོང་གི་རྒྱུ་སྤངས་པ་དང་། གནས་སྐབས་མཐོ་རིས་དང་མཐར་ཐུག་ཐར་པ་དང་ཐམས་ཅད་མཁྱེན་པ་གང་ཡང་དལ་འབྱོར་ལ་བརྟེན་ནས་སྒྲུབ་དགོས་པས་དལ་འབྱོར་གཉིས་པར་བསྟན། དེ་ནས་ཚེ་འདིར་རྟག་འཛིན་གྱི་བློ་མ་ལོག་ན་ཕྱི་མ་དོན་གཉེར་གྱི་བློ་མི་སྐྱེ་བས་འཆི་བ་མི་རྟག་པ་གསུམ་པར་བསྟན། དེ་ནས་ཤི་བའི་རྗེས་སུ་འཁོར་བའི་གནས་གང་དུ་སྐྱེས་ཀྱང་སྡུག་བསྔལ་བ་ལས་མེད་པས་འཁོར་བའི་ཉེས་དམིགས་བཞི་པར་བསྟན། དེ་རྣམས་ལ་ལེགས་པར་བསམ་ན་ངན་སོང་གི་སྡུག་བསྔལ་གྱིས་སྐྲག འཁོར་བ་སྤྱི་ལ་སྐྱོ་བ་སྐྱེས། འཇིག་རྟེན་འདིར་ཞེན་པ་ལོག་ནས་དད་པ་རང་བཞིན་གྱིས་སྐྱེ་བས་དད་པ་ལྔ་པར་བསྟན། དད་པ་སྐྱེས་པ་དེས་སངས་རྒྱས་ཀྱི་བསྟན་པ་ལ་འཇུག་འདོད་པས་དང་པོ་འཇུག་པའི་སྒོ་སྐྱབས་འགྲོ་ཡིན་པས་སྐྱབས་འགྲོ་དྲུག་པར་བསྟན། དེ་ནས་དད་པ་སྐྱེས་ཚད་ཀྱི་ཁྱད་པར་གྱིས་བསྟན་པ་ལ་ཞུགས་པར་དབང་པོ་རབ་འབྲིང་ཐ་གསུམ་གྱི། དབང་པོ་ཐ་མས་འཁོར་བའི་བདེ་འབྲས་ཙམ་དོན་དུ་གཉེར་བ་ལ་དགེ་སྡིག་སྤང་བླང་བདུན་པར་བསྟན། འཁོར་བ་སྤྱི་ལས་ངེས་པར་འབྱུང་འདོད་སྐྱེས་ཀྱང་རང་གཅིག་པུའི་ཞི་བདེ་དོན་གཉེར་གྱི་དབང་པོ་འབྲིང་ལ་དུག་དང་ཡེ་ཤེས་བརྒྱད་པར་བསྟན། གཞན་དོན་དུ་བྱང་ཆུབ་ཐོབ་པར་འདོད་པའི་དབང་པོ་རབ་ལ་བྱང་ཆུབ་ཏུ་སེམས་བསྐྱེད་ནས་ཐེག་ཆེན་གྱི་བསླབ་བྱ་དགུ་པར་བསྟན། སྐྱབས་འགྲོ་ནས་འདིའི་བར་བསླབ་པ་གསུམ་ལས་ཚུལ་ཁྲིམས་ཀྱི་བསླབ་པའི་ཡོངས་སུ་འདུའོ། །དེ་ནས་སེམས་དགེ་བ་ལ་བཀོལ་དུ་རུང་བའི་རྩེ་གཅིག་པའི་ཏིང་འཛིན་བཅུ་པར་བསྟན། འདི་ནི་ཏིང་འཛིན་གྱི་བསླབ་པའོ། །འདི་མན་ཆད་ནི་ཐབས་དང་བསོད་ནམས་ཀྱི་ཚོགས་

དང་རྒྱ་ཆེ་བའི་ལམ་མོ། །དེ་ནས་བདག་འཛིན་གྱིས་འཆིང་ནས་ཉེང་འཛིན་མན་ཆད་གྱི་ཆ་ལ་ཅི་ཙམ་གོམས་པར་བྱས་ཀྱང་སྲིད་པའི་རྩ་བ་གཅོད་མི་ནུས་པས་བདག་མེད་པའི་ལེའུ་བཅུ་གཅིག་པར་བསྟན་ནོ། །འདི་ཤེས་རབ་ཀྱི་བསླབ་པ་དང་། ཤེས་རབ་ཀྱི་ཆ་དང་། ཡེ་ཤེས་ཀྱི་ཚོགས་དང་། ཟབ་མོའི་ལམ་ཞེས་ཀྱང་བྱའོ། །དེ་ནས་གོང་དུ་བསྟན་པའི་ལམ་རྣམས་མི་ཉམས་ཤིང་འཕེལ་བར་བྱ་བ་དང་། ཀུན་སྤྱོད་ཡོངས་སུ་དག་པ་ལ་འཇུག་པའི་ཕྱིར། རྒྱལ་སྐྱོར་གྱི་ཚུལ་དུ་ལེའུ་ཐ་མ་བསྟན་པའོ། །འདི་རྣམས་ཀྱི་འགྲེལ་ནི་བདེན་བཞི་ལ་སྦྱར་ནས་སམ་སྦྱོར་དངོས་རྗེས་གསུམ་ལ་སྦྱར་ནས་བཤད་དུ་ཡང་རུང་བས་གང་བདེ་བྱའོ།།

ལེའུ་དང་པོ་ལ་གཉིས། སྔོ་སྟོད་སྤྱི་དོན་དང་། བྱང་ཆུབ་བསྒྲུབ་ཐབས་ཀྱི་གཙོ་བོ་བླ་མ་བསྟེན་ཚུལ་ལོ། །དང་པོ་ལ་གཉིས་ཏེ། སྤྱིར་བཤད་པ་དང་། བྱེ་བྲག་ཏུ་ངོས་བཟུང་བའོ། །དང་པོ་ནི། སེམས་ཅན་གྱི་ལས་དང་སངས་རྒྱས་ཀྱི་ཐུགས་རྗེས་འདོད་པའི་གྲུབ་མཐའ་ནི་འོ་སྐོལ་གོར་ཅེ་ཙམ་མོ་སྙམ་པའི་ལོག་རྟོག་དགག་པའི་ཕྱིར་སྨྲས་པ། ནམ་མཁས་ཁྱབ་པའི་ཕྱོགས་བཅུའི་འཇིག་རྟེན་ནི། །བསམ་གྱིས་མི་ཁྱབ་ཤིན་ཏུ་གྲངས་མང་སྟེ། །སེམས་ཅན་ལས་དང་བཀའ་ཡང་དེ་བཞིན་ནོ། །ཞེས་པས། ནམ་མཁའ་མཐའ་མེད་ཅིང་ནམ་མཁའི་ཁྱབ་ཚད་དུ་ཕྱོགས་བཅུ་ན་འཇིག་རྟེན་གྱི་ཁམས་ཀྱང་བསམ་གྱིས་མི་ཁྱབ་པར་ཤིན་ཏུ་གྲངས་མང་ངོ་། །དེ་བཞིན་སེམས་ཅན་གྱི་ལས་དང་སངས་རྒྱས་ཀྱི་ཐུགས་རྗེ་ཡང་ཤིན་ཏུ་གྲངས་མང་བ་ནི་བསམ་གྱིས་མི་ཁྱབ་པར་ཡོད་དེ། ཀླུ་འབུམ་ལས། ནམ་མཁའ་ལ་ཡང་མཐའ་མེད་དོ། །ནམ་མཁའ་དང་འདྲ་བར་འཇིག་རྟེན་གྱི་ཁམས་ཀྱང་བསམ་གྱིས་མི་ཁྱབ་ཅིང་ཚད་ལས་འདས་པའོ། །དེ་དང་འདྲ་བར་སེམས་ཅན་གྱི་

ལས་དང་སྨོན་པའི་ཐུགས་རྗེ་ཡང་བསམ་གྱིས་མི་ཁྱབ་ཚད་ལས་འདས་པའོ། །ཞེས་དང་། མདོ་ལས་ཀྱང་དེ་དང་མཐུན་པར་བསྟན་ཏོ། །དེས་ན་སེམས་ཅན་ལ་མཐའ་མེད་ཅིང་། སངས་རྒྱས་ཀྱང་ཕྱོགས་རིས་མེད་པར་འཆར་དུ་རུང་བའི་ཕྱིར་འདྲེན་པའི་ཐུགས་རྗེས་མི་ཁྱབ་པ་མེད་དེ། སེམས་ཅན་གྱི་ཁམས་ཀྱང་བསམ་ལས་འདས། །ཞེས་དང་། ནམ་མཁའ་ཅི་བཞིན་ཐུགས་རྗེས་ཁྱབ། །ཅེས་གསུངས་པའི་ཕྱིར་རོ།།

གཉིས་པ་བྱེ་བྲག་ཏུ་ངོས་བཟུང་བ་ལ་གཉིས་ཏེ། རྟོགས་གཞི་གང་ལས་ཅི་ལྟར་བྱུང་བ་དང་། རྟོགས་ལུགས་སོ། །དང་པོ་ནི། སྟོང་གསུམ་འདི་ནི་མི་མཇེད་འཇིག་རྟེན་ཏེ། །རྩོད་ལྡན་བརྒྱ་པའི་འདྲེན་པར་སྨོན་པ་ཡིས། །ཐུགས་རྗེ་ཞིང་སའི་རྒྱུ་ནི་ཐ་དད་པས། །དེ་འདུལ་སྨོན་པའི་བཀའ་ཡང་དེ་བཞིན་བསྟན། །ཞེས་པས། ཡུ་བུའི་ཞིང་ཁམས་སྟོང་གསུམ་གྱི་འཇིག་རྟེན་འདི་ན་གནས་པའི་སེམས་ཅན་རྣམས་ནི་རྒྱུད་ཤིན་ཏུ་དྲེགས་ཤིང་མི་བསྲུན་པ་དུག་ལྔ་ཁ་ཚང་བས་རབ་ཏུ་གདུལ་དཀའ་བས། ཁྱད་པར་ཚེའི་སྙིགས་མ་ཚེ་ལོ་བརྒྱ་པ་མན་ཆད་ཀྱི་མི་རྣམས་ཀྱིས་མི་དགེ་བ་བཅུ་ཚང་པར་སྤྱོད་པས་རྩོད་ལྡན་གྱི་བསྐལ་པ་ཞེས་བྱ་བའི་དུས་སུ་རིགས་དང་བསྐལ་པ་མི་གཅིག །བློ་དང་མོས་པ་ཐ་དད་དེ། མདོ་ལས། ཡུ་བུའི་འཇིག་རྟེན་གྱི་ཁམས་འདི་ནི་ཤིན་ཏུ་མི་མཇེད་ལ་རབ་ཏུ་རྩོད་པ་ཅན་ཡིན་ནོ། །ཤིན་ཏུ་འཁྲོ་ལ་རབ་ཏུ་འཚིག་པ་ཅན་ཞིག་ཡིན་ནོ། །ཤིན་ཏུ་གདུལ་བཀའ་ལ་རབ་ཏུ་གདུལ་དཀའ་འོ། །ཞེས་དང་། དུག་ལྔ་ཁ་ཚང་བའི་ཐ་རམ་གྱིས་དམ་དུ་བསྡམས་པ་ཡིན་ཏེ། ཞེས་སོ། །དེ་དག་འདྲེན་པའི་ཐབས་ལ་བསྟན་པའི་གཙོ་བོས་ཀྱང་། དྲང་དོན་དང་ངེས་དོན། སྔགས་དང་མཚན་ཉིད་ཐེག་པ་རིམ་པ་སྣ་ཚོགས་པ། བོན་སྒོ་མི་འདྲ་བ་དུ་མ་གདུལ་བྱའི་རྒྱུད་ཐ་དད་པ་དང་བསྟུན་ནས་དུ་མར་གསུངས་ཏེ། ཡང་རྗེ་

ལས། བོན་ནད་པ་ལ་ཁ་ཟས་སྟེར་བ་ལྟར་ཐེག་པ་གང་མོས་སུ་བསྟན། ཞེས་དང་། བསྟོད་པ་ལས། སྣ་ཚོགས་ཁམས་དང་མཐུན་པའི་བོན་སློ་བསྟན། །ཞེས་པ་ལྟར་རྟོགས་གཞིའི་བོན་མི་འདྲ་བ་ཐ་དད་པ་ལྟར་གསུངས་སོ།།

གཉིས་པ་ལ་བཞི། རྟོགས་ལུགས་སོ་སོ་གཅིག་ཏུ་འདུས་པ་དང་། ལོག་པའི་རྟོགས་ལུགས་དང་། མ་ལོག་པའི་རྟོགས་ལུགས་དང་། བློ་ཁྱད་ཀྱི་འཇུག་པས་འབྲས་བུ་ཐོབ་ཚུལ་གྱིས་འཇུག་བསྡུ་བའོ། །དང་པོ་ནི། རྗེས་འབྲེང་མཁས་རྣམས་མི་མཐུན་བདེན་དོན་རེ། །ཀུན་ལ་འབྱུང་སྟེ་ཐམས་ཅད་སྨན་ཡིན་བཞིན། །ཐབས་ལམ་མི་མཐུན་བྱང་ཆུབ་འབྲས་བུར་གཅིག །ཛྷས་ཟན་བསགས་ཐབས་མི་མཐུན་དོན་གཅིག་ལྟར། །ཞེས་པས། གབ་པ་ལས་གསུངས་པ་ལྟར། ཐེག་པ་བརྒྱད་ཀྱི་གཉེར་དཔོན་རྣམས་ཀྱིས། རང་རང་གི་མོས་ཕྱོགས་སུ་ཞེན་ནས་ཁ་འཛིན་བྱེད་པ་ལྟར་སྟོན་པའི་རྗེས་སུ་འབྲེང་བའི་བསྟན་འཛིན་རྣམས་ཀྱང་མོས་པ་ཐ་དད་པའི་དབང་གིས་ལ་ལ་སྤྱུགས་ལ་མོས། ལ་ལ་མཚན་ཉིད་ལ་མོས། དེ་བཞིན་དུ་ཐེག་པ་གོང་འོག་ཏུ་ཞུགས་པའི་གང་ཟག་རྣམས་མོས་པ་མི་མཐུན་པ་ལྟར་འདུག་ཀྱང་བདེན་པའི་དོན་རེ་ཀུན་ལ་འབྱུང་སྟེ། དཔེར་ན་སྨན་པ་འཚོ་བྱེད་གཞོན་ནུས་ས་རྗེ་དང་རྩེ་ཤིང་ཐམས་ཅད་ནད་རེ་རེ་ལ་ཕན་པའི་སྨན་ཡིན་པར་མཐོང་བ་བཞིན། ཐབས་དང་ལམ་མི་འདྲ་བ་དུ་མ་སྟོན་ཀྱང་རང་གི་བློ་སྟོབས་ཀྱི་ཁྱད་པར་གྱིས་འགའ་རེ་ལམ་གྱི་གཙོ་བོ། འགའ་རེ་ལམ་གྱི་ཆ་རྐྱེན་ནམ་ཡན་ལག་ཙི་རིགས་སུ་འགྱུར་བས་ཐམས་ཅད་ཀྱང་འདོར་དུ་མེད་དེ་བྱང་ཆུབ་ཀྱི་འབྲས་བུ་བསྒྲུབ་པའི་དོན་དུ་གཅིག་གོ །དཔེར་ན་ཛྷས་ཟན་ཏེ། ཟས་ནོར་བསགས་པས་ཐབས་ལ་འགའ་རེས་ཚོང་བྱེད། འགའ་རེས་ཞིང་རྨོ། ལ་ལས་རིགས་

བྱེད་ཀྱིས་ཆོལ་ཏེ། བྱ་བ་མི་མཐུན་ཀྱང་སྡུག་པོ་བྱེད་པའི་དོན་ལ་ནི་གཅིག་པ་ལྟར་རོ། ། གཞན་ཡང་ཐེག་པ་ཆེན་པོས་ནི་གཞན་དོན་བསྒྲུབ་དགོས་ལ། དོན་བྱ་ཡུལ་གྱི་གདུལ་བྱ་རྣམས་ཀྱང་གང་ལ་གང་མོས་པ་མ་ངེས་པས་ཐམས་ཅད་ཀྱང་རང་གི་ཤེས་ནས་བསླབ་དགོས་པས་ཐེག་པ་ཆེན་པོ་ཡིན་ན་ཐེག་དམན་གྱི་སྡེ་སྣོད་ལ་མི་སློབ་པོ་ཞེས་སྨྲ་བ་ནི་ཕྱིན་ཅི་ལོག་གི་གཏམ་ཡིན་པས་ཐེག་པ་གོང་འོག་གི་སྡེ་སྣོད་གང་ཡང་མི་སྨོད་པར་ཐམས་ཅད་ལ་བསླབ་པར་བྱའོ།།

གཉིས་པ་ལོག་པའི་རྟོགས་ལུགས་ནི། རང་ལ་དཔག་སྟེ་གཞན་ལ་བསྐུར་འདེབས་པ། །གསེར་ལ་སྤང་བླང་བྱེད་འདྲ་གང་ཞིག་གིས། །ཞེས་པས། རང་མོས་པའི་ཕྱོགས་ལ་འཇུག་ནས་ཉམས་སུ་བླངས་པས་ཡོན་ཏན་ཅུང་ཟད་མཐོང་བ་ལ་དཔག་ནས་རང་ཕྱོགས་དང་མི་མཐུན། ཐབས་ལམ་དང་མི་མཐུན་པ་ལ་བསྐུར་བ་ནི། དཔེར་ན་གསེར་མཉམ་པོ་ལ། ཁ་ཅིག་ཡོན་ཏན་བྱེད་ཅིང་དང་དུ་ལེན། ཕྱོགས་གཅིག་སྨད་པ་བྱེད་ནས་སྤང་བ་ལྟར་ཤིན་ཏུ་མི་རིགས་ཏེ། རང་གི་འཇུག་ཕྱོགས་དེ་ལ་ཡོན་ཏན་གྱི་ནུས་པ་ཐོན་པའི་ངེས་པ་མེད་པར། གཞན་ལ་བསྐུར་བ་འདེབས་པའི་རྣམ་སྨིན་ཤིན་ཏུ་ཆེ་བར་བཤད་པས། ནུས་ན་ཐམས་ཅད་བསྒྲུབ། མི་ནུས་ན་ཡང་བསྐུར་བ་མི་གདབ་པར་ནམ་ཞིག་བསྒྲུབ་ནུས་པར་འགྱུར་སྙམ་དུ་མོས་པའི་ཡུལ་དུ་བཞག་པར་བྱའོ།།

གསུམ་པ་མ་ལོག་པའི་རྟོགས་ལུགས་ནི། གང་ཞིག་གིས། །གང་གིས་གྲོགས་གྱུར་ཉི་མ་སྒྲོན་མེ་འདྲ། །ཞེས་པས། བློ་དང་ལྡན་པ་གང་ཞིག་གིས་ཐེག་པ་གོང་འོག་གི་སྐྱོན་སྣ་རེ་ཟད་པ་དང་ཡོན་ཏན་སྣ་རེ་བསྐྱེད་པའི་དོན་ཅན་དུ་མཐོང་ནས་རང་འཇུག་ཕྱོགས་ཀྱི་གྲོགས་སུ་འགྱུར་བ་ནི་ཉི་མ་དང་སྒྲོན་མེ་འདྲ་སྟེ། དཔེར་ན་མུན་པ་

ཆེན་པོ་ཉི་མས་སེལ་ཡང་མུན་ཁུང་ཆུང་ངུ་ལ་སྒྲོན་མེ་དགོས་པ་བཞིན་ནོ། །རྒྱུད་ལས། ཐེག་པ་གཅིག་ལས་ཐེག་པ་བརྒྱད་ཀྱིས་ཟུར་སྟོང་བྱས། །ཞེས་གསུངས་པ་ལྟར། ནད་སྦྱོང་བ་ལ་སྨན་ཁ་ཅིག་གིས་སྦྱོང་། ཁ་ཅིག་གིས་བཤལ། ཁ་ཅིག་གིས་རྗེས་བཅད་པ་བཞིན་སྐབས་རེ་ལ་དགོས་པ་ཤེས་པར་བྱའོ།།

བཞི་པ་ནི། ངེས་འབྱུང་བློ་སོགས་ཁྱད་པར་རིམ་པ་ཡིས། །གཞུང་དུ་བསྒྲུབས་ན་འབྲས་བུ་ངེས་པར་ཐོབ། །ཅེས་པས། ལམ་ལ་ཞུགས་པ་པོའི་གང་ཟག་རང་ཉིད་ངན་སོང་གི་སྡུག་བསྔལ་ཙམ་ལས་ཐར་འདོད་ཀྱིས་བསླུ་བ་དང་། འཁོར་བ་སྤྱི་ལ་ངེས་པར་འབྱུང་འདོད་དང་། སྟོང་ཉིད་རྟོགས་པའི་ཤེས་རབ་དང་གཉིས་ལྡན་པ་དང་། དེའི་སྟེང་དུ་གཞན་དོན་དུ་བྱང་ཆུབ་ཀྱི་སེམས་བསྐྱེད་པའི་རྣམ་པ་གང་ལྡན་པའི་རིགས་པའི་ཁྱད་པར་གྱིས་གཞུང་གང་ལ་ཞུགས་ཀྱང་འབྲས་བུ་གོ་རིམ་ལྟར། མཐོ་རིས་དང་། ཐར་པ་ཙམ་དང་། ཐམས་ཅད་མཁྱེན་པ་ཐོབ་པ་འདུག་པ་པོ་རང་གིས་བློ་སྟོབས་དང་བརྩོན་འགྲུས་ཀྱིས་འབྲས་བུ་མཆོག་དམན་དང་ལམ་མྱུར་བུལ་དུ་འགྱུར་གྱིས། གཞུང་དང་གདམས་ངག་ཟབ་ཞན་ལ་ངེས་པ་མེད་དེ། གསང་སྔགས་ཟབ་ཀྱང་མི་དམིགས་པས་མ་ཟིན་ན། གདུག་པ་ཅན་སྲིན་པོར་གོལ་བ་གབ་པ་ལས་བཤད་པ་བཞིན་ནོ། །དེས་ན་ཐེག་པ་གོང་འོག་གང་གི་གཞུང་ལ་ཡང་བསྐྱུར་བ་སྤང་བར་བྱའོ།།

གཉིས་པ་བྱང་ཆུབ་བསྒྲུབ་ཐབས་ཀྱི་གཙོ་བོ་བླ་མ་བསྟེན་པ་ལ་གཉིས་ཏེ། མདོར་བསྟན་དང་རྒྱས་བཤད་དོ། །དང་པོ་ནི། གང་ཞིག་འཁོར་བ་ཐར་འདོད་བླ་མ་བསྟེན། །ཡོན་ཏན་རིམ་པའི་ཁྱད་པར་དེ་བཞིན་འགྱུར། །ཞེས་པས། རྟེན་གྱི་གང་ཟག་གང་ཞིག་གིས་འཁོར་བའི་སྡུག་བསྔལ་ལས་ཐར་ཞིང་ཐར་པ་ཐོབ་པར་འདོད་ན་བླ་

མ་བསྟེན་པ་བས་གལ་ཆེ་བ་མེད་པས་བླ་མ་བསྟེན་པར་བྱའོ། །བླ་མ་ཚད་ལྡན་བསྟེན་ན་ཡོན་ཏན་གྱི་ཁྱད་པར་ཡར་ངོའི་ཟླ་བ་ལྟར་ཇེ་འཕེལ་དུ་འགྲོ་བས་ཕྱིས་བླ་མ་དང་མཉམ་པར་འགྱུར་རོ། །ཡང་རྗེ་ལས། བླ་མ་ནི་སངས་རྒྱས་ཀྱི་ཞལ་ཚབ། ཐར་པའི་དེད་དཔོན། སྡུག་བསྔལ་གྱི་སྐྱབས་གནས་ཏེ། དགེ་ལེགས་ཐམས་ཅད་ཀྱི་འབྱུང་གནས་བླ་མ་ཡིན་པས་བསྟེན་པར་བྱའོ། །ཞེས་དང་། སྐྱ་བ་འཛིན་པ་མེད་པ་ཡྀ། །གྲུ་ཡིས་ཕ་རོལ་ཕྱིན་མི་འགྱུར། །བླ་མ་དག་ལ་མ་བསྟེན་པར། །མྱ་ངན་འདས་པ་ཐོབ་མི་འགྱུར། །ཞེས་གསུངས་པ་ལྟར་རོ།།

གཉིས་པ་ལ་ལྔ། གྲོལ་བར་ནུས་པའི་བླ་མ་གང་བསྟེན་པ་དང་། གྲོལ་དུ་རུང་བའི་སློབ་མ་གང་གིས་བསྟེན་པ་དང་། ཐུགས་བཟུང་བ་དང་། བཀའ་དྲིན་ཞུ་བ་དང་། ཡོན་ཏན་ནོ། དང་པོ་ནི། སྡེ་སྣོད་ལ་མཁས་བསླབ་པ་གསུམ་དང་ལྡན། །འདི་དོན་སྤང་ཞིང་གཞན་ལ་བརྩེ་བ་ཅན། །ཚོད་ཟིན་སྟོན་མཁས་སྐྱོ་མེད་བརྩོན་དང་བཅས། །ཁྱད་པར་སེམས་བསྐྱེད་དབང་དང་དམ་ཚིག་ལྡན། །ཞེས་པས། བླ་མ་ཅི་ལྟ་བུ་བསྟེན་ཞེ་ན། མིང་ཐོགས་པ་ཙམ་གྱིས་མི་ཚོག་པར། སློབ་མའི་རྒྱུད་ལ་ཐོས་བསམ་བསྒོམ་གསུམ་གྱི་ཤེས་རབ་ལ་སོགས་པའི་ཡོན་ཏན་བསྐྱེད་ནུས་པ་ཞིག་དགོས། དེ་ཡང་ཐེག་པ་ཆེ་ཆུང་གི་ལམ་གང་ལ་འཇུག་འདོད་ཀྱང་དེའི་ལམ་ལ་འཁྲིད་པའི་བཤེས་གཉེན་བསྟེན་པར་འོས་པ་དེའི་མཚན་ཉིད་ནི་ཐུན་མོང་དུ་སྡེ་སྣོད་རིན་པོ་ཆེ་གསུམ་གྱི་ཚིག་དོན་ལ་མཁས་པ། དེའི་དོན་བསླབ་པ་གསུམ་དང་ལྡན་པ། ཚེ་འདི་ཙམ་གྱི་ཆེད་དུ་ཟས་ནོར་གྲྭ་སློབ་སྙན་གྲགས་བཀུར་བསྟི་ཆེས་ཆེར་དོན་དུ་གཉེར་བ་སྤང་བ་སྟེ། འདི་རྣམས་ནི་རང་ཉིད་གྲོལ་བར་བྱེད་པའི་ཡོན་ཏན་ལྔ་སྟེ། མཁས་པ་དང་གཅིག བསླབ་པ་གསུམ

རེ་རེར་བརྩི་བ་དང་བཞི། འདི་དོན་སྤངས་བ་དང་ལྔའོ། །གཞན་རྒྱུད་སྨིན་པར་བྱེད་པའི་ཡོན་ཏན་ལྔ་ནི། གཞན་སློབ་མ་ལ་བརྩེ་བ་དང་ལྡན་པ། སློབ་མ་ཤེས་རབ་ཆེ་ཆུང་ཅི་ཙམ་ཡོད་པའི་ཚོད་ཟིན་ནས་དེ་དང་འཚམས་པའི་བོན་སྟོན་མཁས་པ། ཅི་ཙམ་བཤད་ཡང་སྐྱོ་བ་དང་ངལ་དུབ་མེད་པ། འཆད་པ་ལ་མི་སྤྲོ་བའི་གཡེང་བ་མེད་པ། ལེ་ལོ་མེད་པའི་བརྩོན་འགྲུས་དང་བཅས་པའོ། །ཡོན་ཏན་བཅུ་པོ་འདི་ལྡན་ན་བསྟེན་པར་འོས་པའི་བླ་མ་ཡིན་ཏེ། གཞན་རྒྱུད་སྨིན་པར་ནུས་པའི་ཕྱིར་རོ། །ཁྱད་པར་དུ་ཐེག་པ་ཆེན་པོའི་ལམ་ལ་འཇུག་འདོད་སྐྱེས་ན། དེའི་བླ་མ་ནི་སྨོན་འཇུག་བྱང་ཆུབ་ཀྱི་སེམས་བསྐྱེད་ཆོ་གས་བཟུང་ནས་རྩ་ལྟུང་སོགས་ཀྱིས་མ་གོས་པ། ཐེག་ཆེན་གྱི་སྡེ་སྣོད་མཁྱེན་པ་ཞིག་དགོས་ཏེ། དེ་མེད་ན་རང་ལས་དམན་པ་བསྟེན་པར་མི་འོས་པའི་ཕྱིར་རོ། །གསང་སྔགས་ཀྱི་ལམ་ལ་ཞུགས་པར་འདོད་པའི་སློབ་མས་ནི་གོང་དུ་བསྟན་པ་རྣམས་ཀྱི་སྟེང་དུ། རྒྱུད་ཁུངས་མ་ཆད་པའི་དབང་དང་ལྡན་པ། རྩ་བ་དང་ཡན་ལག་གི་དམ་ཚིག་ལ་གནས་པ། གསང་སྔགས་ཀྱི་རྒྱུད་སྡེ་ལ་མཁས་པ་སོགས་དང་ལྡན་པ་ལ་བསྟེན་དགོས་སོ། །འོ་ན་སྙིགས་དུས་འདིར་ཡོན་ཏན་དེ་ལྟ་ལྡན་པ་མི་རྙེད་ན་ཅི་བྱ་ཞེ་ན། མཚན་ཉིད་ཚང་བ་དཀོན་པས་མདོར་ན་ནི། །ཡོན་ཏན་ལྷག་ཅིང་དགེ་ལ་གཞོལ་ནུས་བསྟེན། །ཞེས་གསུངས་ཏེ། མཚན་ཉིད་དེ་རྣམས་ཅི་ལྟ་བ་ཚང་བར་ལྡན་པ་ནི་ཤིན་ཏུ་དཀོན་པས། མདོར་ན་མཚན་ཉིད་དེ་རྣམས་ཀྱི་ཕྱོགས་གཅིག་དང་ཆ་ཤས་གང་ལྡན་གྱི་སློབ་པ་པོ་རང་ཉིད་ལས་ཡོན་ཏན་ལྷག་ཅིང་། མི་དགེ་བ་ལས་བློ་འཚོས་ནུས་པ། ལུང་མ་བསྟན་དང་སྙོམས་ལས་ལ་མི་འཛོག་པར་དགེ་བའི་ཕྱོགས་སུ་གཞོལ་ནུས་པ་བསྟེན་པར་བྱའོ། །དེ་ལས་གཞན་དུ་ཅི་ལྟར་བསྟེན་པ་ཙམ་

གྱིས་དད་པ་དང་ཤེས་རབ་ལ་སོགས་པའི་ཡོན་ཏན་སྔར་ཡོད་ཉམས་ཤིང་གསར་དུ་མི་འཕེལ་ལ་སྡིག་སེམས་དང་ཁ་ན་མ་ཐོ་བ་ལ་སོགས་པའི་ཉེས་སྐྱོན་སྔར་ཡོད་མུན་འཕྲིགས་ཤིང་གསར་དུ་འཕེལ་བར་བྱེད་པ། སྐྲ་བྲེག་གི་མགོ་ཟླུམ་རི་ལ། ཕྱི་རྒྱུན་གྱི་གོས་སེར་གཟུགས་ཀྱི་ཕྱི་ཚུལ་ཙམ་གཟབ་ཀྱང་དོན་དུ་གཉེར་བྱ་ཟས་ནོར་གྱི་གསོག་གྲུབ་སོགས་པར་འདུག་ན་མི་འགྲོགས་པར་མ་ཟད་ཐྱོལ་བར་བྱའོ། །ཕལ་ཆེར་ཡོན་ཏན་མེད་པའི་མི་ལ་བླ་མ་ཊུ་མིང་བཏགས། རྟོག་བཟོས་སྦྱར་བའི་བོན་ལ་ཁུངས་མ་ཊུ་སྙད་བཏགས་ནས་དེ་ལ་བསྟེན་པའི་འཆད་ཉན་བྱེད་ལོ་ཙི་ཙམ་བྱས་ཀྱང་བློ་བསྐྱེད་མི་འབྱུང་བར་མ་ཟད། དོན་གཉེར་ཅན་མང་པོ་ལམ་ལོག་མིན་དུ་ཁྲིད་ནས་བསླུ་བར་མཐོང་ངོ་། །མདོ་ལས། སྡིག་པའི་སློབ་དཔོན་དང་འཕྲད་ན་ལོག་པར་ཁྲིད་ནས་ངན་སོང་འཁོར་བར་སྐྱེ་ལ། དགེ་བའི་སློབ་དཔོན་དང་འཕྲད་ན་ངེས་པའི་དོན་བསྟན་ནས་མཐོ་རིས་དང་ཐར་པ་འཐོབ། ཅེས་གསུངས་པས། གཏན་གྱི་འདུན་མའི་ རྩ་བ་ཡིན་པས་བསྟེན་བྱ་བཤེས་གཉེན་གྱི་འདམ་ག་ཤིན་ཏུ་གལ་ཆེའོ།།

གཉིས་པ་རྟེན་བྱེད་སློབ་མ་ནི། དོན་གཉེར་ཆེ་ཞིང་ཉེས་ལེགས་འདོར་ལེན་ཤེས། །བླ་མ་ལ་གུས་ཡིད་གཞུང་བརྩོན་འགྲུས་ལྡན། །ཞེས་པས། མཚན་ཉིད་ལྔ་ལྡན་དགོས་པར་བསྟན་པ་ལས། དང་པོ་ནི། འབྲས་བུ་ཐར་པ་དང་ཐམས་ཅད་མཁྱེན་པ་ཐོབ་འདོད་ཀྱི་དོན་གཉེར་དང་ལྡན་པ་ལ་དེའི་རྒྱུ་ལམ་ཉམས་སུ་ལེན་པ་ལ་ཡང་། དོན་གཉེར་ཆེ་བ་ཞིག་དགོས་སོ། །དེ་ཡང་སྟོན་པའི་གསུང་རབ་རྣམས་ཤེས་དགོས་པས་གཞུང་དང་མན་ངག་གི་ཚིག་དོན་ལ་ཐོས་བསམ་དོན་དུ་གཉེར་བ་སྟེ། དོན་གཉེར་གསུམ་ག་དང་ལྡན་པའོ། །གཉིས་པ་ནི། ཉེས་པ་དང་སྐྱོན་གང་ལ་གནས་པའི་

ཕྱོགས་འདོར་བ་དང་། ལེགས་པ་དང་ཡང་དག་པ་གང་ལ་གནས་པ་དང་དུ་ལེན་ཤེས་པའི་བློ་དང་ལྡན་པའོ། །གསུམ་པ་ནི། བླ་མ་དང་བོན་ལ་གུས་པ་ཡོད་པའོ། །བཞི་པ་ནི། འགྱུར་ལྡོག་ཆུང་བ་སྟེ། རྟག་ཚུགས་པའོ། །ལྔ་པ་ནི། བརྩོན་འགྲུས་དང་ལྡན་པའོ། །ཡོན་ཏན་ལྔ་པོ་དེ་དང་ལྡན་ན་སྣོད་ལྡན་གྱི་སློབ་མ་ཡིན་ཏེ། རྒྱུད་སྨིན་པར་སླ་བའི་ཕྱིར་རོ། །ཡང་རྩེ་ལས། དད་མོས་དང་བརྩོན་འགྲུས་ཆེ་བ། ཐོས་བསམ་གྱིས་གདུང་བ། ཞེ་བཅད་ཀྱི་བློ་བརྟན་པ། ཐར་པ་དོན་དུ་གཉེར་བ་དགོས་སོ། །ཞེས་དང་། བླ་མ་བཅུད་ལྡན་ཡོད་ཀྱང་སློབ་མ་སྣོད་ལྡན་མེད་ན་མ་ལ་ནོ་ཡོད་ཀྱང་བུ་ལ་རྐན་མེད་པ་དང་འདྲ། སློབ་མ་སྣོད་ལྡན་ཡོད་ཀྱང་བླ་མ་བཅུད་ལྡན་མེད་ན་བུ་ལ་རྐན་ཡོད་ཀྱང་མ་ལ་ནོ་མེད་པ་དང་འདྲ། དེས་ན་སྣོད་དང་བཅུད་དུ་འཛོམ་དགོས་གསུངས་པས། བཅུད་ལྡན་སློབ་དཔོན་དང་སྣོད་ལྡན་གྱི་སློབ་མ་འཛོམ་དཀའ་བས་མཚན་ཉིད་དེ་རྣམས་ཀྱི་ཆ་མཚུངས་ཙམ་བྱུང་ནའང་ཕན་ཚུན་ཡལ་བར་མི་འདོར་བར་འབད་པར་བྱའོ།།

གསུམ་པ་ནི། རང་རྒྱུད་ཀྱི་སྡིག་སྒྲིབ་ལ་སོགས་པའི་ཉེས་སྐྱོན་མྱུར་དུ་དག་ནས། ཡོན་ཏན་གྱི་ཚོགས་ཐམས་ཅད་ཡོངས་སུ་རྫོགས་པའི་ཐབས་ལ་བླ་མ་གུས་པས་ཚུལ་བཞིན་བསྟེན་པ་ལེགས་པར་བྱ་སྟེ། རྒྱུད་སྦྱོང་བ་ལ་དེ་ལས་ཁྱད་པར་འཕགས་པ་མེད་པས་དེ་ལ་བཞི། སྐུ་གསུང་ཐུགས་གསུམ་བསྙེན་བཀུར་གྱིས་ཐུགས་བཟུང་བ་དང་། ཟང་ཟིང་གིས་ཐུགས་བཟུང་བ་དང་། རང་རྒྱུད་ཀྱིས་ཐུགས་བཟུང་བ་དང་། དོན་ལྡན་གྱིས་ཐུགས་བཟུང་བའོ། །དང་པོ་ནི། ཟས་དང་གོས་སོགས་སྐུ་ཡི་རིམ་གྲོ་དང་། །གསུང་ལ་བཀའ་ཉན་ཐུགས་ནི་མཉེས་བྱས་བཟུང་། །ཞེས་པས། བླ་མ་གང་ལ་མཉེས་པའི་ཟས་དང་གོས་སོགས་དང་། སྐུ་ལ་གང་འཁྲོད་པའི་རིམ་གྲོ་ཁྲུས་དང་བསྐུ་མཉེ་བྱ་བ

སོགས་དང་། གསུང་གི་ཅི་ལྟར་བཀའ་བགོད་པ་བཞིན་ཉན་པ་དང་། མདོར་ན་ཐུགས་གང་ལ་མཉེས་པའི་ཐབས་བསྒྲུབ་པའི་སྒོ་ནས་ཐུགས་བཟུང་བར་བྱའོ། །ཀཱ་ཏེ་བླ་མ་དེས་མ་རིག་པའི་ལམ་དུ་ཁྲིད་པ་དང་། སྡོམ་པ་གསུམ་དང་འགལ་བའི་བྱ་བར་སྦྱོར་ན། དེ་ལ་ནི་འཇུག་མི་རུང་བས་བཤགས་སྡུང་ལེགས་པོར་བྱས་ནས་མི་བྱ་བར་བཤད་དོ། །དེ་མ་གཏོགས་པའི་ངན་ལས་དང་དཀའ་སྤྱད་ཅི་ཙམ་ལ་བསྐོས་ཀྱང་དེས་ཡིད་སུན་པ་དང་སྐྱོ་བར་མི་བྱ་བར་བསྒྲུབ་དགོས་ཏེ། མདོ་ལས། སློབ་དཔོན་ལྷ་ཡི་བཀའ་བྱུང་ན། །དམྱལ་བར་སྒྱུགས་ཀྱང་བཟོད་པར་བགྱིའོ། །ཞེས་སོ།།

གཉིས་པ་ནི། བླ་མེད་མཆོད་པ་སྦྱིན་གྱི་རྒྱན་སོགས་འབུལ། །ཞེས་པས། ཡང་རྩེ་ལས། ལུས་ཀྱི་ཟླ་རོགས། མཆན་གྱི་བུ། ནོར་གྱི་དབྱིག ཟས་ཀྱི་བཅུད། གོས་ཀྱི་ཁ་དོག ཡིད་ལ་འཛིན་པ་མེད་པས་ཕུལ་ལོ། །ཞེས་གསུངས་པ་ལྟར། རང་ལ་འབྱོར་ཚད་ཀྱི་ལོངས་སྤྱོད་དངོས་པོ་གང་ལ་ཡང་མ་ཆགས་པར་འབུལ་ལོ། །ཁྱད་པར་གང་མཐོ་བ་དང་ཡིད་ལ་འོང་ཤས་རྣམས་འདམས་ནས་ཕུལ་ན་དངོས་གྲུབ་མྱུར་ལ། བཟང་པོ་ཡོད་བཞིན་དུ་ངན་པ་ལས་མ་ཕུལ་ན་དམ་ཚིག་ཉམས་ཏེ། རང་ལ་དེ་ལས་མེད་པ་དང་བླ་མ་དེ་ལ་དགྱེས་ན་ཉེས་པ་མེད་གསུངས་སོ། །དེ་ཡང་སློབ་མའི་ངོས་ནས་ཚོགས་བསགས་པའི་མཆོག་ཡིན་པས་དེ་འདྲ་བ་ཞིག་དགོས་ཀྱི། བླ་མ་ནི་དེ་ལ་མི་ལྟ་བ་ཞིག་དགོས་པ་འདྲའོ།།

གསུམ་པ་ནི། ལུས་ཀྱི་སྤྱོད་པས་བླ་མ་མཉེས་བྱས་ཏེ། །ངག་གིས་དེ་བཞིན་ཡིད་ཀྱིས་སངས་རྒྱས་ལྟ། །ཞེས་པས། ལུས་ཀྱིས་བླ་མའི་མདུན་དུ་མ་དག་པའི་སྤྱོད་ལམ་སྤངས་ལ་བག་ཡོད་པས་སྐུ་གཡོག་ལ་སོགས་པའི་སྤྱོད་ལམ་དག་པས་བླ་མ་མཉེས་པར་བྱ་ཞིང་། ངག་གིས་ཀྱང་དེ་བཞིན་གཙོམ་སྨྲ་སོགས་སྤངས་ལ་ཞི་བ་དང་དུལ་

པའི་སློ་ནས་ཞེ་ས་དང་བསྟོད་པ་སོགས་གང་ལ་མཉེས་པ་དེ་སྨྲ་ཞིང་། ཡིད་ཀྱིས་ཀྱང་སངས་རྒྱས་དངོས་ཡིན་སྙམ་པའི་འདུ་ཤེས་བཞག་སྟེ། རྒྱུད་ལས། བླ་མ་ཅི་ལྟར་ལྟ་ཞེ་ན། །སངས་རྒྱས་ལ་ཅི་ལྟར་ལྟ་བ་བཞིན་དུའོ། །ཞེས་དང་། བླ་མ་སངས་རྒྱས་སུ་མཐོང་ན་གདམས་ངག་བདུད་རྩི་རུ་འགྱུར། མི་རུ་མཐོང་ན་ཟས་སྐོམ། ཁྱི་རུ་མཐོང་ན་དུག་ཏུ་བབས། ཅེས་གསུངས་པས། དག་སྣང་སྐྱེས་ཚོད་ཀྱིས་རང་ལ་ཡོན་ཏན་སྐྱེ་བ་རྟེན་འབྲེལ་ཡིན་ནོ། །དེ་ཡང་བླ་མ་ལ་སྐྱོན་ཡོན་ཤེས་མཉམ་ཡོད་ཀྱང་སྐྱོན་གྱི་ངོས་ནས་མི་རྟོག་པར་ཡོན་ཏན་གྱི་ཕྱོགས་ལ་ནི་ནས་བསམ་ན་དངོས་གྲུབ་འབྱུང་ལ། སྐྱོན་ཅུང་ཟད་ལས་མེད་ཀྱང་དེ་ལ་བསམ་ན་དངོས་གྲུབ་ཀྱི་གེགས་ཡིན་པས་ཐོས་པ་དང་ཚུལ་ཁྲིམས་ལ་སོགས་པས་ཡོན་ཏན་གང་ཡོད་དང་རང་ལ་ཡོན་ཏན་ཅི་ཙམ་བསྐྱེད་པ་ལ་སོགས་པའི་ངོས་ནས་བསམ་པའི་དག་སྣང་སྦྱང་ཞིང་སྐྱོན་རྟོག་གི་བློ་ཡེ་མ་ཤོར་བར་བྱའོ། །གལ་ཏེ་ཤོར་ན་ཡང་བཤགས་སྡོམ་ལ་འབད་པར་བྱའོ།།

བཞི་པ་ནི། བཀའ་ལུང་གཞུང་བཞིན་དོན་དང་ལྡན་པར་སྒྲུབས། །ཅེས་པ་བླ་མ་གང་བསྟན་པའི་གདམས་པ་དང་། བཀའ་ལུང་གཞུང་ལས་ཇི་ལྟར་བྱུང་བ་བཞིན་དོན་དང་མི་འགལ་བར་བསྒྲུབ་ན་བསྙེན་བཀུར་གྱི་མཆོག་ཡིན་པ་ཐམས་ཅད་མཁྱེན་པ་སངས་རྒྱས་ཀྱིས་གསུངས་ཏེ། མདོ་ལས། གདམས་བཞིན་དོན་དང་ལྡན་པ་སློབ་བུ་དམ་པའི་མཆོག ཅེས། བླ་མ་དེ་སྒྲུབ་པ་ལ་མཉེས་ཀྱི་ཟང་ཟིང་ལ་མི་བལྟ་བ་ཞིག་དགོས་སོ། །དེ་ལས་ལྡོག་ན་བླ་མར་མི་འོས་པར་སྤང་གསུངས་པ་ལྟར་རོ།།

བཞི་པ་ནི། དེ་ལྟར་བཤེས་གཉེན་ཚུལ་བཞིན་བསྟེན་ནས་བཀའ་དྲིན་ཞུ་དགོས་པས་དེ་ལ་གསུམ། སྟོན་འགྲོ་དང་། དངོས་གཞི། རྗེས་ཀྱི་བྱ་བའོ། །དང་པོ་ལ་གཉིས་

ཏེ། འདུ་ཤེས་ཀྱི་ཁྱད་པར་དང་། བསམ་པའི་ཁྱད་པར་རོ། །དང་པོ་ནི། ནད་དང་སྨན་པ་གདམས་ངག་སྨན་བཞིན་དུ། །དཔོན་སློབ་གཉིས་ཀས་འདུ་ཤེས་གསུམ་སོགས་བཞག །ཅེས་པ་མཚད་ཉན་ལ་སོགས་པའི་ལམ་གང་ལ་ཉམས་སུ་ལེན་པ་དེ་བསམ་པའི་ཁྱད་པར་གྱིས་དྲིགས་སུ་མཆོར་བ་དང་ལམ་དུ་འགྲོ་བ་གཉིས་ཡོད་པས་དང་པོ་ནས་བསམ་པ་བཟང་པོས་ལམ་དུ་བསྒྱུར་བ་ལ་འདི་ལྟར་བསམ་པར་བྱ་སྟེ། ཉན་པ་པོ་རང་ལ་ནད་པ་ལྟ་བུའི་འདུ་ཤེས་བཞག་སྟེ། རྒྱུན་རིང་ཞིང་གསོ་དཀའ་བའི་བདག་འཛིན་ཆགས་སྡང་ལ་སོགས་ཉོན་མོངས་གཅོང་ནད་ཀྱིས་ཐེབས་ནས། ངན་འགྲོ་ལ་སོགས་པ་འགྲོ་བ་ལྔའི་སྡུག་བསྔལ་གྱིས་ནད་ཟུག་གཟེར་ཆེ་བ་རེ་མོས་སུ་ཉམས་སུ་མྱོང་བའི་ཕྱིར་རོ། །བླ་མ་ལ་སྨན་པ་ལྟ་བུའི་འདུ་ཤེས་བཞག་སྟེ། སྡུག་བསྔལ་གྱི་ནད་ཚབ་པོ་ཆེ་དེ་འཚོས་ཤེས་པའི་ཕྱིར་རོ། །གདམས་ངག་ལ་སྨན་གྱི་འདུ་ཤེས་བཞག་སྟེ། དེས་བསྟན་པའི་དོན་འདི་ཉམས་སུ་བླངས་པས་སྡུག་བསྔལ་གྱི་ནད་དེ་ལས་ཐར་པའི་ཕྱིར་རོ། །དཔོན་སློབ་གཉིས་ཀས་དེ་སོགས་འཆད་ཉན་འདིས་སངས་རྒྱས་ཀྱི་བསྟན་པ་ཡུན་རིང་དུ་གནས་པར་ཤོག །འདི་དག་ཤེས་ན་སེམས་ཅན་གྱི་དོན་དུ་འགྱུར་རོ་སྙམ་དུ་སེམས་བསྐྱེད།

གཉིས་པ་ནི། ཟང་ཟིང་འཁོར་གཡོག་གྲགས་པ་ལ་སོགས་དང་། །ལྷ་མི་བདེ་བའི་དོན་དང་རང་ཉིད་ཀྱིས། །བྱང་ཆུབ་འདོད་མིན་འགྲོ་ཀུན་དྲང་བའི་ཕྱིར། །ཞེས་པས། གང་ལ་འཆད་ཉན་བྱེད་པའི་གཞུང་འདི་ཤེས་ན་ཚེ་འདིར་ཟང་ཟིང་གི་འབུལ་བ་དང་། གྲྭ་པ་དང་འཁོར་གཡོག་འབྱུང་བ་དང་། མཁས་པའི་གྲགས་པ་སྙན་པ་ཐོབ་པ་དང་། དེ་ལ་སོགས་བཀུར་བསྟི་བྱེད་པ་མང་དུ་འབྱུང་ངོ་སྙམ་པའི་བསམ་པ་ལོག་པ་དང་། ཕྱི་མ་ལྷ་མི་བདེ་བའི་དོན་དུ་ཉན་པའི་བསམ་པ་དམན་པ་དང་། རང་ཉིད་གཅིག་པུ་བྱང་ཆུབ་

ཐོབ་འདོད་ཀྱི་བསམ་པ་ཆུང་བ་སྟེ་དེ་རྣམས་སྤངས་ལ། བདག་གིས་འགྲོ་ཀུན་དྲངས་པའི་ཕྱིར་སངས་རྒྱས་ཐོབ་པར་བྱ། དེ་ཐོབ་པ་ལ་དེའི་རྒྱུ་མ་ནོར་ཞིང་ཆ་ཚང་བ་ཞིག་ཉམས་སུ་བླང་དགོས་པས་དེའི་ཆེད་དུ་ཉན་པར་བྱའོ་སྙམ་དུ་སེམས་བསྐྱེད་དོ།།

གཉིས་པ་དངོས་གཞི་ནི། ཡེངས་རྒྱུགས་ཁེ་དྲིགས་ཚུལ་བལྷ་སྐྱོ་བ་དང་། །ཉན་བསམ་བསྒོམ་ལ་དྲེད་སྤང་ཟུང་འཇུག་ཏུ། །སྤང་ནས་རིམ་པས་ཤེས་རྒྱུད་ཡོངས་སུ་སྦྱང་། །ཞེས་པས། གསུང་རབ་ལས། གསས་མཁར་རི་རབ་དཔེར་བཞག་གི་ནང་ན་ཤེལ་གྱི་སེང་གེ་བཞི་བཞི་བརྒྱད་བརྩོལ་བའི་ཁྲི་ལ་ནི་བཞུགས། དབུ་ལ་གསེར་གྱི་ཐྲོག་ཞུ་ནི་གསོལ། ཕྱག་ན་སྲིད་པ་སྐྱོས་ཀྱི་ཆགས་ཤིང་ནི་བསྣམས་ནས། བརྗིད་པའི་ཚུལ་དང་དགའ་བའི་མདངས་ཀྱིས་འཕྲུལ་ངག་བདེན་པའི་བོན་རབ་ཏུ་སྟོན་ནོ། །ཞེས་གསུངས་པ་ལྟར། འཆད་པ་པོས་ཁྲུས་བྱས་ཤིང་གཙང་སྦྲ་དང་ལྡན་པས་གོས་གཙང་མ་བགོས་ལ་གཙང་ཞིང་ཡིད་དུ་འོང་བའི་ཕྱོགས་སུ་འཆད་ཁྲི་མཐོན་པོ་ལ་གདན་མཛེས་པར་བཤམས་ལ་ལུས་དག་པ་དཀྱིལ་དཀྲུང་གིས་འཁོད་ནས་ལྷག་པའི་ལྷ་སོགས་ལ་སྐྱབས་སུ་འགྲོ་བ་སྔོན་དུ་བཏང་ནས་བཞིན་གྱི་མདངས་གསལ་ཞིང་སྨྲ་སྒོ་དག་པས་གང་བཤད་པའི་དོན་དེ་དཔེ་དང་གཏན་ཚིགས་དང་ལུང་གི་ངེས་ངེས་སུ་བཤད་པར་བྱའོ། །དེའི་ཚེ་ལུས་མ་དག་པ་རྐང་རྐྱོང་སོགས་དང་། ངག་མ་དག་པ་སྐབས་སུ་འཕྲོས་པའི་གླིང་བསླང་དང་བདག་ཉིད་བསྟོད་ཅིང་གཞན་སྨོད་པ་དང་། དཔེ་འབྱུད་པ་སོགས་སྤངས་བར་བྱའོ། །ཡིད་ཀྱིས་ཀྱང་གོང་དུ་ལོག་པའི་བསམ་པ་ངན་པའི་སྐྱོན་བཤད་པ་ལྟ་བུ་སྤངས་ལ་བསྟན་པ་དར་བ་དང་སེམས་ཅན་ལ་ཕན་པར་བྱའོ་སྙམ་དུ་སེམས་བསྐྱེད་ལ་བཤད་པར་བྱའོ། །ཉན་པ་པོས་ཀྱང་ཐོས་པར་བྱེད་

རེས་ཀྱིས་མི་ཤེས་པའི་རབ་རིབ་སེལ་ཞིང་ཤེས་རབ་ཀྱི་མིག་ཇེ་གསལ་དུ་འོང་བ་སོགས་ཕན་ཡོན་དྲན་པའི་སྒོ་ནས་སྟོན་པ་དང་བསྟན་པ་ལ་གུས་པས་ཕྱག་ལེགས་པར་བྱས་ལ་ལུས་གུས་པ་ཅོག་པུ་སོགས་ཀྱིས་འདུག་ཅིང་། ངག་མ་དག་པ་གཙོམ་སྒྲ་ཤ་ཤིབ་དང་། ཕློག་གཏམ་དང་འདྲིས་པ་མེད་པའི་གླེང་བསླང་སོགས་སྤངས་ནས། ཕྱི་གཟུགས་སྒྲ་ལ་སོགས་ལ་ཡེངས་ནས་འཆད་པ་པོའི་ངག་སྒྲོས་ལ་རྣ་བ་མི་གཏོད་པ་དང་། ནང་དུ་བསམ་བློ་གཞན་ཞིག་ལ་ཡེངས་ནས་ཡིད་མི་གཏོད་པ་དང་། རྨུགས་ནས་གཉིད་དུ་སོང་བ་དང་། ཁ་དྲིགས་དང་། དགའ་བ་ལ་རེ་བའི་ཚུལ་བལྟ་བ་དང་། ཐུན་ཐག་རིང་གི་སྐམ་པའི་སྐྱོ་བ་སོགས་སྤང་བར་བྱའོ། །གཞན་ཡང་ཉན་པའི་བློ་དྲིད་པ་བྲག་ངོས་ལ་སྲུན་མ་གཏོར་བ་ལྟ་བུ་ཡིད་ལ་མི་ཟིན་པ་སྤངས་ན་སྣོད་ཁ་སྦུབ་ལྟ་བུའི་སྐྱོན་ལས་གྲོལ། བསམ་པའི་བློ་དྲིད་པ་ལོང་བའི་ལག་ཏུ་རྫས་ཁྲ་བོ་གཏད་པ་ལྟ་བུ་དོན་ལ་རྟོག་དཔྱོད་མེད་ཅིང་ཡིད་ལ་མི་འཛིན་པ་སྤང་ན་སྣོད་གས་ཅན་ལྟ་བུའི་སྐྱོན་ལས་གྲོལ། བསྒོམ་པའི་བློ་དྲིད་པ་ཚོལ་ཆུང་བྱིས་པས་འཇའ་ཚོན་དེད་པ་ལྟ་བུ་ཚིག་ཐོག་ལ་འབྱམས་པ་དོན་ཉམས་སུ་མི་ལེན་པ་སྤངས་ན་སྣོད་དུག་ཅན་ལྟ་བུའི་སྐྱོན་ལས་གྲོལ་ལོ། །དེའི་ཕྱིར་ཚིག་དོན་གཉིས་ཀ་ཟུང་འཇུག་དུས་གཅིག་ཏུ་བཟུང་བའམ། ཡང་ན་དང་པོ་ཚིག་བཟུང་། བར་དུ་དོན་ལ་རྟོག་དཔྱོད་གཏོང་། ཐ་མར་དེའི་དོན་ཉམས་སུ་བླངས་པས་ཤེས་པའི་རྒྱུད་སྦྱངས་བར་བྱའོ།།

གསུམ་པ་རྗེས་ཀྱི་བྱ་བ་ནི། འཆད་ཉན་བྱས་རེས་ཀྱི་རྗེས་ལ། བཤད་ཉན་བྱས་པའི་དགེ་བ་རྣམས་གནས་སྐབས་བསྟན་པ་དར་བ་དང་། སེམས་ཅན་ལ་དགེ་བ་མཐར་ཐུག་བྱང་ཆུབ་ཐོབ་པའི་འདུན་པ་དྲག་པོས་བསྔོ་བར་བྱའོ།།

ཤེས་ནས་འཇུག་པར་བྱ་བ་ནི། །མི་བཙོང་ཁྲིད་དུ་མི་བསད་སྤྱངས་མི་བྱ། །ཕྱོག་མེད་མཐར་ཕྱིན་མཚོ་ལ་ཛོ་བོར་བཞིན། །ཞེས་པས། ཤེས་ནས་ཟས་ནོར་དུ་བཙོང་བ་དང་། མ་མོས་པ་ཁྲིད་དུ་བསད་པ་དང་། སྤྱངས་པ་ལ་སོགས་མི་བྱ་བར་སྤྱིར་ཐོས་པ་ལ་སོགས་དགེ་སློར་ཞུགས་པ་དང་། དགོས་སུ་གཞུང་འདིར་ཞུགས་ནས་བར་སྐབས་ཕྱོག་པ་མེད་པར་མཚོན་ལ་ཛོ་བོར་བ་བཞིན་མཐར་ཕྱིན་པར་བྱའོ།།

ལྷ་པ་བཤེས་གཉེན་ཚུལ་བཞིན་བསྟེན་ནས་ཐོས་བསམ་གྱིས་རྒྱུད་སྦྱང་བའི་ཕན་ཡོན་ནི། དགེ་སྡིག་ལ་སོགས་འཕེལ་འགྲིབ་ཟླ་བ་བཞིན། །མི་དང་མི་མིན་བར་ཆོད་སེལ་བར་བྱེད། །གོལ་ན་དེས་འཛིན་ལམ་སྟོན་འདྲེན་པར་བྱེད། །མ་འོངས་དུས་ནའང་མཇལ་འགྱུར་གདུལ་བྱ་འགྱུར། །ཞེས་པས། ཤེས་རབ་དང་ཚུལ་ཁྲིམས་ལ་སོགས་པའི་དགེ་བ་དང་། ཡོན་ཏན་གྱི་ཕྱོགས་ནི་ཟླ་བ་ཡར་གྱི་ངོ་བཞིན་ཇེ་འཕེལ་དུ་འགྲོ་ལ། གཏི་མུག་དང་སྡིག་པ་དང་ཉེས་སྐྱོན་གྱི་ཕྱོགས་ནི་ཟླ་བ་མར་གྱི་ངོ་བཞིན་ཇེ་འགྲིབ་ཏུ་འགྲོའོ། །མི་དང་མི་མ་ཡིན་གྱི་གནོད་པ་ཡང་སེལ་བར་བྱེད་པའི་རྟོགས་ལྡན་སྔགས་ཆེན་གྱི་གཏམ་རྒྱུད་ལྟར་རོ། །ལམ་གོལ་བར་ཡང་མི་འགྱུར་ལ་གལ་ཏེ། གོལ་ན་ཡང་བླ་མ་དེས་རྗེས་སུ་བཟུང་ནས་ཡང་དག་པའི་ལམ་བསྟན་ནས་འདྲེན་པར་བྱེད་དོ། །མ་འོངས་པ་ཕྱི་མའི་དུས་སུ་ཡང་མཇལ་ནས་གདུལ་བྱ་འགྱུར་རོ། །གལ་ཏེ་ཚིགས་སུ་བཅད་པ་གཅིག་ཡན་ཆད་ཉན་པའི་སློབ་དཔོན་ལ་མ་གུས་པ་དང་བརྙས་པ་སོགས་ཀྱིས་བསྟེན་ཚུལ་ལོག་ན་ཚེ་འདིར་ནད་དང་གདོན་དུ་མས་གཙེས་ཤིང་ཕྱི་མར་ངན་འགྲོའི་སྡུག་བསྔལ་ཤིན་ཏུ་ཆེ་བ་དུས་མཐའ་མེད་པར་མྱོང་བར་འགྱུར་བས་ཤིན་ཏུ་གཟབ་པར་བྱ་ཞིང་། སངས་རྒྱས་ལྟར་དུ་ཤེས་པར་བྱའོ། །གོང་འོག་མ་འདྲེས་པར་བྱེད་

པའི་ཕྱིར་དོན་དང་པོ་བསྟན་པའོ། །ཞེས་པས་མདོ་བསྡུ་བའོ།། །།

ཡོན་ཏན་ཐམས་ཅད་ཀྱི་འབྱུང་གནས་བཤེས་གཉེན་བསྟེན་ཚུལ་བསྟན་ནས་གནས་སྐབས་མངོན་པར་མཐོ་བ་དང་མཐར་ཐུག་ཐར་པ་དང་ཐམས་ཅད་མཁྱེན་པའི་ཡོན་ཏན་གང་ལ་སྐྱེ་བའི་གཞི་ནི་ལུས་རྟེན་དུ་རུང་བ་དང་། བསམ་པ་རྟེན་དུ་རུང་བ་གཉིས་དགོས་པས། ལུས་རྟེན་དུ་རུང་བ་དལ་འབྱོར་ལེའུ་གཉིས་པར་བསྟན་པས་དེ་ལ་གཉིས་ཏེ། མདོར་བསྟན་པ་དང་། རྒྱས་པར་བཤད་པའོ། །དང་པོ་ནི། དལ་ཞིང་འབྱོར་བ་འདི་ཐོབ་ཤིན་ཏུ་དཀའ། །དེ་ཐོབ་ཆུད་མི་གསན་པར་བྱང་ཆུབ་བསྒྲུབ། །ཅེས་པ། མི་ཁོམས་པའི་གནས་བརྒྱད་བྲལ་བ་དལ་བའི་ལུས་ལ་མཐུན་རྐྱེན་ལོན་བརྒྱད་ཀྱིས་འབྱོར་བ་འདི་ནི་རྒྱུ་ངོ་བོ་སྒྲི་དང་བྱེ་བྲག་གང་ལ་བསམ་ཀྱང་ཤིན་ཏུ་ཐོབ་དཀའ་བས། དེ་ཐོབ་པའི་ཚེ་མཐོག་ཆུང་ལ་ཉེས་པ་ཆེ་བ་སྙིང་པོ་མེད་པ་འཇིག་རྟེན་གྱི་བྱ་བས་ཆུད་མི་གསན་པར་བསྒྲུབ་བྱ་དམ་པ་སྡུག་བསྔལ་ལས་གཏན་དུ་ཐར་བའི་བདེ་བ་མི་འགྱུར་བའི་གོ་འཕང་བྱང་ཆུབ་བསྒྲུབ་པར་བྱའོ།།

གཉིས་པ་ལ་བཞི་སྟེ། དལ་བ་དང་། འབྱོར་བ་དང་། ཐོབ་དཀའ་བ་དང་། དེ་ཆུད་མི་གསན་པའོ། །དལ་བ་ལ་གཉིས་ཏེ། རྣལ་མ་དང་། ལྡོག་པའོ། །དང་པོ་ལ་གཉིས་ཏེ། ངོས་བཟུང་བ་དང་། ལུང་གིས་བསྒྲུབ་པའོ། །དང་པོ་ནི། དགེ་སྤྱོད་སྐལ་ལྡན་མི་ཁོམས་བརྒྱད་སྤངས་པ། །དེ་ནི་དལ་བ་ཡིན་པར་ཤེས་པར་བྱ། །ཞེས་པ། བདེ་བའི་རྒྱུ་དགེ་བ་ལ་སྤྱོད་པའི་སྐལ་པ་དང་ལྡན་པ་མི་ཁོམས་པའི་གནས་བརྒྱད་སྤངས་པ་དེ་ནི་དལ་བའི་ངོ་བོ་ཡིན་པར་ཤེས་པར་བྱའོ། །གཉིས་པ་ནི། མི་ཁོམས་པ་བརྒྱད་སྤངས་པ་དལ་བ་ཡིན་པའི་ཤེས་བྱེད་ནི། མདོ་ལས། འཇིག་རྟེན་ཁམས་ན་སེམས་ཅན་གྲངས་

མང་ཡང་། །འཛམ་གླིང་སོག་ཁར་སྐྱེ་བ་ཤིན་ཏུ་དཀའ། །གཙང་མ་མི་ལུས་ཐོབ་པ་རབ་ཏུ་དགོན། །བདེར་གཤེགས་ཞལ་མཐོང་བཀྲ་ལ་རེ་འགའ་ཙམ། །སྟོན་པའི་བཀའ་ཉན་ཀུན་གྱི་ཐུན་མོང་མིན། །དལ་འབྱོར་སྙེད་པའི་དུས་འདིར་འབད་དེ་བྱང་ཆུབ་བསྒྲུབ་པར་མི་བྱེད་ན། །གཞན་དག་གང་དུ་སྐྱེས་ཀྱང་མི་ཁོམས་ལོག་པར་གཡེང་། །ཞེས་གསུངས་པའི་དོན་ཡང་། ཚིག་རྐང་དང་པོ་ནི་ཁྱབ་བྱེད་ཐུན་མོང་། དེ་ནས་གཉིས་ནི་འཛམ་གླིང་གི་མི་ལུས་གཙང་མ་ཐོབ་པ་དལ་བའི་ལུང་དང་། དེ་ནས་གཉིས་ནི་བདེར་གཤེགས་ཀྱི་ཞལ་མཐོང་པ་དང་སྟོན་པའི་བཀའ་ལ་ཉན་པའི་དབང་ཡོད་པ་འབྱོར་བ་ཡིན་པར་བསྟན་ནས། དེ་ནས་ཚིག་རྐང་ཐ་མ་གཉིས་ཏེ། དལ་འབྱོར་ནི་དེ་ཉིད་ཡིན་ལ་དེ་ལས་གཞན་དུ་སྐྱེས་ཀྱང་མི་ཁོམ་པའི་གནས་ཡིན་པ་དེའི་ཕྱིར། མི་ཁོམ་པའི་གནས་བརྒྱད་སྤང་བ་དེ་ནི་དལ་བའོ། །ཞེས་བསྟན་པའི་ལུང་ཁུངས་སུ་འདོད་དོ། །གཉིས་པ་ལྡོག་པ་ལ་གསུམ་སྟེ། ངོས་བཟུང་ནས་མདོར་བསྟན། ལུང་གིས་བསྒྲུབ་སྟེ་རྒྱས་པར་བཤད་པ། ཉེས་སྐྱོན་གྱིས་མདོ་བསྡུ་བའོ། །དང་པོ་ནི། ལྷ་སོགས་རིགས་ལྔ་གླིང་གསུམ་མི་དང་དྲུག །མཐའ་འཁོབ་དབང་པོ་མ་ཚང་གཉིས་ཏེ་བརྒྱད། །ཅེས་པ། མི་ཁོམ་པའི་གནས་བརྒྱད་ནི། འགྲོ་བ་རིགས་དྲུག་ལས་མི་མ་གཏོགས་པར་ལྷ་སོགས་རིགས་ལྔ་དང་། མི་ལ་ཡང་འཛམ་གླིང་མ་གཏོགས་པས་གླིང་གསུམ་གཅིག་ཏུ་བསྡེ་བ་དང་དྲུག གླིང་ཕྲན་བརྒྱད་འཐའ་འཁོབ་ཀྱི་གནས་སུ་བསྡུས་ནས་འཛམ་གླིང་གི་མཐའ་འཁོབ་དང་གཉིས་གཅིག་ཏུ་བསྡེ་བས་བདུན། ཡུལ་དབུས་སུ་སྐྱེས་ཀྱང་དབང་པོ་མ་ཚང་བ་བརྒྱད་དོ། །དེ་བརྒྱད་མི་ཁོམ་པའི་གནས་ཡིན་པའི་ཤེས་བྱེད།

གཉིས་པ་ལུང་གིས་བསྒྲུབ་སྟེ་རྒྱས་པར་བཤད་པ་ནི། ལྷ་སོགས་རིགས་ལྔའི་ཡུལ་

དུ་སྟོན་པ་ལ། །མ་གཞིགས་རང་རང་སྡུག་བསྔལ་གྱིས་གཡེང་བས། །བསྟན་པའི་བོན་ཉན་མི་ཕོམ་གཞིན་ལྷས་གསུངས། །ཞེས་པ་ནི། མདོ་ལས། ལྷའི་ཡུལ་དུ་སྟོན་པ་ལ་མ་གཞིགས་ཤིག ལྷ་རྣམས་ལོངས་སྤྱོད་ཀྱིས་གཡེང་ནས་བསྟན་པའི་བོན་ཉན་དུ་མི་ཕོམ། ལྷ་མ་ཡིན་གྱི་ཡུལ་དུ་སྟོན་པ་ལ་མ་གཞིགས་ཤིག ལྷ་མིན་རྣམས་ཕོ་ཕམ་དང་བདག་རྒྱལ་གྱིས་གདུང་བས་བསྟན་པའི་བོན་ཉན་དུ་མི་ཕོམ། ཕྱོལ་སོང་གི་ཡུལ་དུ་སྟོན་པ་ལ་མ་གཞིགས་ཤིག ཕྱོལ་སོང་རྣམས་གླེན་ལྐུགས་ཀྱིས་རྨོངས། མུན་པས་གཉིས་གཅིག་གིས་གཅིག་ཟ་བའི་སྡུག་བསྔལ་གྱིས་འཇིགས་ཤིང་བྲེས། དེ་ལྟ་བུའི་སྡུག་བསྔལ་གྱིས་ཟིན་པས་བསྟན་པའི་བོན་ཉན་དུ་མི་ཕོམ། དེ་བཞིན་དུ་ཡི་དྭགས་ནི་ཞེན་ཞིང་ཆགས་པའི་འདོད་ཆགས་འདོད་པས་ནི་བཀྲུལ། བཀྲེས་ཤིང་སྐོམ་པས་སྡུག་བསྔལ་གྱིས་ཟིན་པས་བོན་ཉན་དུ་མི་ཕོམ། དམྱལ་བ་རྣམས་ནི་ཚ་གྲང་གིས་བཙོ་སྲེག་དང་མཚོན་གྱིས་བཤའ་གཅུབ་དང་། དེ་ལྟར་སྤྱོང་བས་སྟོན་པའི་བོན་ཉན་དུ་མི་ཕོམ། ཞེས་སྟོན་པ་ལ་འགྲོ་བ་འདྲེན་གནས་གཞིན་ལྷས་ལུང་བསྟན་པས་མི་ཕོམ་པར་གསུངས་སོ།།

གླིང་གསུམ་མི་རྣམས་མཐོ་རིས་བདེ་འགྲོ་རུ། །དགེ་བ་མེད་པས་སྨོན་ལམ་འཛམ་གླིང་འདེབས། །གླིང་རྣམས་སྤྱི་ཡི་མཐའ་འཁོབ་གླིང་ཕྲན་བརྒྱད། །མིའམ་ཅིའི་སྐྱེ་རིགས་དྲུག་མི་རུ་གཏོགས། །འཛམ་གླིང་མཐའ་འཁོབ་མོན་དང་ཀླང་པོ་སོགས། །མདོར་ན་སངས་རྒྱས་བསྟན་པ་གང་མེད་རྣམས། །ཉ་མཚོད་ཆག་པས་མཐའ་འཁོབ་གནས་འདིར་སྐྱེ། །མཐའ་འཁོབ་མི་ཡི་ལུང་མི་གོ་བས་ན། །དེ་ཕྱིར་ငེས་ལུང་མ་བསྟན་སྟོན་པས་གསུངས། །ཞེས་པས། ཤར་ལུས་འཕགས་པོ། །བྱང་སྒྲ་མི་སྙན། ནུབ་བ་གླང་སྤྱོད་དང་གསུམ་གྱི་མི་ནི་མཐོ་རིས་སུ་འགྲོ་བའི་དགེ་བ་མེད། ངན་སོང་དུ

འགྲོ་བའི་སྡིག་པ་མེད། སྟོན་པས་བསྟན་པ་མི་འཕེལ་བའི་གླིང་ཡིན་ནོ། །ཞེས་དང་། སློབ་ལམ་ནི་ལྷོ་སོག་ཀར་འདེབས་སོ། །གསུངས་པས། དགེ་བ་སྤྱོད་པའི་སྐལ་པ་དང་མི་ལྡན་པའོ། །གླིང་ཕྲན་བརྒྱད་ནི་མིའམ་ཅི་སྟེ་རིགས་དྲུག་གི་ནང་ཚན་ལས་མི་རྟ་གདོགས་པ་ལས་མ་ངེས་ཏེ། མི་ལུས་གླང་གི་མགོ་ཅན་དང་། རྟའི་མགོ་ཅན་དང་། སྤྲེལ་བ་དང་མོང་ཅེ་ལ་སོགས་ཅི་རིགས་སུ་བརྫུ་བས་གླིང་སྤྱིའི་མཐའ་འཁོབ་ཡིན་ནོ། །འཛམ་གླིང་མཐའ་འཁོབ་ནི་མོན་དང་ཀླང་པོ་སོགས་ཡིན་ཏེ། མདོར་ན་སངས་རྒྱས་ཀྱི་བསྟན་པ་གང་ན་མེད་པ་རྣམས་སོ། །མོན་དང་ཀླང་པོ་མཐའ་འཁོབ་ཡིན་པའི་རྒྱུ་མཚན་ནི། སྔར་སྟོན་པས་ཀླང་རྗེ་དཀར་པོ་ལ་ཉ་མཆོད་དུས་གཅིག་ཆག་པས་མཐའ་འཁོབ་གནས་འདིར་སྐྱེས། །གསུངས་པས་ངེས་སོ། །མཐའ་འཁོབ་རྣམས་མི་ཁོམ་པའི་གནས་ཡིན་པ་ནི། མཐའ་འཁོབ་མི་ཡི་ལུང་མི་གོ །དེ་ཕྱིར་ངེས་ལུང་མ་བསྟན་ཏེ། །མི་ཤེས་ཕྱིར་ན་མ་བསྟན་ནོ། །ཞེས་སྟོན་པས་གསུངས་པས་ངེས་སོ། །ཡུལ་དབུས་སྐྱེས་ཀྱང་འོན་ལོང་ལ་སོགས་རྣམས། དབང་པོ་མ་ཚང་སྤྱོད་མི་ཁོམ་པར་གོལ། །ཞེས་པས། བསྟན་པ་ཡོད་པའི་གནས་ཡུལ་དབུས་སུ་སྐྱེས་ཀྱང་འོན་པ་དམུས་ལོང་ལ་སོགས་དབང་པོ་མ་ཚང་པ་ཡང་མི་ཁོམ་པ་ཡིན་ཏེ། གབ་པ་ལས། ཉིང་འཛིན་དབང་པོའི་ཡུལ་དུ་འཕྲོས་ནས་དབང་པོ་མ་ཚང་དགེ་བ་སྤྱོད་མི་ཁོམ་པར་གོལ། ཞེས་སོ། །གཞུང་འགའ་ཞིག་ལས་ནི། མི་མ་ཡིན་པའི་མི་ཁོམ་པ་བཞི། མིའི་མི་ཁོམས་པ་བཞི་དང་བརྒྱད་དེ། ངན་འགྲོ་གསུམ་དང་ལྷ་ལ་འདོད་ལྷའི་ཕྱོགས་གཅིག་རྟག་ཏུ་གཡེང་བ། གཟུགས་ཁམས་ཀྱི་ཕྱོགས་གཅིག་འདུ་ཤེས་མེད་པའི་ལྷ་དང་། གཟུགས་མེད་ཀྱི་ཕྱོགས་གཅིག་པོ་སྐྱེས་ཏེ་ལྷའི་མི་ཁོམ་པ་དང་བཞི། འཁོར་རྣམ་བཞི་མི་རྒྱུ་བའི་ཡུལ་

མཐའ་འཁོབ་དང་། མིག་རྣ་སོགས་དབང་པོ་མ་ཚང་པ་དང་། ལས་འབྲས་སོགས་མེད་པར་འཛིན་པའི་ལོག་ལྟ་ཅན་དང་། སངས་རྒྱས་ཀྱི་སྒྲོན་མ་མ་བྱུང་བའི་མུན་པའི་དུས་སུ་སྐྱེས་པ་ནི་མིའི་མི་ཁོམ་པ་བཞི་སྟེ་བརྒྱད་པོ་དེ་དག་རྟག་ཏུ་དགེ་བ་བྱ་བའི་དལ་བ་མེད་པས་མི་ཁོམ་ཞེས་གསུངས་སོ།།

གསུམ་པ་ཉེས་སྐྱོན་གྱིས་མདོ་བསྡུ་བ་ནི། མི་ཁོམས་གནས་བརྒྱད་དགེ་སྤྱོད་སྐལ་མི་ལྡན། །ཞེས་པ། དེ་དག་གང་དུ་སྐྱེས་ན་དགེ་བ་སྤྱོད་པའི་སྐལ་པ་དང་མི་ལྡན་ཏེ། ངན་སོང་གསུམ་ནི་དགེ་བ་སྤྱོད་མི་ཤེས་ཤིང་སྡུག་བསྔལ་གྱིས་མནར་བས་མི་ནུས་ལ། ལྷ་དེ་རྣམས་ནི་རྟག་ཏུ་གཡེང་བ་དང་། སེམས་ཀྱི་རྒྱུ་བ་མེད་པ་དང་། ཐར་ལམ་བསྒྲུབ་པའི་སྐལ་པ་དང་མི་ལྡན་ཞིང་། མཐའ་འཁོབ་དང་དབང་པོ་མ་ཚང་བ་དང་། མུན་པའི་དུས་དང་གསུམ་ནི་བླང་དོར་མི་ཤེས་སོ། །ལོག་ལྟ་ཅན་ནི་བསྟན་པ་ལ་མི་མོས་པའི་ཕྱིར་རོ།།

གཉིས་པ་འབྱོར་པ་ལ་བཞི། ངོས་བཟུང་བ་དང་། ལུང་གིས་བསྒྲུབ་པ་དང་། དེ་ལ་དོན་བརྒྱད་ལྡན་དགོས་པས་མདོར་བསྟན་པ་དང་། ལུང་གིས་བསྒྲུབ་སྟེ་རྒྱས་པར་བཤད་པའོ། །དང་པོ་ནི། བཀའ་ཉན་སྐལ་ལྡན་འདུ་འཛིའི་བྲེལ་བ་མེད། །དེ་ནི་འབྱོར་པ་ཡིན་པ་ཤེས་པར་བྱ། །ཞེས་པས་སྟོན་པའི་བཀའ་ཉན་པ་དང་སྤྱོད་པའི་སྐལ་པ་དང་ལྡན་ཞིང་། སེམས་ཅན་གྱི་ལས་སྤྱོད་འདུ་འཛིའི་བྲེལ་བ་དང་བར་ཆོད་མེད་པ་འབྱོར་པ་ཡིན་པར་ཤེས་པར་བྱའོ། །གཉིས་པ་ལུང་གིས་བསྒྲུབ་པ་ནི། མདོ་ལས། བདེར་གཤེགས་ཞལ་མཐོང་བརྒྱ་ལ་རེ་འགའ་ཙམ། །སྟོན་པའི་བཀའ་ཉན་ཀུན་གྱི་ཐུན་མོང་མིན། །ཞེས་པ། མདོ་ལས། འདུ་འཛི་བྲེལ་བ་སེམས་ཅན་གྱི། །ལས་དང་སྤྱོད་པ་ཡིན་པར་བསྟན། །ཞེས་པས། དེ་དང་འགལ་བ་དལ་འབྱོར་ཡིན་པར་ཡང་བཤད་དེ། དལ་འབྱོར་ས་ཐོབ་གཤེན

རབ་ཀྱི། །ལས་དང་སྤྱོད་པ་ཡིན་པར་བསྟན། །ཞེས་བཤད་པས་ངེས་སོ།།

གསུམ་པ་ནི། སངས་རྒྱས་འབྱོན་དང་བཀའ་ཡི་འཁོར་ལོ་བསྐོར། །བསྟན་པ་ཡུན་རིང་གནས་དང་མཐུན་རྐྱེན་ཚང་། །དལ་ལྡན་རང་ལ་འཛོམས་ཤིང་སྙིང་དང་ལྡན། །ལས་དག་རྗེས་འཇུག་འགལ་རྐྱེན་མེད་པའོ། །ཞེས་པ། འབྱོར་པ་ཞེས་ངོས་བཟུང་བ་དེ་ལ་ཡང་། འབྱོར་བའི་བོན་བཅུད་དང་ལྡན་དགོས་ཏེ། དེ་མེད་ན་མཐུན་རྐྱེན་གྱིས་ཕོངས་པས་དགེ་བ་སྤྱོད་པའི་ནུས་པ་མི་འོང་ངོ་། །དེ་ལ་སངས་རྒྱས་འབྱུང་བ་དང་གཅིག བཀའ་ཡི་འཁོར་ལོ་བསྐོར་བ་དང་གཉིས། བསྟན་པ་ཡུན་རིང་གནས་པ་དང་གསུམ། བླ་མ་དང་ཡོན་བདག་གི་མཐུན་རྐྱེན་ཚང་པ་དང་བཞི་ནི་གཞན་རྒྱུད་ལ་ཡོད་ཀྱང་དགེ་བ་བསྒྲུབ་པའི་མཐུན་རྐྱེན་ཡིན་པའི་ཕྱིར་རོ། །རང་དལ་བ་དང་ལྡན་པ་དང་། སྙིང་དང་ལྡན་པ་དང་། ལས་དག་པ་རྗེས་སུ་འཇུག་པ་དང་། འགལ་རྐྱེན་མེད་པ་དང་བཞི་ནི་རང་འབྱོར་ཞེས་བྱ་སྟེ། རང་རྒྱུད་ཀྱིས་བསྡུས་ཤིང་བྱང་ཆུབ་བསྒྲུབ་པའི་མཐུན་རྐྱེན་ཡིན་པའི་ཕྱིར་རོ།།

བཞི་པ་ལུང་གིས་བསྒྲུབ་སྟེ་རྒྱས་པར་བཤད་པ་ནི། སྟོན་པ་འབྱུང་དཀོན་ཨུ་དུམ་འབར་བ་འདྲ། །དེ་མེད་དེ་མི་འབྱུང་བས་བཀའ་འཁོར་དཀོན། །བསྟན་པ་ཡུན་རིང་གནས་དཀའ་ཆེད་འགའ་དག །དུས་ཀྱིས་ནུབ་ཅིང་ཆེད་འགའ་ལས་ཀྱིས་ནུབ། །ཉི་མའི་འཆར་ནུབ་ཟླ་བའི་འཕེལ་འགྲིབ་བཞིན། །བཀའ་ལུང་དགོངས་པ་འགྲེལ་བའི་བླ་མ་དང་། །འཚོ་བ་སྦྱོར་བྱེད་དད་ལྡན་ཡོན་བདག་གིས། །རྗེས་སུ་འཛིན་ཅིང་བཀུར་བསྟི་བྱེད་པ་དཀོན། །ཞེས་པ་ནི། སྟོན་པ་འབྱོན་པ་དཀོན་ཏེ་སུམ་ཅུ་རྩ་གསུམ་གྱི་ལོ་བརྒྱ་ཕྲག་བརྒྱ་ནས་ཨུ་དུམ་འབར་བའི་མེ་ཏོག་རེ་གླིང་དེར་འབྱུང་ངས་ཏེ། དེ་ཙམ་ན་སངས་

རྒྱུས་རེ་འཁྲུངས་པའི་རྟགས་སུ་བཤད་དོ། །སངས་རྒྱས་འབྱུང་བ་དཀོན་པ་དེ་ལྟ་བུའི་ན། དེས་གསུངས་པའི་བཀའ་ཡི་འཁོར་ལོ་བསྐོར་བའི་བོན་སྟོན་པའང་དཀོན་ཏེ། དེ་ལན་རེ་ཙམ་བྱུང་ཡང་ལུང་རྟོགས་ཀྱི་བསྟན་པ་གཉིས་ལ་བཤད་སྒྲུབ་ཀྱི་ཚུལ་མ་ཉམས་པར་ཡུན་རིང་དུ་གནས་པའང་དཀའ་སྟེ། གབ་པ་ལས། ཆེད་འགའ་ལས་ཀྱིས་ནུབ་ཅིང་ཆེད་འགའ་དུས་ཀྱིས་ནུབ། གསུངས་ཏེ། མར་འགྲིབ་ཀྱི་དུས་འདིར་སེམས་ཅན་སྤྱིར་མཐུན་གྱི་ཉོན་མོངས་པ་ཇེ་རྒྱས་སུ་འགྲོ་བའི་དབང་གིས་བསྟན་པ་ཡང་བསྟན་པར་མི་གནས་ཏེ། དཔེར་ན་ཉི་མའི་འཆར་ནུབ་ཟླ་བའི་འཕེལ་འགྲིབ་བཞིན་ནོ། །བཀའ་ལུང་དགོངས་པ་ཅི་ལྟ་བ་བཞིན་ཁྲོལ་བར་ནུས་པའི་བླ་མ་མཚན་ལྡན་གྱི་ཐོས་བསམ་གྱིས་རྒྱུད་སྨིན་པའི་སྒོ་ནས་རྗེས་སུ་འཛིན་པ་ཡང་དཀོན་ཏེ། དེ་ལྟ་བུའི་བླ་མ་མི་རྙེད་ཅིང་རྙེད་ཀྱང་ཚུལ་བཞིན་བསྟེན་པ་དཀའ་བའི་ཕྱིར་རོ། །འཚོ་བ་སོགས་ཆ་རྐྱེན་སྦྱོར་བའི་ཡོན་བདག་གིས་བཀུར་བསྟི་བྱེད་པ་ཡང་དཀོན་ཏེ། བསོད་ནམས་དང་དད་པ་གཉིས་ལྡན་གྱི་སྦྱིན་བདག་དེ་ཤིན་ཏུ་ཉུང་བའི་ཕྱིར་རོ། །དེ་རྣམས་ཅི་བཞིན་འཛོམ་དཀའ་ཡང་། ད་ལྟ་ཆ་མཐུན་རེ་སྣང་བས་གཞན་འབྱོར་གྱི་མཐུན་རྐྱེན་གཏན་མེད་མ་ཡིན་པས་བསྒྲུབ་རུང་ལས་མེད་པ་མིན་ནོ། །ཐོག་མེད་དུས་ནས་དཀའ་བ་སྤྱད་པ་ཡིས། །མི་ལུས་ཐོབ་ཅིང་སྟོན་པའི་འཁོར་དུ་སྐྱེས། །གསུང་དང་ཐུགས་ཀྱི་དུས་སུ་འཛོམ་པ་སྟེ། །གཤེན་ཐྲན་སྐད་འབྱུང་སྟོན་པའི་འཁོར་དུ་བཤད། །ཅེས་པས། རང་དལ་བའི་ལུས་ཐོབ་པ་ཡང་སྐྱེ་བ་སྔོན་དུ་ཚུལ་ཁྲིམས་ལ་སོགས་དགེ་བ་རྣམ་དག་སྤྱད་པའི་འབྲས་བུ་ཡིན་ཏེ། མདོ་ལས། སྔོན་ཡང་ཚུལ་ཁྲིམས་བསྲུང་བས་མི་ལུས་གཙང་མ་ཐོབ། །ཅེས་དང་། ཐོག་མེད་དུས་ནས་དཀའ་བ་སྣ་ཚོགས་སྤྱད་པ་ཡིས། །གཙང་མ་མི་ལུས་ཐོབ་ཅིང་སྟོན་པའི་འཁོར་དུ་སྐྱེས། །ཞེས་སོ། །དེ་

ཡང་གསུང་དང་ཐུགས་ཀྱི་བསྟན་པ་གནས་པའི་དུས་སུ་སྐྱེས་པ་རྣམས་ཀྱང་སྟོན་པའི་འཁོར་དུ་གཏོགས་ཏེ། ཁུ་བྱུག་ལས། འཁོར་གཤེན་ཐུན་སྐད་ནས་འབྱུང་བ་རྣམས་དང་། ཞེས་བཤད་དོ།།

སྣོད་དང་ལྡན་པ་ནི། ཕྱི་སྣོད་རིགས་བཙུན་མཚན་དང་ལྡན་པ་དང་། །ནང་གི་བློ་གསལ་ཡིད་གཞུང་ལ་སོགས་བཤད། །ཅེས་པ། ཕྱི་སྣོད་རིགས་མཐུན་པ་དང་གཟུགས་མཛེས་པ་སྨྲ་བ་ཤ་མཚན་དང་ལྡན་པ་དང་། ནང་གི་སེམས་བློ་གསལ་བ་དང་། ཡིད་གཞུང་པ་ལ་སོགས་དད་པ་དང་བརྩོན་འགྲུས་ལྡན་པ་སྟེ། ཁྲོ་བོ་དབང་ཆེན་དང་། ཁུ་བྱུག་ལས་བཤད་དོ།།

ལས་དག་པ་ནི། སྔོར་ཞུགས་ཕྱི་བཤོལ་མི་བྱ་ལྷོག་པ་མིན། །སེམས་ཅན་སྡོན་ནས་ད་ལྟའི་བར་དུ་ནི། །གཤེན་རབ་བཀའ་ལ་ཉན་ཞིང་ཐང་ཞིག་གིས། །དགེ་ལ་ཡིད་སྨོགས་ལས་འགྲོ་བཟང་པོར་བཤད། །ཅེས་པ། བསྟན་པ་ལ་དད་པ་སྐྱེས་པས་དགེ་བའི་སྔོར་ཞུགས་པ་ལ་ཕྱི་བཤོལ་མི་བྱ་བར་ལྷུར་གྱིས་འཇུག་པ་དང་། ཞུགས་ནས་ཀྱང་འགལ་རྐྱེན་གང་གིས་ཀྱང་ཕྱིར་ལྡོག་པ་མ་ཡིན་ཏེ། རིག་པའི་ཁམས་ནས། སེམས་ཅན་རྣམས་སྡོན་ནས་ད་ལྟའི་བར་དུ་གཤེན་རབ་ཀྱི་བཀའ་ལ་ཉན་ཞིང་ཐང་ཅིག་དགེ་བ་ལ་ཡིད་སྨོགས་པ་ནི་ལས་ཀྱི་འགྲོ་བཟང་པོའོ། །ཞེས་བཤད་དོ།།

འགལ་རྐྱེན་མེད་པ་ནི། བར་ཆོད་མེད་པར་བསམ་པ་མཐར་ཕྱིན་དང་། །རང་གི་ཚེ་ལུས་གཞན་ལའང་དེ་བཞིན་ནོ། །ཞེས་པས། རང་གི་ཚེའི་བར་ཆོད་འཆི་རྐྱེན་ལུས་ཀྱི་བར་ཆོད་ན་ཚ་མེད་ཅིང་དགེ་བའི་བསམ་སྦྱོར་མཐར་ཕྱིན་པ་དང་། དེ་བཞིན་དུ་གཞན་བླ་མ་དང་ཡོན་བདག་གི་མཐུན་རྐྱེན་གཉིས་ལའང་ཚེ་དང་ལུས་ཀྱི་བར་

ཚོད་མེད་པར་ཡུན་རིང་དུ་གནས་པའོ། །རང་འབྱོར་བཞི་པོ་འདི་ནི་ཐུན་མོང་མ་ཡིན་པའི་ཡོན་ཏན་ཏེ། རང་རང་ལ་ལྟོས་དགོས་པའི་ཕྱིར་རོ། །དེ་ལྟར་དལ་འབྱོར་བཅུ་དྲུག་པོ་རང་རང་གི་ངོས་ནས་ལེགས་པར་བསམ་ལ་ཤིན་ཏུ་ཐར་བར་དཀའ་བའི་འཕྲང་བརྒྱད་ལས་ཐར་ནས། རྙེད་དཀའ་བའི་མཐུན་རྐྱེན་བརྒྱད་དུས་གཅིག་ཏུ་ཐོབ་པའི་ཚེ། མཐོ་རིས་ངན་སོང་གར་འགྲོ་བ། །རིག་པའི་རྒྱལ་པོ་རང་དབང་ཆེ། །ཞེས་གསུངས་པ་ལྟར་རོ། །བཟང་ངན་གང་བསྒྲུབ་ཀྱང་དབང་ཡོད་པའི་རྟེན་བཟང་པོ་ཐོབ་པའི་དུས་འདིར་མངོན་མཐོ་དང་ངེས་ལེགས་ཀྱི་རྒྱུ་བསྒྲུབ་མ་ནུས་ན། ངན་འགྲོ་ལ་སོགས་མི་ཁོམ་པའི་གནས་བརྒྱད་ནས་སྡུག་བསྔལ་ཁོ་ན་མྱོང་བཞིན་དུ་ཐར་པའི་ཐབས་མི་ཤེས་ཤིང་སྡིག་པ་འབའ་ཞིག་གི་སྤྱོད་པས་བསྐལ་པ་དུ་མར་བདེ་འགྲོའི་མིང་ཡང་ཐོབ་པར་མི་འགྱུར་རོ། །དེའི་ཕྱིར་སུམ་སྟོན་ལྷ་རིན་པོ་ཆེས། དུས་ད་རེས་ལྡོག་སྣ་མ་འདྲེད་དགོས། །ལམ་ཁ་ཧྲག་སྐྱིད་སྡུག་འདམ་ཁ་ཡིན། །ཞེས་གསུངས་པ་ལྟར། དུས་གཏན་གྱི་སྐྱིད་སྡུག་ད་རེས་ཁོ་ནའི་ལས་སྤྱོད་ལ་རག་ལུས་པ་ལྟ་བུ་ཡིན་སྙམ་དུ་བསམ་མོ།།

གསུམ་པ་ཐོབ་པར་དཀའ་བ་ལ་གསུམ་སྟེ། མདོར་བསྟན། རྒྱས་བཤད། མདོ་བསྡུ་བའོ། །དང་པོ་ནི། དལ་འབྱོར་འདི་ནི་ཤིན་ཏུ་ཐོབ་པ་དཀའ། །སྔོན་ནས་དགེ་སྤྱོད་མ་ཡིན་རྙེད་མི་འགྱུར། །ཞེས་པ། སྤྱིར་བདེ་འགྲོ་ཙམ་ཡང་ཚུལ་ཁྲིམས་ལ་སོགས་པའི་དགེ་བ་རྣམ་དག་སྣ་རེ་མ་སྤྱད་པས་མི་ཐོབ་ལ། ཁྱད་པར་དུ་དལ་འབྱོར་ཚང་བ་ནི། ཚུལ་ཁྲིམས་རྣམ་པ་དག་པས་གཞི་བཟུང་། སྦྱིན་པ་ལ་སོགས་པས་གྲོགས་བྱས། སྨོན་ལམ་དྲི་མ་མེད་པས་འཚམས་སྦྱར་བ་ལ་སོགས་པའི་དགེ་བ་དུ་མ་སྤྱད་པ་མ་ཡིན་པས་རྙེད་པར་མི་འགྱུར་བ་ཡིན་ན། རྒྱུ་དེ་ལྟ་བུ་བསྒྲུབ་པ་ཡང་ཤིན་ཏུ་ཉུང་བར་སྣང་བས

དེ་ལ་དཔག་ན་འབྲས་བུ་བདེ་འགྲོའི་རྟེན་སྤྱི་དང་ཁྱད་པར་ཐོབ་པ་ཤིན་ཏུ་དཀའ་འོ། །ཞེས་གསུངས་པ་ལྟར་རོ།།

རྒྱས་བཤད་ལ་གཉིས། ཕྱོག་ཏུ་གྱུར་པ་ལ་བསམ་པ་དང་། མཐོན་དུ་གྱུར་པ་ལ་བསམ་པའོ། །དང་པོ་ནི། ཁམས་གསུམ་བརྩིས་ན་ལྷ་རིགས་མང་དུ་མཐོན། །རྒྱུ་འབྲས་བརྩིས་ན་ངན་སོང་མང་དུ་མཐོན། །སྤྱི་སྟེ་སློས་རིགས་གྱིལ་སོང་མང་བར་བཤད། །འཁོར་བའི་ལྟུང་ལུགས་བཤད་ན་དགྱལ་བ་མང་། །ཡུར་བར་ཆུ་དྲངས་ཐེང་བུར་བསགས་པ་བཞིན། །ཞེས་པས། སྤྱིར་འགྲོ་བ་ལྔ་ལ་གནས་ཁམས་གསུམ་གྱི་སློ་ནས་བརྩིས་ན་ལྷ་མང་སྟེ། གཟུགས་ཁམས་དང་། གཟུགས་མེད་པའི་ཁམས་གཉིས་རང་ས་དང་། འདོད་ཁམས་ལ་གནས་རིགས་ཉི་ཤུ་ལས་འདོད་ལྷ་དྲུག་དང་བཅས་པ་ཡོད་པའི་ཕྱིར་རོ། །རྒྱུ་འབྲས་ཀྱི་སློ་ནས་བརྩིས་ན་ངན་སོང་མང་དུ་མཐོན་ཏེ། གོང་དུ་བསྟན་པ་བདེ་འགྲོའི་རྒྱུ་ལ་སྤྱོད་པ་ཉུང་ཞིང་རེ་རེ་ཙམ་ཡོད་ཀྱང་བྱང་སེམས་ལ་ཁོང་ཁྲོ་སྐད་ཅིག་རེ་རེས་ཀྱང་བསྐལ་པར་བསགས་པའི་དགེ་རྩ་ཐམས་ཅད་བཅོམ་ནས་མཐར་མེད་པར་སྐྱེ་བ་བཤད་པས་ངན་འགྲོའི་རྒྱུ་ཤིན་ཏུ་སླ་ཞིང་མི་དགེ་བ་ལ་འཇུག་པ་མང་བའི་ཕྱིར་རོ། །སྤྱི་སྟེ་སློས་རིགས་མང་ཉུང་བཤད་པ་ལ་བསམ་ན་གྱིལ་སོང་མང་སྟེ། མདོ་ལས། རིགས་ལྷ་རི་བོ་ཆེན་པོ་ཉིད་ཙམ་མོ། །རིགས་གཅིག་གྱིལ་སོང་སྟེ་ནི་རྡུལ་གྱི་གྲངས་ཙམ་མོ། །རིགས་ལྷ་བུའི་ལུས་ཉིད་ཙམ་མོ། །རིགས་གཅིག་གྱིལ་སོང་སྟེ་ནི་སྤུའི་ཉག་མའི་གྲངས་ཙམ་མོ། །གྱིལ་སོང་དུ་མ་བསམ་ལས་འདས་པའོ། །ཞེས་གསུངས་པ་ལྟར་རོ། །དབྱིངས་ཁམས་ནས། འཁོར་བའི་ལྟུང་ལུགས་བཤད་པ་ལྟར་ན་དགྱལ་བ་མང་སྟེ། ཇི་སྐད་དུ། ལྷ་ལས་ལྷ་མིན་དུ་ལྟུང་། ལྷ་མིན་ལས་མི་རུ་ལྟུང་། དེ་

ལས་ཐྲོལ་སོང་། དེ་ལས་ཡི་དྭགས། དེ་ལས་དམྱལ་བར་ལྷུང་གསུངས་ཏེ། དཔེར་ན་ཡུར་བ་རུ་ཆུ་དྲངས་ནས་ཞིང་ཁུར་བསགས་པ་ཡར་ལ་མི་འགྲོ་བ་བཞིན་ནོ།།

གཉིས་པ་ནི། མཐུན་སྣང་གྲུབ་པའི་ཐྲོལ་སོང་ཁ་འཐོར་དང་། །མི་རྣམས་ཚ་བཙེས་སྲན་མ་ཁལ་བརྒྱ་ཡི། །གསེབ་ན་ནས་འབྲུ་བཅུ་སྣང་ལྟ་བུའོ། །ཞེས་པ། གནས་ཀྱི་སྒོ་ནས་ཕྱེ་བའི་ཐྲོལ་སོང་གསུམ་ལས། ཀུན་གྱིས་མཐུན་སྣང་དུ་གྲུབ་པའི་ཁ་འཐོར་གྱི་ཐྲོལ་སོང་གཅིག་པུ་ལ་ཡང་ཆུ་ལ་གནས་པའི་འབུ་སྲིན། སྐམ་ལ་གནས་པའི་གྲོག་མ། མཁའ་ལ་འཕུར་བའི་བྱ་རིགས་ལ་སོགས་པ་རི་དྭགས་གཡུང་དྭགས་འདི་རྣམས་དང་། མིའི་མང་ཉུང་ཚ་བཙེས་ནས་དཔེར་ན་སྲན་མ་ཁལ་བརྒྱའི་གསེབ་ན་ནས་འབྲུ་བཅུ་འདྲེས་པར་སྣང་བ་ཙམ་ཡང་མེད་དོ།།

གསུམ་པ་མདོ་བསྡུ་བ་ནི། གང་ལྟར་བཤད་ཀྱང་མི་ཉུང་དེ་ནང་ནས། །དལ་འབྱོར་ལྡན་པ་ནམ་ལངས་སྐར་མ་འདྲ། །ཞེས་པ། གོང་དུ་བཤད་པ་ལྟར། སྐྱོག་ཀྱུར་བཞིའི་སྒོ་ནས་བཙེས་པ་དང་། མངོན་གྱུར་བའི་སྒོ་ནས་བཙེས་པ་དང་། སྡེ་ཚན་གྱི་སྒོ་ནས་བཙེས་པ་དང་། ལྷ་ལ་གཟུགས་ཁམས་བཅུ་བདུན། གཟུགས་མེད་བཞི། འདོད་པ་དྲུག་སྟེ་ཉི་ཤུ་རྩ་བདུན། ལྷ་མིན་ལ་ཡར་གཡེན་བཅུ་གསུམ། བར་གཡེན་དགུ། ས་གཡེན་བཅུའི་སྡེ་གནས་རིས་སུམ་ཅུ་རྩ་དྲུག་རེ་རེ་ལ་ཡང་རིགས་བསམ་གྱིས་མི་ཁྱབ། ཡི་དྭགས་ལ་གནས་ན་སྤྱོད་བ་ལ་གསུམ། མཁའ་ལ་རྒྱུ་བ་ལ་བཅུ། རྒྱུ་དྲུག་འཁོར་བ་ལ་གཉིས་ཏེ་བཅོ་ལྔའོ། །དམྱལ་བ་ལ། ཚ་བ་ལ་བརྒྱད། གྲང་བ་ལ་བརྒྱད། ཉེ་ཚེ་ཉེ་འཁོར་གཉིས་ཏེ་བཅོ་བརྒྱད་ཡོད་པས་གང་ལྟར་བཤད་ཀྱང་མིའི་ཕྱོགས་ཉུང་ལ། དེའི་ནང་ནས་དལ་འབྱོར་ཐོབ་པ་ཉུང་བ་ནི། དཔེར་ན་མཚན་མོའི་སྐར་མ་ལས་ནམ་

ཡངས་པའི་སྐར་མ་དང་འདྲའོ། །དེ་བས་ན་ཐོབ་པ་དཀའ་བ་དེ་ཐོབ་པའི་ཚེ་དོན་མེད་ལ་མ་ཤོར་བ་ཞིག་བྱ་དགོས་སྙམ་དུ་ཡང་ཡང་བསམ་པར་བྱའོ།།

བཞི་པ་ཚུད་མི་གསན་པ་ལ་གསུམ་སྟེ། མདོར་བསྟན་དང་། རྒྱས་བཤད་དང་། མདོ་བསྡུ་བའོ། །དང་པོ་ནི། དེ་ལྟར་ཐོབ་དཀའ་ཐོབ་འདི་དོན་མེད་ལ། །མི་ཚེ་ཟད་མིན་ཐར་པ་བྱང་ཆུབ་བསྒྲུབ། །ཞེས་པ། གོང་དུ་བསྟན་པ་དེ་ལྟར་ཐོབ་དཀའ་བའི་དལ་འབྱོར་ཐོབ་པ་འདི་འཇིག་རྟེན་གྱི་བྱ་བ་དོན་མེད་ལ་མི་ཚེ་སྟོང་ཟད་བྱེད་པ་མ་ཡིན་པར་བསྒྲུབ་བྱའི་དོན་གྱི་མཆོག་ཐར་པ་བྱང་ཆུབ་བསྒྲུབ་པར་བྱའོ།།

གཉིས་པ་རྒྱས་བཤད་ལ་གཉིས་ཏེ། ལྟོག་པ་དང་། རྣལ་མའོ། །དང་པོ་ནི། མདོ་ལས། དལ་ཞིང་འབྱོར་པ་ཐོབ་པའི་དུས་འདི་རུ། །འབད་དེ་བྱང་ཆུབ་བསྒྲུབ་པར་མི་བྱེད་ན། །གཙང་མ་མི་ལུས་ཐོབ་པས་ཅི་ལ་ཕན། །དཔེར་ན་རྒྱ་མཚོའི་འགྲམ་དུ་སྐོམ་ནས་ཤི། །ཀ་ཕུར་སྨན་སྟོང་ཙ་ཏུ་ཚད་པས་ཟིན། །སྟོན་ཀའི་ལོ་ཏོག་གསེབ་ཏུ་ལྟོག་པར་ཉལ། །རིན་ཆེན་གླིང་ལ་ནོར་སྐལ་ཆད་དང་འདྲ། །ཞེས་གསུངས་པས། དེའི་དོན་ནི། གནས་སྐབས་སུ་མངོན་མཐོ་ལུས་དང་ལོངས་སྤྱོད་འཁོར་ཕུན་སུམ་ཚོགས་པའི་རྒྱུ་སྦྱིན་པ་དང་ཚུལ་ཁྲིམས་དང་བཟོད་པ་སོགས་བདེ་བླག་ཏུ་བསྒྲུབ་ནུས་ཤིང་། མཐར་ཐུག་ཐར་པ་དང་ཐམས་ཅད་མཁྱེན་པའི་རྒྱུ་ཕུན་སུམ་ཚོགས་པ་བསླབ་པ་རིན་པོ་ཆེ་རྣམ་པ་གསུམ་དང་། ཚོགས་རྣམ་པ་གཉིས་ཀྱང་ལེགས་པར་བསྒྲུབ་ནུས་ཀྱི་རྟེན་དལ་འབྱོར་རྙེད་པའི་དུས་འདིར་འབད་དེ་བྱང་ཆུབ་ལ་སོགས་དེ་དག་སྒྲུབ་པར་མི་བྱེད་ན། མི་ཁོམ་སྤངས་པའི་མི་ལུས་གཙང་མ་ཐོབ་ཀྱང་ཅི་ལ་ཕན་ཏེ། ཕྱི་མ་མི་ལུས་ཙམ་ཞིག་ཀྱང་བསྒྲུབ་མི་ནུས་པའི་དུད་འགྲོ་དང་ཁྱད་མེད་དོ། །གཉིས་ཀས་ཀྱང་ཚེ་འདི་

ཙམ་གྱི་དོན་བསྒྲུབ་པར་མཐུན་ལ། ཕྱི་མའི་དོན་གང་ཡང་མེད་པའི་ཕྱིར་རོ། །དཔེར་ན། རྒྱ་ཤིན་ཏུ་བསིལ་ལ་དྭངས་པའི་མཚོ་འགྲམ་དུ་བཏུང་མི་ཤེས་པར་སྐོམ་ནད་ཀྱིས་ཤི་བའི་གླེན་པ་དང་འདྲ་སྟེ། ཡིད་ལ་ཅི་འདོད་འགྲུབ་པར་བྱེད་པའི་གསུང་རྡུང་གི་ཝོན་རྒྱ་མཚོ་དང་འདྲ་བ་ལ་བསླབ་ཏུ་ཡོད་བཞིན་དུ་མ་བསླབ་པའི་ཕྱིར་རོ། །ཚད་པ་སེལ་བར་བྱེད་པའི་ག་བུར་སྨན་སྡོང་གི་རྩ་རུ་བསྡད་ཀྱང་། སྨན་བསྟེན་མ་ཤེས་པས། ཚ་བའི་ནད་ཀྱིས་ཟིན་པའི་གླེན་པ་དང་ཡང་འདྲ་སྟེ། སྡུག་བསྔལ་དང་ཉོན་མོངས་པའི་ཚ་གདུང་གཞིལ་བར་བྱེད་པའི་ཚུལ་ཁྲིམས་ཏིང་འཛིན་ཤེས་རབ་གསུམ་སྟེ་བསླབ་པ་གསུམ་གྱི་སྨན་བསྟེན་བྱར་ཡོད་བཞིན་དུ་མ་སྤྱད་པའི་ཕྱིར་རོ། །བཀྲེས་ལྟོག་སེལ་བར་ནུས་པའི་སྟོན་ཀའི་ལོ་ཏོག་གི་གསེབ་ཏུ་འདུག་བཞིན་དུ། ཟ་མི་ཤེས་པར་ལྟོག་ནས་ཤི་བའི་གླེན་པ་དང་ཡང་འདྲ་སྟེ། མངོན་མཐོ་དང་ངེས་ལེགས་ཀྱི་བདེ་བའི་རྒྱུ་ཕུན་སུམ་ཚོགས་པ་བསྒྲུབ་པ་བྱ་ཚོག་པ་ལ་དེ་ཡང་མ་བསྒྲུབ་པའི་ཕྱིར་རོ། །དེ་བཞིན་དུ་རིན་པོ་ཆེའི་གླིང་དུ་ཕྱིན་ནས་ནོར་སྐལ་ཆད་པ་དང་འདྲ་སྟེ། དེ་ནི་རིན་པོ་ཆེའི་འཚོལ་དུ་འགྲོ་བའི་ཚོང་པ་རྣམས་རྒྱ་མཚོ་ཆེན་པོའི་ཐོག་ཏུ་གཟིངས་བཅས་ནས་ཐབས་ཤེས་དུ་མས་འགྲོ་བའི་ཚེ་དེད་དཔོན་ཐབས་ལ་མཁས་པས་གཟིངས་ནུབ་ཀྱིས་དོགས་ནས་རིན་པོ་ཆེའི་གླིང་དུ་མཚན་མོ་ཕྱིན་པར་བྱས་ཏེ། དོ་ནུབ་ནི་གཤེད་མ་དང་གཙན་གཟན་གྱི་གླིང་དུ་འགྲོ་དགོས་པས་རྗེ་རེ་རེ་གཉིས་གསུམ་ཙམ་ཀུན་གྱིས་ལོངས་ཤིག་ཅེས་བསྒོས་ནས་མཚོ་ཐོག་ཏུ་ཕྱིར་ལོག་པས། གཡོ་ཅན་ཁ་ཅིག་གིས་གཤེད་མ་དང་གཙན་གཟན་ལ་འདི་ཙམ་ཞིག་གིས་བརྟེག་ཏུ་ཡོད་པས་ང་རང་ནི་ཡང་ཐར་རོ་སྙམ་ནས་མ་བླངས་པས། ནམ་ལངས་པ་དང་བལྟས་པས་རིན་པོ་ཆེ་རེ་

རེ་གཉིས་གཉིས་ཀུན་གྱིས་བླངས། འགའ་རེས་མང་པོ་ཡང་བླངས་ཡོད་དེ་གཡོ་ཅན་སྐལ་པ་ཆད་ནས་སྟོང་ལོག་བྱེད་པ་ལ་འགྲོད་ཀྱང་ཕན་པ་མེད་པ་བཞིན་ནོ། །དེ་ལྟ་བུ་བྱས་ན། རང་ལ་ཟེ་ཤ་ཀྱི་རྒུད་སྙིང་རེ་ན་སྡེ་རང་ལ་རང་གིས་ཁྲིལ་གདབ་པའོ།།

གཉིས་པ་ལ་གཉིས་ཏེ། ཡེ་ཤེས་ཀྱི་ཚོགས་བསགས་པ་དང་། བསོད་ནམས་ཀྱི་ཚོགས་བསགས་པའོ། །དང་པོ་ནི། འོ་ན་དལ་འབྱོར་རྒྱུད་མི་གསན་ན་ཅི་ལྟ་བུ་བསྒྲུབ་པར་བྱ་ན། དེ་ཡང་སླ་སྟེ། སྐྱོ་ངལ་མེད་པའི་དད་བསྐྱེད་བླ་མ་བསྟེན། །མཉན་བསམ་བྱ་ཞིང་རྟོགས་པའི་ངེས་ཤེས་བཙལ། །གོ་བས་མ་ཡིན་སྒྲུབ་ཅིང་གཡེང་བ་སྤང་། །ཐམས་ཅད་སྒྱུ་མ་ནམ་མཁའ་བཞིན་རྟོགས་བྱ། །ཞེས་པ། སྤྱིར་ཉམས་ལེན་ཅི་བྱེད་པ་ཐམས་ཅད་ཕྱོགས་གཅིག་ཏུ་དྲིལ་བའི་གཞུང་འདི་ནས་ལག་ཏུ་བླངས་པའི་གོ་རིམ་ལྟར་བྱ་སྟེ། སྐྱོ་ངལ་མེད་པའི་དད་པས་བླ་མ་ཚད་ལྡན་ཚུལ་བཞིན་བསྟེན་ནས་བཀའ་ལུང་ཁྲུངས་མ་རྣམས་ཉན་བསམ་བྱས་པས་རྟོགས་པའི་ངེས་ཤེས་བཙལ་དགོས་སོ། །དེ་ཡང་དོན་གོ་བ་ཙམ་གྱིས་མི་ཚོག སྤང་བླང་གི་གནས་ལ་ལག་ལེན་བསྒྲུབ་པར་བྱེད་ཅིང་ལེ་ལོ་དང་གཡེང་བ་སྤངས་པའི་བརྩོན་འགྲུས་བྱ་དགོས་སོ། །ཁྱད་པར་ཛོགས་པའི་སངས་རྒྱས་བསྒྲུབ་པ་ལ་ནི་ཚོགས་གཉིས་བསགས་དགོས་པས། དེ་ཡང་ངེས་དོན་གྱི་གསུང་རབ་ལ་ཐོས་བསམ་བྱས་ནས་བདག་མེད་པའི་དོན་རིག་པས་ངེས་ངེས་སུ་བྱས་ལ་འདི་ལྟར་སྣང་བ་ཐམས་ཅད་མཉམ་བཞག་ཏུ་མཚན་མེད་ནམ་མཁའ་ལྟ་བུའི་སྟོང་ཉིད་བསྒོམ། ཡེ་ཤེས་ཀྱི་ཚོགས་དེའི་ཤུགས་ཀྱིས་རྗེས་ཐོབ་ཏུ་སྒྱུ་མ་ལྟ་བུའི་སྟོང་ཉིད་འཆར་བའི་ངང་ནས་བསོད་ནམས་ཀྱི་ཚོགས་བསགས་པའོ།།

གཉིས་པ་བསོད་ནམས་ཀྱི་ཚོགས་ནི། སྙིང་རྗེས་འགྲོ་ཀུན་དོན་ལ་སེམས་

བསྐྱེད་ལ། །སྦྱིན་ཚུལ་བཟོད་དང་རིམ་གཉིས་ལ་སོགས་པ། །བརྩོན་པས་འགྲུས་ཚད་བྱ་ཞིང་སྨོན་ལམ་གདབ། །ཅེས་པ། འགྲོ་བ་ཀུན་ལ་ཕ་མ་ཏྟ་ཤེས་པར་བྱས་ནས་དེ་དག་གི་སྡུག་བསྔལ་མི་བཟོད་པའི་སྙིང་རྗེས་ཀུན་ནས་བསླང་བའི་སྒོ་ནས་སྡུག་བསྔལ་དེ་དག་སེལ་བའི་དོན་དུ་སངས་རྒྱས་ཐོབ་འདོད་ཀྱི་བྱང་ཆུབ་ཏུ་སེམས་བསྐྱེད་པ་གཞིར་བྱས་ལ། སྦྱིན་པ་དང་ཚུལ་ཁྲིམས་དང་བཟོད་པ་གསུམ་སོགས་ཁྱད་པར་དུ་སྤྱགས་ལ་འཇུག་ན་ནི། བསྐྱེད་རིམ་དང་རྫོགས་རིམ་ལ་ཡང་གཉིས་ཡོད་པའི་མཚན་བཅས་ཀྱི་རྫོགས་རིམ་ནི་བསོད་ནམས་ཀྱི་ཚོགས་སུ་གཏོགས་པས་དེ་དག་ལ་སོགས་མཚན་བཅས་ཀྱི་དགེ་བ་ཐམས་ཅད་བརྩོན་པས་འགྲུས་ཚད་བྱ་ཞིང་སྨོན་ལམ་གདབ་བོ།།

གསུམ་པ་མདོ་བསྡུ་བ་ནི། ཅི་བྱེད་བཀའ་ལུང་རྣམས་དང་མཐུན་པར་བྱ། །ཞེས་པ། ཡང་རྗེ་ལས། ད་བུའི་དབང་པོ་ལ་ཕུལ་བས་པོན་བཞིན་བྱ་གསུངས་པ་ལྟར། མདོར་ན་ཅི་བྱེད་ཐམས་ཅད་བླ་མའི་བཀའ་དང་རྒྱལ་བའི་ལུང་རྣམས་དང་མི་འགལ་བར་མཐུན་པར་བྱས་ནས་དལ་འབྱོར་ཐོབ་པ་ཆུད་མི་གསན་པའོ། །དོན་གཉིས་པ་དལ་འབྱོར་བསྟན་པའོ། །ཞེས་པས་མདོ་བསྡུ་བའོ།། །།

ལུས་རྟེན་དུ་ཉུང་བ་དལ་འབྱོར་བསྟན་ནས་སེམས་ལས་སུ་ཉུང་བར་བྱེད་པ་མི་རྟག་པ་དང་། འཁོར་བའི་ཉེས་དམིགས་སྒོམ་པར་བྱེད་པ་གཉིས་ལས། དང་པོ་ཚེ་འདི་རྟག་འཛིན་ལས་མ་ལྡོག་ན་ཕྱི་མ་དོན་གཉེར་གྱི་བློ་མི་སྐྱེ་བས་མི་རྟག་པ་བསམ་པར་བྱའོ། །དེ་ལ་ལྔ། ཕྱི་མི་རྟག་པ་དང་། ནང་མི་རྟག་པ་དང་། ཕྱི་ནང་ཐུན་མོང་དྲན་ཚུལ། མཐུན་དཔེ། ཡོན་ཏན་ནོ། །དང་པོ་ལ་མདོར་རྒྱས་གཉིས་ལས། མདོར་བསྟན་ནི། ཕྱི་སྣོད་འཇིག་རྟེན་ཐམས་ཅད་མི་རྟག་སྟེ། །ཞེས་པ། སྤྱིར་ཕྱི་ནང་གི་དངོས་པོ་ཐམས་

ཅད་མི་རྟག་པར་སྟོན་པ་ཡིན་པས། ཕྱིའི་འབྱུང་བ་བཞི་འཇིག་པའི་རང་བཞིན་ཅན་ལ་རི་མཚོ་གླིང་སོགས་འཇིག་པའི་རང་བཞིན་ཅན། བརྟེན་པ་ནང་བཅུད་ཀྱི་སེམས་ཅན་གྱི་རྟེན་གནས་སུ་གྱུར་པའི་སྣོད་ཐམས་ཅད་མི་རྟག་སྟེ་འཇིག་པར་འགྱུར་རོ། །

རྒྱས་བཤད་ལ་གཉིས། རགས་པའི་མི་རྟག་པ་དང་། ཕྲ་བའི་མི་རྟག་པའོ། །དང་པོ་ནི། རི་རབ་རྒྱ་མཚོ་གླིང་འཁོར་ལ་སོགས་ཀྱང་། །འཇིག་དུས་མེ་བདུན་བསྐལ་པའི་མེ་དཔུང་གིས། །ཕྱི་ནས་རང་འབར་འབྱུང་སྟེ་ཐམས་ཅད་བསྲེག །ཆུ་དང་རླུང་གིས་འཇིག་པ་དེ་བཞིན་ཏེ། །རྡུལ་ཕྲན་ཙམ་ཡང་མི་ལུས་འཇིག་སྟོང་འགྱུར། །ཞེས་པ། གནས་བསྐལ་རྫོགས་པའི་རྗེས་སུ་ནང་བཅུད་ཀྱི་སེམས་ཅན་བར་བསྐལ་བཅུ་དགུའི་ཡུན་དུ་འཇིག་གོ །དེ་ནས་ཕྱི་སྣོད་རི་རབ་རི་བདུན་མཚོ་བདུན་གླིང་བཞི་གླིང་ཕྲན་བརྒྱད་ཕྱི་འཁོར་ཡུག་ལྕགས་རིས་བསྐོར་བའི་ཉི་ཟླ་ཟུང་གཅིག འདོད་ཁམས་ལྷ་དྲུག་ཚངས་པའི་གནས་དང་བཅས་པ་བྱེ་བ་ཕྲག་བརྒྱ་ལ་སྟོང་གསུམ་གྱི་འཇིག་རྟེན་ཏེ། དེ་མེས་འཇིག་པའི་ཚེ། མཛོད་ལས། གནམ་ལ་གསེར་གྱི་ཉི་བདུན་ཤར། །ཞེས་པ་ཚ་འགྱུར་དུ་འགྲོ་བ་གང་རུང་གིས་བར་བསྐལ་གཅིག་གི་ཡུན་དུ་ཐམས་ཅད་བསྲེག་སྟེ། དེ་ཡང་དང་པོ་ཡུན་རིང་པོར་གནམ་ལ་སྤྲིན་ཐམས་ཅད་སངས་ནས་ཆར་མི་འབབ། དེ་ནས་ཉི་མ་གཉིས་པས་རྩི་ཤིང་ནགས་ཚལ་ཐམས་ཅད་སྐེམས། གསུམ་པས་ཆུ་ལྷང་ལྷང་། བཞི་པས་ཆུ་བྲན། ལྔ་པས་ཆུ་བོ་ཆེན་པོ། དྲུག་པས་རྒྱ་མཚོ་ཆེན་པོ་རྣམས་ཀྱང་སྐེམས། དེ་ནས་བདུན་པས་རི་རབ་ལ་སོགས་པ་ས་རྡོ་རི་བྲག་ཀུན་ལས་དུ་བ་འཕྱུལ་ནས་མེ་རི་ཡན་ཆད་ནས་མེ་རང་འབར་གྱི་མེ་དཔུང་གིས་ཐམས་ཅད་བསྲེགས་ནས་རྡུལ་ཕྲན་ཙམ་ཡང་མི་ལུས་པར་འཇིག་ནས་བར་བསྐལ་ཉི་ཤུའི་ཡུན་དུ་སྟོངས་

སོ། །དེ་ནས་ཡང་རིམ་གྱིས་བར་བསྐལ་གཅིག་གི་ཡུན་དུ་སྡོད་མས་ཡར་ཆགས་ནས་བཅུད་རྣམས་བསམ་གཏན་གང་མི་འཇིག་པའི་གནས་ལས་ཡས་མར་རིམ་གྱིས་བར་བསྐལ་བཅུ་དགུའི་བར་དུ་ཆགས་སོ། །ཆགས་པ་དེ་ཉིད་ཡ་ཐོག་མ་ཐོག་གཉིས་བར་ཕྲུག་བཅོ་བརྒྱད་བར་བསྐལ་ཞེ་བྲུའི་ཡུན་དུ་གནས་པའི་རྗེས་སུ། ཡང་འཇིག་ཚུལ་གོང་དུ་བསྟན་པ་བཞིན་ནོ། །དེ་ལྟར་མེས་ལན་བདུན་རེ་འཇིག་པའི་བར་དུ་ཆུས་འཇིག་པ་ལན་གཅིག་སྟེ། དེ་ཚེ་ལན་ཚ་ལ་ཆུ་ཐིམ་པ་བཞིན་ཐམས་ཅད་ཆུའི་རང་བཞིན་དུ་འགྱུར་ནས་ཕྱིས་ཆུ་དེ་ཡང་ཡལ་ནས་འགྲོའོ། །དེ་ནས་ཡང་ཆགས་ནས་མེ་བདུན་ཆུ་གཅིག་གིས་འཇིག་པ་སྐྱེལ་མ་བྱུང་བའི་ཆུ་བདུན་གྱིས་འཇིག་པ་རྫོགས་ཧིང་ཡང་ཆགས་ནས་མེ་བདུན་གྱི་འཇིག་པ་རྗེས་སུ་སླར་ཡང་ཆགས་པ་དེ་རླུང་གིས་འཇིག་གོ །དེ་ལྟར་བསྐལ་པ་ཆེན་པོ་དྲུག་ཅུ་རྩ་བཞིའི་ཐ་མ་རླུང་གིས་འཇིག་པ་གཅིག་ཡོད་དོ། །དེའི་དུས་ག་བུར་ལ་བསེར་བུ་ཐིམ་པ་བཞིན་ཐམས་ཅད་རླུང་གི་རང་བཞིན་དུ་འགྱུར་རོ། །དེ་ལྟ་བུའི་ཆགས་གནས་འཇིག་སྟོང་རེས་མོས་བྱེད་པའི་མི་རྟག་པའོ།།

གཉིས་པ་ཕྲ་བའི་མི་རྟག་པ་ནི། དུས་རྣམས་འགྱུར་ཏེ་དབྱར་དགུན་སྟོན་དཔྱིད་ལ། །ཞུ་སྐྱིད་ལ་སོགས་དབྱིབས་དང་ཁ་དོག་དང་། །གྲང་དྲོ་ལ་སོགས་སྣང་བ་ཀུན་མི་རྟག །གལ་ཏེ་རྟག་ན་འགྱུར་ལྡོག་ཅིའི་ཕྱིར་རིགས། །ཞེས་པ། ཕྱིར་འདུས་བྱས་ཐམས་ཅད་སྐད་ཅིག་གིས་འཇིག་པ་མི་རྟག་པ་ལ། འཕྲལ་དུ་སྣང་བ་འདི་ཀུན་ནམ་ཟླ་དུས་བཞི་ལ་ཡང་དབྱིབས་དང་ཁ་དོག་འགྱུར་ཏེ། དཔྱིད་ཞུ་དབྱར་རྒྱས་སྟོན་སྨིན་དགུན་སྡུད་པ་དང་། ཁ་དོག་རིམ་པ་ལྟར་རྒྱ་བོ་དང་། སྔོ་བ་དང་། སེར་བ་དང་། དཀར་བ་སོགས་སུ་འགྱུར་རོ། །དེ་བཞིན་དུ་གྲང་བ་དང་། དྲོ་བ་དང་། ཆར་ཐན་དང་། ཉིན

མཚན་སོགས་གཅིག་ཏུ་མ་ངེས་པར་ཀུན་འགྱུར་ཏེ། མི་རྟག་པ་ཕོ་ནའོ། །ཁལ་ཏེ་ཕྱི་པའི་གསང་བ་སོགས་ཁ་ཅིག་གིས་ཐམས་ཅད་རང་བཞིན་རྟག་པ་ཅན་དུ་འདོད་པ་ལྟ་བུ་ཡིན་ན་འགྱུར་ལྡོག་མི་རིགས་ཏེ་རྟག་པ་ཡིན་ན་འགྱུར་བ་མི་རིགས་པའི་ཕྱིར་རོ། །

གཉིས་པ་ནི། ནང་བཅུད་མི་རྟག་པ་ལ། མདོ་རྒྱས་གཉིས་སོ། །དང་པོ་ནི། ནང་བཅུད་སེམས་ཅན་ཐམས་ཅད་མི་རྟག་སྟེ། །ཞེས་པ། རྟག་ཏུ་གནས་པ་གཅིག་ཀྱང་མི་སྲིད་པའི་ཕྱིར་རོ། །རྒྱས་བཤད་ལ་གཉིས། དངོས་པོ་གང་མི་རྟག་པ་དང་། ཚུལ་ཇི་ལྟར་མི་རྟག་པའོ། །དང་པོ་ནི། བདག་དང་བདག་གི་དགྲ་གཉེན་སེམས་ཅན་རྣམས། །ཞེས་པ། སྲིད་འདུས་བྱས་ཀྱི་དངོས་པོ་གང་ཡང་མི་རྟག་པ་ཡིན་ལ། ཁྱད་པར་བདག་དང་བདག་གི་དགྲ་དང་གཉེན་མི་རྟག་པར་སྟོན་པ་ནི། འདི་གསུམ་རྟག་འཛིན་གྱི་གཞི་བྱས་ནས་ཆགས་སྡང་ལ་སོགས་པའི་ཉོན་མོངས་པ་དང་མི་དགེ་བ་འཕེལ་ནས། མཐོ་རིས་དང་ཐར་པའི་ལམ་བཀག་ནས་འཁོར་བ་དང་ངན་སོང་གི་རྒྱུ་བག་ཆགས་གསོག་པའི་སྒོ་ཡིན་པའི་ཕྱིར་སྨོས་པའོ། །བདག་མི་རྟག་པར་ཤེས་ན་ཚེ་འདིར་យུན་རིང་སྡོད་པའི་གྲབས་མི་བྱེད་ཅིང་ཕྱི་མའི་དོན་གཉེར་འབྱུང་ལ། དེ་བཞིན་དུ་དགྲ་ལ་སྡང་ནས་གནོད་པ་སེམས་པ་དང་། གཉེན་ལ་ཆགས་ནས་དེའི་དོན་སྒྲུབ་པའི་གཡེང་བ་དང་སྡིག་པ་མི་འབྱུང་བ་དེ་མི་རྟག་པས་ཤེས་པའི་ཕྱིར་རོ། །

གཉིས་པ་ཚུལ་ཇི་ལྟར་མི་རྟག་པ་ལ་གཉིས་ཏེ། མདོ་རྒྱས་སོ། །དང་པོ་ནི། འཆི་བར་ངེས་ཏེ་ནམ་འཆི་མ་ངེས་དང་། །ཅིས་ཀྱང་མི་སྡོད་འཆི་བ་མངོན་དུ་འབྱུང་། །ཞེས་པ། མི་རྟག་པ་བསྒོམ་པ་ལ་གནད་བཞི་པོ་འདི་ལ་འདུས་པའི་ཕྱིར་བསྟན་པའོ། །དེ་ཡང་འཆི་ངེས། ནམ་འཆི་ནི་མ་ངེས། འཆི་བའི་ཚེ་དགེ་བ་མིན་པ་གང་ཡང་མི་ཕན། འཆི་

པའི་སྡུག་བསྔལ་ནི་འབྱུང་ངེས་པའོ། །རྒྱས་བཤད་ལ་བཞིའི་དང་པོ་ལའང་གཉིས་ཏེ། འཆི་ངེས་བསམ་པ་དང་། ཡོན་ཏན་ནོ། །དང་པོ་ལ་བཞི་སྟེ། སྔར་ལུས་པ་མེད་པའི་གནད། ཐོག་མཐའི་གནད། རྒྱུ་རྐྱེན་གྱི་གནད། འཕྲུལ་སྣང་གི་གནད་དོ། །དང་པོ་ནི། དེ་སྔོན་ཐོག་མེད་སྤྲུལ་པའི་སྐུ་ཡང་འགྱུར། །གྲུབ་ཐོབ་རྣམས་འདས་ཐ་མལ་སློས་ཅི་དགོས། །ཞེས་པ། སྐྱེ་བ་བཟང་ངན་གང་གི་ལུས་བླངས་ཀྱང་མི་འཆི་བར་ཚེ་ཐར་ནས་བསྡད་པ་མེད་དེ། སྔར་བསྟན་པའི་གཙོ་བོ་སྤྲུལ་པའི་སྐུ་ཡང་མི་རྟག་པར་འགྱུར་བའི་ཚུལ་བསྟན་ཞིང་། གྲུབ་པ་ཐོབ་པའི་སྐྱེས་བུ་མང་པོས་ཀྱང་འདས་ཚུལ་བསྟན་ན། བདག་མི་འཆི་བའི་གདེང་མི་ཐོབ་པ་ནི་ཐ་མལ་བ་ནི་འཆི་བ་སློས་ཅི་དགོས་ཏེ། མདོ་ལས། རྟག་ཏུ་རི་རྣམས་སུན་དབྱུང་ཕྱིར། །ལན་ཅིག་མྱ་ངན་འདས་ཚུལ་སྟོན། །ཞེས་གསུངས་ཤིང་། རྗེ་བཙུན་གྲི་ཚང་ལྷ་བུ་མཁའ་ལ་བྱ་བཞིན་འཕྱུར་བ། རི་བྲག་ལ་ཐོགས་པ་མེད་པ། གཞན་གྱི་སེམས་མཁྱེན་པའི་གྲུབ་ཐོབ་དེ་ལྟ་བུ་ཡང་། འདའ་ཁར་བསྒྱུངས་དྲིས་པ་ལ་ང་འགྲོ་དགོས་ཚེའི་དུས་ཐུག་ལུས་ཀྱི་སྟོབས་ཟད་པས་ང་བསྡད་དབང་མེད་པའི་ཚོད་ཀྱིས་སྐྱེ་བ་བླངས་ཕན་ཆད་མི་འཆི་བའི་རེ་བ་མ་བྱེད་ཅིག་གསུངས་པ་ལྟར་བསམ་མོ།།

གཉིས་པ་ཐོག་མཐའི་གནད་ནི། སྐྱེས་མཐའ་འགག་སྟེ་འདུས་འབྲལ་ཆགས་འཇིག་འགྱུར། །ཞེས་པ། ཕྱིར་ལུས་ཀྱི་རང་བཞིན་ལ་སྐྱེ་བའི་ཐ་མ་འགག་སྟེ། བདག་ཀྱང་སྐྱེས་ཕྱིར་འགག་སྟེ་འཆི་ངེས་པ། འདུས་པའི་མཐའ་བྲལ་ཏེ་རྒྱུ་རྐྱེན་དུ་མ་འཚོགས་པའི་ལུས་སེམས་ཡིན་པས་འབྲལ་ངེས། ཆགས་པའི་ཐ་མ་འཇིག་སྟེ་ཁྲུ་བ་ཁྲག་ཐིག་པ་ཙམ་ལས་རྗེ་ཆེར་ཆགས་པས་འཇིག་ངེས་སོ། །མདོ་ལས། ཁམས་གསུམ་སེམས་ཅན་སྐྱེ་དང་འཆི་ལ་བརྟག །ཅེས་གསུངས་པས། ཁམས་གསུམ་གྱི་སེམས་ཅན་

ཐམས་ཅད་ནི་རྟག་ཏུ་སྐྱེ་བ་དང་འཆི་བ་ཁོ་ན་བྱེད་པའོ་སྙམ་དུ་བསམ་མོ།།

གསུམ་པ་རྒྱུ་རྐྱེན་གྱི་གནད་ནི། ཕུང་པོ་འདིས་བྱས་ཡིན་པས་སྙིང་པོ་མེད། །ཆུ་བུར་རྩ་ཟེལ་སེན་སྙིང་རྟུལ་དང་འདྲ། །ཞེས་པ། ཕུང་པོ་འདི་རྒྱུ་རྐྱེན་དུ་མ་འདུས་པའི་བྱས་པ་ཅན་ཡིན་པའི་རྟག་མི་ཐུབ་སྟེ། ལེགས་པར་བརྟག་ན་སྙིང་པོ་མེད་པ་ཆུ་བུར་དང་འདྲ། རྐྱེན་མི་ཐུབ་པ་རྩ་རྩེའི་ཟེལ་པ་དང་འདྲ། འཆི་རྐྱེན་མ་ངེས་པ་མང་བ་སེན་སྙིང་གི་རྟུལ་དང་འདྲ་སྟེ། དེ་རྣམས་ყུན་རིང་གནས་པའི་སྐབས་མེད་དོ། །འཁོར་བའི་ལུས་འདི་ནམ་ཀྱང་མི་རྟག་ངེས། །རྒྱུ་ལས་བྱས་པས་གཟུགས་འདི་རྐྱེན་གྱིས་འཇིག །ཅེས་གསུངས་པ་ལྟར་བསམ་མོ།།

བཞི་པ་འཕྲུལ་སྣང་གི་གནད་ནི། བེམ་རིག་དུས་བཞིར་བདེ་སྡུག་ལ་སོགས་འགྱུར། །བུ་ཆུང་བྱིས་པར་འགྱུར་སོགས་རིམ་གྱིས་འགྱུར། །གང་ཞིག་རྟག་པ་དེ་ལ་འགྱུར་བ་མེད། །ཅེས་པ། སྣང་བ་འདི་རྣམས་འཕྲུལ་དུའང་འགྱུར། བེམ་པོ་འདི་དུས་བཞིར་འགྱུར། རིག་པ་ནི་བདེ་སྡུག་ལ་སོགས་པ་གཅིག་ཏུ་མི་གནས་པར་དུ་མར་འགྱུར་རོ། །མི་རྣམས་ཀྱང་སྐྱེས་མ་ཐག་གི་བུ་ཆུང་དང་། དེ་ནས་བྱིས་སྒྲ་དང་། གཞོན་ནུ་དང་། དར་མ་དང་། རྒན་པོ་ལ་སོགས་པའི་གནས་སྐབས་རིམ་གྱིས་འགྱུར་བའི་ཕྱིར་མི་རྟག་པའོ། །གང་ཞིག་རྟག་པ་ཡིན་ན་དེ་ལ་འགྱུར་བ་མེད་པར་རིགས་ལ་དེ་མེད་པའི་ཕྱིར་རོ། །སྟོན་པས་ཀྱང་འདའ་ཁར། མི་རྟག་འཕོ་འགྱུར་གོང་དུ་དྲན་པ་ཡིས། །དཀའ་བ་སྣ་ཚོགས་སྤྱད་ནས་སེམས་ཀྱི་ཉོན་མོངས་སྤྱངས། །གསུངས་ཏེ། སྟོན་པ་ནི་གདུལ་བྱ་དྲངས་པའི་ཚུལ་དུ་བསྟན་པ་ཡིན་པས། ཚིག་རྐང་དང་པོས། གཞོན་ནུ་ལ་སོགས་པའི་སྐབས་སུ་འཆི་བ་མི་རྟག་པ་དྲན་ནས་དགེ་བ་མ་བྱས་ན། འཆི་ཁར་ཐུག་ན་དྲན་ཀྱང་འཕྱིས་སོ་

ཞེས་པའི་དོན་སྟོན་ལ། གཉིས་པ་ནི་དམྱལ་བ་ལ་སོགས་པའི་སྡུག་བསྔལ་རྣམས་རང་གི་སེམས་ཀྱི་ཉོན་མོངས་པ་ལས་འབྱུང་བ་ཡིན་གྱི་གཞན་དག་གང་གིས་ཀྱང་མ་བྱས་པས་དཀའ་ཡང་འབད་ནས་ཉོན་མོངས་པའི་གཉེན་པོ་བརྟེན་ནས་སེམས་གདུལ་བ་ལས་གཙོ་ཆེ་བ་མེད་དོ། །ཞེས་པའི་དོན་ཡིན་ནོ།།

གཉིས་པ་ཡོན་ཏན་ནི། རྟག་པར་བཟུང་ནས་འཇིག་རྟེན་འདི་བསླུབ་པ། །དེ་ལས་བློ་ལོག་ཕྱི་མའི་དོན་བྱེད་འགྱུར། །ཞེས་པ། སྤྱིའི་ཚེ་མཐའ་གཅིག་ལ་འཆིའོ་སྙམ་པའི་རྟོག་པ་རྫིང་པོ་ཞིག་ཀུན་ལ་ཡོད་ཀྱང་འཆི་ཁ་ཚུན་ལ། ད་རུང་མི་འཆི་སྙམ་པས་དུས་འདས་ནས་མི་འཆི་བར་རྟག་པའི་ཕྱོགས་བཟུང་བ་དེས། ཚེ་འདིར་སྤྱོད་པའི་གྲབས་ལ་ཟས་ནོར་གསོག་འཛོག་སྣན་གྲགས་ཁོ་ན་བསླུབ་ན་དེའི་རྐྱེན་གྱིས་ཉོན་མོངས་པ་དང་སྡིག་ལྟུང་མང་པོ་ཡང་ཡང་འབྱུང་བས་ངན་འགྲོར་སྐྱུར་ལ། འཆི་ངེས་པའི་རྒྱུ་མཚན་འདི་ལྟ་བུ་རྣམས་ཡིད་མ་འཁྲུལ་བས་ཞིབ་ཏུ་དཔྱད་ན་འཆི་ངེས་པའི་བློ་ནམ་སྐྱེས་པས་དགྲ་གཉེན་ཟས་ནོར་སྣན་གྲགས་ལ་སོགས་དང་ངེས་པར་འབྲལ་བར་མཐོང་ནས། དེའི་དོན་བསླུབ་པ་ལ་ཡིད་མི་ཕྱོགས་པར་བློ་ལྡོག་ནས་ཚེ་ཕྱི་མ་མཐོ་རིས་དང་ཐར་པ་ཐོབ་པའི་དགེ་བའི་ཕྱོགས་ཁོ་ན་བྱེད་པར་འགྱུར་རོ། །དེའི་ཕྱིར་རྟག་འཛིན་དང་མི་རྟག་པ་སྐྱེས་པའི་བློ་འདི་ཉེས་ལེགས་ཐམས་ཅད་འབྱུང་བའི་སྒོ་ཡིན་པས་འདི་བསྒོམ་པ་གནད་དུ་ཆེའོ། །འགའ་ཞིག་མི་རྟག་པ་འདི་སྒོམ་རིན་མེད་པར་བྱེད་དོ། །དགེ་སྦྱོར་བ་མཐོ་པོར་བཏགས་པ་ཕལ་ཆེར་ཕྱིའི་སྤྱོད་ཚུལ་དང་རྣམ་འགྱུར་ཅི་ཙམ་བཟང་བ་དེས་ཐུགས་ཀྱི་བསླུབ་བྱ་འཇིག་རྟེན་འདིའི་དོན་བསླུབ་པ་མང་དུ་མཐོང་ངོ་། །མི་རྟག་པ་གཤའ་མ་ཞིག་གི་བློ་སྐྱེས་ན་ཆོང་འདུས་ཀྱི་མགྲོན་པོ་ལྟ་བུ་ཞིག་འོང་སྟེ། མགྲོན་པོ་དེས་ཚོང་འདུས་དེ

ཅི་ལྟར་བདེ་ཡང་དེ་ལ་སྟོད་པའི་གྲབས་མི་བྱེད་པར། རང་ཡུལ་ལ་གང་འགྲིམས་ཀྱི་ཐོང་རྩོལ་བས་མྱུར་དུ་བསྒྲུབ་པ་དང་འདྲ་བར། འཇིག་རྟེན་འདིའི་དགའ་སྐྱིད་ཅི་ལྟར་ཡོད་ཀྱང་དེ་དོན་དུ་མི་གཉེར་ཞིང་ཕྱི་མའི་དོན་དུ་ཅི་འགྱུར་བྱེད་པའོ།།

གཉིས་པ་ལ་གཉིས་ཏེ། ནམ་འཆི་ངེས་མེད་བསམ་པ་དང་། དེའི་ཡོན་ཏན་ནོ། །དང་པོ་ལ་བཞི་སྟེ། ཚེ་དང་། རྐྱེན་དང་། གནས་དང་། དུས་མ་ངེས་པའོ། །དང་པོ་ནི། གཞོན་ནུ་ལ་སོགས་རྟག་འཛིན་འཁྲུལ་བའི་བློ། །ལ་ལ་མ་ཡི་མངལ་དུ་འཆི་འགྱུར་ཏེ། །ལ་ལ་བཙས་དང་ རྒན་སོགས་དེ་བཞིན་ནོ། །སྨྲ་མི་སྨྲན་མིན་ཀུན་ལ་ངེས་མེད་བཤད། །ཅེས་པ། འཆི་ངེས་པ་སྟེ་ནམ་འཆི་ཆ་མེད་པ་དེས། བདག་ན་སོ་གཞོན་པས་ད་རུང་མི་འཆི་སྙམ་པའི་རྟག་འཛིན་དེ་རྣམས་འཁྲུལ་བའི་བློ་ཡིན་ཏེ། ལ་ལ་མའི་མངལ་དུ་འཆི་བ་དང་། བཙས་མ་ཐག་པ་དང་། བྱིས་སྦྲ་དང་། གཞོན་ནུ་དང་། དར་མ་དང་། རྒས་ནས་ཤི་བ་མང་པོ་མངོན་སུམ་དུ་མཐོང་བ་དང་ཐོས་པ་བཞིན་ཏེ། ཚེ་མ་ངེས་པའི་ཕྱིར་རོ། །གླིང་མི་རྣམས་ལ་སྨྲ་མི་སྨྲན་པས་ཚེ་ལོ་སྟོང་བར་ཆད་མེད་པར་ཐུབ་ཀྱི་གཞན་རྣམས་ཚེ་ཚད་ངེས་པ་མེད་ལ། ཁྱད་པར་འཛམ་བུ་གླིང་པའི་ཚེ་ཤིན་ཏུ་མ་ངེས་ཏེ། མཛོད་ལས། དང་པོ་དཔག་མེད་བཅུ་ཐུབ་འགྱུར། །ཞེས་པས། སྔར་ཚེ་ལོ་དཔག་མེད་ཐུབ་པ་ཡང་བྱུང་ལ། ད་བཟོད་ལོ་བཅུ་ཐུབ་པ་ལ་རིང་མཐའ་བྱེད་པ་ཡང་འབྱུང་ངོ་། །སུམ་སྟོན་ལྷ་རིན་པོ་ཆེའི་ཞལ་ནས། རྒན་པོ་སྔོན་ལ་ཤི་བ་མིན། །གཡག་ལ་བེའུ་རོ་བཀལ་བའང་མཐོང་། །ཞེས་གསུངས་པ་ལྟར་རོ། །གཞན་ཡང་ལོ་བརྒྱ་ཐུབ་ཏུ་རྩུགས་ཀྱང་ལོ་བཅུ་བར་བྱིས་པ་ཡིན་པས་དགེ་བ་མི་དྲན། དྲུག་ཅུ་ཡན་ཆད་ལ་ནི་སྟོབས་ཀྱིས་མི་ནུས། བར་གྱི་ལྷག་མ་ལ་ཡང་སྔར་མང་པོ་ཞིག་དོན་མེད་པར་འདས་ནས་སོང་། དེའི་ལྷག་མ་ཡང་ཕྱེད་ནི་

གཉིད་ཀྱིས་ཁྱེར་ཞིང་། ན་ཚ་དང་རྣམ་གཡེང་སོགས་ཀྱིས་ཀྱང་དུས་དུ་མ་ཞིག་དོན་མེད་དུ་འདའ་བས་དགེ་བ་སྤྱོད་པའི་སྐབས་ནི་ཅུང་ཟད་ལས་མེད་དོ་སྙམ་དུ་བསམ་མོ།།

གཉིས་པ་རྐྱེན་མ་ངེས་པ་བཞི་ལས། དང་པོ་ནད་ཀྱི་རྐྱེན་ནི། འཆི་རྐྱེན་གནོད་པ་མང་འགྱུར་ཧྲག་པ་མེད། །ལུས་ཀྱི་འབྱུང་བའི་ཆ་ནི་མ་སྙོམས་པར། །འཁྲུགས་པས་འདུ་བ་རྣམ་བཞིའི་ནད་དུ་འགྱུར། །བཞི་བརྒྱ་རྩ་བཞིའི་ནད་ཀྱི་རྐྱེན་དུ་འབྱུང་། །ཞེས་པ། འཆི་བའི་རྐྱེན་ཡང་ནང་གི་ནད་དང་ཕྱིའི་གནོད་པ་མང་པོ་ཡོད་པར་འགྱུར་བའི་ཕྱིར། ལུས་སྲོག་ཡུན་རིང་དུ་གནས་པ་དང་ཧྲག་པ་མེད་དོ། །ལུས་འབྱུང་བ་བཞི་ལས་གྲུབ་པ་དེ་དག་ཕན་ཚུན་གཅིག་ལ་གཅིག་གནོད་པར་འགྱུར་ཞིང་ཁ་ཟས་དང་སྤྱོད་ལམ་ཅུང་ཟད་ཆ་མ་སྙོམས་པས་འཁྲུགས་ནས་ཁྲག་རླུང་བད་མཁྲིས་ཏེ་འདུ་བ་རྣམ་བཞིའི་ནད་དུ་འགྱུར་རོ། །བཞི་པོ་དེ་དག་ལ་ཡང་ཅུང་ཟད་མི་འདྲ་བའི་བྱེ་བྲག་གི་བརྒྱ་རེ་སྟེ་བཞི་བརྒྱ་རྩ་བཞིའི་ནད་ཀྱིས་རྐྱེན་དུ་འབྱུང་བ་དང་། གློ་བུར་ན་བ་ཐོལ་དང་སྐྲན་དང་དམུ་ཆུ་དང་། དྲེག་དང་གྲུམ་བུ་སོགས་ཀྱིས་འཆི་རྐྱེན་ནམ་འོང་མ་ངེས་པར་བསམ་པའོ།།

གཉིས་པ་སེམས་ཅན་གྱི་འཆི་རྐྱེན་ནི། མི་དང་མི་མིན་གདུག་ཅན་བར་དུ་གཅོད། །ཡི་འབྲོག་སུམ་བརྒྱ་དྲུག་ཅུས་གློ་བུར་བྱེད། །ཅེས་པ། མིས་བར་དུ་གཅོད་པ། མཚོན་ཆ་དང་། དུག་དང་། དམོད་པ་སོགས་དང་། མི་མིན་གྱིས་བར་དུ་གཅོད་པ། དངོས་སུ་སྣང་བ་གཅན་གཟན་དང་། སྤྲུལ་དང་། འབྲོང་གཡག་གིས་བསད་པ་ལ་སོགས་དང་། མི་སྣང་བ། གཟའ་དང་། རྒྱལ་འགོང་དང་། བཙན་དང་། ཀླུ་དང་། བདུད་དང་སྲིན་པོ་ལ་སོགས་པ་དང་། དེ་བཞིན་དུ་ཡར་གཡེན་གྱི་ཕྱོགས་བརྒྱ་དང་ཉི་ཤུ། བར་གཡེན་ལ་བརྒྱ་དང་ཉི་ཤུ། ས་གཡེན་ལ་བརྒྱ་དང་ཉི་ཤུ་སྟེ་སུམ་བརྒྱ་དང་

དྭག་ཙུམ་ཡེ་འབྲོག་དང་ཐོབ་ཐོར་བྱེད་པས་རིམས་ནད་ལ་སོགས་པས་གློ་བུར་དུ་ནཞིང་འཆི་བར་བྱེད་དོ། །བསྟན་པའི་གཙོ་བོ་བསྟུན་ཚུལ་བསྟན་པ་ལས་ཀྱང་། གལ་ཏེ་བགེགས་ཀྱིས་བར་ཆོད་ཡིན་ཡང་སྲིད། །བགེགས་ལ་གཏོས་ཕན་གཏོ་བྱུས་གཏོ་རྣམས་ཀྱིས། །གསུངས་པས། ལུས་སྲོག་ལ་བར་ཆད་བྱེད་པ་ཤིན་ཏུ་མང་ཞེས་པའི་དོན་ནོ། །གབ་པའི་འགྲེལ་དང་གཟུངས་ཆེན་ལས། སྐྱུ་མ་མངོན་འབྱུང་བདུད་ནི་སོ་སོར་བརྐོས་ཏེ། བྱེའུ་བདུད་ཁྲ་དང་། ལུག་བདུད་སྤྱང་ཁུ་དང་། བྱིས་པའི་བདུད་ཆུང་སྲི་དང་། དེ་སོགས་སོ་སོའི་བདུད་བརྐོས་པར་བཤད་པ་དང་། ཀུན་མའི་གཏམ་རྒྱུད་བཞིན་ཏེ། གང་གིས་འཆི་རྐྱེན་བྱེད་པའི་ངེས་པ་མེད་སྙམ་དུ་བསམ་མོ།།

གསུམ་པ་འབྱུང་བའི་རྐྱེན་ནི། ས་ཡི་འཆི་རྐྱེན་ཆུ་སོགས་དེ་བཞིན་ནོ། །ཞེས་པ། ས་ཡིས་རྫིབ་པ་དང་རྫོས་མནན་པས་འཆི་རྐྱེན་བྱེད་པ་དང་། ཆུས་ཁྱེར་བ་དང་ནང་དུ་བསུབ་པ་སོགས་དང་། དེ་བཞིན་དུ་མེས་ཚིག་པ་དང་། རླུང་གིས་བསྐྱབ་དང་ཁྱེར་བ་དང་། བར་སྣང་གི་གཡང་ལ་ལྷུང་བ་སྟེ། རང་ལུས་སྐྱེད་བྱེད་ཕྱིའི་འབྱུང་བ་ལྔས་ཀྱང་འཆི་བའི་རྐྱེན་དུ་བྱེད་དོ།།

བཞི་པ་ཁ་ཟས་ཀྱི་རྐྱེན་ནི། གསོ་ཐབས་ཟས་ལའང་རྫོང་སོགས་དེ་བཞིན་འབྱུང་། །ཞེས་པས། གསོན་རྐྱེན་དུ་རེ་བའི་ཁ་ཟས་ཀྱིས་ཀྱང་རྫོང་བ་དང་མ་ཞུ་བ་སོགས་པ་ཕྱུང་པོར་མ་འཕྲོད་པས་ནད་སློང་ནས་འཆི་བར་བྱེད་དོ། །མདོར་ན་ལུས་སྲོག་འདི་སྙིང་པོ་མེད་པས་མི་རྟག་པའི་ཕྱིར། གསོན་རྐྱེན་ཤིན་ཏུ་ཉུང་ལ་འཆི་རྐྱེན་མང་བས་ཚེར་མ་ཟུག་པ་ཙམ་གྱིས་འཆི་རྐྱེན་བྱེད་པ་ཡོད་དོ། །གསོན་རྐྱེན་རེ་རེ་ཡོད་ཀྱང་དེའི་ངོས་ནས་བསམ་དུ་མི་རུང་ལ་ཤི་རྐྱེན་མང་བའི་ངོས་ནས་ལེགས་པར་བསམ་དགོས་ཏེ། རྒྱུད་ལ་མི་

རྟག་པ་སྐྱེ་བའི་ཕྱིར་དུ་སྒོམ་པའི་སྐབས་ཡིན་པའི་ཕྱིར་རོ།།

གསུམ་པ་ནི། གནས་ཀྱི་མི་འཇིག་སྙིང་བ་ཡོད་མ་ཡིན། །ཡུལ་ཕྱེས་ལ་སོགས་གར་འཆི་མ་ངེས་སོ། །ཞེས་པ། གནས་ནམ་མཁའི་མཐོངས་དང་། ཆུའི་ནང་དང་། སའི་ཁུང་དང་། དེ་བཞིན་དུ་ཆུ་གཤུར་དང་། བྲག་རི། བཙན་པོའི་རྫོང་། བདེ་བའི་གནས་གང་དུ་བསྡད་ཀྱང་འཆི་བས་མི་འཇིག་པ་སྙིང་བ་ཡོད་པ་མ་ཡིན་པའི་ཕྱིར། རང་ཡུལ་དུ་བསྡད་པ་དང་ཕྱེས་སུ་འགྲོ་བ་སོགས་གར་འཆི་ཡང་མ་ངེས་སྙམ་དུ་བསམ་མོ།།

བཞི་པ་ནི། དུས་ཀྱི་བློ་ལྟོས་ཐུབ་པ་ཡོད་མ་ཡིན། །དབྱར་དགུན་ལ་སོགས་ནམ་འཆི་མ་ངེས་སོ། །ཞེས་པ། དུས་ཀྱང་འདི་ལ་ནི་འཆི་འོ་སྙམ་པའི་བློ་ལྟོས་འཆའ་ཐུབ་པ་སུ་ཡང་ཡོད་པ་མ་ཡིན་ཏེ། དབྱར་དགུན་ཉིན་མཚན་གང་ལའང་འཆི་བ་མ་ངེས་སོ། ། གཞན་ཡང་ཚེ་རིང་ཐུང་གང་དུ་འཆི་བ་ནི་མ་ངེས་ལ། དེ་ཡང་ཚེ་ནི་ལོས་ཟད། ལོ་ནི་ཟླ་བས། ཟླ་བ་ནི་ཞག་གིས། ཞག་ཉིན་མཚན་གཉིས་ཀྱིས། ཉིན་མཚན་དེའང་ཐོ་རངས་དང་སྲོ་དྲོ་ཡུན་ཡུན་གྱིས་བཅད་པས་སྐད་ཅིག་མ་ལ་ཡང་འཆི་བདག་གི་གམ་དུ་ཇེ་ཉེ་ཇེ་ཉེར་འགྲོ་བ་ལ་བསམ་མོ།།

གཉིས་པ་ཡོན་ཏན་ནི། གང་གིས་དེ་ནི་ངེས་པར་བསམ་གྱུར་ན། །དགེ་བ་དལ་གྱིས་མ་ཡིན་མྱུར་དུ་སྒྲུབས། །ཞེས་པ། བློ་དང་ལྡན་པ་གང་ཞིག་གིས་ནམ་འཆི་ངེས་པ་མེད་པའི་རྒྱུ་མཚན་དེ་རྣམས་ཡིད་ལ་ངེས་པའི་སྒོ་ནས་ཞིབ་ཏུ་བསམ་ཞིང་འདྲིས་པར་གྱུར་ན་དགེ་བ་ལ་ཕྱི་བཤོལ་མི་བྱ་བ་དང་། དལ་དལ་དུ་མི་ཧོམ་པར་མྱུར་དུ་བསྒྲུབ་པའི་བརྩོན་འགྲུས་ཀྱིས་བསྐུལ་བར་འགྱུར་ཏེ། དེ་རིང་ནང་པར་སོགས་ནམ་འཆི་མ་ངེས་པའི་བློ་སྐྱེས་པའི་ཕྱིར་རོ། །དེ་ཡང་ནང་པར་ལྟ་བུ་ལ་འཆི་མི་འཆི་གང་

དུའང་མ་ངེས་ཀྱང་། བློས་དེ་ལ་འཆི་ངེས་བསམ་པའི་ཕྱོགས་འཛིན་དགོས་ཏེ། དེ་ལྟར་བསམ་ན་ཚེ་འདིར་བསྡོད་ཁྲབས་ལ་ཞེན་པ་ལྡོག་ཅིང་ཕྱི་མའི་དོན་མང་དུ་འགྲུབ་པས། དེ་ལྟ་བུར་མ་ཤི་ནའང་བསམ་པ་སྙིང་ཙན་དུ་མི་འགྱུར་ལ། ཤི་ན་ནི་དེ་ཤིན་ཏུ་དགོས་ཞིང་འགྱོད་མེད་དུ་འགྱུར་བ་ལྟ་བུ་བསམ་པར་བྱའོ།།

གསུམ་པ་ཅིས་ཀྱང་མི་སྡོང་པ་བསམ་པ་ལ་གཉིས་ཏེ། དངོས་དང་། ཡོན་ཏན་ནོ། །དང་པོ་ལ་གསུམ་སྟེ། དངོས་དང་། བཀའི་ངེས་པ་དང་། ཉེས་སྐྱོན་ངེས་པར་ཤེས་ནས་ཆགས་ཞེན་སྤངས་པའོ། །དང་པོ་ནི། ཡུལ་མཁར་ལ་སོགས་བཙན་པོའི་རྫོང་ཡོད་ཀྱང་། །ན་དང་ཀ་དང་འཆི་ལ་སྡོང་མི་འགྱུར། །དེ་བཞིན་འབྲེལ་བའི་གཉེན་དང་བསགས་པའི་རྫས། །རང་སློ་ཡོན་ཏན་རྣམས་ཀྱིས་སྡོང་མི་འགྱུར། །ཞེས་པ། བྱ་བ་དོན་མེད་ལ་ཨོར་བའི་གནས་བཞི་སྟེ། དེ་ཡང་མི་རྣམས་མཐོ་ཤས་ཕལ་ཆེ་བ་ཞིག་གིས་ཡུལ་གྱི་ཚོ་རིས་བསྲུང་བ་དང་རྩོད་པ་ལ་ཟད། ཁ་ཅིག་བུ་སྨད་སོགས་གཉེན་འབྲེལ་གྱི་སོ་ཚུས་བསྒྲུབ། ལ་ལས་ཟས་ནོར་ཁོ་ན་བསྒྲུབ། ཐ་མས་གཞན་རྣམས་བསྒྲུབ་པའི་ནུས་པ་མེད་ཀྱང་རང་ལུས་ཀྱི་ལྟོ་གོས་ཀྱི་ཆེད་བསྒྲུབ་པ་ཁོ་ནས་མི་ཚེ་དོན་མེད་དུ་བསྐྱལ་ཏེ། ཤིན་ཏུ་བདེ་བའི་ཡུལ་ཞིང་མཁར་ཁང་ལ་སོགས་བཙན་པོའི་གནས་ཅི་ལྟ་བུ་ཡོད་ཀྱང་མི་ན་བ་དང་། མི་ རྒས་པ་དང་། མི་འཆི་བ་དང་། མི་རྒུད་པ་ལ་གང་ཡང་མི་ཕན་ནོ། །དེ་བཞིན་དུ་བུ་སྨད་ལ་སོགས་བརྩེ་བའི་གཉེན་བཤེས། གསེར་དངུལ་ལ་སོགས་ཡིད་དུ་འོང་བའི་ཟས་ནོར། ཐ་ན་ཤིན་ཏུ་དགོས་པའི་རང་ལུས་ཀྱི་ཕོ་སློ་ཡོན་ཏན་ཅི་ལྟ་བུ་ཞིག་ཡོད་ཀྱང་། ན་རྒས་འཆི་རྒུད་ཀྱི་རི་བོ་བཞི་ཟློག་མི་ནུས་ཏེ། རྒྱལ་པོ་ལ་གདམས་པ་ལས། དཔེར་ན་ཕྱོགས་བཞི་ན་རི་བོ་ཆེ་པོ་སྲ་ཞིང་མཁྲེགས་པ་མ་ཞིག་པ་གས་ཆག

མེད་པ་བཞི་གནམ་ལ་རེག་ཙམ་སློག་སྐྱེ་རྩི་ཤིང་ཐམས་ཅད་དང་། སྲོག་ཆགས་ཐམས་ཅད་ཕྱེ་མར་འཐགས་ཞིང་འོང་བ་ལ་ནི། མགྱོགས་པས་འབྲོས་པའམ། སྟོབས་ཀྱིས་བཟློག་པའམ། ནོར་གྱིས་བཟློག་པའམ། རྫས་དང་། སྔགས་དང་སྨན་རྣམས་ཀྱིས་བཟློག་པར་སླ་བ་ནི་མ་ཡིན་ནོ། །དེ་བཞིན་དུ་ན་བ་དང་། རྒ་བ་དང་། འཆི་བ་དང་། རྒུད་པ་དང་བཞིས་འཇིག་པ་འོང་སྟེ། ན་བས་ནི་ནད་མེད་པ་འཇོམས་ཤིང་འོང་། རྒས་པས་ནི་དར་ལ་བབ་པ་འཇོམས་ཤིང་འོང་། འཆི་བས་ནི་སྲོག་འཇོམས་པར་འོང་། རྒུད་པས་ནི་ཕུན་སུམ་ཚོགས་པ་འཇོམས་ཤིང་འོང་ངོ་། །དེ་དག་ལ་འབྲོས་པས་བྲོས་པའམ། སྟོབས་ཀྱིས་བཟློག་པའམ། ནོར་དང་། རྫས་དང་། སྨན་རྣམས་ཀྱིས་ཞི་བར་སླ་བ་ནི་མ་ཡིན་ནོ། །ཞེས་གསུངས་པ་ལྟར་བསམ་མོ།།

གཉིས་པ་བཀའ་ཡི་ངེས་པ་ནི། གོང་དུ་དྲངས་པའི་ལུང་དེ་ཡང་ངེས་མེད་དམ་སྙམ་ན། འདིར་ཡང་སྨྲས་པ། སྟོན་པས་གཏོ་བུ་དྲངས་པའི་ལོ་རྒྱུས་ལས། །ཚེ་གཅིག་རང་བརྒྱགས་བསགས་པའི་ཟས་ནོར་ཡུལ་མཁར་དང་། །དར་གཅིག་འབྲལ་མི་ཕོད་པའི་བུ་སྨད་གཉེན་འདུན་ཡང་། །འཇིག་རྟེན་མི་ཡུལ་བྱ་འཕུར་ཚང་བཞིན་ལུས། །ནད་ཀྱིས་གདུང་བས་རང་ཡང་ལ་ཁུར་འཆི་བར་ངེས། །གཤིན་རྗེས་ཁྲིད་པས་སྐད་ཅིག་ཡུལ་ན་སྡོད་དབང་མེད། །འཇིགས་པའི་དགྲ་ནི་འདི་ཀུན་ཙམ་ཞིག་ཀུན་ནས་སྣང་། །སྲོང་བའི་གཉེན་ནི་གཅིག་ཀྱང་ཡུལ་ན་འཁོར་བ་མེད། །སྟོན་པས་བདག་ལ་ཐུགས་རྗེས་མི་འཛད་དམ། །ཞེས་དང་། མི་རྟག་རྟག་ཏུ་རེ་བའི་གཟུགས་ཀྱི་ཕུང་པོ་ལ། །གཅེས་པར་དྲན་ནས་ཞིམ་དགུའི་ཟས་ཀྱིས་གསོས། །མཛེས་པར་འདོད་ནས་སྣུག་དགུའི་བརྒྱན་གྱིས་བརྒྱན། །དགོས་དུས་མི་སྡོངས་རྫ་ཆག་འགྲོ་བཞིན་བསྒྱུར། །ཞེས་

གཏོ་བུ་ཤི་ཁ་སྣྲི་སྔགས་དང་བཅས་ནས་སྤྲས་པ་བཞིན་ནོ། །འཆི་བར་ཐུག་པའི་ཚེ་ན། སེམས་ནི་གསལ་ཤི་བར་ནི་ཤེས། གསོན་དུས་སྡིག་ལྟུང་དང་བཅས་ནས་སྒྲུབ་པའི་དོན་གོ་ནི་ཅི་ཡང་འགྱུར་དུ་མེད་པར་ཐམས་ཅད་དབང་མེད་དུ་བཞག་དགོས། སུས་བགོ་བཤའ་བྱེད་པ་ཆ་མེད་པས། འོ་སྐོལ་གྱིས་ཀྱང་འདི་འདྲ་བསྒྲུབ། མདངས་ད་ནང་ལ་ཐུག་གི་བར་དུ་མི་འཆི་བའི་སྤྱོད་པ་ཡོན་བྱས་ཏེ་ཕན་པ་མ་བྱུང་སྙིང་རྗེ་ཟེར་ཞིང་། རང་ཡང་བྱེད་རྒྱུའི་དགེ་བ་ནི་མ་བྱས། དཀའ་ལས་ཀྱིས་བསྒྲུབ་པའི་ངའི་འདི་སུས་མི་ཟའོ་སྙམ་པ་ནམ་འོང་ཆ་མེད་པས། དེ་ལྟ་བུ་མ་འོང་གོང་དུ་ཅུང་ཟད་བསམ་ན་ལེགས་སོ།།

གསུམ་པ་ཉེས་སྐྱོན་ཤེས་ནས་ཆགས་ཞེན་སྤང་བ་ལ་བཞི་ལས། དང་པོ། ཡུལ་གྱི་ཉེས་སྐྱོན་ཤེས་ནས་ཆགས་ཞེན་སྤང་བ་ནི། རང་གི་སྐྱེས་ས་ཕ་ཡུལ་གང་ཡིན་དེ། །ཆགས་སྡང་ཉོན་མོངས་ཀུན་གྱི་ལྷུམ་ར་ཡིན། །གང་ན་དགེ་བ་མི་འཕེལ་ས་ཕྱོགས་སྤངས། །འཕེལ་བའི་ཕྱོགས་སུ་འགྲོ་ཞིང་གནས་པར་བྱའོ། །ཞེས་པ། རང་གི་སྐྱེས་སའི་ཡུལ་གང་ཡིན་པ་དེར། གཉེན་འབྲེལ་གྱི་ངོ་བསྲུང་། རིགས་རུས་ཀྱི་ཁ་འཛིན། ཡུལ་སྐལ་ས་རིས་ལ་ཆགས་པ། དགྲ་ཕྱོགས་ལ་སྡང་སེམས་ལ་སོགས་ཉོན་མོངས་ཀུན་གྱི་འབྱུང་གནས་ཡིན་པས། དགྲ་གཉེན་སོགས་མཉམ་པ་ཉིད་ཀྱི་དོན་མ་རྟོགས་ཀྱི་བར་དུ། ཉོན་མོངས་པ་ཆགས་སྡང་འཕེལ་ཞིང་དགེ་བ་མི་འཕེལ་བའི་ས་ཕྱོགས་སྤང་བར་བྱས་ལ། དགེ་བ་འཕེལ་བའི་ཕྱོགས་ལྷ་གོས་ལ་སོགས་པའི་ཆ་རྐྱེན་སྡིག་ལྟུང་འདྲེས་པས་སྒྲུབ་མི་དགོས་པར་ཞོར་གྱིས་རྙེད་སླ་བའི་ཕྱོགས་སུ་འགྲོ་ཞིང་གནས་པར་བྱའོ། །དམ་པ་རི་ཁྲོད་པས། ཕ་ཡུལ་སྤངས་ན་དགེ་སྦྱོད་ཟིན། །ཞེས་པ་ལྟར་རོ།།

གཉིས་པ་གཉེན་འབྲེལ་གྱི་ཉེས་སྐྱོན་ཤེས་ནས་ཆགས་ཞེན་སྤང་ཚུལ་ནི། ཐང་

ཅིག་གནས་འདིར་བུ་ཚ་ལ་སོགས་ཀྱང་། །མགྲོན་པོ་གནས་གཅིག་ཁྲི་ལམ་ཐུག་འཕྲད་འདྲ། །གཉེན་པོར་བདག་འགྲོ་བདག་ཕྱིར་འོང་མི་འགྱུར། །ཞེས་པ། འདིས་གཉེན་འབྲེལ་མ་ངེས་པར་སྟོན་ཏེ། གནས་གཅིག་གིས་བསྡུས་པའི་བུ་ཚ་སོགས་ཀྱི་གཉེན་འབྲེལ་རྣམས་ཀྱང་ཁྲི་ལམ་ཆེན་པོའི་མགྲོན་ཁང་གི་གནས་གཅིག་ཏུ་ཡས་མར་ཕན་ཚུན་དུ་འོང་བ་ཐུག་གིས་འཕྲད་པ་ཐང་ཅིག་དར་ཙམ་འགྲོགས་ནས་སོ་སོར་ཁྱེས་པ་དང་འདྲ་སྟེ། ལ་ལ་མཐོ་རིས་ནས་ངན་འགྲོའི་གནས་སུ་ལས་ཀྱིས་མར་འགྲོ་བ་དང་། ལ་ལ་ངན་འགྲོ་ནས་མཐོ་རིས་སུ་ཡར་འགྲོ་བ་དང་། དེ་བཞིན་དུ་ཕས་ཀྱི་འཇིག་རྟེན་ནས་ཚུར་འོང་བ་དང་། འདི་ལས་ཕར་འགྲོ་སོགས་ལས་ཅན་རེ་རེ་ཙམ་ལམ་ཁར་ཐུག་ནས་སོ་སོར་འགྲོ་སྟེ། གཉེན་འབྲེལ་རྣམས་པོར་ནས་བདག་གཅིག་བུར་ཕྱོད་ཀྱིས་འགྲོ་དགོས་པའི་ཚེ་ཕྱི་རྗེས་སུ་འོང་བ་གཅིག་ཀྱང་མེད་དོ། །གཉེན་འབྲེལ་ཆེད་དུ་སྡིག་པ་མི་བྱ་སྟེ། །བྱས་འགྱུར་རྣམ་སྨིན་ངན་འགྲོའི་སྡུག་བསྔལ་ནི། །རང་ལ་སྨིན་ཞིང་སྐལ་བགོ་འོང་མི་འགྱུར། །ཞེས་པས། མགྲོན་པོ་ལམ་ཁར་ཐུག་པ་ལྟར་སྐད་ཅིག་ཐང་ཅིག་ཕྲད་པའི་གཉེན་འབྲེལ་གྱི་ཆེད་དུ་སྡིག་པ་མི་བྱ་ཞིང་། གལ་ཏེ་བྱས་པར་གྱུར་ན། དེའི་རྣམ་སྨིན་ངན་འགྲོའི་སྡུག་བསྔལ་ནི། རང་ཉིད་ཁོ་ན་ལ་སྨིན་པར་འགྱུར་གྱི། བུ་ལ་སོགས་པ་གང་གི་ཆེད་དུ་བྱས་པའི་གཉེན་འབྲེལ་རྣམས་ཀྱིས་ངའི་ཆེད་དུ་བྱས་པའི་རྣམ་སྨིན་ཡིན་པས་ཁྱེད་ཀྱི་སྡུག་བསྔལ་དེ་སྐལ་བ་མཉམ་པོར་བགོས་ལ་སྤྱི་ཁུར་ཟེར་བ་མེད་དོ།།

བུ་ཚ་ལ་སོགས་འཁོར་བའི་བཤོལ་ཐག་ཡིན། །ཆགས་པ་མེད་པའི་དོན་དུ་བཞག་པར་བྱ། །ཞེས་པ། བུ་དང་ཚ་བོ་ལ་སོགས་པ་ལ་སེམས་འཁྲི་བའི་དབང་གིས་འཁོར་བ་ལས་མི་འཕགས་པར་བྱེད་པའི་བཤོལ་ཐག་བྱེད་པས་གོང་ལྟར་འབྲེལ་བ་

མ་ངེས། མཐར་སྐྱིད་སྡུག་མི་མཐུན། ད་ལྟར་བདེ་བ་ཐོབ་ཏུ་མི་སྟེར་བས་དེ་ལ་མ་ཆགས་པར་ཐ་མལ་དུ་བཞག་པར་བྱའོ། །ལུང་ཚོག་བཞག་ལས། བུ་ཚ་ལ་སོགས་པའི་ཉེ་འབྲེལ་རྣམས་འཁོར་བ་ལ་ཕྱིར་འདྲེན་པའི་བཤལ་ཐག་ཡིན་པས་གང་ལའང་མ་ཆགས་པར་ཚོག་གེ་བཞག ཅེས་སོ།།

གསུམ་པ་ཟས་ནོར་གྱི་ཉེས་སྐྱོན་ཤེས་ནས་ཆགས་ཞེན་སྤང་ཚུལ་ནི། བསགས་པའི་ནོར་རྫས་ལོངས་སྤྱོད་ཅི་ཡོད་ཀྱང་། །བསྐྱུང་སོགས་འདིར་སྡུག་ཕྱི་མར་ངན་སོང་རྒྱུ། །སྒྱུ་མ་བདེན་འཛིན་རང་ཉིད་སྟོང་པར་འགྲོ། །དེ་ཕྱིར་མེད་ན་འདོད་སེམས་ཡོད་ཞེན་སྤང་། །ཞེས་པ། ཆེད་ཀྱིས་བསགས་པའི་ནོར་ཟས་ལོངས་སྤྱོད་ཅི་ཙམ་ཡོད་ནའང་། དེ་སྟོར་བརླག་ཏུ་དོགས་པ་དང་། མི་ཉམས་པའི་འཚོ་སྐྱོང་དང་། སྤེལ་བར་བྱ་བའི་ཆེད་དུ་ཚེ་འདིར་སྡུག་བསྔལ་ལ་དེ་དག་ལ་དགེ་སེམས་མི་སྐྱེ་བར་མ་ཟད་ཆགས་ཞེན་གྱི་དབང་གིས་ཕྱི་མ་ངན་འགྲོར་སྐྱེ་བ་ནི་རང་བྱུང་ཡ་སྤྱད་ཀྱི་གཏམ་རྒྱུད་བཞིན་ནོ། །དེའི་ཕྱིར་སྒྱུ་མའི་རྟ་གླང་ལ་བདེན་པ་འཛིན་ཀྱང་དགོས་དུས་སུ་མི་ཕན་པ་ལྟར། ཚེ་འདིར་ནོར་ཟས་བསགས་སྐྱོང་ཅི་ཙམ་འབད་ཀྱང་ཤི་ཁར་གཉིད་ཐུན་གཅིག་གི་ཡུན་ཙམ་ལས་ཅི་ཡང་ཁྱེར་དུ་མེད་པས་རང་ཉིད་གཅིག་བུ་མྱ་ངན་དང་བཅས་ཏེ་སྟོང་བར་འགྲོ། །དེའི་ཕྱིར་ཟས་ནོར་མེད་ནའང་འདོད་སེམས་སྤང་ལ་ཡོད་ནའང་ཞེན་པ་སྤང་བར་བྱའོ། །མདོ་ལས། འདོད་སེམས་སྤང་ནས་ཆོག་ཤེས་མ་ལྡན་ན། །རིན་ཆེན་གྲམ་པར་སྤུངས་ཡང་སྡུག་བསྔལ་ཕྱིར་ལ་ཆེ། །ཚོང་ཁེ་ཕམ་རྒྱལ་བརྩིས་པས་སྡུག་བསྔལ་མཆོ་དང་འགྲོགས། །མཛོ་དྲེའུ་ཁལ་དུ་བཀལ་བས་དམྱལ་བའི་ས་བོན་འདེབས། །ཞེས་དང་། སླར་ཟད་དོགས་པའི་སྡུག་བསྔལ་དེས་ཀྱང་མྱ་ངན་མཆོ་དང་འགྲོགས། ཞེས་པ་ལྟར་རོ།།

བཞི་པ་རང་ལུས་ཀྱི་ཉེས་སྐྱོན་ཤེས་ནས་ཆགས་ཞེན་སྤང་བ་ནི། ལུས་ཀྱི་དོན་དུ་སྡིག་པ་མི་བྱ་སྟེ། །ཞེས་པ། ལུས་སྐྱིད་པར་བྱེད་པ་ཙམ་ཕོ་ནའི་ཆེད་དུ་ཀུ་ཕྲོག་གསོད་གསུམ་སོགས་སྡིག་པར་འགྱུར་བའི་ལས་མི་བྱ་སྟེ། འཆི་ཚེ་འདིའི་ནི་མི་སྟོང་ལ་རྣམ་སྨིན་གྱི་རྗེས་སུ་འབྲང་བའི་ཕྱིར་རོ། །ལྟོ་རྒྱབ་ལ་སོགས་སྡུག་བསྔལ་ཀུན་གྱི་གཞི། །རྒྱུ་འབྲས་གཉིས་ངན་མི་གཙང་ཕུང་པོ་ཡིན། །རྨོངས་པས་ཆགས་ཤིང་མཁས་པས་ཞེན་མེད་འགྱུར། །ཟས་དང་གོས་ཀྱིས་འདིར་བསྐྱང་གནས་བྱས་ལ། །རང་གཞན་དོན་དུ་དགེ་བ་སྤྱད་དུ་གཞུག །ཅེས་པ། གཞན་ལུས་འདི་བཀྲེས་སྐོམ་མི་བཟོད་པ་ལྟོག་པའི་སྡུག་བསྔལ། ཚ་གྲང་མི་བཟོད་པ་རྒྱབ་ཀྱི་སྡུག་བསྔལ་དེ་ལ་སོགས་ན་བ་དང་རྒས་པའི་སྡུག་བསྔལ་ཀུན་གྱི་གཞི་ཡང་ཡིན་ནོ། །རྒྱུ་ངན་པ་ཉོན་མོངས་པ་དང་ཕ་མའི་ཐིག་ལེ་དཀར་དམར་ལས་གྲུབ། འབྲས་བུ་ངན་པ་སྐྱི་གར་སྤྲུབ་གཅིག་གི་ཁྲུག་ན་ཁྲག་དང་ཆུ་སེར་ལ་སོགས་མི་གཙང་བའི་རྫས་དུ་མ་སྤྱུངས་བས་མི་གཙང་བའི་ཕུང་པོ་ཡང་ཡིན་པ་ལ། རྨོངས་པ་རྣམས་ཀྱིས་དེ་ལྟར་མི་ཤེས་པར་ཆགས་རིན་མེད་པ་ལ་ཆགས་ཤིང་གཅེས་པར་བཟུང་ནས་ལུས་ཀྱི་ཕོལ་པོ་འབབ་ཞིག་གིས་དུས་འདའ་བ་ལྟར་བྱེད་ལ་མཁས་པས་རྒྱུ་མཚན་དེ་རྣམས་ཤེས་པའི་སྒོ་ནས་ཞེན་པ་མེད་པར་བྱ་ཞིང་། བྲན་ཕོལ་ལ་བྱེད་པ་བཞིན་མི་ལྡོག་པ་ཙམ་གྱིས་ཟས་དང་། མི་གྲང་བ་ཙམ་གྱིས་གོས་ཀྱིས་བསྐྱངས་ལ་ཚེ་འདིར་ཡུན་རིང་དུ་གནས་པར་བྱས་ལ། རང་དང་གཞན་གྱི་དོན་དུ་ཚེ་ཕྱི་མ་ལ་ཕན་པའི་དགེ་བར་སྤྱོད་དུ་གཞུག་གོ །ལུང་ལས། ལུས་འདི་དགྲ་དང་འདྲ་མོད་དེ། །བློ་དང་ལྡན་པས་འཕོལ་ཤེས་ན། །བསྒྲུབ་ན་ཐར་པའི་རྟེན་དུ་རུང་། །ཞེས་གསུངས་པ་ལྟར་ཤེས་པར་བྱའོ།།

གཉིས་པ་ཡོན་ཏན་ནི། དེ་ལྟར་ཤེས་པའི་མཁས་པ་དེ་དག་ནི། །འཇིག་རྟེན་ལས་མིན་དགེ་སྦྱོར་ཡོ་ན་བྱེད། །ཅེས་པ། ཡུལ་མཁར་གཉེན་འབྲེལ་ཟས་ནོར་རང་ལུས་རྣམས་ཀྱིས་མི་སྡོང་བའི་ཕྱིར། དེ་ལྟར་ཤེས་པའི་མཁས་པ་དེ་དག་གིས་ནི་འཇིག་རྟེན་བྱ་བ་སྙིང་པོ་མེད་པའི་ལས་ལ་མི་འཇུག་པར་གཏན་དུ་བདེ་བའི་བྱ་བ་དགེ་སྦྱོར་ཡོ་ན་ལ་འཇུག་པར་བྱའོ།།

བཞི་བ་འཆི་བ་མངོན་དུ་འགྱུར་བར་བསམ་པ་ལ་གཉིས་ཏེ། དངོས་དང་། ཡོན་ཏན་ནོ། །དང་པོ་ལ་བཞི་སྟེ། འཆི་རྐྱེན་དང་འཕྲད་པ་དབང་པོའི་ཚོགས་རྣམས་འགགས་པ། འབྱུང་འདུས་ཀྱི་ཕུང་པོ་འཇིག་ལུགས། ཕྱི་མའི་སྣང་བ་འཆར་ལུགས་སོ། །དང་པོ་ལ་གཉིས། དངོས་དང་། ཐ་མ་བཞིའི་དུས་སོ། །དང་པོ་ནི། འཆི་བདག་བདུད་ཟིན་འདུ་བའི་ནད་ཀྱིས་ཐེབས། །སྨན་གྱི་ཁར་ཆུད་བཞིན་དུ་ཐར་མི་སྲིད། །ཅེས་པ། ཡང་རྩེ་ལས། མི་ཚེ་ཡེངས་ལ་ཟད། གནམ་ལ་ཟླ་ཐིམ། ས་ལ་ཞག་ཐིམ། དུས་ཀྱི་བདུད་བྱུང་། འཆི་བའི་དུས་ཐུག ཚེའི་འདུ་བྱེད་རྫོགས། ནད་ཀྱི་ཟུག་ཆེ། ལུས་ཀྱི་སྟོབས་ཤོར། དེའི་ཚེ་ཤེས་པ་ནི་བཀྲ། འཆི་བ་ནི་རྟགས། ཕན་པའི་ཐབས་ནི་མེད་དེ་དུག་སྦྲུལ་གདུག་པ་ཅན་གྱི་ཁར་ཚུད་པའམ། ཆུ་སྲིན་གྱི་གྲི་བར་ཚུད་པ་དང་འདྲ་བས། དུས་དེའི་སྡུག་བསྔལ་ད་ལྟ་རྒྱུད་ལ་བཀལ་ལ་དགེ་བར་ཅི་འགྲོ་རེ་བྱའོ། །ཞེས་གསུངས་པ་དང་མཐུན་ནོ། །མདོ་ལས་ཀྱང་། སྒྱུ་མའི་ལུས་བླངས་སྡུག་བསྔལ་ན་ཚའི་གཞི། །ཕུང་པོ་ལུས་རྟེན་རྣམ་ཤེས་སེམས་བསྡམས་པས། །སྐྱེ་དང་རྒས་པའི་སྡུག་བསྔལ་རིམ་གྱིས་འབྱུང་། །ད་ལྟན་ན་བའི་སྡུག་བསྔལ་མཚོ་དང་འགྲོགས། །སྡུག་བསྔལ་ནད་ཀྱིས་དྲངས་ནས་འཆི་བའི་རྟགས། །མི་རྟག་བཞི་བསྡུས་བདག་གི་ཕུང་

པོ་ལ། །འཇིག་པའི་གཉེན་པོ་འདུ་བའི་ནད་དར་བས། རིན་ཆེན་སྲོག་ལ་བབས་པར་གཏུག་སྟེ་ན། །ཞེས་གསུངས་པས། འཆི་བ་མངོན་དུ་བྱུང་བའི་ཚེ། འཆི་བ་ལས་མི་ཐར་བའི་རྟགས་སུ་ནད་དམ་པོས་ཟིན་པ་ཡིན་ལ། ན་འཆི་གཉིས་ཀ་ལས་མི་ཐར་བ་རིམ་གྱིས་འབྱུང་ངེས་པའི་རྟགས་སུ་ད་ལྟ་སྐྱེ་བའི་ལུས་བླངས་པ་འདི་ཡིན་ཞེས་པའི་དོན་ཡིན་པས། ལུས་འདི་བླང་ཕྱིན་ཆད་ཅིས་བཟློལ་དུ་མེད་པའི་ན་འཆི་དེ་གཉིས་བསམ་ཞིང་དྲན་པས་མ་བརྗེད་པར་བྱས་ལ་དོན་མེད་དུ་གཡེང་བའི་སེམས་རྒྱུར་བསྐྱུང་ལ་སྐད་ཅིག་གིས་ཀྱང་མི་དལ་བའི་དགེ་བ་ལ་བརྩོན་པར་བྱའོ།།

གཉིས་པ་ནི། མལ་གྱི་ཐ་མ་ནད་པའི་འཆི་མལ་ན། །གཉེན་གྱི་ཐ་མ་འགྲོགས་པའི་ལས་ཟད་ཀྱི། །ཟས་ཀྱི་ཐ་མ་འཆི་བའི་དུར་རྒྱུགས་སྐྱོད། །གཏམ་གྱི་ཐ་མ་ཁ་ཆེམས་སྨྲེ་སྔགས་འཐོར། །ཞེས་པ། འཆི་ངེས་པའི་ནད་ཀྱིས་ཟིན་པ་དེའི་ཚེ། མལ་གྱི་ཐ་མ་སྟེ་ནད་པའི་འཆི་མལ་དེ་ལས་མི་ཉལ་བར་མྱུར་དུ་སྲོའོ། །གཉེན་གྱི་ཐ་མ་སྟེ་འགྲོགས་པའི་ལས་ཟད་པས། དེ་ལས་མི་འགྲོགས་པར་སོ་སོར་འགྲོའོ། །ཟས་ཀྱི་ཐ་མ་སྟེ་འཆི་ཁའི་དུར་རྒྱུགས་དེ་ལས་མི་ཟ་བར་ཟ་སྐལ་ཆད་པའོ། །གཏམ་གྱི་ཐ་མ་སྟེ་རང་གི་ཁ་ཆེམས་འཐོར་ཞིང་གཉེན་བཤེས་ཀྱི་སྨྲེ་སྔགས་ཐོར་བ་དེ་ལས་གཏམ་འབྲེལ་ཆད་པའོ།།

གཉིས་པ་དབང་པོའི་ཚོགས་རྣམས་འགག་པ་ནི། མིག་གི་དབང་པོས་གཉེན་འདུན་ངོ་མ་ཤེས། །སྣ་བས་སྒྲ་མ་ཐོས་སོགས་གཏོ་བུ་བཞིན། །ཕྱི་ཡི་ཡུལ་འགག་ནང་གི་དབང་པོ་ཞ །སེམས་ཉིད་ཅོ་ཏ་སྙིང་གི་དཀྱིལ་དུ་འདུས། །ཞེས་པ། དེ་ཚེ་ལུས་དང་ལོངས་སྤྱོད་གཉེན་འབྲེལ་དུ་སྣང་བ་ལས་ཟད་པས། མིག་དབང་མ་འགག་ཀྱང་གཉེན་འབྲེལ་ལ་སོགས་པ་ངོ་མི་ཤེས། རྣ་བའི་དབང་པོས་སྐད་སྒྲུག་གི་སྒྲ་མི་ཐོས། སྣའི་དབང་

པོས་འབྱེད་པའི་དྲི་མི་ཚོར། ལྕེའི་དབང་པོས་ཁ་མངར་གྱི་རོ་མ་ཚོད། ལུས་ཀྱི་དབང་པོས་འཇམ་རྩུབ་ཀྱི་རེག་བྱ་མ་ཚོར། སྒོ་ལྔའི་རྣམ་པར་ཤེས་པ་ནི་འཇིག་རྟེན་འདིར་ཇི་འགག་ཏུ་སོང་བ་བཞིན་འཇིག་རྟེན་ཕ་ཡོག་གི་ཡུལ་ཇི་གསལ་དུ་འགྲོ་ཞིང་མཐོང་བའོ། །ཞེས་གཏོ་བུ་འཆི་ཁའི་ཤེས་པ་བཞིན། ཚེ་འདིའི་སྣང་ཡུལ་ལ་སོགས་ལོངས་སྤྱོད་པའི་ལས་ཀྱི་ནུས་པ་ཇི་འགག་འགྲོ་བས་ཙི་ཏ་སྙིང་གི་དཀྱིལ་དུ་འདུས། ཞེས་བསྙད་དོ།།

གསུམ་པ་འབྱུང་འདུས་ཕུང་པོའི་འཇིག་ལུགས་ལ་གསུམ། འབྱུང་བས་འཇིག་རྒྱུན་བྱེད་ལུགས། འཇིག་པའི་སྤྱི་ལྟས་འཆར་ལུགས། འབྱུང་བ་འཇིག་ལུགས་ཀྱི་རིམ་པའོ། །དང་པོ་ནི། བེམ་པོའི་ལུས་ལ་འབྱུང་བ་བཞི་འདུས་པས། །སེམས་ཅན་ལས་ཟད་བསོད་ནམས་ཆ་བྲི་ཞིང་། །འཕེན་བྱེད་ལས་ཀྱིས་བྲལ་ནས་སོ་སོར་འཕེན། །བཤིག་གཏོར་བསྲེག་འཆིག་ཁྱེར་གནོན་སྨུན་པར་བྱེད། །ཅེས་པ། ཕྱི་ནང་བེམ་པོ་འདི་ལ་འབྱུང་བ་བཞི་འདུས་པས་སེམས་ཅན་ལས་དང་མཐུན་པར་བྱེད་དེ། དང་པོ་ཆགས་པར་བྱེད། བར་དུ་གནས་པར་བྱེད། ཐ་མ་འཇིག་རྒྱུན་བྱེད་དོ། །མདོ་ལས། རླུང་གི་ལས་ནི་སེམས་ཅན་གྱི་ལས་ཀྱི་ཆ་བཞི་མཐུན། སེམས་ཅན་ལས་མ་ཟད་ཀྱི་བར་དུ་དྭངས་སྙིགས་འབྱེད་ཅིང་ཐམས་ཅད་འདེགས། སེམས་ཅན་ལས་ཟད་བསོད་ནམས་ཆ་བྲི་ནས། འབྱུང་བ་རླུང་གིས་བཤིགས་ནས་གཏོར་བའོ། །དེ་བཞིན་དུ་འབྱུང་བ་མེས་དང་པོ་སྨིན་ཅིང་བསྐྱེད། ཐ་མ་བསྲེག་ཅིང་འཆིགས། ཆུས་དང་པོ་སྡུད་ཅིང་གསོ། ཐ་མ་བཤིག་ཁྱེར་འཁྱུ། སས་དང་པོ་འདེགས་ཤིང་། ཐ་མར་གཉིབ་ཅིང་གནོན་ནོ། །ནམ་མཁའ་དང་པོ་གསལ་ཞིང་གོ་རྣམས་ཕྱེད། ཐ་མར་འཐིབ་ཀྱིན་སྨུན་པར་འགྲོ་བའོ། །ཞེས་གསུངས་པ་ལྟར་རང་ལུས་ཀྱི་འབྱུང་བས་ཀྱང་འཇིག་རྒྱུན་བྱེད་པར་འགྱུར་རོ།།

གཉིས་པ་ནི། ལུས་ཀྱི་མཁྲིགས་ཤོར་ཁ་སྐོམ་དྲོད་ཡལ་ཏེ། །དབུགས་ཐུང་རྩ་རྣམས་དར་མ་ནུས་པར་འཁྲམས། །ཞེས་པ། ས་འཛིག་པའི་སྔ་ལྟས་སུ་ཕྱི་རྟགས་སུ་ལུས་ཀྱི་མཁྲིགས་ཤོར་བས་ལུས་ཀྱང་འགུལ་མི་ནུས། ནང་རྟགས་སུ་སྣང་བ་ལ་རི་རབ་གཏིབས་པ་ལྟ་བུ། ཆུ་འཛིག་པའི་ཕྱི་རྟགས་སུ་ཁ་སྦང་ཡང་སྐམ་ཞིང་། ནང་རྟགས་སུ་ཆུ་འབྲུག་པའི་མེར་བ་ལྟ་བུ་འབྱུང་ངོ་། །མེ་འཛིག་པའི་སྔ་ལྟས་སུ་དྲོད་ཡལ་ཞིང་། ནང་རྟགས་སུ་མེ་འབར་བས་ཁང་པ་སོགས་ཚིགས་པ་ལྟ་བུ་འབྱུང་ངོ་། །རླུང་འཛིག་པའི་ཕྱི་རྟགས་སུ་དབུགས་ཐུང་། ནང་རྟགས་སུ་རླུང་འཚུབ་ལྟ་བུའོ། །ཞེས་བར་དོའི་མན་ངག་རྣམས་ལས་བཤད་དོ། །ཕྱི་རྟགས་རྩ་རྒྱུ་མ་ནུས་པ་རྣམས་ནི་ནད་གཡོག་པ་སོགས་གཞན་རྣམས་ཀྱིས་ཀྱང་ཚོར་བའོ།།

གསུམ་པ་འཛིག་ཚུལ་ནི། འདེགས་པའི་རླུང་ཐལ་ལངས་པའི་སྟོབས་རེ་ཞན། །གསེར་རྡོས་མནན་ནས་ས་ལ་བྱིངས་བ་འདྲ། །ཆ་བཞི་ཆ་གཅིག་རླུང་ཕྲ་ཕྱི་རུ་འབྱུང་།། འབྱུང་བའི་མེ་ཕྲ་དྲོད་དང་འགྲོགས་ནས་ཡལ། །སྤྱི་གཙུག་ཡལ་སོགས་བདེ་གནས་སྟོན་པས་བཤད། །དེ་བཞིན་འབྱུང་བ་ཆུ་ཡལ་སྐམ་པར་འགྱུར། །ཞེས་པ། ལུས་འདེགས་པའི་རླུང་ཐལ་བས་ཤིན་ཏུ་ལྗི་སྟེ། གསེར་རྡོས་མནན་པ་ས་ལ་བྱིངས་པ་དང་འདྲ་སྟེ། རྡོ་ཤིང་ལྟར་གཡོ་འགུལ་མི་ནུས་སོ། །དེའི་དབུགས་ཀྱི་ཆ་བཞིའི་ཆ་གཅིག་ཙམ་རླུང་ཕྲ་མོ་ཕྱི་རུ་འབྱུང་ཞིང་ནང་དུ་སྣུད་མི་ཤེས་པས་དབུགས་ཆད་དོ། །འབྱུང་བ་མེ་ཡང་ཇེ་འཕྲ་རུ་འགྲོ་སྟེ། སྡིག་པ་ཅན་རྣམས་ཀྱི་དྲོད་རོ་སྟོད་ནས་མར་བསྡུས་ནས་སྙིང་པ་མན་ཆད་དུ་ཡལ་ན་ངན་འགྲོར་སྐྱེ་ལ། དགེ་བ་ཅན་རྣམས་རོ་སྨད་ནས་དྲོད་ཡར་བསྡུས་ཏེ་སྙིང་པ་ཡན་ཆད་དུ་ཡལ་ན་མཐོ་རིས་སུ་སྐྱེ་ཞིང་། སྤྱི་གཙུག་ཏུ་ཡལ་ན

སངས་རྒྱས་པའི་རྟགས་སུ་གཟུངས་སྔེ་ལ་སོགས་ལས་བསྟན་པའི་གཙོ་བོས་བཤད། རྣམ་པར་ཤེས་པའང་ཧྲོད་གར་ཡལ་བ་ནས་འཕོའོ། །དེ་བཞིན་དུ་འབྱུང་བ་ཆུ་ཡང་སྐམ་ཏེ་ནད་རྐྱེན་གྱི་བསགས་པའི་ཆུ་སེར་སོགས་མ་གཏོགས་པ་ལས་ཀྱིས་འདུས་པའི་རང་ཁྲག་ནི་སྐམ་པར་བཤད་དོ། །གསོན་ཚེ་གཅེས་ཀྱང་རོ་འཛིགས་བཙོག་པར་བྱེད། །འབུ་སྦྲང་བྱ་སྤྱང་ལ་སོགས་ཟ་བ་འམ། །ཡང་ན་ཐལ་བར་འགྱུར་རམ་བམ་རུལ་ཏེ། །ཤ་དང་རུས་བྲལ་རུས་པ་དུང་ལྟར་འགྱུར། །ཞེས་པ། གསོན་པའི་ཚེ་བུ་དང་ཟླ་གྲོགས་ལ་སོགས་པས་ཤིན་ཏུ་གཅེས་ཀྱང་རོ་དེ་དུག་སྦྲུལ་ལྟར་འཛིགས་ཤིང་བཙོག་པར་བྱེད་དེ་མཐོང་བ་དང་རེག་པར་མི་འདོད་དོ། །དེ་ནས་རོ་དེ་འབུ་སྦྲང་དང་བྱ་སྤྱང་གཅན་གཟན་ཁྱི་སོགས་ཀྱིས་ཟ་བའམ། ཡང་ན་བསྲེགས་ནས་ཐལ་བ་ཙམ་དུ་འགྱུར་རམ་དུར་ཁྲོད་ཀྱི་ནང་དུ་སྦས་ན་བམ་རུལ་དུ་འགྱུར་ཏེ། ཕྱིས་ཤ་དང་རུས་པ་ཡང་བྲལ་ནས་རུས་པ་དུང་ལྟར་དཀར་པོར་འགྱུར་ཞིང་རྗེས་སུ་ལྷག་མ་ཙམ་ཡང་མེད་པར་འགྱུར་རོ།།

བཞི་པ་ཕྱི་མའི་སྣང་བ་འཆར་ལུགས་ནི། ལུས་ཞིག་སེམས་འཕོ་རྒྱ་རལ་བྱ་འཕུར་བཞིན། །དཔེར་ན་མགྲོན་པོ་ལ་ལ་འཛོག་པ་ལྟར། །འདི་འགག་ཅི་བཞིན་ཕྱི་མ་གསལ་བར་འགྱུར། །བར་དོའི་སྣང་བ་འཆར་དེ་བདེ་སྡུག་ཆེ། །བདེ་འགྲོ་ངན་འགྲོ་སངས་རྒྱས་སར་འགྲོ་གསུམ། །སྲིས་ན་རིགས་བདུན་ཡོད་དེ་མདོ་རུ་བལྟ། །ཞེས་པ། དེ་ལྟར་ལུས་ཞིག་པའི་ཚེ་སེམས་ཀྱང་ཞིག་ནས་མེད་དུ་འགྲོ་བ་མ་ཡིན་པར། ལུས་ཞིག་ནས་སེམས་འཕོ་བ་ནི་རྒྱ་རལ་ནས་བྱ་འཕུར་བའི་དཔེ་བཞིན་དུ། སྔོན་ལས་ཀྱིས་གྲུབ་པའི་ལུས་སྣང་ཞིག་ནས། བཟློད་ལས་ཀྱིས་གཟུགས་དེ་མ་གཏོགས་པ་གང་དུ་སྐྱེས་པའི་ལུས་སྣང་གྲུབ་སྟེ། དཔེར་ན་མགྲོན་པོ་ལ་ལ་འཛོག་པའི་ཚེ་རྒྱབ་ཕྱོགས་ཇེ་ཇུབ་ཏུ་མི་གསལ་བར་

འགྲོ་ཞིང་། མདུན་ཕྱོགས་ཇེ་གསལ་དུ་འོང་བ་ལྟར། ད་ལྟའི་སྣང་བ་འདི་ཇེ་འགག་ཏུ་འགྲོ་ཞིང་། ཕྱི་མའི་སྣང་བ་ཇེ་གསལ་དུ་འོང་བར་འགྱུར་རོ། །དེ་ཡང་སྔ་མའི་ལུས་བོར་ནས་ཕྱི་མའི་ལུས་མ་བླངས་པའི་བར་དུ་བར་དོའི་སྣང་བ་འཆར་ཏེ། དེ་ལ་དགེ་བ་ཅན་རྣམས་ནི་རང་ལ་དགའ་བའི་མཛའ་བཤེས་ལ་སོགས་ཀྱི་རོལ་མོ་ལ་སོགས་པས་བསུས་ནས་བདེ་བའི་གནས་སུ་འགྲོ་བ་ལྟར་བུའི་སྣང་བ་འཆར་ལ། སྡིག་པ་ཅན་རྣམས་ནི་གཅན་གཟན་ལ་སོགས་པའི་མགོ་བརྙན་ཤིན་ཏུ་མི་སྡུག་པའི་གཟུགས་ཅན་གྱིས་ས་ཕྱོགས་ཤིན་ཏུ་གྲང་བ་རྩུབ་པ་མུན་ནག་གི་གནས་སུ་དབང་མེད་དུ་ཁྲིད་ནས་བུ་ཡུག་ལྷུང་འཚུབ་དང་སེར་བ་ལ་སོགས་ཀྱིས་དེད་ནས་འགྲོ་ཞིང་སྡུག་བསྔལ་བའི་སྣང་བ་འཆར་རོ། །ཞེས་བར་དོའི་མན་ངག་ལས་བཤད་དོ། །མདོར་ན་བདེ་འགྲོར་འགྲོ་བའི་བར་དོ་དང་། ངན་འགྲོར་འགྲོ་བའི་བར་དོ་དང་། སངས་རྒྱས་པ་དང་གསུམ་ལ་འདུས་སོ། །དེ་ལ་སྦྱོར་ན་ཡས་མར་ཟང་ཐལ་གྱི་བར་དོ་གཉིས། དགེ་སྡིག་ཁད་ཀྱི་རྒྱུ་བའི་བར་དོ་གཉིས། བསོད་ནམས་ནུས་མཐུ་རྫོགས་པ་དང་འཁོར་བྱེད་སྟོབས་ཆེན་གྱི་བར་དོ་གཉིས། ཐེར་ཟུག་བསྐལ་པའི་བར་དོ་དང་བདུན་ཡོད་པར་མདོ་ལས་བཤད་དོ། །ལུས་ཀྱི་རྣམ་པ་ནི་ཞག་འགའ་ལས་མི་བསྡོད་པ་དང་བསྐལ་པ་ལས་ལྷག་པར་སྡོད་པ་གང་ཡིན་ཡང་། སྔ་ཕྱིའི་ལུས་གཉིས་ཀྱི་རྣམ་པ་ཕྱེད་མར་འཆར་བར་འདོད་པའང་ཡོད། གཞུང་ཁ་ཅིག་ལས་སྔ་མའི་ལུས་ལ་འཇོན་པ་དང་བར་མ་ཆད་པར་ཕྱི་མ་གར་སྐྱེ་བར་འགྱུར་བའི་ལུས་ཀྱི་རྣམ་པར་འཆར་ཞིང་། ཞག་བདུན་ཕྲག་བདུན་ཚུན་ཆད་དུ་སྐྱེས་པའི་རྐྱེན་མི་རྙེད་མི་སྲིད་པས། དེ་ཕན་ཆད་མི་གནས་པར་བཞེད་དོ། །སྐྱེ་བ་མ་བླང་གི་བར་དུ་མིག་ནི་ལྷའི་མིག་ལྟར་ཐོགས་པ་མེད་ཅིང་ལུས་ཀྱང་རྫུ་འཕྲུལ་དང་ལྡན་པ་བཞིན་དུ་ཐོགས་པ་

མེད་པར་མདོ་ལས་གསུངས་སོ།།

གཉིས་པ་འཆི་བ་མངོན་འབྱུང་བསྒོམ་པའི་ཡོན་ཏན་ནི། དེས་འཛིགས་ཁྱད་པར་ཤེས་པའི་སྐྱེས་བུ་ཡིས། །འཕྲུལ་སྣང་ལྟ་མི་ཤོམ་པར་བྱང་ཆུབ་བསྒྲུབ། །ཅེས་པ། དེ་ལྟར་འཆི་ནད་དམ་པོའི་སྡུག་བསྔལ་ནི་བྱུང་། ཚེ་འདིའི་སྐྱིད་རྐྱེན་གང་ཡོད་ནི་བཞག ལས་དགེ་སྡིག་གང་བྱས་ཀྱི་འབྲས་བུ་རུང་ཟད་ཙམ་ཡང་མ་འཚོལ་བར་རྟོགས། དེ་ཡང་མྱུར་དུ་འོང་བསམ་ནས་དེས་འཛིགས་ཤིང་འདི་ཕྱི་བར་དོའི་བདེ་སྡུག་གི་ཁྱད་པར་ཤེས་པའི་སྐྱེས་བུ་དེས་ནི། འཇིག་རྟེན་འཕྲུལ་པའི་སྣང་བ་ལ་གཡེང་བས་སྐད་ཅིག་ཙམ་ཡང་ལྟ་མི་ཤོམ་པར་ཐར་པ་བྱང་ཆུབ་བསྒྲུབ་ཏེ། འཁོར་བར་འཛིགས་པའི་མཆོད་གནས་ཀྱི་གཏམ་རྒྱུད་བཞིན་ནོ།།

གསུམ་པ་ཕྱི་ནང་ཐུན་མོང་ལ་བཞི། བསྒོམ་པའི་གནས་བཞི། ཀུན་ལ་ཁྱབ་པར་བསམ་པ་དང་། རང་གིས་མཐོང་ཐོས་བསམ་པ་དང་། ཉེ་བར་འགྱུར་བ་ལ་བསམ་པའོ། །དང་པོ་ནི། དུར་ཁྲོད་རྒྱ་འགྲམ་ཤིང་དྭང་བླ་གབ་མེད། །གནས་བཞིའི་དཔེ་དང་སྦྱར་ལ་བསྒོམ་པར་བྱའོ། །ཞེས་པ། ཡང་རྩེ་ལས། ཞང་ཞུང་གི་ཡུལ་པད་མ་རྒྱས་པའི་ཞིང་ཁམས་ན་སྐྱེ་ཤིར་འཛིགས་པ་ཐམས་ཅད་གནས་མལ་ལ་བརྟེན་ནས་མི་རྟག་པ་བསྒོམ་སྟེ། ཞེས་པས། གནས་མལ་དུར་ཁྲོད་ལ་བརྟེན་ནས་རི་གསར་རྙིང་ལ་བལྟ་ཞིང་འདི་ཞག་དང་ཟླ་བ་འདིའི་གོང་དུ་གཏམ་གྱི་ཟླ་བོ་ཟས་ཀྱི་མཐུན་གྲོགས་སོགས་བྱས། བདག་ཀྱང་འདི་ལྟ་བུ་འགྱུར་བར་བསམ་མོ། །གནས་མལ་རྒྱ་འགྲམ་པ་ནི། ཚོམ་ལས། ཆུ་ཀླུང་དྲག་ཏུ་འབབ་པའི་རྒྱུན། །ལྡོག་པ་མེད་པ་ཅི་ལྟ་བར། །དེ་བཞིན་མི་ཡི་ཚེ་འགྲོ་བར། །སླར་ནི་ལྡོག་པར་འགྱུར་བ་མེད། །ཅེས་པ་ལྟར། རྒྱ་འགྲམ་དུ་གནས་ནས་ཆུའི་

རྒྱུན་ཀྱཱ་ཙ་ཙ་འགྲོ་བ་སྐད་ཅིག་ཀྱང་མི་སྡོད་པར་ཡར་ལྡོག་པ་མེད་པ་བཞིན་རང་གི་ཚེ་ཡང་དེ་དང་བསྟུན་ལ་མི་རྟག་པར་བསྒོམ་མོ། །ཁནས་མལ་ཤིང་དྲུང་པ་ནི། རྩ་ཤིང་པེམ་པོ་འགྱུར་ཚོད་ཀྱིས། །རྟག་ཏུ་གནས་པ་ཡོད་མ་ཡིན། །ཞེས་པ་ལྟར། ཤིང་སྡོང་སོགས་ཀྱི་རྩ་བ་ན་གནས་ཤིང་ལོ་མ་མེ་ཏོག་འབྲས་བུ་སོགས་དབྱིབས་དང་ཁ་དོག་ནམ་ཟླ་དུས་བཞིར་འགྱུར་བ་དང་འདྲ་བར་རང་གི་ལུས་དང་ལོངས་སྤྱོད་དགྲ་གཉེན་སོགས་ཀྱང་མི་རྟག་པར་འགྱུར་བའི་རང་བཞིན་དུ་བསྒོམ་མོ། །ཁནས་མལ་ཟླ་གབ་མེད་པ་ནི། མཁའ་ལ་ཉི་ཟླ་འགྲོ་བ་ནི། །སྐད་ཅིག་ཙམ་གྱིས་ནུབ་རིར་ཉེ། །དེ་བཞིན་བདག་གི་ཚེ་འགྲོ་བ། །སྐད་ཅིག་གིས་ཀྱང་འཆི་བདག་དྲངས། །ཞེས་པ་ལྟར། ཟླ་གབ་མེད་པར་སྡོད་ནས་ཉི་མ་དང་ཟླ་སྐར་ཤར་ནས་སྐད་ཅིག་གིས་ཀྱང་མི་སྡོད་པར་ནུབ་ཏུ་ཉེ་བ་བཞིན། བདག་ཀྱང་སྐྱེས་ནས་ལོ་ཟླ་ཞག་དང་ཟ་མ་སྐད་ཅིག་ཀྱང་མི་སྡོད་པར་ཐོ་ཉ་བས་འཆི་བདག་གི་དྲུང་དུ་ཧེ་ཉེར་སྐྱེལ་ལོ་སྙམ་དུ་བསྒོམ་པར་བྱའོ།།

གཉིས་པ་ནི། ལས་ཀྱིས་འཁོར་བའི་ལུས་ཅན་ཐམས་ཅད་ལ། །རྒྱལ་པོ་དམངས་སོགས་ས་དང་ཆུ་དང་ནི། །བར་སྣང་ལ་སོགས་གནས་པའི་སེམས་ཅན་ལ། །སྐྱེས་ནས་མི་འཆི་བ་གང་སྲིད་མ་ཡིན། །ཞེས་པས། སྤྱིར་ལས་ཀྱི་དབང་གིས་འཁོར་བར་སྐྱེས་པའི་སེམས་ཅན་ལ་ནི་རྒྱལ་པོའམ་འབང་ངམ་གནས་ས་ཆུ་བར་སྣང་ལ་སོགས་རྟེན་གང་ཡང་སྐྱེས་ཕྱིན་ཆད་མི་འཆི་བ་ནི་གང་ཡང་མེད་དེ། སྐྱེ་བ་ཡོད་པ་ལ་འཆི་བས་ཁྱབ་པོ་སྙམ་དུ་བསམ་མོ།།

གསུམ་པ་ནི། རང་གི་དགྲ་གཉེན་ན་མཉམ་རྒྱས་གཞོན་སོགས། །ཧེ་སྙེད་ཤི་བ་མཐོང་ཐོས་བརྗེད་དམ་ཅི། །ཞེས་པ། རང་གི་དགྲའམ་གཉེན་ནམ། ན་སོ་མཉམ་པའམ

རྐན་པའམ་གཞོན་ནུ་ལ་སོགས་ངོ་ཤེས་མི་ཤེས། རང་གི་ཡུལ་ཕྱོགས་སམ་གཞན་དུ་ཤི་བ་མངོན་དུ་མཐོང་བའམ་ཐོས་པས་བདག་ཀྱང་དེ་ལྟ་བུའི་རང་བཞིན་ཡིན་སྙམ་དུ་དེ་ཉིད་མ་བརྗེད་པར་ཡང་ཡང་བསམ་ལ་འཆི་བའི་བློ་ཅི་སྐྱེ་བྱའོ།།

བཞི་པ་ནི། ལོ་ཟླ་ཞག་ལོན་འཆི་ལ་ཉེ་འགྱུར་ཏེ། །རིང་བར་འགྱུར་མིན་རྒྱུན་དུ་མི་རྟག་བསམ། །ཞེས་པ། ཕྱིར་ཚེ་ཚད་ཅི་ཙམ་ཡིན་པར་མ་ངེས་ཤིང་། འོན་ཀྱང་རང་གིས་འདིའི་བར་དུ་མི་འཆི་སྙམ་དུ་ཐག་བཅད་ན་ཡང་། དེ་བས་ཀྱང་མྱུར་དུ་སླེབས་ཏེ། དཔེར་ན་ཐག་འཐག་པ་ལ་ལན་རེ་སྤུ་ཉག་མ་རེ་ལས་མི་འགྲོ་ཡང་མྱུར་དུ་འཐག་ཟིན་པ་དང་། ལུག་ལ་སོགས་པའི་གསད་བྱ་རྣམས་གསོད་པའི་གནས་སུ་འཁྲིད་པ་ལ་གོམ་པ་རེ་རེ་སྤོ་བ་བཞིན་འཆི་བ་ལ་ཇེ་ཉེར་འགྲོ་བ་ལྟར། ལོ་དང་ཟླ་བ་ཞག་དང་ཟ་མ་སྐད་ཅིག་ཙམ་གྱིས་ཀྱང་འཆི་བ་ལ་ཉེ་བར་འགྱུར་ཏེ། རང་ཉིད་ལྟོ་གོས་ལ་སོགས་པ་འཇིག་རྟེན་གྱི་བྱ་བ་ལ་བག་མེད་དུ་ཡེངས། ཚེ་ནི་སྟོན་པ་མེད་ཅིང་བར་མ་ཆད་པར་ཟད་བས་ཅི་ཞིག་ཙམ་ན་ཚེ་མཐར་ཏུག་གི་ཐུག་པས་རིང་བར་འགྱུར་བ་མ་ཡིན་ནོ་སྙམ་དུ་བསམ་མོ། །དེ་ལྟར་གོང་དུ་བསྟན་པའི་མི་རྟག་པའི་ཚུལ་རྣམས་སེམས་ལ་གསལ་ཞིང་ཡིད་མ་འབྲལ་བས་ལེགས་པར་རྒྱུན་དུ་བསྒོར་ཟློག་བསྒོམ་ན་རྒྱུད་ལ་མི་རྟག་པ་མྱུར་བར་སྐྱེའོ། །མི་རྟག་པ་འདི་རྒྱུད་ལ་གཤའ་མ་ཞིག་མ་སྐྱེས་ན། ལུས་ཀྱི་ཕྱི་ཚུལ་གྱིས་བོན་སྒོར་ཞུགས་ཚུལ་ཅི་ཙམ་བྱས་ཀྱང་ཚེ་འདིའི་ཟ་བོན་དང་མོ་བོན་དུ་འགྲོ་བས་ཚེ་ཕྱི་མའི་དོན་མི་འགྲུབ་པར་མ་ཟད་གང་བྱས་ཐམས་ཅད་ངན་འགྲོའི་རྒྱུ་རུ་མི་འགྲོ་བ་དཀོན། བརྒྱ་ལ་ཕྱི་མའི་དོན་དྲན་པའི་བློ་ཙུང་ཟད་སྐྱེས་ཀྱང་ད་རུང་ཁྱེད་ལོང་ཡོད་སྙམ་པའི་ཕྱི་བཤོལ་གྱི་ལེ་ལོས་དུས་འདའ་བས་མྱུར་དུ་བསྒྲུབ་པའི་བརྩོན་འགྲུས་བསྐྱེད་མི་ནུས་སོ། །

དེ་བས་ན་འདི་རྒྱུད་ལ་མ་སྐྱེས་ཀྱི་བར་དུ་བསྒོམ་པ་གལ་ཆེའོ།།

བཞི་པ་མཐུན་དཔེ་ནི། དཔེ་རྫུ་ཀུན་འགྱུར་མེད་སྣང་མིག་ཡོར་འདྲ། །སྣང་བ་མི་བདེན་སྒྱུ་མའི་གླང་སོགས་འདྲ། །སྣང་བ་འགྱུར་བས་འབབ་ཆུ་ལ་སོགས་འདྲ། ། སྣང་བ་འགག་སྨྲ་ཛ་མ་ཆག་སོགས་འདྲ། །ཞེས་པ། ཕྱིར་འདུས་བྱས་ཀྱི་དངོས་པོ་གང་ཡང་སྐད་ཅིག་གཉིས་པར་རྟག་ཏུ་གནས་པ་མ་ཡིན་ཀྱང་། བྱིས་པ་རྣམས་ཀྱིས་དེ་མི་རྟག་པར་མི་རྟོགས་པས་རགས་པའི་མི་རྟག་པའི་ཆ་ཤས་སམ་བྱེ་བྲག་མངོན་དུ་སྣང་ཞིང་རྟོགས་འགག་གི་དཔེར་བརྗོད་ན། རྟག་འཛིན་གྱི་ཡུལ་གཞན་རྣམས་ཀྱང་དེ་དང་མཐུན་པར་ཤེས་སླ་བ་ལ་དགོངས་པ་སྟེ། དེ་ཡང་དཔེ་རྫུ་ཀུན་འགྱུར། ཞེས་པ། ནང་དུ་མི་རྟག་པའི་འཕྲིག་པ་ཡིད་ལ་ཙུང་ཟད་ཙམ་ཆུད་ན་ཕྱིའི་དངོས་པོ་ཀུན་གྱིས་མི་རྟག་པ་མི་སྟོན་པ་མེད། ཅེས་གསུངས་པ་ལྟར། རང་གི་སྣང་ཡུལ་དུ་གྱུར་པའི་དངོས་པོ་རྣམས་མ་ངེས་པ་དང་། དེ་བཞིན་དུ་གྲོགས་དང་ཟས་གོས་དང་། ལོངས་སྤྱོད་ལ་སོགས་གང་ལ་ཡང་མ་ངེས་པར་འགྱུར་བ་རྣམས་དང་། འཕྲལ་དུ་སྤར་ཡོད་ཀྱི་དངོས་པོ་རྣམས་ཀུན་ཕྱིས་ཉམས་ཤིང་མེད་པ་དང་། མི་རྟག་པའི་ངོས་ནས་དྲན་པར་བྱས་ལ་རང་གི་ཚེ་ལུས་མི་རྟག་པ་ལ་སྦྱར་ནས་བསྒོམ་པར་བྱའོ། །གཞན་ཡང་སྣང་བ་འདི་དག་རྟག་པའི་དངོས་པོ་མེད་ཅིང་མེད་པར་སྣང་བ་འདི་མིག་ཡོར་དང་འདྲའོ། །སྣང་ཡང་བདེན་པ་མེད་པ་ནི་སྒྱུ་མའི་རྟ་གླང་ལ་སོགས་པ་རྨི་ལམ་དང་ཆུ་ཟླ་དང་གཞའ་ཚོན་དང་བྲག་ཆ་རྣམས་དང་འདྲ་སྟེ། སྟོང་ཁམས་ལས། གཟུགས་ནི་སྒྱུ་མ་ལྟ་བུ་སྟེ། རྨི་ལམ་ལྟ་བུ་སྟེ། སྒྲ་སྙན་ལྟ་བུ་སྟེ། ཅིར་ཡང་མ་ཡིན་ཅི་ཡང་བྱ་རྫུ་མེད་དོ། །ཞེས་སོ། །དཔེ་རྣམས་ཀྱིས་སྣང་བ་ལ་བདེན་ཞེན་གྱི་བློ་ལྡོག་ནུས་ཏེ། ཇི་སྐད་དུ། དབུ་མ་ལས། སྐྱེ་བ་ཤེས་པའི་

འཇིག་པ་ཤེས། །འཇིག་པ་ཤེས་པའི་མི་རྟག་ཤེས། །སྟོང་ཉིད་ལ་ཡང་འཇུག་པ་ཤེས། ། ཞེས་པ་ལྟ་བུའོ། །སྣང་བ་འདི་དག་མི་རྟག་པར་འགྱུར་བ་ནི། དཔྱར་གྱི་འབབ་ཆུ་ཞག་འགའ་འམ་ཕྱི་འཕྲེད་སོགས་ལ་འབབ་པ་སྤྲ་ཙྲ་སོགས་ལ་ཆད་པ་དང་འདྲའོ། །ལུས་དང་ལོངས་སྤྱོད་སོགས་ད་ལྟ་ཡོད་ཀྱང་སྐད་ཅིག་ཉིད་ནས་འགག་པ་རྫ་མ་ཆག་སླ་བ་སོགས་དང་འདྲ་བ་རང་རྒྱུད་ལ་སྦྱར་ཞིང་བསྒོམ་པར་བྱའོ།།

ལྔ་པ་མི་རྟག་པ་བསྒོམ་པའི་ཡོན་ཏན་ནི། དད་པའི་རྐྱེན་བྱེད་མེད་བསྐྱེད་ཡོད་པ་གསོ། །བརྩོན་འགྲུས་གྲོགས་བྱེད་བྱང་ཆུབ་མྱུར་དུ་སྒྲུབ། །ཆགས་སྡང་ལ་སོགས་ཉོན་མོངས་གཉེན་པོར་འགྱུར། །མི་རྟག་དངོས་པོར་མ་གྲུབ་སྟོང་ཉིད་རྟོགས། །ཞེས་པ། མི་རྟག་པ་རྒྱུད་ལ་སྐྱེས་ན་དད་པ་སྐྱེ་བའི་རྐྱེན་བྱེད། ཚེ་འདིའི་བྱ་བ་ཐམས་ཅད་དོན་མེད་དུ་བྱས། ཚེ་ཕྱི་མ་ལ་དགེ་བ་མིན་པ་གཅིག་ཀྱང་མི་ཕན་སྙམ་པའི་བློ་གསར་དུ་བསྐྱེད་ཅིང་སྔར་ཡོད་པ་མི་ཉམས་པར་གསོ་ཞིང་སྤེལ་ལོ། །བརྩོན་འགྲུས་ཀྱི་གྲོགས་ཀྱང་བྱེད་དེ་ཡུན་རིང་དུ་མི་གནས་པར་མྱུར་དུ་འཆི་བའི་བསམ་པ་སྐྱེས་ན་དགེ་བ་ཕྱིས་སུ་བྱ་སྙམ་པའི་ཕྱི་བཤོལ་གྱི་ལེ་ལོ་མི་བྱེད་པར་མྱུར་དུ་སྒྲུབ་པར་འགྱུར་རོ། །བྱང་ཆུབ་མྱུར་དུ་འགྲུབ་ཏེ་ཁམས་གསུམ་འཁོར་བའི་གནས་གང་དུ་སྐྱེས་ཀྱང་མི་རྟག་པ་སྐྱེ་འཆིའི་སྡུག་བསྔལ་ལས་མ་འདས་པས་དེ་ལས་ཐར་པ་མཆོག་གི་གོ་འཕང་མྱུར་དུ་ཐོབ་པར་འདོད་ནས་དགེ་བ་གང་བྱེད་བྱང་ཆུབ་ཏུ་བསྔོ་ཞིང་། ཁྱད་པར་དུ་དེ་ཐོབ་པའི་ཐབས་སྟོང་པ་ཉིད་ཀྱི་ལྟ་བ་ལ་སྦྲོ་ཞིང་བསྒོམ་པར་བྱེད་དོ། །ཆགས་སྡང་ལ་སོགས་ཉོན་མོངས་ཀྱི་གཉེན་པོར་འགྱུར་ཏེ། ཆགས་སྡང་སྐྱེ་བའི་ཡུལ་དགྲ་གཉེན་ལ་སོགས་གང་ལ་ཡང་ཡུན་རིང་དུ་མི་འགྲོགས་པར་མྱུར་དུ་འབྲལ་བར་བསམ་ན་ནི། ཆགས་སྡང་ལ་སོགས་

ཉོན་མོངས་མི་སྐྱེ་བས་གཉེན་པོར་ཤིན་ཏུ་བསྔགས་སོ། །སྟོང་ཉིད་ཀྱི་དོན་ཡང་རྟོགས་པར་འགྱུར་ཏེ། གང་རྟག་པ་དེ་ནི་འདུས་མ་བྱས་རང་བཞིན་གྱིས་གྲུབ་པ་ཡིན་ལ། རྟག་པའི་དངོས་པོ་གཅིག་མེད་པས་འདུས་བྱས་རྒྱུ་རྐྱེན་ལ་བརྟེན་ནས་སྐྱེ་བ་ཡིན་པས་རང་བཞིན་གྱིས་མ་གྲུབ་པས་སྟོང་པ་ཉིད་རྟོགས་པ་དེ། རྐྱེན་ལ་རག་ལས་གང་དེ་སྟོང་པར་བཤད། །ཅེས་དང་། སྣང་བ་འདི་ནི་མི་རྟག་སྟེ། །རྐྱེན་ལས་གློ་བུར་གྲུབ་ཕྱིར་རོ། །རང་གི་ངོ་བོ་ཉིད་ཡོད་ན། །དེ་ལ་རྐྱེན་འགྱུར་རིག་མ་ཡིན།། ཞེས་དང་། གོང་དུ་དབུ་མའི་ལུང་། མི་རྟག་ཤེས་པས་སྟོང་ཉིད་ཤེས། །ཞེས་པ་ལྟ་བུ་སྟེ། མི་རྟག་པ་སྐྱེས་པའི་དགོས་པའི་གཙོ་བོ་འདི་རྣམས་ཡིན་པས། མི་རྟག་པ་རྒྱུད་ལ་སྐྱེས་པས་འདི་རྣམས་ཀྱང་བསྐྱེད་ནུས་ལ་འདི་རྣམས་རྒྱུད་ལ་བསྐྱེད་པར་མི་ནུས་ན་ནི་མི་རྟག་པ་སྐྱེས་པའི་དགོས་པ་ཡང་ཆུང་ལ། མི་རྟག་པ་སྐྱེ་བའི་དོན་གོ་གལ་ཆེ་བ་རྣམས་འདི་དག་ཡིན་པར་ཤེས་པར་བྱའོ། །དོན་གསུམ་པ་མི་རྟག་པ་བསྟན་པའོ། །ཞེས་པའི་མདོ་བསྡུ་བའོ།། །།

དེ་ལྟར་འཆི་བར་ནི་ངེས། དེ་ཡང་ལུས་སྲོག་ཉམ་ཆུང་བ་ཆུ་བུར་ལྟར་མི་བརྟན་པ་དང་། འཆི་རྐྱེན་ཤིན་ཏུ་མང་བས་ནམ་འཆི་མ་ངེས་ཤིང་། འཆི་བའི་ཚེ་ལས་ཀྱིས་འགྲོ་བ་རིགས་དྲུག་གི་གནས་གང་རུང་ཞིག་ཏུ་འཕེན་ངེས་པས། དེ་ཡང་མི་གཙང་བ་ལ་དྲི་ཞིམ་མེད་པ་བཞིན། འགྲོ་ལྔ་དག་ལ་བདེ་བ་མེད། །ཅེས་པ་ལྟར། གང་དུ་སྐྱེས་ཀྱང་སྡུག་བསྔལ་བ་ལས་མེད་པའི་ཕྱིར།

མི་རྟག་པའི་རྗེས་སུ་ལེའུ་བཞི་པ་འཁོར་བའི་ཉེས་དམིགས་བསྟན་པས་དེ་ལ་གཉིས། བསམ་མ་བསམ་གྱི་སྐྱོན་ཡོན་དང་། ཉེས་དམིགས་དངོས་སོ། །དང་པོ་ལ་གཉིས་ཏེ། བསམ་པའི་ཡོན་ཏན་དང་། མ་བསམ་པའི་སྐྱོན་ནོ། །དང་པོ་ནི། གང་གི་

སྐྱེས་བུས་རྒྱུན་དུ་བསམ་བྱས་ན། །འཁོར་བ་སྐད་ཅིག་བདེ་བའི་སྐབས་མེད་པས། །དེ་ལ་འཇིགས་ཤིང་སྐྱོ་བ་སྐྱེས་གྱུར་ན། །ཁམས་གསུམ་གནས་ནས་ཐར་གྱུར་མྱ་ངན་འདའ། །ཞེས་པ། གང་ཞིག་བདེ་སྡུག་གི་སྐྱོན་ཡོན་ཤེས་བཞིན་ཉེས་ལེགས་འབྱེད་པའི་བློ་གྲོས་དང་ལྡན་པའི་སྐྱེས་བུ་དག་གིས་གང་དུ་སྐྱེས་ན་འཁོར་བའི་རང་བཞིན་སྐད་ཅིག་གིས་ཀྱང་བདེ་བའི་གོ་སྐབས་མེད་ཅིང་ཁྱབ་པ་འདུ་བྱེད་ཀྱི་སྡུག་བསྔལ་དང་། བྱེ་བྲག་ཚ་གྲང་ལ་སོགས་པས་རབ་ཏུ་མནར་བའི་ཚུལ་ལ་རྒྱུན་དུ་ལེགས་པར་བསམ་ན། དེས་འཇིགས་པའི་བློ་སྐྱེས་ཏེ་སྡུག་བསྔལ་དེ་གང་ལས་འབྱུང་བའི་རྒྱུ་སྡིག་པ་སྤང་པ་དང་། སྡུག་བསྔལ་མེད་པའི་རྒྱུ་དགེ་བ་བསྒྲུབ་པ་དང་། སྡུག་བསྔལ་གྱིས་དབང་མེད་དུ་མནར་ཚུལ་ལ་སྐྱོ་བ་སྐྱེས་ནས་ང་རྒྱལ་དང་དྲེགས་པ་ལྡོག་པ་དང་། ཁམས་གསུམ་འཁོར་བ་ཐམས་ཅད་སྡུག་བསྔལ་གྱི་རང་བཞིན་དུ་ཤེས་ནས། དེ་ལ་ཐར་པའི་མྱ་ངན་ལས་འདས་པ་ཐོབ་འདོད་ཀྱི་ངེས་འབྱུང་གི་བློ་སྐྱེ་བ་དང་། སྡུག་བསྔལ་དེས་འཇིགས་ན་འཇིགས་པ་དེ་ལ་སྐྱབས་ཚོལ་བའི་སྐྱབས་འགྲོ་ཤུགས་ཅན་སྐྱེ་བ་དང་། སེམས་ཅན་གྱི་སྡུག་བསྔལ་མི་བཟོད་པའི་སྙིང་རྗེས་ཀུན་ནས་བསླངས་པས། བྱང་ཆུབ་ཀྱི་སེམས་བསྐྱེད་པ་སོགས་ཡོན་ཏན་མང་པོ་བསྐྱེད་པའི་ཉམས་ལེན་གྱི་སྒོ་ཆེན་པོ་ཡིན་པས་འདི་བསྒོམ་པ་གནད་དུ་ཆེའོ།།

གཉིས་པ་མ་བསམ་པའི་སྐྱོན་ནི། འཁོར་བའི་སྡུག་བསྔལ་བདེ་བར་འཛིན་མཐོང་བ། །དེ་དག་ཤིན་ཏུ་སྡུག་བསྔལ་ཆེན་པོ་སྟེ། །སྲིད་པའི་འཆིང་བས་བཅིངས་པས་གྲོལ་མི་འགྱུར། །རང་གིས་རང་སྦྱོང་སེམས་ཅན་སྙིང་རེ་རྗེ། །ཞེས་པས། གང་དག་འཁོར་བ་ཐམས་ཅད་སྡུག་བསྔལ་གྱི་རང་བཞིན་ཡིན་པ་དེ་ལ་མ་བརྟག་པར། རྗོ་ཅན་

སྡུག་ན་བདེ་བར་འཛིན་པ་འདམ། ཕག་པས་མི་གཙང་བ་ལ་ཞིམ་པའི་ཟས་སུ་མཐོང་བ་བཞིན། བདེ་བའི་གནས་སུ་མཐོང་ནས་ཞེན་པ་མི་ལྡོག་པའི་སེམས་ཅན་དེ་ཤིན་ཏུ་སྙིང་རྗེ་བའི་གནས་ཡིན། འཁོར་བའི་གནས་ལ་བདེ་བར་མཐོང་ན་དེ་ལ་ངེས་པར་འབྱུང་འདོད་མི་སྐྱེ་བས། ཐར་པའི་ལམ་དུ་མི་འཇུག་པས་གཏན་དུ་སྡུག་བསྔལ་ཆེན་པོ་སྤྱོད་པ་དང་། ཐར་བ་བྱང་ཆུབ་ཐོབ་པའི་ཐབས་རང་གི་ཆེད་ཀྱིས་མ་བསྒྲུབ་ན་རང་ཐོབ་བམ། རང་གྲོལ་དུ་འགྱུར་བ་མི་སྲིད་པས་རྟག་ཏུ་སྲིད་པའི་འཆིང་བས་བཅིངས་པས། རང་གིས་རང་ཉིད་སྤྱོད་བའི་ལོག་རྟོག་ཆེན་པོ་ཡིན་པའི་ཕྱིར་རོ། །མདོ་ལས། དམྱལ་བ་ཚེ་རིང་པ་ལས་ཀྱང་ལོག་ལྟ་ཅན་ཐར་ཡུན་རིང་བར་བཤད་དོ།།

གཉིས་པ་ཉེས་དམིགས་དངོས་བསམ་པ་ལ་གསུམ་སྟེ། རིགས་དྲུག་སོ་སོའི་ཉེས་དམིགས་དང་། འཁོར་བ་སྤྱིའི་ཉེས་དམིགས། ལས་ལས་བྱུང་བས་མདོ་བསྡུ་བའོ། །དང་པོ་ལ་དྲུག་ལས། དང་པོ་དམྱལ་བའི་ཉེས་དམིགས་བསམ་པ་ལ་ལྔ་སྟེ། ཚ་བ་དང་། གྲང་བ་དང་། ཉེ་འཁོར་གྱི་ཁྱད་པར་སྨོས་པ། ཡུན་རིང་བ། རང་ལ་སྦྱོར་བའོ། །དང་པོ་ལ་གཉིས་ཏེ། ཚ་བའི་ཚད་དང་། ངོ་བོ་བརྒྱད་ཉེ་འཁོར་དང་བཅས་པའོ། །དང་པོ་ནི། ཚ་བའི་དམྱལ་བ་ཤིན་ཏུ་བཟོད་ཐབ་མེད། །ཅེས་པ། གལ་ཏེ་ཚ་བའི་དམྱལ་བར་སྐྱེས་པར་གྱུར་ན། གནས་ནི། མཛོད་ལས། འདི་ནས་འོག་ཏུ་མར་གཞལ་བས། །དཔག་ཚད་སྟོང་ཕྲག་ཉི་ཤུ་ན། །མནར་མེད་པ་ཡི་དུ་ཏི་ཡོད། །ཅེས་པ་ལྟར། ས་སྟེང་འདི་ནས་མར་བཅལ་བའི་དཔག་ཚད་ཁྲི་ཚོ་གཉིས་ཀྱི་ཐད་ན་མནར་མེད་པའི་དམྱལ་བ་ཡོད་ཅིང་དེའི་སྟེང་ན་ཚ་དམྱལ་གཞན་བདུན་པོ་བརྩེགས་ནས་ཡོད་པར་བཤད་ལ། ཐེག་ཆེན་གྱི་སྡེ་སྣོད་ལས་འདི་ནས་དཔག་ཚད་གསུམ་ཁྲི་ཉིས་སྟོང་གི་འོག་ན་ཡང་སོས་ཡོད་ལ།

དེ་ནས་འོག་ཏུ་དཔག་ཚད་བཞི་སྟོང་བཞི་སྟོང་གིས་ཆོད་པ་ན་གཞན་བདུན་པོ་ཡོད་པར་བཤད་དོ། །དེ་ཡང་གནས་ཐམས་ཅད་ནི་ལྟུགས་སྲེག་གི་རང་བཞིན་ལ། མེ་རབ་ཏུ་འབར་བའི་ཚད་ནི། འཛིག་རྟེན་འདིའི་མེ་བས་ཤིན་ཏུ་ཚ་སྟེ། འདིར་མགར་གྱི་སོ་མལ་ཚ་སྟེ། དེ་བས་བདུན་འགྱུར་གྱི་ཡང་སོས་ཀྱི་མེ་ཚ་ལ། འོག་མ་འོག་མ་རྣམས་བདུན་འགྱུར་རེ་ཚ་བས་རྒྱུན་དུ་བསྲེགས་པས་བཟོད་པའི་ཐབ་མེད་དེ། མདོ་ལས། འཛིག་རྟེན་འདི་ཡི་མེ་ནི་རེ་ཞིག་མེ་འོད་ཙམ། །འདི་བས་དམྱལ་བའི་མེ་དཔུང་དགུ་འགྱུར་ཙམ་གྱིས་ཚ། །སྲ་བརྟན་ལྟུགས་ཀྱི་ཐྲུ་ལུམ་བསྐྱུར་ན་ཡང་། །སྐད་ཅིག་ཡུན་ལ་མར་ཁུ་བཞིན་དུ་འཞུ། །ཞེས་གསུངས་ཏེ། ཤིན་ཏུ་སྲ་ཞིང་གྲོང་བའི་ལྟུགས་ཀྱི་ཐྲུ་ལུམ་ཡང་སྐད་ཅིག་མའི་ཡུན་གྱིས་མར་ཁུ་བཞིན་དུ་ཞུ་བར་བྱེད་དོ། །དེ་ཡི་ལྟུགས་འབར་ཁང་བ་དགུ་རིམ་དུ། །འགྲོ་ལྡོག་བྱེད་ཅིང་ཕྱོགས་མཚམས་ཀུན་ནས་བསྲེགས། །ཚོར་བ་རགས་པའི་ལུས་ནི་འཕེལ་འགྲིབ་ཆེ། །ཞེས་པ། དེ་ལྟར་ཚ་བ་ལྟུགས་ཀྱི་ཁང་པ་མེ་རབ་ཏུ་འབར་བ་ཁ་ཅིག་ལ་དགུ་རིམ་ཙམ་ཡོད་པའི་ནང་དུ་སྲུན་ཐབས་མེད་པར་འགྲོ་ལྡོག་བྱེད་ཀྱིན་འབྲོས་ས་མེད་པ་ཕྱོགས་མཚམས་ཀུན་ནས་མེ་ལྕེ་འབར་བས་བསྲེགས་པར་བྱེད་དོ། །ཚོར་བ་རགས་པའི་ལུས་ནི་གཞོན་ཤ་ཅན་རེག་ཏུ་མི་བཟོད་ཅིང་ཤིན་ཏུ་ཆེ་ལ་མཚམས་མེད་ལྔ་བྱས་པའི་རྣམ་སྨིན་གྱིས་ལུས་ལ་དཔག་ཚད་ལྔ་ཡོད་པས། ཐེག་ཆེན་གྱི་བོན་དང་བཤེས་གཉེན་ལ་བསྐྱུར་བ་བཏབ་པའི་རྣམ་སྨིན་གྱིས་ལྡེ་ལ་དཔག་ཚད་ཙམ་ཡོད་པ་ལ་ཚོད་གླང་གིས་ཞིང་ལ་རྨོས་བཀྲོལ་བཞིན་དུ་བྱེད་དོ། །དེ་ལྟ་བུའི་རྣམ་སྨིན་ཆེ་ཆུང་གིས་རྟེན་སྐྱེས་ཀྱི་ལུས་ལ་འཕེལ་འགྲིབ་ཤིན་ཏུ་ཆེ་བར་ཡོད། ཅེས་མདོ་ལས་གསུངས་སོ།།

གཉིས་པ་ཚ་དམྱལ་ངོ་བོ་བརྒྱད་ཉེ་འཁོར་དང་བཅས་པ་ནི། ཡང་སོས་ཐིག་ནག་སྡུད་འཇོམ་ངུ་འབོད་དང་། །ངུ་འབོད་ཆེན་པོ་ཚ་བ་རབ་ཏུ་ཚ། །མནར་མེད་དང་བརྒྱད་ཚ་བའི་དམྱལ་བ་སྟེ། །མེ་མ་མུར་སོགས་ལྷག་པ་བཅུ་དྲུག་འཁོར། །ཞེས་པ། ཡང་སོས་ནི་སེམས་ཅན་དེ་དག་ཕན་ཚུན་མཐོང་བ་ན་དགྲ་བོའི་འདུ་ཤེས་སྐྱེས་ཏེ་ལས་ཀྱི་དབང་གིས་རལ་གྲི་ལ་སོགས་མཚོན་ཆ་སྣ་ཚོགས་པ་ལག་ཏུ་བྱུང་སྟེ། གཅིག་གིས་གཅིག་ལ་བསྣུན་རེས་བྱས་པས་སྡུག་བསྔལ་དྲག་པོ་ལས་མ་ཟད་ཀྱི་བར་དུ་ཉམས་སུ་མྱོང་བའོ། །ཐིག་ནག་ནི། དམྱལ་བསྲུང་རྣམས་ཀྱིས་ལུས་ལ་ཐིག་ནག་པོ་བཞིའམ། བརྒྱད་དམ་བཅུ་དྲུག་ལ་སོགས་དུ་མར་བཏབས་ནས་སོག་ལེ་ལ་སོགས་མཚོན་ཆ་མེ་འབར་བས་གཤོག་པ་དང་བཞོགས་པའི་སྡུག་བསྔལ་མྱོང་ངོ་། །བསྡུས་འཇོམ་ནི། དམྱལ་བསྲུང་རྣམས་ཀྱིས་ལྷན་ཅིག་ཏུ་བསྡུས་ནས་རི་ར་ལུག་དང་རྟ་གླང་དང་སེང་གེའི་གདོང་པ་ལྟ་བུའི་བར་དུ་གཙུག་མ་ཐག་ཏུ་དེ་དག་གིས་བཙིར་བས་བུ་ག་ཐམས་ཅད་ནས་ཁྲག་གི་རྒྱུན་འབབ་པ་དང་། ཡང་འདུས་པ་ན་ལྕགས་ཀྱི་འབྲུལ་འཁོར་ཆེན་པོར་བྱུར་ཤིང་ལྟར་འཚིར་བ་དང་། ཡང་འདུས་པ་ན་ལྕགས་སྲེག་གི་ས་གཞི་ལ་ལྕགས་ཀྱི་ཕ་བོང་གི་ཆར་འབབ་པས་བརྡུང་ཞིང་འཇོམ་པ་སོགས་ཀྱི་སྡུག་བསྔལ་མྱོང་ངོ་། །ངུ་འབོད་ནི། གནས་ཚོལ་དུ་ཕྱིན་པ་ན། ལྕགས་ཀྱི་ཁང་པ་ཉེད་དེ་དེའི་ནང་དུ་ཞུགས་མ་ཐག་སྒོ་འགེགས་ཤིང་ཕྱོགས་མཚམས་ཐམས་ཅད་ནས་མེ་འབར་བས་བསྲེགས་པས་ངུ་ཞིང་ཉམ་ཐག་པས་འབོད་ཅིང་སྐྱབས་མི་རྙེད་པའི་སྡུག་བསྔལ་མྱོང་ངོ་། །ངུ་འབོད་ཆེན་པོ་ནི། གཞན་སྔ་མ་དང་འདྲ་ལ་ཁྱད་པར་ནི་ལྕགས་ཁང་གཉིས་རིམ་དུ་ཡོད་དོ། །ཚ་བ་ནི། དམྱལ་སྲུང་རྣམས་ཀྱིས་ལྕགས་ཟངས་དཔག

ཚད་དུ་མ་ཡོད་པ་ཤིན་ཏུ་ཆ་བའི་ནང་དུ་བཙུག་ནས་སློལ་དེ་ཉ་བཞིན་འཚོད་པ་དང་། ལྷུགས་ཀྱི་གསལ་ཤིང་མི་འབར་བས་འཕོང་ནས་ཕུག་ནས་སྤྱི་བོར་འབྱིན་ཏེ། ཁ་སྣ་དང་རྣ་བའི་བུ་ག་དང་བ་སྤུའི་ཁུང་བུ་ཐམས་ཅད་མི་འབར་བ་དང་། ལྷུགས་སྲིག་གི་ས་གཞི་ལ་བསྐྱིལ་ནས་ལྷུགས་ཀྱི་ཐོ་བ་ཆེན་པོ་མི་འབར་བས་བརྡུང་ཞིང་སྡུག་བསྔལ་མྱོང་ངོ་། །རབ་ཏུ་ཚ་བ་ནི། ལུས་ལ་ལྷུགས་ཀྱི་གསལ་ཤིང་ཁ་གསུམ་མི་འབར་བས་འཕོང་ནས་ཕུག་སྣེ་རྩེ་མོ་གཡས་གཡོན་ཐྲག་པ་གཉིས་དང་དབུས་མ་སྤྱི་བོར་འབྱིན་ཏེ། དེས་དབང་པོའི་སྒོ་ཐམས་ཅད་ནས་མེ་རབ་ཏུ་འབར་བ་དང་། ལྷུགས་ཀྱི་ལེབ་མ་ཆེན་པོ་མི་འབར་བས་ལུས་ལ་ཀུན་ནས་དཀྲིས་པ་དང་། ལྷུགས་ཟངས་ཆེན་པོ་འཁྱུར་བྱེད་ཁོལ་མས་གང་བའི་ནང་དུ་འཚོད་པས་ཤ་ཁྲག་ཟད་ནས་ཀེང་རུས་ཙམ་ལུས་པའི་ཚེ་ཕྱིར་ཕྱུང་ནས་ལྷུགས་ཀྱི་ས་གཞི་ལ་བཀྲམ་པས། ཤ་པགས་འཕྲལ་དུ་སྐྱེས་མ་ཐག་ཏུ་སླར་ཡང་ནང་དུ་བཙུག་ནས་འཚོད་པའི་སྡུག་བསྔལ་མྱོང་བའོ། །མནར་མེད་པ་ནི། ལྷུགས་ཀྱི་ས་གཞི་རྩ་ཕྱོགས་ཐམས་ཅད་ནས་མེ་རབ་ཏུ་འབར་བ་འོང་སྟེ། དེས་པགས་པ་དང་ཤ་དང་རུས་པ་དང་རྐང་གི་བར་དུ་བསྲེག་ཅིང་མེའི་ཕུང་པོ་འབའ་ཞིག་ཏུ་སྣང་བ་ལ། ཉམ་ཐག་པའི་སྐད་འབྱིན་པ་ཙམ་མ་གཏོགས་སེམས་ཅན་དུ་མི་མངོན་པ་ཙམ་དང་། ལྷུགས་ཀྱི་ཞིབ་མ་ཆེན་པོར་ལྷུགས་ཀྱི་འདག་མ་མི་འབར་བ་དང་མཉམ་དུ་རྫོ་བ་དང་། ལྷུགས་ཀྱི་རི་མི་འབར་བ་ལ་འབབ་འཛེག་བྱེད་དུ་འཇུག་པ་དང་། ལྕེ་ཕྱུང་ཏེ་ལྷུགས་ཀྱི་ཕུར་པ་དུ་མས་བརྒྱང་ནས་གླང་གི་ཀོ་བ་བཞིན་ཐང་བཙད་དེ་གཉེར་མ་དང་ཀམ་གྱུམ་མེད་པར་བྱེད་དོ། །ཡང་པགས་པ་བཤུས་ཏེ་ལྷུགས་ཀྱི་ས་གཞི་མི་འབར་བ་ལ་གན་རྐྱལ་དུ་བསྐྱིལ་ནས་ཁ་ལྷུགས་ཀྱི་འབྱེད་སྤྱད་ཀྱི་ཕྱེ་ནས་ལྷུགས་

ཀྱི་ཐུ་ལུམ་འབར་བ་དང་། ཟངས་ཞུན་ཁོལ་མ་ཁར་བླུག་པས་ཁ་དང་ལྐོག་མ་དང་ནང་གྲོལ་རྣམས་བསྲེག་ཅིང་རོ་སྨད་ནས་ཕྱིར་འབྱུང་བ་ལ་སོགས་པའི་སྡུག་བསྔལ་དྲག་ཅིང་རྩུབ་པ་རྒྱུན་མི་ཆད་པར་མྱོང་བའོ། །འདི་རྣམས་རགས་པ་ཙམ་བརྗོད་པ་ཡིན་གྱིས་སྡུག་བསྔལ་གྱི་བྱེ་བྲག་མི་འདྲ་བ་དུ་མས་སྨྱུང་ཞིང་གོང་མ་གོང་མ་རྣམས་ཀྱི་སྡུག་བསྔལ་ཐམས་ཅད་འོག་མ་འོག་མ་རྣམས་ལ་ཚང་བར་ཡོད་དོ། །དེ་རྣམས་ཅི་ཙམ་གནས་པའི་ཚེ་ཚད་ནི། མཛོད་ལས། མི་རྣམས་ལོ་ནི་ལྔ་བཅུ་ལ། །རྒྱལ་ཆེན་རིགས་བཞིའི་ཉིན་ཞག་གཅིག །དེ་ཡིས་ཚེ་ལོ་ལྔ་བརྒྱ་ཐུབ། །བརྒྱ་ལ་གཅིག་ཡིས་སྟོང་དུ་ནི། །གོང་མ་བཞི་ཀ་ཉིས་འགྱུར་བསྐྱེད། །ཅེས་པ་ལྟར། རྒྱལ་ཆེན་རིགས་བཞིའི་ཞག་གཅིག་ལ་མི་ལོ་ལྔ་བཅུ་ཡོད་པས། ཞག་སུམ་ཅུ་ཟླ་བ་གཅིག དེ་བཅུ་གཉིས་ལོ་གཅིག་ཏུ་བྱས་པའི་རང་ལོ་ལྔ་བརྒྱ་ཐུབ་པ་དང་། དེ་བཞིན་དུ་སུམ་ཅུ་རྩ་གསུམ་པས་མི་ལོ་བརྒྱ་ལ་ཞག་གཅིག་ཏུ་བྱས་པའི་རང་ལོ་སྟོང་དང་། གོང་མ་འཐབ་བྲལ། དགའ་ལྡན། འཕྲུལ་དགའ། གཞན་འཕྲུལ་དབང་བྱེད་དང་བཞིས་ཀྱང་མི་ལོ་ཉིས་བརྒྱ། བཞི་བརྒྱ། བརྒྱད་བརྒྱ། སྟོང་དྲུག་བརྒྱ་ལ་རིམ་བཞིན་ཞག་ཏུ་བྱས་པའི་རང་ལོ་ཉིས་སྟོང་། བཞི་སྟོང་། བརྒྱ་སྟོང་། ཁྲི་དྲུག་སྟོང་ཐུབ་བོ། །དེ་བཞིན་དུ། ཡང་སོས་ལ་སོགས་དྲུག་རིམ་བཞིན། །འདོད་ལྷའི་ཚེ་དང་ཉིན་ཞག་མཉམ། །དེ་ཡི་དེ་དག་རྣམས་ཀྱི་ཚེ། །འདོད་པའི་ལྷ་དང་འདྲ་བ་ཡིན། །ཞེས་པ་ལྟར། ཡང་སོས་པས་རྒྱལ་ཆེན་གྱི་ཚེ་ལ་ཞག་ཏུ་བྱས་པའི་རང་ལོ་ཆེན་པོ་ལྔ་བརྒྱའི་བར་དུ་སྡུག་བསྔལ་མྱོང་བ་ནས། ཚ་བས་གཞན་འཕྲུལ་གྱི་ཚེ་ལ་ཞག་ཏུ་བྱས་པའི་རང་ལོ་ཁྲི་དྲུག་སྟོང་གི་བར་སྨྱོང་བར་གསུངས་ཞིང་། ཚ་བ་ཆེན་པོས་ནི་བར་བསྐལ་ཕྱེད་དང་། མནར་མེད་པས་བར་

བསྐལ་གཅིག་གི་བར་དུ་སྡོང་སྟེ། རབ་ཏུ་ཆ་བ་ཕྱེད་མནར་མེད་ནི། །བར་གྱི་བསྐལ་པ་གཅིག་ཏུའོ། །ཞེས་སོ། །ཉེ་འཁོར་ནི། དེ་དག་གི་ནི་ཕྱོགས་བཞི་ན། །མེ་མ་མུར་དང་རོ་མྱག་དང་། །རལ་གྲི་ཐལ་ཚན་ཆུ་བོ་ཡོད། །ཅེས་པ་ལྟར། ཚ་དམྱལ་བརྒྱད་པོ་རེ་རེའི་ཕྱོགས་བཞི་ན་མེ་མ་མུར་སོགས་བཞི་རེ་ཡོད་པས་བཅུ་དྲུག་སྟེ། ནང་ཕྱོགས་སུ་མེ་མ་མུར་པུས་མོ་ནུབ་ཙམ་ལ་ཕྱིན་པ་ན་རྐང་པ་བཞག་མ་ཐག་པགས་པ་དང་ཤ་ཀུན་ཆིག་ལ་བཏེགས་མ་ཐག་འཚོ་བ་དང་། དེའི་ཕྱི་རིམ་དུ་རོ་མྱགས་སམ་ཕྱི་སའི་འདམ་རྫབ་ཤིན་ཏུ་དྲི་ང་བར་ལུས་བྱིངས་པ་ན་སྲིན་འབུ་མཆུ་རྣོན་ཅན་རྣམས་ཀྱིས་པགས་པ་ནས་རྐང་གི་བར་དུ་ཕུག་སྟེ་ཟ་བ་དང་། དེའི་ཕྱི་རིམ་དུ་རལ་གྲུ་ལོ་མའི་ནགས་ཚལ་དུ་ཕྱིན་པ་ན་དེའི་གྲིབ་མ་ལ་འཁོད་པའི་ཚེ་ཤིང་ལས་རལ་གྲི་ལྷག་སྟེ་ཡན་ལག་དང་ཉིང་ལག་རྣམས་འབུགས་ཤིང་གཅོད་པར་བྱེད་ལ། བརྒྱལ་ཏེ་འགྱེལ་བ་ན་ཁྱི་སྲེ་བོ་དག་འོང་ནས་ཤ་འཐོག་ཅིང་ཟ་བ་དང་། སྤུ་གྲི་གཏམ་པའི་སོ་མལ་དུ་ཕྱིན་པ་ན། རྐང་པ་བཞག་མ་ཐག་ཤ་པགས་ཀུན་གཅོད་ཅིང་གཏེགས་མ་ཐག་སྐྱེ་བ་དང་། ཤལ་མ་རིའི་ཚལ་དུ་ཕྱིན་ན། ལྕགས་ཀྱི་སྡོང་པོ་ཆེར་མ་རྣོན་པོ་སུམ་ཅུ་རྩ་དྲུག་པ་ཡོད་པ་ལ་ཁྱེན་དུ་འཛེག་པའི་ཚེ་ཆེར་མ་རྣམས་ཀྱི་སོ་ཐུར་དུ་བསྟན། འབབ་པའི་ཚེ་གྱེན་དུ་བསྟན་པས་ལུས་དང་ཡན་ལག་ཀུན་འབིགས་ཤིང་གཤག་གོ །དེར་ཁྭ་ཏ་ལྕགས་ཀྱི་མཆུ་ཅན་ཡོད་པ་མགོ་དང་འཕྲག་པ་ལ་འཁོད་དེ་མིག་འབྲས་འདོན་ཞིང་ཟའོ། །དེ་རྣམས་མཆོན་ཆའི་གནོད་པར་འདྲ་བའི་གཅིག་ཏུ་བརྩིའོ། །དེའི་ཕྱི་ན་ཐལ་ཚན་འགྱུར་བྱེད་ཀྱི་ཆུ་ཁོལ་བས་གང་བའི་ནང་དུ་ལྷུང་ནས་ལྕགས་ཟངས་ཞུས་གང་བ་མེས་ཁོལ་བའི་ནང་དུ་ སྲན་མ་བླུག་པ་དང་འདྲ་བར་སྟེང་འོག་དང་ཕན་ཚུན་དུ་འགྲོ་ཞིང་འཚོད་

ལ། འཁྲམ་གཉིས་ན་དམྱལ་སྲུང་མཚོན་ཆ་ཅན་དག་གིས་བསྐོར་ནས་ཕྱིར་འབྱིན་དུ་མི་སྟེར་བར་ཤ་ཁྲག་ཟད་ནས་རུས་གོང་དུ་འགྱུར་བ་འཚོད་ལ། བར་བར་དུ་རྒྱ་དང་ལྕགས་ཀྱུས་ཕྱིར་ཕྱུང་ནས་ལྕགས་ཀྱི་ས་གཞི་འབར་བ་ལ་གན་རྐྱལ་དུ་བཞག་སྟེ་ཅི་འདོད་ཅེས་དྲིས་པ་ན། བདག་ནི་བཀྲེས་ཤིང་སྐོམ་མོ་ཟེར་བ་ན་ལྕགས་ཀྱི་ཐུ་ལུམ་མེ་འབར་བ་དང་ཟངས་ཞུན་ཁོལ་མ་ཁར་བླུག་པ་སོགས་ཀྱི་སྡུག་བསྔལ་སྤྱོད་པའོ།།

གཉིས་པ་གྲང་དམྱལ་བརྒྱད་ལས། གྲང་ཚད་ནི། གྲང་བའི་དམྱལ་བ་ཤིན་ཏུ་བཟོད་གླགས་མེད། །ཅེས་པ། ས་སྟེང་འདི་ནས་མར་གཞལ་བའི་དཔག་ཚད་སུམ་ཁྲི་ཉིས་སྟོང་གི་འོག་འཁྱག་རུམ་གྱི་སྦུབས་ཆེན་པོ་ཆུ་བུར་ཅན་ཡོད་ལ་དེའི་འོག་ཏུ་ཆུ་བུར་རྡོལ་བ་སོགས་བདུན་པོ་ཡས་མར་དུ་གནས་པ་རྣམས་ཤིན་ཏུ་གྲང་བའི་རླུང་གིས་ངར་བཏབ་སྟེ། དེ་ཡང་འཛམ་བུ་འདིར་དགུན་གྱི་འཁྱག་སྐྱང་ལ་རླུང་ངར་ཅན་གྱིས་གངས་ཐུག་གྲང་སྟེ་དེ་ལས་བདུན་འགྱུར་གྱི་ཆུ་བུར་ཅན་གྱི་རླུང་གྲང་ལ་འོག་མ་འོག་མ་རྣམས་ལ་བདུན་འགྱུར་རེ་གྲང་བས་བཟོད་གླགས་མེད་དེ། མདོ་ལས། འཛམ་བུ་འདི་ཡི་རླུང་ནི་རེ་ཞིག་རླུང་འོད་ཙམ། །འདི་བས་དམྱལ་བའི་རླུང་དཔུང་དགུ་འགྱུར་ཙམ་གྱི་གྲང་། །རིན་ཆེན་གསེར་གྱི་ཐུ་ལུམ་བསྐྱུར་བ་ཡང་། །སྐད་ཅིག་ཡུད་ལ་པད་མ་བཞིན་དུ་གས། །ཞེས་གསུངས་སོ། །ཤིན་ཏུ་སྲ་ཞིང་མཉེན་པའི་གསེར་གྱི་ཐུ་ལུམ་དེ་ཡང་། ཐང་ཅིག་གི་ཡུན་ལ་པད་མ་བཞིན་བཞི་ཚལ་སོགས་སུ་གས་པར་བྱེད་དོ། །ལས་ཀྱིས་མནར་བའི་ལུས་ནི་སྨོས་ཅི་དགོས། །ཞེས་པ། ལས་ཀྱི་རྣམ་པར་སྨིན་པས་མནར་བའི་ལུས་ནི་གཞོན་ཤ་ཅན་རེག་ཏུ་མི་བཟོད་པ་རྩུབ་སྐྱེས་སུ་འགྱུབ་པ་དེ། འགས་པར་བྱེད་པ་སྨོས་ཅི་དགོས་སོ།།

གཉིས་པ་གྲང་དམྱལ་ལ་ངོ་བོ་བརྒྱད་ནི། ཆུ་བུར་དེ་རྡོལ་སོ་འཐམ་གྱི་ཧུད་དང་།། ཨ་ཆུ་ཀྱུ་དཔལ་ལྟར་སྔོ་པད་མ་དམར། །གས་པ་ཆེན་པོ་དང་བརྒྱད་གྲང་དམྱལ་ཏེ། །ཚ་དམྱལ་ཐད་སོའི་མུན་ནག་གནས་སུ་སྦྱོང་། །ཞེས་པ། ཤིན་ཏུ་གྲང་བའི་རླུང་གིས་བཏབ་པས་ལུས་ཐམས་ཅད་ཆུ་བུར་དུ་གྱུར་པ་ཅན་དང་། དེ་བས་ཀྱང་ཆེས་གྲང་བར་གྱུར་པས་ཆུ་བུར་དེ་ཡང་རྡོལ་ནས་ཆུ་སེར་འཁྱགས་རོམ་དུ་གྱུར་བས་ལུས་བཏུམ་སྡེ་ཐྲུ་ལུམ་དུ་གྱུར་པ་དང་། ཤིན་ཏུ་གྲང་བ་ཆེན་པོས་ཁ་སོ་ཐམ་པ་དང་། སྐྱབས་སུ་མགོན་ཞིག་ཡོང་དུ་རེ་ནས་ཨ་ཆུ་ཟེར་བ་དང་། རེ་ཐག་ཆད་པའི་ཉེན་སྐད་དྲག་པོ་འདོན་པས་ཀྱི་ཧུད་ཟེར་བ་དང་། ཆེར་གྲང་ནས་ཁ་དོག་སྔོ་ཞིང་ཁ་ལྔ་དྲུག་ཏུ་གས་པས་ཀྱུ་དཔལ་ལྟར་གྱུར་པ་དང་། སྔོ་བ་ལས་འདས་ནས་དམར་པོར་གྱུར་ཅིང་ཁ་བཅུའམ་དེ་བས་ཀྱང་མང་དུ་གས་པ་པད་མ་དམར་པོ་ལྟ་བུ་དང་། ཁ་བརྒྱའམ་སྟོང་ལ་སོགས་པར་གས་པའམ་ནས་ཀྱི་ཆན་ལྟར་གས་པ་པད་མ་ཆེ་ལྟར་གས་པ་ཆེན་པོ་དང་བརྒྱད་དེ། ཚ་དམྱལ་བརྒྱད་པོའི་བྱང་ངོས་ཀྱི་ཐད་སོར་དཔག་ཚད་ཁྲི་ཕྲག་རེའི་ཕར་ངོས་ན་བརྩེགས་ནས་ཡོད་ལ། ཉི་ཟླ་ལ་སོགས་པའི་སྣང་བ་དང་བྲལ་བའི་མུན་ཁྲོད་ཆེན་པོའི་གནས་སུ་སྦྱོང་ངོ་། །དེ་རྣམས་ཀྱི་ཚེ་ཚད་ནི། ཏིལ་སྦྲུང་གང་ནས་ལོ་བརྒྱ་ཞིག །ཏིལ་རེ་ཕྱུང་བས་ཟད་གྱུར་པ། །ཆུ་བུར་ཅན་གྱི་ཚེ་ཚད་ཡིན། །གཞན་གྱི་ཚེ་ནི་ཉི་ཤུར་འགྱུར། །ཞེས་པ་ལྟར། ཡུལ་དབུས་ཀྱི་བྲེ་ལ་ཏིལ་འབྲུ་འབུམ་ཕྲག་བཅུ་ཤོང་བས། དེའི་ཉི་ཤུ་ལ་ཁལ་གཅིག་ཏུ་བརྩིས་པའི་ཁལ་བརྒྱད་ཅུས་གང་བའི་སྦྱོང་དོང་ནས་ལོ་བརྒྱ་རེ་ལ་རེ་རེ་ཕྱུང་ནས་ཟད་པ་ན་ཆུ་བུར་ཅན་གྱི་ཚེ་ཚད་ཡིན་ལ། རྡོལ་པ་ལ་སོགས་པའི་ཕྱི་མ་རྣམས་ནི་སྔ་མ་སྔ་མ་ལས་ཉི་ཤུ་འགྱུར་བའོ།།

གསུམ་པ་ཉེ་འཁོར་གྱི་ཁྱད་པར་སྨོས་པ་ནི། མདོ་ལས། རོ་སྟོད་ལྕགས་ཀྱི་ཁང་བ་འབར་བར་བསྲེག །རོ་སྨད་གངས་ཕུག་ཆུང་ནག་གསེབ་ཏུ་འཁྱག །ལ་ལ་ཚ་གྲང་སྡུག་བསྔལ་རེ་མོས་སྤྱོད། །ལ་ལ་ཤ་མ་རི་ཡིས་ཤ་པགས་གཅོད། །ལ་ལ་སྦྲུལ་འགོ་གསུམ་སློང་སྡིག་སོགས་བྱེད། །ལ་ལ་སྦྲུལ་སོགས་སེམས་ཅན་གདུག་པས་ཟ། །ལ་ལ་མགོ་བརྙན་མཆོན་ཐོག་ཟ་རེག་བྱེད། །ལ་ལ་དམྱལ་ཤིང་ཁ་སྦྲིད་ཟངས་སུ་འཚོད། །ལ་ལ་མཁར་གོང་སོ་ཅན་སྨྱུ་ངམས་འདུད། །གཞན་ཡང་ཚ་གྲང་སྡུག་བསྔལ་ཤིན་ཏུ་ཆེ། །ཞེས་པ། ཉེ་ཚེ་བའི་དམྱལ་བ་དང་། ལ་ལ་ཚ་གྲང་སྡུག་བསྔལ་གྱིས་གདུང་ནས་ཡིད་ལ་གྲང་བ་འདོད་མ་ཐག་གྲང་དམྱལ་དུ་འགྱུར་ལ། དེ་ནས་དྲོ་བ་འདོད་མ་ཐག་ཚ་དམྱལ་དུ་འགྱུར་བ་སོགས་སྡུག་བསྔལ་རེ་མོས་མྱོང་བ་ནི་ཉིས་འཁོར་བ་ཞེས་མདོ་ལས་གསུངས་ལ། མཛོད་ལས། ཚ་དམྱལ་ཉེ་བར་འཁོར་བས་ཉེ་འཁོར་བ་དང་། གནས་མ་ངེས་པའི་ས་སྟེང་དང་ཆུ་འགྲམ་ན་ཉི་ཚན་དང་ཆུ་ཚན་གྱིས་ཉེན་པ་དང་། སྟེང་སྐམ་འོག་རུལ་པ་ལ་བྱ་རོག་སོགས་ཀྱིས་ཤ་འཐོག་པའི་སྡུག་བསྔལ་དྲག་པོས་མནར་བ་དང་། རྫའི་བར་བུས་འཐུམས་པ་སོགས་ལ་ཉེ་ཚེ་བའི་དམྱལ་བ་ཞེས་བཤད་དོ། །ཚེ་ཚད་ནི། ཉེ་ཚེ་ཉིས་འཁོར་གྱི་ཚེ་ལ་ངེས་པ་མེད་དོ། །ཞེས་སོ། །གཞན་ཡང་ལ་ལ་ཤལ་མ་རིས་ཤ་པགས་གཅོད་པ་དེ་ནི་རྒྱལ་བུ་ཁྲི་ཤང་གི་མ་ལྷ་བུ་མི་ལུས་སྤྲུང་ཁུའི་མགོ་བོ་ཅན་དུ་སྐྱེས་ཏེ། སྡོང་པོ་ལ་ལྕགས་ཀྱི་སོག་ལེ་ཁ་དགུ་སྐྱེས་པའི་རྩེ་མོ་ན་བུ་འདུག་པ་མཐོང་སྟེ། ཤིན་ཏུ་མ་བཟོད་པར་དུས་ཏེ་ཁར་འཛེག་པ་ན་སོག་ལེ་ཁ་ཐུར་དུ་བསྟན་པས་ཤ་པགས་ཁམ་ཚད་རེ་རེ་ཁྲེར་ཏེ་སྦྱོང་ལ། རྩེ་མོར་ཕྱིན་ནས་བལྟས་པས་བུ་མེད་དོ། །ཡང་སྡོང་པོའི་རྩ་བ་ན་འདུག་པ་མཐོང་ནས་མར་བབས་པས་སོག་ལེའི་

ཁ་གྱེན་དུ་བསྟན་པས་ཤ་པགས་ཁམ་ཚད་རེ་རེ་ཁྱེར་ཏེ་སྤྱོང་ངོ་། །རྩ་བར་ཕྱིན་ནས་བལྟས་པས་བུ་མེད་དོ། །དེ་ཡང་བུ་ཡོད་པ་མ་ཡིན་ཏེ། མ་རང་གི་ལས་ཀྱི་དབང་གིས་བུ་ཡོད་པར་མཐོང་ནས་དེ་ལྟར་རྒྱུན་དུ་སྤྲུང་ངོ་། །ལ་ལ་སྦྲུལ་མགོ་གསུམ་སློང་རྫེག་སོགས་བྱེད་པ་ནི། བོན་པོ་སྲ་གྱིམ་ཤང་གོང་གོང་ལྟ་བུར་སྦྲུལ་མགོ་གསུམ་པ་ཞིག་གི་ལུས་བླངས་ནས། མགོ་གཅིག་ལྕགས་ཀྱི་སོག་ཆེན་གྱིས་འདྲ། མགོ་གཅིག་ལ་ལྕགས་ཀྱི་ཐོ་ཆེན་གྱིས་བརྡེག མགོ་གཅིག་ལྕགས་ཀྱི་གཟེར་ཆེན་གྱིས་འདེབས། མཐུག་མ་རྒྱུར་སྐོལ། རྐེད་པ་མེས་བསྲེག་གོ །ལ་ལ་སྦྲུལ་སོགས་སེམས་ཅན་གདུག་པས་ཟ་བ་ནི། མོ་མ་ལྡིང་ང་སྡིག་ལུམ་ལྟ་བུར་མི་ལུས་དྲེད་མོང་གི་མགོ་ཅན་དུ་སྐྱེས་ནས་སྦྲུལ་མགོ་དགུ་པ་ཞིག་གིས་མིག་འབྲས་ལ་ཟའོ། །སྡིག་པ་དམར་པོ་རྭ་དགུ་པ་ཞིག་གིས་རྣའི་འབྲས་བུ་ཟའོ། །རྩང་ཕག་ཁ་ཆེ་ལྕེ་དགུ་བ་ཞིག་གིས་ལྕེའི་འབྲས་བུ་ཟའོ། །སྡོམ་ནག་པོ་ལག་དགུ་པ་ཞིག་གིས་སྙིང་གི་འབྲས་བུ་ལ་ཟའོ། །སྦལ་པ་ནག་པོ་མིག་དགུ་པ་ཞིག་གིས་ལྟེ་བའི་འབྲས་བུ་ལ་ཟའོ། །དེ་ནི་མི་ཤེས་ཤེས་ཁྲུལ་བྱེད་པའི་བོན་པོ་དང་། མི་མཐོང་མཐོང་ཁྲུལ་བྱས་པའི་མོ་མས་རྫུན་ཡོན་ཟོན་པའི་རྣམ་སྨིན་ཡིན་ནོ། །ལ་ལ་མགོ་བརྙན་མཆོན་ཐོག་རྣམས་ཀྱིས་ཟ་ཞིང་བརྡེག་པ་ནི། གཏོ་བུ་དོད་དེ་ལྟ་བུས་དུད་འགྲོ་སྣ་ཚོགས་པའི་མགོ་བརྙན་ཅན་མང་པོས་ཟ་ཞིང་བརྡེག་པའོ། །ལ་ལ་བརྒྱ་ཤོང་ཁ་སྦྱོད་ཟངས་སུ་འཚོད་པ་ནི། གཤེན་ཟ་ནེའུ་རྒྱུང་ལ་དམྱལ་སྣང་ཤར་བ་ལྟར། དམྱལ་ཟངས་བརྒྱ་ཤོང་ཐབ་ཏུ་བཙུག །ཟངས་ཀྱི་ནང་དུ་བལྟས་པ་ན། །བུད་མེད་བཟང་སྡུག་ཅན་ཞིག་བཙུག །ཁྲག་རྒྱ་དམར་པོས་འཚོད་གྱིན་སྣང་། །སྦུད་པ་ཐོག་པ་བཅུས་མེ་འབུད། །ཐོ་བ་ཐོགས་པ་བཅུ་ཡིས་བརྡུང་། །སོག་ལེ་ཐོག་པ་བཅུ་ཡིས་འདྲ། །སྤྱུ་གྲི་

ཐོག་པ་བཅུ་ཡིས་གཅོད། །གསོར་ཆེན་ཐོག་པ་བཅུ་ཡིས་འབུག །གཟིང་ཆེན་ཐོག་པ་བཅུ་ཡིས་གཅོད། །སྟ་ཆེན་ཐོག་པ་བཅུ་ཡིས་གཤག །གཟེར་ཆེན་ཐོག་པ་བཅུ་ཡིས་འདེབས། །གཟར་བུ་ཐོགས་པ་བཅུ་ཡིས་བཙུ། །ཕོར་བ་ཐོགས་པ་བཅུ་ཡིས་འཕྲུང་། །ཤིན་ཏུ་མི་བཟོད་ང་སྒྲ་འབྱིན། །ཞེས་གསུངས་སོ། །ལ་ལ་མཁར་སྔོང་སོ་ཅན་མྱུ་ངམ་གྱི་ཐང་ལ་འདུད་པ་ནི། མཁར་སྔོང་སོ་ཅན་གྱི་ཐང་མ་བདལ་བ་ལ་ཕན་ཚུན་འདུད་པར་བྱེད་དོ། །གཞན་ཡང་ཚ་གྲང་གི་སྡུག་བསྔལ་ཤིན་ཏུ་ཆེ་སྟེ་འདི་རྣམས་སྔོན་བྱུང་བ་བརྗོད་པ་ཙམ་ཡིན་གྱི་གཞན་ཚ་གྲང་དང་གཅོད་འདྲལ་མི་འདྲ་བའི་ཁྱད་པར་གྱིས་སྡུག་བསྔལ་ཤིན་ཏུ་ཆེ་བའོ།།

བཞི་བ་ཡུན་རིང་བ་ནི། སྔར་བྱས་ལས་ངན་མ་ཟད་སྲོག་མི་འདྲལ། །བསྐལ་པར་གནས་སོགས་ཤིན་ཏུ་ཆེ་རིང་ངོ་། །ཞེས་པ། སྔར་རང་གི་མི་དགེ་བ་བྱས་པས་སྡུག་བསྔལ་མི་དགེ་བ་སྤྱོད་པའི་ལས་ངན་དེའི་ནུས་པ་མ་ཟད་བར་དུ་ཤི་བར་འདོད་ཀྱང་སྲོག་དང་མི་འབྲལ་ཏེ། དེ་ཡང་ཚ་གྲང་གི་དམྱལ་བ་ཚེ་ཚད་ངེས་པ་མནར་མེད་པར་བསྐལ་གཅིག་ཏུ་གནས་པ་སོགས་བཤད་པ་ནི་གོང་དུ་བསྟན་ཟིན་ལ། ལོག་ལྟ་ཅན་གྱིས་ཐེག་ཆེན་དང་གང་ཟག་དམ་པ་ལ་བསྐུར་པ་བཏབ་པའི་རྣམ་སྨིན་ནི་འཇིག་རྟེན་གནས་པའི་ཡུན་དང་མཉམ་པར་བར་བསྐལ་བཅོ་བརྒྱད་དུ་སྤྱོད་ཞིང་ཚེ་ཚད་མ་རྫོགས་པས་འཇིག་རྟེན་གཞན་དག་ཏུ་སྤྱོད་པར་བཤད་དོ།།

ལྔ་པ་རང་ལ་སྦྱར་བ་ནི། བྲིས་དང་གཟུགས་མཐོང་ཐོས་དང་བཀླག་པ་ཡིས། །སྐྲག་འགྱུར་ཉམས་སུ་མྱོང་ན་སྨོས་ཅི་དགོས། །ཞེས་པ། དེ་ལྟ་བུའི་གཏོ་བུའི་རིགས་དྲུག་གི་གནས་སུ་སྤྱོད་བ་སོགས་དང་སྲིད་པ་འཁོར་ལོའི་རི་མོ་བྲིས་པའི་གཟུགས་

མཐོང་བ་དང་། རྒྱུ་མཚན་ཐོས་པ་དང་བསླུག་པས་ཀྱང་སྐྲག་པར་འགྱུར་ན་རང་གི་ཉམས་སུ་མྱོང་ན་རྣམ་སྨིན་གྱི་ལུས་ཀྱིས་མི་བཟོད་པར་སྐྲག་པ་ནི་སྨོས་ཅི་དགོས་ཏེ། འདི་ན་མེ་མུར་དུ་ལག་པ་བཙུག་པ་དང་། དགུན་འཁྱག་སྦུབས་སུ་གོས་མེད་པ་ཛྲེ་ཡུན་གཅིག་ལ་ཡང་སྡོད་མི་ཚུགས་ན་སྡུག་བསྔལ་ཚད་ལས་འདས་པའི་ཚ་གྲང་བསྐལ་པར་སྤྱོད་དགོས་པའི་ཕྱིར་རོ། །གལ་ཏེ་མི་འཇིགས་འགྱུར་བ་མི་སྲིད་དེ། །ཡང་ན་སེམས་གསལ་མེ་དཔུང་མཆོང་བ་འདྲ། །ཞེས་པ། དེ་ལྟ་བུའི་སྡུག་བསྔལ་གྱིས་མནར་ཚུལ་གཟུགས་བྲིས་པ་མཐོང་བའམ་ཐོས་པ་ལ་བརྟེན་ནས་རང་ལ་འབྱུང་ཚུལ་བསམ་ན་མི་འཇིགས་པར་འགྱུར་བའི་སེམས་ལྡན་མེད་མོད། གལ་ཏེ་དེས་ཀྱང་འཇིགས་ཤིང་སྐྲག་པའི་བློ་མི་སྐྱེ་བ་སྲིད་ན། སྒྱུ་མས་མི་གཟུགས་བཟོས་པའི་བེམ་པོ་འམ། ཡང་ན་སེམས་གསལ་བར་ཡོད་བཞིན་མེ་དཔུང་གི་ནང་དུ་མཆོང་བའི་ཕྱེ་མ་ལེབ་དང་མཚུངས་སོ། །བཤེས་སྤྲིང་ལས། སྡིག་ཅན་དབུགས་འབྱུང་འགག་པ་ཙམ་ཞིག་གིས། །དུས་ཀྱི་བར་དུ་ཆོད་ན་དམྱལ་བ་ཡིས། །སྡུག་བསྔལ་གཞལ་ཡས་ཐོས་ན་རྣམ་སྟོང་དུ། །མི་འཇིགས་གང་ལ་རྡོ་རྗེའི་རང་བཞིན་ནོ། །དམྱལ་བ་བྲིས་དང་གཟུགས་མཐོང་ཐོས་པ་དང་། །དྲན་དང་བཀླག་དང་གཟུགས་སུ་བགྱིས་རྣམས་ཀྱང་། །འཇིགས་པ་བསྐྱེད་པར་འགྱུར་ན་མི་ཟད་པའི། །རྣམ་སྨིན་ཉམས་སུ་མྱོང་རྣམས་སྨོས་ཅི་འཚལ། །ཞེས་སོ། །དེ་ལྟར་ན་དམྱལ་བར་སྐྱེ་འགྱུར་གྱི་ལས་ཀྱང་ཤིན་ཏུ་འབྱུང་ཉེ་སྟེ་གང་ཟག་དམ་པ་ལ་བསྐུར་བ་བཏབ་པ་ཙམ་དང་། ལོག་པའི་འཚོ་བ་ཅུང་ཟད་ཙམ་གྱིས་ཀྱང་དམྱལ་བར་སྐྱེ་བར་བཤད་ལ། དེ་ཡང་རང་ཉིད་ལས་འབྲས་ལ་མ་རྨོངས་པར་ཤེས་ཀྱང་བག་མེད་པ་དང་དྲན་ཤེས་ཀྱིས་མ་བསྡམས་པས་ཉེ་མ་རེ་རེ་ལ་ཡང་

ཉེས་སྤྱོད་དུ་མ་གསོག་ཅིང་། སྟར་བསགས་པ་ཡང་མང་དུ་ཡོད་པས་ཕལ་ཆེར་ཤི་མ་ཐག་དམྱལ་བར་སྐྱེ་ཞིང་དེ་ཚེ་སྡུག་བསྔལ་དེ་རྣམས་ལ་བཟོད་པའི་སྐབས་མེད་པས། ད་ནི་སྡུག་བསྔལ་གྱི་རྒྱུ་སྒོ་གསུམ་གྱི་ཉེས་སྤྱོད་སྔར་བྱས་པ་ལ་ཤིན་ཏུ་འགྱོད་ཅིང་ཕྱིས་ཆུང་ཟད་ཙམ་ཡང་མི་བྱེད་སྙམ་པའི་ཞེ་དམ་ཡང་ཡང་འཆའོ།།

གཉིས་པ་ཡི་དྭགས་ལ་གཉིས་ཏེ། མདོར་བསྟན་རྒྱས་བཤད་དོ། །དང་པོ་ནི། མདོ་ལས། ཡི་དྭགས་ཞེན་ཅིང་ཆགས་པས་འདོད་པས་རྒྱལ། །བཀྲེས་ཤིང་སྐོམ་པས་སྡུག་བསྔལ་གྱིས་ནི་ཟིན། །ཞེས་པ། ཟས་སྐོམ་ཕོངས་ཡིད་ལ་བཏགས་པའི་སྒྲ་དོན་ཅན་གྱི་ཡི་དྭགས་ཀྱི་གནས་ནི། གླིང་འདིར་ས་སྟེང་ནས་དཔག་ཚད་ལྔ་བརྒྱའི་འོག་ཏུ་ཡོད་ཅིང་རྒྱ་མཚོའི་འགྲམ་དང་མཁའ་ལ་རྒྱུ་བ་རྣམས་ཀྱང་དེ་ལས་འཕྲོས་པར་བཤད་དོ། །དེ་ཡང་སེར་སྣ་དང་འཇུར་གེགས་ཤས་ཆེར་སྤྱོད་པའི་རྣམ་སྨིན་གྱི་བཟའ་བཏུང་སོགས་ཡིད་ལ་གང་འདོད་མི་རྙེད་ཅིང་། བརྒྱ་ལ་མི་གཙང་བ་དང་ངར་སྣབས་སོགས་ཅུང་ཟད་ཙམ་རྙེད་ནའང་ཕང་སེམས་རྣམ་པས་ཞེན་ཅིང་ཆགས་པས་ལོངས་སྤྱོད་མི་ནུས་ལ། འདིར་ཚད་པས་གདུང་པའི་སྐོམ་ནད་ཅན་གྱི་ཆུ་འདོད་པ་ལས་བརྒྱ་འགྱུར་གྱིས་ཆེས་འདོད་པས་བརྒྱལ་ཞིང་། བཟའ་བཏུང་ཅུང་ཟད་ཀྱང་མ་མྱོང་པའི་བཀྲེས་སྐོམ་སྡུག་བསྔལ་གྱིས་ཟིན་པས་པགས་པ་དང་ཤ་ཁྲག་ཐམས་ཅད་སྐམ་ནས་ལུས་སྟོང་དུམ་ཚིག་པ་ལྟར་གྱུར་བར་བཤད་དོ།།

གཉིས་པ་རྒྱས་བཤད་ལ་གསུམ་སྟེ། ཕྱིའི་སྒྲིབ་པ་ཅན་དང་། ནང་གི་སྒྲིབ་པ་ཅན་དང་། གཉིས་ཀ་ལྡན་པའི་སྒྲིབ་པ་ཅན་ནོ། །དང་པོ་ནི། ལ་ལ་མི་གཙང་ཅུང་ཟད་བོར་མི་རྙེད། །རྒྱ་མཚོར་བལྟས་པས་སྐམ་འགྱུར་ལ་སོགས་སོ། །ལ་ལས་ཟས་སྐོམ་སྣང་ཡང་བསྲུང་བར་མཐོང་། །ལ་ལ་རྣག་སོགས་ཡིད་མི་འོང་བར་འགྱུར། །ལ་ལ་མི་གཙང་བསྟོས་

མིན་སྐྲལ་མི་ལྡན། །ལ་ལ་ལྷུགས་ཀྱི་ཁང་པ་དགུ་རིམ་བརྩུག །ཅེས་པ། ཡི་དྭགས་ལ་ལ་སྟེ་ཁ་ཅིག་གིས་ནི། གཅིན་དང་ཕྱི་ས་ངར་སྣབས་བོར་བ་ཡང་ཅུང་ཟད་ཙམ་ཡང་མ་རྙེད་དེ་མི་གཙང་བ་བོར་བ་ཅུང་ཟད་ཀྱང་འཚོལ་བའི་མཐུ་དང་ལྡན་པ་མ་ལགས་སོ། །ཞེས་དང་། སྨད་རིགས་འགས་ནི་སྣག་དང་ཕྱི་ས་དང་། །ཁྲག་སོགས་མི་གཙང་བ་ཡང་མི་རྙེད་དོ། །ཞེས་སོ། །ལ་ལ་ནི་ཤིན་ཏུ་ཟབ་ལ་རྒྱ་ཆེ་བའི་རྒྱ་མཚོ་དང་ཆུ་ཀླུང་ཆེན་པོ་འབབ་པ་ཡང་རྗར་རྒྱུགས་ནས་བལྟས་པས་མཐོང་བ་ཙམ་གྱི་མིག་གི་དུག་གིས་བསྲེག་པས་སྐམ་པར་འགྱུར་ཏེ། བལྟས་པ་ཙམ་གྱིས་ཀླུང་ཡང་སྐམ་པར་འགྱུར། །ཞེས་སོ། །དེ་བཞིན་དུ་གཞན་གྱི་སྣང་བར་སྲིན་འབྲུག་པོ་ལས་ཆར་བའི་རྒྱུན་འབབ་པ་ཡང་ཡི་དྭགས་ཀྱི་ས་དེར་དུད་པ་འཁྱུལ་བའི་ནང་ནས་ཤིན་ཏུ་ཚ་བའི་མེ་འདག་དམར་སེར་ཕ་བོང་ཙམ་གྱིས་ཆར་པ་ལུས་ལ་འབབ་པའི་སྣང་བར་འགྱུར་རོ། །འདི་ནི་དེར་གནས་ཆར་སྲིན་ལྡིང་བར་འདོད་ན་ཡང་། །སྲིན་ལས་ལྷུགས་མདའི་ཆར་བ་དུད་འཁྱུལ་འདག་མར་བཅས། །ཚ་ཚའི་རྡོ་རྗེ་ཕ་བོང་རྣམས་འཕྲོས་གསེར་མདོག་ལྟ་བུ་ཡི། །གློག་ཕྲེང་དམར་སེར་འཕྲོ་བ་ལུས་ལ་ཆར་དུ་བབས། །ཞེས་སོ། །ལ་ལ་ཆུ་མིག་དང་མཚོ་རྣམས་སུ་རྒྱུགས་པ་ན་སྐྱེས་བུ་མཚོན་ཐོག་ཅན་མང་པོས་བསྲུང་ནས་འཕྱུང་དུ་མི་སྟེར་རོ། །ལ་ལ་དེ་ལྟ་བུས་མ་བསྲུང་ཀྱང་རྣག་ཁྲག་ལ་སོགས་ཡིད་དུ་མི་འོང་བར་མཐོང་ནས་བཏུང་དུ་མི་འདོད་དོ། །མི་བཟོད་སྐོམ་པས་རྒྱངས་ནས་ཆུ་ཀླུང་རབ་མེད་པ། །མཐོང་ནས་བཏུང་བར་འདོད་དེ་སོང་བས་དེ་ཉིད་ཀྱང་། །ཉ་ལྦུབས་ཚོགས་དང་རྣག་སོགས་མི་གཙང་འདྲེས་པ་ཡི། །འདམ་རྫབ་ཁྲག་དང་ཕྱི་སའི་གང་བའི་ཆུར་འགྱུར་རོ། །ཞེས་སོ། །ལ་ལ་ནི་ངར་སྣབས་ལ་སོགས་མི་གཙང་བའི་དངོས་པོ་ཡང་བསྔོས་པ་མ་ཡིན་ན་སྤྱོད་པའི་སྐལ་པ་དང་མི་

ལྡན་ཏེ། རྣལ་འབྱོར་ངར་སྣབས་བསྐྱུར་བ་ཡང་། །བླངས་ཚེ་སྦྲུ་བ་སྐྱུ་སོབ་འགྱུར། །ཞེས་པ་བཞིན་ནོ། །ལ་ལ་ནི་ལྕགས་ཁང་དགུ་རིམ་དུ་བཅུག་ནས་ལྕགས་ཐག་གིས་བཏགས་ནས་བཟའ་བཏུང་ཚོལ་བའི་དབང་མེད་པར་གྲོ་ཞུན་སྐྱེས་ཀྱི་གཏམ་རྒྱུད་བཞིན་ནོ། །དེ་རྣམས་ཕྱི་ཟས་སྐོམ་གྱི་ཡུལ་ལ་སྒྲིབ་པ་དང་ལྡན་པའོ།།

གཉིས་པ་ནི། ལ་ལ་ཁར་ཟོས་མེ་ལྕེ་འབར་ལ་སོགས། །ལ་ལ་ཟོས་རྣམས་ཁྲོ་ཆུར་འགྲིལ་བར་འགྱུར། །ཞེས་པ། ལ་ལས་ནི་བསིལ་ཆུ་དང་བཟླན་པའི་ཟས་ཟོས་ཀྱང་ཁར་སླེབས་པ་ཙམ་གྱིས་མེ་འབར་བས་འཚིག་པར་འགྱུར་ལ། ལ་ལས་ནི་གང་ཟོས་པ་དེ་མེད་པའི་ཚེ་ཁྲོ་ཆུ་དང་ཟངས་ཞུན་དུ་གྱུར་ནས་ནང་གྲོལ་ཀུན་ཚིག་ནས་རོ་སྨད་དུ་འབྱུང་ངོ། །ལ་ལ་ཕོག་རི་མགོ་དང་ཕྲེང་རྒྱུད་སྐེ། །ལ་ལ་རྫ་འདག་ཀང་དང་བྱང་འབྲོག་ལྟོ། །དེ་ཡི་ཁ་ནི་ཁབ་མིག་བག་ཙམ་ཡང་། །ཕོར་བ་བཟའ་བའི་ནུས་པ་ཡོད་མ་ཡིན།། ཞེས་པ། པད་མ་འཕྲུལ་མདོ་ལས། ལ་ལ་མགོ་བོ་རི་རབ་ཙམ་མོ། །ཁ་ནི་གཡེར་མ་ཙམ་མོ། །སྐེ་ནི་གཞུ་རྒྱུད་ཙམ་མོ། །མིད་པ་ནི་རྟ་རྔ་ཙམ་མོ། །གསུམ་པ་ནི་ཡུལ་ལྗོངས་ཙམ་མོ། །ཀང་པ་རྫ་འདག་ཙམ་མོ། །ཞེས་དང་། དེས་བཟའ་བཏུང་མི་རྙེད་ལ་གལ་ཏེ་རྙེད་ཀྱང་ཁ་གཡེར་མ་ཙམ་ལ་མི་ཤོང་། ཤོང་ཡང་མིད་པ་རྟ་རྔ་ཙམ་ལས་མི་ཐར། ཐར་ཡང་གསུམ་པ་ཡུལ་ལྗོངས་ཙམ་མི་ཁེངས། ཁེངས་ཡང་ཀང་པ་རྫ་འདག་ཙམ་གྱིས་མི་ཐེག་སྟེ་དེ་ལྟར་ཤིན་ཏུ་སྦྱོང་ངོ་། །ཞེས་དང་། མདོ་ལས་ཀྱང་དེ་དང་མཐུན་པར་གསུངས་སོ། །ཡང་ཁ་ཅིག་གིས་ནི་མི་གཙང་བའི་དངོས་པོ་ཙུང་ཟད་རྙེད་ཀྱང་ཁར་སླེབས་ཀྱང་ཁའི་དུག་གིས་བསྲེག་པས་གཞོབ་ཏུ་འགྲོ་བས་ཟ་བའི་ནུས་པ་མེད་དོ། །ཁ་ཅིག་ནི། རང་གི་ཤ་ཁྲག་བཅད་པས་གསོ་ཞིང་། ཁ་ཅིག་ཕན་ཚུན་གཅིག་གིས་གཅིག་ལ་མཆོན་བསྣུན་པས་རྨ

སྨིན་པའི་རྣག་ཁྲག་གིས་གསོ་ཞིང་། ཁ་ཅིག་མགྲིན་པ་ནས་ལྷ་བ་བྱུང་བ་སྨིན་པའི་རྣག་ཁྲག་ཁོང་དུ་ཟགས་པས་གསོ་བ་སོགས་ཏེ། འདིར་རགས་པའི་ཆ་ཤས་ཙམ་བརྗོད་ཅིང་གཞན་ཡང་མང་དུ་བཤད་དོ། །དེ་རྣམས་ནི་ནང་གི་ལུས་ལ་སྒྲིབ་པའི་སྐྱོན་ཞུགས་པའོ།།

གསུམ་པ་ནི། ལ་ལ་གཉིས་ལྡན་ཚ་གྲང་ནད་ཀྱིས་གདུང་། །ཞེས་པ། ལ་ལ་ནི་གོང་དུ་བསྟན་པའི་ཕྱི་ནང་གཉིས་ཀའི་སྒྲིབ་པ་དང་ལྡན་ཞིང་། ཚ་གྲང་གི་ནད་ཀྱིས་ཀྱང་གདུང་སྟེ། ཚ་བས་ཉེན་ལ་བུ་ཡུག་ཀྱང་ནི་ཚ་འགྱུར་ཞིང་། །ལྷགས་པས་ཉམ་ཐག་པ་ལ་མེ་ཡང་གྲང་བྱེད་དོ། །ཞེས་པ་ལྟར་རོ། །ཁ་ཅིག་ཏ་ལ་ཡ་ཐོག་སྐམ་འདྲའི་གཟུགས། །ཞེས་པ། ཁ་ཅིག་གིས་ནི་ཤ་སྐམ་པས་པགས་པ་ཙམ་གྱིས་རུས་པ་གཡོགས་ཤིང་། ཁ་ཅིག་ནི་སྐེད་པ་ཡན་ཆད་ཀྱི་པགས་པ་དང་བྲལ་ནས་རུས་ཀང་དཀར་ཐྲིང་ངེ་ཡོད་པ། དཔེར་ན་ཤིང་ཏ་ལའི་ཡ་ཐོག་སྐམ་པ་དང་འདྲ་སྟེ། ཁ་ཅིག་པགས་རུས་ལུས་ཤིང་གཅེར་བུ་སྟེ། དེ་ཡང་ཡ་ཐོག་སྐམ་པ་ལྟ་བུ་ལགས། ཞེས་སོ། །སོས་ཁ་ཟླ་བའི་ཚ་འགྱུར་དགུན་ཉི་གྲང་། །ཞེས་པ། འདིས་ཡིད་ལ་གང་ཡོད་པ་དེ་མི་མཐུན་པར་འགྲུབ་སྟེ། ཡི་དྭགས་རྣམས་ལ་སོས་ཀའི་དུས་སུ་ཟླ་བ་ཡང་ཚ་ལ་དགུན་ནི་ཉི་མ་ཡང་གྲང་འགྱུར། ཞེས་སོ། །ཚེ་ཚད་ནི། བསྐལ་པར་གནས་ཤིང་ཤིན་ཏུ་ཚེ་རིང་ངོ་། །ཞེས་པ། མཛོད་ལས། ཕྱི་ཡི་གླིང་རྒྱུད་བསྐལ་པ་གཅིག །ནང་གི་གླིང་རྒྱུད་མི་རྣམས་ཀྱིས། །ཟླ་དང་ཞག་མཐུན་ལྔ་བརྒྱར་གནས། །སྒྲིབ་པ་ཅན་གྱི་སྒྲིབ་པ་ཅན། །ཚངས་རྒྱུད་ཚེ་དང་མཉམ་པ་ཡིན། །ཞེས་པ་ལྟར་ཏེ། ཚངས་རྒྱུད་ནི། ཚངས་ཆེན་ནི་བར་བསྐལ་ཕྱེད་དང་གཉིས་ཐུབ་པར་མཛོད་ལས་བཤད་དོ། །གཞུང་ཁ་ཅིག་ལས། བར་ཆད་མེད་པར་སྡུག་བསྔལ་བརྟེན་འགྱུར་བ། །ཉེས་པར་སྤྱད་པའི་ལས་ཀྱི་ཞགས་པ་ནི། །སྲ་བས

བཅིངས་པས་ལུས་ཅན་ཁ་ཅིག་ལོ། །ལྷ་སྟོང་དག་དང་ཁྲི་ཡང་འཆི་མི་འགྱུར། །ཞེས་གསུངས་པ་ལྟར་རོ། །དེ་རྣམས་ལ་ཞིབ་ཏུ་བསམ་ན། ད་ལྟ་འདིར་ལྷོ་གོས་ཀྱིས་འཕོངས་པའི་དབུལ་པོ་འདོད་པས་མ་གྲུབ་པ་དང་། ཞག་འགའ་བཟའ་བཏུང་མ་རྙེད་པ་དག་གི་ཅི་ཙམ་བཟོད་དཀའ་ན། དེ་དག་ཏུ་སྐྱེས་ན་ཤིན་ཏུ་བཟོད་གླགས་མེད་པས་དེར་སྐྱེ་འགྱུར་གྱི་ཉེས་སྤྱོད་ནི་ཡིད་ལ་རྒྱུ་བ་ཙམ་ཡང་སྤང་བར་བྱའོ།།

གསུམ་པ་དུད་འགྲོ་ལ་གཉིས་ཏེ། མདོར་བསྟན་དང་རྒྱས་བཤད་དོ། །དང་པོ་ནི། དུད་འགྲོ་གླེན་ཞིང་ལྐུགས་པའི་མྱོས་ཤིང་རྨོངས། །ཞེས་པ། དུད་འགྲོ་སྤྱིའི་ལས་སམ་མཚན་ཉིད་ནི། གླེན་པ་དང་། ལྐུགས་པ་དང་། མྱོས་ཤིང་རྨོངས་པ་སྟེ། རྒྱུ་གཏི་མུག་གི་ལས་ཀྱིས་བསྐྱེད་པའི་འབྲས་བུ་ཡིན་པའི་ཕྱིར་རོ། །མདོ་ལས། དུད་འགྲོ་རྣམས་ནི་གླེན་ལྐུགས་ཀྱིས་མྱོས། མུན་པས་གཏིབས། གཅིག་གིས་གཅིག་ཟ་བའི་སྡུག་བསྔལ་གྱིས་འཇིགས་ཤིང་འཁྲོས། ཞེས་སོ། །གཉིས་པ་ནི། འོག་མཚོར་ཆང་དར་སྦང་མ་བཞིན་དུ་གནས། །ཞེས་པ། མདོ་ལས། རྒྱ་མཚོ་ཆེན་པོ་ནི་དུད་འགྲོ་གི་གནས་ཡིན་ནོ། །ཞེས་པ་ལྟར། འོག་འབྱུང་བའི་མཚོ་དང་། སྟེང་མཚོ་བདུན་དང་བ་ཚ་ཅན་གྱི་མཚོ་རྣམས་སུ་ཆུ་སྲིན་དང་དུང་། ཆུ་རྟ་དང་། ཆུ་གླང་། ཉ་དང་སྲམ། ཅེར་དང་པེར་ལ་སོགས་པ་ལུས་དང་རིགས་མི་འདྲ་བ་དུ་མ་ཆང་དར་སྦང་མ་དང་འདྲ་བར་གཅིག་གིས་གཅིག་གནོན་པ་དང་། འཆིར་བ་དང་ཟ་བ་ལ་སོགས་དཔག་ཏུ་མེད་པ་ཡོད་དོ། །
དེ་དག་ནི་གནས་ན་ལས་ཀྱིས་སྦྱོང་བའི་དུད་འགྲོ་ཞེས་བྱའོ།།

མུན་པའི་གླིང་ལ་རིགས་བཞི་འཐོམ་པ་དག །ཞེས་པ། མུན་པ་ནག་པོ་ནི་དུད་འགྲོ་སོང་གི་གླིང་ཡིན་ནོ། །ཞེས་པ་ལྟར། པས་ཀྱི་སྟོང་གསུམ་གྱི་ལྟགས་རི་དང་། སྟོང་

གསུམ་འདིའི་ལུགས་རིའི་མུན་པ་ཆེན་པོ་དང་། ཚངས་རྒྱུད་གི་ལུགས་རིའི་བར་གྱི་མུན་པ་ཆུང་ངུ་རྣམས་སུ་ཀང་མེད་ཀང་མང་ཀང་གཉིས་ཀང་བཞི་རྣམས་ལག་པ་རྐྱོང་བསྐུམ་མི་མཐོང་བར་གཅོད་སྦྱོང་བྱེད་ཅིང་ཤིན་ཏུ་འཐོམ་པའོ། །ཞེས་གསུངས་ཏེ། དེ་ནི་བར་ན་དུས་ཀྱིས་འཐོམ་པའི་གྱོལ་སོང་ཞེས་བྱའོ།།

རང་དབང་མེད་པར་བཀོལ་བརྡེག་གསོད་ལ་སོགས། །ཞེས་པ། ས་སྟེང་ན་ཡོད་པ་འདི་རྣམས་ནི་མཁའ་ལ་རྐྱེན་གྱིས་ཐར་པའི་གྱོལ་སོང་ཞེས་བྱ་སྟེ། དེ་ལའང་ལྷ་དང་མི་དང་ལྷ་མིན་གྱིས་དབང་དུ་བསྒྱུར་བ་དེ་དག་རང་དབང་མེད་པར་བཀོལ་བ་དང་བརྡེག་པ་དང་གསོད་པ་དང་སྤུ་བྲེག་པ་དང་འོ་མ་བཞོ་བ་ལ་སོགས་དུ་མས་མནར་རོ།།

གཅིག་གིས་གཅིག་ཟ་གནོན་འཚིར་འགྱུར་མི་ཤེས། །བཀྲེས་སྐོམ་ཚ་གྲང་འཇིགས་དང་འཁྲོས་པས་སྡུག །ཅེས་པ། སྤྱིར་གྱོལ་སོང་དེ་རྣམས་མཛོད་ནས་གསུངས་པ་བཞིན་རིགས་ཀྱིས་བསྡུས་ན། འདབ་ཆགས་མཁའ་ལ་འཕུར་བ་དང་། གཅན་གཟན་ཤ་ཁྲག་ལ་དད་པ། རི་དྭགས་གནོད་སྦྱིན་གྱིས་སྐྱོད་པ། མི་ནོར་བཀོལ་སྤྱོད་བྱེད་པ། འབུ་རིགས་དྲོད་གཤེར་ལས་སྐྱེས་པ་རྣམས་སུ་འདུས་ཏེ། དེ་རྣམས་ཀྱང་གཅིག་གིས་གཅིག་ཟ་བ་དང་། གཅིག་གིས་གཅིག་གནོན་པ་དང་། གཅིག་གིས་གཅིག་འཚིར་བ་སོགས་ཀྱིས་སྡུག་བསྔལ་སྤྱོང་ངོ་། །འགྱུར་མི་ཤེས་པ་ནི། གཅིག་གིས་གཅིག་གནོན་པས་ལུས་བསྒྱུལ་བའི་དབང་མེད་ཅེས་པ་བཀྲལ་བ་ཡོད་ཀྱང་། བཤེས་སྤྲིང་ལས། ཞི་འགྱུར་དགེ་བ་སྤང་བ་རྣམས་ལ་ནི། །གཅིག་ལ་གཅིག་ཟ་ཤིན་ཏུ་མི་བཟོད་པ། །ཞེས་འབྱུང་བ་ལྟར་གྱོལ་སོང་ལས་མཐོ་རིས་སུ་འགྱུར་བའི་ཐབས་སམ་ཞི་བ་མྱང་འདས་ཐོབ་པའི་དགེ་བ་སྤངས་པས་ཏེ། དེ་དག་བསྒྲུབ་པའི་གོ་སྐབས་མེད་ཅེས་

བཤད་ན་ལེགས་སོ། །གཞན་ཡང་རང་གི་འདོད་པ་ལྟར་བཟའ་བཏུང་འཚོལ་བ་དང་བསིལ་དྲོད་ཀྱི་གནས་སྐབས་པ་སོགས་མི་ཤེས་ཤིང་། འགའ་རེ་ནི་རང་ཉིད་ཅི་བདེར་འཚོལ་བའི་དབང་མེད་པས་བཀྲེས་ཤིང་སྐོམ་པ་དང་ཉི་མས་ཚ་བ་དང་ལྷགས་པས་གྲང་བའི་སྡུག་བསྔལ་དང་། དེ་བཞིན་དུ་ཅིའུ་ཆུང་ཁྲ་ལ་འཇིགས་པ་སོགས་རང་རང་གིས་གཤེད་མས་བདས་ཚེ་འབྲོས་པའི་སྡུག་བསྔལ་སོགས་སྡུག་བསྔལ་གྱི་བྱེ་བྲག་མི་འདྲ་བ་དུ་མ་མྱོང་བ་མངོན་སུམ་དུ་མཐོང་བ་འདི་རྣམས་ལ་ཞིབ་ཏུ་བསམ་མོ། །ཚེ་ཚད་ནི། མཛོད་ལས། ཀླུ་སོང་མཆོག་རིགས་བསྐལ་པ་ནས། །ཕྲ་མོ་ཞག་ཡུན་ཐུབ་པའི་བར། །ཞེས་པ་བཞིན་ཚེ་རིང་པ་རྣམས་ཀྱིས་བསྐལ་པ་ཙམ་ཐུབ་ཅིང་། ཐུང་བས་ཞག་དང་ཡུན་ལས་མི་ཐུབ་པ་ཡང་ཡོད་པས་ངེས་པ་མེད་དོ། །ལུས་ཚད་ཀྱང་ངན་སོང་གཉིས་ཀ་ལས་མ་ངེས་ཏེ་ཆེ་བ་ལུས་དཔག་ཚད་ཁྲག་ཁྲིག་ཏུ་ཡོད་པ་དང་། ཆུང་བ་མིག་གིས་མི་ནོན་པ་ཡང་ཡོད་དོ། །ཞེས་སོ།།

བཞི་པ་མི་ཡི་སྡུག་བསྔལ་ལ་གཉིས་ཏེ། འཛམ་གླིང་གི་སྡུག་བསྔལ་དང་། མི་གཞན་གྱི་སྡུག་བསྔལ་ལོ། །དང་པོ་ལ་བཞི་སྟེ། སྐྱེ་ཀ་ན་འཆིའི་སྡུག་བསྔལ་དང་། རེ་དོགས་ཀྱི་སྡུག་བསྔལ་དང་། འདུ་བྱེད་ཀྱི་སྡུག་བསྔལ་དང་། འགྱུར་བའི་སྡུག་བསྔལ་ལོ། །དང་པོ་ལ་བཞི་ལས། སྐྱེ་བའི་སྡུག་བསྔལ་ནི། འཛམ་གླིང་མི་རྣམས་མ་ཡི་མངལ་གནས་ཚེ། །མ་ཡིས་ཚ་བ་འཐུང་ན་བུ་དེ་ཡང་། །ཚ་བས་ན་འགྱུར་གྲང་བ་འཐུང་བ་དང་། །འགྲང་དང་ལྟོགས་པ་ལ་སོགས་དེ་བཞིན་ནོ། །ཞེས་པ། སྐྱེ་བའི་སྡུག་བསྔལ་བསམ་པ་ནི། མི་གཞན་རྣམས་ནི་དྲོད་སྒོང་རྫུན་སྐྱེས་སུ་གསུངས་ལ། འཛམ་གླིང་པའི་མི་རྣམས་ད་ལྟ་མངལ་སྐྱེས་ཡིན་པས་མ་ཡི་མངལ་ཏུམ་ན་གནས་པའི་ཚེ། ཤིན་ཏུ་དོག་ཅིང་མུན་ནག་

ལྷ་བུ་ལ་ལུས་ཡན་ལག་རྣམས་ཤ་མའི་སྣོད་ཀྱིས་དཀྲིས་པས་བསྐུམ། གཅིན་དང་ལྡན་ལྡིན་སོགས་དྲི་ང་བས་མནམ་པས་ནི་ལུས་ལ་གཡོགས། མ་ཡིས་ཟས་ཟོས་པ་ཞུ་ནས་སྐྱུར་བ་དང་ཕྱི་ས་ལྷ་བུའི་ཞུ་བ་མི་གཙང་བས་ནི་ལྟེ་བའི་བུ་ག་ནས་འཛག་པས་གསོ། མདོ་ལས། མས་ཚ་བ་འཕྲུང་ན་བུ་དེ་ཆུ་ཚན་གྱིས་བྲབ་པ་ལྷ་བུའི་ན་ཚས་སྦྱོང་བར་འགྱུར་ལ། མས་གྲང་བ་འཕྲུང་ན་བུ་དེ་ཡང་འཁྱག་སྤྲུབས་སུ་བཅུག་འདྲའི་སྡུག་བསྔལ་སྦྱོང་ངོ་། །དེ་བཞིན་དུ་མ་འགྲང་ན་བུ་བཙུམ་ནས་ན་བ་ཙམ་མོ། །མ་ལྟོག་ན་བུ་འཕྱར་ནས་ན་བ་ཙམ་མོ། །ཞེས་སོ། །བཙས་དུས་པགས་བཤུས་རྩིག་པའི་ངོས་བྲུད་ཙམ། །གོས་སོགས་རྩུབ་དང་གཡང་ཟ་ལ་སོགས་སོ། །ཞེས་པ། དེ་མངལ་ནས་བཙས་པའི་ཚེ་ན་རུས་པའི་བུ་གུ་ཤིན་ཏུ་དོག་པ་ལས་ཧྲིལ་མར་བཙིར་བ་བཞིན་དུ་འཚེར་ཞིང་། ཕྱི་རུ་ཕྱུང་པའི་ཚེ་བཟོད་ཁྲན་མེད་པ་ཤ་ཙུའམ། པགས་པ་བཤུས་པ་བཞིན་དུ་རྩུབ་པ་དང་རྩིག་པའི་དངོས་སུ་བཤལ་འདྲུད་བྱེད་པ་དང་འདྲ་སྟེ། མས་ཐལ་མོའི་བར་དུའམ་པང་དུ་བླངས་པ་དང་། གོས་ཀྱི་ནང་དུ་བཏུམ་ན་ཚེར་ཕུང་དུ་བཅུག་པ་དང་འདྲ་ཞིང་བསྐྱོད་པའི་ཚེ་ན་གཡང་ཟ་བའི་སྡུག་བསྔལ་གྱི་ཚོར་བ་ཆེན་པོ་མྱོང་བར་འགྱུར་རོ།།

གཉིས་པ་རྒས་པའི་སྡུག་བསྔལ་བསམ་པ་ནི། སྐྲ་དཀར་ཕྱི་ཟག་གཉེར་འདུས་བཀྲག་ཀྱང་ཉོར། །ཐལ་ཁ་སྨ་དམའ་སོ་འདོན་སེན་སྤོ་སེང་། །མིག་རྣག་ཁ་སྣ་ཆུ་འཛག་རྟ་རྒན་འདྲ། །ཤ་ཡང་ཡོ་ཉོར་རུས་མགོ་པགས་པས་གཡོགས། །བྲང་རུས་ལྷུ་ཚིགས་རྩིབས་མ་བགྲང་དུ་བཏུབ། །ལུས་ཀྱི་མདོག་ལོག་བཀྲག་ཡལ་རོ་དང་མཚུངས། །ཀུན་གྱི་ཡིད་དུ་མི་འོང་ལུས་རྣམས་འདར། །བུ་ཚས་ཤི་ན་རུང་སྙམ་ཉལ་བས་ངལ། །སེམས་ལ་དྲན་ཡང་ལུས་ལ་ནུས་པ་མེད། །སྨྲ་ན་མི་བཙུན་འགྲོ་ན་གོག་ལ་སོགས། །ཞེས་པ། དེ་

ཡང་གཟུགས་ཉམས་ཏེ་མགོ་ཡི་སྐྲ་ནི་སྔོ་བ་དང་དཀར་པོར་འགྱོ་ཞིང་སྐྲ་བྱི་བ་དང་ཟག་པས་མི་སྡུག་པར་འགྱུར། དེ་བཞིན་དུ་དཔྲལ་བ་ལ་སོགས་ལུས་ལ་གཉེར་མ་འདུས་ཤིང་བཀྲག་མདངས་ཀྱང་ཤོར་ནས་ཐལ་ཁའམ་སྔོ་ནག་ཏུ་འགྱུར་རོ། །བརྗིད་ཉམས་པས་སྨྲ་དམའ་ཞིང་ཅི་ཡང་མི་ནུས་སྙམ་པའི་ཞུམ་པ་ནི་སྐྱེ། སོ་ནི་སྲིན་གྱིས་ན་བ་དང་འགྲུལ་ནས་འདོན་པ་དང་རུས་པ་ལྟར་སེར་བ་དང་སྔོན་པོར་འགྱུར་རོ། །དེ་བཞིན་དུ་མིག་ལས་ནག་འཛག་ཁ་སྣ་ནས་ཆུ་འཛག་སྟེ་མི་སྡུག་པ་ཧ་ཅང་དང་འདྲ་བར་འགྱུར་ཏེ། ཤ་ཡང་ཡོ་ཞིང་ཤོར་ཏེ་རུས་ཁོག་པགས་པས་གཡོགས་པས་ཐམས་ཅད་མངོན་དུ་གྱུར། བྲང་རུས་དང་ལྷུ་ཚིགས་དང་རྩིབས་རུས་པར་ཕྱེས་ནས་བགྲང་བཏུབ་ཅིང་ལུས་ཀྱི་མདོག་ལོགས་པ་སྔོང་དུམ་ཚིག་པ་ལྟ་བུའོ། །བཀྲག་ཡལ་བས་རོ་དང་ཡང་མཚུངས་པར་འགྱུར་རོ། །གང་གིས་མཐོང་ཡང་ཞེ་རྗོགས་པས་ཀུན་གྱི་ཡིད་དུ་མི་འོང་ཞིང་ལུས་དང་ཡན་ལག་རྣམས་ནི་འདར་རོ། །རང་གིས་བུ་ཚ་དང་མཛའ་བཤེས་རྣམས་ཀྱིས་ཀྱང་འདི་ད་ནི་ཤི་ན་རུང་ཡང་འཆི་བ་མི་འོང་བསམ་ཞིང་ངག་ཏུ་ཡང་སྨྲ་ལས་ཅི་ཡང་མ་བྱུས་མར་དུ་ཉལ་ན་ཡང་ཆད་དུབ་ངལ་གསུམ་འཛོམ། སེམས་ལ་ནི་བྱེད་རྒྱུ་འདི་བྱས་ན་བྱ་བ་འདི་འགྲུབ་བམ་སྙམ་དུ་དྲན་ཡང་ལུས་ཀྱི་ཤེད་ཉམས་པས་སྒྲུབ་པའི་ནུས་པ་མེད་དོ། །མདོ་ཕྲན་ལས། སྒོ་ཕྱུག་གཡས་གཡོན་ནི་ལྷོ་བྱང་ཐག་བས་རིང་། ཡར་ལ་ལང་དུས་བེའུ་ཕྱུར་ཕྱིང་ལས་འདོན་པ་འདྲ། མར་ལ་སྡོད་དུས་ནི་ས་སྒྲི་ལུང་ཐག་ཆད་པ་འདྲ། གཟུགས་བཞི་ཁྲི་འགྲོས་བྱེད། མཐོང་ཚད་ཞེན་པ་ལོག ཅེས་པ་ལྟར་རོ། །རང་གི་ཡིད་གཅུགས་པའི་གཏམ་ཚིག་སྨྲ་བསམ་ཀྱང་ཚིག་མི་བཙུན་པར་འགྱུར་རོ། །ཀན་ཀོན་ལ་གཏམ་ཀྱི་ཁུར་ཅི་ཡང་མེད་ཟེར་ཞིང་། །འགྲོ་ན་ཕྱུས་མོ་མཁར་བ་ལ་མ་བརྟེན་པར་མི་ནུས་པ་

སོགས་སྡུག་བསྔལ་དུ་མ་སྨྱུང་དགོས་སྙམ་དུ་བསམ་མོ།།

གསུམ་པ་ན་བའི་སྡུག་བསྔལ་བསམ་པ་ནི། མདོ་ཕྲན་ལས། སྐྲ་དང་སེན་མོའི་རྩེ་མོ་མ་གཏོགས་པ། །གང་ནས་ན་ཡང་བཟོད་པའི་གླགས་མེད་དེ། །ཞེས་པ་ལྷར་དང་། མཛེ་དང་ཕོལ་དང་སྐྲན་དང་དམུ་ཆུ་དང་། །སུར་ཡ་ནག་པོ་སྐྱོ་ནས་ཊོལ་བ་དང་། །ཊྲིག་དང་གྲུམ་བུ་ཤིན་ཏུ་ཞོལ་བ་དང་། །ཅི་ན་ཡང་ནི་བཟོད་པའི་གླགས་མེད་དེ། །ཞེས་པའི་ནད་དེ་རྣམས་ཀུན་ཚང་བའམ་གཅིག་གཉིས་རེ་ཙམ་གྱིས་བཏབ་པའི་སྡུག་བསྔལ་སྤྱོང་ཚད་ལ་ཡང་ཡང་བསམ་མོ། །སྨན་དང་བསྣུང་བའི་སྤྱད་སོགས་ལོངས་སྤྱོད་རྣམས། །མཐོང་དུ་མི་འདུག་ལུས་ཉམས་ཀྱས་པ་བཞིན། །མི་བཟོད་ཚད་ནི་བྱེ་ཚན་སྲིན་འབུ་འདྲ། །ཞེས་པ། ཡིད་ཁར་མི་འོང་བའི་སྨན་དང་མེས་བསྲེགས་པ་དང་མཚོན་གྱིས་འབུགས་འདྲལ་བྱེད་པ་སོགས་བརླང་པོའི་དཔྱད་རྩུབ་པོ་མི་འདོད་བཞིན་དུ་བརྟེན་དགོས་ཅིང་། ཡིད་དུ་འོང་བའི་ལོངས་སྤྱོད་ཟས་སྐོམ་དང་སྤྱོད་ལམ་སོགས་ནི་ནད་ལ་གནོད་ཟེར་ནས་སྤྱད་དུ་མི་འདུག་གོ །ལུས་ཉམས་ཤ་ཞུ་པགས་པ་སྐམ་པ་ལ་སོགས་ཀྱས་པའི་སྡུག་བསྔལ་བཞིན་དུ་འབྱུང་ཞིང་ཟུག་གཟེར་ཤིན་ཏུ་ཆེ་བས་ཕལ་ཆེར་འཆི་བ་ལ་ཕྱོགས་པའི་སྡུག་བསྔལ་མི་བཟོད་པའི་ཚད་ནི་བྱེ་ཚན་གྱི་སྲིན་འབུ་དང་འདྲའོ་སྙམ་དུ་བསམ་མོ།།

བཞི་པ་འཆི་བའི་སྡུག་བསྔལ་གོང་དུ་བཤད་པའོ། །ཞེས་གོང་དུ་མི་རྟག་པ་སྐབས་སུ་བཤད་ཟིན་པས་དེ་རྣམས་ཀྱང་ཞིབ་ཏུ་བསམ་མོ།།

གཉིས་པ་རེ་དོགས་ཀྱི་སྡུགབསྔལ་ལ་བཞི་ལས། དགྲ་དང་འཕྲད་དོགས་པའི་སྡུག་བསྔལ་ནི། དགྲ་དང་འཕྲད་དང་འདུལ་བ་དང་། །ཞེས་པ། དགྲ་སྟོབས་ལྡན་དང

འཕྲད་པར་དོགས་པ་དང་། འཕྲད་ན་རང་འདུལ་བ་དང་འཛོམ་པ་དང་འཐབ་རྩོད་ཚིག་ངན་སྨྲ་བ་སོགས་ཀྱི་ལུས་སེམས་ལ་མི་བདེ་བའི་སྡུག་བསྔལ་བསྐྱེད་པའོ། ། གཉེན་དང་བྲལ་དོགས་པའི་སྡུག་བསྔལ་ནི། གཉེན་དང་བྲལ་དོགས་བྲལ་བར་ཞེན་པ་དང་། །ཞེས་པ། ཡིད་དུ་འོང་བའི་མཛའ་བཤེས་རྣམས་དང་བྲལ་གྱི་དོགས་པ་དང་། བྲལ་ན་སེམས་ལ་མྱ་ངན་དང་ངག་ཏུ་སྨྲེ་ངག་གིས་སྡུག་བསྔལ་བསྐྱེད་པའོ། །མེད་པ་བཙལ་བའི་སྡུག་བསྔལ་ནི། །ལོག་འཚོ་སློང་འཁྲི་ཁེ་སྤོག་ཚོང་ལ་སོགས། །ཞེས་པ། ལོག་འཚོ་ནི། ཚུལ་འཆོས་དང་། ཁ་གསག་དང་། གཞོགས་སློང་དང་། ཐོབ་ཀྱིས་འཇལ་བ་དང་། རྙེད་པས་རྙེད་པ་འཚོལ་བ་སྟེ་ལྔ་དང་། དུག་དང་མཚོན་ཆ་དང་། སྐྱི་དང་རྒྱ་ལ་སོགས་སྡིག་དང་འབྲེས་པའི་འཚོ་བ་སྒྲུབ་དགོས་པ་དང་། སློང་མོ་དང་ཚོལ་ཁྲིམས་འཚོལ་བ་རྩོད་བ་དང་། ཚོང་དང་། སོ་ནམས་བྱས་ཀྱང་རང་གིས་རེ་བའི་འདོད་དོན་ཅི་ལྟ་བ་བཞིན་མ་གྲུབ་པའི་སྡུག་བསྔལ་སྤྱོང་བའོ། །ཡོད་པ་འཚོ་སྐྱོང་མི་ཐུབ་པའི་སྡུག་བསྔལ་ནི། བཙའ་བ་དཀའ་བ་ལྷ་གཞན་ཤེལ་སྒོང་འདྲ། །ཞེས་པ། ཟས་ནོར་དང་ལོངས་སྤྱོད་ཡོད་པ་རྣམས་ཀྱིས་ཀྱང་། འཚོ་སྐྱོང་སྲུང་གསུམ་ཤིན་ཏུ་དཀའ་བ་ནི། ལྷ་གཞན་གྱི་ཤེལ་སྒོང་དང་འདྲ་སྟེ། དེ་ཡང་ལྷ་རི་གངས་དཀར་མཚོ་གཞན་སྔོན་མོ་གཉིས་རྟེན་འབྲེལ་གྱི་འབྲེལ་བ་ལས་སྐྱེས་པའི་ཤེལ་གྱི་སྒོང་ང་གྲུར་ཙམ་ཞིག་བྱུང་བས། དེ་ལ་གཟུགས་སྒྲ་དྲི་རོ་སོགས་ཁྱད་པར་ཅན་གྱི་འདོད་ཡོན་འབྱུང་བས། གཟུགས་འདོད་པས་ལྟ་བ་ཕྱིན་རིས་ཀྱི་གྲངས་ཙམ་གྱི་ཡོན་ཏན་འཆར་ཞིང་ཡལ་བ་ན་དེ་བཙའ་བའི་ཐབས་ལ་སྡུག་བསྔལ་དུ་མ་སྤྱོང་བ་རིམ་པ་སྐོར་གསུམ་ནས་བཤད་པ་བཞིན་དུ། ལོངས་སྤྱོད་ཀྱང་སྒྲ་འཕྲོག་ལ་ཤོར་བ་དང་སྟོར་བརླག་ཏུ་འགྲོ་བའི་

ཉོགས་པས་ཤིན་ཏུ་སྡུག་བསྔལ་ལོ།།

གསུམ་པ་འདུ་བྱེད་ཀྱི་སྡུག་བསྔལ་ནི། ལྷོ་རྒྱབ་གཉིས་སོགས་སྡུག་བསྔལ་བསམ་མི་ཁྱབ། །ཅེས་པ། ཟག་བཅས་ཀྱིས་ལུས་བླང་ཕྱིན་ཆད་བཀྲེས་སྐོམ་དང་ཚ་གྲང་གིས་ཉེན་པས། དེ་སེལ་བའི་ཆེད་དུ་ལྷོ་གོས་བསྒྲུབ་པས་ངལ་བས་སྡུག་བསྔལ་ཏེ། ལུས་འདི་ཚ་གྲང་བཀྲེས་སྐོམ་གྱིས་རྟག་ཏུ་ཉེན་པས་གནོད་པ་སྟེ། དེ་བསལ་བའི་ཁོལ་པོ་ཁོ་ནར་ཟད། ཅེས་པ་བཞིན་ནོ། །སོགས་ཁོང་ནས་ཁ་ཊྲིག་གིས་དཔྱད་ཉེན་འཚོ་བ་དང་། གཏམ་ངན་དང་འཕྲུས་ཁ་ཐོག་པ་ལ་སོགས་ཞིབ་ཏུ་བརྟག་ན་བསམ་གྱིས་མི་ཁྱབ་སྟེ། གྲངས་མང་ཞིང་རྒྱུན་མི་འཆད་པའི་ཕྱིར་རོ།།

བཞི་པ་འགྱུར་བའི་སྡུག་བསྔལ་ནི། ཕྱིར་ན་འགྱུར་བའི་སྡུག་བསྔལ་གྲམ་ཆུ་འདྲ། །ཞེས་པ། ལུས་བདེ་བ་ལོངས་སྤྱོད་ཀྱིས་མི་འཕང་བ་སོགས་སྐབས་རེར་བྱུང་བ་ཡང་རྟག་ཏུ་མི་གནས་པར་འགྱུར་བ་ནི་གྲམ་ཆུའམ་དབྱར་གྱི་ཆུ་དང་འདྲ་སྟེ། སྤྱོ་བདེ་བར་གནས་པའི་མི། །ཕྱི་ནི་སྡུག་བསྔལ་མང་གཟིགས་པ། །དུ་མ་མཐོང་བས་ཁམས་གསུམ་གྱིས། །ཚོར་བ་བདེ་བས་བདག་ཉིད་སྐྱོ། །ཞེས་པ་བཞིན་ནོ།།

གཉིས་པ་མི་གཞན་གྱི་སྡུག་བསྔལ་ནི། མི་རྣམས་གཞན་ཡང་སྡུག་བསྔལ་ཤིན་ཏུ་ཆེ། །མིའམ་ཅི་རྣམས་བདེ་མིན་བསྐལ་པར་གནས། །ཞེས་པ། གླིང་ཤར་ནུབ་ཏུ་སྐྱེས་པའི་མི་གཞན་དག་ཀྱང་སྐྱེ་ཀ་ན་འཆི་དང་རྗེ་འབངས་རེ་དོགས་ཀྱི་སྡུག་བསྔལ་སོགས་ཕལ་ཆེར་འཛམ་གླིང་གི་མི་དང་འདྲ་བར་སྡུག་བསྔལ་ཤིན་ཏུ་ཆེ་ལ། བྱང་སྒྲ་མི་སྙན་ལ་དེ་དག་མེད་ཀྱང་གཅིག་གིས་གཅིག་ལ་འཚོ་བ་དང་། འཆི་བའི་ཚེ་ཞག་བདུན་གྱི་གོང་ནས་འཆི་བའི་སྒྲ་མི་སྙན་པ་ཐོས་པས་ཤིན་ཏུ་གདུང་ཞིང་འཆི་བའི་

ནད་གཅོད་ཤིན་ཏུ་ཆེ་བར་ཡོད་དོ། །གླིང་ཕྲན་དུ་སྐྱེས་པའི་མིའམ་ཅི་རྣམས་ལ་ཡང་བདེ་བའི་གོ་སྐབས་མེད་དོ། །ཕལ་ཆེར་དུད་འགྲོ་དང་འདྲ་བར་སྡུག་བསྔལ་ཞིང་ཚེ་ཡང་བར་བསྐལ་གཅིག་ཏུ་གནས་པར་མདོ་ལས་བཤད་དོ།།

ལྔ་པ་ལྷ་མ་ཡིན་གྱི་སྡུག་བསྔལ་ནི། ལྷ་མིན་དཔའ་ལ་དྲེགས་པའི་ང་རྒྱལ་སྐྱེ། །ཁོང་ཁྲོ་ཁྲོ་གཏུམ་འཐབ་རྩོད་ཉིན་རེ་ལ། །གཡུལ་ཆེན་ལན་གྲངས་བཅོ་བརྒྱད་སྤྱོད་པར་འགྱུར། །ལྗོ་བའི་གོ་ཆ་མཚོན་གྱིས་བསྐལ་པ་འབར། །གཅིག་གིས་གཅིག་གསོད་མྱ་ངན་དུ་འབོད་དང་། །རྣག་ཁྲག་མཚོ་རྫོལ་ཁོ་ཕམ་བདག་རྒྱལ་དང་། །ཡི་འབྲོག་ཐོབ་ཤོར་གནོད་པའི་སེམས་དང་ལྡན། །དེ་སོགས་ལྷ་མིན་སྡུག་བསྔལ་ཤིན་ཏུ་ཆེ། །ཞེས་པ། ལྷ་མ་ཡིན་དུ་སྐྱེས་ཀྱང་སྡུག་བསྔལ་ལས་མེད་དེ། ལྷའི་དཔལ་འབྱོར་ལ་མི་བཟོད་པའི་ཕྲག་དོག་དམ་པོས་གདུང་ནས་ཁེངས་དྲེག་དང་ང་རྒྱལ་གྱིས་ལྷ་རྣམས་དང་འཐབ་པ་དང་། རང་སྡེ་གཡེན་ཁམས་སོ་གསུམ་རང་རང་འཁྲུགས་ནས་འཐབ་རྩོད་ཉིན་རེར་གཡུལ་ཆེན་པོ་ལན་བཅོ་བརྒྱད་རེ་སྤྱོད་པས་སྡུག་བསྔལ་བར་འགྱུར་རོ། །དེའི་ཚེ་ཡ་ལད་དང་ཁྲབ་ལ་སོགས་ལྷོ་བའི་གོ་ཆ་གོན། མདའ་མདུང་ལ་སོགས་རྣོ་བའི་མཚོན་ཆ་ཐོགས་ནས་ཞེ་སྡང་ཁོང་ཁྲོ་དང་ང་རྒྱལ་དྲེགས་པ་ཆེན་པོའི་དབང་གིས་མཚོན་ཆའི་ཁར་མཆོང་བས་གཅིག་གིས་གཅིག་གསོད་པ་དང་། ཡན་ལག་གཅོད་པ་དང་ལུས་འདྲལ་བ་ལ་སོགས་པའི་རྣམ་པས་སྡུག་བསྔལ་ཞིང་ངག་ཏུ་མྱ་ངན་གྱི་ངུ་འབོད་བྱེད། རྨ་ལས་བྱུང་བའི་རྣག་ཁྲག་གིས་མཚོ་མོ་རྫོལ། ཡིད་ལ་ཁོ་ཕམ་པ་དང་བདག་རྒྱལ་དུ་རེ་བ་དང་གཅིག་གིས་གཅིག་འཕྲོག་པའི་ཡི་འབྲོག་དང་། སྐུ་འཕྲོག་ཐོབ་ཤོར་དང་སྨད་པ་དང་མཐར་བ་དང་། གནོད་པའི་སེམས་དང་ལྡན་པ་ཁོ་ན་ཡིན་པས་སྡུག

བསྡུལ་ཤིན་ཏུ་ཆེའོ། །འདིའི་མདོ་སྡེ་འགའ་ཞིག་ལས་འཕེན་བྱེད་མི་དགེ་བ་ཡིན་པས་ངན་འགྲོ་ལ་འགྲོ་བར་བཤད་ཅིང་། ཡང་འགའ་ཞིག་ལས་དགེ་སྡིག་རྣམ་པར་དབྱེད་པའི་བློ་དང་ལྡན་པས་ལྷའི་འགྲོ་བར་གཏོགས་ཀྱང་རྟེན་དེ་ལ་བདེན་པ་མཐོང་བ་མེད་པས་རྣམ་སྨིན་སྒྲིབ་པ་ཅན་ཡིན་པར་བཤད་དོ།།

དྲུག་པ་ལྷའི་སྡུག་བསྡུལ་ནི། ལྷ་ཡང་ལོངས་སྤྱོད་གཡེང་བས་འཆི་ལྟས་འབྱུང་། །སྐྱེ་གནས་དྲན་སོགས་ལྟུང་བའི་སྡུག་བསྡུལ་དང་། །ཉིང་འཛིན་གཡོ་འཁྲུགས་ཕམ་ལྟུང་སྡུག་བསྡུལ་དང་། །ཚེ་རིང་སྡུག་བསྡུལ་འདུ་ཤེས་མེད་པའོ། །ཞེས་པ། ལྷ་རྣམས་ཀྱང་རྟོད་པ་ཅན་གྱི་འདོད་ལྷ་འགའ་ཞིག་ལྷ་མིན་གྱི་སྡུག་བསྡུལ་དང་འདྲ་ལ། ལོངས་སྤྱོད་ལ་གཡེང་པའི་འདོད་ལྷ་རྣམས་ནི་འཆི་བའི་ཚེ་རང་རང་གི་ཞག་བདུན་གྱི་གོང་དུ་འཆི་ལྟས་ལུས་ཀྱི་ཁ་དོག་མི་སྡུག་པར་འགྱུར་བ་དང་། སྟན་ལ་མི་དགའ་བ་དང་། མེ་ཏོག་གི་འཕྲེང་བ་དང་རྒྱན་ཆ་རྙིང་པ་དང་། གོས་ལ་དྲི་མ་ཆགས་པ་དང་། ལུས་ལ་སྔར་མེད་པའི་སྡུག་བསྡུལ་འབྱུང་བ་དང་ལྷུ་འཆར་ཞིང་། གང་དུ་ལྟུང་བའི་གནས་མཐོང་བས་ཕག་པ་དང་སྦྲུལ་ལ་སོགས་པ་ངན་འགྲོའི་ལུས་ངན་དང་རྣམ་པ་འཇིགས་པ་ཡང་དྲན་པས། དེའི་ཚེ་རང་དབང་མེད་པར་བདེ་བ་དེ་དག་ལས་ཉམས་ཤིང་སྡུག་བསྡུལ་དུ་འགྲོ་བར་མཐོང་བས་ཡིད་ཤིན་ཏུ་གདུང་བ་ནི་དམྱལ་བའི་སྡུག་བསྡུལ་དང་འདྲ་བར་བཤད་དོ། །ཁམས་གོང་མ་གཉིས་ཀྱི་ལྷ་རྣམས་ཀྱང་ཟག་བཅས་ཀྱི་ཏིང་འཛིན་གྱིས་ལན་ཅིག་སྡུག་བསྡུལ་གྱི་སྡུག་བསྡུལ་ལས་འདས་ཀྱང་དེར་རྟག་ཏུ་གནས་པའི་རང་དབང་མེད་དེ། དཔེར་ན་མདའ་གནམ་དུ་འཕང་བའི་ཤུགས་ཟད་ནས་ས་ལ་ལྟུང་བ་ལྟར། དགེ་བའི་ལྷག་མ་གཞན་མེད་ན་ངན་འགྲོར་ཡང་ལྟུང་

བར་བཤད་པས་དམྱལ་བ་ལ་སོགས་འགྲོ་བ་གཞན་དག་གི་སྡུག་བསྔལ་སྐྱོང་དགོས་ཏེ། དེ་དག་གི་གནས་རྒྱུད་དགོས་པའི་ཕྱིར་རོ། །འདུ་ཤེས་མེད་པའི་ལྷ་ཚེ་རིང་པོ་ནི། གཟུགས་ཁམས་ཀྱི་ཕྱོགས་གཅིག་སྟེ། བསམ་གཏན་བཞིའི་གནས་འབྲས་བུ་ཆེ་བའི་ཕྱོགས་གཅིག་ན་གྲོང་ལས་དགོན་པའི་ཚུལ་དུ་འཕགས་པར་ཡོད་ཅིང་ཚེ་ཚད་བསྐལ་པ་དྲུག་ཁྲི་ཐུབ་པས་དེའི་བར་ལ་སྐྱེ་མ་ཐག་དང་འཆི་བའི་ཚེ་མ་གཏོགས་པ་སེམས་ཀྱི་རྒྱུ་བ་མེད་པར་མཛོད་ལས་བཤད་དོ།།

གཉིས་པ་སྲིད་པའི་ཉེས་དམིགས་ལ་ལྔ་ལས། དང་པོ་རྟག་ཏུ་འཁོར་བའི་ཉེས་པ་ནི། འཁོར་བའི་སེམས་ཅན་ཟོ་ཆུ་བཞིན་དུ་བརྒྱུད། །ཅེས་པ། རང་གིས་འབད་པ་ཆེན་པོའི་བདག་འཛིན་ལ་སོགས་འཁོར་བར་སྐྱེ་བའི་ཀུན་འབྱུང་གཏན་ཟད་དུ་མ་བྱས་ཀྱི་བར་དུ་རང་ལོག་ཏུ་མི་འགྲོ་བར་རྟག་ཏུ་འཁོར་བ་སྟེ། ཟོ་ཆུའི་རྒྱུད་མ་ལྟར་རང་རང་གི་ལས་ཀྱིས་སྲིད་རྩེ་ནས་མནར་མེད་པའི་བར་གྱི་འགྲོ་བ་ཡས་མས་སུ་བརྒྱུད་པའོ། །དབུ་མའི་འགྲེལ་བ་ལས། འགྲོ་བ་རྣམས་ཟོ་ཆུན་གྱི་འཁོར་ལོ་དང་མཚུངས་པས་དོན་དྲུག་གམ་བདུན་གྱིས་བསྟན་ཏེ། ལས་དང་ཉོན་མོངས་པས་ཐག་པས་དམ་དུ་བསྡམ་པ་དང་འཁྲུལ་འཁོར་མཁན་རྣམ་པར་ཤེས་པའི་སྤྱོད་པ་ལ་རག་ལས་པར་འཇུག་པ་དང་། འཁོར་བའི་ཁྲོན་པ་ཆེན་པོ་སྲིད་རྩེ་ནས་མནར་མེད་པའི་བར་འཕྱང་བ་དང་། ངན་འགྲོའི་གནས་སུ་ཐུར་དུ་རང་དགར་རྒྱུག་ཅིང་བདེ་འགྲོའི་གནས་གྱེན་དུ་འབད་པས་དྲངས་དགོས་པ་དང་། ཉོན་མོངས་པ་དང་ལས་དང་སྐྱེ་བའི་ཉོན་མོངས་གསུམ་ཡོད་ཀྱང་སྔ་ཕྱི་བར་གསུམ་རིམ་པ་ངེས་པར་མི་ཟིན་པ་དང་། ཉི་མ་རེ་རེ་བཞིན་སྡུག་བསྔལ་དཀའ་གིས་བཙོད་པའོ། །ཞེས་གསུངས་སོ།།

གཉིས་པ་ངེས་པ་མེད་པའི་ཉེས་པ་ནི། ཕ་མ་བུ་ཚ་ཚང་ཟླ་ལ་སོགས་ཏེ། །འགྲོ་ཀུན་གཉེན་བྱས་དགྲ་ཡང་དེ་བཞིན་ནོ། །ཕ་ཉིད་མར་གྱུར་བུ་སོགས་ཀུན་ཏུ་འོ། །ཞེས་པ། འཇིག་རྟེན་འདིར་རང་རང་གི་སྐྱེ་བ་མི་འདྲ་བ་གྲངས་མང་པོ་བླངས་པའི་སྟོབས་ཀྱིས་འགྲོ་བ་རེ་རེའི་ཕ་མ་བུ་ཚ་ཚང་ཟླ་མཛའ་བཤེས་ཆུང་མ་ཟླ་རོགས་སོགས་གཉེན་འབྲེལ་མ་བྱས་པ་མེད་ལ། དེ་བཞིན་རེ་རེས་ལན་དུ་མར་དགྲ་ཡང་མ་བྱས་པ་མེད་དོ། །ལན་རེ་ཕ་བྱས་པ་ཉིད་གཞན་དུ་མར་འགྱུར་བ་དང་། དེ་བཞིན་དུ་བུ་དང་ཆུང་མ་དང་དགྲ་སོགས་སུ་སྐྱེ་བ་བརྒྱུད་མར་འགྱུར་བས། འཁོར་བ་འདིར་གཉེན་འབྲེལ་ལ་སོགས་པའི་མཐའ་གཅིག་ཏུ་ངེས་པའི་བློ་གཏད་འཆའ་བ་ནི་སུ་ཡང་མེད་སྙམ་དུ་སྦྱོང་བར་བྱའོ། །དགྲ་གཉེན་མ་ངེས་པའི་བློ་ཤུགས་ཅན་ཞིག་སྐྱེས་ན་འཁོར་ཆགས་གཉིས་ཀ་ལ་བློ་ལྡོག་པས་ཤིན་ཏུ་ཕན་ནོ།།

གསུམ་པ་མཐོ་དམན་དུ་འགྱུར་བའི་ཉེས་པ་ནི། ལྷ་ཡི་ལོངས་སྤྱོད་བདེ་བ་ཐོབ་ནས་ཀྱང་། །ལས་ཀྱིས་དབང་གིས་ངན་སོང་གནས་སུ་ལྟུང་། །རྒྱལ་པོ་དམངས་འགྱུར་དེ་བཞིན་དབུལ་ཕྱུག་སོགས། །སྐྱེ་བ་གཅིག་གམ་དུ་མ་བརྒྱུད་ནས་འབྱུང་། །ཞེས་པ། འཁོར་བའི་གནས་འདིར་བདེ་ཞིང་སྐྱིད་པའི་ལོངས་སྤྱོད་ཕུན་སུམ་ཚོགས་པ་ལྷའི་དབང་པོ་རྒྱལ་བྱིན་དང་ཚངས་པ་ལ་སོགས་ལན་གཅིག་ཐོབ་ཀྱང་རྟག་ཏུ་གནས་པའི་རང་དབང་མེད་དེ། ལས་ཀྱི་དབང་གིས་ཕྱི་མ་དམྱལ་བ་ལ་སོགས་པའི་ངན་འགྲོའི་གནས་སུ་ལྟུང་བར་བྱེད་ཅིང་དེ་བཞིན་རྒྱལ་པོ་དམངས་སུ་འགྱུར་བ་དང་། ཕྱུག་པོ་དབུལ་པོར་འགྱུར་བ་དང་དེ་ཟློག་པ་རྣམས་སུ་འགྱུར་ལ། སྐྱེ་བ་གཅིག་སྟེ་ཚེ་སྟོད་སྨད་ལ་དེ་ལྟར་འགྱུར་བ་ཡང་ཡོད་ལ། གཉིས་དང་གསུམ་ལ་སོགས་པ་དུ་མར་བརྒྱུད

ནས་འགྱུར་བ་ཡང་ཡོད་དེ། མདོ་ལས། ལྷའི་བུ་ལྟུང་བ་ཡང་སྲིད། དམྱལ་བའི་བུ་ཐར་བ་ཡང་སྲིད། རྒྱལ་པོ་འབངས་སུ་འབབ་པ་ཡང་སྲིད། འབངས་ཀྱི་རྒྱལ་ས་འཛིན་པ་ཡང་སྲིད། ཅེས་དང་། མདོ་གཞན་ལས་ཀྱང་། ལྷ་ཡུལ་འདོད་པའི་ཤིན་ཏུ་ཆེ་བ་དང་། །ཚངས་ཉིད་ཆགས་བྲལ་བདེ་བ་ཐོབ་ནས་སླར། །མནར་མེད་མེ་ཡི་བུད་ཤིང་གྱུར་པ་ཡི། །སྡུག་བསྔལ་རྒྱུད་མི་འཆད་པར་བསྟེན་འཚལ་ལོ། །ཞེས་གསུངས་པ་ལྟར་རོ། །སྲིད་པའི་བདེ་བ་གང་ཡང་ཡིད་བརྟན་མེད། རྟག་ཏུ་མི་གནས་མཐར་སྡུག་བསྔལ་བར་འགྱུར་རོ་སྙམ་དུ་བསམ་མོ།།

བཞི་པ་ཕུང་པོ་འདོར་ལེན་གྱི་ཉེས་པ་ནི། གཅིག་གི་རུས་བསགས་རི་རབ་འདས་གྱུར་ཏེ། །ཁྲག་བསགས་རྒྱ་མཚོ་ཤ་དང་འོ་མ་ཡང་། །དེ་བཞིན་དེ་ལས་གཞན་པའི་ལུས་བླང་ཞིང་། །ད་རུང་འཁོར་བ་སྤྲུབ་རྣམས་དེ་བས་ལྷག །ཅེས་པ། ཐོག་མ་མེད་པ་ནས་སྐྱེ་བ་གྲངས་མང་བླང་པའི་སྟོབས་ཀྱིས་སེམས་ཅན་བྱེ་བྲག་པ་ཕག་པ་ལྟ་བུ་གཅིག་ཕུར་སྐྱེས་པའི་རུས་པ་བསགས་ན་རི་རབ་ལས་འདས་པར་འགྱུར་ཞིང་། དེའི་ཁྲག་བསགས་ན་རྒྱ་མཚོ་བས་མང་ངོ་། །ཤ་དང་འོ་མ་བསགས་ན་ཡང་དེ་བཞིན་མང་ངོ་། དེ་ལས་གཞན་པའི་སྲོལ་སྦྲུལ་ར་ལུག་བ་བོང་སོགས་ཀུན་གྱི་ལུས་རྣམས་བླངས་ཤིང་རིགས་གཅིག་པར་སྐྱེ་པ་པོ་ནའི་རུས་པ་དང་ཤ་ཁྲག་བསགས་ན་དེ་བཞིན་དུ་ཡོད་ལ། ད་རུང་ཡང་འཁོར་བའི་སྡུག་བསྔལ་ལ་འཇིགས་སྐྲག་མི་ཤེས་སྐྱོ་སུན་མི་སྐྱེ་བར་བདག་འཛིན་གྱིས་བཅིངས་པའི་འཁོར་བ་སྒྲུབ་པ་པོ་རྣམས་ནི་ཕྱིར་ཀྱི་དེ་བས་ཀྱང་སྐྱེ་བ་ལྷག་པོར་བླངས་དགོས་སོ།།

ལྔ་པ་གཞན་གྱི་ཉེས་དམིགས་བཅུ་བསྟན་པ་ནི། འཁོར་བའི་ལས་སྤྱོད་ཟིན་

མེད་ཟ་ཕྲུག་འདྲ། །ཞེས་པ་ནི། མདོ་ལས། ལས་ཀྱི་མཚན་ཉིད་ཟིན་པ་མེད་པ་ལས། ། ཞེས་པ་ལྟར། འཇིག་རྟེན་གྱི་ལས་སྤྱོད་ལ་ཅི་ཙམ་བརྩོན་ཞིང་འབད་ན་ད་ནི་ཚར་ཟིན་སྤྱོད་པར་བྱེད་མི་དགོས་ཞེས་པའི་དུས་མེད་དེ། དཔེར་ན་རྗེ་ཅན་གྱི་ཟ་ནད་ལ་ཕྲུག་པས་ཇི་ཟ་རུ་འགྲོ་བ་དང་འདྲའོ། །བྱས་པ་དོན་མེད་ཆུ་ཤིང་སྙིང་པོ་འདྲ། །ཞེས་པ་ནི། འཇིག་རྟེན་ལོངས་སྤྱོད་ཀྱི་ཕྱིར་དུ་འབད་པ་ཅི་ཙམ་བྱས་ཀྱང་བརྟག་ན་སྙིང་པོ་གང་ཡང་མེད་དོ། །ཆུ་ཤིང་ལ་བརྟག་ན་ཤུན་པ་སྤྲུག་པ་ཙམ་ལས་སྙིང་པོ་མི་རྙེད་པ་དང་འདྲ་སྟེ། བག་ཆགས་མཐའ་ཡས་པའི་རྫོངས་པ་རྣམས་རང་སྟུག་རྩོམ་པའི་རྩོལ་བ་ཙམ་དུ་ཟད་དོ། །འདོད་པས་མི་ངོམས་ལྕ་ཆུ་འཐུང་བ་འདྲ། །ཞེས་པ་ནི། འདོད་ཡོན་ལ་ཅི་ཙམ་སྤྱོད་པ་བཞིན་དུ་ངོམས་པ་མེད་པར་མ་ཟད་འདོད་པ་ཇེ་ཆེར་སྐྱེས་པ་ནི་སྐོམ་པས་ལྕ་ཆུ་བཏུང་བས་སྐོམ་དད་ཇེ་ཆེར་སྐྱེ་བ་དང་འདྲའོ། །འདོད་པས་བསླུ་བ་རི་དྭགས་ཤྭོག་ཟིན་འདྲ། །ཞེས་པ། འགའ་ཞིག་ནོར་དང་བུད་མེད་འདོད་པས་སྲོག་འདོར་བ་ཡང་མང་སྟེ། རི་དྭགས་ཤྭོག་ལ་བྲིད་ནས་ཟིན་པ་དང་འདྲའོ། །བདེ་བའི་སྐབས་མེད་ནད་པའི་མལ་དང་འདྲ། །ཞེས་པ། འཁོར་བའི་གནས་སུ་ཅི་ལྟར་བྱས་ཀྱང་བདེ་བའི་སྐབས་མེད་དེ། དཔེར་ན་ནད་དྲག་པོས་ཟིན་པའི་དབང་གིས་མལ་ས་བདེ་མོར་བསྡད་ཀྱང་མི་བདེ་བ་བཞིན་དུ་འདོད་པ་གཅིག་རྫོགས་པར་བྱས་ཀྱང་ཡིད་ཚིམ་པར་མི་ནུས་ཏེ་ཡར་སྣེ་དྲངས་ན་མར་སྣེ་ཤོར་ཟེར་བ་བཞིན་ནོ། །ཐར་པར་དཀའ་བ་དོང་ཚུད་བཙོན་དང་འདྲ། །ཞེས་པ་ནི་སེམས་ཅན་རྣམས་ལ་ཐར་པའི་ངེས་འབྱུང་དང་སྟོང་ཉིད་རྟོགས་པའི་བློ་སྐྱེ་དཀའ་ཞིང་། བག་ཆགས་ངན་པས་སྡིག་སྡུག་ལོ་ན་འཕྲལ་དུ་གསོག་པས་དོང་ཚུད་ཀྱི་བཙོན་བུ་འདྲའོ། །འཁོར་བའི་འདབ་རྒྱས་སྡུག

བསྡུལ་ཕྱིར་འཕེལ་བ། ཀླུའི་མགོ་མང་སྡུག་བསྔལ་དེ་ཉིད་བཞིན། །ཞེས་པ། འཁོར་བ་རྣམས་ལ་ཉེ་འབྲེལ་དང་འཁོར་འདབ་ཟས་ནོར་ཅི་ཙམ་ཡོད་པ་དཔལ་དུ་བརྩི་ཡང་། དེ་ནི་དཔེར་ན་ཀླུ་མཆོག་རྣམས་ཀྱི་མགོ་དགུ་ལ་སོགས་པ་ཅི་ཙམ་མང་བ་ཙམ་གྱིས་མིག་དབང་སོགས་མང་བ་དེ་ཉིད་ཀྱི་མི་ཉམས་པར་སྲུང་བ་དང་དབང་པོ་གཅིག་བསྙད་ན་ལུས་སེམས་ཀུན་ལ་སྡུག་བསྔལ་འབྱུང་བ་བཞིན་དུ་བསྲུང་བ་དང་ཉམས་ན་ཡིད་མི་བདེ་བའི་སྡུག་བསྔལ་དེ་ཉིད་སྐྱོང་བའོ། །མི་གཙང་གཙང་འཛིན་ལྡི་བའི་འབུ་སྲུར་འདྲ། །ཞེས་པ་ནི། བུད་མེད་ལ་སོགས་པ་མི་གཙང་བའི་ཕུང་པོ་ལ་གཙང་བར་བཟུང་ནས་ཆགས་པ་ནི། འབུ་སྲུར་གྱིས་ལྡི་བའི་ཁུ་བ་ལ་མར་ལྟ་བུར་མཐོང་བ་འདྲའོ། །འཁོར་བ་མི་རྟག་རྩ་ཁའི་ཟིལ་པ་འདྲ། །ཞེས་པ་ནི། འཁོར་བའི་ལུས་ལོངས་སྤྱོད་རྣམས་གོང་བཞིན་རྟག་པར་མི་སྲིད་ཅིང་སྐད་ཅིག་མར་འགྱུར་བ་སྔོ་རྩ་རྩེའི་ཟིལ་པ་དང་འདྲའོ། །སྟོང་པའི་མི་གཅིག་ཡུལ་ན་འཁོར་བ་མེད། །གྲོགས་མེད་གཅིག་པུར་འགྲོ་བ་གཏོ་བུ་བཞིན། །ཞེས་པ། ཚེ་འདིར་གཉེན་བཤེས་ཀྱིས་འབྲེལ་བ་ཟབ་མོ་ཅི་ཙམ་བྱས་ཀྱང་འཆི་བའི་ཚེ། གྲོགས་དང་སྟོང་པ་མེད་པར་གཅིག་པུར་འགྲོ་བ་བཞིན་ཏེ། ལུང་གོང་དུ་དྲངས་པ་བཞིན་ནོ།།

གསུམ་པ་ལས་ལས་བྱུང་བས་མདོར་བསྡུ་བ་ནི། དེ་ལྟར་དེ་ནི་བསགས་པའི་ལས་ལས་བྱུང་། སེམས་ཅན་ལས་ནི་བཟང་ངན་གཉིས་སུ་བཤད། །ཅེས་པ་དེ་ལྟར་གོང་དུ་བསྟན་པའི་རིགས་དྲུག་གི་སྡུག་བསྔལ་ལམ་འཁོར་བའི་ཉེས་དམིགས་དེ་དག་རང་གིས་ལས་བསགས་པ་ལས་བྱུང་བ་ཡིན་གྱིས། རྒྱུ་མེད་པ་ལས་གྲུབ་པ་དང་། དབང་ཕྱུག་ལ་སོགས་གཞན་གྱི་བྱས་པ་ནི་མ་ཡིན་ནོ། །དེ་ཡང་རིག་པའི་ཁམས་ལས། སེམས་

ཅན་གྱི་ལས་ནི་གཉིས་ཏེ། བཟང་ངན་གཉིས་སུ་རིགས་པར་བྱའོ། །ཞེས་གསུངས་པས། བདེ་འགྲོར་འགྲོ་བའི་རྒྱུ་ལས་བཟང་པོ་དགེ་བ་དང་། ངན་འགྲོར་བསྐྱེད་པའི་རྒྱུ་ལས་ངན་པ་སྡིག་པ་གཉིས་སུ་འདུས། ཞེས་པའོ། །དོན་བཞི་པ་འཁོར་བའི་ཉེས་དམིགས་བསྟན་པའོ། །ཞེས་པས་མདོ་བསྡུ་བའོ།། །།

དེ་ལྟར་དལ་འབྱོར་དང་མི་རྟག་པ་དང་འཁོར་བའི་ཉེས་དམིགས་གསུམ་པོས་བློ་ལེགས་པར་སྦྱོངས་པས་འཁོར་བ་དང་ངན་སོང་གི་འཇིགས་པས་ཡིད་ངེས་པར་འབྱུང་སྟེ། ཐར་པ་བྱང་ཆུབ་དོན་གཉེར་གྱི་དད་པ་སྐྱེས་བས། དེ་ལ་བདུན། དད་པའི་ངོ་བོ། བཙལ་ཐབས། གང་ལ་བརྟེན་ནས་སྐྱེ་བ། ལོག་ན་གསོ་ཐབས། དབྱེ་བ། བྱེད་ལས། ཡོན་ཏན་ནོ།།

དང་པོ་ནི། གང་ཟག་སྒོམ་པ་གང་ཞིག་ཆུས་གདུང་བཞིན། །དད་པས་སྡོན་ལ་དགེ་བར་མོས་ཞེས་བཤད། །ཆུར་གདུང་སེམས་ཅན་དེ་ཉིད་འཚོལ་བ་བཞིན། །ཡོན་ཏན་ཀུན་གྱི་གཞི་དང་སྡོན་འགྲོ་བ། །ཞེས་པ། དཔེར་ན་གང་ཟག་ཚད་པ་ལ་སོགས་པའི་སྐོམ་ནད་ཀྱིས་གདུང་བ་གང་ཞིག་གིས་ཆུ་ལོ་ན་ཡིད་ལ་རྟག་ཏུ་བྱེད་པ་བཞིན་ནོ། དད་པ་སྐྱེ་བའི་གང་ཟག་རྣམས་ཀྱིས་ཀྱང་ཚེ་འདིའི་དོན་ཙམ་ལ་ཡིད་མི་འབྱུགས་པར་དགེ་བ་ལོ་ན་ལ་མོས་ཏེ་རྟག་ཏུ་ཡིད་ལ་བྱེད་དོ། །དམ་པ་རི་ཁྲོད་པའི་ཞལ་ནས། ཁ་སྐོམ་ནས་ཆུས་གདུང་བའི་སེམས་ཅན་རྣམས་ཀྱིས་ཡིད་ལ་ཆུ་མིན་པ་མི་དྲན། ཚིག་ཏུ་ཆུ་མིན་པ་མི་སྨྲེང་། ཆུ་དེ་ཉིད་ཅི་ལྟར་འཚོལ་བ་བཞིན་དུ། དད་པ་སྐྱེ་བའི་གང་ཟག་རྣམས་ཀྱང་ཡིད་ལ་དགེ་བ་མིན་པ་མི་དྲན། ཚིག་ཏུའང་བླ་མ་གང་བཟང་གདམས་ངག་གང་ཟབ། ཉམས་ལེན་ཅི་བྱེད་སོགས་མིན་པ་མི་སྨྲེང་ཞིང་དགེ་བ་ཚོལ་

བ་ལ་བརྟེན་ནས་ཡོན་ཏན་སྐྱེས་པའང་ཚེགས་མེད་གསུངས་པ་ལྟར་རོ། །གསུང་རབ་ལས་ཀྱང་། ཡོན་ཏན་ཐམས་ཅད་ཀྱི་སྔོན་རོལ་དུ་འགྲོ་བའི་དད་པ་ཆེན་པོ་ལ་སྐྱོ་ངལ་མེད་པའི་སྐྱེས་བུ་ཆེན་པོ་རྣམས་ནི་ཨེ་མ་ངོ་མཚར་ཆེའོ། །ཞེས་གསུངས་སོ། །དེ་ལྟར་ཡིད་ལ་དགེ་བ་དུང་དུང་དྲན་ཞིང་། ཚིག་ཏུ་ཡང་དེའི་ཕྱོགས་ཕོ་ནར་གླེང་བར་འདོད་ན་གང་ཟག་དེ་ལ་དད་པ་སྐྱེ་བར་འགྱུར་ཞེས་བྱ་ལ། དེ་ལྟར་མ་ཡིན་ན་དད་པ་བཙལ་དགོས་པས།

གཉིས་པ་བཙལ་ཐབས་ནི། བླ་མ་དམ་པའི་གདམས་ངག་མཛད་སྤྱོད་དང་། །སངས་རྒྱས་བཀའ་ལུང་དྲང་དོན་ངེས་དོན་ལྟར། །བསོད་ནམས་ཚོགས་བསགས་བདེ་བའི་ལོངས་སྤྱོད་དང་། །བསོད་ཟད་སྡུག་བསྔལ་རྣམས་ལ་བརྟག་ལ་བཙལ། །ཞེས་པ། སྔར་དམ་པ་རི་ཁྲོད་པ་དཔོན་གཡོག་རྣམས་དང་། སྨན་གོང་བ་ལྟ་བུའི་གདམས་ངག་དང་མཛད་སྤྱོད་རྣམ་ཐར་སོགས་ལ་བསྟེན་ནས་བརྟག་པ་དང་། ད་ལྟ་ཡང་བླ་མ་ལྟ་སྤྱོད་འཛོམས་པ། ཚེ་འདིའི་རང་དོན་ཆེད་དུ་མི་འཛིན་པ། སྙན་གྲགས་དང་བཀུར་བསྟི་མི་གཉེར་བ། དུལ་བ་དང་ལྡན་པ། གཞན་ལ་སྙིང་བརྩེ་བ། ཁ་ནི་མ་ཐོ་བ་ཕྲ་མོ་ལ་ཡང་འཛེམ་པ། མཛད་སྤྱོད་རྣམ་པར་དག་ཅིང་དཀའ་སྤྱོད་ཀྱི་སྡུག་བསྲན་ཡོད་པ། ཕར་ཕྱིན་དྲུག་གི་དོན་དང་ལྡན་པ་རྣམས་ཀྱིས་གདམས་ངག་དང་མཛད་སྤྱོད་ལ་བསམ་ལ་འདིས་འདི་འདྲ་མཛད་ལུགས་ཀྱི་དགེ་སྡིག་ལ་འབྲས་བུ་བདེ་སྡུག་འབྱུང་བར་ངེས་བསམ་མོ། །སངས་རྒྱས་བཀའ་ལུང་ལས། ཀུན་རྫོབ་ཏུ་འཁོར་བའི་ཉེས་དམིགས་རྒྱུ་འབྲས་ཀྱི་སྨིན་ཚུལ་སོགས་དྲང་དོན་སྟོན་པའི་གསུང་རབ་དང་། དོན་དམ་པར་སྤྲོས་པ་དང་བྲལ་བ། བློ་ལས་འདས་པ་སྟོན་པ་ངེས་དོན་གྱི་གསུང་རབ་

རྣམས་ལའང་ཐོས་བསམ་དང་བལྟ་རྟོགས་བྱ་ཞིང་། ནམ་མཁའ་འདི་ནི་འཇིག་པར་
འགྱུར་ཡང་སྲིད། སངས་རྒྱས་ཀྱིས་ནི་མི་བདེན་ཚིག་མི་གསུངས། །ཞེས་པའི་ཚུལ་
གྱིས་ཡིད་ཆེས་པར་བྱའོ། །ཡང་དག་ས་བཅུ་ལ་མངའ་བརྙེས་པའི་རྒྱལ་སྲས་ཀྱི་ཡོན་
ཏན་དང་། ཚངས་པ་དང་བརྒྱ་བྱིན་ལ་སོགས་འཁོར་ལོ་བསྒྱུར་བའི་རྒྱལ་པོ་རྣམས་
ཀྱིས་དཔལ་འབྱོར་ཐོབ་པ། ཡུལ་མཐོན་གསུམ་དུ་གྱུར་པའི་བདེ་སྐྱིད་ལོངས་སྤྱོད་
ཕུན་སུམ་ཚོགས་པ་གང་འདོད་འགྲུབ་པ་རྣམས་ལ་དཔག་ནས་འདི་དག་གིས་སྔར་
བསོད་ནམས་བསགས་ཤིང་། དགེ་བར་སྤྱོད་པ་ལས་བྱུང་བ་ཡིན་པར་ངེས། བདག་
ཀྱང་དེ་ལྟ་བུ་ཐོབ་པར་འདོད་ན། དགེ་བའི་ལས་ལ་འབད་པ་དང་བརྩོན་འགྲུས་
བསྐྱེད་དགོས་སྙམ་དུ་བསམ་མོ། །ཡང་དམྱལ་བ་ལ་སོགས་ངན་འགྲོ་གཉིས་ཀྱི་སྡུག་
བསྔལ་མྱོང་བ་དང་། དེ་དག་ལས་ཀྱང་དུད་འགྲོ་ཁ་ཅིག་ཚ་གྲང་དང་བཀྲེས་སྐོམ་གྱིས་
ཉེས་པ་དང་། འགལ་ཞེན་ལ་སོགས་པའི་སྡུག་བསྔལ་དང་། མི་རྣམས་ལ་ཡང་འཛེ་
ཅན་དམུ་ལོང་ནད་ཚབས་པོ་ཆེས་བཏབ་པ་དང་། དབུལ་ཕོངས་ཅན་སོགས་མཐོན་
འགྱུར་པ་ལ་ཡང་བརྟག་སྟེ། འདི་རྣམས་མི་དགེ་བ་སྤྱད་པ་ལས་བྱུང་བར་ངེས་པས།
བདག་གིས་ཀྱང་འདི་ལྟ་བུའི་སྡུག་བསྔལ་མི་འདོད་ན། དེའི་རྒྱུ་སྡིག་པ་མི་དགེ་བ་སྤྲ
བ་ནས་སྤང་དགོས་སོ་སྙམ་དུ་བསམ་མོ། །དེ་ལྟར་དད་པ་བཙལ་བའི་ཡུལ་བཞི་དངོས
སམ་ཆ་མཐུན་གཞན་གང་ཡང་རུང་བ་ལ་བརྟེན་ནས་དད་པ་བསྐྱེད་དགོས་ཏེ། འདི་
གཤའ་མ་ཞིག་རྒྱུད་ལ་མ་སྐྱེས་ན། དགེ་སྦྱོར་ཞུགས་ཁྲུལ་ཅི་ཙམ་བྱས་ཀྱང་། ཚེ་འདི་
ཙམ་གྱི་ཆེད་འབའ་ཞིག་ཏུ་འགྲོ་བས་འདི་ཅི་སྐྱེ་ལ་འབད་པར་བྱའོ།།

གསུམ་པ་དེ་ལ་བརྟེན་ནས་སྐྱེ་ཚུལ་ནི། སྔང་ལ་ཆུ་ཇོལ་བཀག་པས་མི་ཁོག

བཞིན། །དེ་ལ་བརྟེན་ནས་དེ་ཉིད་སྐྱེ་བར་འགྱུར། །ཞེས་པ། གོང་དུ་བཤད་པའི་ཡུལ་དེ་རྣམས་ལ་བརྟེན་ནས་ལེགས་པར་བརྟག་ན་དད་པ་ཤུགས་དྲག ཀྱེན་གཞན་གྱིས་མི་ཁེགས་པར་སྐྱེ་བ་རྟེན་འབྲེལ་ཡིན་ཏེ་ངེས་པར་སྐྱེ་བའོ།།

བཞི་པ་ལྡོག་ན་གསོ་ཐབས་ནི། བླ་མའི་གདམས་ངག་མདོ་སྤྱོད་འཛོལ་བ་དང་། །དགེ་བྱེད་སྤྱི་ཡི་ལས་སྤྱོད་ལོག་པ་དང་། བོན་དང་མཐུན་ལ་མི་རིགས་བྱུང་བ་དང་། སྒོར་ཞུགས་རང་ལ་བར་ཆོད་བྱུང་རྣམས་ལ། །ཐེ་ཚོམ་ཟ་འགྱུར་ལོག་པའི་བློ་སྐྱེས་ན། །པང་དུ་སྤྲུལ་བྱུང་མྱུར་དུ་སྤོང་པ་བཞིན། །འགྲོ་བ་སྤྱི་དང་བླ་མའི་འཁྲུལ་མི་བརྟག །སྨོན་ལམ་འབྲས་བུར་ཤེས་བྱ་དེ་སྤོང་ངོ་། །ཞེས་པ། གལ་ཏེ་དད་པ་དེ་ལན་གཅིག་སྐྱེས་ཀྱང་ཀྱེན་ངན་དབང་གིས་ལྡོག་སྲིད་དེ། དེ་ལ་ལྡོག་པའི་ཀྱེན་ཆེན་བཞི་སྨོད་དེ། བླ་མ་རྣམས་ཀྱི་ངག་ཏུ་གདམས་ངག་གསུངས་པ་ལས། མི་རྟག་པ་དང་དགེ་སྡིག་གི་སྐྱོན་ཡོན་དང་། སྤྲིན་སོགས་ཕར་ཕྱིན་དྲུག་གིས་སྐྱོན་ཡོན་རྣམ་གྲངས་དུ་མ་ནས་གསུངས་ཤིང་། རང་གིས་ནི་དེ་དང་མི་མཐུན་པར་འགལ་བའི་མདོ་སྤྱོད་འཛིག་རྟེན་འདི་ཁོ་ན་དོན་གཉེར་བྱེད་དེ། གདམས་ངག་དང་མདོ་སྤྱོད་འཛོལ་བ་ལྟ་བུའི་མཐོང་སྣང་བྱུང་ན། བླ་མས་གསུངས་ཚོད་ལྟར་རང་ཉིད་ཀྱིས་མི་འགྲུབ་པ་ལ་བསམ་ན། ལས་འབྲས་སོགས་མི་བདེན་པར་འཛིན་པའི་ལོག་ལྟ་སྐྱེ་བར་འགྱུར་བས་དད་པ་ལྡོག་གོ །ཡང་དགེ་བྱེད་སྤྱི་སྟེ་དགོན་སྡེ་ལྟ་བུ་ལས་ཚན་གྱིས་འཁྲུགས་པ་དང་། ཉེ་ཚོང་ཁེ་སྤོག་ལྟ་བུ་དགེ་བ་དང་མི་མཐུན་པའི་ལས་དསྤྱོད་ལོག་པ་ཁོ་ན་སྒྲུབ་པའི་མཐོང་སྣང་བྱུང་ཚེ། དེ་ལ་བརྟག་ན་ཡང་ལོག་ལྟ་དང་ཐེ་ཚོམ་སྐྱེ་བར་འགྱུར་རོ། །ཡང་བོན་དང་མཐུན་པར་དགེ་སྦྱོར་ཚུལ་བཞིན་སྒྲུབ་པ་ལ་ཡང་། དེར་མི་རིགས་པའི་ན

ཆ་དང་སྡུག་བསྔལ་ལ་སོགས་པ་མི་འདོད་པ་ཐོག་ཏུ་བྱུང་བ་ལ་བརྟག་ན། འདིས་བོན་ཚུལ་བཞིན་སྒྲུབ་པ་ལ། འདི་འདྲ་ཐོག་ཏུ་འོང་མི་དགོས་པས་བོན་དང་དགེ་སྦྱོར་གྱིས་ཕན་པ་མེད་དམ་སྙམ་པའི་ལོག་རྟོག་དང་ཐེ་ཚོམ་སྐྱེའོ། །ཡང་རང་ཉིད་ཀྱིས་ཚུལ་ཁྲིམས་དང་སྨོམ་སྒྲུབ་ལ་སོགས་པ་དགེ་བའི་སྦོར་ཞུགས་པའི་ཚེ་ན་ཆ་འམ། མི་དང་མི་མ་ཡིན་གྱིས་བར་ཆོད་བྱུང་ནའང་དེ་ལྟར་ཐེ་ཚོམ་སྐྱེའོ། །དེ་འདྲ་ལོག་པའི་བློ་སྐྱེས་ན་བདེ་ལེགས་ཀྱི་ཡོན་ཏན་ཐམས་ཅད་སྐྱེ་བའི་གེགས་ཡིན་པས། པང་དུ་དུག་སྦྲུལ་བྱུང་བ་བཞིན་མྱུར་དུ་སྤང་ལ་དད་པ་གསོ་བར་བྱའོ། །དེ་ཡང་འགྲོ་བ་སྤྱི་དང་བླ་མའི་འཁྲུལ་པ་ལ་བརྟག་པར་མི་བྱ་སྟེ། འགྲོ་བ་སྤྱིའི་རྒྱུད་ཚོད་རང་རང་གིས་མ་ངེས་པའི་ཕྱིར་དང་། ལ་ལར་ངེས་པ་འདྲ་ཡང་དེ་དག་གི་སྐྱོན་གྱི་ངོས་ནས་བསམ་ནས་རང་ཉིད་ཀྱི་དད་པ་ལོག་པར་འགྱུར་བས་རང་ལ་གནོད་པ་ལས་དེར་གནོད་པ་མི་འགྱུར་རོ། །ཁྱད་པར་བླ་མས་ནི་མི་དགེ་བ་བཅུ་དང་མཚམས་མེད་པ་ལྔའི་ལས་བྱེད་པ་མཐོང་ན་ཡང་། དེ་སྐྱོན་དུ་མི་བསམ་ཏེ། ཡང་རྩེ་ལས་བྱུང་པ་ལྟར། སྤྲུལ་སྐུའི་རྣམ་འགྱུར་ཡིན་ཡང་སྲིད་དེ། སངས་རྒྱས་ནི་བླ་མ་ལ་སོགས་གང་དུ་ཡང་སྤྲུལ་ནས་སེམས་ཅན་གྱི་དོན་མཛད་དོ། །སྔོན་བདེར་གཤེགས་སྤྲང་པོ་གཟའ་མི་དཀྱུར་སྤྲུལ་པ་ལྟ་བུ་དང་། སྒྲ་ཙ་རྣོན་རྩེའི་ལོ་རྒྱུས་ལྟ་བུའོ། །རང་སྣང་མ་དག་པས་མཐོང་སྣང་ཡིན་སྲིད་དེ། སྔོན་གཏོ་བུ་དོད་དེ་རང་སྣང་མ་དག་པས་འཛིགས་པའི་གཤིན་རྗེ་མང་པོས་བསྐོར་བར་མཐོང་སྟེ། ཕྱིས་སྣང་བ་དག་ཚེ་ཡེ་གཤེན་འཕྲུལ་གྱི་བོན་པོར་སོང་བ་བཞིན་ནོ། །འགྲོ་བ་འདྲེན་པའི་ཐབས་ཡིན་ཡང་སྲིད་དེ། སྔོན་སྟོན་པས་ནེའུ་ཚུང་ལ་སྲིད་པ་སྤྲུལ་ནས་བསྟན་པས་ནེའུ་ཚུང་འཛིགས་ཏེ་སྐྱོ་ཤུན་སྐྱེས་པ་ལྟ་བུའོ། །དེའི་ཕྱིར་བླ་མའི་མཛད་

སྤྱོད་མ་དག་པ་ཅི་ལྟར་མཐོང་ཡང་དེའི་སྐྱོན་དུ་བསམ་ན་རང་སྣང་ལོག་པས། དེས་དངོས་གྲུབ་འབྱུང་བའི་གེགས་བྱེད་ཅིང་། ཕྱིས་ངན་འགྲོར་སྐྱེ་བར་འགྱུར་རོ། །དེས་ན་བོན་དང་མཐུན་པར་སྒྲུབ་འདོད་ཀྱིས་རང་ཉིད་སློར་ཞུགས་པ་ལ་མི་རིགས་པའི་ན་ཚ་སོགས་རྐྱེན་ངན་བྱུང་པ་ནི། སྔོན་རང་གི་ལས་ངན་བསགས་པའི་འབྲས་བུ་ཕྱི་མ་ངན་འགྲོའི་གནས་སུ་སྡུག་བསྔལ་མྱོང་དགོས་ན། དེ་ལྟར་དགེ་བའི་བསམ་སྦྱོར་དག་དེས་བསླང་ནས། ན་ཚ་སོགས་ཀྱི་སྡུག་བསྔལ་ཙུང་ཟད་མྱོང་ནས་དག་པ་ཡིན་ཏེ། དཔེར་ན་གཅོང་ནད་ཆེན་པོ་ལ་སྦྱོར་སྨན་རྣོན་པོ་བཏང་ན་ནད་སློང་ནས་སྦྱོང་པ་དང་འདྲའོ། །དེའི་ཕྱིར་དེ་ལ་ནི་དད་པ་ལོག་པ་སྤོང་པ་ཙམ་དུ་མ་ཟད་དགེ་བའི་བསྐུལ་མར་ཤེས་པར་བྱས་ལ་འབད་དོ།།

ལྔ་པ་དབྱེ་བ་ལ། དང་པོ་དྭངས་པའི་དད་པ་ནི། ཉོར་བུ་ཆུ་དྭངས་རྫས་ཀྱི་ཆུ་སྙོགས་སེལ། །དྭངས་པའི་དད་པས་སྤྲོ་འགྱུར་དགེ་སྡིག་འབྱེད། །ཅེས་པ། དང་པོ་དྭངས་པའི་དད་པ་ནི་དཔེར་ན་ཉོར་བུ་ཆུ་དྭངས་བྱེ་བའི་རྫས་དེ་ཉིད་ཆུ་སྙོགས་པའི་ནང་དུ་བཙུག་ན། དྭངས་སྙིགས་སེལ་བ་ལྟར་དགེ་བ་ལ་དྭངས་སྤྲོ་བའི་དད་པ་དེས་ཀྱང་། རང་རྒྱུད་ལ་སྡིག་པའི་ཕྱོགས་སེལ་ཞིང་དགེ་བ་ལ་ཡིད་ཕྱོགས་པར་འགྱུར་རོ། །མོས་པའི་དད་པ་ནི། མ་ཡི་ཕྱིར་ན་བུ་གཞོན་འབྲང་བ་ལྟར། །མོས་པའི་དད་པས་བསྟན་ལ་འཇུག་པར་འགྱུར། །ཞེས་པ། དཔེར་ན་བུ་ཆུང་ཆེས་གཞོན་པ་རྣམས་མ་ཁོ་ནར་སྐྱབས་དང་བརྟེན་པ་རེ་ཞིང་། དེའི་ཕྱི་ན་འབྲང་པ་ལྟར། སངས་རྒྱས་ཀྱི་བསྟན་པ་ཁོ་ན་ལ་སྐྱབས་རྩོལ་ཞིང་འཇུག་པར་འགྱུར་རོ། །ཡིད་ཆེས་པའི་དད་པ་ནི། དགུན་གཞུའི་རྒྱུད་བཞིན་ཡིད་ཆེས་དད་པ་ཡིས། ཐེ་ཚོམ་སེལ་ཏེ་ཤེས་པ་གཞུང་ཚུགས་

འགྱུར། ཞེས་པ། དཔེར་ན་དགུན་གཞུའི་རྒྱུད་ཐང་ལྷོད་མེད་པར་སྲ་ཐེང་པ་བཞིན་དུ་རྒྱུ་འབྲས་ལ་ཐེ་ཚོམ་ཡིད་གཉིས་སེལ་ཏེ། ཤེས་པ་དགེ་བའི་ཕྱོགས་ལ་ཐང་ཆོད་ཅིང་གཞུང་ཚུགས་པར་འགྱུར། རྒྱུན་རིང་བའི་དད་པ་ནི། ཆུ་བོ་ཆེན་པོ་རྒྱུན་དུ་འབབ་པ་ལྟར། །རྒྱུན་ཐག་རིང་བའི་དད་པ་སྐྱོ་ངལ་མེད། །ཅེས་པ། དཔེར་ན་ཆུ་བོ་ཆེན་པོ་རྒྱུན་དུ་འབབ་པ་ལྟར། དགེ་བའི་ཕྱོགས་སྒྲུབ་པ་ལ་སྐྱོ་ངལ་དང་ཆད་དུབ་སོགས་ཀྱི་བར་དུ་མི་ཆོད་པར་རྒྱུན་དུ་བརྩོན་པར་བྱའོ། །ཕྱིར་མི་ལྡོག་པའི་དད་པ་ནི། སྲོག་ཆད་མི་གང་ལྡོག་པ་མེད་པ་བཞིན། །ཕྱིར་མི་ལྡོག་པའི་དད་པ་མཐའ་རུ་ཕྱིན། །ཞེས་པ། དཔེར་ན་སྲོག་ཆད་ནས་ཤི་ཟིན་པའི་མི་གང་ཡིན་པ་དེ་ནི། ཕྱིས་ལྡོག་པ་མེད་པ་བཞིན་ཚུལ་ཁྲིམས་ལ་སོགས་པའི་དགེ་སྦྱོར་དུ་ཞུགས་ནས་བར་ཆོད་ཀྱི་རྐྱེན་གང་གིས་ཀྱང་མི་ལྡོག་པར་མཐར་ཕྱིན་པ་བྱའོ།།

དྲུག་པ་དད་པའི་བྱེད་ལས་ནི། རྒྱ་མཚོའི་གཏིང་ན་འཛོག་པོའི་ཀླུ་གནས་པ། །པད་མ་སྟོང་བརྩེགས་ཙུས་སྤལ་ཁྲ་བོ་ཡིས། །ཆུ་ལས་འོ་མ་དུག་ལས་རྩི་ཕྱེ་བཞིན། དགེ་སྡིག་སྤོང་ལེན་ཚོགས་གསོག་སྒྲིབ་པ་སྦྱངས། །ཞེས་རྒྱ་མཚོའི་གཏིང་ན་ཀླུ་འཛོག་པོ་དེས་ཙུས་སྤལ་གྱིས་གཟུགས་བཟུང་སྟེ། དེ་ཡང་ཕོ་ཐམས་ཅད་ཀྱི་རྒྱབ་ཏུ་འཁོར་ལོ། མོ་ཐམས་ཅད་ཀྱི་རྒྱབ་ཏུ་པད་མའི་རི་མོ་ཁྲ་བོར་དོད་པ་དེ་དག་གིས་ཆུ་དང་འོ་མ་འདྲེས་པ་སོ་སོར་ཕྱེ་ནས་འོ་མ་ལེན་པའམ། དུག་དང་རྩི་འདྲེས་པ་ཕྱེ་ནས་རྩི་ལེན་པ་བཞིན་དུ། དད་པ་སྐྱེས་ན་རང་གི་སེམས་རྒྱུད་ལ་སྡིག་པའི་ཕྱོགས་རྣམས་དུག་ལྟ་བུ་མཐོང་ནས་སྤོང་ཞིང་དགེ་བའི་ཚོགས་རྣམས་རྩིའི་ཚུལ་དུ་ལེན་པས་ཚོགས་གཉིས་བསགས་ཤིང་སྒྲིབ་པ་སྦྱོང་བར་བྱེད་དོ།།

བདུན་པ་ཡོན་ཏན་ནི། དོང་ནས་བཙོན་ཐར་ཞིང་ས་གཤིན་པོའམ། །དག་བྱེད་ཆུ་བཞིན་སྔར་བསགས་སྒྲིབ་པ་སྦྱོང་། །མ་འོང་དགེ་བ་ཐམས་ཅད་འཕེལ་བར་འགྱུར། །འཁོར་བའི་གནས་ནས་ཐར་པའི་བྱང་ཆུབ་འཐོབ། །ཅེས་པ། དཔེར་ན་དོང་དུ་བཙུག་པའི་བཙོན་བུ་དེས་གནས་དེ་ལས་ཐར་ཐབས་ཕོ་ན་བསམ་ཞིང་ཐབས་དུ་མས་ཐར་ཐབས་ལ་འབད་ནས་ཐར་པ་བཞིན། འཁོར་བའི་གནས་འདི་དག་མི་བདེ་བ་བཙོན་དོང་དང་འདྲ་བར་རྟོགས་པའི་དད་པ་དང་ངེས་འབྱུང་སྐྱེས་ནས་དེ་ལས་ཐར་པའི་ཐབས་དགེ་བ་ཁོར་ན་ཡིད་ལ་བྱེད་ཅིང་འཇུག་པས་ཐར་པ་བྱང་ཆུབ་ཐོབ་པར་འགྱུར་རོ། །དད་པ་འདི་ནི་ཞིང་ས་གཤིན་པོ་དང་ཡང་འདྲ་སྟེ། དེ་ལ་ས་བོན་ཅི་བཏབ་མ་ཉམས་པར་འབྲས་བུ་སྐྱེ་འཕེལ་ཆེ་བར་སྨིན་པ་བཞིན་དུ་མ་འོང་པའི་དགེ་བ་ཐམས་ཅད་ཀྱང་གསར་དུ་བསོག་ཅིང་། སྔར་ཡོད་ཀྱི་དགེ་བ་རྣམས་རྒྱ་ཆེར་ཡང་འཕེལ་བར་འགྱུར་རོ། །དག་བྱེད་ཀྱི་ཆུ་དང་འདྲ་སྟེ། དཔེར་ན། འདག་ཚལ་སོགས་དག་བྱེད་ཀྱི་ཆུས་དྲི་མ་ཅན་ཅི་ལྷ་བུ་བཀྲུས་ན་དག་པར་འགྱུར་བ་བཞིན། དད་པ་འདི་ཡོད་ན་སྔར་བསགས་ཀྱི་སྒྲིབ་པ་ཡང་སྦྱང་ནུས་སོ། །གལ་ཏེ་སངས་རྒྱས་དང་བྱང་ཆུབ་སེམས་དཔའི་ཡོན་ཏན་བཤད་ཀྱང་དད་མོས་ཙུང་ཟད་ཀྱང་མི་སྐྱེ་བ་དང་། ལས་འབྲས་ཀྱི་ངེས་པ་བཤད་ཀྱང་ཡིད་ཆེས་ཙུང་ཟད་ཀྱང་མི་སྐྱེ་བ་དང་། ངན་འགྲོའི་སྡུག་བསྔལ་ཐོས་ཀྱང་སྐྲག་འཇིགས་ཙུང་ཟད་ཀྱང་མི་སྐྱེ་བ་དང་། རབ་ཏུ་བྱུང་བ་དང་བསྟན་པ་ལ་འཇུག་པའི་བསམ་པ་ཙུང་ཟད་ཀྱང་མི་སྐྱེ་བ་དང་། གལ་ཏེ་རབ་ཏུ་བྱུང་ན་ཡང་འཚོ་བ་ལ་སོགས་བསྙེན་བཀུར་འབའ་ཞིག་གི་ཆེད་དུ་བྱས་ཤིང་། ཐོན་ཤེས་པ་དང་བཤད་པ་ཐམས་ཅད་ཀྱང་བཀུར་བསྟི་ཁེ་གྲག་འབའ་ཞིག་གི་ཆེད་དུ་བྱེད་པ་དེ་ནི་བསྒྲིབས་

མ་ལ་སོ་ནམ་བྱས་ཀྱང་ལོ་ཐོག་མི་འབྱུང་བ་ལྟར་ཚུལ་འཆོས་ཀྱི་སྤྱོད་པ་ཅི་ཙམ་གཟབ་ཀྱང་ཐར་པའི་རྩ་བ་ཆད་པས་རྟག་ཏུ་འཁོར་བར་གནས་ཤིང་ཤས་ཆེར་ངན་འགྲོར་ལྟུང་སྟེ། ཀུན་ནས་ཉོན་མོངས་པ་དང་གཏན་དུ་ལྡན་པ་དེ་ནི་ཐར་པའི་རྒྱུ་མེད་པའི་ཕྱིར་མྱ་ངན་ལས་འདའ་མི་སྲིད་དོ། །ཞེས་པ། དེའི་ཕྱིར་ཡོན་ཏན་ཐམས་ཅད་ཀྱི་གཞི་རྟེན་དང་སྔོན་འགྲོ་ཡིན་པས་དད་པ་འདི་རྒྱུད་ལ་ཅི་སྐྱེ་བྱེད་དགོས་ཏེ། མདོ་ལས། དད་པ་དྲག་པོ་འདི་ནི་ཕྱིར་མི་ལྡོག་པའི་རྒྱུ། བསོད་ནམས་དེ་ཆེ་དཔག་ཏུ་མེད་པ་ཡིན། ཞེས་སོ། །དོན་ལྔ་པ་དད་པ་བསྟན་པའོ།། །།

དེ་ལྟར་བཤེས་གཉེན་གྱི་ཡོན་ཏན་དང་དལ་འབྱོར་དང་མི་རྟག་པ་དང་ཉེས་དམིགས་སོགས་ཐུན་དུ་བཅད་ནས་རིམ་གྱིས་བསྒོམ་པས། རྙེད་དཀའ་བའི་དལ་འབྱོར་ཐོབ་པ་ལ་སྐད་ཅིག་ཀྱང་དལ་བར་ཕངས་ནས་འཆི་བ་མི་རྟག་པ་ལ་ཡིད་སྨྲོགས་པས་ཚེ་འདིར་དོན་གཉེར་གྱི་བློ་ལྡོག འཁོར་བ་ཐམས་ཅད་སྡུག་བསྔལ་གྱི་རང་བཞིན་དུ་ཤེས་ནས་དེ་ལས་ཡིད་ངེས་པར་འབྱུང་བས། ཐར་པ་མྱང་འདས་ཐོབ་འདོད་ཀྱི་བློ་སྐྱེ་བའི་དད་པ་དང་ལྡན་པ་དེས་ནི་སྒོམ་པས་ཆུ་ཁོ་ན་ཡིད་ལ་བྱེད་པ་བཞིན་དགེ་བ་ཁོ་ན་ཡིད་ལ་དུང་དུང་བྱེད་པ་ན་ མྱུར་དུ་སངས་རྒྱས་ཀྱི་བསྟན་པ་ལ་འཇུག་དགོས་པས། དེའི་འཇུག་སྒོ་ཡང་། ཡང་རྩེ་ལས། སྐྱབས་འགྲོ་ནི་ཐེ་བ་ཐམས་ཅད་ཀྱི་ཐོག་མ། དགེ་སྦྱོར་ཐམས་ཅད་ཀྱི་སྔོན་འགྲོ། སྡོམ་པ་ཐམས་ཅད་ཀྱི་གཞི་རྟེན་ཞེས་གསུངས་པ་ལྟར། ཐོག་མར་སྐྱབས་སུ་འགྲོ་བ་ལ་འཇུག་དགོས་པས་དེ་ལ་གཉིས། དངོས་དང་། ཞར་བྱུང་ངོ།།

དང་པོ་ལ་བཞི་སྟེ། སྐྱབས་སུ་འགྲོ་བའི་རྒྱུ་དང་། ངོ་བོ་དང་། ཕན་ཡོན་དང་།

བསླབ་བྱའོ། །དང་པོ་རྒྱུ་དང་། ཚོ་ག་གཉིས་ལས། དང་པོ་ནི། ལུས་ཅན་གང་ཞིག་སྡུག་བསྔལ་མཐོང་བ་ཡིས། །འཇིགས་པ་དེ་ལས་སྐྱོབ་པར་བྱེད་པའི་བློས། །སྐྱབས་གནས་ཁྱད་པར་བྱས་པས་སངས་རྒྱས་སོགས། །ནུས་པའི་ཡོན་ཏན་ངེས་པས་སྐྱབས་སུ་འཛིན། །ཞེས་པ། མདོ་ལས། ལུས་ཀྱི་མཚན་ཉིད་ཐར་པ་མེད་པས་ལུས། །ཞེས་པ་བཞིན་ལུས་ཅན་འཁོར་བའི་སེམས་ཅན་རྣམས་སྐྱབས་སུ་འགྲོ་བའི་སྐལ་པ་དང་ལྡན་པ་དག་གིས་སྐྱབས་གནས་ལ་སྐྱབས་ཚོལ་བའི་བློ་ནི་རྒྱུ་གཉིས་ཀྱིས་སྐྱེད་པར་བྱེད་དེ། དེ་གང་ཞེ་ན། འགྲོ་བ་རིགས་དྲུག་གི་སྡུག་བསྔལ་ལ་ལེགས་པར་བསམ་པས། དེ་དག་ལ་རང་དབང་མེད་པར་ལས་ཀྱི་དབང་གིས་རེས་མོས་སུ་སྤྱོད་དགོས་ལ། དེའི་ཚེ་སྡུག་བསྔལ་དེ་དག་ལ་བཟོད་གླགས་མེད་ཅིང་མཐའ་མེད་དོ་སྙམ་པའི་འཇིགས་པ་སྐྱེ་བ་དང་། སྡུག་བསྔལ་གྱི་འཇིགས་པ་དེ་ལ་ཐར་ཐབས་སེམས་པ་དང་། རང་སྟོབས་ཀྱིས་མི་ནུས་པས་དེ་ལས་སྐྱོབས་པར་ནུས་པའི་སྐྱབས་གནས་གང་དག་ལ་ངེས་པར་སྐྱབས་ཚོལ་དགོས་སྙམ་པར་འདོད་པའི་བློ་དང་གཉིས་ཏེ། དེ་གཉིས་ནི་སྔར་ནི་ཨུ་ཚུང་མས་ལམ་དུ་སྡུག་བསྔལ་གྱི་མཐོང་སྣང་གིས་འཇིགས་ནས་དགེ་བ་ལ་ཐང་ཆོད་པའི་བློ་སྐྱེས་པ་བཞིན་ནམ། དཔེར་ན་ལམ་དུ་ཤ་མཁན་དཔའ་བོ་སྟོབས་ལྡན་ཡོད་ངེས་ལ་འཇིགས་ཤེས་པ་དང་། དེ་སྐྱོབས་ནུས་པའི་ཁེ་དྲེགས་ཤིག་ལ་སྐྱེལ་མ་བཙལ་ན་ཐར་པ་ལྟ་བུའོ། །དེ་ལས་གཞན་རང་ཉིད་བཙོམ་ནུས་ངེས་ཀྱི་དགྲ་ཡོད་བཞིན་དུ། དེ་ལ་འཇིགས་མི་ཤེས་པ་དང་། འཇིགས་སྐྲག་གི་བློ་སྐྱེས་ཀྱང་སྐྱེལ་མ་མི་འཚོལ་བའམ། ཚོལ་ཡང་སྐྱེལ་མི་ནུས་པའི་ཁས་ཞན་པ་ལ་བརྟེན་ན་སྐྱོབས་མི་ནུས་པ་བཞིན་དུ། བློ་དེ་གཉིས་འཚོགས་པ་མེད་ན་སྐྱབས་འགྲོ་ནུས་ལྡན་མཚན་ཉིད་པ་མི་སྐྱེ་བས། དེ་

གཉིས་སྐྱེས་པ་ལ་ནན་ཏན་དུ་བྱའོ། །དེ་ཡང་སྡུག་བསྔལ་གྱིས་འཇིགས་པའི་བློ་ནི། འཁོར་བའི་ཉེས་དམིགས་སྤྱི་དང་ཁྱད་པར་གོང་དུ་བསྟན་པ་དེ་དག་ལ་ལེགས་པར་བསམ་པ་ལས་སྐྱེ་ལ། སྐྱབས་གནས་ཚོལ་བའི་བློ་ནི་སྐྱོབས་ནུས་པ་དང་མི་ནུས་པའི་ཁྱད་པར་དབྱེ་བས་རང་ཉིད་འཇིགས་པ་མཐའ་དག་ལས་གྲོལ་བ། གཞན་སྐྱོབས་པའི་ཐབས་ལ་མཁས་པ། ཕྱོགས་རིས་མེད་པའི་དོན་མཛད་པ་གསུམ་དང་ལྡན་པ་དགོས་ཏེ། དེ་དག་མེད་ན་སྐྱོབ་པར་མི་ནུས་པ་དང༌། སྐྱོབས་ཐབས་མི་ཤེས་པ་དང༌། ཤེས་ཀྱང་མི་སྐྱོབ་པའི་ཕྱིར་རོ། །དེ་ཡང་སངས་རྒྱས་ཁོ་ན་ལ་ཡོན་ཏན་དེ་དག་ངེས་པར་ཡོད་པས་ན་སྐྱབས་གནས་སུ་འཛིན་གྱི། དབང་ཕྱུག་སོགས་ལ་ཡོན་ཏན་དེ་མེད་པར་ཤེས་ནས་སྐྱབས་སུ་མི་འཛིན་ནོ། །ཡོན་ཏན་དེ་ལྡན་གྱི་སངས་རྒྱས་ལ་སྐྱབས་སུ་འཛིན་འོས་པ་ལྟར། སངས་རྒྱས་དེ་སྐྱེད་པའི་རྒྱུ་འགོག་བདེན་དང་ལམ་བདེན་གྱིས་བསྡུས་པའི་རྟོགས་པའི་བོན་དང་དེ་སྟོན་བྱེད་ཀྱི་ལུང་གི་བོན་དང༌། བོན་དེ་ལ་བརྟེན་ནས་སངས་རྒྱས་སྒྲུབ་པ་པོ་སེམས་དཔའ་ལ་ཡང་སྐྱབས་སུ་ངེས་པར་འཛིན་འོས་པའོ།།

གཉིས་པ་ཚིག་ནི། དུས་འདི་ནས་བཟུང་སྟེ་བྱང་ཆུབ་འབྲས་བུའི་བར། །བདག་གཞན་འཁོར་བའི་འཇིགས་པ་སྒྲོལ་འདོད་པས། ཞལ་སྐྱིན་རྟེན་དང་བླ་མའི་སྤྱན་སྔ་རུ། །མཆོད་པའི་ཚོགས་བཤམས་ཕྱུལ་ཏེ་ཡོངས་སུ་འབུལ། །ཞེས་པ། སྐྱབས་འགྲོ་སྐྱེ་བའི་རྒྱུ་ཤུགས་དྲག་ན། དེ་སྐྱེས་པའི་ཆོ་གའམ་བརྡའ་ལས་ཐོབ་པར་བྱ་སྟེ། དེ་ཡང་དུས་ཀྱི་ཁྱད་པར་འདི་ནས་བཟུང་ནས་བྱང་ཆུབ་འབྲས་བུ་གྲུབ་པའི་བར་རོ། །འདོད་པའི་ཁྱད་པར་བདག་གཞན་མཐའ་དག་འཁོར་བའི་སྡུག་བསྔལ་གྱི་འཇིགས་པ་ལས་སྒྲོལ་བར་འདོད་པའི་བློས་སོ། །དེ་ལ་ཞལ་སྐྱིན་གྱི་རྟེན་གསུམ་དང་བླ་མའི་སྤྱན་སྔ་

ཏུ་མཆོད་པའི་ཚོགས་དངོས་སུ་འབྱོར་པའི་མཆོད་པ་འབྱོར་ཚད་བཤམས་ལ། ཡིད་ཀྱིས་ཀྱང་སྤྲུལ་ཏེ་འབུལ་བ་དང་། ཡོངས་སུ་བཟུང་པ་མེད་པའི་མཆོད་པ་རྣམས་ཕུལ་ཏེ། ཅོག་པུར་འདུག་སྟེ་ཐལ་མོ་རབ་སྦྱར་ནས། སྐྱབས་གནས་ཚོགས་ཀྱི་ཡོན་ཏན་དོན་བཞིན་དུ། དྲན་པ་དེ་ལ་གུས་པ་དང་བཅས་པས། ངག་ཏུ་སྐུ་གསུམ་ལྷུན་གྲུབ་སྟོབས་ཆེན་འཇིགས་པ་སེལ། །ཕྱོགས་དུས་སངས་རྒྱས་རྣམས་ལ་སྐྱབས་སུ་མཆིའོ། །ཐར་ལམ་བདེར་འབྱེད་ཡང་དག་བདེན་པའི་ཆོས། །བདེན་གཉིས་དོ་མཉམ་ཆོས་ལ་སྐྱབས་སུ་མཆིའོ། །སྒྲིབ་གཉིས་བྱང་སྦྱོང་གཞན་གྱི་དོན་ལ་བརྩོན། །གཤེན་རབ་སེམས་དཔའི་ཚོགས་ལ་སྐྱབས་སུ་མཆིའོ། །དེ་སྐད་ལན་གསུམ་བརྗོད། བླ་མ་ཡོད་ན་རྗེས་ཟློས་ཐབས་ལེགས་དང་བཅས་པ་བྱ། མེད་ན་རང་གིས་བརྗོད་ལ་སྐྱབས་གསོལ་ཏེ་དམ་བཅའོ། །ཚིག་གི་དོན། སྐུའི་ཁྱད་པར་དབྱིངས་དང་རང་བཞིན་རྣམ་པར་དག་པ་གློ་བུར་གྱི་དྲི་མའི་སྒྲིབ་པ་མཐའ་དག་དང་ཡང་བྲལ་པའི་བོན་སྐུ་དང་། བསོད་ནམས་ཀྱི་ཚོགས་ཡོངས་སུ་རྫོགས་པས་བསྐྱེད་པའི་མཚན་དཔེས་བརྒྱན་པའི་ལོངས་སྤྱོད་རྫོགས་སྐུ་དང་། གདུལ་བྱ་མཐའ་དག་གདུལ་བ་ལ་རང་གི་མོས་པ་དང་མཐུན་པར་སྟོན་པ་ཅིར་ཡང་སྤྲུལ་པའི་སྐུ་སྟེ། སྐུ་གསུམ་ལྷུན་གྱིས་གྲུབ་པ་རྫོགས་པའི་སངས་རྒྱས་དེ་ལ་ཡེ་ཤེས་ཀྱི་ཁྱད་པར་གདུལ་བྱ་རྣམས་ལ་མངོན་མཐོ་དང་ངེས་ལེགས་ཀྱི་ལམ་སྟོན་པ་ལ་ཆགས་ཐོགས་མེད་པ། གནས་དང་གནས་མིན་མཁྱེན་པ་སོགས་མཁྱེན་པའི་སྟོབས་ཆེན་པོ་བཅུ་མངའ་བ་དེས། འཕྲིན་ལས་ཀྱི་ཁྱད་པར་ཕན་བདེ་ཁོ་ནའི་མཛད་པ་སྣ་ཚོགས་པ་དང་རྒྱུན་མི་འཆད་པ་དག་གིས་གདུལ་བྱ་རྣམས་ཀྱི་སྡུག་བསྔལ་གྱི་འཇིགས་པ་མ་ལུས་པ་སེལ་མཛད་པའོ། །དེ་ཡང་ཕྱོགས་རེ་དང་དུས་རེ་མ་

ཡིན་པར། ཕྱོགས་བཅུ་དང་དུས་གསུམ་གྱི་སངས་རྒྱས་ལ་སྐྱབས་སུ་འགྲོ་བའོ། །ཐར་པ་དང་ཐམས་ཅད་མཁྱེན་པ་ལ་འགྲོ་བའི་ལམ་གྱི་གོ་འབྱེད་པ་ལ། དྲན་པ་ཉེ་བར་བཞག་པ་ལ་སོགས་ལམ་ལྔའི་སྐབས་ཀྱི་རྟོགས་པ་གཡུང་དྲུང་གི་ཡན་ལག་སོ་བདུན་དང་། ས་བཅུ་ལ་རྫོགས་པའི་ཕར་ཕྱིན་གྱི་རང་བཞིན་བཅུ་ལ་སོགས་པའི་ཕན་ཡོན་གྱི་རྣམ་པའམ། ཡང་དག་པའི་མི་བསླུ་བ་བདེན་པའི་དོན་འགྲུབ་བྱེད་བདེན་པ་གཉིས་དོ་མཉམ་པ་སྟེ། ཐུང་འཇུག་ལ་བརྟེན་པའི་ཚོགས་གཉིས་སམ་ཐབས་ཤེས་རབ་ཀྱི་ལམ་ཚངས་པའི་བོན་དང་། སྒྲིབ་པ་གཉིས་ཀྱི་ཆེ་ལོང་སྤྱོར་ལམ་མན་དུ་བྱང་ནས། རྒྱུང་དུ་མངོན་གྱུར་བ་སྤྱོང་བར་བྱེད་པ་མཐོང་ལམ་པ་དང་། འཕྲ་བ་བག་ལ་ཉལ་བའི་སྒྲིབ་པ་སྤྱོང་བར་བྱེད་པ་སྒོམ་ལམ་པ་སྟེ། གཞན་དོན་ལ་བརྩོན་པའི་གཤེན་རབ་སེམས་དཔའི་ཚོགས་ཏེ། དེ་དག་གིས་སྐྱོབ་ནུས་པས་ན་སྐྱབས་སུ་འགྲོའོ།།

གཉིས་པ་སྐྱབས་འགྲོའི་ངོ་བོ་ནི། དེ་ལྟར་སངས་རྒྱས་བོན་དང་སེམས་དཔའ་ལ། །སྟོན་པ་ལམ་དང་སྒྲུབ་པའི་གྲོགས་ཞུ་སྟེ། །རྗེས་སུ་ཞུགས་ནས་བསྒྲུབ་ཅིང་བརྟེན་པས་ནི། །ཡིད་ཆེས་བློ་གཏད་གཞན་དུ་འགྱུར་བ་མིན། །ཞེས་པ། སངས་རྒྱས་ལ་སྐྱབས་སྟོན་པར་ཞུས་ཏེ་བསྟན་པ་ལ་རྗེས་སུ་ཞུགས་པའོ། །བོན་ལ་ལམ་ཞུས་ཏེ་བོན་ལས་སྤངས་བླང་གི་གནས་རྣམས་ལ་འདོར་ལེན་ཚུལ་བཞིན་བསྒྲུབ་པའོ། །གཤེན་རབ་སེམས་དཔའ་ལ་གྲོགས་ཞུ་སྟེ་དེ་ལ་བརྟེན་ནས་མཛད་སྤྱོད་མཐུན་པར་བསྒྲུབ་པའོ། །དེའི་ཕྱིར་སྐྱབས་གསུམ་པོ་དེ་དག་ལ་ནུས་པ་ཡོན་ཏན་ཁྱད་པར་ཅན་དུ་ཡོད་པར་ཤེས་ནས་ཡིད་ཆེས་པས། རང་གི་ཉེས་ལེགས་འདོར་ལེན་བསམ་པ་ཐམས་ཅད་སྐྱབས་གནས་དེའི་དབང་དུ་བྱེད་པས་བློ་གཏོད་པ་ཡིན་གྱི། སྟོན་པ་གཞན་སེར་སྐྱ

དང་ཕུར་བུ་ལ་སོགས་དང་། དེའི་བསྟན་པའི་རྗེས་སུ་ཞུགས་པ་དག་ལ་བློ་ཕྱོགས་པའམ་ཡིད་འགྱུར་བ་མ་ཡིན་ནོ།།

གསུམ་པ་ཡོན་ཏན་ནི། གང་ཞིག་འཇིག་རྟེན་རྗེ་ཡི་ཡོན་ཏན་བཞིན། །སངས་རྒྱས་སྐྱབས་ཚུད་སྐྱོན་ཡོན་འཕེལ་འགྲིབ་ཞིང་། །འདི་ཡི་བར་ཆོད་རྣམས་སེལ་བར་ནོ་ཊ། །སྐྱོབ་བྱེད་ཕྱི་མ་ལ་ཡང་གདུལ་བྱར་འགྱུར། །ཞེས་པ། གང་ཞིག་འདི་དག་ཚུལ་བཞིན་སྐྱབས་སུ་འགྲོའི་ཕན་ཡོན་ནི། དཔེར་ན་འཇིག་རྟེན་གྱི་ཁམས་ཉེན་པོ་རྣམས་རྗེ་དཔོན་དབང་ཅན་ནམ། ཁས་དྲག་ཅན་ལ་བརྟེན་ནས་རང་འཇིགས་པ་ལས་གྲོལ་ནས་གཞན་ཡང་སྐྱོབས་ནུས་པའི་ཡོན་ཏན་འབྱུང་བ་དང་། སངས་རྒྱས་ཀྱི་སྐྱབས་སུ་ཚུད་པས་འཇིག་རྟེན་པ་ལས་གྲོལ་བ་དང་། སྔར་ལོག་པར་ལྟ་བ་ལ་སོགས་པའི་སྡིབ་པ་ཐམས་ཅད་སྲབ་པ་དང་། ཟད་པར་འགྱུར་ཞིང་མུ་སྟེགས་པའི་སྟོན་པ་དང་བསྟན་པ་དག་ལ་ཡིད་མི་ཕྱོགས་པས་ལམ་གོལ་བར་མི་འགྱུར་རོ། །སྔོན་བསགས་ཀྱི་སྡིབ་པ་ཡང་སྲབ་པ་དང་ཟད་པར་འགྱུར་ཏེ། སྔོན་ཕག་ཏུ་སྐྱེ་བར་འགྱུར་ལྟས་བྱུང་བ་ཞིག་གིས་སྐྱབས་འགྲོ་བྱས་པ་དེར་མ་སྐྱེས་པ་ལྷ་ རུ་སྐྱེས་པ་ལྷ་བུའོ། །སྡོམ་པ་ཐམས་ཅད་ཀྱི་རྟེན་དུ་འགྱུར་བ་དང་། བསོད་ནམས་རྒྱ་ཆེན་པོ་གསོག་པ་དང་ཡོན་ཏན་གྱི་ཕྱོགས་རྣམས་འཕེལ་བས་མྱུར་དུ་འཚང་རྒྱ་བར་གྱུར་ཏེ། སྐྱབས་སོང་བསོད་ནམས་གཟུགས་ཡོད་ན། །ནམ་མཁའ་འདི་ཡང་སྣོད་དུ་ཆུང་། །ཞེས་པ་བཞིན་ནོ། །བསྲུང་བའི་ཚོགས་དང་ལྡན་པས་ཚེ་འདིར་མི་དང་མི་མ་ཡིན་གྱི་བར་ཆོད་སེལ་ཏེ། གཤིན་ཁྲི་རྗེ་ཡོངས་རྫོགས་མུ་སྟེགས་ཀླུང་ཞགས་ཀྱིས་མ་ཚུགས་པའི་གཏམ་རྒྱུད་བཞིན་ནོ། །བར་དོ་ལ་ཡང་གཤིན་རྗེའི་འཇིགས་པ་ལ་སྐྱོབ་ཅིང་། ཕྱི་མར་གདུལ་བྱར་འགྱུར་བ་ནི། གཏོ་

བུའི་གཏམ་རྒྱུད་བཞིན་ནོ། །འདི་དག་མཚོན་པ་ཙམ་སྟེ་གཞན་ཡང་ཤིན་ཏུ་མང་ངོ་།།

བཞི་པ་ལ་གཉིས། སྤྱིའི་བསླབ་བྱ་དང་། བྱེ་བྲག་གི་བསླབ་བྱའོ། །དང་པོ་ནི། དེ་ལྟར་ཡོན་ཏན་དྲན་པས་ཡང་ནས་ཡང་། །སྐྱབས་སུ་འགྲོ་བྱ་མཆོད་པ་རྒྱུན་དུ་བརྩོན། །འཕྲིན་ལས་གསོལ་བཏབ་སྲོག་གི་ཕྱིར་མི་སྤང་ངས། །ཞེས། དེ་ལྟར་ཡོན་ཏན་རྗེས་སུ་དྲན་པས་ཡང་ཡང་སྐྱབས་སུ་འགྲོ་སྟེ། ཞག་གཅིག་ལ་དུས་དྲུག་སོགས་སུ། བཀའ་དྲིན་རྗེས་སུ་དྲན་པས་མཆོད་པ་ལ་རྒྱུན་དུ་བརྩོན་ཏེ། རང་གི་བདེ་ལེགས་ཐམས་ཅད་སྐྱབས་གནས་ཀྱི་བཀའ་དྲིན་དུ་ཤེས་ནས། དྲིན་གཟོ་བའི་བསམ་པས་མཆོད་པ་ལ་རྒྱུན་དུ་བརྩོན་པར་བྱ་སྟེ། དེ་ལ་དངོས་འབྱོར་ནི་འབྱོར་བ་དང་བསྟུན་ནས་རྒྱུན་དུའམ་དུས་ཆེན། དུས་བཟང་རྣམས་སུ་ལྷག་པར་འབུལ་ཞིང་བཟའ་བཏུང་གི་དུས་སུ་མ་ཆགས་པར་འབུལ་ལོ། །ཡིད་ཀྱིས་སྤྲུལ་པ་དང་བདག་པོས་མ་བཟུང་བ་ནི་དུས་དྲུག་ཏུ་སྐྱབས་སུ་འགྲོ་ཞིང་འབུལ་ལོ། །དད་པས་བྱས་ན་མཎྜལ་མེ་ཏོག་ཆུ་གཙང་སོགས་དང་ཡིད་ཀྱིས་སྤྲུལ་པ་སོགས་གང་ཕུལ་བ་ལ་བསོད་ནམས་རྒྱ་ཆེར་ཐོབ་པར་བཤད་པས། དངོས་པོ་ཆུང་བ་སོགས་ལ་ཁྱད་དུ་བསད་པར་མི་བྱའོ། །ཕྱུས་པ་རྗེས་སུ་དྲན་པས་དགོས་པ་གཞན་མི་བརྟེན་པ་ནི། རང་གི་འདོད་དོན་སྒྲུབ་པ་དང་། མི་འདོད་པ་སེལ་བ་སོགས་གང་ལ་ཡང་མཛད་པའི་འཕྲིན་ལས་མཐུ་ལྡན་གྱི་སྐྱབས་གནས་མཆོད་དེ་གསོལ་བ་གདབ་པར་བྱ་བ་ལས། །དེ་དང་མི་མཐུན་པའི་འཇིག་རྟེན་གྱི་ལྷ་འདྲེ་མཆོད་བསྐྲད་ཙམ་ལ་རེ་བར་མི་བྱའོ། །དེ་ཡང་ནད་པས་སྨན་པ་ལ་རེ་ལྟོས་འཆའ་བ་བཞིན་འཕྲུལ་གྱི་བྱ་བ་སྒྲུབ་པའི་སྟོང་ཙམ་དུ་མ་གཏོགས། ཐུགས་སུ་ནི་སྐྱབས་གནས་ལ་རེ་ཐག་ཆད་ནས་སྟོང་བ་ནི་ཤིན་ཏུ་མི་རུང་བས་སྲོག་གི་ཕྱིར་ཡང་གཏོང་བར་མི་བྱའོ།།

གཉིས་པ་བྱེ་བྲག་གི་བསླབ་བྱ་ནི། སེམས་ཅན་དོན་བྱ་དཀའ་ཚེགས་ཁྱད་མི་གསོད། །ཕྱིག་པའི་གྲོགས་སྤོང་སྐུ་གཟུགས་ལ་སོགས་དང་། །གླེགས་བམ་ཡི་གེ་སྤྱི་དམ་གཅིག་པ་ལ། །སྲི་ཞུ་གུས་པ་ཆེར་བྱེད་དེ་མིན་སྤང་། །རྒྱལ་སྲིད་གཅིག་པའི་ཁྲིམས་བཞིན་བྱ་བའོ། །ཞེས་པ། སངས་རྒྱས་ལ་སྐྱབས་ནས་སེམས་ཅན་གྱི་དོན་བྱ་སྟེ། དེས་སངས་རྒྱས་མཉེས་པའི་ཕྱིར་ཏེ། སེམས་ཅན་རྣམས་ལ་ཕན་པར་གྱིས། །བདག་ལ་ཕན་པ་དེ་ཉིད་དོ། །ཞེས་དང་། སེམས་ཅན་མགུ་བྱ་མ་གཏོགས་པ། །རྒྱལ་བ་དགྱེས་པའི་ཐབས་གཞན་མེད། །ཅེས་གསུངས་པ་ལྟར་རོ། །སངས་རྒྱས་ཀྱི་ཞལ་སྐྱིན་སྐུ་གཟུགས་དང་མཆོད་རྟེན་དང་སྐུ་གདུང་ལ་སོགས་པ་ལ་མི་གུས་པ་སྤོང་ཞིང་གུས་པ་ཆེས་ཆེར་བྱའོ། །ཆོས་ལ་སྐྱབས་ནས་ལུང་ལ་ཡིད་ཆེས་ཏེ་དཀའ་ཚེགས་ཁྱད་དུ་མི་བསད་ཅིང་ཆོས་ཚིག་བཞི་ཡན་ཆད་ཀྱི་གླེགས་བམ་དང་ཡི་གེ་ལ་འགོམ་ཡུག་སོགས་དང་གཏའ་མར་བཞག་པ་དང་། ཟོང་དུ་བྱེད་པ། ལྷམ་དང་སྦྲག་ནས་ཁུར་བ་སོགས་མི་གུས་པ་སྤོང་བར་བྱའོ། །སེམས་དཔའ་ལ་སྐྱབས་ནས་ཕྱིག་པའི་གྲོགས་སྤངས་ཞིང་སྤྱིའི་དམ་ཚིག་གཅིག་པ་སྟེ། ཆོས་སྒོར་ཞུགས་པའི་གང་ཟག་ཙམ་ལ་ཡང་སྲི་ཞུ་དང་གུས་བཀུར་ཆེན་པོ་བྱ་ཡི། ཁྱད་དུ་བསད་པ་དང་སྐུར་པ་སོགས་སྤོང་པར་བྱ་སྟེ། དཔེར་ན། རྒྱལ་སྲིད་གཅིག་གི་ཁྲིམས་ལ་གནས་པ་དག་གིས་གཅིག་གིས་གཅིག་ལ་གནོད་པ་སྤོང་ནས་ཕྱོགས་བསྲུང་བ་བཞིན་དུ་བྱའོ། །འདི་གཞུང་ལས་བྱུང་བའི་བསླབ་བྱ་བསྡུས་པ་ཙམ་ཡིན་ལ། བསླབ་བྱ་རྒྱས་པ་ནི་ཟུར་ལ་ཡོད་པས་དེར་ལྟ་བར་བྱའོ། །དེ་ལ་སྐྱབས་སངས་རྒྱས་དེ་མེད་པའམ་སྐྱོབ་མི་ནུས་བསམ་པ་དང་། ལུང་གི་ཆོས་མི་བདེན་ནམ་རྟོགས་པའི་ཆོས་ལ་ཕན་ཡོན་མེད་སྙམ་པ་དང་། བཤེས་གཉེན་དགེ་སྡུད

ཚུལ་བཞིན་སྒྲུབ་པ་ལ། འབྲས་བུ་མི་འབྱུང་བསམ་པའི་ལོག་ལྟ་དངོས་དང་། དེ་དག་བདེན་ནམ་སྙམ་པའི་ཐེ་ཚོམ་སྐྱེས་ན་སྐྱབས་འགྲོའི་སྡོམ་པ་གཏོང་ལ། བསླབ་བྱ་དང་འགལ་ན་ཉེས་བྱས་ཡིན་པས་སྐྱབས་འགྲོའི་སྡོམ་པ་གཏོང་ན་ལོག་རྟོག་དེས་སྡོམ་པ་གཞན་གང་ཡོད་གཏོང་བས་སྐྱེ་བ་ཐམས་ཅད་དུ་སྡུག་བསྔལ་བརྒྱུད་མར་སྨྱོང་བས་སྐྱབས་གནས་གཏོང་བའི་བློ་དག་སྐད་ཅིག་ཀྱང་མི་སྐྱེ། བརྒྱ་ལ་བག་མེད་པ་སོགས་ཀྱིས་སྐྱེས་ན་ཡང་མྱུར་དུ་བཤགས་ལ་སྡོམ་པ་བསྐྱར་ནས་བསྲུང་བར་བྱའོ། །བསླབ་བྱ་དང་འགལ་ན་ཡང་བཤགས་ཤིང་འབད་པས་མི་འགལ་བར་བསྒྲུབ་པའི་རྩོལ་སེམས་བསྐྱེད་པར་བྱའོ།།

གཉིས་པ་ཞོར་འབྱུང་གཞན་གྱི་ལོག་རྟོག་དགག་པ་ལ་གཉིས་ཏེ། མདོ་རྒྱས་སོ། །དང་པོ་གསུམ་ལས། བཀའ་ལུང་དྲངས་པ་ནི། སྐབས་འདིར་བླ་མས་གཞན་ལོག་དགག་དགོས་གསུངས། །སྟོན་པའི་ལུང་ནས་མུ་སྟེགས་བཀག་པར་བཤད། །ཅེས་པ། གཞན་དག་ཆོས་སྤྱོང་གི་ཉེས་པར་འཛེམས་མི་ཤེས་པའི་བན་དེ་ན་རེ། ཕྱི་པ་ནང་པ་ནི། སྐྱབས་འགྲོས་ཕྱེ་ཟེར་ཞིང་། སྐྱབས་འགྲོ་སོགས་མཐུན་མི་མཐུན་ལ་མི་དཔྱོད་པར། བླུན་པོ་ཕྱོགས་ཞེན་ཅན་གྱི་ཆགས་སྡང་གིས་བོན་ལ་སྐུར་འདེབས་བྱས་པའི་ཚིག་དམ་དུམ་ལ་བདེན་པར་འཛིན་པ་གཞན་དག་ཀྱང་དེ་དག་གི་རྗེས་སུ་འབྲང་བ་འགའ་རེ་ཡོད་པས། དེ་དག་དགག་དགོས་ཏེ། སྐྱབས་འགྲོའི་སྐབས་འདིར་བླ་མ་རི་ཁྲོད་པས་གཞན་ལོག་རྟོག་ཅན་དགག་དགོས་པར་གསུངས་སོ། །དེ་དག་བཀག་པ་ལ་ཉེས་པ་མེད་དེ། སྟོན་པས་ཀྱང་གཏན་ཚིགས་ཐེག་པ་སོགས་ཀྱི་ལུང་ནས་མུ་སྟེགས་ཀྱི་ལོག་རྟོག་བཀག་པར་བཤད་དོ།།

གཉིས་པ་བསམ་དོན་བཞག་པ་ནི། ཕྱོགས་རིས་ཧ་ངས་རང་གཞུང་སྐྱོང་མིན་ཏེ། །དོན་གྱི་འདུག་ཚུལ་སྒྲོ་བསྐུར་མེད་བརྗོད་ཅིང་། །ཞེས་པ། རང་གི་འཇུག་སྒོའི་ཕྱོགས་རིས་དང་། གཞན་ལ་ཧ་ང་བས་རང་ལུགས་སྐྱོབ་པ་མི་ནུས་ཏེ། བོན་ལ་སྒྲོ་བསྐུར་འདེབས་པ་པོས་ལེགས་པར་བརྟགས་ན། དེའི་འདུག་ཚུལ་ལ་དེ་སྐྱོན་དེ་མེད་པར་བརྗོད་པ་ཙམ་མོ།།

གསུམ་པ་དགོས་པ་ནི། བློ་ཆུང་ཕོང་དགའི་ལམ་གེགས་བསལ་བའི་ཕྱིར། །ཁྲག་དོག་སེམས་ལྡན་སྒྲོ་སྐུར་བཟློག་པར་བྱ། །ཞེས་པ། བོན་དར་ན་མི་དགའ་བའི་ཁྲག་དོག་གི་སེམས་དང་ལྡན་པ་དེ་དག་གིས་བོན་ལ་སྒྲོ་སྐུར་འདེབས་པ་དག་ལུང་རིགས་ཀྱིས་བཟློག་པར་བྱ་དགོས་ཏེ། དེ་མ་བཟློག་ན་རང་གི་གཞུང་ལུགས་ལ་སྲུངས་པ་མ་བྱས་ཤིང་། དཔྱད་སྟོབས་ཀྱི་བློ་གྲོས་ཆུང་བ་དག ཕོང་དགེ་བའམ་རྒྱུད་ལེགས་པར་ཡོད་ཀྱང་། བསྟན་པ་ལ་འཇུག་ཚེ་གཞན་གྱིས་བསླུས་ཏེ་ལོག་ལྟ་དང་ཐེ་ཚོམ་སྐྱེས་པར་འཇུག་པ་ལམ་གྱི་གེགས་སུ་འགྱུར་བ་ཡོད་པས་དེ་བསལ་བའི་ཕྱིར་དུའོ།།

གཉིས་པ་རྒྱས་བཤད་ལ་གཉིས། སྐྱོན་སྤང་དངོས་དང་། སྐྱོན་གང་ལ་གནས་པ་བརྟག་པའོ། །དང་པོ་ལ་གཉིས། དོན་ལྔའི་སྐྱོན་སྤང་པ་དང་། བརྟག་གཞིའི་སྐྱོན་སྤོང་ཁ་འཕང་བའོ། །དང་པོ་ལ་མདོ་རྒྱས་གཉིས་ལས། མདོར་བསྟན་པ་ནི། སྐབས་གནས་སྟོན་པ་ལྟ་སྤྱོད་འབྲས་བུ་ཡིས། །ཕྱི་རོལ་ནང་པའི་ཁྱད་པར་འབྱེད་པར་བྱེད། །ཅེས་པ། སྐབས་གནས་དང་། སྟོན་པ་དང་། ལྟ་བ་དང་། སྤྱོད་པ་དང་། འབྲས་བུ་དང་ལྔའི་སྒོ་ནས་ཕྱི་རོལ་མུ་སྟེགས་པ་དང་ནང་པ་སངས་རྒྱས་པའི་ཁྱད་པར་དབྱེ་དགོས་པས་དེ་དག་རེ་རེའི་ངོས་ནས་གང་ལ་སྐྱོན་ཡོད་མེད་བརྟག་པར་བྱའོ།།

གཉིས་པ་རྒྱས་བཤད་ལ་ལྔའི་དང་པོ་སྐྱབས་གནས་བརྟག་པ་ནི། དཀོན་མཆོག་སྐྱབས་གནས་མི་འཛིན་ཕྱི་རོལ་འགྱུར། །སྐྱབས་གནས་འཛིན་ན་མཐུན་པར་རིགས་ཞེས་ན། །སྐྱབས་གནས་མི་སྤྱང་ཚིག་མིན་དོན་ལ་གཅིག །སྐུ་དང་ཡེ་ཤེས་ལ་སོགས་མཐུན་པའི་ཕྱིར། །ཞེས་པ། གྲུབ་མཐར་ཞུགས་པ་གང་དག་དཀོན་མཆོག་གསུམ་ལ་སྐྱབས་གནས་མི་འཛིན་ན་མུ་སྟེགས་པར་འགྱུར་ཞིང་། དཀོན་མཆོག་གསུམ་སྐྱབས་གནས་སུ་འཛིན་ན། ནང་པ་སངས་རྒྱས་པར་མཐུན་པར་རིགས་སོ། །ཞེ་ན། རང་རེ་བོན་གྱི་བསྟན་པའི་སྐོར་ཞུགས་པ་རྣམས་ཀྱིས་སྐྱབས་གནས་དཀོན་མཆོག་གསུམ་ག་ལ་སྤྱང་ཀུང་སྟེ། བསྟན་པའི་འཇུག་སྒོར་སྐྱབས་འགྲོ་འཛུག་དགོས་པའི་ཕྱིར། དེས་ན་བོན་དང་ཆོས་ཟེར་བ་ལྟ་བུ་ཚིག་འགའ་རེ་མི་གཅིག་ཀྱང་འགོག་ལམ་ལ་སོགས་པའི་སྤྱོང་གཉེན་གྱི་དོན་ཐམས་ཅད་ཤིན་ཏུ་མཐུན་ཏེ། འབྲས་བུའི་སྐབས་ཀྱི་སྐུ་གསུམ་ཡེ་ཤེས་ལྔ་དང་། ལམ་གྱི་སྐབས་སུ་དྲན་པ་ཉེར་བཞག་སོགས་ལམ་ལྔའི་རྟོགས་པ་སྐྱེ་བར་སྟོན་པ་རྣམས་མཐུན་པའི་ཕྱིར། ཚིག་མི་མཐུན་པ་བཞིན་དོན་ཡང་དེ་དང་འདྲ་ཞེ་ན། རྒྱ་བོད་སྐྱབས་གནས་ཅི་ལྟར་མཐུན་པར་འགྱུར། །ཞེས་པ། བོན་དང་གཤེན་རབ་དང་ཆོས་དང་དགེ་འདུན་གྱི་ཚིག་མི་མཐུན་པ་བཞིན་དུ། དོན་ཡང་མི་མཐུན་པ་འདྲ་ཞེ་ན། རྒྱ་བོད་གཉིས་ཀྱང་སྐྱབས་གནས་ཅི་ལྟ་བར་འགྱུར་ཏེ། རྒྱ་གར་བ་དག་གིས། ན་མོ་བུདྡྷཱ་ཡ། དྷརྨཱ་ཡ། སངྒྷཱ་ཡ། ཟེར་བ་ལ། བོད་དག་གིས། སངས་རྒྱས་ལ། ཆོས་ལ། དགེ་འདུན་ལ་ཞེས་ཚིག་མི་མཐུན་པས་དོན་ཡང་མི་མཐུན་པར་འདྲ་བར་འགྱུར་རོ། །རྒྱ་བོད་དོན་གཅིག་བོད་སྐད་ཐ་དད་ན། །མི་ཞུགས་མིང་སོགས་ཅིའི་ཕྱིར་ན་གཅིག །ཅེས་པ། རྒྱ་བོད་གཉིས་ནི་སྐད་མི་འདྲ་བའི་དབང་གིས་ཚིག་ཐ་དད་ཀྱང་

དོན་གཅིག་ལ། བོད་སྐད་གཅིག་པུ་ལ་མིང་ཚིག་ཐ་དད་པར་བཏགས་དོན་མེད་པས་ཐ་དད་པར་འགྱུར་རོ་ཞེ་ན། བོད་ཀྱི་སྐད་གཅིག་པུ་ལ་ཡང་མི་དང་ཞུགས། རྒྱ་དང་ཆབ་ལ་སོགས་པའི་མིང་ཚིག་ཐ་དད་དུ་མ་ཡོད་པ་ཅི་ཡི་ཕྱིར་དོན་གཅིག་སྟེ། མིང་ཚིག་མི་འདྲ་བའི་ཕྱིར། དེ་དག་གི་དོན་འདྲ་ན། བོན་དང་ཆོས་སོགས་ཀྱང་ཚིགས་ཙུང་ཟད་ཙམ་རེ་མ་གཏོགས་དོན་ལ་ཤིན་ཏུ་མཐུན་ཏེ། བོན་དང་ཆོས་ཞེས་པའི་སྒྲ་འཇུག་པའི་ཡུལ་བརྒྱད་ཡོད་པ་སོགས་ཀྱང་མཐུན་པའི་ཕྱིར། ཚིག་ཙུང་ཟད་མི་མཐུན་པ་རྣམས་ཀྱང་། ཞང་བོད་སྐད་མི་འདྲ་བ་དང་། དུས་སྔ་འཕྱིའི་དབང་གིས་བརྡ་གསར་རྙིང་གི་ཁྱད་ཙམ་མ་གཏོགས་གཞན་ཅི་ཡང་མེད་དོ། །ཞལ་སྐྱིན་རྟེན་ལ་སོགས་པའི་མཆོད་གནས་ནི། ཕྱི་རོལ་ནང་པ་གང་དང་གང་མཐུན་བརྟག །ཅེས་པ། གཞན་ཡང་སངས་རྒྱས་ཀྱི་ཞལ་སྐྱིན་ལ་སོགས་དམ་པའི་བོན་ལ་སྐུ་གསུང་ཐུགས་ཀྱི་རྟེན་མཆོད་པའི་གནས་ཇི་སྙེད་ཅིག་བཞུགས་པ་དེ་ལ་ལྷག་པོ་ཞིག་གཞན་དུ་ཡང་ཡོད་མི་སྲིད་ལ། སངས་རྒྱས་གཟུགས་ཀྱི་སྐུ་ལ་ཞལ་ཕྱག་སོགས་མི་འདྲ་བ་དུ་མར་སྣང་བ་ནི་རྒྱུད་སྡེ་གོང་འོག་སོགས་གདུལ་བྱའི་དབང་གིས་འདུལ་བྱེད་སྐུའི་རྣམ་པ་མི་མཐུན་པ་སྣ་ཚོགས་སུ་ཡོད་དེ། རང་རང་གི་ལུགས་ནའང་ནང་གསེས་སུ་མི་འདྲ་བ་ཡོད་པ་བཞིན་ནོ། །དེས་ན་ཕྱི་རོལ་པ་དང་། ནང་པ་གང་གི་སྐྱབས་གནས་ལ་མཐུན་པར་བརྟག་སྟེ། དཀོན་མཆོག་གི་མཚན་ཉིད་མཚན་གཞི་སོགས་སྐྱབས་གསུམ་རྣམ་པར་བཞག་པའི་ལུང་རིག་ཚད་མས་ངེས་པར་བྱ་བ་ལས། ཕྱོགས་འཛིན་ཅན་ཁ་ཤས་ཀྱིས་སྨྲ་བ་ངན་པའི་རྗེས་སུ་འབྲང་བར་མི་བྱའོ།།

གཉིས་པ་སྟོན་པ་ལ་བརྟག་པ་ནི། བསྟན་གཅིག་སྟོན་པ་གཉིས་མི་འབྱུང་ཞེ་ན།

སྤྲུལ་སྐུ་སྟོན་པའི་མཚན་མང་དོན་ལ་གཅིག །གདུལ་བྱའི་སྣང་ཚུལ་ཐ་དད་བཤད་པ་དང་། །འགྲོ་བ་འདྲེན་པའི་ཐབས་ཚུལ་མཐུན་པའི་ཕྱིར། །ཞེས་པ། བསྟན་པ་གཅིག་ལ་སྟོན་པ་གཉིས་མི་འབྱུང་སྟེ། གཅིག་ཤོས་མི་བདེན་ཞེ་ན། སྤྲུལ་པའི་སྐུ་ལ་སྟོན་པ་བཅོམ་ལྡན་འདས་དང་གཤེན་རབ་སོགས་མཚན་ཙམ་མི་མཐུན་ཡང་དོན་ལ་གཅིག་སྟེ། སྤྲུལ་པའི་སྐུས་གདུལ་བྱའི་མོས་པ་དང་མཐུན་པར་སྣང་ཚུལ་དུ་བྱ་དང་གླང་པོ་ལྷ་དང་མི་ལ་སོགས་པའི་རྣམ་པ་ཐ་དད་ཇི་ལྟར་བསྟན་ཡང་། འགྲོ་བ་འདྲེན་པའི་ཐབས་ལ་ལམ་ལྔ་དང་། ས་བཅུ་དང་། ཕར་ཕྱིན་དྲུག་དང་། ཚད་མེད་བཞི་དང་། བསླབ་པ་གསུམ་དང་། ཚོགས་གཉིས་སོགས་ཐམས་ཅད་མཐུན་པའི་ཕྱིར། ལོ་རྒྱུས་ལ་སོགས་མི་མཐུན་བཤད་ཅེ་ན། །ཕྱོགས་དང་ཕ་རོལ་ཕྱིན་སོགས་སྟོན་པ་རྣམས། །ཐ་དད་སྣང་ཕྱིར་གང་ཞིག་བདེན་པར་བསྒྲུབས། །ཅེས་པ། ལོ་རྒྱུས་གནས་དང་ཡབ་ཡུམ་དང་སྐྱེས་བ་བཞེས་པའི་དུས་དང་། སྐྱེ་བ་བཞེས་པའི་ཚུལ་སོགས་མི་མཐུན་པར་བཤད་པས་ངོ་བོ་གཅིག་པ་མ་ཡིན་ནོ་ཞེ་ན། ཕྱོགས་ལས་རྒྱལ་བ་རྡོ་རྗེ་འཆང་དང་། ཕར་ཕྱིན་ནས་གསུངས་པའི་ཤཱཀྱ་ཐུབ་རྣམས་ཀྱང་དེར་ཐལ། ཐ་དད་དུ་སྣང་བའི་ཚུལ་གྱིས་བཤད་པའི་ཕྱིར། དེ་གཉིས་གང་ཞིག་བདེན་པར་སྒྲུབ་ནས་གཅིག་ཤོས་རྫུན་པར་འདོད་ག་ལ་རུང་སྟེ། སངས་རྒྱས་ཐམས་ཅད་མཉམ་པའི་ཕྱིར། ཀུན་གྱིས་ཆོས་གསུངས་མཐུན་པས་བདེན་ཞེ་ན། ཚིག་གཉིས་དོན་གཅིག་ཟན་དང་བཞེས་པ་བཞིན། གལ་ཏེ་མིན་ན་གང་དང་བརྟག་པ་མཚུངས། །ཞེས་པ། ཤཱཀྱ་ཐུབ་སོགས་ཀུན་གྱིས་ཆོས་ཞེས་གསུངས་པ་ཚིག་དོན་གཉིས་ཀ་མཐུན་པས་བདེན་ལ། གཤེན་རབ་སོགས་ཀྱིས་བོན་ཞེས་སུ་གསུངས་པས་ཚིག་མི་མཐུན་ཞེ་ན། ལམ་འབྲས་སོགས་བརྗོད་བྱའི་དོན་གཅིག་པར་

བརྟག་པ་ལས། རྫོང་བྱེད་ཀྱི་ཚིག་ཙུང་ཟད་ཙམ་ལ་བརྟག་མི་དགོས་ཏེ། ཟབ་བཞིས་གཉིས་དོན་ལ་གཅིག་པ་བཞིན་ནོ། །གལ་ཏེ་དེ་ལྟ་བུ་མིན་ཞེ་ན། གོང་དུ་བརྟག་པ་དང་མཚུངས་སོ། །

གསུམ་པ་ལྟ་བ་བརྟག་པ་ནི། ལྟ་བ་སྤྲོས་པའི་མཐའ་དང་བྲལ་བ་ལ། །རྟག་ཆད་ལ་སོགས་ཉེས་པའི་སྐྱོན་གྱིས་དབེན། །ཞེས་པ་ལྟ་བ་ལ་ཡང་མི་མཐུན་པའི་སྐྱོན་མེད་དེ། ཆོས་ཀྱི་གཞུང་ནས། འཇིག་རྟེན་མཁྱེན་པས་གཞན་ལ་མ་གསན་པར། །བདེན་པ་འདི་གཉིས་ཀྱིས་ནི་སྟོན་པར་མཛད། །ཀུན་ཞིག་ཀུན་རྫོབ་དེ་ནི་དོན་དམ་སྟེ། །བདེན་པ་གསུམ་པ་ཡང་ནི་མ་མཆིས་སོ། །ཞེས་དང་། སངས་རྒྱས་རྣམས་ཀྱིས་ནི་ཆོས་བསྟན་པ། །བདེན་པ་གཉིས་ལ་ཡང་དག་བརྟེན། །འཇིག་རྟེན་ཀུན་རྫོབ་བདེན་པ་དང་། །དམ་པའི་དོན་གྱིས་བདེན་པའོ། །ཞེས་གསུངས་པ་དང་མཐུན་པར་བོད་ལས་ཀྱང་། བདེན་པ་གཉིས་དོ་ཙ་མ་མཉམ་ན་གཡུང་དྲུང་གི་བོན་མིན། ཞེས་དང་། བདེན་པ་གཉིས་ཀ་དཀར་ནག་སྦྲིལ་མ་བཞིན་དུ་ཤེས་པ་རབ་ཏུ་གཅེས་ཞེས་པ་དང་། ཀུན་རྫོབ་དངོས་པོ་ཡོངས་མཉམ་མཚན་མར་ཡོད། །དམ་པའི་དོན་དུ་ཡེ་ནས་སྟོང་པས་སྟོང་། །ཞེས་སོགས་མང་བས་ཀུན་རྫོབ་ལས་རྒྱུ་འབྲས་ཙུང་ཟད་མི་བསླུ་བ་དང་། དོན་དམ་པར་སྤྲོས་པའི་མཐའ་ཐམས་ཅད་དང་བྲལ་བར་འདོད་པས། དེ་ལ་རྟག་ཆད་ལ་སོགས་པ་ལོག་པར་ལྟ་བའི་སྐྱོན་གྱིས་དབེན་པའོ། །དེ་དང་མི་མཐུན་པར་སྨྲ་བ་དག་ནི་བོན་ཆོས་གཉིས་ཀས་ཕྱི་རོལ་པར་འདོད་པའོ། །

བཞི་པ་སྤྱོད་པ་ལ་བརྟག་པ་ནི། སྤྱོད་པའང་བསྐོར་བ་ལོག་ན་བདེ་མཆོག་སོགས། །འགའ་ཞིག་ལོག་གམ་ཕོ་བོའི་ཕོངས་སུ་འདུ། །ཞེས་པ། སྤྱོད་པའང་ཆོས་

ལ་རྣམ་པར་དཔྱོད་པའི་བློ་མིག་བྲལ་བ་ཁ་ཅིག་གིས། ལོང་བས་རྫས་ཀྱི་ཁ་དོག་སྨྲ་བ་བཞིན། བླུན་པོའི་རང་མཚང་འདི་ལྟར་ཕྱིར་མངོན་ཏེ། བོད་ལུགས་ཀྱིས་བསྐོར་བ་བྱེད་ཚུལ་ཡང་ལོག་ཕྱོགས་ཡིན་པས་སྐྱོན་དུ་འདུག་ཟེར་བས། འོ་ན་བདེ་མཆོག་སོགས་མ་རྒྱུད་འགའ་ཞིག་དེ་དང་མཐུན་པས་ལོག་པའམ། ཕོ་བོའི་ཕོངས་སུ་འདོད། དེ་ལོག་པ་མ་ཡིན་པར་བཤད་ཚུལ་ཇི་ལྟ་བ་བཞིན། དེ་ཡང་དེ་དང་འདྲའོ། །གཉིས་ཀར་གཉིས་ལྡན་འདི་དག་ཅི་ཕྱིར་རྫུན། །གདུལ་བྱའི་བསམ་བཞིན་ཐབས་སྤྱོད་སྣ་ཚོགས་བསྟན། །ཐུགས་བཙུན་ལ་སོགས་ཐབས་སྤྱོད་སྣ་ཚོགས་ལ། །གང་བདེན་གང་ལེགས་སྐྱོན་ཡོན་སྣང་ཚུལ་ཡིན། །ཞེས་པ། བོན་ལའང་རྒྱ་གར་མ་སོགས་དང་། ཕ་རྒྱུད་ཐབས་ཀྱི་དགོངས་པ་གཙོ་བོར་བྱེད་པ་སོགས་ལ་གཡས་བསྐོར་ཡོད་པས། བོན་ཆོས་གཉིས་ཀར་ལྷོ་སྐོར་བྱང་སྐོར་གཉིས་ཀ་ལྡན་པས་ཅིའི་ཕྱིར་གང་རྫུན་པར་འདོད། དེ་བས་ན་གདུལ་བྱའི་ཁམས་དང་མོས་པ་སྣ་ཚོགས་པ་བཞིན་དུ། ཐབས་དང་སྤྱོད་པའང་མི་འདྲ་བ་སྣ་ཚོགས་བསྟན་ལ། མདོ་ཐུགས་དང་ཐུགས་ལའང་རྒྱུད་སྡེ་གོང་འོག་གི་ཁྱད་པར་གྱིས། ཐབས་སྤྱོད་སྣ་ཚོགས་པར་སྣང་བའི་ཚུལ་དེ་གང་བདེན་ནམ་རྫུན། གང་ལེགས་སམ་ཉེས་ཞེས་སྐྱོན་དང་ཡོན་ཏན་དུ་བལྟས་ན། རང་སྣང་བ་མ་དག་པའི་ཚུལ་དེ་ལས་གཞན་ཅི་ཡང་མེད་དོ།།

ལྔ་པ་འབྲས་བུ་ལ་བརྟག་པ་ནི། འབྲས་བུ་རང་བཞིན་འདི་དང་ཕྱི་མའི་དོན། །ཕུན་སུམ་ཚོགས་གྲུབ་ཁྱད་པར་ཅུང་ཟད་མེད། །ཅེས་པ། འབྲས་བུ་ལ་ཡང་མི་མཐུན་པ་མེད་དེ། རང་དོན་མཐར་ཐུག་པ་དོན་དམ་པའི་བོན་སྐུ་དང་། གཞན་དོན་མཐར་ཐུག་པ་ཀུན་རྫོབ་པའི་གཟུགས་སྐུ་འགྲུབ་པ་དང་། གནས་སྐབས་ཚེ་འདི་དང་ཕྱི་མའི་

དོན་ཕུན་སུམ་ཚོགས་པར་འགྲུབ་པས་ན་བོན་ཆོས་གཉིས་ཀའི་ཐོབ་བྱའི་འབྲས་བུ་ལ་ཁྱད་ཅུང་ཟད་ཙམ་ཡང་མེད་དོ།།

གཉིས་པ་བརྟག་བཞིའི་སྐྱོན་སྤོང་ཁ་འཕང་བ་ནི། མུ་སྟེགས་རྟག་བདེ་གཙང་མ་གཅིག་ཕྱུར་འདོད། །སྟོན་པས་དེ་ལྟར་མ་གསུངས་གཞན་དུ་བསྟན། །ཞེས་པ། མུ་སྟེགས་གྲངས་ཅན་པ་དང་བྱེ་བྲག་པ་སོགས་ཀྱིས་རྟག་པ། བདེ་བ། གཙང་མ། གཅིག་པུའི་བདག་སོགས་འདོད་ལ། བདག་ཅག་གི་སྟོན་པས་ནི་དེ་ལྟར་མ་གསུངས་ཏེ། འདུས་བྱས་ཐམས་ཅད་ཀྱི་མདོ་མི་རྟག་པའོ། །ཟག་པ་དང་བཅས་པ་ཐམས་ཅད་ཀྱི་མདོ་སྡུག་བསྔལ་བའོ། །བོན་ཐམས་ཅད་ཀྱི་མདོ་བདག་མེད་པའོ། །མྱ་ངན་ལས་འདས་པ་ཐམས་ཅད་ཀྱི་མདོ་ཞི་བའོ། །ཞེས་གསུངས་པས། དེ་དག་རིམ་བཞིན་མི་རྟག་པའི་སྐབས་དང་། འཁོར་བའི་ཉེས་མིག་དང་། བདག་མེད་ལེའུ་ནས་གཅིག་དུ་བྲལ་གྱི་རིགས་པས་གཏན་ལ་ཕབ་པ་དང་། ཐར་པ་དང་ཐར་པ་ཆེན་པོའི་ཕན་ཡོན་བསྟན་པ་སོགས་ལས་ཤེས་པས་དེར་བལྟ་བར་བྱའོ།།

གཉིས་པ་སྐྱོན་གང་དུ་གནས་པར་བརྟག་པ་ནི། སྤྱི་ཁྱབ་ཡོན་ཏན་རང་ལ་ལྡན་བརྗོད་པ། །རིན་ཆེན་མཉམ་པོར་སྤོང་ལེན་བྱེད་དང་འདྲ། །སྤྱི་ཁྱབ་ཉེས་སྐྱོན་གཞན་ལ་ལྡན་བརྗོད་པ། །ཚ་བུས་ཞང་ལ་གནོད་ངན་སྐྱོན་བཀྲང་བཞིན། །མཉམ་ཉིད་དོར་ནས་རང་ཕྱོགས་བཟང་སྒྲུབ་པ། །རིན་ཆེན་སྤངས་ནས་མཆིང་བུ་ཐེ་དོར་འདྲ། །ཞེས་པ། བོན་ཆོས་གཉིས་ཀ་ལ་སྤྱི་ཁྱབ་ཀྱི་ཡོན་ཏན་མཉམ་པོར་ཡོད་པ་ལ། རང་ཕྱོགས་ཁོ་ནར་ཡོན་ཏན་དེ་དག་ལྡན་ཞེས་བརྗོད་ན། རིན་ཆེན་མཉམ་པོ་གཉིས་ལས་ཕྱོགས་ལྷུང་གི་བློས་བཟང་ངན་དུ་ཕྱེ་ནས་སྤོང་བླང་བྱེད་པ་དང་འདྲའོ། །ཡང་གྲུབ་མཐའི་

རང་ངོས་ནས་སྐྱོན་བྲལ་ཡིན་ཡང་། གྲུབ་མཐའ་གང་ལ་ཞུགས་པའི་གང་ཟག་ལྟ་བ་དང་སྤྱོད་པ་ལོག་པ། འགས་སྐྱོན་ཅན་དུ་བྱེད་པ་ནི། བོན་ཆོས་གཉིས་ཀར་སྤྱི་ཁྱབ་བམ་མཉམ་པོར་ཡོད་ལ། དེ་རྒྱུ་མཚན་དུ་བྱས་ནས་དེའི་སྐྱོན་གྲུབ་མཐའ་གཞན་གྱི་སྟེང་དུ་འགེལ་མི་རུང་སྟེ། ཚ་བུས་ཞང་པོ་རིགས་ངན་ཞེས་སོགས་སྐྱོན་བགྲང་པ་དང་འདྲའོ། །རང་བཞིན་མཉམ་པ་ཉིད་དུ་རྟོགས་པར་བྱ་བའི་བྱང་ཆུབ་ཀྱི་སེམས་རྩྭ་ལྟར་དོར་ནས་གཞན་ཕྱོགས་ལ་ཕྲག་དོག་གིས་སྡང་ཞིང་། རང་ཕྱོགས་ལ་ཞེན་ཞིང་ཆགས་པའི་བློས་བཟང་པོར་སྒྲུབ་པ་ནི། ཆགས་སྡང་གི་ལས་ཕོ་ན་སྟེ། ནོར་བུ་རིན་ཆེན་སྤངས་ནས་མཆིང་བུ་ལ་བྱི་དོར་བྱེད་པ་དང་མཚུངས་སོ། །བཟང་འདོད་ཞེན་བློས་ཕྱིར་ལ་ངན་འགྱུར་བ། །ཤེལ་ཀྭ་ཧྣན་ཤོར་ག་པུར་ཐེ་ཕྱུར་བཞིན། །ཞེས་པ། རང་གི་བསྟན་པ་འཛིན་སྐྱོང་སྤེལ་གསུམ་ནུས་པའི་བསྟན་འཛིན་གྱི་སྐྱེས་བུ་དམ་པ་དགོངས་གཞི་ཅན་གྱི་དགོས་པ་ཁྱད་པར་བ་ཡོད་ན་མ་གཏོགས། བདག་འཛིན་མ་སྤོང་པའི་གང་ཟག་གིས་རང་ཕྱོགས་བཟང་བར་འདོད་པའི་ཞེན་ཆགས་ཀྱི་བློས་ཆོས་སྤོང་གི་ཉེས་དམིགས་ལ་མི་འཛེམས་པར། ཕྱོགས་རིས་བྱས་ན་དེས་བསྟན་འགྲོར་མི་ཕན་ཞིང་། སླར་བསྟན་པ་བཤིགས་པའི་རྐྱེན་ངན་དུ་འགྱུར་བ་སྟེ། དཔེར་ན་ཤེལ་གྱི་ཏྲི་མ་སྤྱོང་བར་འདོད་ན་མེས་བསྲེག་པས་ཐལ་བ་འགྱུར་བའམ། ཀྭ་ལ་རྟུལ་ཡོད་པ་ཆུས་བཀྲུས་ནས་ཧྣན་ལ་ཤོར་བ་དང་འདྲ། ག་བུར་ཀྱི་རྟུལ་སེལ་འདོད་ནས་ཐེ་ལ་ཕྱུར་བས་ཏྲི་ཐེས་སུ་ཤོར་བ་བཞིན་ནོ། །དེས་ན་རང་འཕགས་ལམ་ཐོབ་པ་ཞིག་ཡིན་ན་སྟོན་པ་ཚད་མའི་སྐྱེས་བུ་ཡིན་མིན་དང་། བསྟན་པ་སྐྱོན་བྲལ་ཡིན་མིན་འབྱེད་ནུས་ཀྱི། དེ་ལྟར་མ་ཡིན་ན་རང་གི་རྒྱུད་དང་བློ་ཁ་མཐོ་དམན་ཅི་ལྟར་འདུག་ཅེས་རང་ལ་བརྟག་

སྟེ། རང་རྒྱུད་འཚོས་དགོས་པ་དང་། ཁྱད་པར་རབ་བྱུང་གི་ཁྲལ་དུ་འཚང་པ་འགས། གནོད་སེམས་དང་། ལོག་ལྟའི་ཀུན་ནས་སློང་སྟེ་རྫུན་ཚིག་རྩུབ་ངག་འཁྱལ་སོགས་ལ་མི་འཛེམས་པར་སངས་རྒྱས་དང་བོན་ཆོས་གང་ལ་ཐེ་ཚོམ་ཟོས་ན། རང་རྒྱུད་ཀྱི་གདམས་པ་བརྣག་པར་འགྱུར་བ་ལས། གཞན་བསྟན་པ་ལ་ཕན་གནོད་ཅི་ཡང་མི་འབྱུང་སྟེ། སྐྱབས་འགྲོ་ཉམས་ན། གདམས་པ་གཞན་འཚོར་བའི་ཕྱིར་དང་། ལོག་ལྟས་དགེ་རྩ་གཅོད་ཅིང་། ངན་འགྲོར་འཕེན་པའི་ཕྱིར་རོ། །བློ་ཡིས་བརྟག་ན་ཕྱོགས་ཀུན་སྐྱོན་མེད་མིན། །ཡོན་ཏན་དེ་བཞིན་ཕྱོགས་འགའི་བྱེད་པ་ཅན། །ཞེས་པ། རང་གི་ཕྱོགས་ལྷུང་གི་བློས་སྐྱོན་དུ་བརྟག་ཆེ་ན་ཡོན་ཏན་གྱི་ཕྱོགས་ཀུན་ཀྱང་སྐྱོན་དུ་མི་མཐོང་བ་མེད་དེ། བདུད་ལྷས་སྦྱིན་དང་། ཁྱབ་པ་སོགས་ཀྱིས་སྟོན་པ་སངས་རྒྱས་ལ་སྐྱོན་དུ་ལྟས་ཤིང་། ཆོས་དང་བོན་ལ་ལོག་པར་འཛིན་པ་བཞིན་ནོ། །སྣང་བ་དག་ན། སྐྱོན་ལ་ཡོན་ཏན་དུ་མཐོང་བའང་ཡོད་དེ། གནོད་པ་སྐྱེལ་བའི་དགྲ་ལ་ཡང་། བཟོད་པ་བསྒོམ་པས་དགྲ་དེ། བཟོད་པའི་ཡོན་ཏན་འཕེལ་བའི་གྲོགས་སུ་འགྱུར་བའམ། ནད་ཀྱི་ཁྱད་པར་སེལ་བའི་སྨན་གྱི་བྱེ་བྲག་བཞིན་ནོ། །ཕྱི་ནང་ཁྱད་པར་ཕྱེ་ན་ཕྱི་རོལ་པ། །དངོས་མེད་ཆ་མཐུན་སྐྱོན་མེད་འགའ་སྲིད་ཙམ། དངོས་ལའང་སྨད་མི་རུང་བར་རྒྱལ་བས་གསུངས། ཞེས་པས། ཕྱི་པ་མུ་སྟེགས་པ་དང་ནང་པ་སངས་རྒྱས་པའི་ཁྱད་པར་སྤྱར་ཕྱེས་པའི་ཕྱི་རོལ་བའི་སྡེ་བ་དངོས་ནི་བོད་ལ་མེད་ཅིང་དེ་དག་དང་ལྟ་སྤྱོད་ཆ་མཐུན་ཙམ་བན་བོན་གཉིས་ཀའི་གྲུབ་མཐར་ཞུགས་པའི་ཁྲིད་ན་མང་པོར་སྣང་ཞིང་། ལྟ་སྒོམ་སྤྱོད་པའི་ལམ་སྐྱོན་མེད་པ་ལ་ཞུགས་པའི་གང་ཟག་འགའ་རེ་སྲིད་པར་ཙམ་ལས་ཤིན་ཏུ་དཀོན་པར་སྣང་ངོ་། །མུ་སྟེགས་པ་དངོས་ལའང་སྨད་མི་རུང

པ་རྒྱལ་བས་གསུངས་ཏེ། རྣམ་སྣང་རྩ་ལྔུང་གི་རྒྱུད་ལས། སྨུ་སྟེགས་ཅན་ལ་སྨད་མི་བྱ། །རྣམ་པར་སྣང་མཛད་རིང་པའི་རྒྱུ། །ཞེས་སོ། །བསྟན་པ་གཅིག་ལ་གཉིས་འཛིན་ཕྱོགས་རིས་བྱེད། །བདག་བསྟོད་གཞན་སྨོད་དེ་ཡིས་དེ་མི་འགྲུབ། །གང་ཞུགས་གཞུང་བཞིན་བྱས་ན་འདོད་པ་འགྲུབ། །ཅེས་པ། སངས་རྒྱས་ཀྱི་བསྟན་པ་ལ་ལས་འབྲས་མི་བསླུ་བས་དགེ་སྡིག་སྤོང་བླང་དང་། སྟོང་ཉིད་སྙིང་རྗེ་སོགས་ཚོགས་གཉིས་དང་ལམ་ལྔ་ས་བཅུའི་རྣམ་བཞག་དང་། བསླབ་པ་གསུམ་དང་ཕར་ཕྱིན་དྲུག་གམ་བཅུ་སྟེ། གཞི་ལམ་འབྲས་བུ་བདེན་གཉིས་ཀྱི་རྣམ་བཞག་ཐམས་ཅད་ཤིན་ཏུ་མཐུན་ནའང་། ད་དུང་བདག་འཛིན་ཉོན་མོངས་པའི་དབང་གིས་གཉིས་འཛིན་ཕྱོགས་རིས་བྱེད་ཅིང་རང་ཕྱོགས་ལ་བསྟོད་པ་དང་། གཞན་ཕྱོགས་ལ་སྐྱོན་བཏགས་ནས་སྨོད་པའི་ལས་དེས། ངན་འགྲོར་འཕེན་ངེས་པས། འདོད་པ་འགྲུབ་པར་མི་འགྱུར་ཏེ། དེས་མཐོ་རིས་ཙམ་མི་ཐོབ་ན། སངས་རྒྱས་ལྟ་ཅི་སྨོས་ཏེ། བྱང་ཆུབ་ཀྱི་སེམས་སྐྱེ་བའི་གཞི་མེད་པའི་ཕྱིར། དེ་བས་ན་རང་གང་ལ་ཞུགས་པའི་གྲུབ་མཐའི་གཞུང་བཞིན་དུ་ཡིད་ཆེས་ཀྱིས་བསྒྲུབ་ན། བདེ་འགྲོ་དང་། ཐར་པ་དང་ཐམས་ཅད་མཁྱེན་པའི་གོ་འཕང་གང་འདོད་པ་བཞིན་དུ་འགྲུབ་པར་འགྱུར་རོ། །ཆོས་སྤོང་ལས་ངན་དེ་ཡིས་ངན་འགྲོར་ཁྲིད། །གཞན་གྱི་བསམ་དོན་བླང་ནས་དེ་སྐྱོན་ལ། །ཞེས་པ། སུན་འབྱིན་རིགས་ལ་ཕྱོགས་སུ་སྨོད་པ་ལྟུན། །ལེགས་པ་གཤེད་མཐོང་ཉོན་མོངས་དབང་སྨོད་པ། །ཤིན་ཏུ་ལྟུན་ཏེ་ངན་སོང་གནས་སུ་ལྟུང་། །ཞེས་པ། གལ་ཏེ་ཕྱི་རོལ་གཞན་གྱི་གྲུབ་མཐའི་འདོད་ཚུལ་སྐྱོན་དུ་སྣང་བ་གསལ་བར་ངེས་ན། དེ་དག་ལུང་རིགས་ཀྱིས་སུན་འབྱིན་བྱ་བར་རིགས་ལ། སྐྱོན་ཡོད་མེད་གང་ཡང་མ་ངེས་པར་ཕྱོགས་འཛིན་ཁོ་ནས་སྨོད་པ་ནི་ལྟུན་རྟགས

ཡིན་ལ། ལྷག་པར་གཞན་དག་གི་གྲུབ་མཐའི་ལེགས་པར་བཤད་པ་མཐོང་ནས་ཤེས་བཞིན་དུ་ཉོན་མོང་ཆགས་སྡང་གི་དབང་གིས་སྨོད་པ་ནི་ཤིན་ཏུ་བླུན་ཏེ། རང་ཉིད་ངན་འགྲོའི་གནས་སུ་ལྷུང་བྱེད་འབའ་ཞིག་གོ །དེས་ན་སྟོན་པ་སངས་རྒྱས་དང་། དེའི་བསྟན་པ་དང་། དེར་ཞུགས་པའི་གང་ཟག་རྣམས་ལ་དག་སྣང་སྦྱང་བ་ནི། སྐྱབས་འགྲོའི་བསླབ་བྱ་མཐར་ཐུག་ཡིན་པ་ཤེས་པར་བྱའོ། །དོན་དྲུག་པ་སྐྱབས་འགྲོ་བསྟན་པའོ། །ཞེས་པས་མདོ་བསྡུ་བའོ།། །།

དེ་ལྟར་སྐྱབས་སུ་འགྲོའི་ཚུལ་བསྟན་ནས་ལམ་ཉམས་སུ་བླངས་པའི་ཚུལ་དངོས་ལ་ནི། གོང་དུ་མི་རྟག་པ་དང་འཁོར་བའི་ཉེས་དམིགས་ལ་ལེགས་པར་བསམ་པས་དབང་པོ་རབ་འབྲིང་ཐ་མའི་བྱེ་བྲག་གི་ལམ་གྱི་སྐྱེ་ཚུལ་རིམ་པ་གསུམ་དུ་འགྱུར་ཏེ། འདི་ལྟར་དབང་པོ་རབ་ཀྱི་འགྲོ་བ་མཐའ་དག་སྡུག་བསྔལ་གྱིས་གདུང་བ་ལ་མི་བཟོད་པའི་སྙིང་རྗེ་སྐྱེས་པ་དེས་ཀུན་ནས་བསློང་བས་འགྲོ་བ་དེ་དག་སྡུག་བསྔལ་ལས་སྒྲོལ་བར་ནུས་པའི་འདྲེན་པ་བླ་ན་མེད་པའི་སངས་རྒྱས་ཐོབ་པར་བྱའི་ཆེད་དུ་བསམ་པ་བྱང་ཆུབ་མཆོག་ཏུ་སེམས་བསྐྱེད་ནས་སྦྱོར་བ་ཕ་རོལ་ཏུ་ཕྱིན་པ་དྲུག་གམ་བཅུ་ལ་སོགས་པ་ཟབ་པ་དང་རྒྱ་ཆེ་བའི་ལྟ་སྤྱོད་ཕུན་སུམ་ཚོགས་པ་ཐམས་ཅད་ཚོགས་གཉིས་སུ་བསྡུས་པའི་སྒོ་ནས་ཉམས་སུ་ལེན་པར་འགྱུར་རོ། །དབང་པོ་འབྲིང་གིས་ནི་འཁོར་བ་མཐའ་དག་སྡུག་བསྔལ་གྱི་གནས་སུ་མཐོང་ནས། དེ་ལས་ཡིད་ངེས་པར་འབྱུང་ཞིང་རང་ཉིད་སྲིད་པ་མཐའ་དག་ལས་གྲོལ་བའི་ཐབས་ཙམ་ཞིག་སྒྲུབ་འདོད་སྐྱེ་བས། དེ་ལས་གྲོལ་བྱེད་ཀྱི་ལམ་ཡང་བསླབ་པ་རིན་པོ་ཆེ་གསུམ་དུ་བརྩོན་པར་འགྱུར་རོ། །དབང་པོ་ཐ་མས་ནི། ངན་འགྲོའི་སྡུག་བསྔལ་གྱིས་སྐྲག་ཀྱང་མཐོ་རིས་

ཀྱི་བདེ་བ་ལ་ཡིད་འབྱུང་མི་ནུས་པས། ཕྱི་མར་འགྲོ་བ་དེ་གཉིས་ཀྱི་བདེ་སྡུག་འདོར་ལེན་བསླབ་པའི་འཇུག་ལྡོག་ཙམ་དོན་དུ་གཉེར་བའོ། །དེ་ལ་དབང་པོ་རབ་ལ་ནི་ལམ་གྱི་ཐོག་མར་བྱང་ཆུབ་ཏུ་སེམས་བསྐྱེད་པ་འབྱུང་ཡང་། དམན་འབྲིང་གི་གང་ཟག་རྣམས་ཀྱིས་ལམ་ཐོག་མ་ནས་གོང་མར་ཞུགས་ཀྱང་རྒྱུད་ལ་མི་སྐྱེ་ཞིང་རང་ལམ་འདོར་བས་གང་ཡང་མིན་པར་འགྱུར་ཞིང་དམན་འབྲིང་གི་ལམ་ཐོག་མར་བསྟན་པས་ནི། དེ་གཉིས་ཀྱི་ལམ་ངེས་པར་མི་འདོར་ཞིང་། རབ་ལ་དེ་ཉིད་ལམ་གྱི་ཡན་ལག་གམ་ཆ་ཤས་ཅི་རིགས་སུ་འགྱུར་བས་མི་འགལ་ལོ། །ཁྱད་པར་དགེ་སྡིག་སྤང་བླང་དང་པོར་བསྟན་པ་ནི། དབང་པོ་ཐ་མ་ལ་ནི་དེ་དག་ལམ་གྱི་ངོ་བོ་ཡིན་ལ། འབྲིང་གི་ཚུལ་ཁྲིམས་ཀྱི་བསླབ་པར་འགྱུར་རོ། །རབ་ཀྱི་ནི་ཕར་ཕྱིན་དྲུག་ལ་སོགས་པའི་ཚུལ་ཁྲིམས་སུ་འགྱུར་ཏེ། མི་དགེ་བ་སྤོང་པ་དང་། དགེ་བ་སྒྲུབ་པ་དང་སེམས་ཅན་དོན་བྱེད་དུ་འགྱུར་བའི་ཕྱིར་རོ། །དེའི་ཕྱིར་དགེ་སྡིག་སྤང་བླང་གི་རྣམ་བཞག་བསྟན་པ་ལ་གསུམ་སྟེ། མདོར་བསྟན། རྒྱས་བཤད། མདོ་བསྡུ་བའོ།།

དང་པོ་ནི། ཚ་ཡོད་སེམས་ཅན་དུག་ལ་འཛེམ་པ་བཞིན། །སྡིག་པའི་སྐྱོན་ཤེས་དེ་ལ་འཛེམ་པར་བྱ། །ནད་ལ་གང་ཕན་སྨན་རྣམས་བསྟེན་པ་བཞིན། །དགེ་བའི་ཡོན་ཏན་ཤེས་པར་བྱས་ལ་སྤྱད། །ཅེས་པ། དཔེར་ན་དུག་ལ་ཚ་ཡོད་པའི་མིས་དུག་གང་ཡིན་པ་འདི་ས། ན་དང་འཆི་བའི་སྡུག་བསྔལ་བསྐྱེད་དོ་བསམ་ནས་ཙུང་ཟད་ཙམ་ཡང་མི་ཟ་བར་འཛེམས་པ་བཞིན། སྡིག་པ་མི་དགེ་བ་གང་ཡིན་ཡང་དེས་འཁོར་བའི་གནས་སུ་ཡང་དང་ཡང་དུ་སྐྱེ་ཞིང་། ན་རྒ་འཆི་སོགས་ཀྱི་སྡུག་བསྔལ་གྲངས་ལས་འདས་པ་དང་། ཁྱད་པར་ངན་སོང་གསུམ་ལ་སོགས་པའི་སྡུག་བསྔལ་ཕོ་ན་སྐྱེད་པས

ན་ཉེས་སྐྱོན་ཅན་དུ་ཤེས་པར་བྱས་ལ་ཅུང་ཟད་ཙམ་ཡང་མི་བྱེད་པར་འཛེམས་པར་བྱ་ཞིང་། དགེ་བའི་ཕྱོགས་གང་ཡིན་པ་ནི་སྡུག་བསྔལ་སེལ་ཞིང་བདེ་བ་འབའ་ཞིག་འབྱུང་བའི་ཡོན་ཏན་ཅན་དུ་ཤེས་པར་བྱས་ལ་ཕྲ་རགས་གང་ཡང་ནུས་ཚད་ཀྱིས་སྒྲུབ་པར་བྱ་སྟེ། དཔེར་ན་ན་ཚ་དྲག་པོས་བཏབས་པའི་མིས། ནད་དེ་ལ་གང་ཕན་པའི་སྨན་གཅེས་སྤྲས་ཀྱིས་བསྟེན་པ་བཞིན་ནོ།།

གཉིས་པ་རྒྱས་བཤད་ལ་གཉིས་ཏེ། ངོ་བོ་དང་། ལས་ཀྱི་དབྱེ་བ་གཞན་བསྟན་པའོ། །དང་པོ་ལ། སྤྱིར་འབྲས་བུ་རྣམ་སྨིན་སྐྱེད་པའི་ལས་ཐམས་ཅད་དགེ་བཅུ་སྡིག་བཅུ་ལ་འདུ་བར་མ་ངེས་ཀྱང་། བདེ་སྡུག་བསྐྱེད་པའི་ལས་ཆེ་ལོང་ཙམ་ཞིག་སྒོ་གསུམ་གྱི་དགེ་མི་དགེའི་སྤང་བླང་གི་གནས་བཅུ་ལ་འདུ་བར་བཤད་པས་འདི་ལའང་ལུས་ཀྱི་ལས་གསུམ། ངག་གི་ལས་བཞི། ཡིད་ཀྱི་ལས་གསུམ་མོ། །དེ་ལ་ལུས་ཀྱི་ལས་གསུམ་ལས། དང་པོ་སྲོག་གཅོད་པ་ལ་གཉིས་ཏེ། དངོས་དང་དེ་ལས་ལྡོག་པའི་དགེ་བའོ།།

དང་པོ་ལ་ལྔ། ངོ་བོ། དབྱེ་བ། མཐུན་དཔེ། འབྲས་བུ། ཉེས་སྐྱོན་ནོ། །ངོ་བོ་ནི། སེམས་ཅན་བེམ་རིག་ཕྲལ་བ་སྲོག་གཅོད་དེ། །ཞེས་པ། དེ་ལ་ཡན་ལག་བཞི་ལྡན་ཏེ། ཡུལ་གྱི་ཡན་ལག་སྲོག་དང་ལྡན་པ་གཞན་དག་གང་ཡིན་པ། བསམ་པའི་ཡན་ལག་ལ་གསུམ་སྟེ། འདུ་ཤེས་དེ་ཡིན་པ་མ་འཁྲུལ་པ། ཉོན་མོངས་དུག་གསུམ་གང་ཡང་རུང་སྟེ། འདི་གཉིས་ནི་འོག་མ་རྣམས་ལའང་འགྲེའོ། །ཀུན་སློང་གསོད་པར་འདོད་པའོ། །སྦྱོར་བའི་ཡན་ལག་རང་ངམ་གཞན་བཅོལ་ནས་དུག་མཚོན་རིགས་སྔགས་སོགས་ཀྱིས་སོ། །མཐར་ཐུག་གི་ཡན་ལག་སྲོག་དབུགས་ཕྲལ་བ་སྟེ། ནམ་ཤི་བོ། །དབྱེ་བ་ནི། ཡུལ་གྲངས་བསམ་པས་ཆེ་འབྲིང་ཆུང་བར་འགྱུར། །ཚད་མེད་ཞིང་དག་བསོད་

ནམས་རིགས་ཀྱི་ས། །ཁྱད་པར་དུ་མ་འགའ་ཞིག་དེ་བཞིན་ནོ། །ཞེ་སྡང་འདོད་ཆགས་གཏི་མུག་གཞན་ཡང་ནི། །ལུས་ཀྱི་སྲོག་གཅོད་ངག་དང་དེ་བཞིན་ཡིད། །བགྱིད་དང་བགྱིད་དུ་བཅུལ་དང་རྗེས་ཡི་རང་། །ཞེས་པ། དེ་ཡང་ཡུལ་གྱི་ཁྱད་པར་དང་། གྲངས་མང་ཉུང་དང་། བསམ་སྦྱོར་དྲག་ཞན་གྱི་སྒོ་ནས་ཆེ་འབྲིང་ཆུང་གསུམ་དུ་འགྱུར་ཏེ། ཡུལ་ནི་ཕ་མ་དང་དགྲ་བཅོམ་བསད་པ་དང་། དེ་བཞིན་གཤེགས་པ་ལ་ངན་སེམས་ཀྱིས་ཁྲག་འབྱིན་པ་ནི་མཚམས་མེད་ཡིན་ལ། གཞན་ཡང་དེ་དང་འདྲ་བར་རྩ་བའི་བླ་མ་དང་། ཞིང་དག་པའི་བྱང་ཆུབ་སེམས་དཔའ་དང་། བཤེས་གཉེན་ཡོན་ཏན་ཅན་རྣམས་བསད་ན་ལྷི་ལ། བསོད་ནམས་དང་རིགས་ཀྱི་ཁྱད་པར་ལྡན་པ་རྒྱལ་པོ་སོགས་དང་། དགེ་སློང་ཞུགས་པ་སོགས་དང་ཕུ་ནུ་སོགས་ཡིད་གཅུག་པ་དང་། མི་སྤྱི་དང་དུད་འགྲོ་ལས་ཀྱང་བོང་ཆེ་བ་རྣམས་བསད་ན་ཆེན་པོར་འགྱུར། ཏ་སོགས་དུད་འགྲོ་རྣམས་འབྲིང་། འབུ་སྲིན་སོགས་ཆུང་ངུ་བསད་པ་ཆུང་། གྲངས་ནི་དུ་མ་སྟེ། མང་པོ་བསད་པ་ལྷི། འགའ་ཟུང་བསད་པ་འབྲིང་། རེ་རེ་བསད་པ་ཡང་ངོ་། །བསམ་པ་ནི། དུག་གསུམ་དྲག་པོ་དང་འགྱོད་པ་མེད་ཅིང་བྱ་བ་དེ་ལ་དགའ་ཞིང་ཡི་རང་པ་དང་། རྟག་ཏུ་དེ་ལ་ཡིད་རྟོག་པ་དང་། གཉེན་པོ་མི་སེམས་པ་རྣམས་ནི་བསམ་པའི་སྒོ་ནས་ལྷི་བའོ། །དེ་ལས་ལྡོག་པས་ཆུང་འབྲིང་དུ་འགྱུར་ཚུལ་ཤེས་པར་བྱའོ། །སྦྱོར་བ་ནི། རང་གི་ལུས་ཀྱིས་དངོས་སུ་བགྱིས་པ་དང་། ངག་གིས་གཞན་ལ་བགྱིད་དུ་བཅུག་པ་དང་། ཡིད་ལ་གསོད་སེམས་རྒྱུ་བ་དང་། རྗེས་སུ་ཡི་རང་པ་རྣམས་ནི་རིམ་པ་ལྟར་ཆེ་འབྲིང་ཆུང་གསུམ་དུ་འགྱུར་རོ། །བསམ་སྦྱོར་གྱི་ལྷི་ཡང་འདི་འོག་མ་རྣམས་ལའང་སྦྱི་བཏང་དུ་ཤེས་པར་བྱའོ། །མཐུན་དཔེ་ནི། རྩ་ཤིང་ལ་སོགས་ལོ་མ་བྱུང་བ་ན། འབྲས་

བུ་སྨིན་བཞིན། ཞེས་པ། རྩྭ་ཤིང་ལ་སོགས་པ་ལ་ལོ་མ་དང་མེ་ཏོག་སྐྱེས་པ་ན་ངེས་པར་འབྲས་བུ་སྨིན་པ་བཞིན་དུ་སྲོག་གཅོད་འདིས་འབྲས་བུ་རྣམ་སྨིན་ཡིད་མི་འོང་བ་ངེས་པར་བསྐྱེད་ནུས་པ་ཡིན་ནོ། །མཐུན་དཔེ་དང་རྣམ་སྨིན་གྱི་ལུང་ཁམས་བརྒྱད་ལས། གང་ཞིག་སྲོག་གཅོད་ལ་དགའ་བའི་སྡིག་པ་ཅན་དེ་ནི་དམྱལ་བར་སྐྱེ་ངེས་སོ་ཞེས་པའོ།།

འབྲས་བུ་ནི། དམྱལ་བ་ཆེན་པོར་སྐྱེ། གལ་ཏེ་མིར་སྐྱེས་གསོད་ལ་དགའ་བ་དང་། །ཁྲི་ཤང་བཞིན་དུ་ཚེ་ཐུང་ནད་མང་འགྱུར། །ཞེས་པ། སྤྱིར་མི་དགེ་བཅུ་ཆེན་པོས་དམྱལ་བ། འབྲིང་གིས་ཡི་དྭགས། ཆུང་ངུས་བྱོལ་སོང་། ཡང་ཞེ་སྡང་ཤས་ཆེ་བས་དམྱལ་བ། ཆགས་པ་ཤས་ཆེ་བས་ཡི་དྭགས། རྨོངས་པ་ཤས་ཆེ་བས་བྱོལ་སོང་དུ་འཕེན་པར་བཤད་པས། སྲོག་གཅོད་པ་ཞེ་སྡང་ཤས་ཆེ་བས་རྣམ་སྨིན་འབྲས་བུ་དམྱལ་བར་སྐྱེ་འོ། །རྒྱུ་མཐུན་ལས། བྱེད་པ་རྒྱུ་མཐུན་ནི། གལ་ཏེ་མིར་སྐྱེས་ཀྱང་གསོད་པ་ལ་དགའ་བའོ། །མྱོང་བ་རྒྱུ་མཐུན་ནི། རྒྱལ་བུ་ཁྲི་ཤང་བཞིན་དུ་ཚེ་ཐུང་ཞིང་ནད་ཀྱང་མང་པར་འགྱུར་བའོ། །མདོ་ལས། ཁྲི་ཤང་གི་ཚེ་ཐུང་པ་ནི་སྔ་མ་ལ་དམག་དཔོན་གྱིས་རྒྱལ་པོ་བྲུས་ཙམ་ན་སྲོག་གི་ལན་ཆགས་ཆེ་བ་ད་ རུང་མ་ཁེར་བ་ཡིན་ནོ། །ཞེས་སོ།།

ཉེས་སྐྱོན་ནི། ཤིན་ཏུ་ཡང་ང་སྲོག་གི་བུན་ཟ་སོགས། །ཞེས་པ་ཤིན་ཏུ་མང་སྟེ། ཁམས་བརྒྱད་ལས། ཤིན་ཏུ་ཡང་ང་བ་དང་། འབྲུལ་བའི་གཞི་ཆེ་བ་དང་། སྲོག་གི་བུན་ཟ་བ་དང་། རྣག་ཁྲག་གི་མཚོ་བསྐྱིལ་བ་དང་། ཁྲིན་ཆགས་གི་རི་ཁྱེར་བ་དང་། དམྱལ་ཁམས་སུ་ཁ་བརྒྱུད་པར་བྱེད་དོ།།

གཉིས་པ་དགེ་བ་ལ་གཉིས། དེ་ལས་ལྡོག་པའི་དགེ་བ་དང་། དགེ་བ་སྒྲུབ་པ་

དང་ལྡན་པའོ། །དང་པོ་ནི། དེ་ཕྱིར་སྲོག་གཅོད་ལུས་ངག་ཡིད་ཀྱིས་སྤངས། །ཞེས་པ། སྲོག་གཅོད་འབྲས་བུ་ཡིད་མི་འོང་བར་བསྐྱེད་པའི་ལས་དེའི་ཉེས་དམིགས་ཤེས་པའི་སྒོ་ནས་སེམས་ཀྱིས་སྤངས་ཤིང་ལུས་ངག་གི་སྒོར་ལྡོག་ན་དགེ་བར་འགྱུར་ཏེ། མཆོག་ཆེན་ལས། ལུས་དགེ་བ་དང་ལྡན་པས་སྲོག་མི་གཅོད་པ། ཞེས་སོ།།

གཉིས་པ་ནི། དེ་ལྟར་དེ་སྤངས་གཞན་ཡང་ཕན་གདགས་ཏེ། །གསོ་ལ་དགའ་བ་སྟོང་གི་སྤྱི་ཕུད་འདྲ། །སྙིང་རྗེ་ནད་སེལ་སྲོག་སྐྱབས་ལ་སོགས་བྱ། །ཞེས་པ། སྲོག་གཅོད་དེ་ལྟར་སྤང་བའི་ཐོག་ཏུ་གཞན་ཡང་སེམས་ཅན་ལ་ཕན་གདགས་པར་བྱ་སྟེ། གསོ་བ་དགའ་བ་ནི་སྟོང་གི་སྤྱི་ཕུད་བསྟན་གཙོ་ལྟ་བུ་སྟེ། བསྟན་པའི་གཙོ་བོས་སྟོང་གསུམ་གྱི་སེམས་ཅན་དུག་ལྔའི་ནད་ཀྱིས་གསོད་པ་ལ་ཕྱོགས་རིས་མེད་པར་ཐུགས་རྗེ་ཆེན་པོས་ཀུན་ལ་འཆི་མེད་ཀྱི་བདུད་རྩིས་ཐར་ལམ་སྟོན་པས་གསོ་ཞིང་སྐྱོབ་པའོ། །དེ་དང་འདྲ་བར་སེམས་ཅན་རྣམས་ལ་ཕྱོགས་རིས་མེད་པའི་སྙིང་རྗེ་སྨན་ལ་སོགས་པས་ནད་སེལ་བ་དང་ཉེའུ་འདོན་སྲོག་བསླུ་སོགས་ཀྱིས་སྐྱོབ་པ་བྱེད་དོ། །སྲོག་གཅོད་སྤངས་ཞིང་གསོ་བའི་དགེ་བ་འདིའི་འབྲས་བུ་ནི་སྲོག་གཅོད་འབྲས་བུ་ལས་གོ་ལྡོག་པ་སྟེ། གནས་སྐབས་སུ་མཐོ་རིས་ཀྱི་གནས་སུ་འཕེན་ཞིང་དེ་ལ་ཚེ་རིང་པ་དང་ནད་མེད་པ་དང་ནད་ཀྱིས་བཏབ་ཀྱང་དེ་ལ་ཕན་པའི་སྨན་སོགས་ཀྱི་མི་འཕོང་བར་འགྱུར་རོ། །མཐར་ཐུག་ནི་འཆི་མེད་གཡུང་དྲུང་གི་སྐུ་ཐོབ་པའོ། །འོག་མ་རྣམས་ལ་དགེ་བའི་འབྲས་བུ་ནི་རང་རང་གི་སྡིག་འབྲས་ལས་ལྡོག་སྟེ་ཤེས་པར་བྱའོ།།

གཉིས་པ་མ་བྱིན་ལེན་པ་ལ་གཉིས། དངོས་དང་། དེ་ལས་ལྡོག་པའི་དགེ་བའོ། །དང་པོ་ལ་ལྔ་ལས། དང་པོ་ངོ་བོ་ནི། གཞན་གྱིས་དབང་བྱས་བདག་གིས་མ་བྱིན་ལེན། །

ཞེས་པ། ཡུལ་གཞན་གྱིས་དབང་བྱས་པའི་ཇུས་གང་ཉུང་ལ་ཀུན་སློང་ཕ་རོལ་ལས་ཕྲལ་བར་འདོད་པ། སྦྱོར་བ་བདག་གམ་བརྐུས་པས་མ་བྱིན་ཡང་ལེན་པ་མཐར་ཐུག་ཐོབ་བློ་སྐྱེས་པའོ།།

གཉིས་པ་དབྱེ་བ་ལ། གསས་མཁར་གཉན་པོའི་དཀོར་ལ་རྙོམ་ལ་སོགས། ཐག་ཞུལ་འཇབ་བུ་སྒྱུ་སོགས་རྣམས་ཀྱིས་སྒྲུབ། །ཞེས་པ། ཡུལ་གྱི་སྒོ་ནས་ཅི་ཡང་འགྱུར་ཚུལ་ནི། །གསས་མཁར་གཉན་པོ་ནི་གསས་ཁང་ངམ་ལྷ་ཁང་ཡིན་ལ། དེས་བསྡུས་པའི་རྟེན་གསུམ་གྱི་ཇུས་དང་། སོགས་ཁུང་ནས་དགེ་འདུན་གྱི་དཀོར་དང་། རང་བྱུང་ཡོན་ཏན་ཅན་དང་། ཤིན་ཏུ་བཀྲེས་པ་ལ་འཕྲོག་པ་དང་། རང་ལ་ཡིད་གཅུག་པ་དང་ཕ་མ་སོགས་ཀྱིས་ཡིད་དཀྲུགས་ཤིང་འཕྲོག་པ་དང་། དངོས་པོ་བཟང་བ་དང་། མང་བ་སོགས་ནི་ཤིན་ཏུ་ལྕི་བའོ། །ཐག་ཞུགས་ཀྱིས་འཕྲོག་པ་དང་། འཇབ་བུས་བརྐུས་པ་དང་། གཡོ་སྒྱུ་སོགས་ཀྱིས་མགོ་བསྐོར་ནས་སྒྲུབ་པ་གསུམ་ཡང་རིམ་བཞིན་དུ་ཆེ་འབྲིང་ཆུང་གསུམ་དུ་འགྱུར་རོ། །ཕྱིར་ཡང་ཡུལ་དང་བསམ་སྦྱོར་ལྕི་ཡང་དུ་འགྱུར་ཚུལ་སོགས་གོང་དུ་སྲོག་གཅོད་སྐབས་སུ་བཤད་པས་མཚོན་ནས་འོག་མ་དགུ་པོ་ཀུན་ལའང་ཤེས་པར་བྱའོ།།

གསུམ་པ་མཐུན་དཔེ་ནི། རྣམ་སྨིན་མཛེ་ནི་མ་བྱིན་ལེན་བཞིན་ཏེ། །ཞེས་པ། འབྲས་བུ་སྨིན་ངེས་ཡིན་ཏེ། ཁམས་བརྒྱད་ལས། གང་ཞིག་མ་བྱིན་པ་ལེན་པ་ལ་དགའ་བའི་སྡིག་པ་ཅན་དེ་ནི་སྨུར་འཛེག་གི་མཛེ་ལྟ་བུ་ཡིན་ཏེ། ནད་སྨུར་འཛེག་གི་མཛེ་དེ་ནི་སྔོན་གྱི་སྡིག་པའི་རྣམ་སྨིན་ཡིན་པས་ལུས་ཀྱང་མ་བྱིན་པར་ལེན་པ་དང་འདྲ། ཞེས་སོ།།

བཞི་པ་འབྲས་བུ་ནི། མི་ཕོམ་ལུས་དང་ཡི་དྭགས་བཀྲེས་སྐོམ་སྐྱེ། །ཞེས་པ། རྣམ་སྨིན་མི་ཕོམ་པའི་ལུས་དང་ཡི་དྭགས་བཀྲེས་སྐོམ་གྱི་གནས་སུ་སྐྱེ་སྟེ། རྒྱ་མ་བྱིན་པར་ལེན་པ་དེ་སྤྱད་ན་འབྲས་བུ་བདེ་བ་བསྐྱེད་མི་ཕོམ་པའི་ལུས་ནི་སུས་ཀྱང་མ་བྱིན་པར་འོང་ངེས་སོ། །ཞེས་དང་། མ་བྱིན་པར་ལེན་པ་ལ་དགའ་བའི་སྡིག་པ་ཅན་དེ་ནི་ཡི་དྭགས་བཀྲེས་སྐོམ་གྱི་གནས་སུ་སྐྱེ་ཞིང་མི་ལུས་བླང་ནའམ་ཤིན་ཏུ་མི་བདེ་ཞིང་སྡུག་བསྔལ་བར་འགྱུར་རོ། །ཞེས་སོ། །རྒྱུ་མཐུན་ལས། བྱེད་པ་རྒྱུ་མཐུན་ནི། གལ་ཏེ་མིར་སྐྱེས་མ་བྱིན་ལེན་པ་དང་། ཞེས་པ། བརྒྱ་ལ་གལ་ཏེ་མིར་སྐྱེས་ན་ཡང་མ་བྱིན་པ་ལེན་པ་ལ་དགའ་བ་དང་། མྱོང་བ་རྒྱུ་མཐུན་ནི། དེ་ཚེ་དེ་ནི་དབུལ་ཕོངས་ལ་སོགས་འགྱུར། ཞེས་པ། དབུལ་ཕོངས་ཅན་ལ་སོགས་ཡིད་ལ་གང་འདོད་མི་འགྲུབ་པ་དང་། ཡོད་པ་མེད་ཅིང་གང་བ་སྟོང་པ་དང་། མཐུན་རྐྱེན་དུ་མི་འགྱུར་བ་ལ་སོགས་སོ།།

ལྔ་པ་ཉེས་སྐྱོན་ནི། ཤིན་ཏུ་ཡང་ཁྲིན་ཆགས་རི་ཁུར་སོགས། །ཞེས་པ། མ་བྱིན་པ་ལེན་པ་དེ་ནི་ཤིན་ཏུ་ཡང་། འཁྲུལ་པའི་གཞི་ཆེ། ལན་ཆགས་ཀྱི་གཞི་བསྐྱེད། རྣག་ཁྲག་གི་མཆོ་བསྐྱིལ། ཁྲིན་ཆགས་ཀྱི་རི་ཁུར། ཞེས་སོ།།

གཉིས་པ་དེ་ལས་ལྡོག་པའི་དགེ་བ་ལ་གཉིས་ལས། དང་པོ་ནི། དེ་ཕྱིར་ཀུ་འཕྲོག་ལུས་ངག་ཡིད་ཀྱིས་སྤངས། །ཞེས་པ། མ་བྱིན་ལེན་པ་ཉེས་པ་ཤིན་ཏུ་ཆེ་བས་དེའི་ཕྱིར་སེམས་ཀྱིས་སྤངས་ནས་ལུས་ངག་གི་སྒོར་ལྡོག་པའོ། །ལུས་དགེ་བ་དང་ལྡན་ཏེ་མ་བྱིན་པ་མི་ལེན་པའོ། །ཞེས་པའོ།།

གཉིས་པ་ནི། དེ་ལྟར་དེ་སྤང་གཞན་ཡང་ཡོངས་སུ་གཏོང་། །མི་དབང་མི་སྤྱོད་གཤིན་རབ་ཞལ་སྐྱིན་འདྲ། །ཆགས་མེད་མི་འཁོར་མི་ལྷུང་སྦྱིན་པ་གཏང་། །ཞེས་པ།

མ་ཐྱིན་ལེན་པ་དེ་ལྟར་སྤངས་པའི་ཐོག་ཏུ་གཞན་ཡང་ཡོ་བྱད་སོགས་ཕན་སེམས་ཀྱིས་ཡོངས་སུ་གཏོང་བར་བྱ་སྟེ། རང་གིས་མི་དབང་བའི་ཟས་ནོར་མི་སྤྱོད་པ་ནི་གཟེན་རབ་ཀྱི་ཞལ་སྐྱིན་ཏེ། མ་ཐྱིན་ལེན་སྤོམ་པའི་དྲང་སྲོང་རྣམས་དང་འདྲ་བར་བྱའོ། །མདོ་ལས། ཆགས་པ་མེད་ན་འཁོར་བ་མེད། འཁོར་བ་མེད་ན་ལྟུང་བ་མེད།

ཅེས་གསུངས་པར་མ་ཆགས་པའི་སྦྱིན་པ་རྣམ་གསུམ་གཏོང་བར་བྱའོ། །སྦྱིན་པའི་མཐའ་ནི་མཐར་ཕྱིན་ཆགས་མེད་ཡིན། །ཞེས་དང་། ཁམས་བརྒྱུད་ལས། མཆོད་སྦྱིན་སོགས་ལས་སྦྱིན་པ་གཏོང་བ་དང་། ཡོངས་སུ་གཏོང་བ་དང་། རབ་ཏུ་གཏོང་བ་ཆེན་པོ་གསུངས་པས། རིམ་བཞིན་ཡོ་བྱད་དང་། ཡུལ་འཁོར་དང་། ལུག་སྲོག་གཏོང་བར་བཤད་པས། དེ་དག་ལ་མ་ཆགས་པའི་བློས་ལན་དང་རྣམ་སྨིན་ལ་སོགས་ལ་ཡང་མི་རེ་བར་མ་ཟད། བཏང་པའི་འབྲས་བུ་དང་བཅས་པ་སེམས་ཅན་ལ་ཡོངས་སུ་བསྔོ་བར་བྱའོ།།

གསུམ་པ་ལོག་གཡེམ་ལ་དངོས་དང་ལྡོག་པ་གཉིས། དང་པོ་ལའང་ལྔ་ལས། དང་པོ་ངོ་བོ་ནི། ཕོ་མོ་འཁྲིག་ཅིང་སྦྱོར་བ་འདོད་ལོག་གཡེམ། །ཞེས་པ། འཆད་འགྱུར་གྱི་ཡན་ལག་བདུན་པོ་གང་རུང་ལས་ཀུན་སློང་འཁྲིག་པའི་བདེ་བ་མྱོང་བར་འདོད་པ། སྦྱོར་བ་དེའི་བྱེད་པ་ལ་ཞུགས་པ། མཐར་ཐུག་གཉིས་ཀྱིས་དབང་པོ་སྤྲད་པས་བདེ་བ་མྱོང་བའོ།།

གཉིས་པ་དབྱེ་བ་ནི། ཁྲིམས་དང་རིགས་དང་ཕ་མ་བདག་པོ་དང་། །དབང་པོ་སྒོ་སྣང་བདེར་གཤེགས་བཞུགས་གནས་དང་། །སྨྲུམ་དང་ཁུ་བ་འཕྱིན་དང་ཟླ་མཚན་ལྡན། །ཞེས་པ། ཁྲིམས་ཀྱིས་བསྲུང་བ་ནི་མི་ཚངས་སྤྱོད་པ་སྤངས་པའི་ཁྲིམས་ལྡན་

དང་། རིགས་ཀྱིས་བསྡུད་པ་རྒྱལ་པོ་སོགས་ཀྱི་རིགས་ལ་ཆད་པའི་ཁྲིམས་བཅའ་བ་དང་། ཕ་མས་བསྡུད་པ་བག་མར་མ་སོང་བ་གོ་ཏ་གནས་པ་དང་། བདག་པོས་བསྡུད་པ་གཞན་གྱི་ཆུང་མ་དང་། རང་གིས་བདག་བཟུངས་ཡིན་ཡང་དབང་པོའི་སྒོས་བསྡུད་པ་མངལ་སྒོ་མ་གཏོགས་གཤང་ལམ་ལ་སོགས་ཡན་ལག་གཞན་དག་དང་། གནས་ཀྱིས་བསྡུད་པ་བདེར་བར་གཤེགས་པའི་བཞུགས་གནས་དེ་གཙུག་ལག་ཁང་དང་རྟེན་གསུམ་མཆོད་རྟེན་གྱི་དྲུང་དང་། བླ་མ་རབ་བྱུང་རྣམས་ཀྱི་ཉེ་འཁོར་དང་། དུས་ཀྱིས་བསྡུད་པ་བླ་བ་ཚངས་བའི་སྨུམ་མ་དང་། བླ་མཚན་འཛག་པའི་ཚེ་དང་ཉིན་མོ་དང་དུས་ཆེན་དུས་བཟང་གི་དུས་དང་། ལས་དེ་གནོད་པའི་ནད་ཅན་རྣམས་སོ། །དེ་དག་ལས། མ་དང་། ཁྲིམས་ལྡན་དང་། གནས་དང་དུས་ཀྱིས་བསྡུད་པ་རྣམས་ལྕི་བར་བཤད་དོ།།

གསུམ་པ་མཐུན་དཔེ་ནི། མི་གཙང་ཟས་ཟོས་དེ་ཡི་ཟག་འབྱུང་བཞིན། །ཞེས་པ་སྟེ། གང་ཞིག་ལོག་པར་གཡེམ་པ་ལ་དགའ་བའི་སྡིག་པ་ཅན་དེ་ནི་མི་གཙང་བའི་གཏན་གཞི་ལྟ་བུ་སྟེ། དཔེར་ན་རྒྱུ་མི་གཙང་བའི་ཟས་ཟོས་ན། འབྲས་བུ་མི་གཙང་བའི་ཟག་པ་འབྱུང་བ་དང་འདྲ་ཞེས་སོ།།

བཞི་པ་འབྲས་བུ་ནི། མངལ་བརྒྱུད་འཁོར་བ་མི་གཙང་གཏན་གཞིར་སྐྱེ། ཞེས་པ། རྣམ་སྨིན་མངལ་གྱི་སྲིན་བུར་སྐྱེ་བ་སོགས་མི་གཙང་བའི་གཏན་གཞིར་སྐྱེས་ནས་སྡོང་བ་སྟེ། རྒྱུ་ལོག་པར་གཡེམ་པ་དེ་སྤྱད་ན་འབྲས་བུ་འཁོར་བའི་འདམ་རྫབ་མི་གཙང་བའི་གཏན་གཞིར་སྐྱེ་བར་ངེས། ཞེས་སོ། །རྒྱུ་མཐུན་ལས། བྱེད་པ་རྒྱུ་མཐུན་ནི། དེ་ནི་མིར་སྐྱེ་གཡེམ་ལ་ཆེར་དད་ཅིང་། །ཞེས་པ། དེ་མི་ཏུ་སྐྱེས་ཀྱང་ལོག་གཡེམ་ལ་

དད་ཆེ་བས་དགྲ་དང་བཅས་པའོ། །མྱོང་བ་རྒྱུ་མཐུན་ནི། གྲོགས་ངན་མི་མཐུན་གཞན་གྱིས་དབང་བྱེད་ཅིང་། །ཆ་ཙམ་འཛིན་པའི་གྲོགས་པོ་བརྟེན་པར་འགྱུར། །ཞེས་པ། རིགས་གཟུགས་ངན་པའི་གྲོགས་པོ་མི་མཐུན་པ་རྟག་ཏུ་འཐབ་པ་དང་། རང་བས་གཞན་དབང་ཆེ་བའི་གྲོགས་དང་འགྲུད་ཅིང་ཆ་ཙམ་འཛིན་པ་དེ་ཆེན་ཆུན་མང་བའི་ཆུན་མ་སོགས་ལ་སྐྱེ་བར་བཤད་དོ།།

ལྔ་བ་ཉེས་སྐྱོན་ནི། འདུ་འཛིའི་གཞི་འགྲམ་སྡུག་བསྔལ་སྐྱིད་ཤིང་སོགས། །ཞེས་པ། ལོག་པར་གཡེམ་པ་དེ་ཤིན་ཏུ་ཡང་། འཁྲུལ་པའི་གཞི་ཆེ། འཁོར་བའི་ས་བོན་འདེབས། འདུ་འཛིའི་གཞི་འགྲམ་བཏིང་། སྡུག་བསྔལ་གྱི་སྐྱིད་ཤིང་འཛུག ཉམ་ངན་གྱི་མཚོ་བསྐྱིལ་བའོ། །ཞེས་སོ།།

གཉིས་པ་དེ་ལས་ལྡོག་པའི་དགེ་བ་ལ་གཉིས་ལས། དགེ་བ་དང་ལྡན་པ་ནི། དེ་ཕྱིར་ལོག་གཡེམ་ལུས་ངག་ཡིད་ཀྱིས་སྤངས། །ཞེས་པ། ཉེས་དམིགས་ཆེ་བ་ཤེས་ནས་དེའི་ཕྱིར་ལོག་གཡེམ་སེམས་ཀྱིས་སྤངས་ཞིང་ལུས་ངག་གི་སྒོར་ལྡོག་པའོ། །ལུས་དགེ་བ་དང་ལྡན་ཏེ་ལོག་པར་མི་གཡེམ་པས་སོ།།

གཉིས་པ་དཀའ་བ་ཐུབ་པའི་དགེ་སྦྱོད་ལ་གཉིས། མདོར་བསྟན་ནི་དེ་ལྟར་དེ་སྤངས་གཞན་ཡང་སྡོམ་པ་བསྲུང་། །དཀའ་བ་ཐུབ་པ་དྲི་མེད་དག་པའི་ས། །ཞེས་པ། ལོག་གཡེམ་དེ་ལྟར་སྤངས་པའི་ཐོག་ཏུ་ཁྲིམ་པ་དང་རབ་བྱུང་གི་སྡོམ་པ་སོགས་རང་གི་ནུས་སྟོབས་དང་སྦྱར་ལ་བསྲུང་ཞིང་ལྷུང་བས་མ་གོས་པར་བྱའོ། །རྒྱ་ལ་བག་མེད་སོགས་བཞིས་ལྷུང་བ་བྱུང་ན། མྱུར་དུ་གསོ་སྦྱོང་གིས་དག་པར་བྱས་ཏེ། དཀའ་བ་ཐུབ་པའི་སྐྱེས་བུ་ས་གཉིས་པ་དྲི་མ་མེད་པ་ལ་གནས་པའི་བྱང་ཆུབ་སེམས་དཔའ་དེ་

འཚལ་བའི་དྲི་མ་དང་ལྡན་ཅིག་ཏུ་ཡུད་ཙམ་ཡང་མི་གནས་པ་ལྷ་བུའི་རྗེས་སུ་འབྲང་བར་བྱའོ།།

གཉིས་པ་རྒྱས་བཤད་ལ་གསུམ། ཡུལ་མ་ཡིན་པར་བསམ་པ། ཡུལ་མི་སྡུག་པར་བསམ་པ། ཚོག་མི་ཤེས་པར་བསམ་པའོ། །དང་པོ་ནི། འདུལ་དཀའ་འདུལ་བའི་གཉེན་པོ་བརྟེན་པ་ནི། རང་བས་རྒན་དང་གཞོན་དང་ན་མཉམ་དང་། མ་དང་སྲིང་མོ་བུ་མོར་བསམ་པར་བྱ། །ཞེས་པ། ཆགས་པ་འདི་ནི་རས་ལ་སྣུམ་ཞུགས་པ་དང་འདྲ་བས་སྤང་དཀའོ། །ཞེས་གསུངས་པས། གདུལ་དཀའ་ལ་དེ་འདུལ་བའི་གཉེན་པོ་ལ་སྤྱི་དང་བྱེ་བྲག་མང་པོ་གསུངས་ཀྱང་། མདོར་བསྡུས་ན་རང་བས་རྒན་པ་ལ་མ་དང་། གཞོན་པ་ལ་བུ་མོ། ན་མཉམ་ལ་སྲིང་མོ་ཡིན་བསམ་པའི་འདུ་ཤེས་བཞག་ན་ཆགས་པ་མི་སྐྱེ་བས་དེ་ལྟར་བྱའོ།།

གཉིས་པ་ཡིད་དུ་མི་འོང་བར་བསམ་པ་ནི། གཞན་ཡང་བུད་མེད་དྲི་མི་ཞིམ་པ་དང་། མི་གཙང་རྒྱུ་དང་སྟོད་ངན་དགུ་ནས་འཛག །དེ་ཡང་མཛེས་པའི་རྒྱན་རྣམས་ཐ་དད་ལྟ། །ཞེས་པ། གཞན་ཡང་བུད་མེད་ལ་དྲི་མི་ཞིམ་པར་མནམ་པ་དང་། རྒྱུ་མི་གཙང་བ་ཕ་མ་གཉིས་ཀྱི་ཁུ་བ་དཀར་དམར་ལས་གྲུབ་པ་དང་། ངོ་བོ་མི་གཙང་བ་སྐྱི་དམར་སྟོད་ངན་གྱི་ནང་དུ་གཤང་ལྕི་དང་ངར་སྣབས་གླད་པ་སོགས་མི་གཙང་བའི་རྫས་ཀྱིས་གང་བ་དང་། འབྲས་བུ་མི་གཙང་བ་བུ་ག་དགུ་ནས་མཆིལ་མ་དང་ངར་སྣབས་གཤང་ལྕི་སོགས་འཛག་པས་ལུས་ཀྱི་ཕྱོགས་ལ་མི་གཙང་བའི་རང་བཞིན་འབའ་ཞིག་ཡིན་ནོ་སྙམ་དུ་ཞིབ་པར་བསམ་ལ་ཆགས་ཞེན་ལྡོག་པར་བྱའོ། །ཕྱོན་གྱི་མཁས་གྲུབ་རྣམས་ཀྱིས་ཀྱང་ཁ་དོག་དང་། དབྱིབས་དང་། རེག་བྱ་དང་། བསྙེན་

བཀུར་བཞི་ལ་ཆགས་པའི་གཉེན་པོ་རིམ་པ་བཞིན་དུ། རྣམ་པར་སྔོ་བ་སོགས་ཀྱི་ཁ་དོག་དང་། རྣམ་པ་རུལ་ཞིང་རྨག་པ་དང་། རྣམ་པར་འཐོར་བའི་རུས་གོང་སོགས་དང་རྣམ་པར་ནམ་པ་སོགས་མི་སྡུག་པའི་རྣམ་པར་སྒོམ་པ་སོགས་ཀྱང་ཡིད་ལ་བྱའོ། །ལུས་དེ་འདྲར་མ་ཟད་སེམས་ཀྱི་ཕྱོགས་ལའང་བུད་མེད་ཡིད་ལ་གཡོ་སྒྱུ་ཆེ་བ་དང་། མི་བརྟན་པ་དང་། ཉོན་མོངས་ཆེ་བ། དགེ་སེམས་ཆུང་བ་སོགས་ཡིད་དུ་མི་འོང་བའོ། །ངོ་བོ་དེ་ལྟར་མི་གཙང་བ་ཡིན་ཡང་ག་པུར་སོགས་དྲི་བཟང་གིས་བྱུགས་པ་དང་། དར་ཟབ་སོགས་ཀྱི་གོས་ཀྱིས་གཡོགས་པ་དང་། གསེར་གཡུ་སོགས་རྒྱན་གྱིས་སྤྲས་ཚེ་ཆགས་ལྡན་གྱི་ཡུལ་དུ་མཛེས་པར་སྣང་ནའང་། ཆགས་པས་ཡིད་བསླུས་པའི་སྐྱེ་བོ་རྣམས་ལ་ངོ་བོ་སྡུག་བསྔལ་བདེ་བར་སྣང་བ་ནི་འབུ་སྲིན་གི་ལྷུན་ལྷིན་དང་། ཁྱི་ཕག་གི་ཕྱི་ས་འདོད་པ་ལྟར་ཡིན་ལ། མི་གཙང་བའི་ལུས་དེ་དང་མཛེས་པའི་རྒྱན་རྣམས་ནི་ཐ་དད་པར་བལྟ་སྟེ། གཞན་དུ་ན་གོས་རྒྱན་དང་ལུས་སོ་སོར་ཡོད་པའི་ཚེ་ཡང་གཉིས་ཀར་ཆགས་པ་སྐྱེ་བར་རིགས་སོ། །དེའི་ཕྱིར་རྒྱན་དང་ཐ་དད་དུ་བལྟས་ལ་ཆགས་པ་སྤང་བར་བྱའོ། །

གསུམ་པ་ཆོག་མི་ཤེས་པ་ནི། ཀླུ་ཆུ་འཐུང་བཞིན་འདོད་པས་ངོམ་མི་འགྱུར། །ཞེས་པ། ཉོན་མོངས་སྤྱི་དང་། དགོས་འདོད་ཆགས་ནི་གཉེན་པོ་བརྟེན་ནས་སུན་དབྱུང་སྟེ་སྤོང་བར་བྱ་ཡི། དེ་ཉིད་ཡང་ཡང་སྤྱད་ན་ཡིད་ཚིམ་པར་མི་འདོད་པའམ། ཚད་ཅིང་ངལ་བས་ཡིད་སུན་པར་མི་འགྱུར་བར་མ་ཟད། ཆགས་ཞེན་སོགས་དེ་དག་ཇེ་འཕེལ་དུ་འགྲོ་སྟེ། དཔེར་ན་སྐོམ་པས་ཀླུ་ཆུ་འཐུང་བ་བཞིན་ངོམས་ནས་ཚིམ་པ་མེད་དེ་ཇེ་འདོད་དུ་འགྲོ་བ་བཞིན་ནོ། །རིག་གཞུང་ལས། འདི་ཡུལ་སུན་ཕྱུང་མེད་

པར་ནི། །དེ་སྤོང་བ་ནི་ནུས་མ་ཡིན། །ཡོན་ཏན་སྐྱོན་དང་རྗེས་འབྲང་ཕྱིར། །འདོད་དང་སྡང་སོགས་སྤོང་བ་ནི། །དེ་དག་ཡུལ་ལ་མ་མཐོང་བས། །ཡིད་ཀྱིས་ཕྱི་ཚུལ་དག་གིས་མིན། །ཞེས་གསུངས་པ་ལྟར་རོ། །དེས་ལུས་ཀྱི་ལས་གསུམ་བསྟན་ནོ།།

གཉིས་པ་ངག་གི་ལས་བཞི་ལས། དང་པོ་རྫུན་ལ་གཉིས། དངོས་དང་། དེ་ལས་ལྡོག་པའི་དགེ་བའོ། །དང་པོ་ལ་ལྔ་ལས། དང་པོ་ངོ་བོ་ནི། མི་བདེན་ཚིག་གིས་གཞན་བློ་བདེན་སྐྱེད་རྫུན། །ཞེས་པ། སྨྲའི་ཡུལ་ནི་ཕ་རོལ་པོ་དོན་གོ་བ་ཞིག་ལ། གོ་བྱའི་རྫུན་ནི་མཐོང་བ་ལ་མ་མཐོང་སོགས་ཀྱི་ཡིན་ཚུལ་ཤེས་བཞིན་དུ་དེ་ལ་ལོག་པར་སྨྲ་བའོ། །འདུ་ཤེས་དང་ཀུན་སློང་ནི་ལོག་པར་བསྒྱུར་ནས་སྨྲ་བར་འདོད་པའོ། །སྦྱོར་བ་ངག་གིས་སྨྲ་བའམ། ལུས་ཀྱི་རྣམ་འགྱུར་གྱིས་སྟོན་པའམ། ཅི་ཡང་མི་སྨྲ་བར་དང་དུ་ལེན་པའམ། གཞན་ལ་ཆེད་དུ་བཅུག་པའོ། །མཐར་ཐུག་ཕ་རོལ་བས་གོ་བའོ།།

གཉིས་པ་དབྱེ་བ་ནི། གཤེན་གྱི་དྲང་སྲོང་རྗེས་སུ་སླུ་བྱེད་སོགས། །ཕྲ་བ་བདག་གཞན་གཉིས་ལ་ཕན་གནོད་མེད། །རགས་པ་བདག་གཞན་ཕན་གནོད་གཉིས་ལྡན་དང་། །ཆེན་པོ་མ་མཐོང་མཐོང་ཟེར་མ་ཤེས་ཤེས། །སྤྲོག་གི་ལྟམ་པོ་ལས་འབྲས་ལྡན་སྨྲ་དང་། །གཞན་ཡང་ངོ་མ་གཉིས་དང་ཚིག་འགྱུར་བའོ། །ཞེས་པ། ཡུལ་གྱི་སྒོ་ནས་གཤེན་གྱི་དྲང་སྲོང་དང་། དེའི་རྗེས་སུ་མཐུན་པའི་དགེ་སྦྱོང་རྣམས་སླུ་བྱེད་ཀྱི་ཚིག་སྨྲ་བ་དང་། སོགས་ཁོངས་ནས་ཡུལ་དམན་པ་ལ་སྨྲ་བ་སྟེ། དེ་དག་ལྕི་ཡང་དུ་འགྱུར་བ། ཀུན་སློང་གི་སྒོ་ནས་ཕྲ་བས་རྫུན་བདག་གཞན་གཉིས་ཀ་ལ་ཕན་གནོད་མེད་པ། ཡང་ལ་རགས་པའི་རྫུན་བདག་ལ་ཕན་པ་དང་། གཞན་ལ་གནོད་པ་དང་། དེ་གཉིས་ཀ་དང་བདེན་པར་འགྱུར་བ་ནི་ལྕི་འོ། །ཆེན་པོའི་རྫུན་འདོད་པ་ལས་འདས་པའི་ལྷ་

ཚོགས་མ་མཐོང་བ་མཐོང་བར་སྨྲ་བ་དང་། མངོན་ཤེས་མེད་བཞིན་ཡོད་པར་སྨྲ་བ་དང་། ལམ་དང་འབྲས་བུའི་ཡོན་ཏན་མི་ལྡན་པ་ལ་བདེན་པར་སྨྲ་བ་དང་། སྲོག་གི་ལྷམ་པོ་སྟེ་སྲོག་གཅོད་ཀྱི་རྒྱུ་རྒྱ་ཆེན་དུ་འགྱུར་བའི་བྱ་དང་། གཞན་སྡིག་པ་ཆེན་པོ་བསྐྱེད་པའི་རྫུན་ནི་ཤིན་ཏུ་ལྗིད་དོ། །གཞན་ཡང་ངོ་མ་གཉིས་སུ་སྨྲ་བ་དང་། ཚིག་འགྱུར་བར་སྨྲ་བ་ཡང་རྫུན་གྱི་ཕྱོགས་སུ་གཏོགས་པས་སྤང་བར་བྱའོ།།

གསུམ་པ་མཐུན་དཔེ་ནི། སྨྱུ་གྲིའི་ལམ་ཞུགས་རང་ལུས་རང་གཅོད་བཞིན། །ཞེས་པ། གང་ཞིག་རྫུན་དུ་སྨྲ་བ་ལ་དགའ་བའི་སྡིག་པ་ཅན་དེ་ནི་སྨྱུ་གྲིའི་སོ་ལམ་ལྟ་བུ་སྟེ། དཔེར་ན་སེམས་ཅན་མ་རྟོགས་པ་ཞིག་སྨྱུ་གྲིའི་སོ་ལམ་དུ་ཞུགས་ན་རང་ལུས་ལ་རང་གཅོད་པ་དང་འདྲའོ། །ཞེས་སོ།།

བཞི་པ་འབྲས་བུ་ནི། དམྱལ་བར་སྐྱེས་ན་རང་ལུས་རང་གཅོད་དང་། དམྱལ་བ་ཆེན་པོ་ལྕེ་སྟེང་ཞིང་རྨོ་སྐྱེ། །ཞེས་པ། རྒྱུ་རྫུན་དུ་སྨྲ་བའི་སྡིག་པ་དེ་སྨྱུད་ན་འབྲས་བུ་དམྱལ་བར་སྐྱེས་ཏེ་ཤིན་ཏུ་སྡུག་བསྔལ་བར་འགྱུར་རོ། །ཞེས་གསུངས་པ་ལྟར་རོ། །རྒྱུ་མཐུན་ལ། བྱེད་པ་རྒྱུ་མཐུན་ནི། གལ་ཏེ་མིར་སྐྱེས་རྫུན་དུ་སྨྲ་བ་དང་། །ཞེས་པས། རྫུན་སྨྲ་བ་ལ་དགའ་བར་འགྱུར་ལ། མྱོང་བ་རྒྱུ་མཐུན་ནི། རང་ངག་མི་ཉན་གཞན་གྱིས་སླུ་བྱེད་ཅིང་། །ལྕེ་སོགས་བདེ་མིན་མཇེས་པར་འགྱུར་བ་མིན། །ཞེས་པ། རང་གིས་ངག་ལ་གཞན་གྱི་མི་ཉན་ཞིང་། གཞན་གྱི་ངག་གིས་ཀྱང་རང་ཉིད་བསླུ་བ་དང་མགོ་བསྐོར་ཞིང་བསྙུར་བ་མང་པོར་བྱེད་པར་འགྱུར་རོ། །ལྕེ་སོགས་ངག་གི་སྒོ་ཡང་མི་བདེ་ཞིང་མི་མཇེས་པར་འགྱུར་རོ།།

ལྔ་བ་ཉེས་སྐྱོན་ནི། ཐར་བའི་ལམ་འགག་འཁོར་བའི་གནས་ལྟུང་སོགས། །ཞེས་

པ། ལྡེ་ལ་ཞིང་རྙོ། ཐར་པའི་ལམ་འགག སེམས་ཀྱི་སློ་དོག དགེ་བ་ལ་ཕྱུགས་ཤིང་འཛུགས། སྡིག་པའི་གཡབ་མོ་མཁན། འཁོར་བའི་གཡང་སར་ལྷུང་། ཞེས་བཤད་དོ།།

གཉིས་པ་དེ་ལས་ལྡོག་པའི་དགེ་བ་ལ་གཉིས་ལས། དགེ་བ་དང་ལྡན་པ་ནི། དེ་ཕྱིར་རྫུན་ནི་མི་བསམ་མི་བརྙག་སྤོངས། །ཞེས་པ། རྫུན་ལ་ཉེས་པ་ཆེ་བ་དེའི་ཕྱིར་སྤོང་སེམས་དང་ལྡན་པས། ངག་གིས་བརྙགས་པ་ལས་ལྡོག་ན་དགེ་བ་ཏེ། ངག་དགེ་བ་དང་ལྡན་ཏེ་རྫུན་མི་སྨྲ་བས། ཞེས་སོ།།

གཉིས་པ་དགེ་སྦྱོད་དང་ལྡན་པ་ནི། དེ་ལྟར་དེ་སྤངས་གཞན་ཡང་དྲང་པོར་བརྗོད། །བདེན་པ་སྨྲ་བ་འཁོར་བ་མེད་པའི་ལམ། །མ་ནོར་བགྲོད་དྲང་བྱ་ཞིང་ཡང་དག་བསྟན། །ཞེས་པ། རྫུན་དེ་ལྟར་སྤངས་ཤིང་གཞན་ཡང་དྲང་པོར་བརྗོད་པར་བྱ་སྟེ། བདེན་པར་སྨྲ་བ་འཁོར་བ་མེད་པའི་ལམ་དང་འདྲ་སྟེ། མཛོད་ནས་གསུངས་པའི་འཁོར་བ་མེད་པའི་ལམ་ལྷ་ལ་འཇུག་ན་མི་བསླུ་བར་ངེས་པའི་ཕྱིར། དེ་ལྟར་དོན་མ་ནོར་བ་བདེན་པའི་ཚིག་གིས་སེམས་ཅན་རྣམས་ལ་འཇིག་རྟེན་དང་འཇིག་རྟེན་ལས་འདས་པའི་བདེ་བར་སྦྱོར་བའི་བགྲོ་དྲང་བྱ་ཞིང་ཁྱད་པར་དུ་ཡང་དག་པའི་ལྟ་བ་རྒྱུ་འབྲས་ཀྱི་དོན་ལ་ཡིད་ཆེས་པའི་ཕྱོགས་སྟོན་པར་བྱའོ།།

གཉིས་པ་ཕྲ་མ་ལ་ཡང་གཉིས། དངོས་དང་། དེ་ལས་ལྡོག་པའི་དགེ་བའོ། །དང་པོ་ལ་ལྔ་ལས། དང་པོ་ངོ་བོ་ནི། ཕྲ་མ་ཉེ་འབྱེད་མཛའ་བོའི་བར་གཙུགས་འཛུད། ། ཅེས་པ། ཡུལ་ནི་ཉེ་བ་དང་མཛའ་བོ་སྟེ། སེམས་ཅན་མཐུན་པ་དང་མི་མཐུན་པ་གང་རུང་ངོ་། །ཀུན་སློང་ནི། མཐུན་པ་དབྱེ་བ་འདོད་པ་དང་། མི་མཐུན་པ་མི་འདུམ་པར་འདོད་པའོ། །སྦྱོར་བ་བདེན་པ་དང་མི་བདེན་པ་གང་རུང་གིས་འབྱེད་ཐབས་ཀྱི་

གཙུགས་འཛུད་པའོ། །མཐར་ཐུག་འབྱེད་ཚིག་ཡུལ་གྱིས་གོ་བའོ།།

གཉིས་པ་དབྱེ་བ་ནི། གཞན་རབ་མཐུན་པའི་དབྱེ་འབྱེད་ལ་སོགས་པ། །བཙན་ཚིག་འཛུད་དང་ཐབས་ཀྱིས་འཛུད་པ་དང་། །ཀང་ཞིག་གསང་ཞིང་འཇུག་པར་བྱེད་པ་ནི། །ཞེས་པ། ཡུལ་གྱི་སྒོ་ནས་གཞན་རབ་ཀྱི་རྗེས་འབྲང་སྐེ་དེ་དང་མཐུན་པའི་ཡོན་ཏན་ཅན་རྣམས་དབྱེ་བ་དང་། མ་བུ་སོགས་དང་འབྲིས་བཤེས་ཤིན་ཏུ་ཟབ་པའི་མཐུན་རོགས་སོ་སོར་འབྱེད་པ་སོགས་ལྷེ་ཡང་གི་ཁྱད་ཤེས་པར་བྱའོ། །ངོ་བོའི་སྒོ་ནས་བཙན་ཚིག་གི་དབྱེན་བཙུག་ནས་ཕྱེ་བ་ལྟེ། གསང་ཚིག་གིས་ཕྱེ་བ་འབྲིང་། ཐབས་ཀྱིས་ཕྱེ་བ་ཆུང་ངུའོ།།

གསུམ་པ་མཐུན་དཔེ་ནི། ཆུ་བོ་རབ་མེད་འབྲུག་ཚེ་མི་ལ་སོགས། །ཉེ་བར་ཕྲད་འདོད་དབང་མེད་ཕྱེ་བ་བཞིན། །ཞེས་པ། གང་ཞིག་ཕྲ་མ་དབྱེན་བཙུག་ལ་དགའ་བའི་སྡིག་པ་ཅན་དེ་ནི་ཆུ་བོ་རབ་མེད་པ་ལྟ་བུ་ཡིན་ཏེ། ཆུ་བོ་རབ་མེད་པ་འབྲུག་པའི་ཚེ་མི་ལ་སོགས་པའི་སེམས་ཅན་གང་ཉེ་བར་ཕྲད་འདོད་ཀྱང་དབང་མེད་དུ་སོ་སོར་ཕྱེས་ནས་འདུག་པ་དང་འདྲ་ཞེས་སོ།།

བཞི་པ་འབྲས་བུ་ནི། དམྱལ་བ་དུ་འགོད་ཐིག་ནག་སྡུད་འཇོམས་སྐྱེ། །ཞེས་པ། རྒྱུ་ཕྲ་མ་དབྱེན་བཙུག་ཆུ་བོ་རབ་མེད་འདྲ་བ་སྤྱད་ན་འབྲས་བུ་དམྱལ་བ་དུ་འགོད་ཐིག་ནག་གི་གནས་སུ་སྐྱེ་བར་ངེས་སོ། །ཞེས་སོ། །ཕྲ་མ་དབྱེན་བཙུག་ལ་དགའ་བའི་སྡིག་པ་ཅན་དེ་ནི་དམྱལ་བ་དུ་འགོད་དང་སྡུད་འཇོམས་ཀྱི་གནས་སུ་སྐྱེ་བའི་ལུས་བླངས་ནས་ཤིན་ཏུ་སྡུག་བསྔལ་བར་འགྱུར་རོ། །ཞེས་དང་། རྒྱུ་མཐུན་ལ། བྱེད་པ་རྒྱུ་མཐུན་ནི། གལ་ཏེ་མིར་སྐྱེ་ཕྲ་མ་སྨྲ་བ་དང་། །ཞེས་པ། གལ་ཏེ་མིར་སྐྱེས་ཀྱང་ཕྲ་མ

སླ་བ་ལ་དགའ་བ་དང་། སྤྱོང་བ་རྒྱུ་མཐུན་ནི། མཛའ་བཤེས་ཕྲལ་སོགས་ཡང་ན་མགོ་ལྷག་འགྱུར། །ཞེས་པ་སྟེ། མཛའ་བཤེས་ཕྲལ་བ་དང་། མི་མཐུན་པ་མང་བ་དང་། མགོ་བོ་གཉིས་སོགས་སུ་འགྱུར་བར་བཤད་དོ།།

ལྔ་པ་ཉེས་སྐྱོན་ནི། དགེ་ལམ་རྩང་འཛུག་སྨུན་པའི་ཚོགས་བསྐྱེད་སོགས། །ཞེས་པ། དགེ་ལམ་ལ་རྩང་འཛུག ཕྱིན་ཅི་ལོག་གི་རྒྱུ་མདུད་དམ། མ་རིག་སྨུན་པའི་ཚོགས་བསྐྱེད་པར་གསུངས་སོ།།

གཉིས་པ་དེ་ལས་ལྡོག་པར་གཉིས་ལས། དང་པོ་དགེ་བ་དང་ལྡན་པ་ནི། དེ་ཕྱིར་དཔེན་ཕྲ་མི་བསམ་མི་བསྒྲག་སྤང་། །ཞེས་པ། དཔེན་ཕྲ་ལ་ཉེས་སྐྱོན་ཡོད་པ་དེའི་ཕྱིར། སྤང་སེམས་དང་ལྡན་པས་ངག་གིས་སླ་བ་སྤང་བར་བྱ་སྟེ། ངག་དགེ་བ་དང་ལྡན་ཏེ་ཕྲ་མ་མི་སླ་བས་སོ། །ཞེས་སོ།།

གཉིས་པ་དགེ་སྤྱོད་ནི། དེ་ལྟར་དེ་སྤངས་གཞན་ཡང་མཐུན་འཇུག་བྱ། །སྒྲོ་བསྐུར་མེད་པ་གྲུ་གཟིངས་མཉམ་པ་འདྲ། །ཐབས་ཀྱིས་ཟློལ་མེད་མི་མཐུན་མཐུན་པར་བྱ། །ཞེས་པ། དཔེན་ཕྲ་དེ་ལྟར་སྤངས་ཤིང་གཞན་ཡང་མཐུན་འཇུག་དང་འབྲུགས་བསྡུམ་བྱས་ཏེ་སྒྲོ་བསྐུར་མེད་པ་ནི་གྲུ་གཟིངས་མཉམ་པ་དང་འདྲ་བར་བྱ་སྟེ། དེ་འཕྲད་འདོད་པ་ཉེ་བར་སྤྱོད་པའོ། །དེའི་ཕྱིར་གཡོ་རྒྱུ་ཟློལ་ཟློག་མེད་པའི་འདུམ་པ་མི་འབྱེད་པ་དང་། མི་མཐུན་པ་འདུམ་པར་བྱེད་དེ། མདོ་ལས། མི་མཐུན་པ་གཉིས་མཐུན་ནུས་ན། །ཁྱད་པར་སྐྱེས་བུ་ཆེན་པོ་ཡིན། །འདི་ནས་མི་རྟག་འཆི་འཕོས་དུས། །མི་བདེ་བདེ་བའི་བསོད་ནམས་ཀྱིས། །དགའ་ལྡན་ལྷའི་ཕོ་བྲང་དུ། །སྐྱེས་མཁན་ཕྱུ་རུ་སྐྱེ་བར་ངེས། །འབྲུག་བསྡུམ་བསོད་ནམས་དེ་ལྟར་ཆེ། །ཞེས་གསུངས་པ་ལྟར་རོ།།

གསུམ་པ་ཚིག་རྩུབ་པ་ལ་ཡང་གཉིས། དངོས་དང་། དེ་ལས་ལྡོག་པའི་དགེ་བའོ། །དང་པོ་ལ་ལྔ་ལས། ངོ་བོ་ནི། གཞན་ཡིད་མི་འོང་གནད་ལ་ཕོག་ཚིག་རྩུབ། །ཅེས་པ། ཡུལ་ནི་རང་གིས་མནར་འདོད་ཀྱི་སེམས་ཅན་ནོ། །ཀུན་སློང་ངག་ཚིག་རྩུབ་མོ་སྨྲ་འདོད་པའོ། །སྦྱོར་བ་སྐྱོན་དང་མཚང་འབྲུ་སོགས་ཡིད་དུ་མི་འོང་བའི་གཏམ་གནད་ལ་ཕོག་པའི་ཚིག་རྩུབ་མོ་སྨྲ་བའོ། །མཐར་ཐུག་ཡུལ་དེས་གོ་བའོ། །དབྱེ་བ་ནི། གཤེན་རབ་ཞལ་སྐྱིན་སྡིག་པའི་དྲི་མས་སློད། །ངག་རྩུབ་པ་དང་ཚིག་ཀྱང་དེ་བཞིན་ཏེ། །ཆེ་བཅིང་སྤྲོ་ཐུང་གཞན་ལ་ཟུར་ཟ་བ། །ཁྲད་གསོད་རང་རྒྱུད་སྲེག་བྱེད་ཁ་སྡིག་བརྗོད། །ངོ་ན་བརྗོད་དང་ལྐོག་དང་རྒྱུད་ནས་བརྗོད། །ཅེས་པ། ཡུལ་གྱི་སྒོ་ནས་གཤེན་རབ་ཀྱི་ཞལ་སྐྱིན་ཏེ། བཤེས་གཉེན་མཁས་བཙུན་གྱི་ཡོན་ཏན་དང་ལྡན་པ་དང་། ཕ་མ་དང་བླ་མ་ལ་སྨྲ་བ་ལྟ་བུའོ། །ངོ་བོའི་སྒོ་ནས་དེ་དག་སོགས་ལ་ལྟུང་བ་དང་སྡིག་པའི་ཉེས་སྐྱོན་གྱི་དྲི་མ་མེད་པ་ལ་རྫུན་གྱིས་དེ་དག་སློད་པ་ཤིན་ཏུ་ལྟ་བུའོ། །རྣམ་པའི་སྒོ་ནས་ངག་གདངས་རྩུབ་པར་སྨྲ་བ་དང་། ངག་ཡིད་དུ་མི་འོང་པ་དང་། གནད་དུ་ཕོག་པའི་ཚིག་འདམས་ནས་སྨྲ་བ་དང་། རང་ཆེ་བས་འཆིང་ནས་གཞན་ལ་ཁྲད་གསོད་དུ་སྨྲ་བ་དང་། སྤྲོ་ཐུང་བས་རང་རྒྱུད་སྲེག་པར་བྱེད་པའི་ཚིག་པ་ཟ་བས་མངོན་སུམ་དུ་གཤེ་བ་སྣ་ཚོགས་སྨྲ་བ་དང་། གཤིས་ངན་པས་གཞན་ལ་ཟུར་ཟ་སྨྲ་བ་དང་། གསད་པ་དང་བརྡུང་བརྡེགས་སོགས་ཀྱི་ཁས་སྡིག་མོར་བརྗོད་པ་སྟེ། དེ་རྣམས་ངོ་ལ་བརྗོད་ན་ལྟེ། ལྐོག་ཏུ་བརྗོད་ན་འབྲིང་། རྒྱུད་ནས་བརྗོད་ན་ཡང་ངོ་། །ཡུལ་དང་ངོ་བོ་དང་རྣམ་པ་དེས་ཀྱང་ལྟེ་ཡང་ཤེས་པར་བྱའོ།།

མཐུན་དཔེ་ནི། སྡིག་ཅན་བདུད་ཀྱི་ལག་ཆ་མཚོན་རྣོན་དེས། །རྒྱབ་ན་འཚོ་བ

མེད་པར་འཆི་བ་བཞིན། ཞེས་པ། གང་ཞིག་ཚིག་རྩུབ་ལ་དགའ་བའི་སྡིག་པ་ཅན་དེ་ནི་མཚོན་ཆ་རྣོན་པོ་ལྟ་བུ་སྟེ། དཔེར་ན་བདུད་སྡིག་པ་ཅན་གྱི་ལག་ཆ་མཚོན་རྣོན་དེས་རྒྱབ་ན་འཚོ་བ་མེད་པར་འཆི་ངེས་པ་དང་འདྲ། ཞེས་སོ།།

འབྲས་བུ་ནི། དམྱལ་བ་གཙོད་གཏུབ་མཚོན་གྱི་བསྐལ་པར་སྨྲོང་། །ཞེས་པ། རྒྱུ་ཚིག་རྩུབ་མཚོན་ཆ་རྣོན་པོ་ལྟ་བུར་སྨྲད་ན་འབྲས་བུ་དམྱལ་བ་བཅད་གཏུབ་ཀྱི་གནས་སུ་སྐྱེ་ཞིང་སྡུག་བསྔལ་བར་འགྱུར་རོ། །ཞེས་དང་། རྒྱུ་མཐུན་ལ། བྱེད་པ་རྒྱུ་མཐུན་ནི། གལ་ཏེ་མིར་སྐྱེས་ཚིག་རྩུབ་སྨྲ་བ་དགའ། །ཞེས་པ། མིར་སྐྱེས་ནའང་སྔར་ཚིག་རྩུབ་སྨྲ་བ་ལ་དགའ་བར་འགྱུར་རོ། །མྱོང་བ་རྒྱུ་མཐུན་ནི། ཕོང་ཁྲོ་ཅན་ལ་བརྟེན་དང་ངག་མི་སྙན། །ཞེས་པ། རྗེ་དཔོན་དང་གྲོགས་ཕོང་ཁྲོ་ཅན་ལ་བརྟེན་ནས་རང་མནར་བ་དང་། ཡིད་དུ་མི་འོང་བའི་གཏམ་ཐོས་པ་དང་། རང་གིས་གསང་བོར་སྨྲས་ཀྱང་ངག་མི་སྙན་པ་གོ་བས་འཐབ་མོའི་ཚིག་ཏུ་འགྱུར་བའོ། །ཉེས་སྐྱོན་ནི། རང་གིས་རང་འཚིགས་ངན་སོང་གཉེར་ཞུལ་ལོ། །ཞེས་པ། རང་གིས་རང་འཚིགས་པ་དང་། དགེ་བའི་ལོ་ཏོག་ལ་སྡིག་པའི་སད་འབེབས་པ་དང་། འཁོར་བ་ངན་སོང་གི་གཉེར་ཞུལ་བའོ། །ཞེས་སོ།།

གཉིས་པ་ལ་དགེ་བ་ལ་གཉིས་ལས། དགེ་བ་དང་ལྡན་པ་ནི། དེ་ཕྱིར་ཚིག་རྩུབ་མི་བསམ་མི་བསྒྲག་སྤང་། །ཞེས་པ། ཚིག་རྩུབ་ལ་ཉེས་པ་ཆེ་བ་དེས་ཕྱིར་སྤང་སེམས་དང་ལྡན་པས་ངག་གིས་མི་སྨྲོགས་པར་སྤངས་ན་དགེ་བ་སྟེ། ངག་དགེ་བ་དང་ལྡན་ཏེ་ཚིག་རྩུབ་མི་སྨྲ་བ། ཞེས་གསུངས་སོ།།

དགེ་སྤྱོད་ནི། དེ་ལྟར་དེ་སྤང་གཞན་ཡང་ཕན་པ་སྨྲ། །ཚིག་ཞི་དལ་བ་མེ་ཏོག

ཧ་ཡོ་འདྲ། །འཇམ་ལ་དྭངས་སྙེ་དོན་གསལ་ཀུན་གྲགས་སྒྲ། །ཞེས་ཏེ། དེ་ལྟ་བུའི་ཚིག་རྒྱུབ་དེ་དག་སྤངས་ནས་དེའི་སྟེང་གཞན་ལ་ཕན་པའི་ཚིག་སྒྲ་ཞིང་དེའང་ཚིག་ཞི་ཞིང་དལ་བ་མི་ཧྲག་ཧ་ཡོ་དང་འདྲ་བར་བྱ་སྟེ། མི་ཧྲག་ཧ་ཡོ་ནི་འཇམ་པ་དང་མདངས་གསལ་བ་བཞིན་དུ་དྭངས་བ་བསྐྱེད་ནུས་པས་ཚིག་ཞི་བ་དལ་པ་དོན་གསལ་བ་ཀུན་ལ་གྲགས་པར་སྒྲ་བའོ།།

བཞི་པ་ངག་འཁྲུལ་ལ་ཡང་གཉིས། དངོས་དང་། དེ་ལས་ལྡོག་པའི་དགེ་བའོ། ། དང་པོ་ལ་ལྔ་ལས། ངོ་བོ་ནི། འཇིག་རྟེན་སྤྱི་གཞུང་གྲགས་པའི་ངག་ལས་འཁྲུལ། ། ཞེས་པ། གཞི་སྒྲ་བའི་ངོ་བོ། འཇིག་རྟེན་སྤྱི་གཞུང་དུ་གྲགས་པའི་གཏམ་སྒྲ་བར་འོས་པ་ལས་འཁྲུལ་ཏེ། དོན་དང་དགོས་པ་མེད་པའི་ཚིག་གོ །ཀུན་སློང་ནི། སྣ་ཚོར་རམ་བྲོད་རྒྱལ་དུ་སྒྲ་འདོད་པའོ། །སྦྱོར་བ་ནི། ངག་འཁྲུལ་སྒྲ་བར་རྩོམ་པའོ། །མཐར་ཐུག་སྒྲ་ཟིན་པའོ། །དབྱེ་བ་ནི། བླ་མ་ལ་སོགས་ལྷ་ཡང་འབྲིང་བ་ལ། །མདན་འདོགས་དཔྱས་བྱེད་རང་རྒྱུད་གཞན་རྐྱེན་སློང་། །འགབ་མ་ལབ་ཀྱིས་གཞན་གྱི་གནད་གཙོད་དང་། །འཆལ་བར་སྒྲ་བ་སྒྲུང་དང་སྟེབ་ལ་སོགས། །བག་ཆགས་ངན་སོང་འཁོར་བར་འཁྲམས་པའི་རྒྱུ། །གཞན་ལ་དགྲ་མེད་ཡོག་པར་འཛིགས་སྐྱུལ་སོགས། །ཞེས་པ། ཡུལ་གྱི་སྒོ་ནས་བླ་མ་དང་། བླ་མའི་བླ་མ་དང་། གོང་མ་དང་། གོང་མའི་གོང་མ་དང་། འོག་མ་དང་། འོག་མའི་འོག་མ་དང་། འཁོར་དང་། འཁོར་གྱི་འཁོར་སོགས་ལ་ངག་འཁྲུལ་བར་གསུངས་པ་ནི་ལྷེ་ཡང་འབྲིང་གསུམ་དུ་འགྱུར་བར་དགོངས་པའོ། །ངོ་བོའི་སྒོ་ནས་ངན་འདོགས་དང་། འཕྱས་པ་དང་། རང་གཞན་གྱི་རྒྱུད་འཁྲུགས་པར་བྱེད་པའི་སྐྱོན་ཚིག་རྒྱ་ཆེར་སློང་བ་དང་། འགན་མ་ལབ་འཛེམས་མེད་དུ་སྒྲ་བས་གཞན་གྱི་

གནད་གཅོད་པ་དང་། འཆལ་བར་སྨྲ་བ་བཞད་གད་དང་། གླུ་དང་། སྒྲུང་དང་། ཐན་པོས་གཞའ་གཏམ་སྨེབ་པ་དང་། གཞོན་པས་ཚོང་དང་བཟོར་གཏམ་བསྨེབ་པ་དང་། དེ་ལ་སོགས་པའི་བག་ཆགས་ངན་པའི་རྒྱ་རྒྱལ་པོ་དང་། བུད་མེད་དང་། དམག་དང་། ཚོང་ཁེ་དང་། འཁྲིད་པ་དང་། རྗོད་པ་སོགས་ཉོན་མོངས་པ་འཕེལ་བའི་གཏམ་བྱས་ན་འཁོར་བར་འཁྱམས་པའི་རྒྱུའོ། །གཞན་ཡང་དགྲ་ལ་སོགས་འཇིགས་པ་མེད་ཀྱང་ལོག་པར་བྱས་ནས་དགྲ་ཡོད་ཅེས་འཇིགས་པ་སྐུལ་བར་སོགས་སོ། །མཐུན་དཔེ་ནི། ནད་དང་རིམས་ཀྱིས་སེམས་ཅན་མི་བདེ་བཞིན། །ཞེས་པ། གང་ཞིག་ངག་འཁྱལ་བར་སྨྲ་བའི་སྡིག་པ་ཅན་དེ་ནི། ནད་གདུག་པ་ཅན་དང་རིམས་མི་བཟོད་པ་ལྟ་བུ་སྟེ། དཔེར་ན་ནད་གདུག་པ་ཅན་དང་རིམས་མི་བཟོད་པའི་རྐྱེན་གྱིས་སེམས་ཅན་ཐམས་ཅད་མི་བདེ་ཞིང་སྡུག་བསྔལ་བ་དང་ངེས་པར་འདྲ། ཞེས་སོ། །འབྲས་བུ་ནི། སྡུག་བསྔལ་བརྒྱད་དང་བཅུ་དྲུག་འཁོར་བ་ཡི། །མུན་ནག་སྐྱེ་འགྱུར། ཞེས་པ། རྒྱུ་ངག་འཁྱལ་བར་སྨྲ་བ་དེ་སྤྱད་ན་འབྲས་བུ་སྡུག་བསྔལ་བརྒྱད་དང་བཅུ་དྲུག་གི་གནས་སུ་སྐྱེ་བར་ངེས་སོ། །ཞེས་དང་། ངག་འཁྱལ་བར་སྨྲ་བ་དེ་ནི་འཁོར་བ་མུན་ནག་གི་གནས་སུ་སྐྱེ་ཞིང་ལུས་བླང་ནས་ཤིན་ཏུ་སྡུག་བསྔལ་བར་འགྱུར། །ཞེས་སོ། །རྒྱུ་མཐུན་ལ། བྱེད་པ་རྒྱུ་མཐུན་ནི། གལ་ཏེ་མིར་སྐྱེས་འཁྱལ་ཚིག་སྨྲ་ལ་དགའ། ཞེས་པ། མིར་སྐྱེས་ཀྱང་འཁྱལ་ཚིག་སྨྲ་བ་ལ་དགའ་བར་འགྱུར་ལ། མྱོང་བ་རྒྱུ་མཐུན་ནི། ཁ་མཆུ་ཡོ་རལ་འཕྱུས་འགྱུར་སྙན་མི་སྒྲོགས། །ཞེས་པ། ཁ་མཆུ་ཡོ་བ། རལ་བའམ་ཞོ་བ། ཀླུགས་པ་དང་། དིག་པ་དང་། གཞན་གྱིས་འཕྱུའ་བ་དང་། མི་སྙན་པའི་ཚིག་མང་དུ་ཐོས་པ་སོགས་སུ་སྐྱེ་བར་འགྱུར་རོ། །ཉེས་སྐྱོན་ནི། ཉོན་མོངས་གླེང་སློང་གཉེན་རབ་

ཐུགས་དཀྲུགས་སོགས། །ཞེས་པ། འཁོར་བའི་བཟེད་ཞོམས། ཉོན་མོངས་ཀྱི་གླེང་སློང་། འཐབ་རྩོད་ཀྱི་གཞི་ཆེ། སྲོག་གི་གཉེན་པོ་འཁྲུགས། གཞེན་རབ་ཀྱི་ཐུགས་དཀྲུག་པར་བཤད་དོ།།

གཉིས་པ་དགེ་བ་ལ་གཉིས་ལས། དགེ་བ་དང་ལྡན་པ་ནི། དེ་ཕྱིར་ངག་འཁྱལ་མི་བསམ་མི་བསྒྲགས་སྤངས། །ཞེས་པ། ཉེས་སྐྱོན་ཆེ་བ་དེའི་ཕྱིར། སྤང་སེམས་དང་ལྡན་པའི་སྒོ་ནས་ངག་ཏུ་མི་བསྒྲག་པ་དགེ་བ་སྟེ། ངག་དགེ་བ་དང་ལྡན་ཏེ་ངག་འཁྱལ་བར་མི་སྨྲ་བ། ཅེས་སོ།།

དགེ་སྦྱོད་དང་ལྡན་པ་ནི། དེ་ལྟར་དེ་སྤངས་གཞན་ཡང་གསོང་པོར་སྨྲ། །ངག་ཞི་སྣན་པ་ཐུགས་རྗེ་མངའ་བདག་འདྲ། །གཞན་གྱི་ཡོན་ཏན་ཡིད་འོང་དགའ་ཚིག་བརྗོད། །ཅེས་པ། ངག་འཁྱལ་དེ་ལྟར་སྤངས་བས་ཐོག་ཏུ་གཞན་ལ་གསོང་པོར་སྨྲ་བ་ནི་ཐུགས་རྗེའི་མངའ་བདག་དང་འདྲ་སྟེ། ཐུགས་རྗེའི་མངའ་བདག་ནི་རྒྱལ་སྲས་གཡུང་དྲུང་སེམས་དཔའ་སྙིང་རྗེ་ཅན་རྣམས་ཡིན་པས། དེ་དངོས་སམ་བརྒྱུད་ནས་གཞན་གྱི་འདོད་པ་དང་ཡིད་འོང་ཁོ་ན་སྒྲུབ་པས། དེ་དང་འདྲ་བར་ངག་ཞི་ཚིག་སྣན་པས་གཞན་གྱི་ཡོན་ཏན་བསྔགས་པ་དང་འདོད་དོན་སོགས་ཡིད་དུ་འོང་བའམ་དགའ་བའི་ཚིག་ཁོ་ན་བརྗོད་པར་བྱའོ། །དེས་ངག་གི་ལས་བཞི་བསྟན་ནོ།།

གསུམ་པ་ཡིད་ལས་གསུམ་གྱི། དང་པོ་མངན་སེམས་ལ་གཉིས་ཏེ། དངོས་དང་། དེ་ལས་ལྡོག་པའི་དགེ་བའོ། །དང་པོ་ལ་ལྔ་ལས། ངོ་བོ་ནི། ཡིད་དུ་འོང་བའི་ཡུལ་ལ་མངན་པའི་སེམས། །ཞེས་པ། ཡུལ་ནི་གཞན་གྱི་ཟས་ནོར་དང་ཡོ་བྱད་སོགས་རང་གི་ཡིད་དུ་འོང་བའོ། །ཀུན་སློང་ནི། དེ་བདག་གིས་བྱར་འདོད་པའམ་བཞེག་ཅིང་བརླག

པར་འདོད་པའོ། །སྦྱོར་བ་དོན་དེར་བསམ་པའི་རྩོལ་བའོ། །མཐར་ཐུག་དེ་ཐག་ཆོད་པའོ། །དཔེ་བ་ནི། གསས་མཁར་གཉན་པོ་ལ་སོགས་མཆོད་གནས་དང་། །རྒྱལ་པོའི་ཁབ་སོགས་འདོད་པའི་ཡོན་ཏན་རྣམས། །གཞན་གྱིས་གྱུར་པ་བརླག་དགའ་སེམས་འཁྲི་དང་། །རང་ལ་ཞེན་ཅིང་ཚད་བརྒལ་ཟ་དོགས་སོགས། །གཉིས་ཀ་ལྡན་པའི་སྨུན་སེམས་བཙོས་པ་དཀའ། །ཞེས་པ། ཡུལ་གྱི་སྒོ་ནས་གསས་མཁར་གཉན་པོ་སྟེ། གཙུག་ལག་ཁང་ལ་སོགས་རྟེན་གསུམ་བྱིན་རླབས་ཅན་གྱི་དགོར་དང་། བླ་མ་དང་བཤེས་གཉེན་ཡོན་ཏན་ཅན་མཆོད་པའི་གནས་སུ་གྱུར་པའི་ཡོ་བྱད་དང་། རྒྱལ་པོའི་ཁབ་ལ་སོགས་ཏེ་འདོད་པའི་ཡོན་ཏན་བཟང་བ་དང་མང་བ་ལ་ཧློམ་ཆེ་དྲག་པ་དང་། བསམ་པའི་སྒོ་ནས་གཞན་གྱིས་གྱུར་པ་ལ་ཕྲག་དོག་གིས་མི་བཟོད་ནས་བརླག་པར་དགའ་བའི་སེམས་ཞེ་འཁྲི་ཅན་དང་། རང་གིས་བྱེད་པའི་ཆགས་ཞེན་ཅན་དང་། རང་ལ་མི་དགོས་ཀྱང་གཞན་གྱིས་ཟ་དོགས་པའི་ཁྲི་ངར་ཅན་དང་། གཞན་གྱིས་བརླག་དོགས་པའི་སེམས་དང་རང་གིས་བྱེད་པ་གཉིས་ཀ་ལྡན་པ་དང་། སེམས་དེ་ལ་འཐས་པའི་སྨུན་སེམས་ཅན་བཙོས་དཀའོ། །འདིས་མཚོན་ནས་ལྷ་ཡང་གི་ཁྱད་པར་ཤེས་པར་བྱའོ། །མཐུན་དཔེ་ནི། རོ་སྨྱུག་འདམ་རྫབ་ཞེས་བྱའི་ནང་ཕྱིན་ན། །སྐྱུག་བྲོ་ཐར་པར་དགའ་བ་དེ་བཞིན་དུ། །ཞེས་པ། གང་ཞིག་མངན་སེམས་ཚངས་པར་སྤྱོད་པ་ལ་དགའ་བའི་སྡིག་པ་ཅན་དེ་ནི་རོ་སྨྱུག་འདམ་རྫབ་ཅན་དུ་ལྟུང་བ་ལྟར་ཡིན་ཏེ། དཔེར་ན་རོ་སྨྱུག་འདམ་རྫབ་ཅེས་བྱ་བའི་ནང་དུ་ཕྱིན་ན་སྐྱུག་བྲོ་ལ་ཐར་དགའ་བ་དང་འདྲའོ། །ཞེས་སོ། །འབྲས་བུ་ནི། དམྱལ་བ་རོ་སྨྱུག་འདམ་རྫབ་གནས་སུ་སྐྱེ། །ཞེས་པ། རྒྱུ་མངན་སེམས་ཚངས་པའི་སྡིག་པ་དེ་སྲིད་ན་འབྲས་བུ་དམྱལ་བ་འདམ་རྫབ་

ཀྱི་གནས་སུ་སྐྱེས་ཏེ་སྐྱུག་བྲོ་ཞིང་ཐར་དཀའ་བར་འགྱུར་རོ། །ཞེས་སོ། །རྒྱུ་མཐུན་ལ། བྱེད་པ་རྒྱུ་མཐུན་ནི། གལ་ཏེ་མིར་སྐྱེས་ནའང་མངན་སེམས་སྤྱོད་པ་ལ་དགའ་བར་འགྱུར་རོ། །ཞེས་སོ། །མྱོང་བ་རྒྱུ་མཐུན་ནི། རང་ནོར་མི་སྟོང་གཞན་གྱིས་སྤྱོད་པར་འགྱུར། །ཞེས་པ། རང་གི་ཟས་ནོར་ཡོ་བྱད་ཀྱིས་མི་སྟོང་སྟེ་མི་ཕན་ཞིང་གཞན་དགྲ་རྐུན་སོགས་ཀྱིས་སྤྱོད་པར་འགྱུར་རོ། །ཉེས་སྐྱོན་ནི། དུག་གི་མཚོ་བསྐྱིལ་སྡུག་བསྔལ་བྲུན་འགྱེད་སོགས། །ཞེས་པ། མི་བདེ་པའི་གཡང་སར་གནས། དགེ་བའི་ལོ་ཏོག་གཅོད། བག་ཆགས་ཀྱི་རི་བོ་ཁུར་བར་བཤད་དོ།།

གཉིས་པ་དགེ་བ་ལ་གཉིས་ལས། དགེ་བ་དང་ལྡན་པ་ནི། དེ་ཕྱིར་མངན་སེམས་ཡིད་ལ་མི་བསམ་སྤང་། །ཞེས་པ། མངན་སེམས་ལ་ཉེས་པ་ཆེ་བ་དེས་ཕྱིར་ཡིད་ཀྱིས་སྤངས་སེམས་དང་ལྡན་ན་དགེ་བར་འགྱུར་ཏེ། ཡིད་དགེ་བ་དང་ལྡན་ཏེ་མངན་སེམས་མི་གཏོང་པ། ཞེས་སོ།།

དགེ་སྤྱོད་དང་ནི། དེ་ལྟར་དེ་སྤངས་གཞན་ཡང་བཟང་སེམས་བསྐྱེད། །ལྷ་སེམས་ཞི་བ་ཐུགས་རྗེའི་ལྷུགས་རྒྱུ་འདྲ། །ཀུན་སྙོམས་སེམས་དཀར་བརྩོན་སླ་ཞེན་པ་མེད། །ཅེས་པ། མངན་སེམས་དེ་ལྟར་སྤངས་ནས་གཞན་ཡང་བཟང་སེམས་བསྐྱེད་དེ་མངན་སེམས་ལས་ལྡོག་པའི་ལྷ་སེམས་ཞི་བ་དེ་ནི་ཐུགས་རྗེའི་ལྷུགས་རྒྱུ་དང་འདྲ་སྟེ། ཐུགས་རྗེ་ལ་ལྷུགས་རྒྱུའི་ཁྱད་པར་སྦྱར་བ་འདིས་ནི་སེམས་ཅན་སྡུག་བསྔལ་གྱི་གནས་ལས་བདེ་བར་འདྲེན་པའོ། །དཔེ་དང་དོན་སྦྱར་བ་ནི། ཕྱོགས་རིས་མེད་པའི་སེམས་དཀར་ཀུན་ལ་མཉམ་པ་དང་། གཞན་གྱི་ཡོ་བྱད་སོགས་ལ་སྙོམ་སེམས་དང་ཞེན་པ་མེད་པ་དང་། ཡོད་ཀྱང་བརྩོན་སླ་བར་བྱའོ།།

གཉིས་པ་གདུག་སེམས་ལ་གཉིས། དངོས་དང་། དེ་ལས་ལྡོག་པའི་དགེ་བའོ། །དང་པོ་ལ་ལྔ་ལས། ངོ་བོ་ནི། ཡིད་དུ་མི་འོང་ཡུལ་ལ་གདུག་པའི་སེམས། །ཞེས་པ། ཡུལ་ཡིད་དུ་མི་འོང་བའི་སེམས་ཅན་ལ། ཀུན་སློང་བརྡེག་པ་དང་། བརླག་པ་དང་། རྒུད་པ་སོགས་འདོད་པའོ། །སྦྱོར་བ་དོན་དེ་བསམ་པའི་རྩོལ་བ་ལ་ཞུགས་པའོ། །མཐར་ཐུག་བརྡེག་སོགས་བྱ་བར་ཐག་བཅད་པའོ། །དབྱེ་བ་ནི། མངོན་དུ་གྱུར་དང་ལྐོག་ཏུ་གྱུར་པ་དང་། །གནད་དུ་འཛུད་དང་སྡོང་ཟླ་ཚོལ་བ་དང་། །ཕྱོགས་ཙམ་དུ་ཡང་བརྟག་པར་ལྔ་བའོ། །ཞེས་པ། ཡུལ་གྱི་སྒོ་ནས་མངོན་དུ་གྱུར་པ་ལ་གདུག་སེམས་དང་། ལྐོག་ཏུ་གྱུར་པ་ལ་གདུག་སེམས་བྱེད་པའོ། །དེ་ལས་བླ་མ་དང་། ཕ་མ། ཉེས་པ་མེད་པ་དང་སྡུག་བསྔལ་བ་རྣམས་ལ་གདུག་སེམས་ལྷི་བའོ། །རྣམ་པ་ནི། གནད་དུ་འཛུད་ནས་སྨད་པ་སོགས་སེམས་པ་དང་། དེ་ལས་སུ་གནག་པའི་སྡོང་ཟླ་དང་སྡེ་སྲིད་བཙལ་ནས་བརླག་པ་དང་། གཞོམ་པ་དང་བརྡུང་བརྡེག་བསད་སོགས་བྱེད་པར་སེམས་པ་དང་། དེའི་ཉེ་འབྲེལ་དང་སྡེ་རིས་ཀྱི་ཕྱོགས་ཙམ་དུ་ཡང་བརྟག་པར་བལྟའོ། །མཐུན་དཔེ་ནི། དུག་ཆེན་ཧ་ལ་ཧླ་ལ་རེག་པ་འམ། །ཁོང་དུ་བཏུང་ན་རྒྱབ་མེད་འཆི་བ་བཞིན། །ཞེས་པ། གང་ཞིག་གདུག་སེམས་གཏོང་བ་ལ་དགའ་བའི་སྡིག་པ་ཅན་དེ་ནི་དུག་ཧ་ལ་ལྷ་བུ་སྟེ། དཔེར་ན་དུག་ཧ་ལ་དེ་ལྷེ་ལ་རེག་གམ་ཁུང་དུ་བཏུང་ན་རྒྱབ་པ་མ་ཡིན་པར་འཆི་ངེས་པ་དང་འདྲ། ཞེས་སོ། །འབྲས་བུ་ནི། དམྱལ་བ་ཐིག་ནག་ཡང་སྲེ་ཡང་སོས་སྐྱེ། །ཞེས་པ། རྒྱུ་གདུག་སེམས་དུག་ཧ་ལ་དང་འདྲ་བ་སྤྱད་ན་འབྲས་བུ་དམྱལ་བ་ཐིག་ནག་གི་གནས་སུ་སྐྱེ་ངེས་སོ། །ཞེས་དང་། གདུག་སེམས་གཏོང་བ་དེ་ནི་དམྱལ་བ་ཡང་སྲེ་ཡང་སོས་ཀྱི་གནས་སུ་སྐྱེས་ནས་སྡུག་བསྔལ་བར་འགྱུར་རོ། །ཞེས་སོ། །རྒྱུ་མཐུན་

ལས་བྱེད་པ་རྒྱུ་མཐུན་ནི། གལ་ཏེ་མིར་སྐྱེས་གདུག་སེམས་གཏོང་ལ་དགའ། །ཞེས་ཏེ། གལ་ཏེ་མིར་སྐྱེས་ཀྱང་གདུག་སེམས་གཏོང་བ་ལ་དགའ་བར་འགྱུར། ཞེས་སོ། །མྱོང་བ་རྒྱུ་མཐུན་ནི། ཀུན་ཡིན་མི་འོང་བསམ་པ་འགྲུབ་མི་འགྱུར། །ཞེས་པ། ཀུན་གྱི་ཡིད་དུ་མི་འོང་པ་དང་གནོད་པ་མང་བ་དང་བསམ་པ་འགྲུབ་པར་མི་འགྱུར་རོ། །ཉེས་སྐྱོན་ནི། སྣང་མཐའ་མུན་འགྱུར་སྨྱོན་པ་དུག་འཕྲུང་སོགས། །ཞེས་པ། ལྷའི་གཞལ་ཡས་ཁང་དུ་མི་གཙང་བའི་མཚོ་བསྐྱིལ། དགེ་རྒྱས་རིན་ཆེན་གྱི་གླིང་དུ་དྲག་པོ་ཚོམ་རྐུན་གྱི་རྒྱུག་མ་འཇུག དགེ་བའི་མེ་དཔུང་ལ་སྡིག་པའི་མཚོ་བསྐྱིལ། ཡོན་ཏན་གྱི་ལོ་ཏོག་ལ་སྐྱོན་གྱིས་སད་འབེབ་པར་བཤད་དོ། །ཞེས་སོ།།

གཉིས་པ་དགེ་བ་ལ་གཉིས་ལས། དགེ་བ་དང་ལྡན་པ་ནི། དེ་ཕྱིར་གདུག་སེམས་ཡིད་ལ་མི་བསམ་སྤང་། །ཞེས་པ། ཉེས་པ་ཆེ་བ་དེའི་ཕྱིར་གདུག་སེམས་ཡིད་ལ་ཡང་བསམ་པ་སྤངས་ན་དགེ་བར་འགྱུར་ཏེ། ཡིད་དགེ་བ་དང་ལྡན་ཏེ་གདུག་སེམས་མི་གཏང་བས། ཞེས་སོ།།

དགེ་སྤྱོད་དང་ལྡན་པ་ནི། དེ་ལྟར་དེ་སྤང་གཞན་ཡང་བརྩེ་གདུང་བསྐྱེད། །བརྩེ་སེམས་གདུང་བ་སྨན་གྱི་རྒྱལ་པོ་འདྲ། །བྱམས་པས་ཕན་གདགས་གདགས་པ་ཆེན་པོ་བྱ། །ཞེས་པ། གདུག་སེམས་དེ་ལྟར་སྤང་བའི་ཐོག་ཏུ་གཞན་ཡང་བརྩེ་གདུང་བསྐྱེད་པ་ནི་སྨན་གྱི་རྒྱལ་པོ་དང་འདྲ་སྟེ། སྨན་གྱི་རྒྱལ་པོས་ནད་ཀུན་ཁྱད་མེད་པར་སེལ་བ་བཞིན་དུ་སེམས་ཅན་རྣམས་ལ་བདེ་བ་དང་ལྡན་པར་འདོད་པའི་བྱམས་པས་འཕྲལ་དུ་ཚེ་འདིའི་ནད་དང་དབུལ་འཕོང་ལ་སོགས་པའི་སྡུག་བསྔལ་སེལ་བའི་ཕན་གདགས་པ་དང་། ཕྱུགས་སུ་འཁོར་བ་དང་ངན་སོང་གི་སྡུག་བསྔལ་ལས་སྐྱོབས་པའི་

ཕན་གདགས་པ་ཆེན་པོ་སྟེ། བསྡུ་བ་བཞི་སོགས་ཀྱིས་རྒྱུད་སྨིན་པར་བྱེད།།

གསུམ་པ་ལོག་ལྟ་ལ་གཉིས། དངོས་དང་། དེ་ལས་ལྡོག་པའི་དགེ་བའོ། །དང་པོ་ལ་ལྔ་ལས། ངོ་བོ་ནི། བདེན་པའི་དོན་ལ་ལོག་པར་ལྟ་བའི་སེམས། །ཞེས་པ། ཡུལ་ནི། དོན་དམ་པ་དང་ཐ་སྙད་ཀུན་རྫོབ་ཀྱི་བདེན་པའོ། །བསམ་པ་ལ་གསུམ་ལས། འདུ་ཤེས་ནི། རང་བཞིན་ལོག་པར་བལྟ་བའི་དོན་དེ་ལ་བདེན་པར་འདུ་ཤེས་པའོ། །ཉོན་མོངས་གསུམ་གང་རུང་ངོ་། །ཀུན་སློང་ནི། སྒྲོ་བསྐུར་འདེབས་པར་འདོད་པའོ། །སྦྱོར་བ་ནི། བསམ་པ་དེའི་སྦྱོར་བས་རྩོལ་བའོ། །མཐར་ཐུག་ནི་ལོག་པར་ཐག་ཆོད་པའོ། །འདི་ལ་མ་ཤེས་པར་རྨོངས་པ་དང་། སྡིག་པ་ལ་དགའ་བའི་སེམས་དང་། ལོག་པར་ཞུགས་པའི་སེམས་དང་། ངེས་ལྟ་ཉམས་པའི་སེམས་དང་། ཡིད་འགྱུལ་བའི་སེམས་དང་། དེ་ལྟ་བོ་ཚང་ན་རྫོགས་ལ་མ་ཚང་ན་མི་རྫོགས་པར་འདོད་དོ། །དབྱེ་བ་ལ་གསུམ་ནི། རིགས་དང་རུས་སོགས་འཇིག་རྟེན་འཁྲུལ་པའི་བློ། །འཁྲུལ་པ་ཤ་སྟག་ལ་ནི་ཆགས་ཞིང་ཞེན། །ལས་ཀྱི་དབང་གིས་ལོག་པར་ལྟ་བ་འོ། །ཞེས་པ། རྒྱལ་དམངས་ལ་སོགས་པའི་རིགས་བཟང་ངན་དང་། ལྷོང་སུམ་པ་ལ་སོགས་པའི་རིགས་མ་ངེས་པ་དང་། དེ་ལ་སོགས་པའི་འཇིག་རྟེན་འཁྲུལ་པའི་བློས་དགྲ་གཉེན་དང་ལྷ་འདྲེ་སོགས་མཐའ་གཅིག་ཏུ་ངེས་པར་འཛིན་པ་དང་། ལྷ་མི་འཁྲུལ་པའི་ལྟ་བ་བཞིན་འཁྲུལ་པ་ཤ་སྟག་སྟེ་འཇིག་རྟེན་གྱི་ལས་སྤྱོད་ལ་བདེན་པར་ཆགས་ཤིང་ཞེན་པ་ནི་ལས་ཀྱི་དབང་གིས་ལོག་པར་ལྟ་བའོ། །དུས་གསུམ་བདེ་བར་གཤེགས་ལ་རྒྱབ་ཀྱིས་ཕྱོགས། །ལས་འབྲས་སྔ་ཕྱི་ལ་སོགས་བདེན་པ་མིན། །བསྟན་པ་ཐུབ་དགའ་མ་རིག་ལོག་པར་ལྟ། །ཞེས་པ། མུ་སྟེགས་ཁ་ཅིག་གིས། བཟང་པོ་མང་ཐོས་གང་སླ་བ། །དེ་དག་སྲུང་གྱུའི་

རྗེས་དང་མཚུངས། །ཞེས་དང་། བདུད་ཁྲབ་པ་ལྟར། དུས་གསུམ་གྱི་བདེ་བར་གཤེགས་པ་ལ་རྒྱབ་ཀྱིས་ཕྱོགས་ན། ལས་རྒྱུ་འབྲས་དང་འབྲས་བུ་རྣམ་མཁྱེན་སོགས་བདེན་པར་ཡོད་པ་མ་ཡིན་ཏེ། ཐ་སྙད་དུ་ཡང་ཚེ་སྔ་མ་ནས་འདིར་འོང་བ་དང་། འདི་ནས་ཕྱི་མ་རུ་སྐྱེ་བ་ལེན་པ་མེད་པའི་ཕྱིར་ཏེ། ལུས་སེམས་འདི་ཕ་མའི་འདུ་འཕྲོ་འཚོགས་པ་ཙམ་ན་གློ་བུར་དུ་གྲུབ་ཅིང་ནམ་ཤི་ཙམ་ན་འབྱུང་བ་རང་རང་གི་བག་ལ་ཞ་ཞིང་སེམས་ནམ་མཁར་ཡལ་ལོ་ཞེས་འདོད་དེ། ལུས་འཚོགས་པར་གྱུར་པ་ཙམ་ཞིག་སྟེ། ལུས་མཆོག་ལྟས་གང་དེ་ཁྲོད་ལ་མི་འབྱུང་། །འཛིག་མ་སོགས་ལ་ལྡོག་པར་མི་འགྱུར་རོ། །ཞེས་དང་། མ་ཤི་བར་དུ་ཚེ་བདེར་སྤྱོད། །ཤི་ན་དེ་ཡི་སྤྱོད་ཡུལ་མིན། །ལུས་ནི་ཐལ་བར་འགྱུར་བ་ལ། །སླར་འཚོ་བ་དག་ག་ལ་སྲིད། །ཅེས་སྨྲ་ཞིང་། སངས་རྒྱས་ཀྱི་བསྟན་པ་ནུབ་པར་དགའ་བས་ཏེ། དེ་ནི་མ་རིག་པས་ལོག་པར་ལྟ་བའོ། །ཡང་དག་དོན་ལ་རྟག་ཆད་ལ་སོགས་པའི། །ལྟ་བ་ངན་པའི་རྣམ་པར་རྟོག་པ་ཡིས། །སྲིད་པའི་མཐར་འཛིན་འཁྲུལ་པའི་ལོག་པར་ལྟ། །ཞེས་པ། ཡང་དག་པའི་དོན་བདེན་པ་གཉིས་ཀྱི་གནས་ཚུལ་མ་རྟོགས་པར་རྟག་ཆད་ལ་སོགས་པའི་ལྟ་བ་ངན་པ་བཟུང་བའི་རྣམ་པར་རྟོག་པས་བདེན་ངོས་སུ་གྲུབ་པར་འདོད་པ་དང་། མེད་པ་སོགས་ཀྱི་སྲིད་པའི་མཐར་འཛིན་པ་ནི་འཁྲུལ་བའི་ལོག་པར་ལྟ་བའོ། །མ་རིག་འཁྲུལ་པས་ལོག་པར་ལྟ་བ་ནི། །སྤང་བར་དཀའ་བས་ཤིན་ཏུ་སྡིག་ཆེ་འོ། །ཞེས་པ། ལོག་ལྟ་ཕྱི་མ་མ་རིག་པ་དང་འཁྲུལ་བས་ལོག་པར་ལྟ་བ་གཉིས་ཤིན་ཏུ་སྡིག་ཆེ་སྟེ། གཉེན་པོ་མེད་པས་སྤང་བར་དཀའ་བ་དང་། ཉོན་མོངས་པ་དང་སྡིག་པ་གཞན་ཐམས་ཅད་དེ་ལ་བརྟེན་ནས་སྐྱེ་བའི་ཕྱིར་རོ། །དམ་པའི་ཞལ་ནས། མཚམས་མེད་ལྔ་ལ་གཉེན་པོ་ཡོད། །ལོག་ལྟ་ཅན་

ལ་གཉེན་པོ་མེད། །ཅེས་གསུངས་པ་ལྟ་བུའོ། །མཐུན་དཔེ་ནི། དབང་ཆེན་མི་རྗེས་བྲན་ལ་བཞིན་བཏབ་ཚེ། །སྐྱིད་སྡུག་གར་ཡང་མི་འགྲོ་དབང་མེད་བཞིན། །ཞེས་པ། གང་ཞིག་ལོག་ལྟ་ལ་དགའ་བའི་སྡིག་པ་ཅན་དེ་ནི་འཁོར་བའི་གནས་སུ་བཞིན་འདེབས་པ་ལྟ་བུ་ཡིན་ཏེ། དཔེར་ན་མི་རྗེ་དབང་ཆེན་གྱིས་བྲན་ལ་བཞིན་བཏབ་པའི་ཚེ་སྐྱིད་སྡུག་གི་གནས་སུ་གང་དུ་ཡང་མི་འགྲོ་བའི་དབང་མེད་པ་འདྲ། ཞེས་སོ། །འབྲས་བུ་ནི། ངན་སོང་གསུམ་དང་དམྱལ་ཁམས་རྣམས་སུ་སྐྱེ། །ཞེས་པ། རྒྱུ་ལོག་པར་ལྟ་བའི་སྡིག་པ་དེར་སྤྱད་ན་འབྲས་བུ་རྣམ་པར་སྨིན་པ་ཕྱིན་ཅི་ལོག་གིས་བཞིན་བཏབ་ནས་ངན་སོང་གསུམ་གྱི་གནས་སུ་སྐྱེ་བར་ངེས་སོ། །དེ་ཕྱིར་ལོག་པར་ལྟ་བ་དེ་ནི་ཤིན་ཏུ་ཡང་བའོ། །འབྲུལ་པའི་གཞི་ཆེའོ། །ཞེས་སོགས་དང་། ལོག་པར་ལྟ་བ་ལ་དགའ་བའི་སྡིག་པ་ཅན་དེ་ནི་དམྱལ་ཁམས་བཅོ་བརྒྱད་དང་བཅུ་དྲུག་གི་གནས་སུ་སྐྱེ་ཞིང་ལུས་བླངས་ནས་ཤིན་ཏུ་མི་བདེ་བར་སྡུག་བསྔལ་བར་འགྱུར་རོ། །ཞེས་གསུངས་པ་ལྟར་རོ། །རྒྱུ་མཐུན་ལ། བྱེད་པ་རྒྱུ་མཐུན་ནི། གལ་ཏེ་མི་རུ་སྐྱེས་ཀྱང་ལོག་ལྟ་ལ་དགའ་བར་འགྱུར་རོ། །མྱོང་བ་རྒྱུ་མཐུན་ནི། སངས་རྒྱས་བཀའ་ལུང་སྒྲ་མི་ཐོས་པ་སོགས། །ཞེས་པ། སངས་རྒྱས་ཀྱི་བསྟན་པ་མེད་པའི་ཡུལ་མཐའ་འཁོབ་དང་ནག་པོའི་འཇིག་རྟེན་དུ་སྐྱེ་ཞིང་བཀའ་ལུང་གི་སྒྲ་ཙམ་ཡང་མི་ཐོས་པར་འགྱུར་བ་དང་། ལོག་པར་སྒྲ་བ་དང་བསླུ་བ་པོ་མང་བར་འགྱུར་རོ། །ཞེས་བཤད་དོ། །ཉེས་སྐྱོན་ནི། སྒྱུ་མས་ཡིད་བསླུ་སྨན་པའི་གླིང་འཁོར་སོགས། །ཞེས་པ། སྒྱུ་མས་ཡིད་བསླུ་བའོ། །སྡུག་བསྔལ་གྱི་གདན་གཞི་བསྐྱེད་དོ། །གཏི་མུག་མུན་པའི་གློང་དུ་འཁོར་རོ། །མི་བདེ་བའི་ལུང་འདོགས་སོ། །བག་ཆགས་ཀྱི་རི་འོག་ཏུ་འཇུད་དོ། །འཁོར་བ་ངན་སོང་གི་རྒྱུན་ཐག་བསྲིང་ངོ་། །

རིན་ཆེན་སྤངས་ནས་མཆིང་བུ་ལ་ཕྱི་དོར་བྱེད་པ་དང་འདྲའོ། །ཞེས་སོ།།

གཉིས་པ་དེ་ལས་ལྡོག་པའི་དགེ་བ་ལ་གསུམ། དགེ་བ་དང་ལྡན་པ་དང་། དགེ་བ་སྤྱོད་པ་དང་། ཞོར་བྱུང་ལྷ་མི་ཐོབ་པའི་རྒྱུ་བསྟན་པའོ། །དང་པོ་ནི། དེ་ཕྱིར་ལོག་ལྟ་ཡིད་ལ་མི་བསམ་སྤངས། །ཞེས་པ། ཉེས་པ་ཆེ་བ་དེའི་ཕྱིར་ལོག་ལྟ་སྤངས་པ་དགེ་བར་འགྱུར་ཏེ། ཡིད་དགེ་བ་དང་ལྡན་ཏེ་ལོག་པར་མི་སེམས་སོ། །ཞེས་སོ། །སྤངས་ལུགས་ནི་བཤད་མ་ཐག་པ་བཞིན་ནོ། །གཉིས་པ་ནི། དེ་ལྟར་དེ་སྤང་མ་ནོར་དོན་རྟོགས་བྱ། །བདེན་པར་སྤྱོད་པ་སྟོན་པའི་སྒྲོན་མ་འདྲ། །རིག་དང་མི་རིག་ཚུལ་བཞིན་སྤྱོད་པའི་བློས། །བཀའ་ལུང་རྣམས་ལ་ངེས་འབྱེད་གཞུང་བཞིན་སྤྱོད། །ཅེས་པ། ལོག་ལྟ་དེ་ལྟར་སྤངས་ནས་ཤེས་བྱའི་གནས་ལུགས་ཀྱི་དོན་མ་ནོར་བར་བྱ་བ་ནི། སྟོན་པའི་སྒྲོན་མ་དང་འདྲའོ། །སྟོན་པ་ནི་འཁྲུལ་པ་མི་མངའ་ཞིང་མཁྱེན་པ་ཕུལ་དུ་ཕྱིན་པས་བདེན་པ་ཁོ་ན་རྟོགས་པའོ། །དེ་བཞིན་དུ་ལོག་པར་མི་ལྟ་ཞིང་བདེན་དོན་རྟོགས་པར་འདོད་པས་ནི། བཤེས་གཉེན་མཁས་པ་ལ་བསྟེན་ནས་སངས་རྒྱས་ཀྱི་བཀའ་ལུང་རྣམས་ལ་ཐོས་བསམ་གྱི་ཤེས་རབ་སྦྱང་སྟེ་དཔེ་དང་ཚིག་ལ་སོགས་པའི་སྒོ་ནས་རིགས་པ་དང་མི་རིགས་པའི་ཚུལ་ཅི་ལྟ་བ་བཞིན་རིག་པའི་བློ་གྲོས་དང་ལྡན་པས་རྟག་ཆད་ཀྱི་མཐར་གནས་པ་ལ་སོགས་པ་ལོག་པའི་ལྟ་བ་སྤངས་ནས་མཐར་མི་གནས་པ་ཡང་དག་དབུ་མའི་ལྟ་བ་རྟོགས་པ་ལ་ངེས་ངེས་སུ་བྱའོ། །དེ་ཡང་སྨྲས་པ། ངེས་དོན་ལ་བློའི་བཤེས་གཉེན་གུས་བསྟེན་ནས། །དབུ་ཚད་ལ་སོགས་རིག་པའི་གཞུང་ལུགས་ལ། །ཐོས་བསམ་ཤེས་རབ་ཚུལ་བཞིན་ལེགས་སྦྱངས་པ། །དེ་ཡིས་ལོག་རྟོག་སེལ་གྱི་གཞན་གྱིས་མིན། །ཞེས་སོ།།

གསུམ་པ་ཞར་བྱུང་ནི། དེ་ལ་སོགས་པ་དགེ་བའི་སྒོར་ཞུགས་ན། །ཉེས་པ་སྤང་མི་སྤང་གིས་ལྷ་མི་འཐོབ། །གཞན་ཡང་འཆི་ཁར་སྨོན་ལམ་སེམས་བསྐྱེད་ལེགས། །ཚུལ་ཁྲིམས་བསྲུང་བ་ལྷ་མིའི་རྒྱུ་རུ་འགྱུར། །ཞེས་པ། བདེ་འགྲོའི་རྒྱུ་ནི་སྡིག་བཅུ་སྤང་བའི་དགེ་བ་དང་ལྡན་པ་དང་། སྲོག་གཅོད་སྤངས་ནས་གཞན་སྲོག་གསོ་བ་ལ་སོགས་པའི་དགེ་སྤྱོད་དང་ལྡན་པ། རྟེན་གསུམ་བཞེངས་པ། དགེ་འདུན་ལ་ཚོགས་འདོན་ཞུས་པ། བྱམས་པ་ལ་སོགས་པ་ཚངས་པའི་གནས་བཞི་བསྒོམ་པ་སོགས་ཀྱི་དགེ་བའི་སྒོར་ཞུགས་ནས་འདོད་ཡོན་ལ་ཉེས་དམིགས་སུ་བལྟས་ཏེ་ཞེན་པ་སྤངས་པས་ཁམས་གོང་འོག་ལ་ཞི་རགས་རྣམ་པའི་མཚན་ཉིད་རབ་ཏུ་རིག་པ་སོགས། ཡིད་བྱེད་དྲུག་གི་སྙོམས་འཇུག་རྫོགས་པས་བསམ་གཏན་དང་པོ་དང་། དེ་བཞིན་དུ་བསམ་གཏན་རང་རང་གི་འོག་ས་ལ་རགས་པར་མཐོང་བས་ཞེན་པ་སྤངས་པ་དང་། རང་སར་ཞི་བར་མཐོང་བའི་སྙོམས་འཇུག་རྫོགས་པས་གཟུགས་ཁམས་ཀྱི་ལྷར་སྐྱེ་ལ། གཟུགས་དང་ཁ་དོག་གི་འདུ་ཤེས་བཤིག་པའི་ནམ་མཁའ་ལྟ་བུ་ལ་དམིགས་པ་སོགས་ཀྱི་སྙོམས་འཇུག་རྫོགས་པས་ནམ་མཁའ་མཐའ་ཡས་ལ་སོགས་པའི་གཟུགས་མེད་མུ་བཞིར་སྐྱེ་བར་བཤད་པ་དང་། འདོད་ཡོན་ལ་ཞེན་པ་མ་སྤངས་པའི་དགེ་བས་འདོད་ཁམས་ཀྱི་མི་ལ་སོགས་པའི་བདེ་འགྲོར་སྐྱེ་བ་ལ་དགོངས་ནས། མདོ་ལས། འདོད་ཁམས་ས་གཅིག་ཞེན་ཆགས་ཆེ་བ་ལ། །སྒྱུ་མ་རྟུལ་གྱི་གོང་བུ་ཆས་བཤིག་ནས། །རིག་པའི་ཡེ་ཤེས་མ་རིག་རྫོངས་པ་སྤངས། །ཞེས་སོགས་གསུངས་པ་ནི་ཕྱོགས་རེ་དང་ཆ་ཤས་རེའི་དབང་དུ་བྱས་ནས་བཤད་པ་ཡིན་གྱིས། དགེ་བའི་ལས་དེ་དག་ཤུགས་དྲག་ཞན་དང་རྒྱུན་རིང་ཐུང་སོགས་ཀྱི་སྒོ་ནས་ཆུང་འབྲིང་ཆེན་པོ་བྱས་པས་རིམ་བཞིན་དུ་མི་

དང་འདོད་ལྷ་དང་ཁམས་གོང་མའི་ལྟར་སྐྱེས་པ་ཡང་བཤད་དོ། །གཞན་ཡང་འཆི་ཁར་སྨོན་ལམ་བཟང་པོ་བཏབ་པ་དང་། སེམས་བསྐྱེད་ལེགས་པར་སྐྱེས་ན་ཡང་ལས་གཞན་དག་གིས་འབྲས་བུ་སྨིན་པའི་གོ་སྐབས་ལན་གཅིག་བཀག་ནས་ལྷ་མི་ཁྱད་པར་ཅན་གྱི་གོ་འཕང་འཐོབ་པར་བཤད་ལ། བསྙེན་གནས་ཡན་ལག་བརྒྱད་ཀྱི་ཚུལ་ཁྲིམས་མ་ཉམས་པར་བསྲུང་བ་ནི་དལ་འབྱོར་གྱི་ལུས་ཐོབ་སྟེ། སྡོན་ཀྱང་ཚུལ་ཁྲིམས་བསྲུང་བས་མི་ལུས་གཙང་མ་ཐོབ། །ཅེས་བཤད་དོ།།

གཉིས་པ་ལས་ཀྱི་དབྱེ་བ་གཞན་བསྟན་པ་བཅུ་ལས། འབྲས་བུ་སོ་སོར་ངེས་པ། བྱེད་མཁན་རང་ལ་སྨིན་པ། ཚད་མི་ཟ་བ། ཁ་དྲག་པ། འཕེལ་ཆེ་བ། འཁྲུ་བདེན་མི་བདེན། འཕེན་རྫོགས་ཀྱི་ལས། ཉེ་བར་སྨིན་པའི་ལས། མྱོང་བར་འགྱུར་བའི་ལས། མྱོང་བར་མ་ངེས་པའི་ལས་སོ། །དང་པོ་ལ། འབྲས་བུ་སོ་སོར་ངེས་པ་ནི། དགེ་སྡིག་མཚམས་མེད་བསམ་གཏན་སོ་སོ་རུ། །མཐོ་རིས་ངན་སོང་མནར་མེད་ཐར་པར་འགྱུབ། །ཅེས་པ། དགེ་སྡིག་གང་བྱས་པའི་འབྲས་བུ་མ་འཆོལ་བར་སོ་སོར་བསྐྱེད་དེ། མདོ་ལས། དགེ་བ་བཅུའི་སྒོར་ཞུགས་ན་མཐོ་རིས་སུ་སྐྱེ་བའོ། །སྡིག་པ་བཅུའི་སྒོར་ཞུགས་ན་ངན་སོང་གསུམ་དུ་སྐྱེ་བའོ། །མཚམས་མེད་པའི་ལས་བྱས་ན་མནར་མེད་པར་སྐྱོང་ངོ་། །བསམ་གཏན་གྱི་ཏིང་འཛིན་བསྒོམ་ན་ཐར་པ་ཐོབ་པའོ། །ཞེས་གསུངས་པ་ལྟར་རོ། །འདིའི་བསམ་གཏན་ནི་ཤེས་རབ་ཀྱིས་བསམ་གྱིན་མཉམ་པར་བཞག་པ་ལ་བརྟེན་ན། ཞེས་གསུངས་པ་ལྟར་ལ། བདེན་པའམ་བདག་མེད་པ་ལ་དམིགས་པའི་བསམ་གཏན་གྱི་དབང་དུ་བྱས་པའོ།།

གཉིས་པ་བྱེད་མཁན་རང་ལ་སྨིན་པ་ནི། རང་གི་ལས་བྱས་རང་ལ་སྨིན་པར་

འགྱུར། །དཔེར་ན་ལས་བྱས་སྟོན་ན་འབྲས་སྨིན་བཞིན། །ཞེས་པ། རང་གིས་བྱས་པའི་ལས་ཀྱི་འབྲས་བུ་ནི་བྱེད་པ་པོ་སོ་ན་ལ་སྨིན་གྱིས་གཞན་ལ་སྨིན་མི་སྲིད་དེ། དེ་ཡང་རང་གི་ལས་བྱས་རང་ལ་སྨིན་པ་ནི། དཔེར་ན་དཔྱིད་ཀྱི་དུས་ན་ཞིང་ས་གང་ལ་སོ་ནམ་གྱི་ལས་བྱས་ན་སྟོན་ཐོན་པ་ན་ས་དེར་འབྲས་བུ་སྨིན་པ་བཞིན་ནོ། །ཞེས་སོ།།

གསུམ་པ་ཆུད་མི་ཟ་བ་ནི། དགེ་སྡིག་ས་བོན་ཀུན་གཞི་ལ་ཡོད་པས། །རྐྱེན་དང་འཕྲད་དུས་སྨིན་པ་ནེའུ་ཆུང་བཞིན། །ཞེས་པ། སྔོན་རང་གིས་དགེ་སྡིག་གི་ལས་བསགས་པའི་བག་ཆགས་ཀྱི་ས་བོན་ཀུན་གཞི་ལ་བགོས་པར་ཡོད་པ་དེ་ནི་གཉེན་པོས་མ་བཅོམ་ཞིང་འབྲས་བུ་སྨིན་ཟིན་པ་མ་ཡིན་ན་ནི་རེ་ཞིག་རྐྱེན་དང་འཕྲད་དུས་སུ་སྨིན་པ་ནེའུ་ཆུང་མ་བཞིན་ཏེ། བུ་མོ་གསེར་ཟ་ནེའུ་ཆུང་གི། །ཀུན་གཞིའི་རྣམ་པར་ཤེས་པ་ལ། །དགེ་སྡིག་གཉིས་ཀྱི་ས་བོན་ཡོད། །རྐྱེན་དང་འཕྲད་པའི་དུས་སུ་སྨིན། །ཞེས་དང་། ལས་རྣམས་བསྐལ་པ་བརྒྱར་ཡང་ནི། །ཆུད་མི་ཟ་དང་འཚོགས་དང་དུས། །རྙེད་ནས་སེམས་ཅན་རྣམས་ལ་ནི། །འབྲས་བུ་དག་ཏུ་འགྱུར་བ་ཉིད། །ཅེས་གསུངས་པ་ལྟར་རོ།།

བཞི་པ་ཁ་ཏྲག་པ་ནི། སྟོན་པའི་བཀའ་ལས་སེམས་ཅན་ལས་གཙོ་ཙམ། །དུས་ལ་མ་བབས་སེམས་ཅན་ལས་དབང་ཆེ། །ཞེས་པ། ལས་བྱས་པ་གཉེན་པོས་མ་བཅོམ་པར་རང་ག་བ་ནི། འབྲས་བུ་བསྐྱེད་པ་ལ་ནུས་པ་མཐུ་ལྡན་ཡིན་ཏེ། སྟོན་པའི་བཀའ་ཡང་མི་འདུག་སྡུག་པར་འགྱུར་རོ། །ཞེས་གོང་གི་གཞུང་ཚིག་ལ་འབྲེལ་ནས་གསུངས་སོ།།

ལྔ་པ་འཕེལ་བ་ནི། ས་བོན་ཆུང་དུས་འབྲས་བུ་ཆེ་བ་བསྐྱེད། །སྟོན་པས་རྒྱུ་འབྲས་གཉིས་ཀ་བཙོམ་ཚུལ་མཛད། །ཅེས་པ། ལས་དགེ་བ་ཆུང་ངུ་འབྲས་བུ་བདེ་བ

ཆེན་པོ་བསྐྱེད་པ་དང་། སྡིག་པ་ཆུང་ངུས་སྡུག་བསྔལ་ཆེན་པོར་བསྐྱེད་པར་བཤད་ཅིང་། ཡིད་ལ་ཉོན་མོངས་ཀྱི་ས་བོན་ཡོད་པ་རྨི་ལམ་དུ་རྒྱུ་བ་ཙམ་གྱིས་ཀྱང་འབྲས་བུ་སྡུག་བསྔལ་ཆེན་པོ་བསྐྱེད་པར་དགོངས་ནས། སྟོན་པས་ཀྱང་སེམས་ཅན་རྣམས་ལ་རྒྱུ་འབྲས་གཉིས་ཀ་བཙོམ་དགོས་པར་གསུངས་ཏེ། ཉུབ་མོ་གཉིད་ལོག་རྨི་ལམ་ཐ་འབྲས་ལ། །ཟང་ཟིང་སྐད་འཁོར་བྲང་བྲང་ཞག་འགའ་རྨིས། །སད་ནས་ཐུགས་ལ་དགོངས་པ་ལ། །རྨི་ལམ་ནང་དུ་རྒྱུ་བ་འདི། །འབྲས་བུ་དངོས་སུ་ཚོམ་ན་ཡང་། །ཀུན་གཞིའི་སྟེང་དུ་རྒྱུ་གནས་པའི། །རྒྱུ་ལས་འབྲས་བུ་ཕྱིར་སྐྱེ་ངེས། །ཅེས་དང་། བཀའ་བ་སྣ་ཚོགས་ཐུབ་ནས་ཚུལ་ཁྲིམས་རྣམ་པར་དག །སྐབས་མཆོག་དེ་ཡི་ནུས་མཐུ་ཡིས། །རྒྱུ་འབྲས་གཉིས་ཀའི་བག་ཆགས་གདར་ཐག་བཅད། །ཅེས་སོ།།

ཏྲུག་པ་འཕྲོ་བདེན་མི་བདེན་ནི། དགེ་བ་གཞུང་སྤྱོད་དེ་ཡི་འཕྲོ་མཐུད་དུ། །ལས་སྣང་དེ་རྫོགས་འབྲས་བུ་ལས་ཁར་འགྱུར། །སྡིག་པ་ཅི་ཚུགས་སྤྱོད་རྣམས་དེ་བཞིན་ནོ། །དགེ་སྡིག་འཚོལ་བར་སྤྱོད་རྣམས་འགྲོ་ཏྲུག་བརྒྱུད། །ཅེས་པ། གཞན་ན་རེ། འོ་ན་ལས་འཕྲོ་ཅེས་ཀྱང་བདེན་ན་རྟག་ལྟར་འགྱུར་ལ། མི་བདེན་ན་ཕྱི་མ་ལ་ལས་ཀྱི་འཕྲོ་མཐུད་མི་ནུས་སོ་སྙམ་ན། འོན་ཀྱང་དགེ་བའི་ལས་ཁོ་ན་གཞུང་བཞིན་དུ་སྤྱོད་པ་རྣམས་ནི་བདེ་འགྲོ་ནས་བདེ་འགྲོ་ཁོ་ནར་སྐྱེ་ཞིང་དགེ་བའི་ལས་དེས་འཕྲོ་མཐུད་པས་མཐར་ཐུག་བདེ་བ་ཆེན་པོ་ཐོབ་པར་འགྱུར་རོ། །སྡིག་པ་ཅི་ཚུགས་སུ་སྤྱོད་པ་རྣམས་ཀྱང་ངན་འགྲོ་ནས་ངན་འགྲོར་བརྒྱུད་དེ་སྡིག་པའི་ལས་འཕྲོ་མཐུད་ནས་མཐར་མནར་མེད་དུ་ལྟུང་བ་སྟེ། དེས་རྟག་པའི་སྐྱོན་མེད་དེ་རྟག་པ་ལ་འགྱུར་བ་མེད་དགོས་པའི་ཕྱིར་རོ། །དགེ་སྡིག་འཚོལ་བར་སྤྱོད་པ་རྣམས་ནི་བདེ་འགྲོ་དང་ངན་འགྲོ་ཏྲུག

ཏུ་རེས་མོས་སུ་ལས་ཀྱིས་དབང་གིས་བརྒྱུད་དོ། །དེ་ཡང་ལས་དགེ་བ་སྤྱད་པས་བདེ་འགྲོར་འཕངས་ནས་རྫོགས་བྱེད་དགེ་བའི་འབྲས་བུ་བདེ་བ་ལ་ལོངས་སྤྱོད་པའི་ཚེ་ཡང་དགེ་བའི་འཕྲོ་མཐུད་ནས་གོང་ལྟར་དགེ་བ་ཁོ་ན་གཞུང་བཞིན་དུ་སྤྱོད་པ་ཡིན་ལ། དགེ་འབྲས་སྨིན་པ་ནི་ལོངས་སྤྱོད་ལྷ་བུ་སྟེ། དེའི་ཚེ་སྡིག་པ་བྱས་ན་དགེ་འབྲས་ཅི་ཙམ་ཡོད་པ་ལོངས་སྤྱོད་ཚར་ནས་འབྲས་བུ་ལས་ཁར་འགྱུར་ཏེ་ངན་འགྲོའི་སྡུག་བསྔལ་མྱོང་བའོ། །ཚིག་ཟིན་ཡང་དེ་ལྟར་ཤེས་པར་བྱའོ།།

བདུན་པ་འཕེན་རྫོགས་ཀྱི་ལས་ནི། སྡིག་པས་ངན་འགྲོར་འཕེན་རྫོགས་གཉིས་བྱེད་དེ། །དགེ་བས་བདེ་འགྲོར་དེ་བཞིན་དེ་ལ་ཡང་། །སྡུག་བསྔལ་སྨིན་པ་སྡིག་པས་རྫོགས་པ་ཏེ། །ངན་འགྲོའི་བདེ་བ་རྫོགས་པ་དགེ་བའི་ལས། །ཞེས་པ། སྡིག་པས་ངན་འགྲོར་འཕེན་པ་དང་སྡུག་བསྔལ་རྫོགས་པ་གཉིས་ཀ་བྱེད་ལ། དགེ་བས་བདེ་འགྲོར་དེ་བཞིན་དུ་འཕེན་རྫོགས་གཉིས་ཀ་བྱེད་པས། བདེ་འགྲོ་དེ་ལ་ཡང་སྡུག་བསྔལ་གྱི་བྱེ་བྲག་མི་འདྲ་བ་མདོག་མི་སྡུག་པ་དང་དབང་པོ་ཡན་ལག་མ་ཚང་བ་དང་ཚེ་ཐུང་པ་དང་ནད་མང་བ་དབུལ་བ་སོགས་ནི་རྫོགས་བྱེད་སྡིག་པས་ཡིན་ལ། ངན་འགྲོ་ལ་ཡང་བདེ་བའི་ལོངས་སྤྱོད་ཐོབ་པ་ནི་རྫོགས་བྱེད་དགེ་བས་བྱས་པ་ཡིན་གསུངས་སོ།།

བརྒྱད་པ་ཉེ་བར་སྨིན་པའི་ལས་ནི། ལྷོ་དང་ཉེ་བ་གོམས་པ་སྔོན་བྱས་ལས། །སྔ་མ་སྔ་མ་ཉེ་བར་སྨིན་པ་འོ། །ཞེས་པ། དགེ་སྡིག་གི་ལས་མང་པོ་རྒྱུད་ལ་ཡོད་པ་རྣམས་ནི་ལས་གང་ལྷོ་བ་དེ་ནི་ཐོག་མར་སྨིན་པའོ། །ལྷོ་ཡང་འདྲ་ན་འཆི་བའི་དུས་སུ་གང་ཉེ་བ་མངོན་དུ་གྱུར་པ་དེ་སྨིན་ནོ། །དེ་ཡང་འདྲ་ན་གང་གོམས་པ་ཤས་ཆེ་བ་དེའོ། །དེ་ཡང་འདྲ་ན་སྔོན་ལ་གང་བྱས་པ་དེ་སྨིན་ཏེ། མཛོད་ལས། ལས་ཀྱིས་འཁོར་བ་ལྷོ་གང་

དང་། །ཉེ་བ་གང་དང་གོམས་པ་གང་། །སྔོན་བྱས་གང་ཡིན་དེ་ལས་ནི། །སྔ་མ་སྔ་མ་རྣམ་སྨིན་འགྱུར། །ཞེས་གསུངས་པ་ལྟར་རོ།།

དགུ་པ་མྱོང་བར་འགྱུར་ལུགས་ནི། འདི་རུ་མྱོང་འགྱུར་གཉེན་ཟ་ནེའུ་ཚུང་འདྲ། །སྐྱེས་ནས་མྱོང་འགྱུར་གཏོ་བུ་དོན་དེ་འདྲ། །བརྒྱུད་ནས་མྱོང་འགྱུར་ཁྲབ་པ་ལ་སོགས་བཞིན། །ཞེས་པ། ཚེ་འདི་མྱོང་བ་གཉེན་ཟ་ནེའུ་ཚུང་ལྟ་བུ་སྟེ། རྣམ་སྨིན་འཕྲལ་ལ་བྱུང་སྟེ་གདའ། །ཞེས་དང་། སྔ་མའི་སྣ་གཅིག་ལུས་ལ་མེད། །མགོ་ཡི་སྐྲ་ཡི་ཟང་མ་ཟེང་། །ངོ་ཡི་བཀྲག་ཤོར་ཐལ་ཀ་མ། །སྤྱི་དམའ་སོ་ཉམས་སེར་སྔོ་སེང་། །བྲང་རུས་སྐལ་བ་བགྲང་དུ་བཏུབ། །ཅེས་གསུངས་པ་ལྟ་བུའོ། །དགེ་བའི་འབྲས་བུའང་འདི་ལ་མྱོང་བ་དང་། རང་ཉིད་སེམས་ལ་དད་པ་སྐྱེས་ནས་དགའ་བ་དང་། གཉེན་རབ་ཐུགས་རྗེ་ཅན་བྱིན་རླབས་ཀྱིས། །སྔ་མ་བཟང་རྒྱན་ཆས་དང་ལྡན། །ཞེས་སོགས་སོ། །ཚེ་ཕྱི་མར་སྐྱེས་ནས་མྱོང་བར་འགྱུར་བ་གཏོ་བུ་དོན་དེ་ལྟ་བུ་སྟེ། ཤི་འཕོས་མ་ཐག་དམྱལ་བར་སྐྱེས་པ་ལྟ་བུའོ། སྐྱེ་བ་དུ་མར་བརྒྱུད་ནས་མྱོང་བ་ཁྲབ་པ་ལ་སོགས་བཞིན་ནོ། །སྐྱེ་བ་དུ་མའི་གོང་ནས་དམོད་ངན་བཏབ་པའི་མཐུས། གཉེན་རབ་ཀྱི་འགྲན་ཟླའི་བདུད་དུ་སྐྱེས་པའོ།།

བཅུ་པ་མྱོང་བར་མ་ངེས་པའི་ལས་ནི། ས་བོན་འབུས་ཕྱིར་བཞིན་དུ་ལས་བསགས་ཀྱང་། །བཤགས་པས་དག་པ་དཔོ་རྒྱལ་སྡིག་པ་བཞིན། །ཞེས་པ། སྡིག་པའི་ལས་བསགས་ཀྱང་བཤགས་པ་དྲག་པོ་བྱས་པས་དག་པ་དཔོ་རྒྱལ་པོ་འབར་བའི་སྒྲོན་མ་ལྟ་བུ་སྟེ། རྒྱལ་པོ་དཔོ་རྒྱལ་གྱིས་དམག་མི་སུམ་སྟོང་ཕྱིར་ནས་བྲན་ཕྱུག་ཁྲི་ཤང་གི་ཕ་མ་གཉིས་བཀུམ། ཡུལ་འཁྲོག་ནས་རྗེས་སུ་འགྱོད་པ་དྲག་པོ་སྐྱེས་ཏེ། བདེར་

གཤེགས་སྟོང་ལ་ཕྱག་མཆོད་ལ་སོགས་དགེ་བ་མང་པོ་བྱས་པས་སྒྲིབ་པ་དག་ནས་དགྲ་བཅོམ་ཐོབ་པར་བཤད་དོ།།

གསུམ་པ་འདམས་པའི་དོན་བསྡུ་བ་ནི། དེ་ཕྱིར་ལས་འབྲས་རྣམས་ལ་ངེས་པ་བསྐྱེད། །ཅེས་པ། ལས་དཀར་ནག་གི་ལམ་བཅུའི་རྒྱུ་འབྲས་མ་འཆོལ་བར་ངེས་པ་དང་། ལས་ཀྱི་དབྱེ་བ་གཞན་བསྟན་པ་ལ་སོགས་པའི་རྒྱུ་དང་འབྲས་བུ་རྣམས་ལ་ངེས་པར་བསྐྱེད་པར་བྱ་སྟེ། ལས་འབྲས་ལ་ཅུང་ཟད་ཙམ་ཡང་མ་འཆོལ་བར་ཡིད་ཆེས་ནས་སྤང་བླངས་བྱེད་པ་འདི་ནི་ནང་པ་སངས་རྒྱས་པའི་ལྟ་བ་རྣམ་པར་དག་པའི་ཁྱད་པར་ཡིན་ཏེ། ཁ་ཅིག་གིས་བདེ་སྡུག་རྣམས་ནི་རྒྱུ་མེད་ལས་གྲུབ་པ་དང་། ལ་ལས་བདག་དང་གཙོ་བོ་དབང་ཕྱུག་གིས་བྱེད་པར་འདོད་པ་རྣམས་ནི་ལོག་པར་ལྟ་བ་ཡིན་པས་རྒྱང་རིང་དུ་སྤངས་པར་བྱས་ལ་དགེ་སྡིག་སྤང་བླང་ལ་གཟབ་པར་བྱའོ། །དོན་བདུན་པ་དགེ་སྡིག་གི་སྤང་བླང་བསྟན་པའོ།།

དོན་བརྒྱད་པ་དུག་དང་ཡེ་ཤེས་བསྟན་པ་འདི་ལ། གོང་དུ་འཁོར་བའི་ཉེས་དམིགས་སྤྱི་དང་བྱེ་བྲག་བསྟན་པ་ལྟར་སློ་དུ་མ་ནས་ལེགས་པར་བསམ་པས་འཁོར་བ་མཐའ་དག་སྡུག་བསྔལ་གྱི་རང་བཞིན་དུ་རིག་ནས་དེ་ལས་ཐར་པར་འདོད་པའི་དབང་པོ་འབྲིང་གིས་འཁོར་བ་གྲུབ་པའི་རྒྱུ་ནི་ལས་དང་ཉོན་མོངས་པ་ཡིན་ལ། དེ་ལས་ཀྱང་རྒྱུའི་གཙོ་བོ་ཉོན་མོངས་པ་ཡིན་པས་དེའི་རྒྱུ་མཚན་ཤེས་ནས་སྤང་དགོས་ལ། དེ་བསྟན་པ་ལ་གསུམ་སྟེ། ཉོན་མོངས་ཀྱི་ཀུན་འབྱུང་དང་། འཁོར་བའི་ངོ་བོ་རྟེན་འབྲེལ། དེ་ལས་གྲོལ་བྱེད་ཀྱི་ལམ་གསུམ་མོ། །དང་པོ་ལ་གཉིས་ལས། མདོར་བསྟན་དང་། རྒྱས་བཤད་དོ། །དང་པོ་མདོར་བསྟན་ནི། འཁོར་བ་གྲུབ་པར་བྱེད་པ་དུག

ལྟ་སྟེ། །དེ་མ་གྲོལ་བར་ཐར་པ་ཐོབ་མི་སྲིད། །སྨན་པས་ནད་དངོས་བཟུང་ནས་བཅོས་པ་བཞིན། །དུག་ལྟའི་ཉེས་སྐྱོན་ཤེས་པར་བྱས་ལ་གདུལ། །ཞེས་པ། འཁོར་བ་གྲུབ་པར་བྱེད་པ་དུག་ལྟ་ལ་སོགས་ཉོན་མོངས་པ་རྣམས་ཡིན་ཏེ། འདི་ཡོད་ན་འཁོར་བ་འགྲུབ་རྟུང་གི་ལས་གསུམ་བསགས་པས་འཁོར་བ་འགྲུབ་པ་ལ། ཉོན་མོངས་པ་མེད་ན་བརྣན་དང་བྲལ་བའི་ས་བོན་གྱི་མྱུ་གུ་མི་འགྲུབ་པ་བཞིན་དུ་ལས་ཡོད་ཀྱང་འཁོར་བ་མི་འགྲུབ་པའོ། །དེའི་ཕྱིར་འཁོར་བ་འཆིང་བྱེད་ཀྱི་ཉོན་མོངས་པ་དེ་མ་གྲོལ་གྱི་བར་དུ་ཐར་པ་ཐོབ་མི་སྲིད་པས། ཐར་པ་ཐོབ་པར་འདོད་པ་དག་གིས་ནི་སྨན་པས་ལྷུང་མཁྲིས་ལ་སོགས་པའི་ནད་གང་ཡིན་ངོས་བཟུང་ནས། དེ་ལས་ཕན་པའི་སྨན་དཔྱད་ཀྱིས་འཚོས་པ་བཞིན་དུ། དུག་ལྟ་ལ་སོགས་པའི་ཉོན་མོངས་པ་རྣམས་ཀྱི་ངོ་བོ་དང་ཉེས་སྐྱོན་ཤེས་པར་བྱས་ལ་རང་རང་གི་གཉེན་པོ་བསྟེན་པས་གདུལ་བར་བྱ་དགོས་སོ།།

གཉིས་པ་རྒྱས་པར་བཤད་པ་ལྔ། རྩ་བ་དུག་ལྔ། ཉེ་བའི་ཉོན་མོངས། དེའི་ཉེས་པ། དེ་སྤང་ལུགས། ཉམས་ཚད་དོ། །དང་པོ་ལ་གསུམ། གདུལ་བྱ་དུག་ལྔ། མཐར་ཐུག་རྒྱུ་འབྲས། ཞར་བྱུང་ལྷ་མིའི་རྒྱུའོ། །དང་པོ་ལ་ལྔ་ལས། དང་པོ་གཏི་མུག་ལའང་བདུན་ཏེ། དང་པོ་ཉོན་མོངས་ཀུན་གྱི་རྩ་བ་ངོས་བཟུང་པ་ནི། ཉོན་མོངས་ཀུན་གྱི་རྩ་བ་གཏི་མུག་སྟེ། །དེ་ཉིད་ལ་རྨོངས་བདག་ཏུ་ལྟ་བ་ཡིས། །ཐ་དད་གྲུབ་པར་འཛིན་པ་ཆགས་སྡང་སོགས། །དེ་ལ་བརྟེན་ནས་ཉོན་མོངས་སྐྱེ་ཕྱིར་རོ། །ཞེས་པ། སེམས་རབ་ཏུ་མ་ཞི་བར་བྱེད་པའི་མཚན་ཉིད་ཅན་གྱི་ཉོན་མོངས་པ་ལ་རྩ་ཉོན་དྲུག་དང་། ཉེ་ཉོན་ཉི་ཤུ་སོགས་ཡོད་ཀྱང་དེ་དག་ཀུན་གྱི་རྩ་བ་ནི་གཏི་མུག་ཡིན་ཏེ། ཤེས་བྱའི་དེ་ཁོ་ན་ཉིད་ལ་རྨོངས་པའི་གཏི་མུག་གིས་དོན་གང་ལ་ཡང་བདག་ངོ་བོ་ཉིད་ཀྱིས་གྲུབ་པ་མེད་པ

ལ་བདག་ཡོད་དུ་གྲུབ་པར་ལྟ་བ་དེས་བདག་གཞན་དང་ལུས་དང་གནས་དང་ལོངས་སྤྱོད་སོགས་ཐ་དད་དུ་ངོ་བོ་ཉིད་ཀྱིས་གྲུབ་པར་འཛིན་པ་དེ་ལ་བརྟེན་ནས་བདག་ཕྱོགས་ལ་ཆགས་པ་དང་། གཞན་ཕྱོགས་ལ་སྡང་བ་དང་། གཞན་གྱི་ཡོན་ཏན་སོགས་ལ་དམིགས་པའི་འཕྲག་དོག་དང་། རང་གི་ཡོན་ཏན་སོགས་ལ་དམིགས་པའི་ང་རྒྱལ་སོགས་ཉོན་མོངས་པ་ཐམས་ཅད་སྐྱེ་བའི་ཕྱིར་རོ།།

གཉིས་པ་ངོ་བོ་ནི། གཏི་མུག་ངོ་བོ་མི་ཤེས་རྨོངས་པ་སྟེ། །ཞེས་པ། གཏི་མུག་གི་ངོ་བོ་ནི། ལས་འབྲས་ལ་སོགས་པའི་དོན་གྱི་ངོ་བོ་ཡིན་ཚུལ་ཅི་ལྟ་བ་བཞིན་གསལ་བར་མི་ཤེས་པའི་རྨོངས་པའོ།།

གསུམ་པ་དབྱེ་བ་ནི། དམ་པའི་དོན་ལ་སློ་བསྐུར་ཕྱོགས་ལྟ་ཅན། ཀུན་རྫོབ་གཉིས་ཏེ་ལས་འབྲས་ལ་རྨོངས་དང་། ཡུལ་ལ་ཤེས་པ་གཅོད་ནི་མི་ནུས་པའོ། །ཞེས་པ། དམ་པའི་དོན་ལ་རྨོངས་པའི་གཏི་མུག་ནི་དངོས་པོ་རང་བཞིན་གྱིས་ཡོད་པར་འཛིན་པའི་སློ་འདོགས་ཅན་དང་། ལས་འབྲས་ལ་སོགས་ཐ་སྙད་ཙམ་དུ་ཡང་མེད་པར་འཛིན་པའི་སྐུར་འདེབས་ཀྱི་ཕྱོགས་ལྟ་ཅན་ནོ། །ཀུན་རྫོབ་ལ་རྨོངས་པའི་གཏི་མུག་ལ་གཉིས་ཏེ། ལས་གང་གིས་འབྲས་བུ་གང་བསྐྱེད་མི་ཤེས་པའི་རྨོངས་པ་དང་། གཟུགས་སོགས་ཡུལ་ལྔའི་གནས་ཚུལ་ལ་ཤེས་པ་མི་གསལ་བའི་གཅོད་པར་མ་ནུས་པའི་གཏི་མུག་གོ།

བཞི་པ་བསྐྱེད་པའི་ཡུལ་ནི། ཡུལ་ནི་སྡུག་དང་མི་སྡུག་མ་ཡིན་དང་། །དྲང་དོན་ངེས་དོན་གཉིས་ལས་སྐྱེ་བར་འགྱུར། །ཞེས་པ། ཡུལ་སྡུག་དང་མི་སྡུག་གཉིས་ཀ་མ་ཡིན་པའི་བར་མ་ལས་གཏི་མུག་སྐྱེ་ལ། ཀུན་རྫོབ་ལ་རྨོངས་པའི་གཏི་མུག་ནི་དྲང་

དོན་གྱི་ཕྱོགས་མི་ཤེས་པས་སྐྱེ་ལ། དོན་དམ་ལ་རྨོངས་པའི་གཏི་མུག་ནི་ངེས་པའི་དོན་མི་ཤེས་པས་སྐྱེ་བའོ།།

ལྔ་པ་མཐུན་དཔེ་ནི། དཔེར་ན་དབྱར་གྱི་ཤེ་མུན་ལྟ་བུའོ། །ཞེས་པ། དཔེར་ན་དབྱར་གྱི་ཤེའུ་མུན་གཏིབས་པ་ལ་བྲོ་ཡོར་དང་མི་ལ་སོགས་པའི་དོན་གྱི་རྣམ་པ་གང་ཡིན་མི་ཕྱེད་པ་ལྟ་བུའོ།།

དྲུག་པ་བྱེད་ལས་ནི། བདེན་རྫུན་མ་ཤེས་བགོལ་སྤྱད་ལ་སོགས་བྱས། །ཞེས་པ། གཏི་མུག་དབང་གིས་དྲང་དོན་དང་ངེས་དོན་ལ་སོགས་ལ་བདེན་རྫུན་གང་ཡིན་མི་ཤེས་ཤིང་། རྣམ་སྨིན་གྱི་འབྲས་བུ་གང་བསྐྱེད་མི་ཤེས་པས་མི་དང་དུད་འགྲོ་གཞན་དག་བགོལ་སྤྱོད་བྱེད་པ་སོགས་སྡིག་པའི་ལས་ལ་འཇུག་པའོ།།

བདུན་པ་འབྲས་བུ་ནི། བྱོལ་སོང་སྐྱེ་འགྱུར་གལ་ཏེ་མིར་སྐྱེས་ཀྱང་། །རྨོངས་འགྱུར་དེ་ཚེ་ལས་བསགས་བྱོལ་སོང་སྐྱེས། །ཞེས་པ། མདོ་ལས། རྒྱ་གཏི་མུག་ལ་ཤས་ཆེ་ཞིང་རྐྱེན་བགོལ་སྤྱོད་ཀྱི་ལས་བྱས་ན་འབྲས་བུ་བྱོལ་སོང་གི་གནས་སུ་སྐྱེའོ། །ཞེས་དང་། གཏི་མུག་ཅན་ནི་བྱོལ་སོང་གནས་སུ་སྐྱེ། །གལ་ཏེ་མི་རུ་སྐྱེས་ཀྱང་གླེན་ལ་རྨོངས་པར་འགྱུར། །དེ་ཚེ་ལས་ཀྱིས་རྒྱུ་བསགས་བྱོལ་སོང་གནས་སུ་སྐྱེ། །ཞེས་སོ།།

གཉིས་པ་འདོད་ཆགས་བསྟན་པ་ལ་ཡང་དྲུག་ལས། དང་པོ་ངོ་བོ་ནི། འདོད་ཆགས་འདོད་ཡུལ་རྣམས་ལ་ཞེན་ཅིང་ཆགས། །ཞེས་པ། འདོད་ཆགས་ཀྱི་ངོ་བོ་ནི་འདོད་པའི་ཡུལ་སེམས་ཅན་དང་ཕྱི་ལོངས་སྤྱོད་སོགས་ལ་ཞེན་ཅིང་ཆགས་པའོ།།

གཉིས་པ་དབྱེ་བ་ནི། ཚོགས་དྲུག་ཡུལ་དང་འབྲིག་པའི་སྦྱོར་བ་གཉིས། །ཞེས་པ། མིག་ལ་སོགས་པའི་རྣམ་ཤེས་ཚོགས་དྲུག་པོ་གཟུགས་ལ་སོགས་ཡུལ་དྲུག་སྟེ་སྡུག་

པ་ལ་ཆགས་པ་དང་། ནང་སེམས་ཅན་གྱི་འཁྲིག་སྦྱོར་ལ་ཆགས་པ་གཉིས་སོ།།

གསུམ་པ་སྐྱེ་བའི་ཡུལ་ནི། ཡིད་དུ་འོང་བའི་ཡུལ་ལ་སྐྱེས་བར་འགྱུར། །ཞེས་དེ་གོ་སླའོ།།

བཞི་པ་མཐུན་དཔེ་ནི། དཔེར་ན་མེས་གདུང་ཆུ་ཐོལ་ལྟ་བུའོ། །ཞེས་པ། མེས་གདུང་བས་ཆུ་རང་དབང་མེད་པར་ཐོལ་བ་ལྟ་བུའོ།།

ལྔ་པ་བྱེད་ལས་ནི། མི་དབང་སྤྱོད་སོགས་འཁོར་བའི་ས་བོན་བདེབས། །ཞེས་པ། རང་གིས་མི་དབང་བའི་ཟས་ནོར་ལ་ལོངས་སྤྱོད་པ་ལ་སོགས་དང་། བུད་མེད་སྤྱོད་པའི་དབང་གིས་འཁོར་བའི་ས་བོན་འདེབས་པར་སོགས་སོ།།

དྲུག་པ་འབྲས་བུ་ནི། ཡི་དྭགས་མི་གཙང་གནའ་གཞི་འབུ་སྲིན་སོགས། །མིར་སྐྱེས་དབུལ་འཕོང་མངལ་རྒྱུད་གཡེམ་དད་ཅེང་། །སེར་ན་འཇུར་གེགས་ལས་བསགས་ཡི་དྭགས་སྐྱེ། །ཞེས་པ། འདོད་ཆགས་ཀྱི་རྣམ་སྨིན་འབྲས་བུ་ནི་ཡི་དྭགས་སུ་སྐྱེས་ལ། ཁྱད་པར་འདོད་ལོག་འཁྲིག་སྦྱོར་ལ་ཆགས་པའི་རྣམ་སྨིན་གྱིས་མི་གཙང་བའི་གནའ་གཞིར་མངལ་གྱི་འབུ་སྲིན་སོགས་སུ་སྐྱེའོ། །རྒྱུ་མཐུན་ནི། མིར་སྐྱེས་ཀྱང་དབུལ་ཕོངས་ཅན་དང་མངལ་དུ་བརྒྱུད་པ་དང་གཡེམ་ལ་དད་ཅེང་དབུལ་ཕོངས་ཅན་དུ་སྐྱེ་བས་དེའི་ཚེ་ན་ཡང་རང་གི་ཟས་ནོར་ལ་བསྒྲི་བའི་སེར་སྣ་དང་། གཞན་གྱི་སྦྱིན་པའི་གེགས་བྱེད་འཇུར་གེགས་ཀྱི་ལས་བསགས་པས་ཕྱིས་ཡི་དྭགས་གནས་སུ་སྐྱེའོ། །འདོད་ཆགས་ཅན་ནི་ཡི་དྭགས་གནས་སུ་སྐྱེ། །གལ་ཏེ་མི་རུ་སྐྱེས་ཀྱང་དབུལ་ཞིང་འཕོང་བར་འགྱུར། །དེ་ཚེ་ལས་ཀྱི་རྒྱུ་བསགས་ཡི་དྭགས་གནས་སུ་སྐྱེ། །ཞེས་གསུངས་པ་ལྟར་རོ།།

གསུམ་པ་ཞེ་སྡང་བསྟན་པ་ལའང་དྲུག་ལས། དང་པོ་ངོ་བོ་ནི། ཞེ་སྡང་ངོ་བོ་ཞེ་ནས་སྡང་སེམས་རྒྱུན། །ཅེས་པ། ཞེ་སྡང་གི་ངོ་བོ་ནི་རང་གི་སེམས་ཀྱི་ཞེ་སྡང་བས་ཡུལ་ཡིད་དུ་མི་འོང་བ་ལ་སྡང་སེམས་རྒྱུན་པའི་རྣམ་པ་ཅན་ནོ།།

གཉིས་པ་དབྱེ་བ་ནི། སེམས་ཅན་བེམ་པོ་གཉིས་ལ་གནོད་བྱེད་དེ། །ཞེས་པ། དགྲ་ལ་སོགས་པའི་སེམས་ཅན་ལ་གནོད་པ་བྱེད་འདོད་དང་། མཚོན་ཆ་དང་ཚེར་མ་ལ་སོགས་བེམ་པོ་སྟེ། སྡུག་བསྔལ་གྱི་གནས་ལ་གནོད་པར་བྱེད་འདོད་པའི་སྡང་སེམས་སྐྱེ་བ་གཉིས་སོ།།

གསུམ་པ་སྐྱེ་བའི་ཡུལ་ནི། ཡིད་དུ་མི་འོང་ལས་སྐྱེས། ཞེས་མི་སྡུག་པའི་ཡུལ་ལའོ།།

བཞི་པ་མཐུན་དཔེ་ནི། མེ་དཔུང་བཞིན། ཞེས་ཏེ། མེས་གང་འཕྲད་པ་བསྲེག་པ་བཞིན། ཞེ་སྡང་ཅན་ཡང་གང་མཐོང་ཚད་ལ་སྡང་སེམས་སྐྱེའོ།།

ལྔ་པ་བྱེད་ལས་ནི། གསད་བཅད་སྲོག་ལ་འབབ་པའི་ལས་བྱེད་དོ། །ཞེས་པ། འཐབ་རྩོད་དང་བརྡུང་བརྡེག་དང་གསོད་གཅོད་ལ་སོགས་སྲོག་གཅོད་པ་ལ་འབབ་པའི་ལས་བྱེད་དོ།།

དྲུག་པ་འབྲས་བུ་ནི། དམྱལ་བར་སྐྱེས་འགྱུར་མིར་སྐྱེས་ཚེ་ཐུང་སོགས། །ནད་པ་སོགས་འགྱུར་ལས་བསགས་དམྱལ་བར་སྐྱེས། །ཞེས་པ། ཞེ་སྡང་གི་རྣམ་སྨིན་འབྲས་བུ་དམྱལ་བར་སྐྱེ་ལ། གལ་ཏེ་མིར་སྐྱེས་ཀྱང་མྱོང་བ་རྒྱུ་མཐུན་གྱིས་ཚེ་ཐུང་བ་དང་། བྱེད་པ་རྒྱུ་མཐུན་གྱིས་ནད་པ་སོགས་སྲོག་གཅོད་ལ་དགའ་བར་འགྱུར་ལ། དེའི་ཚེ་ཞེ་སྡང་གི་ལས་བསགས་པ་དེ་ཕྱིས་དམྱལ་བར་སྐྱེས་པར་འགྱུར་ཏེ། ཞེ་སྡང་ཅན་ནི་དམྱལ་བའི་གནས་སུ་སྐྱེ། །གལ་ཏེ་མི་རུ་སྐྱེས་ཀྱང་ཚེ་ཐུང་ནད་པར་འགྱུར། །དེ་ཚེ་

ལས་ཀྱི་རྒྱུ་བསགས་དམྱལ་བའི་གནས་སུ་སྐྱེ། །ཞེས་སོ།།

བཞི་པ་ང་རྒྱལ་བསྟན་པ་ལ་དྲུག་ལས། དང་པོ་ངོ་བོ་ནི། ང་རྒྱལ་ངོ་བོ་རང་གི་ཆེ་བས་རྒྱལ། །ཞེས་པ། ང་རྒྱལ་གྱི་ངོ་བོ་ནི་རང་གི་ཡོན་ཏན་ལང་ཚོའམ་རིགས་རུས་སོགས་གཞན་ལས་ཆེ་བའི་སེམས་ཁེངས་པའི་རྒྱལ་བའོ།།

གཉིས་པ་དབྱེ་བ་ནི། མངོན་པའི་ང་རྒྱལ་ཙུང་ཟད་མཉམ་པ་གཉིས། །ཞེས་པ། ལུས་ངག་ཏུ་དྲིགས་པའི་རྣམ་འགྱུར་མངོན་སུམ་སྟོན་པའི་ང་རྒྱལ་དང་། སེམས་སུ་ཁོང་ཁེངས་པའི་རྣམ་པ་ཙུང་ཟད་ལས་མི་རིག་པས་མཉམ་པའི་ང་རྒྱལ་གཉིས་སོ།།

གསུམ་པ་སྐྱེ་བའི་ཡུལ་ནི། རང་གི་ཡོན་ཏན་ལས་སྐྱེས། ཞེས་པ། རུས་རིགས་དང་ཕྱུག་པོ་དང་ཡོན་ཏན་མཁན་པོ་སོགས་ལ་དམིགས་ནས་སྐྱེ་བའོ།།

བཞི་པ་མཐུན་དཔེ་ནི། རླུང་དམར་བཞིན། ཞེས་པས། རླུང་ཡུག་ཆེན་པོ་དེས་ས་རྡུལ་འཇག་མ་སོགས་ཀྱང་རང་ཉིད་ཆེ་བའི་ཐོད་དུ་བསྡུས་ནས་ཆེ་བའི་གཟུགས་བསྟན་པ་བཞིན་ནོ།།

ལྔ་པ་བྱེད་ལས་ནི། བདེན་པའི་ཚིག་འདྲིས་གཞན་གྱི་ངར་གཅོག་བྱེད། །ཅེས་པ། རང་ཉིད་ཁོང་ཁེངས་པའི་དབང་གིས་གོང་མ་རྣམས་ཀྱིས་བདེན་པའི་ཚིག་སྨྲས་ཀྱང་དེའི་བཀའ་ལ་མི་ཉན་པར་འདྲའ་ཞིང་གཞན་འོག་མ་ངར་གཅོག་པར་བྱེད་དོ།།

དྲུག་པ་འབྲས་བུ་ནི། ལྷ་མིན་སྐྱེས་འགྱུར་མིར་སྐྱེ་དམག་དཔོན་བྱེད། །མི་བདེའི་ཚོགས་བསྐྱེད་ལས་བསགས་ལྷ་མིན་སྐྱེ། །ཞེས་པ། འབྲས་བུ་ནི་ལྷ་མིན་དུ་སྐྱེ་བར་འགྱུར་ལ། བྱེད་པ་རྒྱུ་མཐུན་གྱིས་མིར་སྐྱེས་ཀྱང་དམག་དཔོན་དམག་མི་ལ་སོགས་བྱེད་ལ། སྤྱོད་པ་རྒྱུ་མཐུན་ནི་མཚོན་ཆ་ཚེར་མ་ལ་སོགས་ཀྱིས་མི་བདེ་བའི་

ཚོགས་བསྐྱེད་དོ། །དམག་དཔོན་སོགས་སུ་སྐྱེས་པ་དེའི་ཚེ་ང་རྒྱལ་གྱི་ལས་བསགས་པས་ཕྱིས་ལྷ་མིན་དུ་སྐྱེ་བར་འགྱུར་ཏེ། ང་རྒྱལ་ཅན་ནི་ལྷ་མིན་གནས་སུ་སྐྱེ། །གལ་ཏེ་མི་རུ་སྐྱེས་ཀྱང་དམག་དཔོན་དར་ཐོག་བྱེད། །དེ་ཚེ་ལས་ཀྱི་རྒྱུ་བསགས་ལྷ་མིན་གནས་སུ་སྐྱེ། །ཞེས་སོ།།

ལྔ་པ་ཕྲག་དོག་བསྟན་པ་ལ་ཡང་དྲུག་ལས། དང་པོ་ངོ་བོ་ནི། གང་ཞིག་ཤེས་པ་ཕྲག་དོག་འགྲན་སེམས་ཅན། །ཞེས་པ། གང་ཞིག་ཤེས་པ་འཕྲ་རྒགས་ཀྱིས་བཟང་པོའི་ཡོན་ཏན་གཞན་ལ་ལྡན་པ་མི་ཟློང་པའི་བློ་དོག་པ་དང་གཞན་དང་འགྲན་སེམས་ཅན་ནོ།།

གཉིས་པ་དབྱེ་བ་ནི། ཆེ་ཆུང་རུ་ངས་གཞན་བཟང་སེམས་འཁྲུག་དང་། །སྒྱུ་མའི་འདོད་ཡོན་ཡུལ་ལ་དོག་པ་གཉིས། །ཞེས་པ། རང་དམན་ཞིང་ཡོན་ཏན་ཆུང་བས། གཞན་ཡོན་ཏན་ཆེ་བ་མཐོང་བ་ལ་རུ་ང་དང་། གཞན་གྱི་ཡོན་ཏན་བཟང་བ་སོགས་མི་འདོད་པའི་སེམས་འཁྲུག་པ་དང་། སྒྱུ་མའི་འདོད་ཡོན་ཏེ། ཞིང་པའི་ཆུ་ཁ། འབྲོག་པའི་མཚེར་མལ། རྒྱལ་པོའི་མངའ་རིས། སྐྱེ་བོའི་སྣན་གྲགས་ལ་བརྩོན་པའམ། ཟས་ནོར་བཟང་པོ་སོགས་ལ་གཞན་གྱིས་ལོངས་སྤྱོད་པར་ལོང་དོག་པའོ།།

གསུམ་པ་སྐྱེ་བའི་ཡུལ་ནི། རིགས་མཐུན་ཆ་མཉམ་ལས་སྐྱེ། ཞེས་པ། སྨན་པ་དང་མོ་མ་དང་རི་མོ་མཁན་སོགས་རིག་བྱེད་པ་རྣམས་རང་རང་གི་ཡོན་ཏན་གྱི་མཐུན་པར་ཤེས་པ་དེ་ལ་འགྲན་ཅིང་དེ་རྣམས་ཀྱང་ཡོན་ཏན་གྱི་ཆ་མཉམ་པ་ལས་སྐྱེ་བ་ཡིན་གྱི། འཛིན་བརྟན་ཆེ་བའི་འཕྲག་དོག་ཅན་གྱི་རྒྱལ་པོའི་མངའ་རིས་ཆེ་བ་ལ་ཕྲག་དོག་མི་སྐྱེ་བ་བཞིན་ནོ།།

བཞི་པ་མཐུན་དཔེ་ནི། བཙོན་ར་ལྟར། ཞེས་ཏེ། གཞན་གྱི་ཡོན་ཏན་བློར་མི་

ཁོང་བ་དོག་པའི་དཔེའོ།།

ལྷ་པ་བྱེད་ལས་ནི། ཕ་རོལ་ཡོན་ཏན་སྨོད་པའི་ལས་བྱེད་དེ། །ཞེས་པ། ཕ་རོལ་པོ་རང་གི་ཡོན་ཏན་དང་ཆ་མཐུན་པ་ལ་སྨོད་པ་དེ་སྨོད་པའི་ལས་བྱེད་དོ།།

དྲུག་པ་འབྲས་བུ་ནི། མཐའ་འཁོབ་མིར་སྐྱེས་གལ་ཏེ་དབུས་སྐྱེས་ཀྱང་། །དམག་མི་མཚོན་ཐོག་བྱེད་སོགས་སེམས་སྨོ་དོག །ལས་ཀྱི་རྒྱུ་བསགས་མཐའ་འཁོབ་སྲིན་པོར་སྐྱེ། །ཞེས་པ། རྣམ་སྨིན་གྱི་འབྲས་བུ་མཐའ་འཁོབ་མིར་སྐྱེ་བར་འགྱུར་ལ། རྒྱུ་མཐུན་ནི། གལ་ཏེ་དབུས་སུ་སྐྱེས་ཀྱང་དམག་མི་མཚོན་ཐོག་པ་སོགས་བྱེད་ཅིང་། དེ་ཡང་སེམས་ཀྱི་སྨོ་དོག་པར་འགྱུར་རོ། །དེའི་ཚེ་ཡང་འཕྲག་དོག་གི་ལས་ཀྱི་རྒྱུ་བསགས་པས་ཕྱིས་མཐའ་འཁོབ་ཀྱི་གནས་སུ་སྐྱེ་བར་འགྱུར་རོ། །འཕྲག་དོག་ཅན་ནི་མཐའ་འཁོབ་གནས་སུ་སྐྱེ། །གལ་ཏེ་དབུས་སུ་སྐྱེས་ཀྱང་དམག་མི་མཚོན་ཐོག་བྱེད། །དེ་ཚེ་ལས་ཀྱི་རྒྱུ་བསགས་མཐའ་འཁོབ་སྲིན་པོར་སྐྱེ། །ཞེས་གསུངས་སོ།།

གཉིས་པ་མཐར་ཐུག་གི་རྒྱུ་ནི། དེ་དག་དེར་སྐྱེས་ལས་ཀྱི་རྒྱུ་བསགས་ནས། །དེ་ནས་འཕོས་ཏེ་དམྱལ་བའི་གནས་སུ་སྐྱེ། །ཞེས་པ། གཏི་མུག་ཅན་གྱི་བྱོལ་སོང་གི་གནས་སུ་སྐྱེ་བ་ནས། ཕྲག་དོག་ཅན་མཐའ་འཁོབ་ཏུ་སྐྱེ་བའི་བར་དེ་དག་བྱོལ་སོང་སོགས་སོ་སོར་སྐྱེ་ནས། དེ་ལས་ཀྱང་ཉོན་མོངས་དུག་ལྔའི་ཀུན་ནས་སློང་བའི་སྡིག་པ་མི་དགེ་བའི་ལས་ཀྱི་རྒྱུ་བསགས་པས་ལྷ་མིན་སོགས་ལས་ཚེ་འཕོས་ནས་མཐར་དམྱལ་བའི་གནས་ཁོ་ནར་བསགས་པ་ལྟ་བུ་སྐྱེ་ངེས་སོ། །ཞེསསོ། །ཉོན་མོངས་དུག་ལྔའི་རྣམ་བཤད་འདི་དག་བྱུང་ཁུངས་མདོ་ཁོ་ན་ལ་བརྟེན་ནས་མཛད་པར་འདུག་གོ །ལུང་གཞན་དག་ལས་ནི། ཆགས་སྡོང་རྨོངས་གསུམ་ཐེ་ཚོམ་ང་རྒྱལ་ལྟ་བ་དང་

ཏྲུག་ལས་རྩ་ཉོན་ཏྲུག་ཅེས་བྱ་ལ། དེའི་ལྟ་བ་ལ་ཡང་འཇིག་ཚོགས་ལ་བདག་ཏུ་ལྟ་བ་དང་། རྟག་ཆད་མཐར་འཛིན་གྱི་ལྟ་བ། རྒྱུ་འབྲས་འཕྲུལ་པའི་ལོག་ལྟ། ལྟ་བ་མཆོག་ཏུ་འཛིན་པ། ཚུལ་ཁྲིམས་བརྟུལ་ཞུགས་མཆོག་འཛིན་ཏེ། བཅུའི་རྣམ་བཞག་ཀྱང་མཛད་དོ།།

གསུམ་པ་ཞར་བྱུང་བདེ་འགྲོའི་རྒྱུ་ནི། འོ་ན་ང་རྒྱལ་དང་ཕྲག་དོག་ལ་སོགས་པའི་དུག་ལྔའི་དབང་གིས་ལྷ་མིན་དང་མཐའ་འཁོབ་ཀྱི་མི་ལ་སོགས་འགྲོ་བ་རིགས་ལྔ་བསྐྱེད་ན། དབུས་སུ་སྐྱེ་སྟེ་དལ་འབྱོར་གྱི་མི་ལུས་དང་ལྷའི་འགྲོ་བ་ནི་གང་གིས་བསྐྱེད་ཞེ་ན། དུག་ལྔ་ཆ་མཉམ་དགེ་བའི་ཟུར་སྦྱོང་གིས། །མི་དང་ལྷ་ཡི་གོ་འཕང་ཐོབ་ཅེས་གསུངས། །ཞེས་པ། ཉོན་མོངས་པ་དུག་ལྔ་རགས་པ་མ་ཡིན་པར་ཞན་ཆུང་བ་ཆ་མཉམ་དང་ལྡན་པ་གང་གིས་ཚུལ་ཁྲིམས་དང་ཞི་གནས་ལ་སོགས་པའི་ཟག་བཅས་ཀྱི་དགེ་བས་དལ་འབྱོར་གྱི་མི་དང་ལྷའི་ལུས་ཐོབ་ཅེས། བླ་མ་དམ་པས་གསུངས་སོ།།

གཉིས་པ་ཉེ་ཉོན་བསྟན་པ་ལ་གཉིས། ངོ་བོ་ཉེ་ཤུ་དང་། གང་གི་ཆར་གཏོགས་སོ། །དང་པོ་ནི། གཞན་ཡང་ཉེ་བའི་ཉོན་མོངས་ཉི་ཤུ་ནི། །གཉིད་རྨུགས་བརྗེད་ངེས་མ་དད་མི་ཤེས་འཇུག །ལེ་ལོ་སེར་སྣ་གཡོ་དང་རྒྱགས་པ་སྒྱུ། །ཁོང་ཁྲོ་དང་གཡེང་བ་ཁྲོ་དང་འཁོན་འཛིན་དང་། །འཚེ་དང་འཆིག་དང་ཕྲག་དོག་བག་མེད་དང་། །ངོ་ཚ་མེད་དང་ཁྲེལ་མེད་བདག་སྐྱོན་འཆབ། །ཅེས་པ། དགེ་བ་ལ་བར་དུ་གཅོད་པའི་སེམས་འབྱུང་གཞན་ཡང་རྩ་ཉོན་ལ་ཉེ་བའི་ཉོན་མོངས་ཉི་ཤུ་ནི། དུས་མ་ཡིན་པ་དང་ཚད་ལས་འདས་པའི་གཉིད་དང་། རང་གི་དབང་དུ་གྱུར་པའི་སེམས་ཀྱིས་ཆེད་དུ་མནོ་བསམ་དང་། རྟོག་དཔྱོད་གཏོང་བ་མེད་པའི་སེམས་ཐེ་ཚོམ་མེད་པའི་རྨུགས་པ་

དང་། དགེ་བའི་ལས་སྔར་སྤྱད་པའམ་བརྩམས་པ་དྲན་པས་མི་འཛིན་པ་བརྗེད་ངས་དང་། རྒྱུ་འབྲས་ལ་ཡིད་མ་ཆེས་པ་དང་། བླ་མ་དང་སྐྱབས་གནས་སོགས་ལ་མ་དད་པ་དང་། བླང་དོར་གྱི་གནས་ལ་མི་ཤེས་བཞིན་དུ་འཇུག་པ་དང་། སྒོ་གསུམ་དགེ་བ་ལ་མི་རྩོལ་བའི་ལེ་ལོ་དང་། རང་གི་ཡོ་བྱད་ལ་སེམས་འཁྲུམས་ནས་ཕང་བའི་སེར་སྣ་དང་། སེམས་མི་དྲང་བས་སྒོ་གསུམ་གྱི་སྤྱོད་པ་བཅོས་མའམ་དུལ་བར་སྟོན་པའི་གཡོ་དང་། རང་གི་ལུས་དང་ཡོ་བྱད་ཕུན་སུམ་ཚོགས་ནས་སེམས་གང་བའི་རྒྱགས་པ་དང་། བྲེ་སྲང་སོགས་ཀྱིས་གཞན་གྱི་མགོ་བསྐོར་བའམ་བསླུ་བའི་སྒྱུ་དང་། འདོད་པའི་ཡུལ་ལ་སེམས་འཕྲོ་བའི་རྒོད་པ་དང་། དོན་ལྡན་གྱི་ལས་མ་ཡིན་པ་ལ་སྒོ་གསུམ་གཡེང་པ་དང་། རང་ལ་གནོད་པར་བྱེད་པ་ལ་ཁོང་ཁྲོ་བ་དང་། སྔར་གནོད་པ་བྱས་པ་འམ། འཐབ་མོ་སྟོན་སོང་ལ་ཞེ་བརྣག་པའི་འཁོན་འཛིན་དང་། སྐབས་གཅིག་ཏུ་གནས་པའི་སེམས་ཅན་ལ་བརྩེ་བ་མེད་པར་དངོས་སུ་ཐོ་འཚམ་པའི་འཚེ་བ་དང་། གནོད་བྱེད་དམ་རང་གིས་མི་འདོད་པའི་ཡུལ་ལ་ཚིག་རྩུབ་སློང་བའི་འཚིགས་པ་དང་། གཞན་གྱི་ཕུན་ཚོགས་རང་བློར་མི་ཤོང་ཞིང་སེམས་འཁྲུགས་པའི་ཕྲག་དོག་དང་། ལུས་ངག་གི་སྤྱོད་པ་ལ་ཐོན་མེད་པའི་དོམ་ཆོལ་གྱི་བག་མེད་པ་དང་། ཁ་ན་མ་ཐོ་བའི་ཉེས་སྤྱོད་རང་གིས་རང་ལ་མི་འཛེམ་པའི་ངོ་ཚ་མེད་པ་དང་། ཉེས་པའི་སྤྱོད་པ་ལ་འཇུག་པར་གཞན་ལ་མི་འཛེམ་པའི་ཁྲེལ་མེད་པ་དང་། རང་གིས་ཉེས་པ་སྦེད་པའི་བདག་སྐྱོན་འཆབ་པའོ། །དེ་དག་ལས་གཉིད་ནི་གཞན་འགྱུར་གྱི་སེམས་འབྱུང་ཡིན་ཀྱང་དགེ་བ་ལ་བར་ཆོད་བྱེད་པས་སྤང་བྱ་ཡིན་ལ། འདི་རྨོངས་པའང་ཡིན་ནོ། །ཕྲག་དོག་ནི། ཁམས་བརྒྱད་དམ་མདོ་སོགས་ལས་ཉོན་མོངས་དུག་ལྔའི་གྲངས་སུ་རྣམ་པར

བཞག་ཀྱང་། སྡོང་པོ་རབ་དབྱེ་དང་། མངོན་པ་ནས་ཞེ་སྡང་གི་ཆར་གཏོགས་པས་ཉེ་ཉོན་དུ་འཇོག་པའོ།།

གཉིས་པ་དུག་གསུམ་གང་གི་ཆར་གཏོགས་པ་ནི། དང་པོ་ལྔ་ནི་གཏི་མུག་ཆ་ཡིན་ལ། །དྲུག་ནས་བཅུ་གཉིས་བར་ནི་འདོད་ཆགས་ཆ། །དེ་ནས་བཅུ་དྲུག་ཞེ་སྡང་ལྷག་མ་བཞི། །སྐྱེ་བའི་གྲོགས་དང་སྐྱེ་བ་འདོར་མ་བྱེད། །ཅེས་པ། དང་པོ་གཉིད་རྨུགས་དང་མ་དད་པ་དང་བརྗེད་ངས་དང་མི་ཤེས་བཞིན་དུ་འཇུག་པ་དང་ལྔ་ནི་གཏི་མུག་ཆ་ཡིན་ཏེ། དོན་ཅི་ལྟ་བ་བཞིན་དུ་གསལ་བར་རྟོགས་མི་ནུས་པའི་རིགས་ཡིན་པའི་ཕྱིར་རོ། །དྲུག་པ་ལེ་ལོ་ནས་བཅུ་གཉིས་བར་ནི་འདོད་ཆགས་ཀྱི་ཆར་གཏོགས་ཏེ་འདོད་ཡོན་ལ་སེམས་འཕྲོ་ཞིང་ཆགས་པའི་རིགས་ཡིན་པའི་ཕྱིར་རོ། །དེ་ནས་ཁྲོ་བ་ནས་བཅུ་དྲུག་གི་བར་ཚིགས་པ་དང་ཕྲག་དོག་སོགས་ཞེ་སྡང་གི་ཆ་སྟེ། གཞན་ལ་སྡང་སེམས་ཀྱི་རིགས་ཡིན་པའི་ཕྱིར་རོ། །ལྷག་མ་བག་མེད་ནས་བདག་སྐྱོན་འཆབ་པའི་བར་བཞི་ནི། ཉོན་མོངས་གསར་དུ་སྐྱེ་བའི་གྲོགས་དང་། སྔར་སྐྱེས་པ་འདོར་བར་མི་བྱེད་པའོ།།

གསུམ་པ་ཉོན་མོངས་དེ་དག་གིས་ཉེས་པ་བསྐྱེད་པ་ལ་གཉིས། སྡུག་བསྔལ་བསྐྱེད་པ་དང་། ཁྱད་པར་འཁོར་བ་འགྲུབ་པའོ། །དང་པོ་ནི། རང་གི་སེམས་ལས་བྱུང་བའི་ཉོན་མོངས་འདིས། །དགེ་ལེགས་ཡོན་ཏན་ཐམས་ཅད་གཙོད་བྱེད་ཅིང་། །རྟག་ཏུ་སྡུག་བསྔལ་ཀུན་ལ་བྲན་ལྟར་བྲུ། །རང་དབང་མེད་པར་ཡུན་རིང་འཁོལ་བྱེད་ཡིན། །ཞེས་པ། སེམས་ནི་དགྲ་དང་དགྲ་ཆེན་ཏེ། སེམས་ལས་གཞན་པའི་དགྲ་མེད་དོ། །གཙུབ་ཤིང་རང་གིས་རང་བསྲེག་ལྟར། །སེམས་ནི་རང་གི་སེམས་ཀྱིས་བསྲེགས། །

ཞེས་དང་། བདག་གི་སེམས་ལ་གནས་བཞིན་དུ། །དགའ་མགུ་བདག་ལ་གནོད་པ་བྱེད། །ཅེས་པ་ལྟར། རང་གི་སེམས་ལས་བྱུང་བའི་ཉོན་མོངས་འདི་རྣམས་ཀྱིས་ནི། རང་གི་དགེ་ལེགས་དང་ཡོན་ཏན་ཐམས་ཅད་གཙོད་པར་བྱེད་དེ། བསྐལ་པ་སྟོང་དུ་བསགས་པ་ཡི། །སྦྱིན་དང་བདེར་གཤེགས་མཆོད་ལ་སོགས། །ལེགས་སྤྱོད་གང་ཡོད་ཐམས་ཅད་ཀྱང་། །ཁོང་ཁྲོ་གཅིག་གིས་ངེས་པར་འཇོམས། །ཞེས་དང་། རྒོད་དང་འགྱོད་དང་སེམས་ནི་རྨུགས་པ་དང་། །གཉིད་དང་འདོད་ལ་འདུན་དང་ཐེ་ཚོམ་ཏེ། །སྒྲིབ་པ་ལྔ་པོ་འདི་དག་དགེ་བའི་ནོར། །འཕྲོག་པ་ཆོམ་རྐུན་ལག་པར་རིག་པར་མཛོད། །ཅེས་སོ། །ཉོན་མོངས་པ་འདི་རྣམས་ཀྱིས་ཕར་ཕྱིན་དྲུག་གི་དགེ་བའི་མིང་ཡང་སྟོར་བར་བྱེད་དེ། འདི་ལྟར་སྦྱིན་པའི་བར་ཆོད་སྐྱུ་དང་སེར་སྣ་དང་། ཚུལ་ཁྲིམས་ལ་གནོད་པར་བྱེད་པ་གཡོ་རྒྱུགས་པ་ངོ་ཚ་མེད་དང་ཁྲེལ་མེད་བག་མེད་བདག་སྐྱོན་འཆབ་པ་དང་། བཟོད་པ་ལ་གནོད་པ་ཁྲོ་འཁོན་འཚེ་འཚིག་ཕྲག་དོག་དང་། བརྩོན་འགྲུས་ཀྱི་བར་ཆོད་མ་དད་ལེ་ལོ་གཡེང་བ། བསམ་གཏན་ལ་གནོད་པ་རྨུགས་པ་དང་རྒོད་པ། ཤེས་རབ་ལ་གནོད་པ་བརྗེད་ངེས་དང་ཤེས་བཞིན་མ་ཡིན་པ་ལ་འཇུག་པ་སྟེ། སློབ་དཔོན་རང་གྲོལ་གྱི་ཀུན་ལས་བཏུས་ལས་གསུངས་པ་ལྟར་རོ། །གཞན་ཡང་ཉོན་མོངས་འདི་དག་སྐྱེས་པ་ན། བག་ལ་ཉལ་བརྟན་པར་བྱེད་པ་དང་། རང་གིས་རིགས་མཐུན་གྱི་ཉོན་མོངས་པ་མི་འཆད་པར་བྱེད་པ་དང་། དགེ་བ་དང་ལོངས་སྤྱོད་ཉམས་པར་བྱེད་པ་དང་། མི་སྙན་པ་འཕེལ་བ་དང་། ལྷ་དང་སྲུང་མ་དམ་པ་དག་གིས་སྐྱོད་པར་འགྱུར་བ་དང་། ཡིད་དགའ་བ་མེད་ཅིང་མི་བདེ་བ་མྱོང་བ་སོགས་ཤིན་ཏུ་མང་བར་གསུངས་སོ། །ཞེ་སྡང་སྲེད་སོགས་དགྲ་རྣམས་ལ། །ཡན་ལག་ལ་སོགས་ཡོད་མིན་

ཞིང་། །དཔའ་འཇོངས་ཡིན་ཡང་ཅི་ཞིག་ལྟར། །དེ་དག་གིས་བདག་ཁྲབ་བཞིན་བྱས། །ཞེས་པ་ལྟར་རྟག་ཏུ་འཁོར་བའི་སྡུག་བསྔལ་ཀུན་ལ་རེ་མོས་སུ་རང་དབང་མེད་པར་ཁྲབ་ལྟར་དུ་ཡུན་རིང་པོ་ཐར་པ་མ་ཐོབ་ཀྱི་བར་དུ་བགོལ་བར་བྱེད་པ་ཡིན་ནོ༎

གཉིས་པ་ནི། ཉོན་མོངས་མེད་ན་སྔར་བསགས་ལས་ཡོད་ཀྱང་། །འཁོར་བ་མི་བསྐྱེད་གསར་དུ་འང་མི་བསགས་ཏེ། །སྲིད་པ་མེད་ན་ཡང་སྲིད་མི་འགྲུབ་ཕྱིར། །ཡོད་ན་སྡུག་བསྔལ་རྒྱུ་ནི་ཉེ་བར་བསགས། །ཞེས་པ། འཁོར་བ་འགྲུབ་པའི་རྒྱུ་ལས་དང་ཉོན་མོངས་པ་གཉིས་དགོས་ཀྱང་ཉོན་མོངས་གཙོ་བོ་ཡིན་ཏེ་ཉོན་མོངས་མེད་ན་སྔར་བསགས་ཀྱི་ལས་གྲངས་ལས་འདས་པ་ཡོད་ཀྱང་འབྲས་བུ་འཁོར་བ་མི་སྨིན་ཏེ། ལས་ལ་ལྷན་ཅིག་བྱེད་པའི་ཆ་རྐྱེན་མེད་པའི་ཕྱིར། དཔེར་ན་བསྟན་དང་ས་ལ་སོགས་པའི་ལྷན་ཅིག་བྱེད་པའི་ཆ་རྐྱེན་དང་བྲལ་བས་ས་བོན་གྱིས་འབྲས་བུ་མྱུ་གུ་སྨིན་མི་ནུས་པ་བཞིན་ནོ། །རིག་གཞུང་ལས། སྲིད་པའི་སྲེད་ལས་རྣམ་བཀྲལ་བའི། །ལས་གཞན་འཕེན་ནུས་མ་ཡིན་ཏེ། །ལྷན་ཅིག་བྱེད་པ་ཟད་ཕྱིར་རོ། །ཞེས་གསུངས་པ་ལྟར་རོ། །ཉོན་མོངས་མེད་ན་འཁོར་བ་འགྲུབ་བྱེད་ཀྱི་ལས་གསར་དུ་མི་བསགས་ཏེ། བདེན་པ་མངོན་སུམ་དུ་མཐོང་བའི་འཕགས་པ་རྒྱུན་ཞུགས་ཡན་ཆད་ཀྱི་འཁོར་བར་སྐྱེ་བའི་ལས་མི་བསགས་པར་བཤད་པའི་ཕྱིར་དང་། བདག་འཛིན་གྱི་ཉོན་མོངས་དང་བྲལ་ན་སྲིད་པ་མེད་ལ། དེ་མེད་ན་ཡང་སྲིད་ཀྱིས་འཁོར་བ་མི་འགྲུབ་པའི་ཕྱིར་རོ། །དེས་ན་འཁོར་བར་འཕེན་བྱེད་ཀྱི་ལས་གསོག་པ་པོ་ནི་སྦྱོར་ལམ་བོན་མཆོག་ལ་གནས་པ་མན་ཆད་ཀྱི་སོ་སྐྱེ་རྣམས་ཡིན་ནོ། །ཉོན་མོངས་ཡོད་ན་སྡུག་བསྔལ་གྱི་རྒྱུ་ལས་སྔར་བསགས་པ་མེད་ཀྱང་དེ་མ་ཐག་གསར་དུ་ཉེ་བར་བསགས་ནས་ཕྱུང་པོ་ཕྱི་མ་ལེན་

པར་བྱེད་དོ། །དེས་ན་ཉོན་མོངས་དེ་དག་གི་རྒྱུ་མཚན་ལེགས་པ་ཤེས་པར་བྱས་ལ་སྤང་བ་གཀལ་ཆེ་ལ། ཁྱད་པར་ཉོན་མོངས་ཐམས་ཅད་ཀྱི་རྩ་བ་བདག་འཛིན་ལ་ཐུག་པ་དང་། དབུ་མ་ལ་སོགས་ངེས་དོན་གྱི་གསུང་རབ་ལ་བརྟེན་ནས་བདག་མེད་རྟོགས་པའི་ཤེས་རབ་བསྐྱེད་ནས་བསྒོམ་པར་བྱའོ།།

བཞི་པ་ཉོན་མོངས་སྤང་ཚུལ་ལ་བཞི་ལས། ཉེས་དམིགས་བསམ་པ། དངོས་གཉེན་བསྟེན་པ། འགྲན་པའི་དཔེ། རང་གྲོལ་གྱི་ཚུལ་ལོ། །དང་པོ་ནི། དེ་བས་འཇིགས་དང་སྡུག་བསྔལ་ཀུན་འབྱུང་བས། །དུག་མཚོན་མེ་དང་པང་གི་སྦྲུལ་ལྟར་བྱ། །སོ་སོའི་ཉེས་དམིགས་རིག་པར་བྱས་ནས་ནི། །མྱུར་དུ་སྤང་ཞིང་སྐྱེ་བའི་གོ་སྐབས་དགག །ཅེས་པ། ཉོན་མོངས་དེ་དག་གི་ཉེས་དམིགས་ནི། འཁོར་བའི་གནས་སུ་སྡུག་བསྔལ་ཆེ་དང་དུག་སྦྲུལ་ལ་སོགས་ཀྱི་འཇིགས་པ་དང་། རྩོ་ལང་དང་སྲིན་པོ་ལ་སོགས་པའི་མི་མ་ཡིན་གྱི་འཇིགས་པ་དང་། མེ་ཆུ་ལ་སོགས་འབྱུང་བས་འཇིགས་པ་དང་། ངན་སོང་གསུམ་གྱི་སྡུག་བསྔལ་གྱི་འབྱུང་བའི་གནས་ནི་རང་གི་སེམས་ལས་བྱུང་བའི་ཉོན་མོངས་པ་ཡིན་ཏེ། འདི་ལྟར་འཇིགས་པ་ཐམས་ཅད་དང་། སྡུག་བསྔལ་དཔག་ཏུ་མེད་པ་ཡང་། སེམས་ལས་བྱུང་བ་ཡིན་ནོ། །ཞེས་ཡང་དག་གསུང་པ་ཉིད་ཀྱིས་གསུངས། ཞེས་གསུངས་པས། ཉོན་མོངས་པ་རྣམས་ཀྱི་འཁོར་བའི་གནས་སུ་རང་ཉིད་ཡང་ཡང་མནར་བ་དང་གནོད་པར་བྱེད་པ་དུག་དང་མཚོན་ལྟར་བུ་ཤེས་པར་བྱས་ལ། རང་བཞིག་པའི་མེ་འབར་བའམ་སྦྲུལ་གདུག་པ་ཅན་པང་དུ་བྱུང་ན་དེ་མྱུར་དུ་བསྐྱད་པའམ་སྤངས་པའི་ཐབས་ལ་འཇུག་པ་ལྟར། ཞེ་སྡང་ལ་སོགས་པའི་ཉོན་མོངས་རྣམས་ནི་སྐྱེས་པའི་ཚེ་སོ་སོའི་ཉེས་དམིགས་གོང་དུ་བསྟན་པ་དང་འཆད་

པར་འགྱུར་བ་ལྟར་རིག་པར་བྱས་ནས་མྱུར་དུ་སྤང་ཞིང་གསར་དུ་སྐྱེ་བའི་གོ་སྐབས་དགག་པར་བྱའོ།།

གཉིས་པ་གཉེན་པོ་བསྟེན་པ་ལ་གཉིས། མདོ་བསྟན་དང་རྒྱས་བཤད་དོ། །དང་པོ་ནི། གསལ་བའི་སྒྲོན་མེས་མུན་པའི་ཚོགས་འཇོམས་བཞིན། །ཡེ་ཤེས་ལྷ་ཡིས་དུག་ལྔ་འཇོམས་བྱེད་དེ། །ཞེས་པ། དཔེར་ན་གསལ་བའི་སྒྲོན་མེས་མུན་པའི་ཚོགས་འཇོམས་པ་བཞིན་དུ་གཉེན་པོ་ཡེ་ཤེས་ལྔ་ལ་བརྟེན་ནས་དུག་ལྔ་འཇོམས་པར་བྱེད་པའོ།།

གཉིས་པ་རྒྱས་བཤད་ནི། གཏི་མུག་ལ་སོགས་པའི་དུག་ལྔའི་གཉེར་པོར་ཡེ་ཤེས་ལྔ་བསྐྱེད་པ་ཡིན་པས་ན། ཉི་མ་ལྟ་བུའི་ཤེས་རིག་ཡེ་ཤེས་བསྐྱེད། །བདེན་གཉིས་ཟུང་འབྲེལ་འཕྲུལ་ངག་དོན་ལ་སྦྱུད། །ཅེས་པ། གཏི་མུག་མུན་པ་ལྟ་བུས་བླང་དོར་གསལ་བར་མི་ཤེས་པའི་གཉེན་པོ་ནི། མུན་པ་གསལ་བྱེད་ཉི་མ་ལྟ་བུའི་ཤེས་རིག་བསྐྱེད་དེ། དེ་ཡང་དྲང་དོན་གྱི་གསུང་རབ་ལ་བརྟེན་པའི་ཐོས་བསམ་བྱས་ལ་ཕུང་པོ་ལྔ་ཁམས་བཅོ་བརྒྱད་རྟེན་འབྲེལ་བཅུ་གཉིས་ལ་སོགས་ཀུན་རྫོབ་ཀྱི་བདེན་པའི་ཚིག་དང་རྣམ་གྲངས་བྱེད་ལས་ལ་སོགས་པ་མ་ནོར་བར་ཁྱུང་དུ་ཆུད་པར་བྱས་ཏེ་ཇི་སྙེད་པའི་དོན་ལ་མཁས་པ། ངེས་དོན་གྱི་གསུང་རབ་ལ་བརྟེན་པའི་ཐོས་བསམ་བྱས་ཏེ་པོན་ཐམས་ཅད་ཀྱི་རང་བཞིན་ངོ་བོ་ཉིད་ཀྱི་གནས་ལུགས་ནི། དོན་དམ་པར་སྤྲོས་པའི་མཚན་མ་དང་བྲལ་བ་ཅིར་ཡང་མ་གྲུབ་པ་ཁྱུང་དུ་ཆུད་པའི་ཇི་ལྟའི་དོན་ལ་མཁས་པར་བྱས་ན་བདེན་གཉིས་ཟུང་དུ་འབྲེལ་བའི་གཡུང་དྲུང་གི་བོན་ལ་སྦྱུད་པ་ཡིན་པས། གཏི་མུག་འཇོམ་པ་ཡིན་ནོ། །འདོད་ཆགས་ཀྱི་གཉེན་པོ་ནི། འཁྲུག་པ་དབང་ཐེབས་མཁའ་ལ་ཆར་འབབ་ལྟར། །ཆགས་མེད་སྦྱིན་བཏང་དཀའ་བ་ཐུབ

པར་བསྒྲུང་། །ཞིས་པ། ནང་སེམས་ཅན་ལ་ཆགས་པའི་གཉེན་པོ་ནི། རྒྱ་འབྲུག་པའི་དབང་ལ་ཐེབས་ན་གང་དགར་མི་ཉན་པ་བཞིན་དུ། དམ་བཅས་པའི་མཚམས་ལས་མི་འདའ་པའི་དཀའ་བ་ཐུབ་པའི་ཚུལ་ཁྲིམས་བསྲུང་བར་བྱའོ། །ཕྱི་ལོངས་སྤྱོད་ལ་ཆགས་པའི་གཉེན་པོ་ནི། རང་གི་ལོངས་སྤྱོད་ཟས་ནོར་ལ་ཡོངས་སུ་འཛིན་པའི་ཉེས་དམིགས་དང་མི་གཏོང་བའི་ཕན་ཡོན་དྲན་པའི་བློ་ནས་ཆགས་པ་མེད་པར་བྱས་ལ་ནམ་མཁའ་ལས་ཆར་བབས་པ་ལྟར་ལན་དང་རྣམ་སྨིན་ལ་ཡང་རེ་བ་མེད་པའི་སྦྱིན་པ་གཏོང་བར་བྱའོ། །ཞེ་སྡང་གི་གཉེན་པོ་ནི། བུ་གཅིག་པོ་ལ་མ་ཡིས་བརྩེ་གདུངས་ལྟར། །བྱམས་དང་སྙིང་རྗེ་སེམས་ཅན་ཀུན་ལ་བྱ། །ཞིས་པ། རང་གིས་སྐྱེ་བ་བླང་པ་གྲངས་མང་བའི་སྟོབས་ཀྱིས་སེམས་ཅན་ཐམས་ཅད་ཀྱང་དྲིན་ཅན་གྱི་ཕ་མར་མ་གྱུར་པ་མེད་པའི་བུ་གཅིག་པོ་ལ་མས་བརྩེ་གདུང་ཇི་ལྟར་བྱས་པ་ལྟར་བདེ་བ་དང་འཕྲད་འདོད་ཀྱི་བྱམས་པ་དང་། སྡུག་བསྔལ་དང་བྲལ་འདོད་ཀྱི་སྙིང་རྗེ་སེམས་ཅན་ཐམས་ཅད་ལ་ཕྱོགས་རིས་མེད་པར་ཀུན་ལ་ཁྱད་མེད་དུ་བྱའོ། །ང་རྒྱལ་གྱི་གཉེན་པོ་ནི། སྒོ་གསུམ་དུལ་བ་ཞི་དེས་མར་ཁྱུ་བཞིན། །མཉམ་པའི་སེམས་ཀྱི་ང་མེད་ཞི་བར་བྱ། །ཞིས་པ། སྒོ་གསུམ་ཏེ་ལུས་ངག་ཡིད་གསུམ་རྒྱགས་པས་དྲེགས་པ་མེད་པའི་སྤྱོད་པ་དུལ་བ་དང་ཞི་དེས་པ་སྟེ། དཔེར་ན་ཁོང་ཁེང་གི་ཏུས་པ་སྲ་བ་མེད་པ་མར་ཁྱུ་བཞིན་དུ་སེམས་ཅན་གང་དམན་པ་རྣམས་དང་། སྐྱེ་རྒ་ན་འཆི་བཞི་ལ་སོགས་པའི་སྡུག་བསྔལ་རྣམས་ལས་རང་དབང་མེད་པར་ལས་ཀྱི་དབང་གིས་མཉམ་དུ་འཇུག་དགོས་པར་མཚུངས་པ་བཞིན་དུ་ཡིན་ན་གང་གི་བློ་ནས་ང་རྒྱལ་བྱེད་སྙམ་པའི་སེམས་ཀྱིས་ང་རྒྱལ་མེད་པར་ཞི་དུལ་བརྟེན་པར་བྱའོ། །གཞན་ཡང་ང་རྒྱལ་གང་ལ་སྐྱེ་བའི་གཞིའི་

ཡོན་ཏན་དེ་ཉིད་རང་ལས་ཁྱད་ལྡན་གྱི་གོང་མ་རྣམས་ལ་བསམ་ནས་དམན་སེམས་བསྐྱེད་པ་དང་། ང་རྒྱལ་གྱི་ཚེ་འདིར་ཡོན་ཏན་སྐྱེ་བའི་གེགས་བྱེད་ཅིང་ཕྱི་མ་ཡང་བྲན་གཡོག་སོགས་དམན་པའི་ལུས་སུ་སྐྱེ་བར་བྱེད་པའི་ཕྱིར་སྤང་བར་བྱའོ། །འཕྲག་དོག་གི་གཉེན་པོ་ནི། མཁའ་ལ་མཉུང་བསྒོར་བཞིན་དུ་ཡངས་པ་ཡིས། །རང་བས་གཞན་ལ་བསྟོད་ཅིང་བཟང་སེམས་བསྐྱེད། །ཅེས་པ། མཁའ་ལ་གདུང་སོགས་ཀྱི་རྫས་ཇི་ལྟར་བསྒོར་ཡང་མི་ཤོང་པ་དང་ཐོག་རྡུག་མེད་པ་བཞིན་དུ། རང་གི་བློ་ཡང་ཡངས་པར་བྱས་ལ་རང་དང་ཡོན་ཏན་མཉམ་པའམ་དམན་ནའང་། རང་བས་གཞན་གྱིས་དེ་ལ་བསྟོད་ཅིང་ཡིད་རང་བར་བྱའོ། །གཞན་ལ་ཕྲག་དོག་བྱས་པས་རང་གི་ཡོན་ཏན་སོགས་གསར་དུ་སྐྱེ་བ་ལ་མི་ཕན་ཞིང་སྔར་ཡོད་ཉམས་ལ་གཞན་དག་གི་ཡོན་ཏན་སོགས་ཉམས་པ་ལ་ཡང་མི་གནོད་དེ་བདུད་ཀྱི་ཕྲག་དོག་གིས་རང་གི་མྱུ་ངན་སྐྱོང་བ་དང་འདྲའོ། །གཞན་སེམས་ཅན་ཐམས་ཅད་ཕ་མ་དྲིན་ཅན་ཡིན་པས་སངས་རྒྱས་ཀྱང་ཐོབ་པར་འདོད་ན་དམན་པའི་བསྙེན་བཀུར་དང་ཡོན་ཏན་ཅུང་ཟད་ལྡན་པ་དག་ལ་མི་བཟོད་པའི་ཕྲག་དོག་བྱེད་པ་ནི་རང་ཚུལ་ཤིན་ཏུ་ངན་པ་ཁྲེལ་བའི་གནས་སོ་སྙམ་དུ་བསམ་ལ་སྤང་བར་བྱའོ།།

གསུམ་པ་འགྲན་པའི་དཔེ་ནི། ཚད་པའི་ནད་དང་ག་བུར་སྨན་བཞིན་དུ། །སྟོབས་འགྲན་ལམ་པས་གཉེན་པོ་དྲག་ཏུ་བསྟེན། །ཞེས་པ། དཔེར་ན་ཚད་པ་ལ་སོགས་ནད་ཚབ་པོ་ཆེས་ཡུན་རིང་བར་བཏབ་པ་ལ་ག་བུར་སོགས་ཀྱི་སྨན་ཐུན་ཆུང་ཞིང་ལན་འགའ་རེས་ནད་སེལ་མི་ནུས་པ་ལྟར། ཆགས་སོགས་ཀྱི་ཉོན་མོངས་པ་དྲག་པོའི་ཡུན་རིང་པོ་ཐོག་མ་མེད་པ་ནས་བཏབས་པའི་གོམས་པ་ཤིན་ཏུ་ཆེ་བ་ལ་གཉེན་པོ

དྲན་ཙམ་ལན་འགའ་རེས་འཛོམ་མི་ནུས་པས། ལམ་པ་པོས་ཉོན་མོངས་ཀྱི་སྟོབས་ལ་འགྲན་ཞིང་དེ་འཛོམས་ནུས་ཀྱི་གཉེན་པོ་ཤུགས་དྲག་རྒྱུན་རིང་བར་བསྟེན་པར་བྱའོ།།

བཞི་པ་ཉོན་མོངས་རང་གྲོལ་གྱི་ཚུལ་ལ་མདོར་རྒྱས་གཉིས་ལས། དང་པོ་མདོར་བསྟན་ནི། ཡང་ན་དུག་ལྡ་རང་གྲོལ་སྒྱུལ་མདུད་བཞིན། །ཞེས་པ། ཡང་ན་སྦྲུལ་གྱི་མདུད་པ་དེ་གཞན་གྱིས་བགྲོལ་མི་དགོས་པ་བཞིན་དུ། ཉོན་མོངས་དུག་ལྔ་སྐྱེ་བའི་ཚེ་དེའི་ངོ་བོ་ལ་བརྟག་པས་ཅིར་ཡང་མ་གྲུབ་པར་མཐོང་པས་རང་སྟོང་རང་གྲོལ་ལ་འགྲོ་ཞེས་བྱ་བ་སྟེ། གཉེན་པོ་གཞན་མི་དགོས་སོ།།

གཉིས་པ་རྒྱས་བཤད་ལ་བཞི་ལས། དང་པོ་འབྱུང་ལུགས་ཁུངས་ཀྱི་གནད་ནི། ཉོན་མོངས་སེམས་ལས་བྱུང་བས་སེམས་ཉིད་ནི། །སྐྱེ་མེད་ཡིན་ཕྱིར་དེ་ཡང་དེ་བཞིན་ནོ། །རྩ་བ་ཡལ་ག་ལ་སོགས་ཅན་དན་བཞིན། ཞེས་པ། སེམས་ལས་བྱུང་བའི་ཉོན་མོངས་པ་ནི་སྐྱེ་བ་མེད་པར་རྟོགས་དགོས་ཏེ། དོན་དམ་པར་འབྱུང་གནས་ཀྱི་སེམས་ཉིད་ལ་སྐྱེ་བ་མེད་པའི་ཕྱིར་རོ། །དེས་ན་འབྱུང་བའི་སེམས་དང་བྱུང་བའི་ཉོན་མོངས་གཉིས་ཀ་ཡང་རྨི་ལམ་གྱི་མེ་ཏོ་བཞིན་ནོ། །ཡང་ན་རྩ་བ་ཅན་དན་ཡིན་ན་དེ་ལས་བྱུང་བའི་སྡོང་པོ་ཡལ་ག་སོགས་ཀྱང་ཙན་དན་ཡིན་པ་བཞིན་ནོ།།

གཉིས་པ་ངོ་བོ་སྟོང་ལུགས་ཀྱི་གནད་ནི། ཉོན་མོངས་སྐྱེ་དུས་བརྟག་པས་མ་གྲུབ་པ། །བཙལ་བས་མ་རྙེད་ཁང་སྟོང་ཀུན་མ་འདྲ། །ཞེས་པ། ཉོན་མོངས་གང་ཡིན་སྐྱེ་བའི་དུས་སུ་དེའི་ངོ་བོ་ལ་བརྟག་པས་རང་བཞིན་ཅིར་ཡང་མ་གྲུབ་པ། དབྱིབས་ཁ་དོག་ལ་སོགས་པའི་མཚན་མ་ཅི་ལྟར་བཙལ་ཡང་མ་རྙེད་པས། དཔེར་ན་ཁང་སྟོང་ལ་ཀུན་མས་ཅི་ཡང་མ་རྙེད་པ་དང་འདྲའོ།།

གསུམ་པ་གནས་ལུགས་རང་བཞིན་གྱི་གནད་ནི། བོན་ཉིད་ཁྱབ་བདལ་ཡོངས་སུ་རྒྱ་མ་ཆད། །ཀུན་ལ་ཁྱབ་པས་དུག་ལྔ་དེ་བཞིན་ཏེ། །ཁལ་ཏེ་མིན་ན་རྒྱ་ཆད་རིས་ཆད་འགྱུར། །ཞེས་པ། བོན་ཐམས་ཅད་རང་གི་ངོ་བོས་སྟོང་བའི་བོན་ཉིད་ཁྱབ་བདལ་གྱི་ཕྱི་ནང་སྣོད་བཅུད་འཁོར་འདས་ཡོངས་ལ་ཕྱོགས་དང་རིས་སུ་རྒྱ་མ་ཆད་པར་ཀུན་ལ་ཁྱབ་པས་དུག་ལྔ་ལའང་དེ་བཞིན་ཁྱབ་པ་ཡིན་ལ། གལ་ཏེ་བོན་ཉིད་དུག་ལྔ་ལ་ཁྱབ་པ་མ་ཡིན་ན། བོན་ཉིད་ཀྱང་རྒྱ་ཆད་དུ་འགྱུར་བས་དུག་ལྔ་ལ་ཡང་བོན་ཉིད་ཀྱིས་མ་ཁྱབ་པའི་རིགས་ཆད་རང་བཞིན་གྱི་རྫས་གྲུབ་ཀྱི་དངོས་པོར་འགྱུར་བ་ལས་དེ་ཡང་མི་རིགས་ཏེ། གཟུགས་ནས་རྣམ་མཁྱེན་གྱི་བར་གྱི་བོན་རྣམས་སྒྱུ་མ་ལྟ་བུ་སྟེ། ཞེས་སོགས་དང་། དེ་བཞིན་དུ་གཟུགས་ལ་རང་བཞིན་མེད་དེ། ཞེས་སོགས་དང་། བོན་གྱི་རྣམས་གྲངས་མི་དམིགས། ཞེས་སོགས་དང་། བོན་ཐམས་ཅད་སྟོང་པ་ཉིད། ཅེས་བོན་ཐམས་ཅད་རང་གིས་ངོ་བོ་སྟོང་པ་སྟོན་པའི་ལུང་དུ་མས་གསལ་ལོ། །ཏིལ་ལ་ཏིལ་གྱི་མར་གྱིས་ཁྱབ་པ་བཞིན། །གང་ཡོད་དེ་ན་དེ་ཡི་མཚན་ཉིད་ཡོད། །མཚན་ཉིད་སྤྲོས་པའི་མཚན་མ་རྣམས་དང་བྲལ། །དེ་ཕྱིར་དུག་ལྔ་སྤྲོས་མེད་ཡེ་ནས་ཡིན། །ཞེས་པ། དཔེར་ན་ཏིལ་ལ་ཏིལ་མར་གྱིས་ཁྱབ་པ་བཞིན་དུ། བོན་ཅན་མཚན་མ་གང་ཡོད་པ་དེ་ན། དེའི་རང་གི་ངོ་བོས་སྟོང་པའི་བོན་ཉིད་ཀྱི་ཁྱབ་པར་ཡོད་ལ། བོན་ཉིད་ཀྱི་མཚན་ཉིད་ནི། ཡོད་མེད་དང་སྐྱེ་འགག་ལ་སོགས་པའི་སྤྲོས་པ་ཐམས་ཅད་དང་བྲལ་བའོ། །སྤྲོས་པ་དང་བྲལ་བའི་མཚན་ཉིད་ཅན་གྱི་བོན་ཉིད་ཀྱིས་ཁྱབ་པ་དེའི་ཕྱིར། དུག་ལྔ་ཡང་སྤྲོས་པ་མེད་པ་ཡེ་ཐོག་མེད་ནས་ཡིན་ནོ། །འོ་ན་ཉོན་མོངས་དུག་ལྔ་དེ་མཚན་མེད་ཀྱི་སྤྲོས་བྲལ་ཡིན་ན། གོང་དུ་ངོ་བོ་དང་དབྱེ་བ་བྱེད་ལས་དང་

འབྲས་བུ་སོགས་བསྟན་པ་དང་། དེ་འཛོམ་བྱེད་ཀྱི་ཡེ་ཤེས་ལྔ་སོགས་བསྟན་པ་ཅི་ཞེ་ན། དེ་དག་རང་གི་མཚན་ཉིད་ཀྱིས་གྲུབ་ནས་སྟོན་པ་མ་ཡིན་ཀྱང་། ཚུལ་བཞིན་མ་ཡིན་པ་ཡིད་ལ་བྱེད་པའི་རྣམ་རྟོག་ལས་གློ་བུར་དུ་འཁྲུལ་ཙམ་ལས་གྲུབ་པ་སྟེ། དཔེར་ན་མིག་ནད་ཅན་གྱི་མིག་ཡོར་སངས་པ་བཞིན་ཏེ། རླུང་མཁྲིས་ལ་སོགས་པས་མིག་བསླད་པའི་ཡུལ་དུ་ནམ་མཁའ་ལ་མིག་ཡོར་དང་སྐྲ་ཤད་སོགས་སྣང་ཡང་རང་གིས་ངོ་བོ་བདེན་པར་གྲུབ་སྟེ་སྣང་བ་མ་ཡིན་ལ། ཕྱིས་མིག་སྐྱོན་དག་ནས་མིག་ཡོར་སངས་པའི་ཚེ་ཡང་དང་པོ་ནས་ཡོད་པ་ཕྱིས་མེད་པར་སོང་བ་མ་ཡིན་པས། ནམ་མཁའ་ལ་ཡེ་ཐོག་མ་ནས་ཅི་ཡང་གྲུབ་མ་མྱོང་བ་རང་གི་མིག་སྐྱོན་གྱི་རྐྱེན་ལས་གློ་བུར་དུ་སྣང་ཙམ་གྲུབ་པ་བཞིན་ནོ། །ཡེ་ཤེས་ཅིར་ཡང་མ་གྲུབ་དམིགས་མཚོན་མེད། །དུག་དང་ཡེ་ཤེས་གཉིས་མེད་བསམ་བརྗོད་འདས། །ཞེས་པ་དེ་བཞིན་དུ་གཉེན་པོ་ཡེ་ཤེས་ཀྱང་མ་གྲུབ་སྟེ། མཁྱེན་པའི་ཡེ་ཤེས་ཀྱང་ཅིར་ཡང་དམིགས་སུ་མེད་དོ། །མཚོན་དུ་མེད་དོ། །གདགས་སུ་མེད་དོ། །ཞེས་གསུངས་པ་ལྟར་རོ། །དུག་དང་ཡེ་ཤེས་གཉིས་ཀ་ཡང་དོན་དམ་པར་ཅིར་ཡང་མ་གྲུབ་པར་སྨྲ་བསམ་བརྗོད་ལས་འདས་པའོ།།

བཞི་པ་དེ་རྟོགས་ཀྱི་རིམ་པ་ནི། སྟོང་ལེན་གང་ཡང་མ་གྲུབ་པར་རྟོགས་པའི་ཤེས་པ་དེ་ཐ་སྙད་འདྲལ་བའི་བློའམ་རིག་ཤེས་གང་ཡིན་ཞེ་ན། འཁོར་འདས་རང་བཞིན་མེད་རྟོགས་ཤེས་རབ་ཀྱིས། །ཉོན་མོངས་གཉེན་པོ་སྟོང་ལེན་མེད་ཅེས་བྱ། །ཞེས་པ། འཁོར་འདས་ཀྱི་ཆོས་ཐམས་ཅད་རང་གི་ངོ་བོ་དངོས་སུ་གྲུབ་པ་མེད་དེ། གཅིག་དང་དུ་བྲལ། རྟེན་འབྲེལ་ལ་སོགས་པའི་གཏན་ཚིགས་ཀྱི་རིགས་པ་ལ་བརྟེན་པའམ། རྨི་ལམ་དང་སྒྱུ་མ་ལ་སོགས་དཔེ་ཉེར་འདྲལ་གྱི་ཚད་མ་ལ་སོགས་ལ་བརྟེན་ནས་རང་

བཞིན་མེད་པར་རྟོགས་པའི་ཤེས་རབ་རྒྱུད་ལ་སྐྱེས་པ་དེ་ཉིད་ཀྱིས་ཉོན་མོངས་པ་དང་། གཉེན་པོ་དོན་དམ་པར་མ་གྲུབ་སྤོང་ལེན་དང་བྱ་རྟུ་མེད་པར་ཤེས་པར་བྱ་བ་ཡིན་ནོ།། དེ་ལས་གཞན་གཏན་ཚིགས་གང་ལ་ཡང་བརྟེན་པའི་ཐ་སྙད་འཇལ་བའི་ཤེས་པ་རང་དགའ་བས་རྟོགས་པ་མ་ཡིན་ནོ།།

ལྔ་པ་ཉམས་ཚད་ནི། རྡོ་དང་ས་ཆུ་ནམ་མཁའི་རི་མོ་བཞིན། །སྐྱེས་བུའི་ཉམས་ཚད་བཟུང་ཤིང་རིམ་པས་འགྱུར། །ཞེས་པ། དཔེར་ན་རྡོ་ལ་རི་མོ་བྲིས་ན་དེ་བརྟན་པ་དང་། སའི་རི་མོ་འབྲིང་དང་། ཆུའི་རི་མོ་མི་བརྟན་པར་ཡལ་སླ་བ་དང་། ནམ་མཁའ་ལ་རི་མོ་བྲི་ཡལ་གང་ཡང་མ་གྲུབ་པ་བཞིན་དུ་སྐྱེས་བུའི་ཉམས་ཡང་ལས་དང་པོའི་དུས་སུ་ཞེ་སྡང་ལ་སོགས་པའི་ཉོན་མོངས་པ་རྣམས་རྡོའི་རི་མོ་བཞིན་ყུན་རིང་དུ་གནས་ལ། སྙིང་རྗེ་ལ་སོགས་པའི་དགེ་སེམས་ནི་ཆུ་ཡི་རི་མོ་ལྟར་སྐྱེས་ཀྱང་ཟུང་ཟད་ལས་མི་གནས་སོ། །དེས་ན་ཉོན་མོངས་པ་སུན་འབྱིན་པའི་གཉེན་པོ་འབད་པས་བརྟེན་ན་གཉིས་ཀ་སའི་རི་མོ་ལྟར་མཉམ་པོར་འགྲོ་ལ། ཕྱིས་གཉེན་པོ་རྡོའི་རི་མོ་ལྟར་བརྟན་པ་དང་། ཉོན་མོངས་ཆུའི་རི་མོ་ལྟར་ཉམས་ཆུང་ཞིང་སྐྱེས་ཀྱང་མི་བརྟན་པར་འགྱུར་རོ། །དེ་ལྟ་བུ་རང་གི་ཉམས་ལ་ཚད་བཟུང་ཞིང་རིམ་པས་ཅི་ལྟར་འགྱུར་ཚུལ་བློ་སྦྱོངས་པས་མཐར་ཅིར་ཡང་མ་གྲུབ་པར་རྟོགས་པས་ཡེ་ཤེས་གདེངས་དང་ལྡན་པ་ནམ་མཁའི་རི་མོ་ལྟ་བུ་མ་སྐྱེས་ཀྱི་བར་དུ་འབད་པར་བྱའོ། །དེ་ལྟར་རང་ཉིད་མྱུར་འདས་ཞི་བདེ་བསྒྲུབ་པའི་དབང་པོ་འབྲིང་ལ་ཉོན་མོངས་བདེན་བཞིའི་སྒོ་ནས་འཇུག ཅེས་གསུངས་པ་ལྟར། གོང་དུ་མི་རྟག་པ་དང་འཁོར་བའི་ཉེས་དམིགས་བསྟན་པས་འབྲས་བུ་སྡུག་བསྔལ་གྱི་བདེན་པར་ཤེས་ལ། དེ་ནས་དགེ་སྡིག་དང་དུག་ཡེ་ཤེས

བསྟན་པས་སྡུག་བསྔལ་དེ་གང་ལས་བྱུང་བའི་རྒྱུ་ལས་དང་ཉོན་མོངས་པའི་ཀུན་འབྱུང་ཤེས་ནས་སྤང་བྱར་བྱེད། ལམ་ལ་འཇུག་པས་འབྲས་བུ་འགོག་པ་ཐོབ་པར་འདོད་པས་ན་ཉོན་མོངས་དང་སྡུག་བསྔལ་གྱི་སློ་བསྟན་ཟིན་ནས་འདིར་རང་སངས་རྒྱས་ཀྱིས་རྟེན་འབྲེལ་བསྒོམ་པའོ། །ཞེས་གསུངས་པ་ལྟར། རང་སངས་རྒྱས་ཀྱི་ལམ་པ་བསྟུན་པའོ།།

གཉིས་པ་རྟེན་འབྲེལ་ལ་གཉིས་མདོར་བསྟན་དང་རྒྱས་བཤད་དོ། །དང་པོ་མདོར་བསྟན་ནི། འཁོར་བའི་འཇུག་ལྡོག་རྟེན་འབྲེལ་བཅུ་གཉིས་ཏེ། །བསྡུ་ན་འཕེན་གྲུབ་ཡན་ལག་བཞི་དང་ནི། །སྡུག་བསྔལ་ལས་དང་ཉོན་མོངས་གསུམ་ཡིན་པས། །ལུང་ནས་བཤད་བཞིན་མདོ་བསྡུས་འདི་ལྟ་བཤད། །ཅེས་པ། མ་རིག་པའི་རྐྱེན་གྱིས་འདུ་བྱེད་ནས་སྐྱེ་བའི་རྐྱེན་གྱིས་རྒ་ཤི་སོགས་ཀྱི་སྡུག་བསྔལ་ཆེན་པོ་འབའ་ཞིག་པ་འབྱུང་བར་འགྱུར་རོ། །ཞེས་གསུངས་པས་རྟེན་འབྲེལ་ལུགས་འབྱུང་གིས་འཁོར་བར་འཇུག་པ་དང་། ཡང་མ་རིག་པ་འགག་པས། འདུ་བྱེད་འགག་པ་ནས་སྐྱེ་བ་འགག་པས་རྒ་ཤི་འགག་པ་སོགས་ཀྱི་སྡུག་བསྔལ་ཆེན་པོ་འགག་པར་འགྱུར་རོ། །ཞེས་རྟེན་འབྲེལ་ལུགས་ལྡོག་གིས་འཁོར་བ་ལྡོག་པར་གསུངས་པས་རྟེན་འབྲེལ་ལ་བཅུ་གཉིས་སོ་སོའི་ངོས་འཛིན་དང་། དེ་ཡང་མདོ་བསྡུས་ན་འཕེན་པ་དང་འཕང་བའི་ཡན་ལག་གཉིས་དང་། འགྲུབ་བྱེད་དང་གྲུབ་པའི་ཡན་ལག་བཞི་ལ་ནི། འབྲས་བུ་སྡུག་བསྔལ་གྱི་ཆ་དང་། རྒྱུ་ལས་ཀྱི་ཆ་དང་། ཉོན་མོངས་པའི་ཆ་དང་གསུམ་དུ་འདུས་པ་ཡིན་པས་དེ་དག་གི་དོན་ལུང་མདོ་སྡེ་ནས་ཇི་ལྟར་བཤད་པ་བཞིན་མདོར་བསྡུས་ནས་བདེ་བླག་ཏུ་རྟོགས་པར་བྱ་བའི་ཕྱིར་འདི་ཡང་འཆད་པར་བྱའོ།།

གཉིས་པ་རྒྱས་བཤད་ལ་བཞི་ལས། བཅུ་གཉིས་སོ་སོའི་ངོས་འཛིན་ནི། མ་རིག་དོན་ལ་རྨོངས་པས་བདག་ལྟ་བ། །ཞེས་པ། མ་རིག་པ་ནི་ཤེས་བྱའི་དོན་ཅི་ལྟར་གནས་པའི་ཚུལ་བཞིན་མི་ཤེས་པར་རྨོངས་པ་ལ་ཁ་ཅིག་བཞེད་པའམ། གཞན་དག་བདག་མེད་རིག་པའི་ཕྱོགས་མྱོགས་བདག་ཏུ་ལྟ་བའི་མ་རིག་པར་བཞེད་པ་ལྟར་རོ། །འདིས་ནི་འཁོར་བར་སྐྱེ་བའི་ལས་སོགས་པར་བྱེད་དོ། །འདུ་བྱེད་བསོད་ནམས་བསོད་མིན་མི་གཡོའི་ལས། །ཞེས་པ། འདུ་བྱེད་ནི། སྲོག་གཅོད་སོགས་མི་དགེ་བའི་འདུ་བྱེད་ནི་བསོད་ནམས་མ་ཡིན་པའི་ལས་ཏེ་ངན་འགྲོར་འགྲོ་བའི་རྒྱུ་ཡིན་པའི་ཕྱིར་རོ། །ཟག་བཅས་ཀྱི་སྦྱིན་པ་དང་ཚུལ་ཁྲིམས་ལ་སོགས་པ་དགེ་བའི་འདུ་བྱེད་ནི་བསོད་ནམས་ཀྱི་ལས་ཏེ། འདོད་ཁམས་ཀྱི་བདེ་འགྲོར་འགྲོ་བའི་རྒྱུའོ། །བསམ་གཏན་དང་གཟུགས་མེད་ཀྱིས་བསྡུས་པའི་ཞི་གནས་སོགས་བསྒོམ་པའི་འདུ་བྱེད་ནི་མི་གཡོའི་ལས་ཏེ། ཁམས་གོང་མ་གཉིས་སུ་སྐྱེ་བའི་རྒྱུའོ། །རྣམ་ཤེས་རྣམ་པར་རིག་སྟེ་རྒྱུ་འབྲས་གཉིས། །ཞེས་པ། རྣམ་པར་ཤེས་པ་ནི་ལས་ཀྱི་བག་ཆགས་ཀྱི་རྣམ་པར་རིག་པ་སྟེ། དེ་ཡང་ལས་གསུམ་པོ་གང་རུང་སོག་བྱེད་ཀྱི་དུས་ཀྱི་རྣམ་ཤེས་ནི་རྒྱུ་དུས་ཀྱི་རྣམ་ཤེས་ཞེས་བྱ་ལ། ལས་དེ་མ་འོངས་པ་ན་འགྲོ་བ་གསུམ་གང་དུ་སྐྱེས་པའི་ཉིང་མཚམས་སྦྱོར་བའི་དུས་ཀྱི་རྣམ་ཤེས་ནི་འབྲས་དུས་ཀྱི་རྣམ་ཤེས་ཞེས་བྱ་སྟེ་གཉིས་སོ། །མིང་དང་གཟུགས་ནི་ཕུང་ལྔ་འབྲེལ་བའི་སྐབས། །ཞེས་པ་གཟུགས་དང་མིང་ནི་ཚོར་བ་ལ་སོགས་པའི་མིང་བཞིའི་ཕུང་པོ་ཡིན་ལ། གཟུགས་ནི་དེ་དང་ལྡན་ཅིག་པའི་འབྱུང་བ་དང་འབྱུང་འགྱུར་ཏེ། གཟུགས་མེད་མ་གཏོགས་པ་སྐྱེ་བའི་ཉིང་མཚམས་སྦྱོར་བའི་མིང་དང་གཟུགས་འཕྲད་པའི་མེར་མེར་པོའི་དུས་ན་ཕུང་པོ་ལྔ་འབྲེལ་བའི་སྐབས་

སོ། །གཟུགས་མེད་ལ་ནི་མིང་བཞིའི་ཕུང་པོ་ཙམ་ལ་བརྟེན་པའོ། །སྐྱེ་མཆེད་དྲུག་ནི་དབང་པོ་རྫོགས་པའོ། །ཞེས་པ། སྐྱེ་མཆེད་དྲུག་ནི། མིང་དང་གཟུགས་དེ་འཕེལ་བ་ལས་མིག་དབང་སོགས་ནང་གི་སྐྱེ་མཆེད་དྲུག་རྫོགས་པའོ། །རེག་པ་གསུམ་འདུས་ཡུལ་ལ་སྤྱོད་པ་འོ། །ཞེས་པ། རེག་པ་ནི་ནང་གི་སྐྱེ་མཆེད་དྲུག་ལ་ཉེས་པ་བརྟེན་ནས་གཟུགས་སོགས་ཕྱིའི་སྐྱེ་མཆེད་དྲུག་ཡིད་དུ་འོང་མི་འོང་བར་མ་གསུམ་ལ་རེག་ཅིང་ཡོངས་སུ་གཅོད་པའོ། །ཚོར་བ་བདེ་སྡུག་བཏང་སྙོམས་མྱོང་བའོ། །ཞེས་པ། ཚོར་བ་ནི་རེག་པས་ཡུལ་གསུམ་གང་བཅད་པ་དང་རྗེས་སུ་མཐུན་པར་ཚོར་བ་བདེ་སྡུག་བཏང་སྙོམས་མྱོང་བའོ། །སྲེད་པ་བདེ་སྡུག་མྱོང་ལ་ཞེན་པ་སྟེ། །ཞེས་པ། སྲེད་པ་ནི་བདེ་སྡུག་མྱོང་བ་དེ་ལ་བདེ་བ་ལ་མི་འབྲལ་བར་ཞེན་པ་དང་ཐོབ་པར་འདོད་ལ་སྡུག་བསྔལ་ལས་འབྲལ་བར་སྲེད་པའོ། །ལེན་པ་འདུན་པའི་ཡུལ་ཉིད་ཉེ་བར་ལེན། །ཞེས་པ། ལེན་པ་ནི་རང་གིས་གང་ལ་འདུན་པའི་ཡུལ་དེ་ཉིད་ཉེ་བར་ལེན་པ་སྟེ། བདེ་སྡུག་གི་བླང་དོར་ལ་རྩོལ་བར་བྱེད་པའོ། །སྲིད་པ་ཡང་སྲིད་འགྲུབ་པའི་ནུས་པ་ཅན། །ཞེས་པ། སྲིད་པ་ནི་སྔར་གྱི་ལས་ཀྱི་བག་ཆགས་སློས་པ་དེ་སྲེད་ལེན་གྱིས་གསོས་གདབ་པས་ཡང་སྲིད་འགྲུབ་པའི་ནུས་པ་མཐུ་ལྡན་ཅན་དུ་འགྱུར་བའོ། །སྐྱེ་བ་སྐྱེ་བའི་གནས་ལ་ཉིང་མཚམས་སྦྱོར། །ཞེས་པ། སྐྱེ་བ་ནི་ཕྱི་མར་སྐྱེས་གནས་བཞི་གང་རུང་ལ་ཉིང་མཚམས་སྦྱོར་བའོ། །རྒ་ཤི་ཕུང་པོ་སྨིན་བྲི་དོར་བའི་སྐབས། །ཞེས་པ། རྒ་ཤི་ལ། རྒས་པ་ནི་ཕུང་པོ་སྨིན་པ་དང་བྲི་བའི་སྐབས་ཡིན་ལ། ཤི་བ་ནི་སྔར་འཛིན་གྱི་ཕུང་པོ་དོར་བའོ།།

གཉིས་པ་འཕེན་གྲུབ་ཀྱི་ཡན་ལག་ནི། དང་པོ་གསུམ་ནི་འཕེན་བྱེད་ཡན་ལག་སྟེ། །གསུམ་པའི་འབྲས་བུ་ནས་བཟུང་བདུན་པར་འཕངས། །ཞེས་པ་དེ་ལྟར་རྟེན

འབྲེལ་ལ་བཅུ་གཉིས་ལས། དང་པོ་མ་རིག་པ་དང་འདུ་བྱེད་དང་། རྒྱུ་དུས་ཀྱི་རྣམ་ཤེས་གསུམ་ནི་སྔོན་གྱི་སྐྱེ་བ་ལས་ཡོངས་སུ་རྫོགས་ནས་ད་ལྟའི་སྐྱེ་བ་འདི་འཕེན་པར་བྱེད་པའི་ཡན་ལག་སྟེ་རྣམ་པར་སྨིན་པའི་རྒྱུ་ཡིན་པའི་ཕྱིར་རོ།།

གསུམ་པའི་འབྲས་བུ་སྟེ། འབྲས་དུས་ཀྱི་རྣམ་ཤེས་ནས་བཟུང་སྟེ། མིང་དང་། གཟུགས་དང་། སྐྱེ་མཆེད་དྲུག་དང་། རེག་པ་དང་། ཚོར་བའི་བར་འཕང་བའི་ཡན་ལག་སྟེ་རྣམ་སྨིན་གྱི་འབྲས་བུའི་རང་བཞིན་ཡིན་པའི་ཕྱིར་རོ། །སྲེད་ལེན་སྲིད་པ་འགྲུབ་པའི་ཡན་ལག་དང་། །སྐྱེ་རྒ་གཉིས་ནི་གྲུབ་པའི་ཡན་ལག་གོ །ཞེས་པ། མ་རིག་པ་ལ་བརྟེན་པའི་འདུ་བྱེད་ཀྱི་རྒྱུ་དུས་ཀྱིས་རྣམ་ཤེས་ལ་ལས་ཀྱི་བག་ཆགས་བགོས་པ་སྟེ། སྲེད་ལེན་སྲིད་པ་གསུམ་གྱིས་གསོས་བཏབས་པས་ཕྱི་མའི་ཕུང་པོ་འགྲུབ་བྱེད་ཀྱི་ཡན་ལག་ཡིན་ལ། སྐྱེ་རྒ་གཉིས་ནི་འགྲུབ་བྱེད་དེས་གྲུབ་པའི་ཡན་ལག་ཡིན་នོ། །དེ་དག་ཀྱང་ལུང་ལས། འཕེན་པའི་ཡན་ལག་ནི་མ་རིག་པ་དང་འདུ་བྱེད་རྣམ་པར་ཤེས་པའོ། །འཕང་བའི་ཡན་ལག་ནི་མིང་གཟུགས་དང་སྐྱེ་མཆེད་དྲུག་དང་རེག་ཚོར་རོ། །འགྲུབ་བྱེད་ཀྱི་ཡན་ལག་ནི་སྲེད་ལེན་སྲིད་གསུམ་མོ། །གྲུབ་པའི་ཡན་ལག་ནི་སྐྱེ་བ་དང་རྒ་ཤིའོ། །ཞེས་སོ། །ཡང་མ་རིག་འདུ་བྱེད་སྔོན་གྱི་སྐབས། །སྐྱེ་རྒ་གཉིས་ནི་ཕྱི་མ་ལ། །ལྷག་མ་བརྒྱད་ནི་ད་ལྟའོ། །ཞེས་ཚེ་སྔ་ཕྱི་ད་ལྟ་གསུམ་ལ་རྟེན་འབྲེལ་ཚར་གཅིག་རྫོགས་པའི་ཚུལ་ནི། མ་རིག་པ་འདུ་བྱེད་རྒྱུ་དུས་ཀྱི་རྣམ་ཤེས་དང་གསུམ་ནི་སྐྱེ་བ་སྔོན་མའི་སྐབས་ཏེ། སྐྱེ་བ་འཕེན་བྱེད་ཡིན་པའི་ཕྱིར་རོ། །འབྲས་དུས་ཀྱི་རྣམ་ཤེས་ནས་སྲིད་པའི་བར་བརྒྱད་ནི་ཚེ་བར་པའི་སྐབས་ཏེ། འཕང་བའི་ཡན་ལག་ལྔ་ནི་རྣམ་སྨིན་གྱི་རང་བཞིན་ཡིན་ཅིང་འགྲུབ་བྱེད་གསུམ་ནི་རྣམ་སྨིན་དེ་དག་གི་རྐྱེན་

ཡིན་པའི་ཕྱིར་རོ། །སྐྱེ་རྒས་གཉིས་ནི་ཚེ་ཕྱི་མའི་སྐབས་ཏེ་ཚེ་བར་པའི་འགྲུབ་བྱེད་གསུམ་གྱིས་གྲུབ་པའི་ཕྱིར་རོ། །ཡང་ད་ལྟར་ཡོད་པའི་རྟེན་འབྲེལ་འབའ་ཞིག་གིས་ལས་འཕེན་བྱེད་གསུམ་ནི་མ་འོངས་པའི་རྟེན་འབྲེལ་ཡིན་ཏེ། མ་འོངས་བའི་སྐྱེ་བར་འཕེན་བྱེད་ཡིན་པའི་ཕྱིར་རོ། །འཕང་བ་དང་འགྲུབ་བྱེད་ཀྱི་ཡན་ལག་རྣམས་ནི་ད་ལྟ་བ་ཡང་ཡིན་ལ་སྔ་ཕྱི་གཉིས་སུའང་གཏོགས་ཏེ། སྔ་མས་འཕང་ཞིང་ཕྱི་མ་འགྲུབ་བྱེད་ཡིན་པའི་ཕྱིར་རོ། །སྐྱེ་རྒ་གཉིས་ནི་སྔོན་གྱི་རྟེན་འབྲེལ་ཡིན་ཏེ་སྔ་མའི་འགྲུབ་བྱེད་ཀྱི་དུས་གྲུབ་ཟིན་པའི་ཕྱིར་རོ། །དེ་ལྟ་བས་ན་ཚོར་བ་དང་དེས་བསྐྱེད་པའི་སྲེད་པ་ནི་རྟེན་འབྲེལ་ཚར་གཅིག་མ་ཡིན་ཏེ། སྔ་མས་འཕང་བའི་འབྲས་བུ་དང་། ཕྱི་མ་འགྲུབ་བྱེད་ཀྱི་རྒྱུ་ཡིན་པའི་ཕྱིར་རོ། །འཕེན་བྱེད་དང་འགྲུབ་བྱེད་དེ་གཉིས་ཀྱང་ལས་མི་གཅིག་སྟེ། འཕེན་བྱེད་ཀྱིས་བསྐལ་པ་མ་འོངས་པའི་ཡན་ལག་གིས་བག་ཆགས་བགོས་སྲིད་ལ། འགྲུབ་བྱེད་ཀྱིས་ནི་འཕང་བའི་དོན་དེ་ཉིད་སྐྱེ་བ་ཕྱི་མ་ལ་བར་མ་ཆད་པར་འགྲུབ་པར་བྱེད་དོ།།

གསུམ་པ་ལས་ཉོན་སྡུག་བསྔལ་གསུམ་གྱི་དུམ་བུར་བསྡུ་བ་ནི། མ་རིག་སྲེད་ལེན་ཉོན་མོངས་ཀུན་འབྱུང་སྟེ། །སྲིད་པ་འདུ་བྱེད་ལས་ཡིན་ལྷག་མ་ནི། །སྡུག་བསྔལ་བདེན་པ་ཡིན་ཞེས་མཁས་རྣམས་བཞེད། །ཅེས་པ། མ་རིག་པ་དང་སྲེད་པ་ལེན་པ་གསུམ་ནི་ཉོན་མོངས་པ་དུམ་བུ་དང་། སྲིད་པ་དང་འདུ་བྱེད་གཉིས་ནི་ལས་ཀྱི་དུམ་བུ་སྟེ་དེ་ལྟ་ནི་རྒྱུ་ཀུན་འབྱུང་གི་ཚའོ། །ལྷག་མ་རྣམ་པར་ཤེས་པ་དང་། མིང་གཟུགས་དང་སྐྱེ་མཆེད་དྲུག་དང་རེག་པ་དང་ཚོར་བ་དང་། སྐྱེ་རྒ་གཉིས་ཏེ་བདུན་པོ་ནི་འབྲས་བུ་སྡུག་བསྔལ་གྱི་ཚའོ། །དེ་ཡང་འཕགས་པས། དང་པོ་བརྒྱད་པ་དགུ་ཉོན

མོངས། །གཉིས་དང་བཅུ་པ་ལས་ཡིན་ཏེ། །ལྷག་མ་བདུན་པོ་སྡུག་བསྔལ་ལོ། །ཞེས་གསུངས་པའི་དོན་སློབ་དཔོན་གྱིས། མ་རིག་སྲིད་ལེན་ཉོན་མོངས་ལ། །སྲིད་པ་འདུ་བྱེད་ལས་ཡིན་ཏེ། །ལྷག་མ་འབྲས་བུ་སྡུག་བསྔལ་ལོ། །ཞེས་སོ།།

བཞི་པ་བྱེད་ལས་ཀྱི་མདོ་བསྡུ་བ་ནི། བཅུ་གཉིས་པོ་འདིས་སྲིད་པའི་འཁོར་ལོ་བསྐོར། །ཞེས་པ། སྔར་བཤད་པ་ལྟར་རྟེན་འབྲེལ་བཅུ་གཉིས་པོ་འདིས་ས་བོན་དང་འབྲས་བུའི་ཚུལ་དུ་སྲིད་པའི་འཁོར་ལོ་ཡོར་ཡུག་ཏུ་བསྐོར་བར་བྱེད་དོ། །ཉོན་མོངས་གསུམ་གྱི་དབང་གིས་ལས་གཉིས་བསགས་པ་དེ་ལས་འབྲས་བུ་སྡུག་བསྔལ་བདུན་འབྱུང་ཞིང་བདུན་པོ་དེ་ལས་ཀྱང་ཉོན་མོངས་པ་དང་། དེ་ལས་ཀྱང་སྔར་ལྟར་འཁོར་བས་སྲིད་པའི་འཁོར་ལོ་རྒྱུན་ཆད་མེད་པར་འཁོར་ཏེ། ཞེས་བླ་མས་གསུངས་ཞིང་། འཕགས་པའི་ཞལ་ནས། གསུམ་པོ་དག་ལ་གཉིས་འབྱུང་སྟེ། །གཉིས་ལས་བདུན་འབྱུང་བདུན་ལས་ཀྱང་། །གསུམ་འབྱུང་སྲིད་པའི་འཁོར་ལོ་སྟེ། །ཉིད་ནི་ཡང་དང་ཡང་དུ་འཁོར། །ཞེས་གསུངས་པ་ལྟར་རོ། །དེ་ལྟར་ཕྱི་ནང་སྣོད་བཅུད་ཀྱི་དངོས་པོ་འདི་དག་རྒྱུ་འབྲས་རྟེན་འབྲེལ་གྱི་རང་བཞིན་ཡིན་པའི་ཏིང་ངེ་འཛིན་གྱིས་མི་ལམ་དང་སྒྱུ་མ་ལྟ་བུ་གློ་བུར་དུ་གྲུབ་པར་རྟོགས་ནས་རང་བཞིན་གྱི་གྲུབ་པ་དང་། རྒྱུ་མེད་པར་བྱེད་པོ་གཞན་གྱིས་སམ། མི་མཐུན་པའི་རྒྱུ་ལས་གྲུབ་པ་དང་། སྔ་ཕྱིད་ལྟའི་བདག་རང་བཞིན་གྱིས་གྲུབ་པར་འཛིན་པའི་ལོག་ལྟའི་མུན་པ་ཐམས་ཅད་སེལ་བ་བྱེད་དེ། གཏི་མུག་ལས་ནི་རྟེན་འབྲེལ་ལས་ཀྱིས་སོ། །ཞེས་གསུངས་པ་ལྟར་རོ། །

གཞན་ཡང་རྟེན་འབྲེལ་འདི་དག་གི་ཡིན་ཚུལ་ལེགས་པར་ཤེས་ནས་དབང་པོ་རབ་གྱིས་ནི་སེམས་ཅན་རྣམས་ལ་སྙིང་རྗེ་སྐྱེ་བར་བྱེད་དེ། དཔེར་ན་སྲིན་བུ་རང་གི་ཁ་རྒྱུ་

ལ་རྐང་ལག་དགྲིས་ནས་འབད་པས་གཡབ་པས་སླར་རང་ཉིད་འཆིང་ཞིང་བཏུམས་པར་བྱེད་པ་བཞིན་དུ། སེམས་ཅན་རྣམས་ཀྱང་རང་ཉིད་འཆིང་ཞིང་གདུང་བར་བྱེད་པའི་ལས་དང་ཉོན་མོངས་པ་འབད་པས་རྩོལ་བར་བྱེད་པ་མཐོང་བའི་ཕྱིར་རོ། །དབང་པོ་འབྲིང་གིས་ནི་འཁོར་བ་ལུགས་འབྱུང་གི་རྩ་བ་བདག་འཛིན་གྱི་མ་རིག་པ་ལ་ཐུག་པར་མཐོང་ནས། དེའི་ལྡོག་ཕྱོགས་བདག་མེད་རིག་པའི་ཤེས་རབ་འབད་པ་དུ་མས་བསྐྱེད་ནས་འཁོར་བ་ལས་ཅི་གྲོལ་བྱེད་ཅིང་ཐར་པ་དོན་དུ་གཉེར་རོ། །དབང་པོ་ཐ་མས་ཀྱང་འགྲོ་བ་གསུམ་གྱི་བདེ་སྡུག་གི་རྒྱུ་རང་གི་བྱས་པའི་དགེ་སྡིག་འདུ་བྱེད་ཀྱི་ལས་ལས་བྱུང་བར་ཡིད་ཆེས་ནས་ལས་བཟང་ངན་འདོར་ལེན་ལ་བརྩོན་པར་འགྱུར་བའི་ཕྱིར་ན། འདི་ནི་རྒྱལ་བའི་གསུང་གི་གཙོས་མཛོད་ཡིན་པར་བཤད་པས། འདི་ལ་ནན་ཏན་བྱའོ།།

དོན་གསུམ་པ་དེ་ལས་གྲོལ་བྱེད་ཀྱི་ལམ་ནི། གང་ཞིག་སྲིད་པའི་འཁོར་ལོ་བསྒྲལ་འདོད་ན། །ཚུལ་ཁྲིམས་དག་དང་རྩེ་གཅིག་ཏིང་འཛིན་དང་། །རྒྱུ་འབྲས་རྟེན་འབྱུང་ལ་མཁས་ཤེས་རབ་ཏེ། །བསླབ་པ་གསུམ་གྱིས་གྲོལ་བ་རྒྱལ་བས་གསུངས། །ཞེས་པ། གོང་དུ་འཁོར་བའི་ཉེས་དམིགས་དང་ལས་དང་ཉོན་མོངས་པ་ལ་སོགས་པའི་རྒྱུ་འབྲས་རྣམས་ལ་ལེགས་པར་བསམ་ནས། ཡིད་ངེས་པར་འབྱུང་བའི་བློ་དང་ལྡན་པ་གང་ཞིག་གིས་སྲིད་པའི་འཁོར་ལོ་བསྒྲལ་ཞིང་མྱ་ངན་ལས་འདས་པའི་གོ་འཕང་ཐོབ་པར་འདོད་ན། ལམ་མ་ནོར་ཞིང་ཚ་ཚང་བ་ཞིག་ལ་འཇུག་དགོས་པ་ཡིན་པས། དེ་ཡང་ཉེས་སྤྱོད་སྤངས་པའི་ཚུལ་ཁྲིམས་རྣམ་དག་ལ་གནས་ཏེ་སེམས་གཞན་ལ་མི་ཡེངས་པའི་ཏིང་འཛིན་གྲུབ་པ་ལ་བརྟེན་ནས་རྒྱུ་འབྲས་རྟེན་ཅིང་འབྲེལ་བར་

འབྱུང་བའི་གཏན་ཚིགས་ལྔ་ལ་སོགས་པས་སྒྲོ་བསྐུར་གྱི་མཐའ་དང་བྲལ་བའི་ལྟ་བ་གཏན་ལ་འབེབ་པ་ལ་མཁས་པར་བྱས་ནས་དེ་ཉིད་རྟོགས་པའི་ཤེས་རབ་ལ་སྒོམ་བྱུང་གི་གོམས་པ་བསྐྱེད་དེ། མཐར་ཕྱིན་པར་བྱས་པའི་བསླབ་པ་རིན་པོ་ཆེ་གསུམ་ལ་བསླབ་ནས་བདག་འཛིན་མ་རིག་པ་སོགས་འཁོར་བར་སྐྱེ་ནུས་ཀྱི་ལས་ཉོན་མཐའ་དག་བཅོམ་པས་འཁོར་བ་ལས་གྲོལ་ལོ། །ཞེས་སྒྲིབ་གཉིས་བག་ཆགས་དང་བཅས་པའི་དགྲ་ལས་ཡང་དག་པར་རྒྱལ་བ་སངས་རྒྱས་ཀྱིས་གསུངས་ཏེ། ཇི་སྐད་དུ། དང་པོ་ཚུལ་ཁྲིམས་མ་ཉམས་པས་སྒྲིབ་པ་དག །སྒྲིབ་པ་དག་པས་ཏིང་འཛིན་གསལ། །ཏིང་འཛིན་གསལ་བས་ཤེས་རབ་གྲོལ། །ཤེས་རབ་གྲོལ་བས་ཐར་པ་ཐོབ། །ཐར་པ་ཐོབ་པས་ཡེ་ཤེས་གྲུབ། །ཅེས་ཏེ། བདག་གཞན་གཉིས་སུ་མེད་པའི་དོན་གཉིས་ལྷུན་གྱིས་འགྲུབ་པར་འགྱུར་རོ། །ཞེས་དང་། མདོ་སྡེ་ལས། རིགས་ཀྱི་བུ་དག་ཚུལ་ཁྲིམས་རྣམ་པར་དག་པ་ལ་གནས་ན་གཡེང་བ་མེད་པའི་བསམ་གཏན་མངོན་པར་འགྲུབ་བོ། །ཏིང་འཛིན་གྲུབ་ན་ཤེས་རབ་རྣམ་པར་དག་པ་སྐྱེའོ། །ཤེས་རབ་རྣམ་པར་དག་པ་སྐྱེས་ན་ལས་དང་ཉོན་མོངས་པའི་འཁོར་བ་ལས་གྲོལ་ལོ། །ཞེས་སོ། །དེའི་དོན་འཕགས་པས་ཀྱང་། ཚུལ་ཁྲིམས་དག་དང་ཏིང་འཛིན་ཤེས་རབ་ཀྱིས། །མྱ་ངན་འདས་ཞིང་འདུལ་བ་དྲི་མེད་པའི། །གོ་འཕང་མི་རྒས་མི་འཆི་ཟད་མི་འཚལ། །ས་ཆུ་མེ་རླུང་ཉི་ཟླ་བྲལ་ཐོབ་མཛོད། །ཅེས་སོ། །སྲིད་པའི་བདེ་བ་ཆུ་ཤིང་སྙིང་པོ་འདམ། །ཁ་ཟས་དུག་ཅན་ལྟ་བུར་ངེས་མཐོང་ནས། །མྱང་འདས་ཞི་བའི་གོ་འཕང་མཆོག་བརྟེས་ནས། །བསླབ་གསུམ་གྲུ་ཡིས་སྲིད་མཚོ་སྒྲོལ་བར་ཤོག །ཅེས་པ་འདི་ནི་བར་སྐབས་ཀྱི་ཚིགས་བཅད་དོ།།

དེ་ལྟ་བུའི་ཞི་བ་མྱང་འདས་མཆོག་འདོད་པའི་བློས་བསླབ་པ་གསུམ་ལ་འཇུག་

པ་ནི་ཐེག་པ་ཆེན་པོའི་ལམ་དུ་འང་འགྱུར་རོ། །དོན་བརྒྱད་པ་ཉོན་མོངས་དང་གཉེན་པོ་བསྟན་པའོ།།

དེ་ལྟར་འཁོར་བའི་ཉེས་དམིགས་སྤྱི་དང་བྱེ་བྲག་དུ་མའི་སྒོ་ནས་ལེགས་པར་བསམ་པས་འཁོར་བ་ལས་ཡིད་སྐྱོ་ སུན་སྐྱེས་ཤིང་། ཐར་པ་བྱང་ཆུབ་མངོན་པར་འདོད་པའི་ངེས་འབྱུང་གི་བློ་དང་ལྡན་པས་ལམ་བསླབ་པ་གསུམ་ལ་བསླབ་ན། འཁོར་བ་ལས་གཏན་དུ་གྲོལ་བའི་ཐར་པ་ཐོབ་མོད་ཀྱང་། སྤངས་རྟོགས་ཕུན་ཚོགས་མ་ཡིན་ཏེ་སྤང་བྱ་ཡང་འཁོར་བར་སྐྱེས་པའི་ཀུན་སྦྱོར་གྱི་ཉོན་མོངས་ཙམ་སྤང་བ་ཡིན་གྱི་ཤེས་སྒྲིབ་ཇོགས་པར་སྤངས་པ་མ་ཡིན་ལ། རྟོགས་པ་ཡང་གང་ཟག་གི་བདག་མེད་རྟོགས་པས་གྲོལ་བ་ཙམ་ཡིན་གྱི་བདག་མེད་ཡོངས་སུ་ཇོགས་པར་མེད་དོ། །དོན་གཉིས་ལ་ཡང་། རང་དོན་ཞི་བདེའི་མྱང་འདས་ཐོབ་པ་ཙམ་ཡིན་གྱི། གཞན་དོན་མཛད་པའི་ཕྲིན་ལས་ཕུན་སུམ་ཚོགས་པ་མེད་དོ། །དེ་བས་ན་དེ་ནི་རང་དོན་ལས་གཞན་དོན་ཡོངས་ཇོགས་ཁྱུར་མི་ནུས་པས། མ་ཐེག་པས་ན་ཐེག་པ་དམན་པའི་ལམ་དང་འབྲས་བུ་ཞེས་བྱ་བ་ཡིན་ནོ། །དེའི་ཕྱིར་བློ་དང་ལྡན་པ་དག་གིས་ཐོག་མ་ཉིད་ནས་སེམས་རྒྱལ་བསྐྱེད་ལ། བསྒྲུབ་བྱའི་མཆོག་ཏུ་གྱུར་པ་སྤངས་རྟོགས་དང་དོན་གཉིས་ཀྱི་ཡོན་ཏན་ཐམས་ཅད་ཡོངས་སུ་ཇོགས་པའི་སངས་རྒྱས་ཀྱི་གོ་འཕང་བསྒྲུབ་པའི་ལམ་ལ་འཇུག་པར་བྱའོ། །སངས་རྒྱས་ཀྱི་ལམ་དེ་ཡང་ཚོགས་གཉིས་ཟུང་འཇུག་གམ་ཐབས་ཤེས་ཡ་མ་བྲལ་བའི་ལམ་ཕུན་སུམ་ཚོགས་པ་ཡིན་ཏེ། མདོ་འདུས་ལས། བསོད་ནམས་ཚོགས་ཇོགས་གཟུགས་སྐུ་ཐོབ། །ཡེ་ཤེས་ཚོགས་ཇོགས་བོན་སྐུ་འོ། །ཞེས་དང་། ཡང་རྩེ་ལས། ཐབས་རྒྱུད་པ་དང་ཤེས་རབ་རྒྱུད་པས་ལམ་གྱིས

ས་མི་ཆོད་པས། ཐབས་ཤེས་ཡ་མ་བྲལ་བར་བྱའོ། །ཞེས་པ་ལྟར་རོ། །ལམ་དེའི་རྩ་བ་ཡང་བྱང་ཆུབ་མཆོག་ཏུ་སེམས་བསྐྱེད་པ་ཡིན་ཏེ། རྩེ་འབུམ་ལས། དགེ་བའི་རྩ་བ་ཐམས་ཅད་རྫོགས་པའི་སངས་རྒྱས་ཀྱི་ས་ལ་སྨིན་པར་འདོད་ན་གཡུང་དྲུང་མཆོག་ཏུ་སེམས་བསྐྱེད་དོ། །ཞེས་དང་། མདོ་ལས། གཞི་སྙིང་རྗེ་ཆེན་པོ་ལ་ཡོངས་ཅིག ཅེས་སོ། །ཐེག་པ་ཆེ་ཆུང་གི་ཁྱད་པར་ཡང་བྱང་ཆུབ་ཀྱི་སེམས་ཡོད་མེད་ཁོ་ནས་ཕྱེ་བ་ཡིན་གྱི་བསམ་གཏན་བསྒོམ་པ་དང་། བདག་མེད་རྟོགས་པའི་ཤེས་རབ་ཡོད་མེད་སོགས་ཀྱིས་ཕྱེ་བ་མ་ཡིན་ཏེ། དེ་གཉིས་ནི་རིམ་པ་ལྟར་ཕྱི་རོལ་པ་དག་དང་། ཐེག་དམན་ལ་ཡང་ཡོད་པའི་ཕྱིར་རོ། །དེས་ན་བྱང་ཆུབ་ཏུ་སེམས་བསྐྱེད་ནས་ཐེག་པ་ཆེན་པོའི་ལམ་ལ་འཇུག་པ་འདི་ནི་སྐྱེས་བུའི་དོན་གྱི་མཆོག་བླ་ན་མེད་པ་ཡིན་ལ། དེ་དག་སྟོན་པ་ལ་བདུན། སེམས་བསྐྱེད་ཀྱི་ངོ་བོ། རྒྱུད་ལ་སྐྱེ་ཐབས། དབྱེ་བ། སྐྱེས་ཚད་ངེས་བཟུང་བ། ཆོ་ག བསླབ་བྱ། ཡོན་ཏན་ནོ། །དང་པོ་ནི། བྱང་ཆུབ་སེམས་བསྐྱེད་གཞན་གྱི་དོན་ཆེད་དུ། །སངས་རྒྱས་ཐོབ་འདོད་བློ་ཡིན་ལུང་ལས་གསུངས། །ཞེས་པ། ཀུན་རྫོབ་བྱང་ཆུབ་སེམས་བསྐྱེད་ཀྱི་ངོ་བོ་དེ་དག་གང་ཞེ་ན། སེམས་ཅན་གཞན་དག་སྡུག་བསྔལ་ལས་སྒྲོལ་ཞིང་བདེ་བ་མཐའ་དག་ལ་བཀོད་པའི་ཆེད་དུ། དེའི་ནུས་པ་དང་ལྡན་པའི་སངས་རྒྱས་ཉིད་རང་གིས་ཐོབ་པར་འདོད་པའི་བློ་དང་ལྡན་པ་ཡིན་པར་ལུང་རྣམས་ལས་གསུངས་པ་ཡིན་ཏེ། ཇི་སྐད་དུ། སེམས་བསྐྱེད་པ་ནི་གཞན་དོན་ཕྱིར། །རྫོགས་པའི་སངས་རྒྱས་ཐོབ་འདོད་བློ། །ཞེས་གསུངས་པ་ལྟར་རོ། །མདོ་ལས་ཀྱང་། ལྷ་སྦྱིན་བྲུང་དུ་འབྲེལ་ནས་བདག་ཉིད་སྔོ་གཅིག་ཐར་པ་ཐོབ་པ་བས། སེམས་ཅན་རྣམས་ལ་ཕན་ཅིག་གདགས་ན་ཅི་ལྟ་བུའི་ཐབས་ཀྱིས་འགྲུབ་པ་ལ། ཞེས་གསུངས་པས། ཐེག་པ་

ཆེན་པོའི་རྒྱ་བ་ནི་བྱང་ཆུབ་ཀྱི་སེམས་ནི་རང་དོན་དོར་ནས་གཞན་དོན་ལ་སྤྱོ་བའི་སྒོ་ཡིན་པས་དེའི་འདོར་ལེན་གྱི་སྒོ་ཅི་སྐྱེ་ལ་སྤྱོ་བས་འབད་པར་བྱའོ།།

གཉིས་པ་རྒྱུད་ལ་སྐྱེ་ཐབས་ལ་གསུམ་ལས། དང་པོ་གང་གིས་གང་འདྲེན་པ་ནི། བྱམས་དང་སྙིང་རྗེ་དེ་ཉིད་འབྱོང་བ་སྟེ། །དེ་ཡང་འགྲོ་རྣམས་མཐུན་ཕྱོགས་ཤེས་ལས་བྱུང་། །ཞེས་པ། རྫོགས་པའི་སངས་རྒྱས་ནི་བྱང་ཆུབ་ཀྱི་སེམས་ལས་བྱུང་། སེམས་བསྐྱེད་སྙིང་རྗེ་ལས། སྙིང་རྗེ་བྱམས་པ་ལས་དང་། བྱམས་སྙིང་རྗེ་དེ་ཡང་འགྲོ་ཀུན་ཕ་མ་ལ་སོགས་པ་རང་གི་མཐུན་ཕྱོགས་སུ་ཤེས་པ་ལས་འབྱུང་བ་ཡིན་ཏེ། མདོ་ལས། སྙིང་རྗེ་ཚད་མེད་སྐྱེས་ན་སྙིང་རྗེ་ཆེན་པོ་སྟེ། །བྱམས་དགའ་བཏང་སྙོམས་གཅིག་གིས་གཅིག་བསྐྱེད་འབྱུང་། །ཞེས་པ། སེམས་བསྐྱེད་ཀྱི་མན་ངག་ལས་ཀྱང་། རྒྱུ་འབྲས་བདུན་མར་བྱས་ནས་རིམ་པར་བསྒོམ་པ་དང་ཡང་དོན་གཅིག་པར་སྣང་ངོ་། །དེ་ལས་བྱང་ཆུབ་ཀྱི་སེམས་ནི་བྱམས་པ་དང་སྙིང་རྗེ་མེད་ན་མི་སྐྱེ་བས། དང་པོ་བྱམས་པ་དང་སྙིང་རྗེ་སྐྱེ་དགོས། དེ་ཡང་ཡིད་དུ་འོང་ཞིང་ཤིན་ཏུ་གཅེས་པའི་མ་ལ་སོགས་པའི་གཉེན་འབྲེལ་ལ་སྡུག་བསྔལ་བྱུང་ན་དེ་མི་བཟོད་པར་འབྲལ་འདོད་ཀྱི་སྙིང་རྗེ་དང་། བདེ་བ་ཐོབ་འདོད་ཀྱི་བྱམས་པ་ཤུགས་ཀྱིས་སྐྱེ་སླ་ལ། དགྲ་ལ་དེ་ལས་ལྡོག་པ་དེའི་ཕྱིར་ཡིད་འོང་གི་རྣམ་པ་ཅན་དུ་བསྒྲུབ་པར་བྱའོ། །ཡིད་འོང་གི་རྣམ་པ་ཅན་དེ་ཡང་དྲིན་དྲན་པ་ལས་སྐྱེ་བས། མ་བྱས་རེས་ཀྱི་དུས་སུ་དྲིན་ཅི་ལྟར་ཡོད་པ་དྲན་པར་བྱའོ། །དེ་ཡང་ཚེ་འདིའི་ཕ་མ་ལ་བསྒོམ་ན་སྐྱེ་སླ་བས། མདུན་དུ་མ་རྣམས་གསལ་པོར་བསམ་ལ། འདིས་བདག་ལྟོ་བར་ཆགས་པའི་ཚེ་ན་ཡང་གནོད་པའི་ཟས་དང་སྤྱོད་ལམ་སྤངས། ཕན་པའི་ཐབས་བརྟེན། བཙས་དུས་སུ་ཡང་ལུས་ཀྱིས་བསྐྱལ་

བསྐྱོད་མི་ནུས། ངག་གིས་གཏམ་སྨྲ་མི་ཤེས་པ། ཡིད་ཀྱིས་བླང་དོར་མི་དྲན་པའི་འབྲུ་ལྟ་བུ་སྲུ་སེར་ཟེང་ངེ་བ་ཅིག་ལུས་ཀྱི་དྲོད་ཀྱིས་བསྲོས། ནུ་ཞོ་བསྣུན། ཟས་ཁས་བསྐྱེད། སྐབས་ལུད་དང་མི་གཙང་བ་ལག་པས་ཕྱིས་ཀྱིན་ཐབས་སྣ་ཚོགས་ཀྱིས་སྐྱོ་ངལ་མེད་པར་གསོས། བྱམས་པའི་མིག་གིས་ལྟས། བརྩེ་བའི་ཡིད་ཀྱིས་བཟུང་། གདུང་བའི་ངག་གིས་བོས། འཇམ་པའི་སྤྱོད་ལམ་གྱིས་བསྐྱངས། མ་ཁོ་རང་གིས་སྤྱད་མི་བྲ་པའི་ཟས་ནོར་གོས་གསུམ་ཡང་ཕངས་པ་མེད་པར་རང་ལ་སྟེར། བུ་རང་སྡུག་པ་ལས་མ་རང་ཉིད་ཤི་བ་འདམས། མདོར་ན་ཤེས་ཚད་ནུས་ཚད་ཀྱིས་ཕན་བདེའི་གང་ཡིན་བསྒྲུབ། གནོད་པ་དང་སྡུག་བསྔལ་ཐམས་ཅད་སེལ་བ་བྱས་ན་སངས་རྒྱས་ཀྱི་བདེ་བར་འཁོད་པ་ཡང་སྐད་ཅིག་སྔ་འཕྱི་བྱེད་པའི་ཚུལ་བསམ་ལ་བྱིང་རྒོད་ལ་སོགས་པའི་སྐྱོན་གྱིས་མི་གཡེང་བར་ཐུན་དུ་བཅད་ནས་དྲིན་ཆེ་ཚུལ་ལ་ཡིད་ཤུགས་ཅན་མ་སྐྱེས་ཀྱིས་བར་དུ་བསྒོམ་པར་བྱའོ། །དེ་ནས་མ་དེའི་ཐོག་ཏུ་ངན་སོང་གསུམ་ལ་སོགས་པའི་རིས་དྲུག་གི་སྡུག་བསྔལ་དང་། ད་ལྟ་མི་ཡུལ་དུ་ཡང་ཁྲིམས་བཅད་པ་དང་། དགྲས་གཙེས་པ་དང་། ན་ཚ་དང་དབུལ་ཕོང་དང་བཀྲེས་སྐོམ་དང་། ཚ་གྲང་ལ་སོགས་པའི་སྡུག་བསྔལ་རྣམས་མའི་རྣམ་པ་གསལ་པོ་ལ་མངོན་སུམ་གྱིས་འབབ་པ་ལྟ་བུར་བསྒོམ་ན་དེ་ལ་མི་བཟོད་པའི་སྙིང་རྗེ་ཅུང་ཟད་སྐྱེའོ། །དེ་ལྟར་ཡང་ཡང་བསྒོམ་པས་སྙིང་རྗེ་ཇེ་ཆེར་སྐྱེ་བས་མཆི་མ་གཡོ་ནུས་པ་དང་། ཕྱིས་སྙིང་རྗེ་ཤུགས་ཅན་མ་སྐྱེས་ཀྱི་བར་དུ་བསྒོམ་པར་བྱའོ། །དེ་ནས་ཡང་མ་དེ་སྡུག་བསྔལ་མཐའ་དག་དང་བྲལ་ཞིང་མཐོ་རིས་ཀྱི་དཔལ་འབྱོར་ཕུན་སུམ་ཚོགས་པ་ལ་ལོངས་སྤྱོད་པ་དང་། ཟག་པ་མེད་པའི་བདེ་བ་ཐོབ་ན་ཅི་མ་རུང་སྙམས་པ་དང་། དེ་དང་འཕྲད་པར་གྱུར་ཅིག་སྙམས་པ་དང་

བདེ་བ་དེ་དང་སྡུད་པར་བྱའོ་སྙམ་དུ་བསྒོམ་པའོ། །དེ་ལྟར་ཚེ་འདིའི་མ་ལ་རང་བས་གཞན་གཅེས་ཀྱི་བྱམས་པ་དང་སྙིང་རྗེ་མ་སྐྱེས་ཀྱི་བར་དུ་བསྒོམ་པར་བྱའོ། །དེ་ལྟ་བུའི་བྱམས་དང་སྙིང་རྗེ་སེམས་ཅན་ཀུན་ལ་སྐྱེད་དགོས་པས། དེ་ཡང་དྲིན་ཅན་གྱི་མ་ལ་སོགས་ཡིད་དུ་འོང་བའི་གཉེན་བཤེས་གྲུབ་སླ་བས། གཉིས་པ་དེ་ལྟར་བསྒྲུབ་པ་ནི། འཁོར་བའི་སེམས་ཅན་ཐོ་ཚུན་བཞིན་དུ་བརྒྱུད། །ཕ་མ་བུ་ཚ་ཚང་ཟླ་ལ་སོགས་ཏེ། །འགྲོ་དྲུག་སེམས་ཅན་བུ་གཉེན་ཤེས་པར་བྱའོ། །དེ་ལས་ལོག་པའི་ལམ་གོགས་ཤེས་པས་བསལ། །ཞེས་པ། མདོ་ལས། འཁོར་བའི་སེམས་ཅན་ཐོ་ཚུ་བཞིན་དུ་བརྒྱུད། །ཕ་མ་བུ་ཚ་ཚང་ཟླ་ལ་སོགས་ཏེ། །གཉེན་གདུང་འབྲེལ་བ་འཁོར་བ་ཡི། །ཞེས་གསུངས་པ་ལྟར། འཁོར་བ་ཐོག་མ་མེད་པ་ནས་ད་ལྟའི་བར་དུ་སྐྱེ་ལེན་གྲངས་མང་པའི་སྟོབས་ཀྱིས་འགྲོ་དྲུག་གི་སེམས་ཅན་ཐམས་ཅད་རེ་རེས་ལན་བརྒྱར་མ་མ་བྱས་པ་མེད་ལ། དེ་བཞིན་དུ་ཕ་དང་བུ་དང་སྲིང་མོ་དང་མཛའ་བཤེས་སོགས་ཡིད་དུ་འོང་ཅིང་གཅེས་པའི་ཉེ་དུ་མ་བྱས་པ་མེད་པ་ཤེས་པར་བྱའོ། །འདི་ལ་ཡིད་ཆེས་བརྟན་པོ་སྐྱེ་བ་གལ་ཆེ་ཞིང་། ཁྱད་པར་དུ་དྲིན་ཡོད་པ་དྲིན་དྲན་པའི་གཞི་ལ་མར་ཤེས་ནས་བསྒོམ་པ་གནད་ཆེའོ། །དེ་རྣམས་ཀྱིས་དགྲ་ལ་སོགས་པར་ཡང་བྱས་སོ་སྙམས་ན་དངོས་ལ་དེ་བདེན་ཀྱང་། འདིར་སྙིང་རྗེ་སྐྱེ་བའི་དམིགས་ཡུལ་ཡིད་དུ་འོང་བའི་རྣམ་པར་བསྒྲུབ་པའི་ལམ་གྱི་གེགས་སུ་འགྲོ་བས་དགྲ་ལ་སོགས་པ་ཡང་བྱས་སོ་སྙམ་དུ་བསམ་པར་མི་བྱའོ།།

གསུམ་པ་བྱམས་དང་སྙིང་རྗེ་བསྒོམ་པ་ནི། མ་རྣམས་སྡུག་བསྔལ་དངོས་སྤྱོད་རྒྱུ་ལ་ཞུགས། །སྡུག་བསྔལ་བྲལ་བྱའི་སྙིང་རྗེ་ཆེན་པོ་བསྒོམ། །ཕན་གདགས་གདགས་པ་ཆེན་པོ་ལ་སོགས་ཀྱི། །བདེ་དང་འཕྲད་བྱའི་བྱམས་པ་དེ་བཞིན་ཏེ། །ཞེས་པ། དེ་ལྟར་

འགྲོ་བ་མཐའ་དག་དྲིན་ཅན་གྱི་མ་ལ་སོགས་པའི་གཉེན་འབྲེལ་ཡིན་ཞིང་། དེ་དག་ལ་ཡང་གོང་དུ་ཚེ་འདིའི་མ་ལ་ཅི་ལྟར་སྒོམ་པ་བཞིན་དུ་བྱམས་སྙིང་རྗེ་བསྐྱེད་པར་བྱའོ། །དེ་ལ་མ་རྣམས་ཀྱི་དྲིན་དྲན་ནས་སྡུག་བསྔལ་དང་བྲལ་ཞིང་བདེ་བ་དང་ལྡན་ན་སྙམས་པའི་སྙིང་རྗེ་ཙམ་ནི་ཐེག་དམན་པ་ལ་ཡང་ཡོད་པས་ན་དེ་ཙམ་གྱིས་མི་ཚོག་པས་དེ་དག་གི་དྲིན་བཟོའི་ལན་ལ་རང་ཉིད་ཀྱི་དེ་རྣམས་སྡུག་བསྔལ་ལས་བྲལ་ཞིང་བདེ་བ་ལ་སྦྱོར་པར་བྱའོ་སྙམས་པའི་ཉེར་ལེན་ཅན་གྱི་ལྷག་པའི་བསམ་པ་བསྐྱེད་དགོས་སོ། །དེ་ཡང་དོན་བྱ་ཡུལ་གྱི་མ་རྣམས་ཀྱི་ཁམས་ལ་བདེ་སྡུག་ཅི་ལྟར་ཡོད་པ་བརྟག་པས་དེ་རྣམས་ངན་འགྲོ་ལ་སོགས་པའི་སྡུག་བསྔལ་དངོས་སུ་སྤྱོད་བཞིན་དུ་ཡང་སྡུག་བསྔལ་གྱི་རྒྱུ་མི་དགེ་བ་དང་ཉོན་མོངས་པ་མངོན་དུ་ཞུགས་ཏེ་སྤྱོད་པར་འདུག་པས་སྡུག་བསྔལ་རྒྱུ་དང་བཅས་པ་བྲལ་ཞིང་། གནས་སྐབས་ཀྱི་ཕན་བདགས་པ་ལ་མངོན་མཐོའི་དཔལ་འབྱོར། མཐར་ཐུག་ཏུ་ཕན་གདགས་པ་ཆེན་པོ་བྱང་ཆུབ་གསུམ་གྱི་བདེ་བ་ལ་བཀོད་པར་བྱའོ་སྙམ་དུ་སེམས་ཅན་དོན་དུ་སེམས་བསྐྱེད་པ་དང་། ཡང་སེམས་ཅན་ཐམས་ཅད་བྱང་ཆུབ་ཀྱི་བདེ་བ་སོགས་ལ་འགོད་དགོས་ཀྱང་ད་ལྟ་ང་རང་གི་ཚོད་འདིས་ནི་སེམས་ཅན་གཅིག་གི་འཕྲལ་བདེ་ཡང་རྫོགས་པར་སྐྱེར་བའི་ནུས་པ་མེད་ལ། དེར་མ་ཟད་ཉན་རང་དགྲ་བཅོམ་གྱི་གོ་འཕང་ཐོབ་ཀྱང་སེམས་ཅན་ཉུང་ཟད་རེ་དང་དོན་ཡང་ཐར་པ་ཙམ་བསྒྲུབ་ནུས་ཀྱི་ཐམས་ཅད་མཁྱེན་པའི་གོ་འཕང་ལ་འགོད་མི་ནུས་པས། སེམས་ཅན་ཐམས་ཅད་ཀྱི་དོན་ཡོངས་སུ་རྫོགས་པའི་ནུས་པ་དང་ལྡན་པ་ནི་སངས་རྒྱས་ཁོ་ན་ལས་གཞན་ལ་མེད་པས་བདག་གིས་སངས་རྒྱས་ཐོབ་པར་བྱའོ་སྙམ་དུ་སངས་རྒྱས་ཐོབ་པར་འདོད་པའི་སེམས་བསྐྱེད་དོ། །དེ་ཡང་། དེ་ཡི་ནུས་མེད་དེ་ལྡན་

སངས་རྒྱས་ཏེ། །ཞེས་པས་བསྟན་ཏོ།།

གསུམ་པ་དབྱེ་བ་ནི། ཐོབ་པར་འདོད་དང་སྒྲུབ་པའི་ཐབས་གཉིས་ནི། །སྨོན་འཇུག་བྱང་ཆུབ་སེམས་གཉིས་ལུང་ལས་བཤད། །རྒྱུ་དང་འབྲས་བུའི་སེམས་བསྐྱེད་བླ་མས་གསུངས། །ཞེས་པ། སྤྱིར་ལམ་ལྡའམ་ས་མཚམས་ཀྱི་དབྱེ་བ། གྲོགས་ཅན་ནམ། དཔེས་མཚོན་དུ་དབྱེ་བ། བདེན་གཉིས་སམ་དྲང་དོན་གྱི་དབྱེ་བ་སོགས་ཡོད་ཀྱང་། འདིར་ནི་སེམས་ཅན་གྱི་དོན་དུ་སངས་རྒྱས་ཐོབ་པར་འདོད་པ་དང་། སྨོམ་པས་བཟུང་ནས་སངས་རྒྱས་བསྒྲུབ་པའི་ཐབས་ཕར་ཕྱིན་དྲུག་ལ་སོགས་པའི་ལམ་ལ་འཇུག་པ་དང་གཉིས་རིམ་པ་ལྟར་སྨོན་པ་བྱང་ཆུབ་ཀྱི་སེམས་དང་འཇུག་པ་བྱང་ཆུབ་ཀྱི་སེམས་གཉིས་ཡིན་པར་ལུང་ལས་གསུང་སྟེ། ཇི་སྐད་དུ། སྨོན་པ་སེམས་ཅན་དོན་ལ་སྨོན་བྱེད་ཅིང་། །འཇུག་པ་དེའི་དོན་ལ་འཇུག་པར་བྱ། །ཞེས་སོ། །ཡང་སེམས་ཅན་གྱི་དོན་ལ་འབྲས་བུ་སངས་རྒྱས་ཐོབ་པར་བྱའོ། །ཞེས་འབྲས་བུ་ལ་དམ་བཅའ་བ་དང་། སངས་རྒྱས་འགྲུབ་པའི་རྒྱུ་ཚོགས་གཉིས་ཀྱི་དགེ་བ་བསྒྲུབ་པར་བྱའོ། །ཞེས་རྒྱུ་ལ་དམ་བཅའ་བའི་སེམས་བསྐྱེད་དེ་གཉིས་སུའང་བླ་མ་དམ་པས་གསུངས་ཀྱང་ཡོངས་སུ་གྲགས་པ་ནི་གོང་མ་ལྟར་ཡིན་ནོ།།

བཞི་པ་སེམས་བསྐྱེད་ཀྱི་ཚད་ངེས་བཟུང་བ་ནི། དེ་ལྟར་རིམ་གྱིས་སྦྱང་པའི་འགྲོ་བ་ལ། །བུ་ཅིག་མ་ལྟར་བརྩེ་བའི་སྙིང་རྗེ་ནི། །འབད་མེད་ངང་གིས་སྐྱེས་ཚེ་དེ་བཞིན་ཏེ། །ཐེག་ཆེན་ལམ་གྱི་གཞི་ཡིན་འབད་པས་སྦྱངས། །ཞེས་པ། དེ་ལྟར་འགྲོ་བ་རྣམས་མར་བསྒོམ་པ་དང་། དྲིན་དྲན་པ་དང་། བྱམས་སྙིང་རྗེ་བསྒོམ་པ་དང་། དྲིན་དུ་བཟོ་བའི་ལྷག་བསམ་ལ་སོགས་རིམ་གྱིས་བསྒོམ་ཞིང་སྦྱང་བའི་མཐུས་འགྲོ་བ་མཐའ་དག་ལ་

ཕྱོགས་རིས་མེད་པར་བུ་གཅིག་པོར་སྡུག་བསྔལ་བར་གྱུར་པའི་མ་ལྟར་བརྩེ་བའི་སྙིང་རྗེ་འབད་པ་མེད་པར་ངང་གིས་སྐྱེ་པ་དེ་ཚེ་སྙིང་རྗེ་ཅན་གྱི་བྱང་ཆུབ་ཀྱི་སེམས་དེ་སྐྱེས་སོ་ཞེས་རིགས་པར་བྱའོ། །འདི་ནི་ཐེག་པ་ཆེན་པོའི་ལམ་གྱི་གཞི་དང་རྩ་བ་ཡིན་པས་འབད་པ་དུ་མས་མ་སྐྱེས་ཀྱི་བར་དུ་སྦྱང་བར་བྱ་སྟེ། ཡང་རྩེ་ལས། བསམ་པ་བྱང་ཆུབ་ཏུ་སེམས་བསྐྱེད་པ་ནི་ཡོན་ཐམས་ཅད་ཀྱི་གཞི་འགྲམ། དགེ་བ་ཐམས་ཅད་ཀྱི་རྩ་བ། ཞེས་གསུངས་པ་ལྟར་རོ། །འདི་ལྟ་བུའི་སེམས་ཀྱིས་ཟིན་ན་དུད་འགྲོ་ལ་ཟན་ཆང་ཅིག་བྱིན་པ་དང་། བསྙེན་གནས་སོགས་ཀྱི་སྡོམ་པ་སྐྱ་རེ་བསྲུང་བ་སོགས་ཀྱི་དགེ་བ་ཆེ་ཆུང་གང་ཡང་ཐེག་པ་ཆེན་པོའི་ལམ་དུ་འགྱུར་ལ། འདི་མེད་ན་ནི་སྟོང་པ་ཉིད་རྟོགས་པ་དང་བསམ་གཏན་བསྒོམ་པ་སོགས་ཟབ་པར་འཛིན་པའི་ཉམས་ལེན་གང་ཐེག་ཆེན་གྱི་ལམ་དུ་མི་ཆུད་དེ། རྒྱུ་མཚན་གོང་དུ་ཡང་ལན་དུ་མར་ཤུགས་བསྟན་ཏུ་སོང་ངོ་། །གང་དག་ཐེག་པ་ཆེན་པོའི་གཞུང་ཡིན་ན་སེམས་ཅན་གྱི་དོན་དུ་སངས་རྒྱས་ཐོབ་པར་འདོད་པའི་སྙིང་རྗེའི་རྩ་བ་ཅན་གྱི་བྱང་ཆུབ་སེམས་བསྐྱེད་པའི་ཐབས་ཀྱི་སྦྱོང་ལུགས་རྣམས་གཞུང་གི་མཐིལ་དུ་ལེགས་པར་སྟོན་དགོས་པ་ལ། དེ་ཙམ་ཡང་སྟོན་ཅིང་སེམས་ཙན་རིག་གི་ཤེས་པ་འདི་ལ་བྱང་ཆུབ་ཀྱི་སེམས་ཞེས་མིང་བཏགས་ནས་འབད་པ་དུ་མས་དེ་འབའ་ཞིག་སྟོན་པའི་རྟོག་བཟོའི་མན་ངག་དག་ལ་གཞུང་ལུགས་ལ་ཐོས་བསམ་གྱི་ཤེས་རབ་མ་སྐྱེས་པའི་བླུན་པོ་དག་གིས་ཁུངས་མ་ཡིན་པར་རློམས་ནས་དཔང་པོར་ཁུར་ཞིང་དེ་ལས་སྟོན་པའི་དོན་བཞིན་དུ། སེམས་ལ་བཟང་ངན་གྱི་རྣམ་རྟོག་ཐམས་ཅད་འགག་པའི་རང་གསལ་འཛིན་མེད་ལ་ཅོན་ནེ་བཞག་པའམ། རྣམ་རྟོག་གང་འཕྲོད་ངོས་ཟིན་ཙམ་བསྐྱང་བ་ལ་ཉམས་ལེན་གྱི་མཐིལ་དུ་བྱེད་པ་དག་ནི། སྟོན་གྱི་ཕྱི་

རོལ་པའི་སྟོན་པ་དྲང་སྲོང་སེར་སྐྱའི་གཞུང་ལུགས་འཛིན་པའི་གྲུབ་མཐའི་ཕྱོགས་སུ་གཏོགས་པར་ཤེས་པར་བྱའོ།།

ལྔ་པ་ཚོ་ག་ལ། དགོས་པའི་མདོར་བསྟན་པ་ནི། སེམས་བསྐྱེད་བརྟན་ཞིང་བསོད་ནམས་འཕེལ་བའི་ཕྱིར། །དེ་གཉིས་རིམ་པའི་ཚོགས་འབྱེད་པར་བྱ། །ཞེས་པ། ཕྱིར་འདོད་གཟུགས་ཀྱི་རྟེན་ཅན་སྨོན་སེམས་སྐྱེ་རུང་ཐམས་ཅད་འདིའི་རྟེན་དུ་རུང་བར་བཤད་ཀྱང་། འཁོར་བའི་ཉེས་དམིགས་དྲན་པའི་ཡོན་ཏན་གྱི་རང་ལ་སྐྱོ་བ་སྐྱེས་གཞན་ལ་སྙིང་རྗེ་སྐྱེས་པའི་ཡིད་བསྐྱལ་ཞིང་ཁྱད་པར་དུ་གོང་དུ་བསྟན་པ་ལྟར་སེམས་ཅན་རྣམས་ལ་ཕྱོགས་རིས་མེད་པར་རང་བས་གཞན་གཅེས་ཀྱི་བྱང་ཆུབ་ཀྱི་སེམས་དེ་སྐྱེས་པའི་སེམས་ཅན་གཅིག་གིས་དེ་དམ་བཅས་བཟུང་ནས་མི་ཉམས་པར་བརྟན་པར་འགྱུར་ཞིང་། མདོ་ལས། སེམས་ཅན་གྱི་དོན་ལ་ལྡོག་པ་མེད་པར་དམ་བཅས་ནས་གནས་པ་དེའི་ཚེ་བསོད་ནམས་དཔག་ཏུ་མེད་པ་སྐྱེའོ། །ཞེས་གསུངས་པ་ལྟར་བསོད་ནམས་འཕེལ་བའི་ཕྱིར་སྨོན་འཇུག་གི་སེམས་བསྐྱེད་དེ་གཉིས་རིམ་པས་ཚོགས་བསྐྱེད་པར་བྱའོ། །དེ་ལས་གཞུང་རྣམ་པར་དག་པ་གང་ལས་ཀྱང་འཇུག་སྡོམ་བླངས་པའི་ཚོ་ག་འབྱུང་གི་སྨོན་སེམས་ཚོགས་བསྐྱེད་པའི་བཤད་པ་མ་བྱུང་ཡང་འདིར་ནི། སྔ་རབས་པའི་བླ་མ་ཁ་ཅིག་གིས་སྔོན་དུ་སྨོན་སེམས་ཚོགས་བླང་ནས་དེའི་བསླབ་བྱ་ལ་གནས་ཅིང་འཇུག་སེམས་ཀྱི་ཕན་ཡོན་དྲན་པ་དང་། བྱང་སེམས་ཀྱི་བསླབ་བྱ་ཕ་རོལ་ཕྱིན་པ་དྲུག་ལ་སོགས་པ་སྤྱོད་པ་རླབས་པོ་ཆེ་དེ་དག་རང་གིས་སློབ་པར་འདོད་པ་ལ་སེམས་རྒྱལ་སྤྲུངས་ནས་སྤྲོ་ཤུགས་སྐྱེས་པའི་ཚེ་འཇུག་སྡོམ་བཟུང་བ་ནི་སྡོམ་པ་བརྟན་ཞིང་མཐར་ཕྱིན་པར་འགྱུར་བའི་ཐབས་མཁས་ཀྱི་སྤྱོད་པ་ཡིན་ཞེས་

གསུངས་པ་ལྟར་ཡིན་ནོ།།

གཉིས་པ་སྨོན་སེམས་ཀྱི་ཆོ་ག་ནི། བསོད་ནམས་ཚོགས་བསགས་སྐྱབས་སུ་གསོལ་བྱས་ནས། །རང་གཞན་ཡུལ་ལ་ཡན་ལག་ཚང་པ་ཡིས། །སངས་རྒྱས་སེམས་དཔའ་རྣམས་ཀྱི་ཐུགས་བསྐྱེད་བཞིན། །བདག་ཀྱང་བྱང་ཆུབ་སེམས་མཆོག་བསྐྱེད་པར་བགྱིའོ། །ཞེས་པ། གནས་ཡིད་དུ་འོང་བར་བླ་བྲེ་རྒྱབ་ཡོལ་སོགས་ཀྱིས་བརྒྱན་ལ་འགྲོར་ཚད་ཀྱི་མཆོད་པ་འཕང་མེད་དུ་ལེགས་པར་བཤམས་ལ་བླང་ཡུལ་ནི་བྱང་སེམས་སྡོམ་ལྡན་བཤེས་གཉེན་ཡོད་ན་གདན་ཁྲི་མཐོན་པོར་བཞུགས་སུ་བཅུག་ལ་སངས་རྒྱས་ཀྱི་འདུ་ཤེས་བསྐྱེད་མེད་ན་སངས་རྒྱས་ཀྱི་སྐུ་གཟུགས་དང་ཐེག་ཆེན་གྱི་གསུང་རབ་བཞུགས་སུ་གསོལ། དེ་ཡང་མེད་ན་སངས་རྒྱས་དང་བྱང་ཆུབ་སེམས་དཔའ་ཐམས་ཅད་མངོན་སུམ་པ་ལྟ་བུ་དམིགས་ལ་དེ་དག་གི་ཡོན་ཏན་ཐམས་ཅད་སྙིང་ཐག་པ་ནས་དྲན་པར་བྱས་ལ། ཐལ་མོ་སྦྱར་སུས་མོ་བཙུགས་ལ་བསོད་ནམས་ཀྱི་ཚོགས་བསགས་པ་དང་སྒྲིབ་པ་སྦྱངས་ནས་སྟོང་ཉུང་བྱེད་པའི་དོན་དུ་ཕྱག་འཚལ་བ་ནས་བསྔོ་བའི་བར་ཡན་ལག་བདུན་པ་དོན་དྲན་བཞིན་ཚིག་བརྗོད་པར་བྱའོ། །དེ་ནས་བླ་མ་ཡོད་ན་ཕྱག་འཚལ་ཏེ་ཡོན་དང་མཎྜལ་ཕུལ་ནས་འདི་སྐད་དུ། སློབ་དཔོན་བདག་ལ་དགོངས་སུ་གསོལ། ཇི་ལྟར་སྔོན་གྱི་སངས་རྒྱས་དང་གཡུང་དྲུང་སེམས་དཔའ་རྣམས་ཀྱིས་བླ་ན་མེད་པ་ཡང་དག་པར་རྫོགས་པའི་བྱང་ཆུབ་ཏུ་ཐུགས་བསྐྱེད་པ་ལྟར། བདག་མིང་འདི་ཞེས་བགྱི་བ་ལ། སློབ་དཔོན་གྱིས་བླ་ན་མེད་པར་ཡང་དག་པར་རྫོགས་པའི་བྱང་ཆུབ་ཀྱི་སེམས་བསྐྱེད་དུ་གསོལ་ལོ། །ཞེས་ལན་གསུམ་གྱི་བར་དུ་གསོལ་བ་གདབ་བོ། །བླ་མས་ཀྱང་རིགས་ཀྱི་བུ་ཁྱོད་བྱང་སེམས་ཀྱི་ཕན་ཡོན་

མཐོང་ངམ། དེ་འཛིན་པ་ལ་སྤྲོའམ། ཉམས་པའི་ཉེས་དམིགས་དྲན་ནམ། མི་ཉམས་པར་བརྟན་པར་བཟུང་ངམ། ཞེས་དྲིས་ནས། མཐོང་ལགས་སོགས་ཀྱིས་ལན་གདབ་བོ། །བླ་མ་མེད་ན་གསོལ་གདབ་དང་དྲི་མི་དགོས་སོ། །དེ་ནས་སྐྱབས་ཡུལ་སྐུ་གསུམ་གྱི་སངས་རྒྱས་དང་ཐེག་ཆེན་གྱི་ལུང་རྟོགས་ཀྱི་བོན། གཡུང་དྲུང་སེམས་དཔའ་ཕྱིར་མི་ལྡོག་པའི་ཚོགས་རྣམས་གསལ་གདབ་ལ། ཚིག་ནི་སྐྱབས་འགྲོའི་ལེའུ་ནས་འབྱུང་བ་བཞིན་ལན་གསུམ་བརྗོད་དོ། །དེ་ནས་སེམས་ཅན་གྱི་དོན་དུ་སངས་རྒྱས་ཐོབ་པར་འདོད་པའི་བྱང་ཆུབ་ཀྱི་སེམས་བསྐྱེད་པར་དམ་བཅས་ནས་དེ་ལས་གཏན་དུ་མི་ལྡོག་པར་བཟུང་བར་བྱའོ་སྙམ་ལ། ཕྱོགས་བཅུ་ན་བཞུགས་པའི་སངས་རྒྱས་དང་གཡུང་དྲུང་སེམས་དཔའི་ཚོགས་རྣམས་བདག་ལ་དགོངས་སུ་གསོལ། །བདག་མིང་འདི་ཞེས་བགྱིས་པས་དུས་འདི་ནས་བཟུང་ནས་ནམ་ཅི་སྲིད་གཡུང་དྲུང་གི་སྙིང་པོ་ལ་མཆིས་ཀྱི་བར་དུ་སྔོན་གྱི་སངས་རྒྱས་དང་གཡུང་དྲུང་སེམས་དཔའ་རྣམས་ཀྱིས་བླ་ན་མེད་པ་ཡང་དག་པར་རྫོགས་པའི་བྱང་ཆུབ་ཏུ་ཐུགས་བསྐྱེད་པ་བཞིན་དུ་བྱང་ཆུབ་མཆོག་ཏུ་སེམས་བསྐྱེད་པར་བགྱིའོ། །ཞེས་ལན་གསུམ་བརྗོད་དོ། །དེ་ནས་འདིའི་སྐབས་སུ་འཇུག་སྡོམ་མི་ལེན་ན། སྨོན་སེམས་ཐོབ་ཤེས་ཀྱི་དགའ་བ་མཛོད་ལ་དེའི་བསླབ་བྱ་ལེགས་པར་ཤེས་པར་བྱས་ལ་བསླབ། འཇུག་སྡོམ་གྱི་བསླབ་བྱ་རྩ་ལྟུང་དང་ཉེས་བྱས་རྣམས་ཤེས་པར་བྱས་ཤིང་སྤྱོད་པ་ཕྱིན་དྲུག་གི་སྤྱོད་ཚུལ་ལ་སློབ་འདོད་སྦྱང་ནས་ཕྱིས་འཇུག་སྡོམ་བཟུང་བ་ལ་སྤྲོ་བ་སྐྱེས་པའི་ཚེ་སྡོམ་པ་བླངས་བར་བྱའོ། །གལ་ཏེ་དང་པོ་ནས་ཐེག་པ་ཆེན་པོའི་རིགས་ཀྱི་ནུས་པ་རྒྱས་ཤིང་ཐེག་ཆེན་གྱི་སྡེ་སྣོད་ལ་བློ་སྦྱངས་པས་ལྟུང་བ་དང་ལྟུང་མེད་སོགས་ཀྱི་བྱེ་བྲག་ལེགས་པར་ཤེས་པའི་བློ་གྲོས་ཅན་ཡིན་

ན་སྨོན་འཇུག་ཅིག་ཆར་དུ་ལེན་པའི་སྲོལ་མང་དུ་སྣང་ངོ་།།

གསུམ་པ་འཇུག་སྡོམ་གྱི་ཚིག་ནི། དེ་ཕྱིར་དེ་དག་འགྲོ་ལ་ཕན་དོན་དུ། །བྱང་ཆུབ་སེམས་དཔའི་བསླབ་པ་ལ་གནས་པར། །བདག་ཀྱང་སེམས་དཔའི་སྤྱོད་པར་བསླབ་པ་ལ། །འཇུག་པ་བྱང་ཆུབ་མཆོག་ཏུ་སེམས་བསྐྱེད་དོ། །ཞེས་པ། སྐྱབས་འགྲོ་ཡན་ཆད་སྨོན་སེམས་བཟུང་བའི་ཚིག་ཅི་ལྟ་བ་བཞིན་དུ་བྱས་ལ། དངོས་གཞིའི་དམ་བཅའ་ལ་སྔོན་གྱི་སངས་རྒྱས་དང་གཡུང་དྲུང་སེམས་དཔའ་རྣམས་ཀྱིས་འགྲོ་བ་ལ་ཕན་གདགས་པའི་ཆེད་དུ་བྱང་སེམས་ཀྱི་བསླབ་པའི་ཚུལ་ཁྲིམས་ཐམས་ཅད་བསླབ་ནས་དེ་ལས་མི་འདའ་བར་གནས་པ་ལྟར། བདག་ཀྱང་དེ་ལྟ་བུའི་སྤྱོད་པ་ལ་བརྩོན་པ་མི་འདོར་བར་བྱའོ་སྙམ་དུ་འདུན་པ་དྲག་པོས་སྤྱོད་ལམ་སྔར་བཞིན་དུ་དགོངས་གསོལ་སྔོན་ཏུ་སོང་ནས། ཅི་ལྟར་སྔོན་གྱི་སངས་རྒྱས་དང་གཡུང་དྲུང་སེམས་དཔའ་རྣམས་ཀྱི་བསླབ་གཞིར་གྱུར་པ། དགེ་བ་དང་དུ་ལེན་པའི་ཚུལ་ཁྲིམས་དང་། མི་དགེ་བ་སྤོང་བའི་ཚུལ་ཁྲིམས་དང་། སེམས་ཅན་དོན་བྱེད་ཀྱི་ཚུལ་ཁྲིམས་ལ་གནས་པ་ལྟར་བདག་མིང་འདི་ཞེས་བགྱིས་བས་ཀྱང་། ཇི་སྲིད་སྙིང་པོ་བྱང་ཆུབ་ལ་མ་མཆིས་ཀྱི་བར་དུ་བྱང་ཆུབ་སེམས་དཔའི་སྤྱོད་པ་ཚུལ་ཁྲིམས་གསུམ་ལ་བསླབ་པར་བགྱིའོ། །ཞེས་ལན་གསུམ་ཁས་བླང་བར་བྱའོ། །དེ་ནས་ཕན་ཡོན་དྲན་པས་དགའ་བ་བསྐྱེད་ཅིང་བདག་ལ་བྱང་ཆུབ་ཏུ་སེམས་བསྐྱེད་པའི་བླ་མ་དང་སངས་རྒྱས་བྱང་ཆུབ་སེམས་དཔའ་རྣམས་ལ་གཏང་རག་གི་ཕྱག་དང་མཆོད་པ་འབུལ་བར་བྱའོ། །སེམས་བསྐྱེད་ཀྱི་ཚིག་འདི་སྔ་རབས་པ་དག་གིས་མཛད་པ་མང་དུ་སྣང་བ་ལས་གང་ཡིད་བརྟན་དུ་རུང་པ་ལ་བརྟེན་ནས་བསྡུས་པའི་དོན་ཙམ་བྲིས་པ་ཡིན་པས་འདིས་ཀྱང་གོ་ཆོད་ལ།

རྒྱུས་པར་འདོད་ན་རང་མོས་ལ་བརྟེན་ནས་བླངས་པས་ཀྱང་ཆོག་གོ།

དྲུག་པ་བསླབ་བྱ་ལ་གསུམ། སྨོན་སེམས་ཀྱི་བསླབ་བྱ་དང་། འཇུག་སྡོམ་གྱི་བསླབ་བྱ་དང་། ཤེས་བྱེད་ཀྱི་ལུང་གིས་མདོ་བསྡུ་བའོ། །དང་པོ་ལ་གཉིས་ལས། ཚེ་འདིར་མི་ཉམས་ཤིང་འཕེལ་བར་བྱ་བ་ནི། དེ་ལྟར་འགྲོ་དང་འགྲོ་ལ་ཕན་པའི་སེམས། །བསྐྱེད་པ་དེ་ནི་ནམ་ཡང་མི་གཏོང་ཞིང་། །དེ་ལ་སྤྲོ་ཕྱིར་ཕན་ཡོན་དྲན་པ་དང་། །སྤེལ་བར་བྱ་ཕྱིར་ཡང་ཡང་སེམས་བསྐྱེད་དོ། །ཞེས་པ། དེ་ལྟར་སྨོན་སེམས་བསྐྱེད་ནས་འགལ་རྐྱེན་ཅི་ལྟ་བུས་ཀྱང་གང་གི་དོན་བྱ་བའི་འགྲོ་བ་སྤྱི་དང་བྱེ་བྲག་བློས་མི་སྤོང་བ་དང་། བདག་གིས་དོན་བྱེད་པའི་སངས་རྒྱས་ཐོབ་འདོད་ཀྱིས་སེམས་བསྐྱེད་པ་དེ་ནི། ཞུམ་པ་ལ་སོགས་ཀྱིས་རྐྱེན་ཅི་ལྟ་བུས་ཀྱང་སྐད་ཅིག་ཀྱང་མི་གཏོང་བར་བྱ་སྟེ་མི་ཉམས་པའི་བསླབ་བྱ་གཉིས་སོ། །སེམས་བསྐྱེད་སྤྲོ་ཤུགས་འཕེལ་བའི་ཕྱིར་དུ། འོག་ཏུ་བསྟན་པའི་ཕན་ཡོན་རྣམས་ཞག་རེ་ལ་དུས་དྲུག་སོགས་ཡང་ཡང་དྲན་པར་བྱས་ལ་ཉིན་ལན་གསུམ་མཚན་ལན་གསུམ་དུ་ཚིག་བསྡུས་པ་ཙམ་གྱིས་སེམས་བསྐྱེད་པ་དང་། སེམས་བསྐྱེད་དངོས་འཕེལ་བའི་ཕྱིར། སྟོང་ཉིད་ཀྱིས་ཟིན་པའི་སྒོ་ནས་སྐྱབས་གནས་ལ་མཆོད་པ་དང་། སེམས་ཅན་ལ་སྦྱིན་པ་སོགས་ཚོགས་གཉིས་བསོགས་པ་ལ་བརྩོན་པ་སྟེ། སྤེལ་བའི་བསླབ་བྱ་གཉིས་སོ།།

གཉིས་པ་སྐྱེ་བ་གཞན་དུ་ཡང་མི་ཉམས་པར་དཀར་ནག་གི་ཆོས་བཞིའི་སྤོང་ལེན་ནི། གཞན་ཡང་བླ་མ་བསླུ་དང་ཐེག་ཆེན་སྨོད། །གཞན་ལ་འགྱོད་པ་བསྐྱུབ་དང་གཡོ་སྒྱུས་ཉམས། །དེ་ལས་ལྡོག་པ་རྫུན་སོགས་སྤང་བ་ཡིས། །དཀར་པོའི་ཆོས་བཞིས་སྨོན་སེམས་ཉམས་མི་བྱེད། །ཅེས་པ། ནག་པོ་ཆོས་བཞི་ནི། མཁན་པོ་དང་སློབ་དཔོན་

དང་། དེ་གཉིས་དང་འདྲ་བའི་རང་ལ་ཕན་བདགས་པའི་བླ་མ་དང་ཡོན་ཏན་དང་ལྡན་པའི་མཆོད་འོས་དག་ལ་རྫུན་གྱིས་དབུ་བསྐོར་ནས་བསླུས་པ་དང་གཅིག ཐེག་ཆེན་དུ་ཞུགས་པའི་བྱང་ཆུབ་སེམས་བསྐྱེད་པ་ལ་ཞེ་སྡང་གིས་ཀུན་ནས་བསླང་ནས་སྐྱོད་པ་བྱེད་པ་དང་གཉིས། དགེ་བ་བྱེད་པའི་གང་ཟག་གཞན་འགྱོད་པ་དང་མི་ལྡན་པ་ལ་འགྱོད་དུ་བཅུག་པའི་བསམ་པས་འགྱོད་པའི་གནས་མ་ཡིན་པ་ལ་མགོ་རྨོངས་པར་བྱས་ནས་འགྱོད་པ་བསྐྱེད་པ་དང་གསུམ། སེམས་ཅན་གཞན་གང་རུང་ལ་བྲེ་སྲང་སོགས་ཀྱིས་གཡོ་སྒྱུ་བྱས་ནས་མགོ་བསྐོར་བའམ། རང་གི་ཉེས་སྐྱོན་ཐབས་ཀྱིས་སྦེད་པའི་གཡོ་དང་ཡོན་ཏན་མེད་བཞིན་དུ་ཡོད་པ་ལྟར་སྟོན་པའི་སྒྱུ་སྟེ་བཞི་པོ་གང་རུང་བྱས་ན་ཚེ་འདིར་སེམས་བསྐྱེད་མཐུ་ཆུང་ཞིང་སྐྱེ་བ་གཞན་དུ་མངོན་དུ་མི་འགྱུར་བས་ཉམས་པར་བྱེད་དོ། །དེ་བཞིའི་གཉེན་པོར་དེ་ལས་ལྡོག་སྟེ་སྲོག་གམ་བཞད་གད་ཙམ་དུ་ཡང་ཤེས་བཞིན་རྫུན་མི་སྨྲ་བ་དང་། བྱང་ཆུབ་སེམས་དཔའ་རྣམས་ལ་སྟོན་པའི་འདུ་ཤེས་བསྐྱེད་ཅིང་ཡོན་ཏན་བསྔགས་པ་བརྗོད་པ་དང་། རང་གིས་སྨིན་པར་བྱས་པ་ཐམས་ཅད་ཉན་རང་གི་ས་མ་ཡིན་པར་ཐེག་པ་ཆེན་པོའི་སར་སྨིན་པར་བྱེད་པ་དང་། གཡོ་སྒྱུ་སྤངས་ནས་སེམས་དྲང་པོར་གནས་པ་སྟེ་དཀར་པོའི་ཆོས་བཞི་འདིས་སྐྱེ་བ་གཞན་དུ་སེམས་མི་ཉམས་པར་བྱེད་པའོ། །གཞན་ང་རྒྱལ་དང་འཕྲག་དོག་དང་སེར་སྣ་སྤངས་པ་དང་། གཞན་གྱི་བདེ་སྐྱིད་འབྱོར་བ་མཐོང་ན་ཡིད་དགའ་བ་དང་བཞི་ལྡན་ན་ཚེ་འདིར་སྨོན་སེམས་མི་འདོར་ཞིང་སྤྱོད་ལམ་ཐམས་ཅད་དུ་བྱང་ཆུབ་ཀྱི་སེམས་སྦྱོང་བར་བྱས་པ་ཡིས། སྐྱེ་བ་གཞན་དུའང་མི་འདོར་བ་མདོ་སྡེ་ལས་གསུངས་སོ། །དེ་ལས་མི་ཉམས་པའི་བསླབ་བྱ་གཉིས་ལས་འདས་ན་སྨོན་སེམས་

གཏོང་བས་བཤགས་སྡོམ་བྱས་ལ་སླར་བླངས། སྤེལ་བའི་བསླབ་བྱ་གཉིས་ལས་ཉམས་པ་དང་། ནག་པོའི་ཆོས་བཞི་རྣམས་བྱས་ན་བར་མ་དགེ་བ་ཁས་བླངས་པའི་བསླབ་བྱ་ལས་འགལ་བའི་ཉེས་བྱས་ཡིན་པས་སྟོབས་བཞིའི་བཤགས་པ་བྱའོ། །བཤགས་ཡུལ་ནི་བླང་ཡུལ་དང་འདྲའོ།།

གཉིས་པ་འཇུག་སྡོམ་གྱི་བསླབ་བྱ་ལ་གཉིས་ལས། དང་པོ། སྤྱོད་པ་སྤྱི་ལ་བསླབ་ཚུལ་ནི། ཐབས་ཤེས་ཟུང་འབྲེལ་སེམས་དཔའི་སྤྱོད་པ་བསླབ། །སྐད་ཅིག་རྒྱུན་གྱི་ཕན་གདགས་ཆེན་པོ་བྱ། །ཕར་ཕྱིན་རྣམས་དང་བསྡུ་བ་བཞི་སོགས་ལ། །བསླབ་པར་བྱ་སྟེ་རྒྱས་པ་གཞན་དུ་བལྟ། །ཞེས་པ། འཇུག་པ་སེམས་བསྐྱེད་ཀྱི་སྡོམ་པ་བླངས་པ་ནི། སེམས་ཅན་གྱི་དོན་དུ་སངས་རྒྱས་སྒྲུབ་པ་ཡིན་ལ་ཁས་བླང་པ་ལྟར་མ་བསྒྲུབ་ན་དོན་མི་གྲུབ་པར་མ་ཟད་ཁས་བླངས་འགལ་བའི་ཉེས་པས་ངན་འགྲོར་ལྟུང་བས་རང་བཞིན་བསླུ་བ་འགྱུར་ཏེ། མདོ་ལས། རྟོགས་སོ་བྱས་ནས་ཅི་ཡང་མ་སྤྱད་ན། །བླ་ན་མེད་པའི་འབྲས་བུ་ཐོབ་པར་མི་འགྱུར་རོ། །ཞེས་དང་། སེམས་ཅན་སངས་རྒྱས་རྒྱུ་ཡིན་ཏེ། མ་བསྒྲུབ་བར་དུ་འཚང་མི་རྒྱ། །ཞེས་གསུངས་པ་ལྟར་རོ། །སངས་རྒྱས་བསྒྲུབ་པའི་ལམ་ཡང་མ་ནོར་ཞིང་ཆ་ཚང་བ་གཅིག་ལ་འཇུག་དགོས་ཀྱི། ནོར་བའི་ལམ་ལ་ཅི་ལྟར་འབད་ཀྱང་འབྲས་བུ་མི་འབྱུང་སྟེ་རྭ་ལ་འཐེན་པས་འོ་མ་མི་འབྱུང་བ་བཞིན་ནོ། །ཆ་མ་ཚང་ན་ཡང་འབྲས་བུ་མི་འབྱུང་སྟེ། ས་བོན་དང་ཆུ་ལུད་དང་ས་སོགས་གང་རུང་ཞིག་མ་ཚང་ན་མྱུ་གུ་མི་སྐྱེ་བ་བཞིན་ནོ། །ཞེས་གསུངས་པ་ལྟར་རོ། ། མ་ནོར་ཞིང་ཆ་ཚང་བའི་ལམ་ཡང་ཚོགས་གཉིས་སམ་ཐབས་ཤེས་ཟུང་དུ་འབྲེལ་བའི་སྒོ་ནས་གཡུང་དྲུང་སེམས་དཔའི་སྤྱོད་པ་ཐམས་ཅད་བསླབ་ཅིང་སྒྲུབ་པ་ཡིན་

ལ། སེམས་དཔའི་སྤྱོད་པ་ཡང་གཞན་གྱི་དོན་ལ་གང་བརྩོན་པ་དེ་ནི། གཡུང་དྲུང་སེམས་དཔའ་ཡིན་པ་དང་། ཞེས་དང་། ཅི་བྱེད་སེམས་ཅན་གྱི་དོན་ལ་འགྱུར་བ་ཞེས་གསུངས་པ་བཞིན། སེམས་ཅན་ལ་གནོད་པར་འགྱུར་བའི་ལས་སྤྱོད་ཐམས་ཅད་སྤངས་ལ། དངོས་སམ་བརྒྱུད་ནས་ཕན་པར་འགྱུར་བའི་ལས་སྤྱོད་ལ་འཇུག་པར་བྱའོ། །ཕན་བདགས་པའང་། མདོ་ལས། ཕན་གྱི་གདགས་ལུགས་རྣམ་པ་གཉིས་ལས་མེད། །གདགས་པ་དང་གདགས་པ་ཆེན་པོའོ། །ཞེས་དང་། སྐད་ཅིག་མའི་ཕན་པ་དང་། རྒྱུན་དུ་ཞུགས་པའི་ཕན་པའོ། །སྐད་ཅིག་མའི་ཕན་པ་ནི། ལོ་དང་ཟླ་བ་ཐང་ཡུད་དོ། །ཞེས་སོགས་གསུངས་པ། སྐད་ཅིག་མའི་ཕན་པ་ཚེ་འདིའི་གནས་སྐབས་ཀྱི་སྡུག་བསྔལ་བསལ་ཅིང་བདེ་བ་ལ་སྦྱར་བའོ། །རྒྱུན་དུ་ཕན་གདགས་པ་ནི་ཚེ་ཕྱི་མ་ཕན་ཆད་ཀྱི་དོན་དུ་འགྱུར་བའི་དགེ་བ་ལ་འགོད་ཅིང་མི་དགེ་བའི་ལས་འདོར་གཞུག་པའོ། །འོ་ན་གཞན་ལ་ཕན་གདགས་པ་ཙམ་པོ་ནས་བྱང་སེམས་ཀྱི་བསླབ་པ་བསྡུས་སམ་ཞེ་ན། ཐེག་ཆེན་ལ་ཞུགས་པའི་བྱང་སེམས་སྡོམ་ལྡན་འདིས་རང་དོན་ཡིད་བྱེད་ཀྱི་དྲི་མས་མ་གོས་པའི་སྒོ་ནས་བསམ་པ་གཞན་དོན་དང་མ་བྲལ་བར་སྦྱོར་བས་རང་རྒྱུད་ལ་སངས་རྒྱས་ཀྱི་ཡོན་ཏན་ཡོངས་སུ་རྫོགས་བྱེད་ཕ་རོལ་ཏུ་ཕྱིན་པ་བཅུ་དང་། གཞན་རྒྱུད་སྨིན་པར་བྱེད་པའི་བསྡུ་བ་བཞི་སྟེ། སྦྱིན་པའི་བསྡུ་བ་ཟང་ཟིང་གིས་འགུགས་པར་བྱས་པ་དང་། སྙན་པར་སྨྲ་བའི་བསྡུ་བ་འདི་ཕྱིའི་དོན་ལས་མི་ཉམས་པར་ཕན་བདེ་འབྱུང་བའི་བསླབ་བྱ་སྟོན་པ་དང་། དོན་སྤྱོད་ཀྱི་བསྡུ་བ་གདུལ་བྱ་རང་རང་གི་ནུས་སྟོབས་དང་སྦྱར་བ་ཁ་ན་མ་ཐོ་བ་མེད་པའི་དགེ་ལེགས་ཀྱི་སྤྱད་པ་སྤྱོད་དུ་གཞུག་པ་དང་། དོན་མཐུན་གྱི་བསྡུ་བ་གཞན་གང་ལ་གཞུགས་པའི་སྤྱོད་པ་

དང་མཐུན་པ་རང་ཡང་དེ་ལ་གནས་ཏེ། གཞན་ཡིད་ཆེས་པར་བྱེད་པའོ། །དེ་སོགས་བསླབ་བྱ་མཐའ་དག་ལ་བསླབ་དགོས་ཤིང་། ཁྱད་པར་འགལ་རྐྱེན་སྤོང་ཞིང་མཐུན་རྐྱེན་སྒྲུབ་ལུགས་རྣམས་ལེགས་པར་ཤེས་ཤིང་བསླབ་པར་མ་བྱས་ན་ཤིན་ཏུ་མི་རུང་སྟེ། བྱང་སེམས་ཀྱི་སྡོམ་པ་བླངས་ནས་ཚུལ་བཞིན་དུ་མ་བསྲུབ་ན་རོ་ཡང་སྒྲུབ་ཉེས་དང་། སྨྱོན་པའི་རལ་གྲིས་རང་སྲོག་གཅོད་པ་འདྲ་སྟེ། ཉེས་པ་ཤིན་ཏུ་ཆེ་ཞིང་ཚུལ་བཞིན་དུ་སྒྲུབ་ན་ནི་འོག་ཏུ་ཕན་ཡོན་ནས་བཤད་པ་བཞིན་ཚད་དུ་བྱུང་བའི་ལམ་ཡིན་པས་ཡོན་ཏན་ཤིན་ཏུ་ཆེ་བར་གསུངས་སོ། །བྱམས་པ་ལས་ཀྱང་། གང་དག་བདག་ནི་ཐེག་པ་ཆེན་པོ་ཞེས་ཁས་ལེན་ཞིང་བསླབ་པ་མི་སྒྲུབ་པ་དག་ནི་བཅོས་མ་ཡིན་གྱི་དངོས་མ་ཡིན་ནོ། །བསླབ་པ་ལེགས་པར་སློབ་པ་དག་ནི་ཐེག་པ་ཆེན་པོ་ཡིན་པར་རིགས་པར་བྱའོ། །ཞེས་དང་། སྡོམ་གསུམ་བསྟན་པའི་མདོ་ལས་ཀྱང་། དེ་བཞིན་དུ་གསུངས་པས་བསླབ་བྱ་ལ་ལེགས་པར་བསླབ་དགོས་སོ། །དེ་ཡང་གཞུང་འདིར་མདོར་བསྟན་པ་ཙམ་ལས་མ་སྨྲས་པས་བསླབ་བྱ་རྒྱས་པ་རྣམས་ནི་གཞན་ཐེག་ཆེན་གྱི་སྡེ་སྣོད་དང་བྱང་སེམས་ཀྱི་བསླབ་བྱ་གང་ལས་བྱུང་བའི་དགོངས་འགྲེལ་རྣམས་ལ་ཞིབ་ཏུ་ལྟོགས་ཚད་ཀྱིས་བསླབ་པར་བྱའོ། །ཞེས་པའོ། །རྒྱས་པར་གཞན་དུ་བལྟ་ཞེས་པའི་གཞན་ནི་མཆན་ལས། མདོ་ལ་སོགས་པ་ཞེས་སྣང་ཡང་། །མདོ་ལས་གདགས་པ་དང་གདགས་པ་ཆེན་པོ། སྐད་ཅིག་མ་གཅིག་དང་རྒྱུན་གྱི་ཕན་པ་ཙམ་དང་། དུས་གསུམ་གྱི་དེ་བཞིན་གཤེགས་པ་ཐམས་ཅད་ཀྱིས་ཕ་རོལ་དུ་ཕྱིན་པ་བཅུ་ལ་བསླབ་པར་འགྱུར་ཞེས་པ་ཙམ་ལས་མ་བྱུང་ངོ་། །ཁམས་བརྒྱད་སྣང་བ་ཚུལ་ཁྲིམས་ཀྱི་ལེའུ་ནི་བླ་མ་འདྲིས་ཀུན་ལས་བཏུས་ནས་སུ་སོ་ཐར་བསླབ་བྱར་དྲངས་ཀྱང་འཐད་པར་མི་སྣང་སྟེ། དེར་

རྩ་བ་བཞིའི་ཡ་གྱལ་མི་ཚངས་སྤྱོད་དམ་བཅས་མ་བྱས་པར་མི་དགེ་བ་བཅུའི་ཡ་གྱལ་ལོག་གཡེམ་དམ་བཅས་བྱས་པས་ལོག་གཡེམ་ཙམ་ལས་མི་བསྲུང་བའི་སོ་ཐར་རང་འབྱུང་མི་སྲིད་པའི་ཕྱིར་དང་། བསྟན་པ་ཡང་གཡུང་དྲུང་སེམས་དཔའ་གསལ་བ་འོད་ལྡན་ཡིན་ཞིང་ཁ་ན་མ་ཐོ་བ་སྤངས་པར་འཚལ་བའི་གཡུང་དྲུང་སེམས་དཔའ། ཞེས་གསུངས་པས། སོ་ཐར་རང་རྐྱང་མ་ཡིན་པར་བྱང་སེམས་ཀྱི་བསླབ་བྱ་ཡིན་པར་བསྟན་པའི་ཕྱིར་དང་། འབྲུལ་ལྷ་མན་ཆད་ཕོ་ཁྲིམས་དང་། ཕྱིན་ཅི་ལོག་མན་ཆད་མོ་ཁྲིམས་སུ་ཕྱེས་ཀྱང་། དེར་རིགས་ཀྱི་བུའམ་བུ་མོ་གང་ལ་ལ་ཞིག་གིས་སྲོག་གཅོད་པ་སྤང་བའི་ཚུལ་བསྲུང་ཞིང་ཁྲིམས་ཐུབ་ན་ཞེས་ཐམས་ཅད་ལ་སྦྱར་གྱི། ཕོ་མོའི་སྡོམ་པ་རིས་སུ་ཕྱེས་པ་ཡང་མ་བྱུང་ངོ་། །མཐའ་བཞི་ཡེ་ཤེས་རྒྱལ་བས། སྤང་བྱ་འདི་རྣམས་ལས་དང་པོ་བ་ནས། ས་བཅུའི་རྒྱུན་མཐའི་བར་གྱི་སྤང་བྱ་སྨོས་པ་ཙམ་གྱིས། ཐམས་ཅད་བསྲུང་ནུས་ཀྱི་དབང་དུ་བསྟན་པ་མ་ཡིན་ཞེས་པ་ཡང་མི་རིགས་ཏེ། བསྲུང་མི་ནུས་པ་དམ་བཅའ་བའི་དོན་མེད་ཅིང་། ངན་འགྲོར་མྱུར་དུ་འཁྲིད་པའི་ལམ་སངས་རྒྱས་ཀྱི་གདུལ་བྱ་ལ་ཆེད་ཀྱིས་སྒྲུབ་པར་ཡང་མི་འགྱུར་ཏེ། དམ་བཅས་པ་བཞིན་དུ་བསྒྲུབ་མི་ནུས་ན་ཁས་བླང་འགལ་བའི་ཉེས་པས་ངན་འགྲོར་འཁྲིད་པའི་ཕྱིར། གཞན་ཡང་མཚན་ཉིད་ལམ་གྱི་གྲངས་མེད་གསུམ་གྱི་ཡུན་ལ་སྤང་བར་མི་ནུས་པ་ལུང་དུ་མ་ནས་གསུངས་པས་རྒྱུན་མཐའི་སྤང་བྱ་སྟེ། ཅི་སྲིད་འཚོ་བའི་སྤང་བྱར་དམ་བཅས་པར་འདོད་པ་བཞད་གད་ཀྱི་གནས་ཀྱང་ཡིན་ནོ། །དེས་ན་སོ་ཐར་གྱི་བསླབ་བྱ་ཡང་མ་ཡིན་ལ་བྱང་སེམས་ཀྱི་བསླབ་བྱར་དྲངས་ན་ཡང་རྩོད་ལན་གྱི་ཉེས་པ་སྤང་དཀའ་བ་མང་དུ་སྣང་ངོ་། །རང་གཞུང་དག་ལས་ཀྱང་བསླབ་བྱ་གསལ་བར་མི་སྣང་ལ་བླ་མ་སྤྱི་

རབས་པ་མང་པོ་དག་གིས་ཀྱང་ཚིག་ཙམ་བྱས་ནས་སྨོན་སེམས་ཀྱི་བསླབ་བྱ་དཀར་ནག་གི་ཆོས་བརྒྱད་ཀྱིས་སྦྱོང་ལེན་ཙམ་བསྟན་པ་ཡིན་གྱིས་འཇུག་སྡོམ་གྱི་བསླབ་བྱ་གསལ་བར་བསྟན་པ་མི་སྣང་ངོ་། །སློབ་དཔོན་བསོད་རིན་གྱིས། འགལ་རྐྱེན་སྤང་བ་ལ་དུག་ལྔ་ལས་གྱུར་བའི་རྩ་ལྟུང་བཞི་སྟེ། ཆགས་པས་གཞན་ཕན་མི་བྱེད་དང་། །སྡང་བས་གཞན་གདུག་གནོད་པ་དང་། །ངོགས་པས་ཉ་ང་ཁྲད་གསོད་དང་། །རྨོངས་པས་དོན་ལོག་སྟོན་པའོ། །ཞེས་གསུངས་པ་དེ་ཡང་བྱང་ས་ལས་བྱུང་བའི་དོན་བསྡུས་པ། སྡོམ་པ་ཉི་ཤུ་པ་ལས། རྙེད་དང་བཀུར་བསྟི་ཆགས་པ་ཡིས། །བདག་བསྟོད་གཞན་ལ་སྨོད་པ་དང་། །སྡུག་བསྔལ་མགོན་མེད་གྱུར་པ་ལ། །སེར་སྣས་ཆོས་ནོར་མི་སྟེར་དང་། །གཞན་གྱིས་བཤད་ཀྱང་མི་ཉན་བར། །ཁྲོས་པས་གཞན་ལ་འཚིགས་པ་དང་། །ཐེག་པ་ཆེན་པོ་སྤོང་བྱེད་ཅིང་། །དམ་ཆོས་འདྲ་བར་སྣང་སྟོན་པའོ། །ཞེས་གསུངས་པའི་དོན་ལ་འདྲ་འདོད་མཛད་སྣང་ཡང་། འགལ་མཚམས་ཀྱི་གནད་ཀྱང་མ་ཟིན་ཞིང་དེ་ཙམ་གྱི་རྩ་ལྟུང་དང་ཉེས་བྱས་རྣམས་བསྡུ་བར་ནུས་པ་ཡང་མ་ཡིན་ནོ། །གསང་སྔགས་ཕྱི་ནང་གི་བསྒྲུབ་སྐོར་ཐམས་ཅད་ཀྱང་། མན་ངག་ཁྲིད་རིམ་ཐམས་ཅད་ལས་བྱང་ཆུབ་ཏུ་སེམས་བསྐྱེད་པར་བྱའོ། །ཞེས་སོགས་བྱང་ཆུབ་ཏུ་སེམས་བསྐྱེད་པའི་ཚུལ་ཙུང་ཟད་རེ་མི་སྟོན་པ་མེད་ཅིང་། སེམས་ལུང་ལས། སེམས་བསྐྱེད་སྔོན་དུ་མ་སོང་ཞིང་པས་ས་བོན་རྒྱུ་བརྗེད་འདྲ། །ཞེས་ཐེག་པ་ཆེན་པོའི་ལམ་གྱི་རྩ་བ་ཡིན་པས་མེད་ཐབས་མེད་ཅིང་། ཡང་དེ་ཉིད་ལས། སེམས་བསྐྱེད་ཡུལ་དུས་ལས་སྡོམ་ཡོན་ཏན་མཆོག །ཅེས་སེམས་བསྐྱེད་བླང་བའི་ཡུལ་དང་། དུས་དང་། ལས་ཀྱི་ཆོ་ག་དང་། གང་སྡོམ་པའི་རྩ་ལྟུང་དང་ཉེས་བྱས་དང་། ཡོན་ཏན་རྣམས་ཀྱི་སྡོམ་ཚིག་འབྱུང་བ་བཞིན་

སློབ་དགོས་པས། དེ་དག་གི་བསླབ་བྱ་གང་ལ་བྱུང་བའི་བཀའ་འམ་བཀའ་རྟེན་གང་ཡིན་བཙལ་ནས་བསླབ་ཅིང་བསྲུང་མཚམས་ངེས་པར་བྱས་པའི་སྡོམ་པ་ལ་གནས་པར་རིགས་སོ། །ཆོས་གཞུང་ལས། སྡོམ་པ་འདི་དང་པོ་མ་ཐོབ་པ་ཐོབ་པར་བྱ་བ་ཆོ་གས་བླང་ཚུལ། ཐོབ་པ་མི་ཉམས་པ་བསྲུང་བ་ཚུལ་ཁྲིམས་གསུམ་ལ་སོགས་པའི་ཕར་ཕྱིན་དང་བསྡུ་བཞི་ལ་བསླབ་ཚུལ་དང་། དེ་ལ་འགལ་བའི་རྩ་ལྟུང་དང་ཉེས་བྱས་སྤང་ཚུལ་དང་། ཉམས་ན་ཕྱི་བཅོས་ཚུལ་དང་། མ་ཉམས་པ་བསྲུང་བའི་ཕན་ཡོན་སོགས་ཞིབ་ཏུ་བསྟན་པར་སྣང་ཡང་འདིར་དྲངས་ན་ཡི་གེ་མང་དོགས་པ་དང་། ཕྱོགས་ཞེན་ཆེ་བའི་གང་ཟག་གིས་དོན་དུ་མི་འགྱུར་བར་མ་ཟད་གཞུང་འདི་ཉིད་ཀྱང་སྤང་པའི་རྐྱེན་དུ་འགྱུར་བསམ་ནས་མ་བྲིས་སོ། །འོན་ཀྱང་སངས་རྒྱས་ཐོབ་པར་འདོད་ན་དེ་བསྒྲུབ་པའི་ལམ་ལ། སྔགས་དང་མཚན་ཉིད་ཀྱི་ཐེག་པ་གཉིས་ལས་གཞན་མེད་ལ། དེ་གཉིས་གང་ལ་འཇུག་ཀྱང་མེད་དུ་མི་རུང་བའི་རྩ་བ་ནི་བྱང་ཆུབ་ཀྱིས་སེམས་ཡིན་ཞིང་དེ་ཡང་དེ་ལས་མི་འགལ་ཞིང་ཚུལ་བཞིན་དུ་བསྒྲུབ་པའི་བསླབ་བྱ་ལ་ལྟོས་པས་འཇིག་རྟེན་གྱི་ཕྱོགས་རིས་ལས་སངས་རྒྱས་གཙོར་བྱེད་པ་དག་གིས་ནི། རང་གི་བསླབ་བྱ་ལེགས་པར་སྟོན་པའི་གསུང་རབ་གང་གི་ཕྱོགས་བླང་ཡང་སྐྱོན་མེད་སྙམ་མོ། །འགའ་ཞིག་རང་འཇུག་ཕྱོགས་ཀྱི་སྐལ་པ་ཡིན་པས་ལེགས་རུང་ཉེས་རུང་དེ་ལྟར་བྱ་ཡིས། གཞན་དག་ལེགས་ཀྱང་དང་དུ་མི་ལེན་ཟེར་བ་ཡོད་པས། དེས་ན་རང་ལ་ལེགས་པའི་བསླབ་བྱ་སྟོན་པའི་གསུང་རབ་སེམས་མེད་ཀྱི་པེམ་པོ་ལ་ཡང་ཞེ་ངན་མི་འདོར་ན། སྡང་བའི་དགྲ་ཡང་གཅེས་པའི་བུ་དང་རོ་མཉམ་བྱེད་ནུས་ཀྱི་བྱང་ཆུབ་ཀྱི་སེམས་ཅི་ལྟར་སྐྱེ་སྟེ། སྐྱིད་རུང་གཏན་ནས་མིན་པས་དེ་ཡིས་བསླབ་བྱ་མི་

གོའོ། །གཞན་ཡང་དེ་ལྷ་བུ་དེས་ལྷ་ངན་དུ་ཞུགས་པའི་མུ་སྟེགས་པ་དག་ལྷ་ངན་དེས་ངན་འགྲོར་འཁྲིད་པ་ལ་སངས་རྒྱས་ཀྱིས་གཟིགས་ནས་ཐུགས་བརྩེ་བས་ལྷ་ངན་དེ་འདོར་ཞིང་ཡང་དག་པའི་ལྷ་བ་ལ་སྦྱོར་བའི་ཆེད་དུ་ལུང་རིགས་དུ་མ་བརྗོད་པ་དེས་རང་གིས་ལྷ་བ་ངན་པར་ཤེས་ཀྱང་མི་འདོར་བ་དེ་ལ་ཡིད་རང་སྐྱེས་ཞིང་ཡིད་དཔྱས་གདགས་མི་ནུས་ཏེ། རང་དང་འདོད་པ་མཚུངས་པའི་ཕྱིར་རོ། །དེས་ན་སངས་རྒྱས་ཀྱི་བསྟན་པ་འཛིག་རྟེན་གྱི་ཕྱོགས་རིས་ལ་བྱེད་པའི་གང་ཟག་དེ་ནི་ད་ཀྲུང་གདུལ་བྱའི་དུས་ལ་མ་བབས་པས་རེ་ཞིག་བཏང་སྙོམས་སུ་བྱའོ།།

གཉིས་པ་རིག་པས་བརྟག་ལ་གཙོ་བོར་བསྒྲུབ་ཚུལ་ནི། བདག་དང་གཞན་ལ་འཕྲལ་དང་ཡུན་རིང་དུ། །ཕན་དང་གནོད་པ་གང་བྱུང་བརྟག་བྱས་ལ། །གཉིས་ཀར་ཡུན་རིང་ཕན་བདེ་གཙོར་བསྒྲུབ་སྟེ། །ཕར་ཕྱིན་རྣམས་དང་བསྡུ་བ་བཞི་སོགས་ལ། །དངོས་དང་བསམ་སོགས་ནུས་པ་དང་སྦྱར་ལ། །ཞེས་པ། གོང་དུ་བསྟན་པ་ལྟར་རང་གཞུང་ལས་བསླབ་བྱ་རྒྱས་པའི་གསལ་ཁ་མི་སྣང་ཡང་། མདོར་བསྡུས་པའི་བསླབ་བྱ་འདུ་ཆེ་བ་ནི། བྱ་བ་གང་ལ་ཡང་འདི་བྱས་ན་བདག་གཞན་སེམས་ཅན་གང་ལ་འཕྲལ་དང་གནས་སྐབས་སུ་དང་ཐུགས་ཡུན་རིང་དུ་ཕན་པ་ལས། གནོད་པ་གང་ཡང་འབྱུང་བ་འགྱུར་མི་ཉུང་སྙམ་དུ་ལེགས་པར་བརྟག་ལ་རང་གཞན་གཉིས་ལ་གནོད་འགྱུར་གྱི་ལས་ཐམས་ཅད་སྤང་ལ། འཕྲལ་ཡུན་གཉིས་ཀར་ཕན་པ་དང་གནོད་པ་གཉིས་དང་གཉིས་ཀ་ལ་འཕྲལ་དུ་བདེ་བ་ལྟར་སྣང་ཡང་ཐུགས་སུ་གནོད་པ་དང་། དེ་ལས་ལྡོག་པ་གཉིས་དང་། དེ་ལྟར་རང་གཞན་འཕྲལ་ཡུན་གཉིས་གཉིས་ཏེ་བཞི་རེ་དང་། བདག་ལ་འཕྲལ་དུ་ཕན་ཡང་གཞན་ལ་ཡུན་དུ་གནོད་པ་དང་། བདག་ལ་དེ་

ལས་ལྡོག་པ་གཉིས་དང་། གཞན་ལ་དེ་ལྟར་འགྱུར་བ་གཉིས་ཏེ་སུམ་བཅུ་དྲུག་ཏུ་འགྱུར་རོ། །དེ་ལ་འཕྲལ་དུ་བདེ་ཞིང་ཕུགས་སུ་ཕན་པ་ནི་རང་གཞན་གཉིས་ཀ་ལ་སྒྲུབ་པར་ངེས་ལ། འཕྲལ་དུ་སྡུག་བསྔལ་ལ་ཕུགས་སུ་གནོད་པ་ནི་རང་གཞན་གཉིས་ཀ་ལ་མི་བྱེད་པར་ངེས་སོ། །འཕྲལ་དུ་སྡུག་བསྔལ་ཡང་ཕྱི་མར་ཕན་པ་ཡིན་ན་བྱ་དགོས་ཏེ་དཔེར་ན་གཏར་སྲེག་གིས་ཁོང་ནད་འདོན་པ་བཞིན་ནོ། །འཕྲལ་དུ་བདེ་བདེ་ལྟར་སྣང་ཡང་ཕྱི་མ་སྡུག་བསྔལ་བསྐྱེད་པ་ནི་མི་བྱ་སྟེ། དཔེར་ན་དུག་ཅན་གྱི་ཟས་ཞིམ་པོ་སྤྱངས་པ་བཞིན་ནོ། །ཞེས་གསུངས་པ་ལྟར་རོ། །གཞན་རྣམས་དང་ནི་བདག་ལའང་རུང་། །སྡུག་བསྔལ་ཡིན་ཡང་གང་ཕན་དང་། །ཕན་དང་བདེ་བ་རྣམས་བྱས་ཏེ། །བདེ་ཡང་མི་ཕན་མི་བྱའོ། །ཞེས་སོ། །དེ་ཡང་བྱང་ཆུབ་སེམས་དཔའ་ནི་སྦྱོར་བ་ལས་ཀྱང་བསམ་པ་གཙོར་ཆེ་སྟེ། རང་འདོད་ཀྱི་དྲི་མ་གདོད་ནས་མེད་ཅིང་གཞན་དོན་ཁོ་ན་ཡིན་ན་ལུས་ངག་གི་མི་དགེ་བ་བདུན་གནང་བར་མ་བྱས་ན་ཉེས་པར་འགྱུར་ལ་བྱས་ན་བསྐལ་པ་མང་པོའི་ཚོགས་སྡུད་པར་བཤད་ཅིང་། ཉེ་ཤུ་པ་ལས་ཀྱང་། སྙིང་བརྩེ་ལྡན་ཞིང་བྱམས་ཕྱིར་དང་། །སེམས་དགེ་བ་ལ་ཉེས་པ་མེད། །ཅེས་དང་། ཡང་རྩེ་ལས། བྱང་ཆུབ་ཀྱི་སེམས་འདི་ཡོད་ན་དགེ་བ་རྣམས་ཀྱང་འཕེལ། ལུང་མ་བསྟན་གྱི་ལས་ཀྱང་དགེ་བར་འགྲོ། སྡིག་པའི་ལས་ཀྱང་རྣམ་སྨིན་བསྐྱེད་མི་ནུས། ཞེས་སོགས་གསུངས་པས། ཉེས་པ་ཐམས་ཅད་ཤུགས་ཀྱིས་ཁེགས་ཤིང་དགེ་ལེགས་ཐམས་ཅད་དབང་མེད་དུ་འབྱུང་བའི་གནས། བྱང་ཆུབ་ཀྱི་སེམས་ཁོ་ན་སྦྱངས་བ་གཙོ་བོར་བྱའོ།།

གསུམ་པ་ཤེས་བྱེད་ཀྱི་ལུང་བཀོད་པ་ནི། སྲས་ལ་གཞན་དོན་སྐྱེས་པའི་དུས་ཀྱི་ཚེ། །གཡུང་དྲུང་སེམས་དཔའི་རིགས་ཡིན་ངེས་པར་འདུག །ཅེས་པ། གཡུང་དྲུང་

སེམས་དཔའ་ཐེག་པ་ཆེན་པོའི་རིགས་ཡིན་མིན་ནི། སྟོང་ཉིད་རྟོགས་པའི་ཤེས་རབ་ཅམ་དང་། ཁམས་གོང་མའི་སྙོམས་འཇུག་གི་བསམ་གཏན་ཐོབ་པའམ། རྫུ་འཕྲུལ་དང་མངོན་ཤེས་གྲུབ་པའི་དབང་འབྱོར་གྱི་བསམ་གཏན་ཐོབ་པ་གང་ལ་ཡང་ཐེག་ཆེན་པའམ་གཡུང་དྲུང་སེམས་དཔའི་རིགས་ཞེས་སངས་རྒྱས་ཀྱིས་མ་གསུངས་ཤིང་། རྒྱལ་སྲས་གཏོ་བུ་འབུམ་སངས་ཀྱིས། བདག་ཉིད་སློ་ཅིག་ཐར་པ་པས། སེམས་ཅན་རྣམས་ལ་ཕན་ཅིག་གདགས་ན་ཅི་ལྟ་བུའི་ཐབས་ཀྱིས་གྲུབ་པ་ལགས། ཞེས་ཞུས་པའི་ཚེ། རང་བས་གཞན་གཅེས་ཀྱི་བྱང་ཆུབ་ཀྱི་སེམས་སྐྱེས་པར་གཟིགས་ནས། དད་པ་ཤེས་རབ་ལྡན་པའི་རྒྱལ་བུ་ཁྱོད། །གཡུང་དྲུང་སེམས་དཔའི་རིགས་ཡིན་ངེས་པར་འདུག །ཅེས་མདོ་ལས་གསུངས་པས། ཐེག་པ་ཆེ་ཆུང་གི་ཁྱད་འབྱེད་ནི་སྙིང་རྗེ་རྩ་བ་ཅན་གྱི་བྱང་ཆུབ་ཀྱི་སེམས་རང་བས་གཞན་གཅེས་ཀྱི་བློ་སྐྱེས་མ་སྐྱེས་པོ་ནས་ཕྱེ་ཡིས་བསམ་གཏན་བསྒོམ་པ་སོགས་གང་ཡང་མ་ཡིན་པར་ཤེས་པར་བྱའོ།།

བདུན་པ་སེམས་བསྐྱེད་ཀྱི་ཕན་ཡོན་ནི་དཔེ་དོན་དྲུག་གིས་བསྟན་ཏེ། རིན་ཆེན་རྟུལ་ཕྱིས་འདྲ་བའི་དགེ་བ་ཡང་། །དྲིགས་སོགས་འཁོར་བས་དྲི་མས་གོས་མི་འགྱུར། །ཞེས་པ། དཔེར་ན་རིན་པོ་ཆེ་གསེར་དངུལ་ལ་རྟུལ་ཕྱིས་པས་དྲི་མ་དག་པ་དང་འདྲ་བར། བྱང་ཆུབ་ཀྱི་སེམས་ཀྱིས་ཟིན་པའི་དགེ་བ་གང་ཡང་སྣང་དྲིགས་ལ་སོགས་དང་ཚེ་ཕྱི་མ་འཁོར་བའི་བདེ་འབྲས་ཐོབ་པ་དང་། རང་ཉིད་ཞི་བདེའི་མྱང་འདས་ཐོབ་པར་འདོད་པའི་ལོག་པ་དང་། དམན་པས་དྲི་མས་གོས་པར་མི་འགྱུར་བར་རྣམ་མཁྱེན་ཐོབ་པའི་རྒྱུར་འགྱུར་རོ། །ལོ་མ་བཅད་དང་རྩ་བ་སྤུངས་ཟད་བཞིན། །དགེ་བའི་འབྲས་བུ་འཛད་དང་འཕེལ་ཤེས་བྱ། །ཞེས་པ། དཔེར་ན་ལྗོན་ཤིང་ལོ་འབྲས་

ཅན་ལ་ལོ་མ་དང་འབྲས་བུ་ཙམ་བཅད་ནས་ལོངས་སྤྱོད་ན་ཕྱིས་སུ་ཡང་ལོ་འབྲས་སོགས་མི་ཟད་པར་ལོངས་སྤྱོད་པས་ཆོག་ལ། རྩ་བ་ནས་བཅད་པའམ་ཕྱུངས་ནས་ཟད་པར་བྱས་ན་དུས་གཅིག་ལས་ལོངས་སྤྱོད་རྒྱུ་མེད་པ་བཞིན། སེམས་བསྐྱེད་ཀྱིས་མ་ཟིན་པའི་དགེ་བ་ནི་ལན་ཅིག་བདེ་འབྲས་ཙམ་ལ་ལོངས་སྤྱོད་ལས་ཟད་པར་འགྱུར་ལ། དེས་ཟིན་པའི་དགེ་བ་ནི་བྱང་ཆུབ་ཆེན་པོ་མ་ཐོབ་ཀྱི་བར་དུ་གོང་ནས་གོང་དུ་འཕེལ་བ་ཤེས་པར་བྱའོ། །རྒྱ་མཚོ་ཆུ་ཐིགས་བཞིན་དུ་དགེ་བ་ཡང་། །རྒྱ་ཆེར་འགྱུར་དང་ཆུང་ངུ་རིགས་པར་བྱའོ། །ཞེས་པ། སྦྱོར་བའི་དགེ་བ་མཉམ་པ་གཅིག་ལ་ཡང་བསམ་པ་འདིས་ཟིན་མ་ཟིན་པའི་ཁྱད་པར་གྱིས་རྒྱ་མཚོ་བཞིན་དུ་རྒྱ་ཆེར་འགྱུར་བ་དང་། ཆུ་ཐིགས་བཞིན་དུ་ཆུང་ངུ་ལས་མི་འགྱུར་བ་རིགས་པར་བྱའོ། །ཉི་མས་སྣུན་འཇོམས་བཞིན་དུ་སྡིག་པའི་ཚོགས། །བདག་འཛིན་འཇོམས་པས་རྩད་བཅད་ཡན་ལག་བཞིན། །ཞེས་པ། དཔེར་ན་ཉི་མས་སྣུན་པ་འཇོམས་པ་བཞིན་དུ་སྔར་བསགས་ཀྱི་སྡིག་པ་རྣམས་དག་པ་དང་སླབ་པར་འགྱུར་བ་དང་གསར་དུ་འཕོར་བར་མི་འཕེན་ཏེ། དོན་དམ་བྱང་ཆུབ་ཀྱི་སེམས་བསྐྱེད་ན་བདག་ཏུ་འཛིན་པའི་འཆིང་བ་ལས་གྲོལ་བ་དང་། ཀུན་རྫོབ་སེམས་བསྐྱེད་ཀྱིས་བདག་བས་གཞན་གཅེས་པར་འཛིན་པས་བདག་དོན་དུ་སྲིད་པའི་སྒོ་ནས་ལས་དང་ཉོན་མོངས་པ་མི་བསོག་པའི་ཕྱིར་རོ། །རིན་ཆེན་བཞིན་དུ་བདེ་དང་སྡུག་བསྔལ་སོགས། །སྤང་དང་བླངས་བ་བསམ་པ་བཞིན་དུ་འགྲུབ། །ཅེས་པ། ཡིད་བཞིན་ནོར་བུ་རིན་པོ་ཆེ་དེ་ལ་སྨོན་ལམ་ཅི་བཏབ་འགྲུབ་པ་བཞིན་དུ། འཇིག་རྟེན་དང་འཇིག་རྟེན་ལས་འདས་པའི་བདེ་ལེགས་ཐམས་ཅད་འགྲུབ་པ་དང་། ཚེ་འདི་དང་ཕྱི་མ་ལ་སྡུག་བསྔལ་ཐམས་ཅད་ཞི་བ་སོགས་རང་

གིས་གང་སྣང་བར་འདོད་པ་དང་། སྣང་བར་འདོད་པ་ཐམས་ཅད་བསམ་པ་བཞིན་དུ་འགྲུབ་པར་ཡང་འགྱུར་རོ། །ས་འོག་གསེར་བཞིན་འབྲས་བུ་ཡོངས་བཟུང་ནས། །འཚོར་བར་མི་འགྱུར་ལ་སོགས་བརྗོད་མི་ལང་། །ཞེས་པ། དཔེར་ན་ས་འོག་གི་གསེར་དེ་སས་སྒྲིབ་པ་ཙམ་ལས་བཙོས་བསྒྱུར་མི་དགོས་པར་གསེར་ཡིན་པ་བཞིན་དུ། ལམ་སྐབས་ཀྱི་སྙིང་རྗེ་བྱང་ཆུབ་ཀྱི་སེམས་འདི་རྗེ་ཆེར་འཕེལ་བ་ལས་སངས་རྒྱས་ཐུགས་རྗེས་གཞན་དོན་བྱེད་པ་ཡིན་གྱི། རྣམ་སྨིན་གྱིས་བསྒྱུར་མི་དགོས་པར་དང་པོ་ནས་འབྲས་བུ་ཉིད་ཡོངས་སུ་བཟུང་བ་སྟེ། གསུང་རབ་ལས། བསམ་པ་བཟང་པོ་སྐྱེས་པའི་བྱང་ཆུབ་ཀྱི་སེམས་འདི་ནི་དཔེར་ན་ས་འོག་གི་གསེར་དང་འདྲ་སྟེ། མདོག་འཚོར་བར་མི་འགྱུར། བརླག་པར་མི་འགྱུར། ཞེས་སོ། །གཞན་ཡང་མིང་དོན་འཕོ་བ་དང་། སངས་རྒྱས་མཉེས་པ་དང་། སྲུང་མས་སྐྱོབ་པ་དང་། དངོས་གྲུབ་མྱུར་བ་དང་། གང་དུ་གནས་པའི་ས་ཕྱོགས་སུ་རིམས་དང་མི་གེ་དང་བཀྲ་མི་ཤིས་པ་ཐམས་ཅད་མྱུར་དུ་ཞི་བ་སོགས་ཕན་ཡོན་མང་དུ་གསུངས་པ་དག་བརྗོད་དུ་མི་ལང་སྟེ། བྱང་ཆུབ་སེམས་ཀྱི་བསོད་ནམས་གང་། །དེ་ལ་ཅི་ལྟར་བཤད་མི་ལང་། །ཞེས་དང་། གལ་ཏེ་དེ་ལ་གཟུགས་མཆིས་ན། །ནམ་མཁའི་ཁམས་ནི་ཀུན་གང་བ། །དེ་ནི་དེ་ལས་ལྷག་པར་འགྱུར། །ཞེས་གསུངས་པ་ལྟར་བཤད་ཁུངས་ཡོད་པ་རྣམས་ནི་གཞན་དུ་ཡང་ཤེས་པར་བྱའོ། །དོན་དགུ་པ་སེམས་བསྐྱེད་བསྟན་པའོ།། །།

དེ་ལྟར་ཐེག་པ་ཆེན་པོའི་ལམ་གྱི་གཞི་རྩ་བྱང་ཆུབ་ཏུ་སེམས་བསྐྱེད་ནས་ལམ་ཕ་རོལ་ཏུ་ཕྱིན་པ་བཅུའམ་དྲུག་གི་སྒོ་ནས་ཚོགས་རྣམ་པ་གཉིས་བསགས་དགོས་པས། དེ་ཡང་སྦྱིན་པ་དང་ཚུལ་ཁྲིམས་དང་། བཟོད་པ་དང་བརྩོན་འགྲུས་དང་བཞི་སོགས་

གྱི་བསླབ་བྱ་ནི་གཞན་དུ་བལྟ་དགོས་པས་ཁ་འཕང་ལ། བསམ་གཏན་ཞི་གནས་ཀྱི་བསྒྲུབ་ཚུལ་དང་ལྷག་མཐོང་ཤེས་རབ་ཀྱི་བསླབ་བྱ་གཉིས་ནི་འདིར་ལེའུ་རེ་རེས་རྒྱས་པར་སྟོན་པ་ཡིན་ལ། དེ་ཡང་སངས་རྒྱས་ཀྱི་བཀའ་ལ་མི་བརྟེན་པའི་རྟོག་བཟོའི་མན་ངག་ཕལ་ཆེ་བ་ལས་ཏིང་འཛིན་བསྐྱེད་ཐབས་དང་དགོས་པ་འདི་ལྟར་བྱེད་དེ། དང་པོ་མཚན་མ་ལ་སེམས་བཟུང་། ཕྱིག་པ་ན་སེམས་དྲན་རྟོག་གི་ཤེས་པ་འདི་ངོ་སྤྲོད་དེ། དེ་ཡང་སེམས་རྟོག་མེད་རང་གསལ་དེ་ལ་སེམས་ཉིད་དང་ཀུན་གཞི་དང་གནས་ལུགས་དང་ཡེ་སངས་རྒྱས་པའི་ཀུན་ཏུ་བཟང་པོ་ཞེས་ཟེར་ལ་དྲན་རྟོག་འགྱུ་བ་དེ་ལ་ནི་བློ་དང་རྣམ་རྟོག་དང་རྩལ་སོགས་ཟེར་ནས་ཁ་དོག་དབྱིབས་སོགས་མ་གྲུབ་པ་སྟོང་པ་རིག་ཙིང་གསལ་བ་ལ་སྣང་བའམ་གསལ་བ་ཟེར་བའི་ཚུལ་གྱིས་ངོ་སྤྲོད་བྱས་ནས་སེམས་རྟོག་མེད་རང་གསལ་ལ་ཙོན་ནེ་བཞག་པས། དེ་ལ་ཉམས་མྱོང་དང་རྫུ་འཕྲུལ་མངོན་ཤེས་སོགས་ཀྱང་འཆར་ལ་ཕྱིས་རྟོག་པ་ཐམས་ཅད་རྟོག་མེད་ཀྱི་ངང་དུ་ཐིམ་ནས་རྟོག་མེད་རང་སང་དུ་གནས་པ་ནི་སངས་རྒྱས་ཡིན་པར་འདོད་དེ། ཕྱིང་རྣམས་ཡི་གེ་མང་བས་མ་བྲིས་ཀྱང་དེ་དག་ཐེག་ཆེན་དབུ་མའི་གཞུང་ཕྱིང་མ་དང་བསྟུན་ནས་ཡང་དག་པའི་ལམ་དུ་འགྲོ་བའི་ཏིང་ངེ་འཛིན་མ་ཡིན་པས། སུན་འབྱིན་པའི་ལུང་རིགས་དུ་མ་ཡོད་ཀྱང་རེ་ཞིག་བཏང་སྙོམས་སུ་བཞག་གོ །འདིར་ནི་ཁམས་བརྒྱད་བྱུང་ཁུངས་མདོ་དང་གབ་པ་ལ་སོགས་པའི་སེམས་དོན་རྣམས་དང་གཞན་ཡང་དེ་དང་འདྲ་བར་རྒྱལ་བའི་བཀའ་ཚད་ལྡན་གྱི་དགོངས་འགྲེལ་ཁོ་ནའི་དགོངས་པ་རྣམ་པར་བཞག་པ་ཡིན་ནོ། །དེས་ན་གཞུང་བྱུང་ཁུངས་མདོ་ནས་བྱུང་བའི་བསམ་གཏན་གྱི་ཏིང་ངེ་འཛིན་བསྒོམ་པའི་བསྒྲུབ་ཚུལ་ལ་གཉིས། ཞི་གནས་ཀྱི་ཏིང་འཛིན་

དང་ལྷག་མཐོང་གི་ཏིང་འཛིན་བསྒོམ་པའི་ཚུལ་ལོ། །དང་པོ་ལ་དྲུག དགོས་པ་མདོར་བསྟན་པ། སྐྱེ་བའི་རྒྱུ་རྐྱེན། བསྐྱེད་པའི་ཐབས། དངོས་གཞི། ཐོགས་ཀྱི་སྐྱེས་ཚུལ། གྲུབ་པའི་ཚད་དོ།།

དང་པོ་ནི། གཡོ་མེད་རྩེ་གཅིག་ལྡན་པའི་སེམས་ཀྱིས་ནི། །དེ་ཉིད་གསལ་བར་རྟོགས་ཅིང་བརྟན་པ་དང་། །གང་ལ་དམིགས་པའི་དགེ་བ་སྟོབས་ཆེ་ཞིང་། །སྤྱན་ལྔ་མངོན་ཤེས་སོགས་ཀྱང་འབྱུང་བའི་རྒྱུ། །ཞེས་པ། སེམས་རང་གི་དབང་དུ་མ་གྱུར་པའི་རྣམ་རྟོག་རང་ག་བ་ཞི་ནས། གང་ལ་གཏད་པའི་དམིགས་པ་དེ་ལ་གནས་པའི་ཞི་གནས་བསྒྲུབ་པའི་དགོས་པ་གང་ཞེ་ན། གང་ལ་དམིགས་པ་ལས་གཡོ་བ་མེད་པར་རྩེ་གཅིག་དང་ལྡན་པའི་ཞི་གནས་ཀྱི་སེམས་སྔོན་དུ་གྲུབ་པ་དེས་ནི། ཤེས་བྱའི་གནས་ཚུལ་དེ་ཁོ་ན་ཉིད་ཟབ་མོ་དོན་དམ་པའི་བདེན་པ་ཅི་ལྟ་བ་བཞིན་དུ་རྟོགས་པར་འགྱུར་ཞིང་། རྟོགས་ནས་ཀྱང་བརྟན་པར་གནས་པ་ནི་དགོས་པའི་གཙོ་བོ་ཡིན་ལ་དགོས་པ་ཕལ་པ་གཞན་ཡང་ཞི་གནས་གྲུབ་པ་དེའི་གང་ལ་དམིགས་པའི་དགེ་བ་བཟླས་བརྗོད་དང་བསྐྱེད་རིམ་དང་མི་རྟག་པ་དང་སྙིང་རྗེ་སོགས་གང་བསྒོམ་ཡང་གཞན་དུ་མི་གཡེང་བར་བྱས་པས། སྟོབས་ཆེ་ཞིང་སྤྱན་ལྔ་མངོན་ཤེས་དྲུག་དང་ཟད་པ་དང་ཟིལ་གནོན་ལ་སོགས་པའི་ཡོན་ཏན་རྣམས་ཀྱང་འབྱུང་བའི་རྒྱུ་བྱེད་དེ། དེ་ཕྱིར་ལུས་སེམས་ལས་རུང་བསྒྲུབ་པ་ཡི། །གསལ་ལ་མི་རྟོག་ཏིང་འཛིན་བསྒོམ་པར་བྱ། །ཞེས་པ། དགོས་པའམ་ཡོན་ཏན་དེ་དག་ཡོད་པ་དེའི་ཕྱིར་འོག་ནས་བཤད་པའི་བདེ་གསལ་མི་རྟོག་པ་དང་ལྡན་པའི་ཏིང་ངེ་འཛིན་དེ་བསྒོམ་པར་བྱའོ།།

གཉིས་པ་ལ་བཞི་ལས། དང་པོ་གནས་ནི། མཚོ་གླིང་དུར་ཁྲོད་ནགས་ཚལ་

ལྷུང་ཕྱུག་ཏུ། །བགེགས་ཀྱིས་དབང་བྱས་མིན་པར་གནས་པ་ན། །ཉོན་མོངས་ཡུལ་སྣོན་ས་བོན་འདེབས་པ་མེད། །དབུ་རྫོང་བརྟན་ཞིང་ཉམས་དགའ་དགོས་པ་ཚང་། །ཞེས་པ། མདོ་ལས། མཚོ་གླིང་དུར་ཁྲོད་ནགས་ཚལ་ལྷུང་ཕྱུག་ཏུ། །རི་དྭགས་རྣམས་མ་བཞིན་དུ་གཅིག་པུར་གནས། །ཞེས་གསུངས་པ་ལྟར། ཏིང་ངེ་འཛིན་བསྒོམ་པ་ལ་ལུས་ལ་ན་ཚ་དང་སེམས་ལ་གཡེང་བའི་བར་ཆད་མེད་པའི་གནས་དགོས་པས། དེ་ཡང་དགྲ་དང་ཆོམ་རྐུན་དང་། གཅན་གཟན་མི་བསྲུན་པའི་འཇིགས་པ་མེད་པ། ནད་བསྐྱེད་པའི་ས་དང་ཆུ་ངན་པ་མ་ཡིན་པ། བྲག་སྲིན་མོ་དང་ཐེའུ་རང་སོགས་མི་མ་ཡིན་གདུག་རྩུབ་ཅན་གྱིས་གནོད་པ་མེད་པ། སྐྱེ་བོ་མང་པོའི་འཚོགས་ས་དང་རྒྱུ་འགྲུལ་མི་འོང་བའི་རི་ཕུག་གམ་ལྷུང་སྟོང་ནགས་ཚལ་ལ་སོགས་ཆུ་ཤིང་ཡོད་པ་བརྟན་ཞིང་ཉམས་དགའ་བ་ཡིད་དུ་འོང་བའི་དབེན་པར་གནས་ན་ཆགས་སྡང་ལ་སོགས་ཉོན་མོངས་པ་དང་རྣམ་རྟོག་དང་སེམས་འཚེར་དང་གཡེང་བ་དང་ནད་སྐྱེད་པའི་ཡུལ་མངོན་དུ་སྣོན་པ་དེ་སྐྱེ་བར་འགྱུར་བའི་ས་བོན་འདེབས་པ་མེད་པས། ཏིང་འཛིན་སྐྱེ་ཞིང་འཕེལ་བའི་རྐྱེན་བྱེད་པའི་གནས་དེ་ལྟ་བུ་ལ་བརྟེན་པར་བྱའོ།།

གཉིས་པ་ཡོ་བྱད་ཀྱི་རྐྱེན་ནི། ཆོག་ཤེས་ཚོད་མེད་འདོད་པས་ངོམས་མི་འགྱུར། །ཆུ་སྐྱུར་ཉ་ཁྱེར་དོར་བའི་བདེ་སྡུག་བཞིན། །དེ་ལ་སོགས་པའི་ཉེས་སྐྱོན་ཤེས་བྱས་ནས། །ལྟོ་རྒྱབ་ལུས་གསོ་བསྲུང་ཙམ་ལས་མི་བརྟེན། །ཞེས་པ། ཟས་ནོར་ཡོ་བྱད་འདོད་ཞེན་ཆེ་བའི་དབང་གིས་ཆོག་ཤེས་མེད་པར་ཚོད་མི་ཟིན་པར་བསགས་ན་ནི་ཅི་ཙམ་མང་བ་ཙམ་གྱིས་འདོད་ཞེན་ཆེ་བར་འགྱུར་གྱིས་ངོམ་པར་མི་འགྱུར་ཏེ། ཕོན་ཆེ་མང་པོ་ལ་ཡང་ལོངས་སྤྱོད་ཆེན་པོ་དང་ལྡན་པ་དུ་མར་སྤྱོང་སྟེ་ངོམས་པར་མ་བྱུང་ལ། ད་ལྟ་

ནོར་དང་ལྡན་པ་རྣམས་ཅི་ཙམ་མང་བ་ཙམ་དུ་འདོད་སྲེད་འཕེལ་བར་སྣང་བའི་ཕྱིར། དེར་མ་ཟད་ཟས་ནོར་ཅི་ཙམ་མང་བ་ཙམ་དུ་སྡུག་བསྔལ་ཆེ་ཞིང་ཉུང་ན་སྡུག་བསྔལ་ཆུང་བའི་དཔེ་ནི། ཚ་སྐྱུར་གྱིས་ཉ་རོ་ཐོབ་ན་དེ་ཕྲོག་དོགས་པས་ཕན་ཚུན་ཁྲེར་བའི་སྡུག་བསྔལ་གྱིས་ངལ་བས་ཅི་ཞིག་ན་ཉ་རོ་ཤོར་ཞིང་དོར་ནས་བསྒྲུང་རྒྱུ་མེད་པས་བདེ་འཐོལ་གྱིས་འགྲོ་བ་དང་འདྲ་བར་ཡོ་བྱད་ཅི་ཙམ་དེ་སྟོར་བརླག་ཏུ་དོགས་པའི་སྡུག་བསྔལ་ཆེ་བ་ལ་སོགས་འདིའི་ཆེད་ཀྱིས་སྒྲོག་འདོར་བ་དང་ཆད་པ་གཙོད་པ་སོགས། ཉེས་སྐྱོན་དུ་མའི་འབྱུང་གནས་སུ་ཤེས་པར་བྱས་ལ། ལྷོ་ཟས་དང་རྒྱབ་གོས་འདངས་པ་ལུས་གསོ་བསྒྲུང་ནུས་པ་ཙམ་ལས་མི་བརྟེན་པར་བྱའོ། །མདོ་ལས། ཚོག་ཤེས་དམ་པའི་ཚོད་ཅིག་མ་ཟིན་ན། །འཛིག་རྟེན་གསེར་དུ་སོང་ཡང་ངོམས་དུས་ག་ལ་ཡོད། །ཞེས་དང་། རིན་ཆེན་ཁྲམ་པར་སྤྱུངས་ཀྱང་སྡུགས་བསྔལ་ཤིན་ཏུ་ཆེ། །སྟོར་དུ་དོགས་པའི་སྡུགས་བསྔལ་དེས་ཀྱང་མྱ་ངན་མཆི་དང་འགྲོགས། །ཞེས་སོགས་དང་། བསགས་དང་བསྲུང་དང་བརླག་པས་གདུང་བ་ཡིས། །ནོར་ནི་ཕུང་བཀྲོལ་མཐའ་ཡས་ཤེས་པར་བྱ། །ཞེས་སོ། །མདོར་ན་སྟོན་གྱི་སྦྱིན་ཤུགས་ལས་གང་ཐོབ་མ་གཏོགས་པ་ཧིང་འཛིན་དང་ དགེ་སྦྱོར་གྱི་བར་ཆོད་དུ་འགྱུར་བའི་དཀའ་ཚེགས་ཀྱི་རྩོལ་བས་ཟས་ནོར་བསགས་པར་མི་བྱའོ།།

གསུམ་པ་གྲོགས་ཀྱི་རྐྱེན་ནི། རི་དྭགས་སླས་མ་བཞིན་དུ་གཅིག་བུ་འམ། །ཡང་ན་མ་ནོར་ལུང་སྟོན་བླ་མ་བསྟེན། །ལྟ་སྤྱོད་མཐུན་པའི་གྲོགས་པོའང་མདུང་ཁྲིམ་འདྲ། །དེ་ལས་གཞན་པ་འཁོར་བའི་གྲོགས་ཕྱིར་སྤྱངས། །ཞེས་པ། གྲུབ་མཐའ་ཕྱི་ནང་ཀུན་གྱི་འདོད་པ་དམན་མཆོག་དང་བཅས་པའི་བྱེ་བྲག་མ་ནོར་བར་ཁྱུངས་སུ་ཆུད་ནས།

ལམ་གོལ་བར་མི་འགྲོ་བར་ཉམས་སུ་ལེན་པའི་ཐོས་བསམ་གྱི་བྱ་བ་རང་ཉིད་ཀྱིས་ཟིན་ནས་གཞན་ལ་རགས་མ་ལུས་པར་གནས་ན་རི་དྭགས་སྨས་མ་བཞིན་དུ་གཅིག་པུར་གནས་པ་མཆོག་ལ། གང་ཉམས་སུ་ལེན་ལུགས་དེ་ལ་ཐག་མ་ཆོད་ན་རང་ལ་མ་ནོར་བའི་ལུང་སྟོན་པའི་ཡོངས་འཛིན་གྱི་བཤེས་གཉེན་བླ་མ་བསྟེན་ལུགས་བཤད་ཟིན་པ་ལྟར་ཚད་ལྡན་གཅིག་ལ་བསྟེན་པར་བྱའོ། །དེ་ལྟ་བུ་མ་རྙེད་ན་དད་པ་ཆེ་ཞིང་སེམས་དཀར་བ་ཁ་ན་མ་ཐོ་བ་ལ་འཛེམ་པ་བག་ཆེ་བ་ལ་འགྲོགས་ན་བདེ་བ་རང་དང་ལྟ་སྤྱོད་མཐུན་པའི་གྲོགས་ལ་བརྟེན་ན་ཡང་མདུང་ཁྱིམ་གཅིག་ལ་གཅིག་བསྟེན་པ་ན་ལམ་མི་ཉམས་པར་འགྱུར་རོ། །དེ་ལས་ལྡོག་པ་གཞན་ཚེ་འདིའི་ཆེད་པོ་ནས་འདོད་པས་གདུང་བ། ཐོས་པ་དང་ཚུལ་ཁྲིམས་ལ་སོགས་དགེ་བ་བྱེད་པོ་ཐམས་ཅད་ཀྱང་རྙེད་པ་དང་བསྙེན་བཀུར་ཐོབ་ཏུ་རེ་བ་བྱེད་པ། ཁ་ནས་བསླུ་བྲིད་ཀྱི་ངག་འཇམ་པོས་མི་རྟག་པ་དང་དགེ་ཕྱོགས་སྒྲ་ཚུལ་བྱེད་ཅིང་། བསྒྲུབ་ཕྱོགས་ཐ་མལ་པ་དང་མཐུན་པ། འཇིག་རྟེན་གྱི་ཚེ་ཐབས་བསྒྲུབ་པ་དང་། རང་གི་ཉེ་དུ་སྐྱོང་བ་ལོ་ན་ལ་རྒྱེན་པ་རྣམས་ཀྱི་ཕྱིའི་སྤྱོད་ཚུལ་ཅི་ཙམ་གཟབ་ཀྱང་ལོང་དུ་རང་གཞན་བསླུ་བའི་བདུད་ཞུགས་པས་དེ་ལྟ་བུ་ལ་རྨི་ལམ་དུ་ཡང་འགྲོགས་པར་མི་རུང་ན། འཇིག་རྟེན་ལོ་ན་དོན་དུ་གཉེར་བའི་འཁོར་བའི་མི་དངོས་དག་ལ་ནི་འགྲོགས་མི་རུང་བར་སློས་ཅི་དགོས་ཏེ་སྤང་བར་བྱའོ།།

བཞི་པ་བྱ་བ་སྤང་ཚུལ་ལ་གསུམ་ལས། དང་པོ་ལུས་ངག་གི་བྱ་བ་སྤངས་ཚུལ་ནི། འགྲོ་བ་སེམས་རྒྱུད་གཉིས་གནས་མ་ཡིན་པས། །ལུས་ངག་གཡེང་ན་སེམས་ཀྱང་དེ་བཞིན་ཏེ། །བྱ་བ་ཐམས་ཅད་བཏང་ནས་ལོང་དལ་ན། །དེ་བཞིན་ཉིད་ཀྱི་

ཉིང་འཛིན་མངོན་དུ་འགྱུར། །ཞེས་པ། བསམ་གཏན་བསྒོམ་པ་ནི་སེམས་གཞན་དུ་ཡེངས་པས་མི་འགྲུབ་ལ། སེམས་ཀྱང་མདོ་ལས། ཅི་ལྟར་སེམས་ཅན་གྲངས་མང་ཡང་། །ཕུང་པོ་གཅིག་གིས་སེམས་གཉིས་སྐྱེད་མི་སྲིད། །ཅེས་པ་ལྟར། འགྲོ་བ་ཀུན་ལ་སེམས་རྒྱུད་གཉིས་པ་མ་ཡིན་པས་ལུས་ངག་གཉིས་བྱ་བ་གང་ལ་གཡེང་པ་ན་སེམས་ཀྱང་དེ་བཞིན་དུ་ཡེངས་པས་སེམས་གནས་པའི་ཉིང་འཛིན་མི་འགྲུབ་བོ། །དེའི་ཕྱིར་ཉོ་ཚོང་དང་ཞིང་ལས་དང་། ཧ་ཀྲུང་གཞན་དང་འདྲིས་བཤེས་ཆེ་བ་དང་། གཞན་ཡང་ཡང་རྩེ་ལས། གཡེང་བ་ཡོན་ཏན་གྱི་བདུད་ནི། མོ་དང་། རྩིས་དང་། སྨན་དང་། བོན་ཆོག་ལག་བཟོ་དང་། བར་མཚམས་དང་། རོགས་དང་། སེམས་ཟིན་དང་། ངོ་མ་ཆོག་པ་དང་། ཁ་ཆིས་རྣམས་སོ། །ཞེས་པ་ལྟར་བྱ་བ་ཐམས་ཅད་གཏོང་བར་བྱས་ཤིང་ལོང་དལ་བར་བྱས་ན་གང་བསྒོམ་པ་དེའི་དོན་དེ་ཉིད་མངོན་དུ་འགྱུར་ཏེ་འགྲུབ་བོ།།

གཉིས་པ་ཡིད་ཀྱི་བྱ་བ་སྤངས་པ་ནི། སྔོན་ཆད་ལས་དང་བྱ་བ་མང་བྱས་ཀྱང་། །ཟིན་པ་མེད་ཅིང་ངོམ་མེད་ཕྱིར་ལ་སྟེ། །དེ་ནི་རང་ལྟོག་མེད་པས་འཁོར་བར་འཁྱམས། །དེ་བས་རང་དཀར་ཐོར་བའི་རྟོག་པ་སྤོང་། །ཞེས་པ། གབ་པ་ལས། ལུས་དགོན་པ་ན་གནས་ཀྱང་སེམས་གྲོང་ཡུལ་དུ་འཁྱམས་པ། ཞེས་སོགས་གསུངས་པ་ལྟར། ལུས་ངག་གི་བྱ་བ་སྤངས་ཀྱང་ཡིད་ཀྱིས་དུས་གསུམ་གྱི་བྱ་བ་ལ་དམིགས་ནས་མནོ་བསམ་འཕྲོས་ནས་སེམས་གནས་སུ་མི་སྟེར་བས། དེ་འགོག་པ་ལ་ནི་འདི་ལྟར་བསམ་པར་བྱ་སྟེ། ཐོག་མ་མེད་པ་ནས་དུས་དེ་རིང་ཡན་ཆད་ཀྱིས་སྔོན་དུ་བདེ་ལེགས་དང་སྐྱིད་འདོད་ཀྱི་ལས་དང་བྱ་བ་མང་པོ་བྱས་ཤིང་ལོངས་སྤྱོད་མཐའ་ཡས་པར་སྤྱོང་ཡང་། ལས་དང་བྱ་བ་ཟིན་པའི་སྐབས་མ་བྱུང་ཞིང་བདེ་སྐྱིད་ཀྱིས་ངོམས་པ་མེད་པར་ཕྱིར་

ལ་སྲིད་པར་འགྱུར་རོ། །གཞན་ཡང་སེམས་ཀྱིས་འདི་བྱ་དགོས་སོ་སྙམས་པ་ཙམ་གྱིས་དོན་དེ་མི་འགྲུབ་པས་ངལ་བ་ཙམ་དུ་ཟད་ཅིང་དྲན་ཤེས་ཀྱིས་མ་ཟིན་པར་མི་དགེ་བའི་ཕྱོགས་སུ་གཏོགས་ན་ནི་ཉོན་མོངས་སྐྱེ་ཞིང་འཕེལ་བའི་རྒྱུ་རུ་འགྱུར་བས་ཤིན་ཏུ་མི་རུང་ངོ་། །བླ་མའི་ཞལ་ནས། ནང་པར་ལང་པ་རྣམས་ཀྱི་སྔོན་བྱས། ནུབ་མོ་ཉལ་བ་རྣམས་ཀྱི་མཇུག་བྱས། ཉིན་མི་དལ་བ། མཚན་མི་གཉིད་པའི་ལས་བྱས་ཀྱང་བྱས་པ་ལ་ཟིན་དུ་མི་འོང་། སྔར་འཇིག་རྟེན་གྱི་བྱ་བ་ལ་སྒོ་གསུམ་གྱི་སྤྱོད་པ་སྐད་ཅིག་ཀྱང་མི་དལ་བར་བྱས་ཀྱང་ཟིན་པ་མེད། དེ་བས་ན་འཇིག་རྟེན་དོན་མེད་ཀྱི་བྱ་བ་མ་མང་གསུངས་པ་ལྟར་རོ། །དེའི་ཕྱིར་ཐར་པའི་དོན་དུ་མི་འགྱུར་བའི་འཇིག་རྟེན་གྱི་ལས་སྤྱོད་གང་གིས་ཀྱང་རང་ལོག་ཏུ་འགྲོ་མི་སྲིད་པའི་འཁོར་བར་འཁྱམས་པས། རང་གི་ཆེད་ཀྱི་གཉེན་པོ་བསྟེན་པའི་སྒོ་ནས་འཁོར་བར་ལྡོག་པས་ན། རང་ཁར་ཤོར་བའི་རྟོག་པ་གང་ཡང་སྤང་བར་བྱའོ། །ཞེས་པ་སྟེ། འདི་ནི་དྲན་ཤེས་ཀྱིས་མ་ཟིན་པའི་ཡིད་ཀྱིས་བརྩེ་བ་ཐམས་ཅད་ཉེས་པར་འགྱུར་བས་གཉེན་པོ་འདི་ལྟ་བུས་རྟོག་པ་འདིང་པ་ལ་མི་སྤྲོ་བར་བྱའོ། །ཞེས་པའི་དོན་ནོ།།

གསུམ་པ་བྲོད་པ་བསྐྱེད་ལ་གོ་ཆ་བགོ་བ་ནི། དལ་བའི་ལུས་ཅན་འཛིགས་པས་ཡིད་འབྱུང་ལ། །དོན་ཆེན་བསྒྲུབ་པ་འདི་ལ་གོ་ཆ་བགོ། །ཞེས་པ། སྔོན་ཆད་ཀྱི་སྙིང་པོ་མེད་པའི་བྱ་བས་ལུས་བླང་བ་ཆུད་ཟོས་ལ་ཤོར། ད་རེས་ནི་བྱ་བ་གང་བསྒྲུབ་ཀྱང་རང་དབང་རང་ལ་ཡོད་པའི་དལ་འབྱོར་གྱི་ལུས་ཐོབ་པ་འདི་ནི། སྔར་གྱི་ལས་སྤྱོད་ངན་འགྲོའི་སྡུག་བསྔལ་ལ་སོགས་དང་མི་དང་མི་མ་ཡིན་གྱིས་འཛིགས་པས་ཉེན་པའི་རྒྱུར་གྱུར་པའི་ཉེས་སྤྱོད་དེ་ལྟ་བུས་ཡིད་འབྱུང་བར་བྱས་ལ་ཕན་ཡོན་ནམ་དོན་

ཆེན་པོ་དང་ལྡན་པའི་བསམ་གཏན་བསྒྲུབ་པ་འདི་མ་གྲུབ་ཀྱི་བར་དུ་ལས་གཞན་དག་ཆེད་དུ་གཉེར་བར་མི་བྱའོ། །ཞེས་གོ་ཆ་བགོ་བའོ། །འདི་ནི་བྱ་བ་གཞན་དག་ཐམས་ཅད་དོན་མེད་དུ་ཤེས་པར་བྱས་ནས་བསམ་གཏན་ལ་མཆོག་ཏུ་སྤྲོ་བའི་བློ་བསྐྱེད་པར་བྱའོ། །འོ་ན་བསམ་གཏན་ལ་མཆོག་ཏུ་ལྷ་བ་དགག་བྱ་མ་ཡིན་ནམ་ཞེ་ན། དེ་དགག་པའི་དུས་མ་ཡིན་ཞིང་དགག་པའི་མཆོག་ལྷ་དང་དོན་མི་གཅིག་པས་འདི་ནི་སྐྱོན་མ་ཡིན་ནོ།།

གསུམ་པ་ཏིང་ངེ་འཛིན་བསྐྱེད་པའི་ཐབས་ལ། སྤྱིར་ཏིང་འཛིན་བསྒྲུབ་ལུགས་སྟོན་པའི་གཞུང་མདོ་དགོན་མཛད་དང་། ཀྱེ་ཤའི་མདོ་དང་། གཡུང་དྲུང་གསང་གཟེར་དང་། གཞན་ཡང་དབུ་མ་ལྟ་བའི་ཁྲིད་རིམ་དང་བསྒོམ་པའི་རིམ་པ་སོགས་ལས། དང་པོ་སེམས་འཛིན་པར་བྱེད་ཐབས་འདི་མི་འབྱུང་བར་ཐོག་མ་ནས་དྲན་ཤེས་དང་ལྡན་པས་སེམས་དམིགས་པ་ལ་མ་ཡེངས་པར་གཏད་ནས། ལེ་ལོ་དང་བརྗེད་པ་སོགས་འགལ་རྐྱེན་དྲུག་སྤང་ཞིང་འདུན་དང་རྩོལ་བ་སོགས་མཐུན་རྐྱེན་དྲུག་བརྟེན་པས་ཏིང་འཛིན་བསྒྲུབ་པར་གསུངས་ལ། སེམས་ཕྲན་གྱི་སྡེ་ལུང་དོན་སོགས་ལས་མཚན་མའི་རྫས་དྲུག་ལ་དང་པོ་སེམས་བཟུང་། བར་དུ་གནས་པར་བྱེད། ཐ་མ་གསལ་བར་བྱེད་པའི་ཐབས་གསུངས་པ་དང་མཐུན་པར་རྗེ་དགོངས་མཛོད་རི་ཁྲོད་པ་ཆེན་པོ་ནས་ཡིག་འབྲུ་ཨ་ལ་སེམས་འཛིན་པའི་སྲོལ་བཏོད། དེ་དང་མཐུན་པར་ཡང་སྟོན་ཤེས་རྒྱལ་གྱིས་ཡི་གེར་བཏབ་པའི་ཞང་ཞུང་སྙན་བརྒྱུད་ལས་ཀྱང་། སྒྲ་ལ་ཡིད་བཏུལ་འོད་ལ་སེམས་བཟུང་ཞིང་། །ཟེར་ལ་རྩལ་སྦྱོང་དབྱིངས་ལ་སྦུ་ཐག་བཅད། །རྩ་ཡི་འཕར་དྲངས་བར་མའི་ཚད་བཟུང་པ། །མི་རིང་མི་ཐུང་བར་མ་ཆད་པའི་གྲངས། །

བརྒྱ་ལ་གཅིག་བརྩིས་ཁྲི་ཁྲག་བཅོ་བརྒྱད་ཀྱིས། །སྣང་བའི་གོམས་ཚད་མཐའ་རུ་ཕྱིན་པར་འགྱུར། །ཞེས་དང་། རྒྱ་སྟོན་གྱིས་བརྟོན་པའི་ཡང་རྩེ་ལས་ཀྱང་། སྐུ་ཀུན་བཟང་། གསུང་ཡིག་འབྲུ་ཨ། ཐུགས་ཕྱག་མཚན། གཡུང་དྲུང་ལ་སེམས་བཟུང་། །ཞེས་སོ། །མན་ངག་ཟབ་ཆེར་ལས་སེམས་འཛིན་བསྟན་པས། འདིར་བླ་མ་རི་ཁྲོད་པས་རྗེས་སུ་འབྲང་ནས་དང་པོ་སེམས་འཛིན་ལུགས་སྟོན་ཏེ། ལྟོ་གོས་སྤྱོད་ལམ་ཆ་མཉམ་དབེན་གནས་སུ། །བདེ་བའི་སྟན་ལ་མཐུན་པར་ལུས་གནས་ལ། །དམུ་ཁྲོད་ལྷ་བུའི་སེམས་འདི་མཚན་མ་ལ། །སྦྱོང་བར་བྱ་ཞིང་གདུལ་ཐབས་དུ་མ་ཡིས། །ཐུལ་བའི་རྟགས་དང་མཐུན་པར་ཡང་ཡང་བསླབ། །སེམས་བཟུང་མན་ངག་བླ་མའི་ཞལ་ལས་ཤེས། །ཞེས་པ། དང་པོ་སེམས་འཛིན་པའི་དུས་འདིར་ལུས་སེམས་མི་བདེ་བའི་ཆ་རྐྱེན་རྣམས་སྤང་དགོས་པས། ལྟོ་ཡང་སྙོག་བཅོང་གྲིབ་ཟས་སོགས་ལ་འཛེམ་ཞིང་། ཧ་ཅང་འགྲང་ལྟོག་མ་ཡིན་པ་དང་། གོས་ཀྱང་ཧ་ཅང་གྲང་དྲོ་མ་ཡིན་པའི་རན་ཙམ་བསྟེན་ཞིང་སྤྱོད་ལམ་ཡང་གཉིད་དང་དྲག་ཤུལ་དང་ངལ་དུབ་ཀྱི་ལས་སྤངས་ནས། ལུས་མ་འཁྲུག་པ་ཆ་མཉམ་གྱི་སྤྱོད་ལམ་བྱ་སྟེ། གཞན་དུ་ན་ལུས་འཁྲུགས་པས་རྩ་འཁྲུགས་ནས་དེར་རྒྱུ་བའི་རླུང་ལས་སུ་མི་རུང་བས། དེ་ལ་བརྟེན་པའི་སེམས་རྣལ་དུ་མི་ཚུད་པས་སེམས་ཟིན་པར་མི་འོང་ངོ་། །དེ་བས་ན་སྤྱོད་ལམ་རན་པ་དེ་ལྷ་བུས་ཆུ་རླུང་དང་སེམས་ཅན་གྱི་སྒྲ་སྐད་སོགས་ཀྱིས་ཀྱང་དབེན་པའི་གནས་འགོལ་པོ་ཅིག་ཏུ། བདེ་བའི་སྟན་འཇམ་པར་བྱས་པ་ལ་ལུང་དང་མཐུན་པར་ལུས་གནད་འོག་ནས་སྟོན་པ་བཞིན་གྱིས་གནས་པར་བྱས་ལ། ཧ་དམུ་ཁྲོད་བཞིན་བཟུང་དུ་མི་ཐུབ་པའི་སེམས་འདི་ག་བ་ལྷ་བུའི་མཚན་མ་ཡིག་འབྲུ་ཨ་སོགས་ལ་དྲན་པ་དང་ཤེས་བཞིན་གྱི་ཐག་པས་

ལེགས་པར་བརྟགས་ནས་རང་ཁེར་ཐོར་བའི་རྣམ་རྟོག་འདི་རང་དབང་དུ་འགྱུར་བའི་ཐབས་སྦྱངས་པས་གནས་ཏེ། དང་པོ་ཨ་ལ་ཁྲིད། དེས་ཀྱང་མ་ཟིན་ན་སྒྲ་ལ་ཁྲིད། དེས་ཀྱང་མ་ཟིན་ན་བསྐོར་བ་ལ་སོགས་པའི་སྤྱོད་ལམ་ལ་བསྟེན་ནས་ཀྱང་སེམས་བཟུང་བས་ཐབས་དུ་མ་དེ་ཡིས། ཐུལ་བའི་རྟགས་ལུས་འདར་བ་དང་། ངུ་བ་དང་། དགོད་པ་དང་། འཁྲུམས་པ་ལ་སོགས་མན་ངག་ནས་འབྱུང་བ་དང་མཐུན་པར་མ་བྱུང་གི་བར་ཡང་ཡང་བསྐྱར་ལ་བསླབ་པར་བྱའོ། །སེམས་བཟུང་གི་མན་ངག་འདི་ཡང་དུས་དང་གནས་ཀྱི་ཁྱད་པར་དང་གང་ཟག་གི་འབྱུང་ཁམས་གང་ལ་ཤས་ཆེ་ཆུང་དབང་གིས་ཟིན་རྟགས་ཀྱི་ཚོད་མ་ངེས་པར་བཅོས་ཚུལ་དང་བསྐྱར་ཚུལ་སོགས་ལག་ཏུ་བླངས་པའི་དུས་མ་ཡིན་པར་ངེས་པར་མི་འགྱུར་བས་བླ་མ་ཉམས་མྱོང་ཅན་གྱི་ལག་ལེན་བྱེད་དུས་ཞལ་དུ་ཤེས་པར་བྱ་དགོས་ཅིང་སྤྱིར་བསྟན་ནི་མན་ངག་གི་ཡིག་ཆུང་གང་ཡིན་ལྟར་བྱས་པས་ཆོག་གོ།

བཞི་པ་དངོས་གཞི་ལ་ལྔ། ལུས་ཀྱི་གནད། དམིགས་པའི་གནད། ཏིང་འཛིན་གྱི་ངོ་བོ། གེགས་ཀྱི་སེལ་ཐབས། ཐུན་གྱི་ཚད་དོ། །དང་པོ་ལ་གཉིས་ལས། དང་པོ་ནི། བདེ་བའི་སྟན་ལ་ཕྱག་རྒྱ་ལྔ་བཅའ་ལ། །ཡང་ན་དག་པའི་ཙོག་བུར་འདུག་པར་བྱ། །ཞེས་པ་ཞི་གནས་བསྒྲུབ་པ་དངོས་ལ། སེམས་འཛིན་སྔོན་དུ་སོང་བའམ་མ་སོང་ཡང་རུང་། ལུས་ཀྱི་ཀུན་སྤྱོད་ནི་བདེ་བའི་སྟན་ལ་ཕྱག་རྒྱ་ལྔ་བཅའ་སྟེ། ཞབས་སྐྱིལ་དཀྱུང་། ཕྱག་མཉམ་བཞག སྒལ་ཚིག་དྲང་དུ་སྲོང་། མགོ་མཐོ་དམན་ཡ་ཡོ་མེད་པར་ཐད་ཀར་བཞག མིག་འབྱེད་འཛུམ་རན་པར་སྣ་རྩེ་ལ་གཏད། གཞན་ཡང་མགྲིན་པ་ཅུང་ཟད་བཀུག སོ་དང་མཆུ་རང་ལུགས་སུ་བཞག ལྕེ་ཡ་རྐན་ལ་བཅར། དབུགས་སྒྲ་ཅན་དང་

ཚོད་པ་ཅན་དུ་མི་གཏོང་བར་དལ་བུས་རྒྱུ་བར་བྱའོ།།

གཉིས་པ་དེའི་དགོས་པ་ནི། སྟན་བདེ་ལུས་སེམས་བདེ་ཞིང་དགོངས་པ་གསལ། །ལུང་དང་རྗེས་མཐུན་བྱིང་རྒྱུགས་སེལ་བ་དང་། །གཞན་དག་ཐུན་མོང་མ་ཡིན་མོས་པ་འདྲེན། །ཤིན་ཏུ་སྦྱངས་པས་ལུས་སེམས་ལས་སུ་རུང་། །ཞེས་པ། སྟན་བདེ་བས་ལུས་གནད་དེ་ལྟར་བྱས་པ་ལ་ཡོན་ཏན་དང་དགོས་པ་ལྔ་སྟེ་ལུས་གནད་དེ་ཡུན་རིང་པོར་འདུག་ཀྱང་ངལ་བར་མི་འགྱུར་བས་སེམས་བདེ་ཞིང་དགོངས་པ་གསལ་བ་དང་། སྤྱོད་ལམ་དེས་སངས་རྒྱས་ལ་སོགས་པའི་དམ་པ་རྣམས་ཀྱི་བཞུགས་ལུགས་ཡིན་པར་ལུང་དུ་བསྟན་པ་དང་རྗེས་སུ་མཐུན་པར་ལུས་དྲང་པོར་བསྲང་བས་ནི་གཉིད་ཀྱིས་བྱིང་རྒྱུགས་མི་འབྱུང་བར་སེལ་བ་དང་། སྤྱོད་ལམ་དེ་མུ་སྟེགས་ལ་སོགས་པ་ཕལ་པ་དག་དང་ཐུན་མོང་མ་ཡིན་པས་དེས་འདུས་པ་རྣམས་མོས་པ་འདྲེན་པ་དང་། ལུས་པོ་ལེགས་པར་བསྒྲིམས་པའི་སྤྱོད་ལམ་དེ་ཤིན་ཏུ་སྦྱངས་པ་སྐྱེས་པ་དང་། རྗེས་སུ་མཐུན་པའི་ལུས་སེམས་ལས་སུ་རུང་བའི་ཞི་གནས་མྱུར་དུ་སྐྱེ་བར་འགྱུར་རོ།།

གཉིས་པ་དམིགས་ཡུལ་ནི། ཡིག་འབྲུ་ཐིག་ལེ་དབུགས་ཀྱི་འབྱུང་འཇུག་གམ། །ཁྱད་པར་དེ་བཞིན་གཤེགས་པའི་སྐུ་མཆོག་ལ། །ཞེས་པ། སྤྱིར་ཏིང་ངེ་འཛིན་གྱི་དམིགས་ཡུལ་ལ་སྔ་མའི་མན་ངག་པ་མང་པོས་འདི་ལྟར་འདོད་དོ། །དང་པོ་སེམས་བཟུང་། དེ་ནས་སེམས་གསལ་རིག་འདི་བྱང་ཆུབ་ཀྱི་སེམས་དང་། ཐེག་པ་ཆེན་པོའི་གནས་ལུགས་དང་། ཡེ་སངས་རྒྱས་དང་། ཀ་དག་ལ་སོགས་པའི་མིང་སྙན་སྙན་མང་པོར་བཏགས་ནས་ངོ་སྤྲོད་ཅིང་དེ་ལ་མ་ཡེངས་པར་ཅོན་ནེ་བཞག་པ་ལ་མི་དམིགས་པ་དང་ཚད་མེད་བསྒོམ་པར་འདོད་དེ། དེ་ནི་གཞུང་དག་ལས། ཐེག་དམན་ལས་ཁྱད་

པར་དུ་གྱུར་པའི་སངས་རྒྱས་ཀྱི་རྒྱུ་བྱང་ཆུབ་ཀྱི་སེམས་ཞེས་མང་དུ་གསུངས་པ་ལ་འབྲེལ་པ་བྱས་ནས་མིང་དེ་སྐད་དུ་གདག་ཅིང་། དམིགས་མེད་དུ་བསྒོམ་པར་འདོད་ཀྱང་སེམས་ལ་དམིགས་ཡུལ་དུ་གནས་པར་སྣང་ངོ་། །མདོ་སྡེ་དག་ལས་ནི། འདོད་པ་ལ་སོགས་པའི་ཉོན་མོངས་པ་ལྔ་རེ་རེ་ལ་ཤས་ཆེ་བའི་རྣམ་རྟོག་ཤས་ཆེས་པའི་གང་ཟག་ཡིན་ན་སྣང་བ་ལ་སེམས་སྒོམས་པའི་ཤས་ཆེ་ཆུང་གིས་དུང་དུང་བ་དེ་མི་སྡུག་པ་ལ་སོགས་པའི་དམིགས་ཡུལ་ཁྱད་པར་ཅན་བསྒོམ་པས་བཏུལ་ནས་སེམས་སྒོམས་པའི་ཚེ་དམིགས་པ་གང་རུང་ལ་ཞི་གནས་བསྒྲུབ་ན་འགྲུབ་སླ་བར་བསྟན་ཏེ། ཇི་སྐད་དུ་མདོ་ལས། འདོད་པའི་འདོད་ཆགས་ངན་པ་སྤྱོད་ཅིང་འདོད། །དེའི་གཉེན་པོར་མི་སྡུག་བསམ་གཏན་བསྒོམ། །ཞེས་པ། ཚེས་གཅིག་ཞག་བྲི་སུམ་ཅུར་སླུགས་གཉིད་སྤངས། །ལུས་དབེན་དབུགས་ཀྱི་ཚ་སྒོམས་ཕྱག་རྒྱའི་སྐུ་ལྡན་པས། །ཐར་པ་ཆེན་པོའི་དྲོད་ཚད་དང་དུ་ལེན་པའོ། །ཞེས་སོ། །འོན་ཀྱང་དེ་དག་གི་དམིགས་ཡུལ་ཁྱད་པར་ཅན་ལ་དམིགས་ནས་བསྒོམ་ལུགས་སྔར་སྤྱོལ་མ་དར་བས། འདིར་ཡང་རྒྱས་པར་མི་སྤྲོའོ། །འདིར་ནི་ལུང་དོན་ལས། ཞི་གནས་སྒྲུབ་པའི་དམིགས་ཡུལ་ལ་ཡིག་འབྲུ་དང་ཐིག་ལེ་དང་མར་མེ་དང་མེ་ལོང་དང་སྐུ་གཟུགས་སོགས་མཚན་མའི་རྫས་དགུ་གང་རུང་ལ་དམིགས་པར་གསུངས་ལ། མདོ་འདུས་ལས་ནི། སྔར་བཞིན་རྣམ་རྟོག་ཤས་ཆེ་བས་ནི་དབུགས་རྒྱུ་བའི་འབྱུང་འཇུག་གི་གྲངས་མ་འཆོལ་བར་ངེས་པ་ལ་སེམས་གཏད་ནས་བསྒོམ་པ་གསུངས་པ་ལྟར་རམ། ཡང་ན་ཏིང་ངེ་འཛིན་ཡང་འགྲུབ་ལ་གཞན་དགོས་པ་མང་པོའང་ཞར་ལ་ཐོབ་པའི་དམིགས་ཡུལ་ཅན་ནི་དེ་བཞིན་གཤེགས་པའི་སྐུ་གཟུགས་ཡིན་ཏེ། དམིགས་ཡུལ་དུ་དེ་བཞིན་གཤེགས་པའི་

སྐུ་གསལ་ཞིང་བརྟན་ན་ཕྱག་དང་མཆོད་པ་དང་སྨོན་ལམ་དང་ཚོགས་བསོག་པའི་ཞིང་དང་། བཤགས་སྡོམ་ལ་སོགས་པའི་སྒྲིབ་སྦྱོང་གི་ཞིང་དང་། དེ་བསྒོམ་པས་སངས་རྒྱས་རྗེས་སུ་དྲན་པ་ཡིན་པས་བསོད་ནམས་མང་དུ་ཐོབ་པ་དང་། འཆི་བའི་ཚེ་དྲན་པ་ལས་མི་ཉམས་པ་ལ་སོགས་ཕན་ཡོན་མང་པོ་ཡོད་པ་ལུང་ལས་འབྱུང་ངོ་། །ཞེས་བླ་མའི་ཞལ་ནས་གསུངས་པ་ལྟར་རོ། །དེ་ཡང་དེའི་རྣམ་པ་ནི་སྔོན་བླ་མས་བསྟན་པའི་དོན་ཡིད་ཡུལ་དུ་འཆར་དུ་འཇུག་གམ། དངོས་སུ་བྲིས་སྐུའམ་བླུག་སྐུའམ་སྐུ་ལེགས་པ་ཞིག་བརྩལ་ལ་ཡང་ཡང་བལྟ་ཞིང་རྣམ་པ་གསལ་པོ་ཡིད་ཡུལ་དུ་འཆར་བས་གོམས་སུ་གཞུག་གོ །དེ་གོམས་ནས་བསྒོམ་པའི་དམིགས་ཡུལ་དངོས་ནི། རྣམ་རྒྱལ་ལས། གང་གིས་མོས་པས་ཡིད་བྱེད་པ། །དེ་ཡི་མདུན་དེར་གཤེགས་རབ་བཞུགས། །ཞེས་པ་ལྟར། བློས་གསར་དུ་བསྐྱེད་པ་མ་ཡིན་པར་རང་བཞིན་གྱིས་བཞུགས་པའི་སངས་རྒྱས་གསལ་བཏབ་པའི་འདུ་ཤེས་བྱ་སྟེ། གོང་གི་ཚོགས་ཞིང་སོགས་བསྟན་པ་དེ་ཡིན་ནོ། །དེ་ཡང་རབ་ལ་གདན་ཁྲི་དང་འོད་འཁོར་མཚན་དཔེས་བརྒྱན་པ་འཕྲིན་ལས་སྣ་ཚོགས་ཀྱིས་སེམས་ཅན་དོན་མཛད་པ་ལ་སོགས་པའི་ཡོན་ཏན་དང་ལྡན་པ་མངོན་སུམ་དུ་བཞུགས་པ་ལྟ་བུར་འཆར་བར་བྱ་ཞིང་། དེ་མ་གྲུབ་ན་སྐུའི་རྣམ་པ་ཤིན་ཏུ་གསལ་བ་ཡིད་ཡུལ་དུ་གསལ་བ་ལ་སེམས་གཏད་དོ། །དེའི་ཚེ་རང་གིས་གང་བསྒོམ་པར་འདོད་པ་དེ་ལས་ཁ་དོག་དབྱིབས་དང་ཆེ་ཆུང་གྲངས་ལ་སོགས་མ་ངེས་པར་འཆར་ན་དེ་དག་གི་རྗེས་སུ་མི་འབྲང་བར་རྩ་བའི་དམིགས་པ་གང་ཡིན་པ་དེ་ཁོ་ན་ལ་དམིགས་རྟེན་གནས་དགོས་ཀྱིས། དམིགས་རྟེན་རིགས་མི་མཐུན་པ་ལ་སྤོས་ན་ཞི་གནས་མི་འགྲུབ་པའི་གེགས་ཡིན་ནོ། །ཕྱིས་ཞི་གནས་གྲུབ་ནས་ནི་དམིགས་པ་དུ་མ་

ལ་སྦྱོ་བར་བྱ་བ་ཡང་ཡིན་ནོ། །ཞེས་པ་ལྟར་རོ།།

གསུམ་པ་ཏིང་ངེ་འཛིན་གྱི་ངོ་བོ་ནི། སེམས་ཀྱི་གྲིམས་ཆས་རྣམ་པ་གསལ་བ་དང་། །གཞན་ལ་འགྲོ་བ་མེད་པའི་མི་རྟོག་ལྡན། །ཞེས་པ། སེམས་ངར་ལྡན་གྱི་གྲིམས་ཆས་དམིགས་ཡུལ་གྱི་རྣམ་པ་གསལ་བའི་གསལ་ཆ་དང་། ཡུལ་གཞན་དག་ལ་དྲན་པའི་རྟོག་པ་འགྲོ་བ་མེད་པར་དམིགས་པ་ལ་རྩེ་གཅིག་པར་གནས་པའི་མི་རྟོག་པའི་ཆ་དང་གཉིས་ལྡན་དུ་དགོས་སོ། །ཁ་ཅིག་བདེ་གསལ་མི་རྟོག་པའི་ཏིང་འཛིན་ཟེར་ནས་བདེ་བ་བསྣན་ཡང་བདེ་བ་ཕན་ཡོན་གྱི་ཡན་ལག་ཏུ་འབྱུང་བས། སྐབས་འདིར་གསལ་ལ་མི་རྟོག་གཉིས་ཆར་ལྡན་པ་འདིའི་ཚོག་གོ།

བཞི་པ་ཐུན་གྱི་ཚད་ནི། ཐུན་ཚོད་ཐུང་ལ་ལན་གྲངས་མང་པ་འམ། །ཅི་སྲིད་འཚོ་བའི་བར་དུ་བསྒོམ་བྱས་ཏེ། །ཤིང་རྟ་ཟམ་པ་རྒྱལ་པོའི་ཁྲིམས་བཞིན་དུ། །སྒྲིམ་ལྷོད་ཆ་སྙོམ་མི་འདའ་བཙའ་བར་བྱ། །ཞེས་པ། དེ་ལྟར་དམིགས་པ་གསལ་བ་ལ་རྩེ་གཅིག་ཏུ་གནས་པའི་ཏིང་ངེ་འཛིན་དེ་ཐུན་ཡུན་རིང་ན་ལས་དང་པོའི་དུས་སུ་ཡིད་སུན་པ་དང་བྱིང་རྒོད་ཀྱི་དབང་དུ་འགྲོ་སླ་བས་ཐུན་ཐུང་ལ་གྲངས་མང་དུ་བྱ་དགོས་སོ། །དེ་ཡང་དམ་པའི་ཞལ་ནས། ཞག་དང་པོ་ལ་སའི་འོད་ཕྲེང་སྐོར་རེ། གཉིས་པ་སོགས་ནས་བུན་ཐང་ངམ་ལོག་འགྱུར་རེ་བསྐྱེད་དེ་དབང་པོ་རྣོ་རྟུལ་ཁྱད་པར་གྱིས་ཤེས་པར་བྱའོ། །ཞེས་གསུངས་སོ། །བླ་མ་འདིས་ནི་དམིགས་པ་མི་ཉམས་པར་གཏད་པའི་དྲན་པ་ཏུ་རེ་བས་བྱ་ར་བྱེད་ན་ཅི་སྲིད་གནས་པའི་བར་བསྒོམ་པས་ཆོག་གསུངས་པ་ལྟར་བྱའོ། །ཏིང་ངེ་འཛིན་གྱི་སྐྱོང་ལུགས་དེ་ཡང་། དཔེར་ན་ཤིང་ཟམ་ལ་འགྲོ་བའི་ཚེ། རྐང་པ་ཤིང་ཐོག་ཁོ་ན་ལས་གཡན་གཡོན་དུ་ཤོར་ན་ལྷུང་བ་ལྟར་རམ།

རྒྱལ་པོའི་ཁྲིམས་ལས་ཅུང་ཟད་འགལ་ནའང་ཉེས་པའི་ཆད་པ་འབྱུང་བ་དང་འདྲ་བར། རང་གི་དམིགས་པ་དེ་ལས་ཅུང་ཟད་ཡེངས་ཤོར་ན་བྱིང་རྒོད་ཀྱི་དབང་དུ་འགྲོ་བས། ཏ་ཅང་བསྒྲིམ་དྲག་ན་དྲན་པས་རྟོག་པ་གཞན་འཕྲོ་ཞིང་། ཏ་ཅང་སློད་དྲག་ན་དམིགས་པ་མི་གསལ་བའི་གཡེང་བའམ་སྨུགས་འཐིབས་ཅན་དུ་འགྲོ་བས་སྒྲིམ་གློད་ཆ་མཉམ་པོ་ཞིག་གིས་ཏིང་འཛིན་བསྐྱང་ནས་དམིགས་པ་དེ་ལས་མི་འདའ་བར་བཙའ་བར་བྱའོ། །བཤགས་བསྟོད་ལས། འབད་པས་འདུག་ན་རྒོད་པ་འབྱུང་འགྱུར་ཞིང་། །དེ་སློད་ན་ནི་ཞུམ་པ་སྐྱེ་བར་འགྱུར། །འདི་ཡིས་དབུ་མ་བསྒྲུབ་པ་སྙེད་དཀའ་བས། །བདག་གིས་སེམས་དཀྲུག་པས་འདི་ཅི་ཞིག་བགྱི། །ཞེས་པ་ལྟར་རོ།།

ལྔ་པ་གེགས་ཀྱི་སེལ་ཐབས་ལ་གསུམ་ལས། གེགས་དང་པོ་ངོས་བཟུང་བ་ནི། ཤུགས་དང་རྒྱུན་དང་ཆེད་དུ་གཏད་པ་ཡི། །དམིགས་པ་མི་གསལ་ཤོར་བའི་བྱིང་བ་དང་། །འདོད་པའི་ཡུལ་ལ་འཕྲོ་བའི་རྒོད་པ་གཉིས། །གཡེང་བས་ཏིང་འཛིན་འགྲུབ་པའི་གེགས་བྱེད་པས། །ཞེས་པ། སྦྱོར་ཏིང་ངེ་འཛིན་གྱི་སྦྱོར་དངོས་རྗེས་གསུམ་གྱི་གེགས་ནི། གཡུང་དྲུང་ཡང་རྩེ་ལས། ལེ་ལོ་དང་དམིགས་པ་བརྗེད་པ་གཉིས་ནི་སྦྱོར་བའི་གེགས་ཏེ། ཏིང་ངེ་འཛིན་ལ་མི་འཇུག་པ་དང་། འཇུག་ཀྱང་དམིགས་པའི་དོན་ངེས་པར་མི་ནུས་པའི་ཕྱིར་རོ། །བྱིང་རྒོད་གཉིས་ནི་དངོས་གཞིའི་གེགས་ཏེ། དམིགས་པ་རྣམས་གསལ་བར་འཛིན་མི་ནུས་པ་དང་། ཡུལ་གཞན་ལ་འཕྲོ་བའི་ཕྱིར་རོ། །མི་རྩོལ་བ་དང་རྩོལ་བ་གཉིས་ཀྱིས་རྗེས་སུ་ཁྱད་པར་གོང་དུ་འགྲོ་བའི་གེགས་བྱེད་དེ། བྱིང་རྒོད་བྱུང་ཡང་མི་གསལ་བ་དང་། མ་བྱུང་བ་ལ་སེལ་ཐབས་རྩོལ་བའོ། །ཞེས་དང་། དེ་དག་གི་གཉེན་པོ་ཡང་། བརྩོན་འགྲུས་དང་གཟུགས་ལྡན་གཉིས་དང་། གསལ་བ་

དང་མ་ཡེངས་པ་གཉིས་དང་། རྩོལ་བ་དང་མི་རྩོལ་བར་བྱེད་པའོ། །ཞེས་པ་སྟེ་སྦྱར་སླའོ། །འདིར་ཉིང་ངེ་འཛིན་གྱི་དངོས་གཞིའི་གེགས་བྱེད་རྐྱེན་གཉིས་ཡིན་པ་ལ་དགོངས་ནས་དེར་བསྟན་པ་ཡིན་པས་དེ་ཡང་བྱེད་རྐྱེན་གཉིས་གང་ལས་བྱུང་བའི་རྒྱུ་རྐྱེན་ནི། ཤུགས་ཀྱིས་བྱེད་པ་ནི་འབྱུང་ཁམས་ཀྱིས་བྱེད་པའོ། །རྐྱེན་གྱིས་བྱེད་པ་ནི་གནས་དམའ་བ་དང་ཚད་ཁུང་སོགས་དང་། ཟས་བཅུད་ཅན་དང་། གོས་ཧ་ཅང་ཧྲོ་བ་དང་། ནད་ཁྲག་མཁྲིས་བད་ཀན་སོགས་ཀྱིས་བྱེད་པའོ། །ཆེད་དུ་གནས་པའི་བྱེད་པ་ནི། བྱེད་པ་ལ་སྐྱོན་དུ་མི་ལྟ་བར་བྱུང་ཡང་གཉེན་པོས་མི་སེལ་བའོ། །རྒོད་པ་བསྐྱེད་པ་ལ་ཡང་གསུམ་ལས་ཤུགས་ཀྱིས་རྒོད་པ་ནི་འབྱུང་བའི་ཁམས་སོ། །རྐྱེན་གྱིས་རྒོད་པ་ནི་རྐྱེན་གྱིས་བྱེད་པ་ལས་ལྡོག་པའི་རྒོད་པ་དང་ནད་གྲང་བ་དང་། རླུང་ཤས་ཆེ་བས་རྒོད་པའོ། །ཆེད་དུ་བྱེད་པས་རྒོད་པ་ནི་ཚོང་དང་ཞེ་དུའི་རྟོག་པ་དང་འདོད་ཆགས་སྤྱོད་པ་དང་། སེམས་སྐྱོ་བ་མེད་པ་དང་། ཆེད་དུ་སྤྲོ་བའི་རྣམ་རྟོག་དང་། རྒོད་པ་ལ་སྐྱོན་དུ་མི་ལྟ་བ་བྱུང་ཡང་གཉེན་པོས་མ་སེལ་པའོ། །དེ་དག་གི་དམིགས་པ་རྣམ་པར་གསལ་བར་འཛིན་མི་ནུས་པར་ཤོར་བའི་བྱེད་བ་དང་། འདོད་པའི་ཡུལ་ལ་འཕྲོ་བའི་རྒོད་པ་སྐྱེས་པས་ཏིང་ངེ་འཛིན་སྐྱེ་བའི་བར་ཆོད་བྱེད་པའོ། །གཞན་ཡང་འདོད་ཆགས་ཀྱི་ཆར་གཏོགས་པའི་རྒོད་པ་མ་ཡིན་ཀྱང་ཉོན་མོངས་པ་གཞན་གྱིས་རྣམ་པར་གཡེང་བའམ། དགེ་བའི་ཕྱོགས་སུ་འཕྲོ་བའི་རྟོག་པ་ཡིན་ཀྱང་ཅུང་། ཞི་གནས་ཀྱི་ཉིང་འཛིན་བསྒྲུབ་པའི་སྐབས་འདིར་བར་ཆོད་ཀྱི་བདུད་ཡིན་པ་ཤེས་པར་བྱའོ།།

གཉིས་པ་དེ་སེལ་ཐབས་ནི། དྲན་པ་ཤེས་བཞིན་གཉིས་ཀྱི་བྱ་ར་ཡིས། །དགའ་དང་སྐྱོ་ཤས་ལ་སོགས་བསྒོམ་པ་དང་། །ཁ་ཟས་ཅེ་ཐྲག་ལུས་ངག་སྤྱོད་ལམ་སོགས། །

སོ་སོའི་གཉེན་པོ་བརྟེན་ནས་སྐྱོན་རྣམས་བཅོས། །ཞེས་པ། སེམས་ཀྱི་དམིགས་པ་མ་བརྗེད་པ་སྟེ། དེ་ལས་མ་ཉམས་པར་ཏུ་རེ་གཏད་པའི་དྲན་པ་དང་། བྱིང་རྒོད་བྱུང་མ་བྱུང་རིག་པའི་ཤེས་བཞིན་དང་གཉིས་ཀྱི་བྱ་ར་དང་ལྡན་པས་བསྒོམ་པས་ན་བྱིང་རྒོད་འབྱུང་བའི་གོ་སྐབས་དཀའ་ཞིང་གལ་ཏེ་བྱུང་ན་དེ་མ་ཐག་རིག་པས་དེ་ལ་བཅོས་ནས་དམིགས་པ་གསལ་བ་ལ་གཏད་པའི་རྩོལ་བས་འདུ་བྱེད་པར་འགྱུར་རོ། །དེ་ལྟར་བྱིང་རྒོད་ཆ་འཕྲ་མོ་ལ་ནི་དྲན་ཤེས་བརྟེན་ནས་སེམས་བླན་པས་སེལ་ཞིང་། གལ་ཏེ་བྱིང་རྒོད་ཤུགས་དྲག་ན། བྱིང་བའི་གཉེན་པོ་ནི་དགའ་བའི་དངོས་པོ་སངས་རྒྱས་དང་སེམས་དཔའ་རྣམས་ཀྱི་ཡོན་ཏན་དང་བླ་མ་བཟང་པོ་རྣམས་ཀྱི་རྣམ་ཐར་ཡིད་ལ་བྱེད་པ་དང་། ཉི་འོད་ལ་སོགས་སྣང་བའི་མཚན་མ་ཡིད་ལ་བྱེད་པ་དང་། གཞན་ཡང་ས་དང་། ཕྱོགས་དང་གཟའ་སྐར་ལ་སོགས་སོ་སོར་རྟོགས་པའི་ཤེས་རབ་ཀྱིས་གང་ལ་དཔྱོད་པར་འདོད་པའི་ཡུལ་ལ་སྤྱོད་སྤྲོ་བ་དང་། འཆག་ས་དང་གདོང་ཆུས་བཀྲུ་བ་སོགས་བྱེད་པ་དང་། རྒོད་པའི་གཉེན་པོ་ནི། སྤྱིར་མི་རྟག་པ་དང་། འཁོར་བའི་ཉེས་དམིགས་དང་། ཁྱད་པར་དུ་སེམས་གང་ལ་འཕྲོ་བའི་འདོད་ཡུལ་དེའི་ཉེས་པ་དང་མི་རྟག་པ་སོགས་སྐྱོ་ཤས་སྐྱེ་བར་བྱའོ། །རྐྱེན་གྱི་བྱིང་རྒོད་དུ་གྱུར་པ་ལ་ནི་རྐྱེན་གང་ཡིན་པ་ངོས་ཟིན་པར་བྱས་ལ་གནས་དང་ཁ་ཟས་དང་གོས་ལ་སོགས་པའི་བྱེ་བྲག་དང་། ལུས་ངག་གི་སྤྱོད་ལམ་ལ་སོགས་པ་བྱིང་རྒོད་གང་ལས་བྱུང་བའི་རྐྱེན་ལ་སོ་སོའི་གཉེན་པོ་བརྟེན་ནས་སྐྱོན་དེ་རྣམས་བཅོས་པར་བྱས་ནས་ཏིང་ངེ་འཛིན་སྐྱོན་མེད་བསྒོམ་པར་བྱའོ།།

གསུམ་པ་སྐྱོང་ཚུལ་ནི། བྱིང་རྒོད་བྱུང་ཚེ་རྩོལ་བས་དེ་སྤང་ཞིང་། །མཉམ་པར་

གྱུར་ཚེ་རྩོལ་བ་གློད་ལ་བསྒོམ། །ཞེས་པ། དྲན་ཤེས་སྟོབས་ལྡན་གྱིས་གོང་དུ་བསྟན་པ་བཞིན་གསལ་ལ་མི་རྟོག་པའི་ཏིང་ངེ་འཛིན་སྐྱོན་མེད་བསྒོམ་ལ་བྱིང་རྒོད་ཕྲ་མོ་ཙམ་བྱུང་ཡང་དེའི་ཚེ་སེལ་ནུས་ཀྱི་གཉེན་པོ་རྩོལ་བས་བརྟེན་ནས་སྤང་བར་བྱ་ཞིང་། བྱིང་རྒོད་མ་བྱུང་བའམ། བྱིང་རྒོད་བྲལ་བས་སྐྱོན་མེད་པར་མཉམ་པར་གྱུར་པ། དེའི་ཚེ་ན་གཉེན་པོ་འདུ་བྱེད་པའི་རྩོལ་བ་གློད་ལ་བསྒོམ་པར་བྱའོ།།

ལྔ་བ་ཐོགས་ཀྱི་འདོན་ཐབས་ལ་གསུམ་ལས། དང་པོ་སྐྱེ་ཚུལ་དངོས་ནི། དེ་ལྟར་ཡང་དང་ཡང་དུ་གོམས་བྱས་ན། །ཐོགས་ཀྱི་འདོན་ཐབས་དེ་ནི་གློག་སློབ་བཞིན། །སྒྲིམ་དང་བར་དུ་བཅད་ཀྱང་ཆད་པ་མེད། །རྩོལ་བ་མེད་པའི་ལྷུན་གྲུབ་རིམ་གྱིས་སྐྱེས། །ཞེས་པ། དེ་ལྟར་ཏིང་ངེ་འཛིན་སྐྱོན་མེད་དེ་ཉིད་ཡང་དང་ཡང་དུ་གོམས་པར་བྱས་ན་ཐོགས་ཀྱི་འདོན་ཐབས་གཞན་ལ་མ་བརྟེན་ཀྱང་དེ་ཉིད་ཡོ་ན་ཡང་ཡང་བསྒོམ་ན་ཐོགས་བསྐྱེད་གློག་སློབ་པ་བཞིན་དུ་འབྱུང་ངོ་། །དེ་ཡང་དང་པོ་འབད་པས་སྒྲིམས་ཀྱང་ཏིང་ངེ་འཛིན་ལ་གནས་པ་བས་བྱིང་རྒོད་ཀྱི་དབང་དུ་སོང་བ་མང་ལ། དེ་ནས་སྒྲིམས་པས་བྱིང་རྒོད་ཀྱིས་བར་དུ་བཅད་ཀྱང་ཏིང་ངེ་འཛིན་ལ་ཡུན་རིང་དུ་གནས་པར་ནུས་པ་དང་། དེ་ནས་རྩོལ་བས་བསྒྲིམ་མི་དགོས་པར་ངང་གིས་གནས་པའི་ལྷུན་གྱིས་གྲུབ་པ་རྣམས་རིམ་གྱིས་སྐྱེའོ།།

གཉིས་པ་འཁྲུལ་ཚད་ནི། དེ་ཡང་གནས་དུས་སྤྱོད་ལམ་ཐུན་ཚོད་ཡུན། །བཟང་ངན་རྐྱེན་ལ་ཁྱད་པར་མེད་ན་འཁྲུལ། །ཞེས་པ། ལྟ་བའི་ཁྲིད་ཁ་ཅིག་ལ། ཕྱིའི་སྤྱོད་ཚུལ་ལྔ་དང་། ནང་གི་སྤྱོད་ཚུལ་གསུམ་ལ་སོགས་གསུངས་ཡང་། ཡང་རྩེ་ལས་གསུངས་པ་ལྟར། གནས་དགོན་པ་དང་གྲོང་ཡུལ་གང་དུ་བསྒོམ་ཀྱང་ཁྱད་པར་མེད

པ་དང་། དེ་བཞིན་དུ་དུས་སྲོད་ཐོ་རངས་ཉིན་མཚན་དབྱར་དགུན་དང་། སྤྱོད་ལམ་ལུས་གནད་དང་ལྡན་པའམ། འགྲོ་ཉལ་སོགས་གནས་པར་བྱེད་པ་དང་། ཐུན་ཚད་ཡུན་རིང་ཐུང་དང་ཐུན་གྱི་སྟོད་སྨད་ལ་ཁྱད་པར་མེད་པ་དང་བཟང་པོར་འཛིན་པའི་མཐུན་རྐྱེན་དང་། ངན་པར་འཛིན་པའི་འགལ་རྐྱེན་གང་གིས་ཀྱང་ཏིང་ངེ་འཛིན་ལ་བར་ཆོད་མི་ནུས་ཤིང་ཁྱད་པར་མེད་ན་འབྱོང་བའི་ཚད་དོ། །ཞེས་བླ་མ་དམ་པས་ཀྱང་གསུངས་སོ། །འབྱོང་ཚད་འདི་རྣམས་ཡོངས་སུ་རྫོགས་པའི་ཏིང་ངེ་འཛིན་འབད་པ་མེད་པར་དམིགས་པ་ལ་གནས་པ་ཐོབ་ཀྱང་ཤིན་སྦྱངས་མ་སྐྱེས་གོང་གི་ཏིང་ངེ་འཛིན་དེ་ནི་ཞི་གནས་དང་རྗེས་སུ་མཐུན་པའི་འདོད་སེམས་རྩེ་གཅིག་པ་ཞེས་བྱ་བ་ཡིན་ནོ།།

གསུམ་པ་ཉམས་མྱོང་ནི། དེའི་ཚེ་སྦྱངས་པའི་རླུང་གིས་ལུས་ཁྱབ་པས། །ལུས་སེམས་དགའ་བདེའི་མྱོང་བ་ཐོབ་པར་འགྱུར། །ཞེས་པ། དྲན་ཤེས་བརྟེན་པའི་འབད་པ་མི་དགོས་པར་རང་ཤུགས་ཀྱི་དམིགས་པ་ལ་རྒྱུན་ལྡན་དུ་གནས་པའི་ཞི་གནས་རྗེས་མཐུན་གྲུབ་ནས་དེའི་རྗེས་སུ་ཞི་གནས་དངོས་སམ་མཚན་ཉིད་པ་བསྐྱེད་པའི་མྱོང་བ་བསྐྱེད་ལུགས་ནི། སེམས་ཤིན་སྦྱང་ཐོག་མར་སྐྱེས་པའི་མཐུས་ལུས་ལས་སུ་མི་རུང་བར་བྱེད་པའི་རླུང་རྣམས་ཞི་ནས་ལས་སུ་རུང་བར་བྱེད་པའི་རླུང་ལུས་ཀྱི་ཆ་ཐམས་ཅད་ལ་ཁྱབ་པར་རྒྱུ་ནས། ཡིད་དུ་འོང་བས་རེག་པས་ལུས་གང་བ་བཞིན་དུ་བྱུང་ནས་སྔར་མ་མྱོང་བའི་རེག་པའི་ཚོར་བ་བདེ་བ་མྱོང་ཞིང་། དེའི་སྟོབས་ཀྱིས་ཡིད་དགའ་བའི་མྱོང་བ་ཡང་ཐོབ་པར་འགྱུར་བས་དེ་ནི་རེག་པའི་མཚན་མ་ཐོབ་པ་ཞེས་ཀྱང་བྱ། ཡང་རིག་གཞུང་ལས། ཡང་དག་ཡང་དག་མ་ཡིན་པའི། །གང་གང་ཤིན་ཏུ

གོམས་འགྱུར་བའི། །སྒོམ་པ་ཡོངས་སུ་རྫོགས་པས་ན། །བདེ་གསལ་མི་རྟོག་བློ་འབྲས་ཅན། །ཞེས་གསུངས་པ་ལྟར། ཡང་དག་པའམ་ཡང་དག་མ་ཡིན་པའི་དོན་གང་བསྒོམ་པས་ཀྱང་དེ་ཡོངས་སུ་རྫོགས་པས་ན་མདུན་དུ་གནས་པ་མངོན་སུམ་དུ་གསལ་བར་མཐོང་བ་བཞིན་དུ་གྱུར་ནས་ཇ་བོ་ཆེའི་སྤྲ་སྒྲོགས་པའམ། སྲང་བུ་དང་གྲོག་མ་སོགས་ཀྱིས་ཐྲོས་པའི་རེག་པས་ཀྱང་བར་དུ་མི་ཆོད་པར་འགྱུར་པ་དེའི་ཚེ་མཐོང་བའི་མཚན་མ་རྫོགས་པ་ཞེས་བྱའོ།།

དྲུག་པ་ཞི་གནས་གྲུབ་པའི་ཚད་ནི། ཤིན་ཏུ་སྦྱངས་པས་ལུས་སེམས་ལས་རུང་ཞིང་། །གང་ལ་དམིགས་པ་རང་དབང་ཐོབ་ནས་སུ། །ཤིན་སྦྱང་རྩེ་གཅིག་གཉིས་ཀྱང་ཕན་ཚུན་འཕེལ། །དེ་ཚེ་ཞི་གནས་གྲུབ་པའི་ཚད་ཀྱང་བཞེད། །ཅེས་པ། ཤིན་སྦྱང་དང་པོ་སྐྱེས་པའི་ལུས་སེམས་ཀྱི་དགའ་བདེ་དེ་ཁད་དང་ཁད་ཀྱིས་བྲི་བར་གྱུར་ནས་ཚོར་བ་བཏང་སྙོམས་སུ་གནས་ཤིང་ལུས་སེམས་དགེ་བ་ལ་བཀོལ་བས་ལས་སུ་མི་རུང་བའི་ལུས་ལྗི་བ་ལྟ་བུ་དང་སེམས་དགའ་བ་མེད་པ་དང་བྲལ་ནས། ལུས་སྲང་བ་མེད་པར་ཡང་པ་དང་སེམས་དགའ་གཞན་དུ་ཐོབ་པ་མེད་པར་འཇུག་པར་འགྱུར་ལ། འཇིག་རྟེན་དང་འཇིག་རྟེན་ལས་འདས་པའི་ལྷག་མཐོང་གི་དམིགས་པ་སོགས་གང་ལ་གཏད་པ་དེ་ལ་རང་དབང་དུ་གྱུར་པ་ཐོབ་པས་སྟོབས་ཆེ་ཞིང་། རེག་མཐོང་གི་ཚད་མ་ཡོངས་སུ་རྫོགས་པའི་ལུས་སེམས་ལས་སུ་རུང་བ་དེས་ཀྱང་རྩེ་གཅིག་ཏུ་གནས་པས་ཏིང་ངེ་འཛིན་འདྲེན་ལ། རྩེ་གཅིག་གནས་པ་དེས་ཀྱང་ཤིན་སྦྱང་འཕེལ་བར་བྱེད་པས་དེ་གཉིས་ཕན་ཚུན་གཅིག་གིས་གཅིག་སྤེལ་བར་འགྱུར་རོ། །དེ་ལྟར་ལུས་སེམས་ལས་སུ་རུང་བས་ཤིན་སྦྱང་ཐོབ་པ་དེའི་ཚེ་ཞི་གནས་གྲུབ་པའི་ཚད་དུ་བཞེད་

དེ། བསམ་གཏན་དང་པོའི་ཉེར་བསྡོག་ལ་ཞི་ལྷག་གཉིས་ཡོད་པའི་ཞི་གནས་ཀྱི་ཆ་ཐོབ་པས་དེ་ལ་བརྟེན་ནས་འཇིག་རྟེན་དང་འཇིག་རྟེན་ལས་འདས་པའི་ལྷག་མཐོང་བསྒོམ་པའི་སྐལ་པ་དང་ལྡན་པ་ཡིན་ནོ། །ཇི་སྐད་དུ། ཉན་ས་ལས། དེས་གཟུགས་ལ་སྤྱོད་པའི་སེམས་ཆུང་ངུ་ཐོབ་པ་དང་ལུས་ཤིན་ཏུ་སྦྱང་བ་དང་། སེམས་རྩེ་གཅིག་པ་ཆུང་ངུ་ཐོབ་པ་དང་། ཉོན་མོངས་རྣམ་པར་སྦྱོང་བའི་དམིགས་པ་ལ་སྦྱོར་བའི་སྐལ་པ་ཡོད་ཅིང་ནུས་པ་དང་། ཞེས་གསུངས་པ་ལྟར་ཡིན་ནོ།།

གཉིས་པ་ལྷག་མཐོང་བསྒོམ་པ་ལ་གསུམ་སྟེ། ཞི་གནས་ཙམ་ལས་མ་ཕྲི་བ་དང་། འཇིག་རྟེན་གྱི་ལྷག་མཐོང་ཁ་འཕང་བ་དང་། འཇིག་རྟེན་ལས་འདས་པའི་བསྒོམ་ཚུལ་བསྟན་པའོ། །དང་པོ་ནི། ཤིན་སྦྱང་ཞི་གནས་གྲུབ་པ་དེ་དག་གིས། །ཉོན་མོངས་འདག་པར་མི་ནུས་ལྷག་སྤྱོད་བཞིན། །ཞེས་པ། གོང་དུ་བསྟན་པའི་བདེ་གསལ་མི་རྟོག་པ་ལྡན་གྱིས་གྲུབ་པའི་ཏིང་འཛིན་ལུས་སེམས་ལས་སུ་རུང་བའི་ཤིན་སྦྱང་ཞི་གནས་དེ་གྲུབ་ནས་དེ་ཙམ་ལ་གོམས་པར་བྱས་པ་ཡིན་ནམ་ཞེ་ན། དེ་ལྟ་བུའི་ཞི་གནས་སྐྱེས་པ་ན་ཉོན་མོངས་འཇོམ་བྱེད་ཀྱི་ལྷག་མཐོང་བསྐྱེད་པའི་ཆེད་ཡིན་པས་དེ་མ་བསྐྱེད་ན་ཞི་གནས་རྒྱུང་པ་ཅི་ཙམ་བསྒོམ་ཀྱང་། ཉོན་མོངས་ཀྱི་ས་བོན་སྤང་བར་མི་ནུས་པའི་དྲང་སྲོང་ལྷག་སྤྱོད་བཞིན་དུ་འཁོར་བར་ལྷུང་ངོ་། །དེའི་ཕྱིར་ཞི་གནས་ཙམ་གྱིས་ཚོག་ཤེས་མི་བྱ་བར། ཉོན་མོངས་འཛོམ་བྱེད་ལྷག་མཐོང་བསྒོམ་པར་བྱའོ། །ཞེས་མཁས་གྲུབ་ཆེན་པོའི་ཞལ་ནས་གསུངས་པ་ལྟར་རོ།།

གཉིས་པ་འཇིག་རྟེན་གྱི་ལྷག་མཐོང་བསྒོམ་པ་ཁ་འཕང་བ་ནི། དེ་ཕྱིར་འདོད་པའི་ས་ལས་དཔག་འདོད་རྣམས། །ཆགས་སོགས་ཉོན་མོངས་མངོན་གྱུར་གནོན་པ་

ཡི། །ཞི་རགས་རྣམ་པ་བསྒོམ་པའི་ལྷག་མཐོང་སྟེ། །འཇིག་རྟེན་ལམ་གྱི་བགྲོད་པ་ཡོད་མོད་ཀྱང་། །ཞེས་པ། འོ་ན་ལྷག་མཐོང་བསྒོམ་ན་བསྒོམ་ལུགས་ཅི་ལྟར་ཞེ་ན། ལྷག་མཐོང་གི་ངོ་བོ་ནི། གངས་རི་བརྩེགས་པ་ལས། ལྷག་མཐོང་ནི་སོ་སོར་རྟོགས་པའི་ཤེས་རབ་བོ། །ཞེས་དང་། ལུང་རྣམ་དག་ཐམས་ཅད་ལས། སོ་སོར་རྟོགས་པའི་ཤེས་རབ་ལ་གསུངས་པས། དབྱེ་བ་ནི། ཡུལ་གྱི་སྒོ་ནས་ཇི་སྙེད་པ་དང་ཇི་ལྟ་བ་རྣམ་པར་འབྱེད་པའི་ལྷག་མཐོང་གཉིས་དང་། འཇུག་ཚུལ་གྱི་སྒོ་ནས་བློ་རགས་པས་རྣམ་པས་འཇུག་པའི་རྟོག་པ་དང་། ཕྲ་བའི་རྣམ་པས་འཇུག་པའི་དཔྱོད་པ་གཉིས་དང་། ངོ་བོའི་སྒོ་ནས་ངེས་པར་འཚོལ་བའི་སོ་སོར་རྟོགས་པ་དང་། ངེས་པར་རྟེན་པ་དེ་མི་སྐྱེ་བར་བསྒོམ་པའི་ལྷག་མཐོང་སོགས་མང་དུ་བཤད་ཀྱང་། འདིར་ནི་སྤང་བྱའི་སྒོ་ནས་ཉོན་མོངས་མངོན་གྱུར་རེས་ཤིག་སྤོང་བས་འཇིག་རྟེན་པའི་ལམ་གྱིས་བགྲོད་པའི་ལྷག་མཐོང་དང་། ཉོན་མོངས་པའི་ས་བོན་རྩ་བ་ནས་སྤོང་པ་འཇིག་རྟེན་ལས་འདས་པའི་ལམ་གྱི་ལྷག་མཐོང་གཉིས་ཀྱིས་བསྟན་ནོ། །དང་པོ་ནི། ཞི་གནས་ཙམ་གྱིས་ནི་འདོད་པའི་ཉོན་མོངས་པ་ཡང་སྤང་བར་མི་ནུས་པས། དེའི་ཕྱིར་འདོད་ཁམས་ལས་དཔག་པའི་བསམ་གཏན་དང་པོ་སོགས་ཐོབ་པར་འདོད་ན་ཡང་འདོད་པའི་ཆགས་སོགས་ཉོན་མོངས་མངོན་འགྱུར་འགོག་གཉེན་པའི་ཞི་རགས་རྣམ་པ་ཅན་བསྒོམ་པས་འཇིག་རྟེན་གྱིས་བགྲོད་པའི་ལྷག་མཐོང་ཀྱང་ཡོད་མོད་ཀྱང་། དེ་ནི་འདིར་གཙོར་མི་སྟོན་ཏེ། དེས་ཀྱང་འཁོར་བ་འཆིང་བྱེད་ཀྱི་རྩ་བ་བདག་འཛིན་སྤང་མི་ནུས་པས་སོ། །དེས་ན་འདིར་བྱུར་ཙམ་སྨྲས་པ་ནི་ཞི་རགས་བསྒོམ་པའི་ལྷག་མཐོང་དེ་མཆོག་ཏུ་བཟུང་བའི་གོལ་ས་གཅོད་པའི་ཆེད་ཡིན་ནོ།།

གསུམ་པ་འཇིག་རྟེན་ལས་འདས་པའི་ལྷག་མཐོང་སྒོམ་ཚུལ་བསྟན་པ་ལ་ལྔ། གཏན་ལ་དབབ་ཚུལ་གྱི་མཚོན་བྱེད། ཐོབ་ནས་བསྒོམ་ཚུལ། ཞི་ལྷག་ཟུང་འབྲེལ་དུ་འགྱུར་ཚུལ། རྗེས་ཐོབ། ཕན་ཡོན་ནོ། །དང་པོ་ནི། ཉོན་མོངས་ས་བོན་རྩད་ནས་འབྱིན་བྱེད་པའི། །བདེན་པ་བཞི་དང་རྟེན་འབྲེལ་ལ་སྦྱོད་དམ། །བོན་དང་གང་ཟག་བདག་མེད་རྟོགས་པ་ཡིས། །འཇིག་རྟེན་འདས་པའི་ལྷག་མཐོང་བསྒོམ་པར་བྱ། །ཞེས་པ། དེ་ལྟར་འཇིག་རྟེན་ལམ་གྱི་བགྲོད་པའི་ལྷག་མཐོང་ཉོན་མོངས་མངོན་གྱུར་ཙམ་གནོན་པའི་ཞི་རགས་རྣམ་པ་ཅན་གྱི་སྲིད་རྩེའི་བར་དུ་བགྲོད་པ་ཡོད་ཀྱང་། འཁོར་བ་ལས་མི་གྲོལ་བས། དེ་ལྟར་བས་ན་འཁོར་བ་ལས་གྲོལ་བར་འདོད་པ་དག་གིས་ནི། ཉོན་མོངས་པའི་ས་བོན་རྩ་བ་ནས་འབྱིན་པར་བྱེད་པའི་ལྷག་མཐོང་བདེན་པ་བཞིའམ་མི་རྟག་པ་ལ་སོགས་བཅུ་དྲུག་གི་རྣམ་པ་ཅན་དུ་བསྒོམ་པའམ། རྟག་ཆད་དུ་འཛིན་པའི་གཉེན་པོ་སྣང་ལ་རང་བཞིན་མེད་པར་གཏན་ལ་འབེབས་བྱེད་རྟེན་ཞིང་འབྲེལ་བར་འབྱུང་བ་ལ་སྦྱོད་པའི་ལྷག་མཐོང་ངམ། འོག་ནས་འཆད་འགྱུར་གྱི་བོན་དང་གང་ཟག་གི་བདག་མེད་རྟོགས་ནས་བསྒོམ་པ་སྟེ། འཇིག་རྟེན་ལས་འདས་པའི་ལྷག་མཐོང་བསྒོམ་པར་བྱའོ། །དེ་ཡང་སྐྱེས་བུ་དམ་པ་ལ་བརྟེན་པ་དང་། མང་དུ་ཐོས་པ་ཡོངས་སུ་བཙལ་བ་དང་། ཚུལ་བཞིན་དུ་སེམས་པ་སྟེ་ལྷག་མཐོང་གི་རྒྱུ་ཚོགས་གཉིས་བསྒོམ་རིམ་ལས་གསུངས་པ་ལྟར་བདེན་གཉིས་ཟུང་འཇུག་གི་གནས་ཚུལ་ལ་མཁས་པའི་བཤེས་གཉེན་ལ་བརྟེན་ནས་བདག་མེད་པའི་ལྟ་བ་སྟོན་པའི་ངེས་དོན་གྱི་གསུང་རབ་དབུ་མའི་གཞུང་ལ་སོགས་ལ་ཐོས་བསམ་ཚུལ་བཞིན་དུ་བྱས་པས་ལྷག་མཐོང་གི་ཤེས་རབ་བསྐྱེད་ནས་བསྒོམ་པར་བྱའོ།།

གཉིས་པ་ཐོབ་ནས་བསྒོམ་ཚུལ་ལ་གཉིས་ལས། དང་པོ་ནི། བདག་མེད་མཐོང་ནས་གོམས་པ་བསྐྱེད་ཕྱིར་དུ། །སྣང་མེད་ནམ་མཁའ་ལྟ་བུའི་སྟོང་ཉིད་དང་། །སྣང་བཅས་སྒྱུ་མ་ལྟ་བུའི་སྟོང་པ་ཉིད། །དཔྱད་འཛོག་རེས་མོས་སྤེལ་ཞིང་བསྒོམ་པར་བྱ། །ཞེས་པ། བདག་མེད་པའི་ལྟ་བ་མ་རྟོགས་ན། བདག་མེད་སྒོམ་རྒྱུ་མེད་པས་ལུང་དང་གདན་ཚིགས་རྣམ་པར་དག་པ་ལ་བརྟེན་ནས་བདག་མེད་པའི་ལྟ་བ་ངེས་ངེས་སུ་བྱས་ནས་དེ་ལ་གོམས་པ་བསྐྱེད་པའི་ཕྱིར་དུ་མཉམ་བཞག་ཏུ་སྣང་མེད་ནམ་མཁའ་ལྟ་བུའི་སྟོང་ཉིད་བསྒོམ་ཞིང་། རྗེས་ཐོབ་ཏུ་སྣང་བཅས་སྒྱུ་མ་ལྟ་བུའི་སྟོང་ཉིད་བསྒོམ་པར་བྱའོ། །དེ་ཡང་བདག་མེད་གཏན་ལ་འབེབས་པའི་ལུང་རིག་དུ་མ་ལས་དཔྱད་པའི་བསྒོམ་པ་དང་། དེ་ངེས་པའི་མཐར་དོན་ནི་དེ་ཉིད་ལ་འཛོག་པའི་སྒོམ་དང་གཉིས་རེས་མོས་སུ་སྤེལ་དགོས་ཞེས་བླ་མས་གསུངས་པ་ལྟར་བྱའོ།།

གཉིས་པ་སྐྱོང་ཚུལ་མཐུན་པར་མཚོན་པ་ནི། ལྷག་མཐོང་བསྒོམ་ཚེ་བྱིང་རྒོད་སེལ་བ་དང་། །དྲན་ཤེས་བརྟེན་སོགས་སྐྱོང་ཚུལ་གོང་ལྟར་རོ། །ཞེས་པ། ལྷག་མཐོང་བསྒོམ་པའི་ཚེ་ཡང་བྱིང་རྒོད་ངོས་བཟུང་བ་དང་། བྱིང་རྒོད་མི་འབྱུང་བའི་ཐབས་སུ་དྲན་པ་དང་ཤེས་བཞིན་བརྟེན་ཚུལ་དང་། བྱིང་རྒོད་དང་བྲལ་བའི་ཚེ་སྒྲིམས་གློད་མཉམ་པ་སོགས་ནི་གོང་དུ་ཞི་གནས་ཀྱི་སྐབས་སུ་བཤད་པ་དང་འདྲ་བར་ཤེས་པར་བྱའོ།།

གསུམ་པ་ཞི་ལྷག་ཟུང་འབྲེལ་དུ་འགྱུར་ཚུལ་ནི། ཅི་ལྟར་དཔྱོད་པའི་དོན་དེ་གསལ་བ་དང་། །ཅི་སྲིད་འཇུག་པ་རང་དབང་གྱུར་པའི་ཚེ། །ཞི་གནས་ལྷག་མཐོང་ཟུང་དུ་འབྲེལ་བ་སྟེ། །གཉིས་ཀ་ཐོབ་ཚེ་དེ་ལྟར་གྱུར་པའོ། །ཞེས་པ། ཞི་གནས་ལྷག་མཐོང་གཉིས་ཀ་མ་ཐོབ་ན་ཟུང་དུ་འབྲེལ་རྒྱུ་མེད་པས་གཉིས་ཀ་ཐོབ་དགོས་ལ། དེ་

ཡང་ཞི་གནས་ནི་སྔར་བཤད་པ་བཞིན་ཤིན་སྦྱང་གྲུབ་པ་དེ་ལྟ་བུ་ཡིན་ལ། ལྷག་མཐོང་ནི་སོ་སོར་རྟོགས་པའི་ཤེས་རབ་ཀྱིས་དཔྱད་པ་རང་སྟོབས་ཀྱི་ཤིན་སྦྱང་གི་བདེ་བ་འདྲེན་མི་ནུས་པ་དེ་སྲིད་དུ་ལྷག་མཐོང་དང་རྗེས་སུ་མཐུན་པ་ལས་ལྷག་མཐོང་དངོས་མ་ཡིན་པས་དཔྱད་པ་རང་སྟོབས་ཀྱི་ཤིན་སྦྱང་འདྲེན་པར་ནུས་ནས་ལྷག་མཐོང་གི་ཇི་ལྟར་དགོད་པའི་དོན་དེ་ཉིད་གསལ་བ་དང་། ཞི་གནས་ཀྱི་སྟོབས་ཀྱིས་དོན་དེ་ཉིད་ལ་ཅི་སྲིད་འཛོག་པ་རང་དབང་དུ་གྱུར་པའི་ཚེ་ཟུང་འབྲེལ་དུ་གྱུར་པའོ་ཞེས་བཞེད་དེ། བླ་མ་མཁས་གྲུབ་གང་གི་ཞལ་ནས། ཞི་གནས་ཀྱིས་བཅིང་པའི་ལྷག་མཐོང་ནི་ཅི་ལྟར་ཞི་གནས་རང་གི་དམིགས་པ་ལ་ངང་གིས་འཇུག་པ་བཞིན་དུ། ལྷག་མཐོང་ཀྱང་དེ་ཁོ་ན་ཉིད་ཀྱི་དོན་ལ་རང་གི་ངང་གིས་འཇུག་ཅིང་གཞན་གྱིས་གཡེང་བར་མི་འགྱུར་ལ། ལྷག་མཐོང་གིས་བཅིང་གཞིའི་ཞི་གནས་ཀྱང་ལྷག་མཐོང་དེ་ཁོ་ན་ཉིད་གསལ་བའི་བྱ་བ་བྱེད་ཅིང་དེ་ཁོ་ན་ཉིད་ཀྱི་དོན་ལ་རྨོངས་པར་མི་འགྱུར་རོ། །ཞེས་གསུངས་ཤིང་དེ་དང་མཐུན་པར་རྒྱ་གཞུང་གི་ལུང་མང་དུ་སྣང་སྟེ་འདིར་མ་དྲངས་སོ། །གཞན་ཡང་གྲུབ་པའི་རྣལ་འབྱོར་བས་ཅི་སྲིད་ལྷག་མཐོང་གི་མཚན་ཉིད་མ་སྐྱེས་ཀྱི་བར་དུ་ཟུང་འབྲེལ་ཐོབ་པར་བྱ་བའི་ཕྱིར། ཞི་གནས་དང་ལྷག་མཐོང་གཉིས་རེས་མོས་སུ་བསྒོམ་པར་བྱ་སྟེ། འདི་ལྟར་ཤེས་རབ་ཀྱི་དེ་ཁོ་ན་ཉིད་ལ་ཡང་དང་ཡང་དུ་དཔྱད་པའི་ལྷག་མཐོང་ཤས་ཆས་ན་མར་མེ་རླུང་གིས་བསྐྱོད་པ་ལྟར་དེ་ཁོ་ན་ཉིད་གསལ་བར་མི་འགྱུར་བས། དེའི་ཚེ་ཞི་གནས་ཀྱི་འཇོག་སྒོམ་མང་དུ་བྱས་ལ་གནས་ཆ་སོར་གཞུག ཡང་འཇོག་སྒོམ་མང་དུ་བྱས་པའི་མཐུས་གནས་ཆ་ཆེ་བར་སོང་ན་དཔྱོད་སྙིང་མི་འདོད། མ་དཔྱད་ན་དེ་ཁོ་ན་ཉིད་ལ་ངེས་པར་བརྟན་ལ་ཤུགས་དྲག་པོ་མི་འོང་། དེ་མ་

བྱུང་ན་ངེས་པའི་ལྡོག་ཕྱོགས་བདག་མེད་གཉིས་ཡོད་པར་འཛིན་པའི་སྒྲོ་འདོགས་ལ་དེ་ཙམ་མི་གནོད་ན་དཔྱད་སྒོམ་མང་དུ་བྱའོ། །དེ་ལྟར་གུས་སྦྱོར་དང་རྟག་སྦྱོར་གཉིས་ཀྱི་རྒྱུན་དུ་གནས་པ་ལ་ཞི་ལྷག་གཉིས་མཉམ་པར་འདྲེས་པའི་ཟུང་འབྲེལ་གྱི་རྣལ་འབྱོར་ཐོབ་པར་འགྱུར་རོ། །ཞེས་ཀྱང་གསུངས་སོ།།

བཞི་པ་རྗེས་ཐོབ་ལ་གསུམ་ལས། དང་པོ་ཤེས་རབ་ཀྱིས་ཟིན་པའི་རྗེས་ཐོབ་ནི། མཉམ་པར་བཞག་ལས་ལངས་པའི་རྗེས་ཐོབ་ལ། །འགྲོ་འདུག་ལ་སོགས་སྤྱོད་ལམ་ཐམས་ཅད་དང་། །ཉོན་མོངས་སྐྱེས་པ་དབང་པོའི་ཡུལ་རྣམས་དང་། །དགེ་སྡིག་བྱ་བའི་ལས་སྤྱོད་ཐམས་ཅད་ནི། །རང་བཞིན་མེད་པར་རྟོགས་པའི་ཤེས་རབ་ཀྱིས། །དཔྱད་པས་ནམ་མཁའ་ལྟ་བུར་མཐོང་བ་སྟེ། །དེ་ཉིད་ཤུགས་ཀྱིས་དེ་སོགས་གཟུང་འཛིན་རྣམས། །སྒྱུ་མ་ལྟ་བུར་ཡོངས་སུ་ཟིན་པར་བྱ། །ཞེས་པ། སྣང་བ་ཡང་དག་ཏུ་ཡོད་མེད་དཔྱོད་པའི་ཤེས་རབ་ཀྱིས་རང་གི་ངོ་བོར་གྲུབ་ཙམ་རྡུལ་ཡང་མ་རྙེད་པར་ནམ་མཁའ་ལྟ་བུའི་ཏིང་ངེ་འཛིན་ཅི་སྲིད་རྒྱུན་ཆགས་སུ་གནས་པའི་མཉམ་བཞག་ཡིན་ལ། ཏིང་ངེ་འཛིན་དེ་ལས་ལངས་ནས་བདེན་རྫུན་སྐྱེས་ཙང་མ་སྐྱེས་ཙང་སྣང་བ་ཡུལ་དུ་བྱེད་པ་གང་ཡིན་པ་ནི་རྗེས་ཐོབ་ཡིན་ནོ། །དེ་ལ་རྗེས་ཐོབ་ཀྱི་དུས་སུ་ཡང་སྣང་བ་ལ་བདེན་མེད་དུ་རྟོགས་པའི་ཤེས་རབ་ཀྱིས་ཟིན་དགོས་པས། སྤྱོད་ལམ་གྱི་སྒོ་ནས་འགྲོ་འདུག་ཟ་ཉལ་ལ་སོགས་པ་ཐམས་ཅད་དང་། ཡུལ་གྱི་སྒོ་ནས་ཆགས་སྡང་རྨོངས་གསུམ་སོགས་ཉོན་མོངས་པ་སྐྱེས་པའི་དབང་པོའི་ཡུལ་གཟུགས་སྒྲ་དྲི་རོ་རེག་བྱ་དག་སྡུག་པའམ་མི་སྡུག་པའམ་བར་མ་ཐམས་ཅད་དང་། ལས་ཀྱི་སྒོ་ནས་དགེ་སྡིག་ལུང་མ་བསྟན་གྱི་བྱ་སྤྱོད་ཐམས་ཅད་ནི། རང་གིས་རང་བཞིན་མེད་པར་རྟོགས་པའི་

ཤེས་རབ་ཀྱིས་དཔྱད་པས་རྡུལ་ཙམ་ཡང་གྲུབ་པ་མེད་པར་ནམ་མཁའ་ལྟ་བུར་མཐོང་པ་སྟེ། རྟོགས་པ་དེ་ཉིད་ཀྱི་ཤུགས་ཀྱིས་གོང་དུ་བསྟན་པའི་སྣང་བའི་སྒོ་གསུམ་ལ་སོགས་གཟུང་འཛིན་གྱི་དངོས་པོ་འདི་དག་གང་ལའང་བདེན་པར་མ་གྲུབ་པའི་སྣང་ཙམ་གྱི་སྒྱུ་མ་དང་རྨི་ལམ་ལྟ་བུར་རྟོགས་པས་ཡོངས་སུ་ཟིན་པར་བྱའོ།།

གཉིས་པ་ཁྱད་པར་གྱི་སྤྱོད་པ་ནི། སྐྱབས་གནས་རྣམས་ལ་གུས་པའི་མཆོད་པ་དང་། །སྙིང་རྗེས་འགྲོ་ལ་ཕན་གདགས་ཅི་ནུས་བྱ། །བྱང་ཆུབ་སེམས་དཔའི་སྤྱོད་པ་མཐའ་ཡས་ལ། །མི་ངལ་བརྩོན་པ་རྟག་ཏུ་བསླབ་པར་བྱ། །ཞེས་པ། གོང་དུ་བསྟན་པ་བཞིན་སྣང་བ་བདེན་མེད་སྒྱུ་མ་ལྟ་བུར་རྟོགས་པའི་ངང་ནས་སྐྱབས་གནས་རྣམས་དང་དམ་པ་མཆོད་འོས་རྣམས་ལ་གུས་པའི་མཆོད་པ་འབུལ་བ་དང་། བསྙེན་བཀུར་ཕྱག་དང་བསྐོར་བ་ལ་སོགས་པ་དང་འགྲོ་བ་དམན་པ་རྣམས་ལ་ཕན་གདགས་པ་ཅི་ནུས་བྱའོ། །དེ་ཡང་རྒྱལ་སྲས་རྣམས་ཀྱིས་མི་བསླབ་པའི། །གནས་དེ་གང་ཡང་ཡོད་མ་ཡིན། །ཞེས་པ་ལྟ་བུར་བྱང་ཆུབ་སེམས་དཔའི་སྤྱོད་པ་ཚུལ་ཁྲིམས་གསུམ་ལ་སོགས་པའི་སྒོ་ནས་འཇུག་ལྡོག་གི་བྱ་བ་མཐའ་ཡས་པ་ལ་བསླབ་པར་བྱའོ། །མདོར་ན་བསྟན་པའི་བྱ་བ་དང་སེམས་ཅན་གྱི་དོན་ལ་གང་ཕན་གྱིས་འཆད་རྩོད་རྩོམ་པ་སོགས་དང་རིག་པའི་གནས་ལྔ་ལ་བསླབ་པ་སོགས་སྐད་ཅིག་ཙམ་ལ་ཡང་སྒོ་གསུམ་མི་ངལ་མི་ཡེངས་པར་བརྩོན་པས་དྲག་ཏུ་བསླབ་པར་བྱའོ། །རིག་པའི་གནས་ལྔ་དག་ལ་མ་བརྩོན་ན། །འཕགས་མཆོག་གིས་ཀྱང་ཐམས་ཅད་མཁྱེན་མི་འགྱུར། །དེ་བས་གཞན་དག་ཚར་བཅད་རྗེས་སུ་བཟུང་། །བདག་ཉིད་ཀུན་ཤེས་བྱ་ཕྱིར་དེ་ལ་བརྩོན། །ཞེས་གསུངས་པ་ལྟར་བྱའོ།།

གསུམ་པ་རྗེས་ཐོབ་སྒྱུ་མ་ལྟ་བུའི་ཟིན་པའི་ཡོན་ཏན་ནི། དེ་ལྟར་ཐབས་ཀྱིས་ཡོངས་སུ་ཟིན་པ་ན། །བྱང་ཆུབ་ལམ་དང་ནམ་ཡང་འབྲལ་བ་མེད། །ཞེས་པ། དེ་ལྟར་ཐམས་ཅད་སྒྱུ་མ་ལྟ་བུར་ཤེས་པའི་ངང་ནས་སྒོ་གསུམ་དགེ་བ་ལ་བརྩོན་པའི་ཐབས་ཀྱིས་ཡོངས་སུ་ཟིན་པར་གྱུར་ན། བྱང་ཆུབ་ཀྱི་ལམ་དང་ནམ་ཡང་འབྲལ་བ་མེད་དེ། དེ་ལྟར་གནས་པའི་མཁས་པ་ལ། །བསོད་ནམས་མི་འགྱུར་གང་ཡང་མེད། །ཅེས་དང་། གཟུགས་ལ་རང་བཞིན་མེད་དེ་གང་ལ་རང་བཞིན་མེད་པར་ཤེས་པ་དེ་ནི་བླ་ན་མེད་པའི་འབྲས་བུར་ཤེས་པར་བྱའོ། །ཞེས་སོ།།

ལྟ་བ་ལྷག་མཐོང་གི་ཕན་ཡོན་ལ་ཡང་གསུམ་ལས། དང་པོ་སྲིད་པ་གཅོད་ཚུལ་ནི། བདག་མེད་པ་ལ་གོམས་པར་བསྐྱེད་པ་ཡིས། །དངོས་རྣམས་བདེན་པས་ལྡོག་པས་ཆགས་སྡང་སོགས། །ཉོན་མོངས་ཞི་བས་དེ་བསྐྱེད་ལས་མི་བསགས། །ལས་ཉོན་ཟད་པས་ཡང་སྲིད་ལེན་མི་འགྱུར། །ཞེས་པ། དེ་ལྟར་མཉམ་བཞག་རྗེས་ཐོབ་གང་ལ་ཡང་དངོས་པོ་ཐམས་ཅད་བདག་མེད་པར་བསྒོམ་པའི་གོམས་པ་བསྐྱེད་པའི་ཕྱིར། དངོས་པོ་རྣམས་ལ་བདེན་འཛིན་གྱིས་སྟོངས་པ་ལྡོག་གོ །བདེན་འཛིན་མེད་ན་རྨི་ལམ་དང་སྒྱུ་མའི་དགྲ་གཉེན་ལ་ཆགས་སྡང་མི་སྐྱེ་བ་བཞིན་དུ་བདེན་འཛིན་གྱིས་ཀུན་ནས་སློང་བའི་ཆགས་སྡང་སོགས་ཉོན་མོངས་མི་སྐྱེ་ཞི་བར་འགྱུར་རོ། །ཉོན་མོངས་པ་ཞི་བར་གྱུར་ན་དེས་བསྐྱེད་པའི་ལས་མི་གསོག་གོ །ལས་དང་ཉོན་མོངས་པ་ཟད་ན་འཁོར་བའི་རྒྱུ་མེད་པས་ཡང་སྲིད་ལེན་པར་མི་འགྱུར་རོ། །དེ་ལྟར་དུ་དབུ་མ་ཚིག་ལས་ཀྱང་། གང་གི་ཕྱིར་དེ་ལྟར་སྟོང་པ་ཉིད་སྤྲོས་པ་མ་ལུས་པ་ཉེ་བར་ཞི་བའི་མཚན་ཉིད་ཅན་ལ་བརྟེན་ནས་སྤྲོས་པ་དང་བྲལ་བར་འགྱུར་ཞིང་། སྤྲོས་པ་དང་བྲལ་བས་ཀྱང་རྣམ་

པར་རྟོག་པ་ལས་ལྡོག་ཅིང་། རྣམ་པར་རྟོག་པ་ལས་ལོག་པས་ཉོན་མོངས་ལྡོག ཉོན་མོངས་ལོག་པས་སྐྱེ་བ་ལྡོག་པས་དེའི་ཕྱིར་སྟོང་པ་ཉིད་ཁོ་ན་སྤྲོས་པ་ཐམས་ཅད་ལོག་པའི་མཚན་ཉིད་ཅན་ཡིན་པས་མྱ་ངན་ལས་འདས་པ་ཞེས་བྱའོ། །ཞེས་སོ། དེའི་ཕྱིར་འཁོར་བ་ལས་གྲོལ་བ་ལ་དོན་གཉེར་གྱི་བློ་ཡོད་པས་ལྷག་མཐོང་གི་རྒྱུ་ཚོགས་བསྒྲུབ་པར་བརྟེན། བདག་མེད་པའི་དེ་ཁོ་ན་ཉིད་རྟོགས་པའི་ལྟ་བ་བསྐྱེད་ནས་སྒོམ་པ་མ་བྱས་པའི་ལས་གང་བྱས་ན་ཡང་འཁོར་བའི་རྒྱུ་རང་གི་ཉོན་མོངས་པ་དང་ལས་ལ་ཅི་ཡང་མི་གནོད་པར་མུ་སྟེགས་པའི་བརྟུལ་ཞུགས་ལྟར་རང་གི་ལུས་སེམས་ལ་གདུང་བ་བསྐྱེད་པ་ཁོ་ན་ཙམ་དུ་ཟད་པའི་ངལ་བའི་ལས་གང་ཡིན་པ་དེ་ལ་བརྩོན་འགྲུས་བྱས་ཀྱང་ཕན་པ་མེད་པར་མ་ཟད་པར་འགྱུར་བའི་དཔེ་ནི་ཁང་པ་བསྲེག་པའི་མེ་ཞི་བར་འདོད་པས་ཕྱི་རོལ་གྱི་ར་བ་བཤིགས་པ་དང་འདྲ་བས། དོན་མ་གྲུབ་པར་མ་ཟད་ལུས་སེམས་ལ་སྡུག་བསྔལ་བསྐྱེད་པ་དེ་འདྲ་བ་དེ་ལ་དགེ་སྦྱོར་གྱི་མིང་བཏགས་ཀྱང་དོར་བར་བྱའོ། །འོན་ཀྱང་སྔོན་ཚོགས་ངན་བསགས་པའི་ལས་ངན་དང་ཕྱི་ནས་བཤེས་གཉེན་ངན་པའི་ངག་གི་དུག་ཆུས་ཡིད་སྨྱོས་པ་དག་ལ་ཕོ་བོ་ནས། དུས་གསུམ་གྱི་སངས་རྒྱས་ཐམས་ཅད་ཀྱི་མགྲིན་གཅིག་ཏུ་གསོལ་བས་བཏབས་ཀྱང་ད་དུང་མི་ལེན་པར་བཤད་དོ། །གཏོ་རྒྱལ་ལགས་ཉིད་བས་དུས་སུམ་ཚངས་པའི་སྟོན་པ་ཚོགས་ནས་དྲངས་ཀྱང་འདྲོང་བར་མི་འགྱུར་རོ། །ཞེས་དང་། དེ་ལྟ་བུའི་རིགས་ལ་ཐར་བའི་རྒྱུ་མ་མཆིས། །ཞེས་དང་། ངེས་ཚིག་བསྟན་ཀྱང་མི་ཉན་བསྒྱུར་བ་འདེབས། །ཞེས་གསུངས་སོ།།

གཉིས་པ་ཡོན་ཏན་གྲུབ་པ་ནི། སྦྱངས་པའི་སྟོབས་ལས་མཁྱེན་པའི་ཡེ་ཤེས་དང་། །དྲོད་རྟགས་མངོན་ཤེས་རྫུ་འཕྲུལ་ལ་སོགས་འབྱུང་། །ཞེས་པ། དེ་ལྟར་མཉམ་

བཞག་གི་ཏིང་འཛིན་ནམ་མཁའ་ལྟ་བུ་དང་། རྗེས་ཐོབ་ཏུ་སྒྱུ་མ་ལྟ་བུར་རྟོགས་པའི་ངང་ནས་དགེ་སྤྱོད་ལ་བརྩོན་པའི་སྦྱངས་སྟོབས་ལས་མཁྱེན་པའི་ཡེ་ཤེས་ལྔ་དང་ཕྱི་ནང་གསང་བའི་དྲོད་རྟགས་འབྱུང་སྟེ། ཕྱིའི་དྲོད་རྟགས་འབྱུང་ལྔ་ལས་སུ་རུང་པའི་རྟགས་ལ། ནམ་མཁའ་ལ་འཕུར་ནུས་པ། ལུས་ཤིང་བལ་ལྟར་ཡང་བ། མེས་མི་འཚིགས་པ། ཆུས་བྱིང་བ་མེད་པ། རི་དང་རྩིགས་པ་ལ་སོགས་ལ་ཐོག་ཆགས་མེད་པ་འབྱུང་ངོ་། །ནང་རྟགས་ལུས་ལ་འབྱུང་བ་ནི། ལུས་ལ་གཞོན་ཤ་ཆགས་ཤིང་བགྲེས་སྐྲ་མི་ཆོར་བས་ཟས་སྐོམ་གྱི་བགྲེས་པ་ཆུང་། ཚ་གྲང་གི་རེག་པ་མི་ཚོར་བས་གཉིད་མི་འོང་བ་སོགས་སོ། །གསང་རྟགས་སེམས་ལ་འཆར་ཏེ། ཤེས་བྱ་ཐམས་ཅད་རང་སྟོང་དུ་ཡིད་ཆེས། སྣང་བ་ཐམས་ཅད་སྒྱུ་མ་རུ་མཐོང་། ལས་འབྲས་རྟེན་འབྲེལ་ལ་ངེས་ཤེས་སྐྱེས། དགེ་སྡིག་གི་བླང་དོར་ལ་བརྩོན་པ་སོགས་འབྱུང་བར་ལུང་ནོན་ལས་བཤད་དོ། །ཤའི་སྤྱན་ལ་སོགས་པ་སྤྱན་ལྔ་དང་། རྫུ་འཕྲུལ་གྱི་མངོན་ཤེས་ལ་སོགས་པའི་མངོན་ཤེས་དྲུག་དང་། སངས་རྒྱས་ཞིང་མང་དུ་བགྲོད་པའི་རྫུ་འཕྲུལ་རྐང་པ་ལ་སོགས་རྫུ་འཕྲུལ་གྱི་རྐང་པ་དང་། གཞན་ཡང་ཚད་མེད་པ་དང་། རྣམ་ཐར་དང་། ཟད་པ་ཟིལ་གནོན་ལ་སོགས་ཡོན་ཏན་འབྱུང་བར་བཤད་དོ།།

གསུམ་པ་གང་བྱུང་ལམ་དུ་འཁྱེར་ནུས་པ་ནི། གང་སློབ་ལམ་ཤེས་སྲོ་ཞིང་བར་ཆད་ཀྱིས། །བདུད་ཀྱིས་མི་ཚུགས་མཐའ་རུ་ཕྱིན་པའོ། །ཞེས་པ། སྟོང་ཉིད་རྟོགས་པ་ལྷག་མཐོང་གི་ཤེས་པ་དེས་འགལ་རྐྱེན་དང་མཐུན་རྐྱེན་གང་བྱུང་ལམ་དུ་འཁྱེར་ནུས་ཏེ། ལུང་ལས། སྡུག་བསྔལ་བྱུང་ན་ལས་ངན་ཟད་བྱེད་མཐོང་། །བདེ་བ་བྱུང་ན་དགེ་བའི་བསྐྱལ་མར་གོ །ཞེས་སོགས་བཤད་པས་ཐམས་ཅད་ལམ་དུ་ཁྱེར་ན་དངོས་གྲུབ་

སྨྱུར་དུ་འགྲུབ་པ་དང་། ཡོན་ཏན་མངོན་དུ་འབྱུང་བ་སོགས་ལ་སྦྱོ་བས་བར་ཆོད་བྱེད་པའི་བདུད་གང་གིས་ཀྱང་མི་ཚུགས་པ་མཐའ་རུ་ཕྱིན་པར་འགྱུར་རོ། །ཤེས་རབ་ཕ་རོལ་ཕྱིན་སྤྱོད་པ། །དེ་ལ་བདུད་ཀྱིས་གླགས་མི་རྙེད། །ཅེས་སོགས་གསུངས་པ་བཞིན། དོན་བཅུ་པ་ཏིང་ངེ་འཛིན་བསྟན་པའོ།། །།

དེ་ལྟར་བསམ་གཏན་གྱི་ཕ་རོལ་དུ་ཕྱིན་པ་ལ་གཏོགས་པའི་ལུས་སེམས་ལས་རུང་བསྒྲུབ་པའི་ཞི་གནས་ཀྱི་ཏིང་ངེ་འཛིན་བསྟན་ཟིན་ནས། དེ་ལ་བརྟེན་ནས་སྐྱེ་བའི་ཤེས་རབ་ཀྱི་ཕ་རོལ་དུ་ཕྱིན་པའི་ཆ་ལ་གཏོགས་པའི་ལྷ་བ། འཇིག་རྟེན་ལས་འདས་པའི་ལྷག་མཐོང་གི་ཤེས་རབ་བསྐྱེད་ཚུལ་ལ་གསུམ། མདོར་བསྟན། རྒྱས་བཤད། མདོ་བསྡུ་བའོ། །དང་པོ་ལ་གཉིས་ལས། བཤད་གཞི་ངེས་པའི་ལུང་དགོད་པ་ནི། གང་ཟག་བདག་ཏུ་འཛིན་པ་སྤང་བ་དང་། །ཆོས་རྣམས་སྟོང་ཞིང་བདག་མེད་ལུང་ལས་གསུངས། །ཞེས་པ། བདག་མེད་རྟོགས་པའི་ལྟ་བ་མེད་ན་བསམ་གཏན་ལ་སོགས་གང་གིས་ཀྱང་གོང་དུ་བསྟན་པ་ལྟར། འཁོར་བ་ལས་མི་གྲོལ་བས་ན། གསུང་རབ་རྣམས་ཀྱིས་གཙོར་བསྟན་ཀྱང་དེ་ཁོ་ན་ཉིད་བདག་མེད་པ་ཡིན་ཏེ། ཁམས་བརྒྱད་ལས། གང་ཟག་ལས་བདག་ཏུ་འཛིན་པ་སྤངས་པའི་གཡུང་དྲུང་སེམས་དཔའ། ཞེས་དང་། འཁོར་བ་དང་མྱ་ངན་ལས་འདས་པའི་ཆོས་ཐམས་ཅད་རང་བཞིན་མེད་པར་ཤེས་པ་དེས་ནི་བླ་ན་མེད་པ་ཡང་དག་པའི་འབྲས་བུར་ཤེས་པའོ། །ཞེས་སོགས་མང་དུ་གསུངས་སོ།།

གཉིས་པ་དགོས་པ་ནི། དངོས་འཛིན་གདོན་གྱིས་བརླམས་པ་ཞི་བྱའི་ཕྱིར། ། སྟོང་ཞིང་བདག་མེད་རྣམ་གཉིས་འདིར་གསལ་བྱ། །ཞེས་པ། གང་ཟག་དང་ཆོས་

གང་ལ་རང་གིས་ངོ་བོར་གྲུབ་པའི་དངོས་པོ་ཡོད་པར་འཛིན་པའི་གདོན་ཆེན་པོས་བརླམས་པས་འཁོར་བའི་སྡུག་བསྔལ་སྣ་ཚོགས་མྱོང་བས་དེ་ཞི་བར་བྱ་བའི་ཕྱིར། དོན་དམ་པར་གང་ཟག་དང་ཆོས་ཀྱི་བདག་མེད་པའི་སྟོང་པ་ཉིད་རྣམ་གཉིས་འདིར་གསལ་བར་བྱའོ།།

གཉིས་པ་རྒྱས་བཤད་ལ་གཉིས། གང་ཟག་གི་བདག་མེད་དང་། ཆོས་ཀྱི་བདག་མེད་དོ། །དང་པོ་ལ་གསུམ་ལས། གང་ཟག་དང་། དེའི་བདག་དང་། དེ་དགག་པའོ། ། དང་པོ་ནི། ཉེ་བར་ལེན་པའི་ཕུང་པོ་ལ་བརྟེན་ནས། །གང་ཟག་སེམས་ཅན་སྐྱེས་བུ་བདག་ཞེས་བརྗོད། །ཅེས་པ། ཆོས་ཐམས་ཅད་ཀྱི་རྩ་བ་ཡོངས་སུ་བདག་ཉིད་ལ་འདུས་སོ། །ཞེས་ཐ་སྙད་དུ་བདག་ཞེས་པའི་གདགས་གཞི་དེ་གང་ཡིན་ཞེ་ན་ཁ་ཅིག་བདག་གི་ལུས་འདི་བོར་ནས་ཕྱི་མའི་སྐྱེ་བ་བླངས་ཞེས་པ་དང་མཐུན་པར་སེམས་རྣམ་པར་ཤེས་པ་ཡིན་ནོ་ཞེས་ཟེར་རོ། །ཁ་ཅིག་ཕུང་པོ་སྔ་མའི་རྒྱུ་ལས་ཕྱི་མའི་སྐྱེས་བ་བླང་བའི་ཕུང་པོ་འབྱུང་བ་ལ་འདོད་ཅིང་། འདིར་ནི་ཉེ་བར་ལེན་པའི་ཕུང་པོ་ལ་བརྟེན་ནས་བཏགས་པའི་བདག་ལ་ཐ་སྙད་དུ་གང་ཟག་དང་སེམས་ཅན་དང་སྐྱེས་བུ་ཞེས་བརྗོད་པར་འདོད་དོ།།

གཉིས་པ་ལ་གཉིས་ལས། དང་པོ་བདག་ཏུ་འཛིན་ཚུལ་ནི། དེ་བདག་སེམས་ཅན་རང་རང་ལུས་འདི་ལ། །བདག་ཡོད་བཟུང་ནས་ཞེན་ཆགས་གཅེས་འཛིན་བཅས། །ཞེས་པ། སེམས་ཅན་རང་རང་གི་ཕུང་པོ་བློ་ཡུལ་དུ་བྱས་ནས་དེ་ལ་བཏགས་པའི་བདག་དེ་ཙམ་ལ་ལྷན་སྐྱེས་ཀྱི་བདག་འཛིན་གྱིས་དོན་དམ་པར་གྲུབ་པའི་ཕྱིར་བདག་ཡོད་དོ་སྙམ་དུ་བཟུང་ནས་ཞེན་ཅིང་བག་ཆགས་བརྟས་པས་བདག་གི་འདོད་

པ་བསྒྲུབ་པ་དང་མི་འདོད་པ་སེལ་བ་ལ་སོགས་པའི་གཅེས་འཛིན་དང་བཅས་པའི་བློ་སྐྱེས་པའོ།།

གཉིས་པ་དེའི་ཉེས་པ་ནི། ངོ་བོ་གྲུབ་པའི་རང་བཞིན་འཛིན་པ་སྐྱེས། །དགག་སྒྲུབ་ཉོན་མོངས་ཀུན་འབྱུང་སྡུལ་བསྔལ་རྒྱུ། །ཞེས་པ། དེ་ལྟར་རང་གི་ངོ་བོ་ཉིད་ཀྱིས་གྲུབ་པའི་རང་དང་གཞན་དུ་འཛིན་པས་བློ་སྐྱེས་པ་དེས་ཡིད་ཡུལ་དུ་མི་འོང་བ་ལ་སྡང་སེམས་སྐྱེས་ནས་དེ་དགག་པ་དང་། ཡིད་དུ་འོང་བའི་ཡུལ་ལ་ཆགས་འཛིན་སྐྱེས་པ་དེས་བསྒྲུབ་པའི་ཉོན་མོངས་པ་དང་། དེས་བསླང་བའི་ལས་ཀྱི་ཀུན་འབྱུང་དང་སྡུག་བསྔལ་སྣ་ཚོགས་བསྐྱེད་དེ། དེས་ན་ཉེས་པ་ཀུན་གྱི་རྩ་བ་དང་། རྒྱུ་ནི་གང་ཟག་བདག་ཏུ་ལྟ་བ་ཡིན་ནོ། །རིག་གཞུང་ལས་ཀྱང་། བདག་ཡོད་ན་ནི་གཞན་དུ་ཤེས། །བདག་གཞན་ཆ་ལས་འཛིན་དང་སྡང་། །དེ་དག་དང་ནི་ཡོངས་འབྲེལ་བའི། །ཉེས་པ་ཐམས་ཅད་འབྱུང་བར་འགྱུར། །ཞེས་གསུངས་པ་ལྟར་རོ།།

གསུམ་པ་དེ་དགག་པ་ལ་གསུམ། མདོར་བསྟན། རྒྱས་བཤད། དོན་བསྡུ་བའོ། །དང་པོ་ནི། ངར་འཛིན་བདག་ནི་ངོ་བོ་ཡོད་མ་ཡིན། །ཞེས་པ། ལས་བྱེད་པ་པོ་དང་། རྣམ་སྨིན་སྤྱོད་པ་པོ་དང་། གང་ཟག་འདི་ནི་སྔོན་ཡོན་འདི་དང་ལྡན་ནོ་ཞེས་རྣམ་པར་འཇོག་པའི་ང་ཙམ་ལ་བདག་ཞེན་པ་ཙམ་ནི་ཐ་སྙད་ཙམ་དུ་བཏགས་པ་ཡོད་ཀྱང་། རང་འཛིན་ལྷན་སྐྱེས་ཀྱི་བཟུང་བའི་ཡུལ་ལྟར་བདག་ངོ་བོ་ཉིད་ཀྱི་གྲུབ་པ་ནི་ཡོད་པ་མ་ཡིན་ནོ།།

གཉིས་པ་རྒྱས་བཤད་ལ་གསུམ་ལས། དང་པོ་ཕུང་པོ་དང་གཅིག་ཡིན་པ་དགག་པ་ནི། བདག་དེ་ཡོད་ན་ཕུང་པོ་གཅིག་ན་ནི། །ཕུང་པོ་ལས་གཞན་བརྗོད་པ་

དོན་མེད་ཅིང་། །ལེན་པ་པོ་དང་བླང་བྱ་གཅིག་འགྱུར་ཏེ། །ལས་དང་བྱེད་པ་པོ་སོགས་གཅིག་ཏུ་མཚུངས། །གྲངས་དང་སྐྱེ་འཇིག་སོགས་ཀྱང་མཚུངས་པར་འགྱུར། །ཞེས་པ། བདག་དེ་ངོ་བོ་ཉིད་ཀྱི་ཡོད་ན་ཕུང་པོ་དང་གཅིག་ཏུ་ཡོད་དགོས་པའམ་ཡང་ན་ཐ་དད་པར་ཡོད་དགོས་ཀྱི་མཐའ་གཞན་དུ་མེད་དོ་སྙམ་དུ་དཔྱད་པར་བྱའོ། །གལ་ཏེ་བདག་དེ་ཕུང་པོ་ལས་ཐ་དད་དུ་དབྱེ་བ་མེད་པའི་གཅིག་ཁོ་ནར་འདོད་ན་ཕུང་པོ་ལས་མ་གཏོགས་པའི་གཞན་དུ་བདག་ཅེས་བརྗོད་པ་དོན་མེད་ཅིང་། དེ་ལྟར་ཉེ་བར་ལེན་པ་པོ་ནི་བདག་གོ །ཉེ་བར་བླང་བྱ་ནི་ཕུང་པོའོ། །ཞེས་འདོར་ལེན་བྱེད་པའི་བདག་དེ་ཡོད་པར་འདོད་པ་མི་རུང་སྟེ་ཤིན་ཏུ་གཅིག་པའི་ཕྱིར་རོ། །གཅིག་ཡིན་ཀྱང་ཕུང་པོ་འདོར་ལེན་བྱེད་པ་མི་འགལ་ན། བྱ་བའི་ལས་དང་། བྱེད་པ་པོ་དང་། བུམ་པ་དང་རྫ་མཁན། མེ་དང་འབུད་ཤིང་དང་། ལམ་དང་འགྲོ་བ་པོ་ཡང་གཅིག་ཡིན་པར་མི་འགལ་བར་མཚུངས་སོ། །དབུ་མ་ལས། འབུད་ཤིང་དེ་ཉིད་མེ་ཡིན་ན། །བྱེད་པ་པོ་དང་གཅིག་ཏུ་འགྱུར། །མེ་དེ་ཤིང་གི་བདག་དང་ནི། །ཉེ་བར་བླངས་པའི་རིམ་པ་ཀུན། །བུམ་སྣམ་སོགས་དང་ལྷན་ཅིག་ཏུ། །མ་ལུས་པར་ནི་རྣམ་པར་བཤད། །ཅེས་གསུངས་པ་ལྟར་རོ། །གཞན་ཡང་བདག་དེ་ཕུང་པོ་དང་གཅིག་ཡིན་ན་གང་ཟག་གཅིག་ལ་ཡང་ཕུང་པོ་མང་དུ་ཡོད་པ་བཞིན་བདག་ཀྱང་མང་དུ་འགྱུར་བའམ། བདག་གཅིག་ལས་མེད་པ་བཞིན་ཕུང་པོའང་གཅིག་ལས་མེད་པར་མཚུངས་པར་འགྱུར་ཏེ་གཅིག་ཡིན་པས་གྲངས་མཉམ་དགོས་པས་སོ། །གལ་ཏེ་ཕུང་པོ་བདག་ན་དེ་ཕྱིར་ཏེ། །མང་བས་བདག་ཀྱང་དེ་བཞིན་མང་བར་འགྱུར། །ཞེས་སོ། །ཕུང་པོ་སྐྱེ་འཇིག་བྱེད་པ་བཞིན་བདག་ཀྱང་སྐྱེ་འཇིག་ཅན་དུ་མཚུངས་པར་འགྱུར་ཏེ་གཅིག་ཡིན་པའི་ཕྱིར་

རོ། །གལ་ཏེ་ཕུང་པོ་བདག་ཡིན་ན། །སྐྱེ་དང་འཇིག་པ་ཅན་དུ་འགྱུར། །ཞེས་སོ། །སྐྱེ་འཇིག་འདོད་ན་སྔ་ཕྱི་ཐ་དད་པས། །ལས་བྱས་ཆུད་ཟོས་མ་བྱས་འཕྲད་པ་དང་། །ཕྱི་མ་སྐྱེས་ཀྱང་སྔ་མ་གནས་པར་འགྱུར། །ཞེས་པ། ཕུང་པོ་ལྟར་བདག་དེ་ཡང་སྐད་ཅིག་རེ་རེ་ལ་སྐྱེ་འཇིག་ཏུ་བྱེད་པ་ནི་འདོད་དོ་སྙམས་ན། ཐ་སྙད་དུ་དེ་ལྟར་འདོད་པ་ཙམ་ལ་སྐྱོན་མེད་ཀྱང་བདག་དེ་རང་གིས་ངོ་བོ་ཉིད་ཀྱིས་གྲུབ་པར་འདོད་ན་དེའི་སྐྱེ་འཇིག་ཀྱང་རང་གིས་ངོ་བོས་གྲུབ་པའི་སྐྱེ་འཇིག་ཡིན་པས། སྔ་མ་འཇིག་པ་དེ་དང་ཕྱི་མ་སྐྱེ་བ་རང་གི་མཚན་ཉིད་ཀྱིས་གྲུབ་པའི་སོ་སོ་ཐ་དད་དུ་འགྱུར་རོ། །དེ་ལྟར་ན། བདག་སྔ་མས་ལས་བྱས་པ་ཆུད་ཟོས་པར་འགྱུར་ཏེ་བྱེད་པ་པོའི་བདག་དེ་འཇིག་པའི་ཕྱིར་རོ། །བདག་ཕྱི་མ་སྐྱེས་པ་དེས་ལོངས་སྤྱོད་སྙམ་ན་མ་བྱས་པའི་ལས་དང་འཕྲད་པར་འགྱུར་ཏེ། གང་ཟག་རྒྱུད་སོ་སོ་བ་གཉིས་ལྟར་ངོ་བོས་གྲུབ་པའི་བདག་སྔ་མས་ལས་བྱས་པའི་འབྲས་བུ་བདག་ཕྱི་མས་ལོངས་སྤྱོད་པའི་ཕྱིར་རོ། །བདག་སྔ་ཕྱི་གཉིས་རང་གི་ངོ་བོ་ཉིད་ཀྱིས་གྲུབ་པའམ་ཐ་སྙད་དུ་འདོད་ན་ཕྱི་མའི་བདག་དེ་སྐྱེས་ཀྱང་སྔ་མའི་བདག་དེ་མི་འཇིག་པར་གནས་པར་འགྱུར་ཏེ། རྒྱུ་ཐ་དད་པའི་འབྲས་བུ་སྐྱེས་ཀྱང་ཕྱི་མ་འཆི་མི་དགོས་པར་གནས་པ་བཞིན་ནོ། །གལ་ཏེ་འདི་ནི་གཞན་གྱུར་ན། །དེ་མེད་པར་ཡང་འབྱུང་བར་འགྱུར། །དེ་བཞིན་དེར་ནི་གནས་འགྱུར་ཞིང་། །དེ་མ་ཤི་ཡང་སྐྱེ་བར་འགྱུར། །ཞེས་པ་ལྟར་རོ། །དེ་བས་ན་ཕུང་པོ་དང་བདག་གཅིག་པ་མི་རིགས་སོ།།

གཉིས་པ་བདག་དང་ཕུང་པོ་ཐ་དད་པར་ཡོད་པ་དགག་པ་ནི། བདག་དེ་ཕུང་པོ་ལས་གཞན་ཐ་དད་ན། །མ་དམིགས་ཕུང་པོའི་མཚན་ཉིད་མི་ལྡན་པས། །འདུས་མ་བྱས་ཏེ་ནམ་མཁའི་མེ་ཏོག་བཞིན། །དེ་ཕྱིར་ཕུང་པོ་ལ་བརྟེན་བཏགས་པ་ཙམ། །ཞེས་

པ། བདག་དེ་ཕུང་པོ་ལས་ཐ་དད་པའི་ངོ་བོ་ཉིད་ཀྱིས་གྲུབ་པའི་གཞན་ཞིག་ཡོད་དོ་སྙམ་ན། དེ་ལྟར་ན། གཟུགས་དང་སེམས་ཐ་དད་དུ་དམིགས་པ་བཞིན་བདག་ཕུང་ཐ་དད་དུ་དམིགས་དགོས་པ་ལ་མ་དམིགས་པའི་ཕྱིར་དང་། ཕུང་པོ་འདུས་བྱས་སུ་མཚོན་པའི་མཚན་ཉིད། སྐྱེ་གནས་འཇིག་པ་དང་མི་ལྡན་པས་འདུས་མ་བྱས་སུ་འགྱུར་ཏེ་ནམ་མཁའི་མེ་ཏོག་བཞིན་ནོ། །དེའི་ཕྱིར་བདག་དང་ཕུང་པོ་ཐ་དད་དུ་ཡོད་པ་ཡང་མི་རིགས་པས་བདག་ཅེས་བྱ་བ་དེ་ནི་ཕུང་པོ་བློ་ཡུལ་དུ་བྱས་པ་ལ་བརྟེན་ནས་བདག་འཛིན་གྱིས་བདག་ཏུ་བཏགས་པ་ཙམ་ལས་ཀུན་རྫོབ་ཏུ་ཡང་རྫས་སུ་ཡོད་ཙམ་ལ་མེད་པའོ། །བདག་ཕུང་པོ་གཅིག་དང་ཐ་དད་གང་ཡང་མི་འཐད་པར་དགག་པའི་རིགས་པ་ནི་འཕགས་པ་ཡབ་སྲས་རྗེས་འབྲང་དང་བཅས་པའི་དབུ་མའི་གཞུང་ལ་བརྟེན་ནས་མཛད་པར་སྣང་ངོ་།།

གསུམ་པ་ལུས་ངག་ཡིད་གསུམ་ལ་བདག་མ་གྲུབ་པར་བསྟན་པ་ནི། འབྱུང་བ་འདུས་པའི་ལུས་ནི་སྒྱུ་མ་འདྲ། །རླུང་དང་ལྟེས་བསྐྱུར་ངག་ཚིག་སྒྲ་སྙན་འདྲ། །གཅོད་ཅིང་རྒྱུ་བའི་ཡིད་ནི་ཆུ་ཟླ་འདྲ། །དངོས་པོ་མཚན་མ་མ་གྲུབ་ནམ་མཁའ་འདྲ། །ཞེས་པ། འབྱུང་བ་བཞིའི་ཆ་ཤས་འདུས་པ་ཙམ་ལས་གྲུབ་པའི་ལུས་ལ་ཡང་བདག་ཡོད་པ་མ་ཡིན་ཏེ། ཡང་དག་པར་མ་གྲུབ་པས་སྣང་ཙམ་གྱི་སྒྱུ་མ་དང་འདྲའོ། །དབུགས་རླུང་གི་ཤུགས་དང་ལྟེས་བསྐྱུར་བའི་རྣམ་པ་ལས་བྱུང་བའི་ངག་ཚིག་ལ་ཡང་བདག་མེད་དེ་སྣང་ཙམ་ལས་ཡང་དག་པར་མ་གྲུབ་པས་སྒྲ་སྙན་དང་འདྲའོ། །ཡུལ་གཅོད་ཅིང་རྟོག་པའི་རྒྱུ་བའི་ཡིད་ཀྱང་བདག་མ་ཡིན་ཏེ་སྣང་ཡང་དངོས་པོ་མ་གྲུབ་པའི་ཆུ་ཟླའམ། ཁ་དོག་དང་དབྱིབས་ལ་སོགས་དངོས་པོ་དང་མཚན་མ་གང་ཡང་མ་གྲུབ་པས

ནམ་མཁའ་དང་འདྲའོ། །དེའི་ཕྱིར་དེ་དག་ལ་བདག་མེད་དེ་བདག་འཛིན་གྱིས་རང་གི་ངོ་བོར་གྲུབ་པའི་ཡང་དག་ཏུ་ཡོད་པར་བཟུང་བའི་བདག་དེ་དང་མི་མཐུན་པའི་ཕྱིར་རོ།།

གསུམ་པ་རྟོགས་བྱེད་ངོས་བཟུང་བས་མདོ་བསྡུ་བ་ནི། བདག་དེ་རིག་པས་བཅལ་བས་རྙེད་མི་འགྱུར། །ཞེས་པ་ལས་གསོག་པ་པོ་དང་། རྣམ་སྨིན་སྤྱོད་པ་པོ་དང་། ངོ་བོ་ང་མ་ཡིན་ལ་སོགས་པའི་གཞུང་བཞིར་གྱུར་པའི་འཇིག་རྟེན་ན་གྲགས་ཚེ་ཐ་སྙད་ཙམ་དུ་བདག་ཅེས་བཏགས་པ་དེ་ནི་འགོག་པ་མ་ཡིན་ཡང་། བདག་འཛིན་གྱིས་ཡང་དག་པར་ཡོད་པར་བཟུང་བའི་བདག་དེ་ནི་བཏགས་པ་ཙམ་མ་གཏོགས་པ་ཕུང་པོ་དང་གཅིག་ཐ་དད་གང་དུ་ཡོད་པར་བརྟག་པའི་གོང་དུ་བསྟན་པ་ལྟར་བཅལ་བས་རྙེད་པར་མི་འགྱུར་བས་ན། རང་གི་ངོ་བོར་གྲུབ་པའི་གང་ཟག་གི་བདག་དེ་ཡོད་པར་འཛིན་པའི་རྟོག་པ་སྤང་བར་བྱའོ།།

གཉིས་པ་ཆོས་ཀྱི་བདག་མེད་བསྟན་པ་ལ་གསུམ། ཆོས་དང་། དེའི་བདག་དང་། དེ་མ་གྲུབ་པའོ། །དང་པོ་ནི། ཕྱི་ནང་སྣོད་བཅུད་འཁོར་འདས་ཐམས་ཅད་ནི། །མཚན་མར་བཏགས་དང་ཡིད་ཡུལ་འགྱུར་ཕྱིར་ཆོས། །ཞེས་པ། ཆོས་ཞེས་བྱ་བ་ནི་ཕྱི་ཡུལ་དང་ནང་སེམས་ཀྱིས་བསྡུས་པའམ་ཕྱི་སྣོད་ནང་བཅུད་དམ། འཁོར་འདས་སམ། ཕུང་པོ་ཁམས་དང་སྐྱེ་མཆེད་ཀྱིས་བསྡུས་པ་དེ་དག་སྟེ། ཀུན་རྫོབ་མཚན་མར་བཏགས་པའི་ཕྱིར། ཡིད་དང་ཆོས་དང་། ཞེས་པ་ལྟར་ཡིད་ཀྱིས་ཡུལ་དུ་འགྱུར་བའི་ཕྱིར་རོ།།

གཉིས་པ་དེ་ལས་བདག་ཏུ་འཛིན་ཚུལ་ནི། གཟུང་འཛིན་ཡང་དག་བདེན་པར་ཞེན་པའི་བློས། །ཆོས་རྣམས་འདི་ཞེས་བྱ་བའི་གདད་འཆའ་བཏགས། །ཞེས་པ། ཐོག་

མ་མེད་པ་ནས་བཟུང་ཡུལ་གང་ཡིན་པ་དེ་ལ་ཡང་དག་ཡོད་སྙམ་པའི་བདེན་པར་ཞེན་པའི་བློས་ཕྱུང་ཁམས་སྐྱེ་མཆེད་རྣམས་ཀྱིས་བསྡུས་པའི་བོན་རྣམས་ལ་རྟོག་པའི་ངོ་བོ་གྲུབ་པ་ཙམ་མ་ཡིན་པར་འདི་རྣམས་ལ་རང་གི་ངོ་བོ་ཉིད་ཀྱིས་གྲུབ་པ་ཡིན་ནོ་སྙམ་པའི་གཏད་འཆའ་བ་དེ་ནི་བོན་གྱི་བདག་འཛིན་ཞེས་བྱའོ།།

གསུམ་པ་མ་གྲུབ་པར་བསྟན་པ་ལ་གསུམ། མདོར་བསྟན། རྒྱས་བཤད། དོན་བསྡུ་བའོ། །དང་པོ་ནི། དེ་ནི་ཡེ་ནས་ཡོད་མིན་སྟོང་པ་ཉིད། །བདག་འཛིན་སྤངས་ནས་བདག་མེད་མི་བཙལ་ཏེ། །སྣང་བ་གང་ཡིན་དེ་སྟོང་བུ་རམ་གྱི། །རོ་གཟུགས་དབྱེར་མེད་དེ་བཞིན་འདིར་ཤེས་བྱ། །ཞེས་པ། འདིར་ཡང་ལས་འབྲས་དང་བདེན་བཞི་དང་རྟེན་འབྲེལ་གྱི་སྐྱེ་བ་སོགས་རྨི་ལམ་དང་སྒྱུ་མ་ལྟ་བུའི་སྣང་བ་ཙམ་ཉིད་ནི་དགག་པ་མ་ཡིན་ཏེ། བཀག་ན་ཆད་མཐར་ལྷུང་པའི་ཕྱིར་རོ། །གང་དགག་ན་བདག་འཛིན་གྱིས་རིག་པས་སྒྲོས་བཏགས་པའི་འཛིན་སྟངས་ཀྱི་ཡུལ་བོན་རྣམས་ལ་རང་གི་ངོ་བོས་གྲུབ་པ་ཡིན་སྙམ་པ་དེ་དགག་པར་བྱ་སྟེ། འདི་མ་བཀག་ན་རྟག་མཐར་ལྷུང་བའི་ཕྱིར་རོ། །དེ་ཡང་ཡེ་གདོད་མ་ནས་ཡོད་པ་མ་ཡིན་པས། རང་བཞིན་གྱིས་མ་གྲུབ་པའི་སྟོང་ཉིད་ཡིན་གྱི་རིག་པས་སྣང་བ་བཤིག་ནས་སྟོང་ཉིད་གསར་དུ་བསྒྲུབ་པ་མ་ཡིན་ནོ། །བདག་འཛིན་གྱིས་བདེན་གྲུབ་ཏུ་བཟུང་བ་དེ་སྤང་ཙམ་ཡིན་གྱི་སྣང་བ་ཙམ་མི་འདོད་ན་དེ་རིག་པས་བཤིག་ཅིང་བདག་མེད་པའི་སྟོང་པ་ཉིད་བདེན་གྲུབ་ཅིག་ཡོད་པར་འདོད་ནས་དེ་བཙལ་བ་ཡང་མ་ཡིན་པས། སྣང་བ་གང་ཡིན་པ་དེ་ཉིད་རང་གི་ངོ་བོར་མ་གྲུབ་པའི་རང་བཞིན་དེ་སྟོང་པ་ཉིད་ཡིན་ཏེ། དཔེར་ན་བུ་རམ་གྱི་རོ་མངར་པོ་དེ་བུ་རམ་གྱི་གཟུགས་སོ་སོར་ཕྱེས་ནས་བཞག་ཏུ་མེད་པ་དེ་བཞིན་དུ་འདིར་སྣང་

བ་ལོགས་སུ་བཞག་ནས་སྟོང་ཉིད་ལོགས་སུ་འཚོལ་བ་མ་ཡིན་པས། སྣང་བ་གང་ཡིན་པ་དེའི་གནས་ཚུལ་དེ་སྟོང་པ་ཉིད་ཡིན་པས་དེ་གཏན་ལ་དབབ་པར་ཤེས་པར་བྱའོ། །ཕྱིར་དབུ་མའི་རིག་གཞུང་དག་ལས། བདག་མེད་གཏན་ལ་དབབ་པའི་རིགས་པ་ལ་མཐའ་ཡས་པར་སྣང་ཡང་། སློབ་ཀྱི་བླ་མ་དོན་ལ་མཁས་པ་དག་གིས་ཕལ་ཆེར་མཐུན་པར་གང་ཟག་གི་བདག་མེད་གཏན་ལ་དབབ་པ་ཕུང་པོ་དང་གཅིག་ཐ་དད་བརྟག་པས་རིགས་པས་དབབ་ཅིང་། ཆོས་ཀྱི་བདག་མེད་གཏན་ལ་དབབ་པ་ནི། གཅིག་དུ་བྲལ་དང་། མུ་བཞི་སྐྱེ་འགོག་དང་། གཡུང་དྲུང་གཟེར་ཆེན་དང་། རྟེན་འབྲེལ་གྱི་གཏན་ཚིགས་བཀོད་པ་སོགས་ཀྱིས་གཏན་ལ་དབབ་པར་སྣང་ངོ་། །གཞུང་འདིར་ཡང་ཆོས་ཀྱི་བདག་མེད་གཏན་ལ་དབབ་པའི་རིགས་པ་དེ་རྣམས་དངོས་སུ་མ་བྱུང་ཡང་དེ་དག་གིས་གཏན་ལ་དབབ་པ་ནི་ཤིན་ཏུ་བསྟུགས་སོ།།

གཉིས་པ་དཀྲུས་སམ་རྒྱས་བཤད་ལ་གསུམ། ཡོད་པར་མ་གྲུབ་པ་དང་། མེད་པར་མ་གྲུབ་པ་དང་། དེ་ལས་གཞན་མ་གྲུབ་པའོ། །དང་པོ་ལ་གཉིས། འཁོར་བ་ཡོད་པར་མ་གྲུབ་པ་དང་། མྱང་འདས་ཡོད་པར་མ་གྲུབ་པའོ། །དང་པོ་ལ་གསུམ། བཟུང་ཡུལ་མ་གྲུབ་པ་དང་། འཛིན་ཡིད་མ་གྲུབ་པ་དང་། གཟུང་འཛིན་དང་བྲལ་བའི་ངོ་བོ་བདེན་པར་མ་གྲུབ་པའོ། །དང་པོ་ལ་ལྔ་ལས། དངོས་པོའི་ཡུལ་ནི་དོན་དམ་པར་མ་གྲུབ་པ་ནི། སྣོད་བཅུད་འཇིག་རྟེན་དངོས་པོའི་རང་བཞིན་ནི། །ཀུན་བཟང་ངང་ལ་ཡོད་མིན་ཀུན་མཉམ་སྟེ། །གལ་ཏེ་ཡོད་ན་ཀུན་གྱིས་བདེན་མཐོང་འགྱུར། །དེ་ཕྱིར་འཁོར་བའི་སྤྲུལ་བསྟུལ་མེད་པར་རིགས། །ཞེས་པ། སྣོད་བཅུད་བསྡུས་པའི་འཇིག་རྟེན་གྱི་དངོས་པོ་འདི་དག་གི་རང་བཞིན་བོན་ཐམས་ཅད་ཀྱི་དེ་ཁོ་ན་ཉིད་ཀྱི་གནས་

ལུགས་སྟོང་པ་ཉིད་ལ་ཀུན་བཟང་ཞེས་ཐ་སྙད་དང་ལ་ནི། སྤྲོས་པའི་མཚན་མ་རྡུལ་ཙམ་ཡང་ཡོད་པ་མ་ཡིན་པས་དངོས་པོ་དངོས་མེད་ཀུན་མཉམ་སྟེ་མ་གྲུབ་པར་མཚུངས་པའི་ཕྱིར་རོ། །གལ་ཏེ་དངོས་པོ་འདི་དག་ཐ་མལ་བས་བཟུང་བའི་ངང་ལ་ནི། སྣང་ཡུལ་ལྟར་བདེན་གྲུབ་ཏུ་ཡོད་ན་འཕགས་པའི་མཉམ་བཞག་གིས་ཅིར་ཡང་གྲུབ་པར་མ་གཟིགས་པར་བཤད་པས། དེ་འཁྲུལ་པར་འགྱུར་ཞིང་། ཐ་མལ་པ་རྣམས་བདེན་པ་མངོན་སུམ་དུ་མཐོང་བའི་མ་འཁྲུལ་བའི་འཕགས་པར་འགྱུར་ཏེ། ཡུལ་གྱི་གནས་ཚུལ་ཇི་ལྟ་བ་བཞིན་མ་མཐོང་བ་དང་མཐོང་བ་ལ་འཁྲུལ་མ་འཁྲུལ་དུ་འཇོག་པའི་ཕྱིར་རོ། །ཐ་མལ་པ་རྣམས་མ་འཁྲུལ་བའི་འཕགས་པར་འགྱུར་ན་ཡང་དེའི་ཕྱིར་འཕགས་པ་དག་ལ་རང་དབང་མེད་པའི་སྐྱེ་ལེན་སོགས་འཁོར་བའི་སྡུག་བསྔལ་མེད་པར་བཤད་པས། ཐ་མལ་པ་དག་ལ་འཁོར་བའི་སྡུག་བསྔལ་འདི་མེད་པར་རིགས་སོ། །ཞེས་ཟློག་པའི་སྒོ་ནས་བཤད་དོ།།

གཉིས་པ་འཁྲུལ་པ་ལ་སྣང་བ་ནི། འོ་ན་དངོས་པོ་འདི་དག་མེད་བཞིན་དུ་སྣང་བ་ཇི་ལྟར་ཞེ་ན། འདི་ནི་མེད་སྣང་མིག་སྐྱོན་ཅན་དག་ལ། །མིག་ཡོར་སྣང་བཞིན་མི་རྟག་འཁྲུལ་བ་ཡིས། །ཤེས་རབ་སྤྱན་སྒྲིབ་དངོས་པོ་སྣ་ཚོགས་སྣང་། །ཡེ་ཤེས་སྤྱན་གྱིས་བོན་ཉིད་དབྱིངས་སུ་གཟིགས། །ཞེས་པ། སྣ་ཚོགས་ཀྱི་སྣང་བ་འདི་ཉིད་ནི་རང་གི་ངོ་བོ་ཉིད་ཀྱིས་གྲུབ་པའི་བདེན་པ་མེད་ཀྱང་ལས་དང་ཉོན་མོངས་པའི་ཀུན་འབྱུང་གི་སྒྱུ་མ་མཁན་གྱིས་བསྒྲུབ་པའི་རྟེན་འབྲེལ་སྣང་བ་སྒྱུ་མ་ལྟ་བུ་ཡིན་ཏེ། དཔེར་ན་རབ་རིབ་ལ་སོགས་མིག་སྐྱོན་ཅན་ལ་ནམ་མཁའ་ལ་ཅི་ཡང་མ་གྲུབ་ཀྱང་མིག་ཡོར་དང་སྐྲ་ཤད་སོགས་སྣང་བ་བཞིན་དུ། མ་རིག་འཁྲུལ་པའི་རབ་རིབ་ཀྱིས་ཤེས་རབ་ཀྱི་སྤྱན་

སྒྲིབ་པའི་ངོར་ཕྱི་ནང་གི་དངོས་པོ་སྣ་ཚོགས་སུ་སྣང་བ་ཡིན་ནོ། །མ་རིག་འཁྲུལ་པའི་རབ་རིབ་ཀྱིས་སྒྲིབ་པ་དང་བྲལ་བའི་ཡེ་ཤེས་ཀྱི་སྤྱན་གྱིས་ནི་མཚན་མ་ཐམས་ཅད་དང་བྲལ་བའི་དོན་ཉིད་ཀྱི་དབྱིངས་སུ་གཟིགས་པའོ། །འོན་ཀྱང་མ་དག་པའི་སྣང་བ་འདི་དག་མ་རིག་པས་ངོ་བོ་བདེན་གྲུབ་ཏུ་བཟུང་བས་ཀུན་ནས་བསླང་བའི་ལས་ཉོན་ཀྱི་དབང་གིས་སྣང་བ་ཙམ་དུ་གྲུབ་པ་ཡིན་ཡང་། སྣང་བ་ཙམ་ནི་མ་རིག་པའི་དབང་གིས་མཐོང་བ་མ་ཡིན་པས་དགག་བྱ་མ་ཡིན་ཏེ། དེ་བཀག་ན་ལས་འབྲས་ལ་བསྐུར་བ་འདེབས་པའི་ཆད་ལྟ་བར་འགྱུར་རོ། །དཔེར་ན་རྨི་ལམ་དང་སྒྱུ་མ་ལ་བསྙོན་མི་ནུས་པར་སྣང་བའི་ཚེ་རང་གི་ངོ་བོ་ཉིད་ཀྱིས་གྲུབ་པ་གཏན་དུ་མ་མྱོང་བ་བཞིན་སྣང་བ་རྣམས་སྣང་ཙམ་གྱི་དུས་ན་རང་གི་དངོས་པོར་གྲུབ་མ་མྱོང་བའི་སྒོ་ནས་མཉམ་བཞག་ཏུ་སྣང་སྟོང་ནམ་མཁའ་ལྟ་བུའོ། །རྗེས་ཐོབ་ཏུ་བདེན་སྟོང་སྒྱུ་མ་ལྟ་བུའི་སྟོང་ཉིད་གཉིས་འཆར་བའི་ཚུལ་ལ་གོ་བ་གཉིས་ཕྱེད་དགོས་སོ།།

གསུམ་པ་ཆ་ཤས་ཀྱིས་བཤིག་ནས་མ་གྲུབ་པ་ནི། གོང་བུ་ཕྱོགས་ཀྱི་ཆས་གཞིག་ཁྲོལ་བུར་འགྱུར། །ཁྲོལ་བུ་དེ་བཞིན་ཕྱེ་མ་ཕྲ་རབ་རྡུལ། །དེ་ཡང་ཕྱོགས་ཆས་གཞིག་པས་རང་བཞིན་མེད། །ཡང་ན་འབྱུང་ཆུང་ལྟ་སྤྲོས་དབྱིངས་སུ་གསལ། །ཞེས་པ། གཟུགས་ཅན་གྱི་གོང་བུ་རི་རབ་ལ་སོགས་པ་ཡང་ཤར་ནུབ་སོགས་ཕྱོགས་ཀྱི་ཆས་ཕྱེ་བའམ་བཤིག་ན་ཁྲོལ་བུ་སྣེ་ཆ་བཅུར་འགྱུར་རོ། །ཁྲོལ་བུ་དེ་ཡང་དེ་བཞིན་དུ་ཕྱོགས་ཆས་ཕྱེས་བས། དེ་ཡང་དེ་བཞིན་དུ་གཤིག་པས་ཕྲ་རབ་ཀྱི་རྡུལ་དུ་འགྱུར་རོ། །རྡུལ་ཕྲ་རབ་པ་འདི་འཕན་ཡུལ་པ་སྣེ་ནེའུ་ཆུང་མས། ཆགས་ནི་ཕྲ་རབ་རྡུལ་ལས་ཆགས། །ཞེས་པ་ལྟར། རྡུལ་ཕྲན་ཆ་མེད་ཡང་དག་པའི་རྫས་གྲུབ་ཏུ་དངོས་པོ་ལ་ཆ་མེད་མི་རུང་

པས། རྟུལ་དེ་ཉིད་ཀྱང་རང་གི་ཕྱོགས་ཆས་གཞིག་པས་རང་བཞིན་མེད་པར་འགྱུར་རོ། །ཡང་ན་གཟུགས་ཅན་རྣམས་ལ་འབྱུང་བ་བཞི་དང་འབྱུང་ཚུང་བཞི་དང་བརྒྱད་དུ་དབྱེ་ལ་དེ་དག་ལ་ཡང་དེ་བཞིན་དུ་ཕྱེ་བས་དབྱིངས་སུ་གསལ། མཛོད་ལས། རླུང་གི་ཁམས་ལ་ལྔ་བསྟན་པ། །ཞེས་སོགས་ཀྱི་དོན་རླུང་གི་རླུང་མེ་ཆུ་ས་སོགས། འབྱུང་ཚུང་ལྔ་སྦྲོས་དབྱིངས་སུ་གསལ། །ཞེས་པ་ལྟར་རོ།།

བཞི་པ་སེམས་ཡིན་པ་ནི། སྣ་ཚོགས་ཡུལ་འདི་སེམས་ཡིན་རྨི་ལམ་བཞིན། །ཕྱི་རོལ་དོན་གཅིག་སྣང་ཚུལ་ཐ་དད་འབྱུང་། །དུག་ལ་སྨན་དང་ཟས་དང་དུག་སོགས་འགྱུར། །ཀུན་ཏུ་འབྱུང་བས་གཅིག་ཏུ་འགྲུབ་པ་མེད། །ཅེས་པ། དོན་མི་ཤེས་པའི་བྱིས་པ་དག་གིས་སྣ་ཚོགས་ཀྱི་ཡུལ་འདི་རྣམས་ཕྱི་རོལ་དུ་ཆོད་པ་ལྟར་མཐོང་ཡང་སེམས་ཀྱི་བག་ཆགས་བརྟས་པའི་དབང་གིས་གཟུགས་སྒྲ་ལ་སོགས་ཡུལ་དུ་སྣང་བ་ཡིན་གྱི། དོན་ལ་མ་རྟོགས་པ་ལས་ཡུལ་ཕྱི་རུ་ཆད་པ་ནི་མེད་དེ། དཔེར་ན་རྨི་ལམ་གྱི་དུས་སུ་རི་ཁང་ཁྱིམ་སྐྱེས་པ་བུད་མེད་དགྲ་གཉེན་ཟས་ནོར་འགྲོ་འདུག་སོགས་ཇི་ལྟར་རྨིས་ཀྱང་རང་གི་སེམས་ལས་ཡུལ་གྲུབ་མ་མྱོང་བ་བཞིན་ནོ། །ཟླ་བྱུག་ལས། དངོས་པོ་མེད་པར་དངོས་པོར་འབྱུང་རྟོག་པ། །དེ་ནི་རྟོག་པ་དག་གི་ཕྱིན་ཅི་ལོག །རྟོག་པའི་རང་བཞིན་བརྟག་ཅིང་ཕྱིར་ཕྱིར་མང་། །བག་ཆགས་མཐུ་བརྟས་བལྟས་པ་བཞིན་དུ་སྣང་། །ཞེས་དང་། ཡང་ཐེག་བསྡུས་ལས། དམྱལ་བ་ཡི་དྭགས་དུད་འགྲོ་དང་། །ལྷ་རྣམས་ཅི་ལྟར་རིགས་གཅིག་གསུངས། །དངོས་གཅིག་ཡིན་ན་ཐ་དད་ཕྱིར། །དོན་མ་གྲུབ་པར་འདོད་པ་ཡིན། །ཞེས་པ་ལྟར། ཕྱི་རོལ་དུ་འདོད་པའི་ཆུ་གཅིག་ལ་ཡང་འགྲོ་བ་རིགས་དྲུག་ལ་སྣང་ཚུལ་ཐ་དད་དུ་འབྱུང་སྟེ། དམྱལ་བས་ལྷགས་སྲེག ཡི་དྭགས་ཀྱིས་རྣག་

ཁྲག ཉ་ལ་སོགས་པས་གནས་མལ། མིས་ཆུ། ལྷ་མིན་གྱིས་གོ་མཚོན། ལྷས་བདུད་རྩི་ཉིད་དུ་མཐོང་སྟེ། རིགས་དྲུག་ཆུ་ལ་དྲུག་ཏུ་མཐོང་། །ཞེས་བཤད་པས་ཀྱང་རང་གི་སེམས་ཀྱི་བག་ཆགས་སྣང་བ་ཙམ་ཡིན་གྱི་ཕྱི་རོལ་དུ་བདེན་པ་མེད་དོ། །ཞེས་བཤད་པ་འདི་ནི་སེམས་ཙམ་པའི་བཞེད་ལུགས་སོ། །ཡང་བཙན་དུག་ལྷ་བུ་གཅིག་ལ་ཡང་། སྙིང་རླུང་ཅན་ལ་སྨན་དུ་མཐོང་། རྨ་བྱས་ཟས་སུ་མཐོང་། མི་ཕལ་མོ་ཆེས་དུག་ཏུ་འགྱུར་བ་སོགས་དངོས་པོ་གཅིག་ལ་མི་འདྲ་བ་མཐོང་བས་གཅིག་ཏུ་འགྲུབ་པ་མེད་དེ། ཞེས་དབུ་མ་རང་འགྲེལ་ལས་གསུངས་པ་ལྟར་རོ།།

ལྔ་པ་ལུང་གིས་ངེས་པ་ནི། ཁམས་བརྒྱད་ལས། འཁྲུལ་བ་མཚན་མ་མེད་པའི་ཤེས་རབ་ཀྱིས། །ཕུང་པོ་ནམ་མཁའི་ངོགས་དང་འདྲ་བ་ཤེས། །ཕྱི་ཡི་བཟུང་བར་བྱ་བའི་ཡུལ་སྤངས་ཞིང་། །མེད་དེ་སྟོང་པ་ཉིད་དུ་ཤེས་པར་བྱ། །ཞེས་བསྟན་པའི་གཙོ་བོས་གསུངས་པས། ཕྱི་རོལ་གྱི་ཡུལ་ཡང་དག་པར་མ་གྲུབ་པར་ཤེས་པར་བྱའོ།།

གཉིས་པ་ཡིད་མ་གྲུབ་པ་ལ་གཉིས་ལས། དང་པོ་རིགས་པས་མ་གྲུབ་པ་ནི། བཟུང་ཡུལ་མེད་པས་འཛིན་པའི་ཡིད་མེད་དེ། །འཛིན་བྱེད་དུས་ཀྱི་ཆས་གཞིག་སྐད་ཅིག་མ། །དེ་ཉིད་དེ་བཞིན་རང་བཞིན་གྲུབ་པ་མེད། །ཡང་ན་གཟུགས་དང་ཁ་དོག་དབྱིབས་མ་གྲུབ། །ཅེས་པ། དེ་ལྟར་གཟུང་ཡུལ་བདག་མེད་པར་ངེས་པས་དེ་འཛིན་པའི་ཡིད་ཀྱང་ཡང་དག་པར་མེད་དེ། འཛིན་པའི་ཡིད་ནི་ཡུལ་བཟུང་བའི་རབ་ཏུ་ཕྱེ་བའི་ལྟོས་འཛོག་ཡིན་པའི་ཕྱིར་རོ། །དཔེར་ན་རི་བོང་གི་རྭ་མ་གྲུབ་ན་དེའི་གྲུས་གཉེར་མཐོང་བའི་ཤེས་པ་མི་སྲིད་པ་བཞིན་នོ། །ཡང་ན་འཛིན་བྱེད་ཀྱི་ཤེས་པ་ཡང་ཚོགས་དྲུག་གི་དབྱེ་བས་སེམས་ལ་རིལ་པོ་གཅིག་ཏུ་མེད་ལ། དེ་དག་རྣམས་ཀྱང་དུས་

གསུམ་གྱིས་ཆས་གཞིག་པས་འདས་པ་འགག་ནས་མེད། མ་འོངས་པ་མ་སྐྱེས་པས་མེད། ད་ལྟ་སྐད་ཅིག་མ་དེ་ཡང་སྐྱེ་གནས་འགག་གསུམ་གྱི་ཆ་གཅིག་ཏུ་བདེན་པའི་རང་བཞིན་གྲུབ་པ་མེད་དོ། །ཡང་ན་ལོ་ཀའི་མགོན་པོས་ཀྱང་། སེམས་ཀྱང་སེམས་ཀྱིས་མི་མཐོང་གསུངས་པ་ལྟར། སེམས་གཟུགས་ཆེ་ཆུང་དང་། ཁ་དོག་སྔོ་སེར་དང་། དབྱིབས་ཟླུམ་ནར་སོགས་གང་དུ་མ་གྲུབ་པས་ཡང་དག་པར་ཡོད་པ་མ་ཡིན་ནོ།།

གཉིས་པ་ལུང་གིས་ངེས་པ་ནི། འཕྲུལ་པའི་མཚན་མ་མེད་པའི་ཤེས་རབ་ཀྱིས།། ཕུང་པོ་ནམ་མཁའི་ངོགས་དང་འདྲ་བ་དེས། །ནང་གི་འཛིན་པར་བྱ་བའི་ཡིད་སྤྱངས་ཞིང་། །མེད་དེ་སྟོང་པ་ཉིད་དུ་ཤེས་པར་བྱ། །ཞེས་སྟོན་པས་གསུངས་པས་འཛིན་པའི་ཡིད་ཀྱང་ཡང་དག་པར་མ་གྲུབ་པར་ཤེས་པར་བྱའོ།།

གསུམ་པ་གཟུང་འཛིན་དང་བྲལ་བའི་ངོ་བོ་བདེན་པར་མ་གྲུབ་པ་ནི། གཟུང་འཛིན་མེད་པར་དེ་ཡིས་དབེན་པ་ཡི། །ངོ་བོ་བདེན་པར་གྲུབ་པ་མ་ཡིན་ནོ། །གལ་ཏེ་ཡོད་ན་དེ་ཉིད་གཟུང་འཛིན་ཡིན། །དེ་ཕྱིར་འཁོར་བ་ཡོད་པར་མ་གྲུབ་པའོ། །ཞེས་པ། གོང་དུ་གཟུང་བའི་ཡུལ་དང་འཛིན་པའི་ཡིད་གཉིས་ཀ་བདེན་གྲུབ་མེད་པར་སྟོན་པའི་རིགས་པས་དེ་གཉིས་ཀྱི་བདེན་པ་སྟེ། དེ་ལས་མ་གཏོགས་པའི་གཞན་ཡང་ངོ་བོ་བདེན་པར་གྲུབ་པ་མ་ཡིན་ཏེ། གལ་ཏེ་དེ་ལས་གཞན་དུ་ཡོད་པར་འདོད་ན་འཛིན་པས་མ་བཟུང་བས་ཡུལ་མེད་པས་དེ་ཉིད་གཟུང་འཛིན་དུ་འགྱུར་རོ། །དེའི་ཕྱིར་འཁོར་བ་ཡང་དག་པའི་བདེན་པར་ཡོད་ན་གཟུང་བ་དང་འཛིན་པ་གཉིས་ལས་མ་འདས་པས་དེ་མ་གྲུབ་ན་འཁོར་བ་བདེན་པར་གྲུབ་པ་མེད་དོ།།

གཉིས་པ་མྱང་འདས་མ་གྲུབ་པ་ལ་བཞི་ལས། དང་པོ་ལྟོས་འཇོག་དང་བཏགས་

པ་ཡིན་པས་མ་གྲུབ་པ་ནི། འཁོར་འདས་ལས་བཅད་ལུང་པ་གཉིས་ལྟ་བུ། །ལྟོས་འཛོག་བཏགས་པ་ཡིན་ཕྱིར་མྱང་འདས་མེད། །ཅེས་ཏེ། འཁོར་བ་མ་གྲུབ་པས་དེ་བས་ན་མྱང་འདས་ཡང་མ་གྲུབ་སྟེ། འཁོར་འདས་གཉིས་ནི་ལ་ལུང་ངམ་རིང་ཐུང་ངམ། ཕ་རི་ཚུར་རི་ལྟོས་འཛོག་ཏུ་བཏགས་པ་ཡིན་པས་འཁོར་བ་རང་བཞིན་གྱིས་མ་གྲུབ་ན་དེ་ལས་ལྟོས་པའི་མྱང་འདས་ཀྱང་རང་བཞིན་གྱིས་གྲུབ་པ་མེད་དོ། །དཔེར་ན་ཚུ་རི་མ་གྲུབ་ན་དེ་ལ་ལྟོས་པའི་ཕ་རི་བཞག་ཏུ་མེད་པ་བཞིན་ནོ།།

གཉིས་པ་སྒྱུ་མ་ཡིན་པ་ནི། སྒྱུ་མ་ལྟ་བུ་ཅི་ཡང་མ་ཡིན་པས། །ཅིར་ཡང་བྱར་མེད་སྟོང་པ་སྐྱེ་འགག་མེད། །ཅེས་པ། སྟོང་ཁམས་ནས། གཟུགས་ནས་བླ་མེད་འབྲས་བུའི་བར། སྒྱུ་མ་ལྟ་བུ་སྟེ་ཅི་ཡང་མ་ཡིན་པས་ཅི་ཡང་བྱ་རུ་མེད་དོ། །ཞེས་དང་། གང་ལ་སྐྱེ་འགག་མེད་པ་དེ་ནི་བླ་ན་མེད་པའོ། །ཞེས་པས། འཁོར་འདས་ཀྱི་བོན་ཐམས་ཅད་ཀུན་རྫོབ་ཏུ་སྒྱུ་མ་ལྟ་བུར་སྣང་ཡང་དོན་དམ་པར་རང་བཞིན་ཅིར་ཡང་མ་གྲུབ་པའོ།།

གསུམ་པ་སྐུ་གསུམ་མ་གྲུབ་པ་ནི། བོན་སྐུ་མཚན་མ་མ་གྲུབ་སྐྱེ་བ་མེད། །གཟུགས་སྐུ་ཀུན་རྫོབ་ཡིན་ཕྱིར་བདེན་པ་མེད། །ཅེས་པ། བོན་གྱི་སྐུ་ནི་སྤྲོས་པའི་མཚན་མ་ཐམས་ཅད་ཉེ་བར་ཞི་བའི་དབྱིངས་རྣམ་པར་དག་པ་ནམ་མཁའ་ལྟ་བུར་སྐྱེ་བ་མེད་པ་ཡིན་ཏེ། བོན་ཉིད་བདེན་པའི་སྐུ་ནི་ནམ་མཁའ་ལྟ་བུར་སྟོང་། །ཞེས་དང་། ལོངས་སྤྱོད་རྫོགས་སྐུ་དང་ཅིར་ཡང་སྤྲུལ་སྐུ་སྟེ་གཟུགས་སྐུ་གཉིས་ནི་བསོད་ཚོགས་ཡོངས་རྫོགས་ལས་གྲུབ་པའི་སྣང་ཙམ་གྱི་ཀུན་རྫོབ་ཡིན་པའི་ཕྱིར་ཡང་དག་པར་བདེན་པ་མེད་དེ། །སྐུ་གསུམ་ཀུན་རྫོབ་དངོས་སུ་བསྟན། །དམ་པའི་དོན་དུ་སྟོང་པས་སྟོང་། །ཞེས་སོ། །འོ་ན་མདོ་སྡེ་ནས། བདེན་པ་དམ་པ་ནི་གཅིག་ཁོ་ན་སྟེ་མི་བསླུ

བའི་ཆོས་ཅན་གྱི་ཡོངས་སུ་མྱ་ངན་ལས་འདས་པའོ། །ཞེས་པའི་དོན་གང་ཡིན་ཞེ་ན་མྱང་འདས་ལ་རང་བཞིན་རྣམ་དག་དང་གློ་བུར་དྲི་བྲལ་གཉིས་ལས་རང་བཞིན་རྣམ་དག་གི་སྟོང་ཉིད་རྟོགས་པ་དེ་མི་བསླུ་བས་ན་བདེན་པའི་སྐྲས་བརྗོད་པ་ཡིན་གྱི། མྱང་འདས་བདེན་གྲུབ་ཏུ་བསྟན་པ་མ་ཡིན་ཏེ། ལུང་དེའི་མཇུག་ཏུ། འདུ་བྱེད་ཐམས་ཅད་ནི་རྫུན་པ་བསླུ་བའི་ཆོས་ཅན་ནོ། །ཞེས་སོ། །འོ་ན་འབྲས་བུའི་འབྲས་བུ་བདེན་པ་མེད་ན། ལམ་ལ་འབད་པ་ཡང་དོན་མེད་པས་ངལ་བ་ཙམ་དུ་འགྱུར་ཞིང་སེམས་ཅན་གྱི་དོན་མཛད་པའི་སངས་རྒྱས་ཀྱང་མི་བདེན་པར་འགྱུར་ཞེ་ན། མདོ་ལས། སངས་ཞིང་རྒྱས་པ་ཐམས་ཅད་སྒྲིབ་སྤྱངས་ཚོགས་རྫོགས་ཡིན། ཞེས་གསུངས་པ་ལྟར། སྒྲིབ་གཉིས་ཀྱི་རྩ་བ་ནི་དངོས་པོ་ལ་བདེན་པར་འཛིན་པའི་འཁྲུལ་པ་ཡིན་ལ་འཁྲུལ་པ་དེ་བག་ཆགས་དང་བཅས་པ་མ་ལུས་པ་བྱང་ནས་ལས་ཉོན་འབྲས་བུ་སྡུག་བསྔལ་དང་བཅས་པ་གཏན་ནས་ཟད་པའི་རང་དོན་ཡོངས་རྫོགས་ཀྱི་སྐུ་ཐོབ་པར་འདོད་པས་དེའི་ཕྱོགས་པ་ལ་ནི་སྤྲོས་པ་ཐམས་ཅད་ཞི་བས་བདེན་པར་བཟུང་དུ་མེད་ལ། རང་བཞིན་གྱིས་མ་གྲུབ་པའི་སྒྱུ་མ་ལྟ་བུའི་ཀུན་རྫོབ་ཏུ་ཚོགས་བསགས་པས་དེའི་འབྲས་བུ་གཞན་དོན་མཐར་ཕྱིན་པའི་སྐུ་གཟུགས་སྐུ་བདེན་པར་བཞག་ཏུ་མེད་པའི་ཀུན་རྫོབ་སྣང་ཙམ་ཡིན་པས་དེ་ནི་དགག་བྱར་མི་འཛོག་པས་སྐྱོན་མེད་དོ།།

བཞི་པ་བསམ་བརྗོད་བྲལ་བ་ནི། སྐུ་དང་ཡེ་ཤེས་བརྡ་དང་ཐ་སྙད་ཙམ། །ཅིར་ཡང་མ་གྲུབ་བསམ་བརྗོད་ཡུལ་ལས་འདས། །ཞེས་པ། སངས་རྒྱས་ཀྱི་སྐུ་དང་ཡེ་ཤེས་དང་འཕྲིན་ལས་སོགས་ཐམས་ཅད་ཀྱང་བདེན་པས་སྟོང་བས་ཀུན་རྫོབ་ཙམ་ཡིན་པས་དེ་ནི་དོན་དམ་པར་ཅིར་ཡང་མ་གྲུབ་པས་ཅི་ལྟར་བརྗོད་ཀྱང་བརྡ་ཙམ་དང་

ཐ་སྙད་བཏགས་པ་ཙམ་དུ་འགྱུར་ཞིང་དོན་དམ་པར་ཅིར་ཡང་མ་གྲུབ་ན། མཚན་འཛིན་གྱི་བློ་ཡི་བསམ་བརྗོད་ཀྱི་ཡུལ་ལས་འདས་པ་ཡང་ཡིན་ནོ། །མྱ་ངན་ལས་འདས་པ་ཡང་མིང་ཙམ་མོ། །ཐ་སྙད་ཙམ་མོ། །ཡང་དག་པར་གྲུབ་པ་པོ་ན་མ་ཡིན་ནོ། །ཞེས་སོ། །འདིར་ཐམས་ཅད་དུ་སྣང་མེད་དོན་དམ་འཇལ་བའི་རིགས་ཤེས་ཀྱིས་ངོ་བོའི་བདེན་པ་ཅིར་ཡང་མ་རྙེད་པས། དེ་ཙམ་གྱི་སྣང་བཅས་ཀུན་རྫོབ་འཇལ་བའི་ཐ་སྙད་ཤེས་པའི་སྣང་ཡུལ་སུན་དབྱུང་བ་མ་ཡིན་པས། གཞི་གཅིག་ལ་གནས་ཚུལ་དང་སྣང་ཚུལ་དུ་ལྟོས་ཏེ་བདེན་པ་ཡོད་མེད་མི་འགལ་བར་འདུག་པའི་ངེས་ཤེས་བསྐྱེད་པ་གནད་དུ་ཆེའོ། །དེ་དག་གིས་ཡོད་པར་མ་གྲུབ་པ་བསྟན་ཟིན་ནས།

གཉིས་པ་མེད་པར་མ་གྲུབ་པ་བསྟན་པ་ལ་གཉིས་ལས། དང་པོ་རིགས་པ་ནི། ཡོད་མེད་ལྟོས་འཛོག་ཡིན་ཕྱིར་ཡོད་པ་ནི། །མ་གྲུབ་ཕྱིར་ན་མེད་པ་དེ་བཞིན་ཏེ། །སྐྱེ་བ་མེད་པའི་འགག་པ་ཅི་ལྟར་ཡོད། །མ་འགག་ཕྱིར་ན་མེད་པར་འགྲུབ་མི་འགྱུར། །ཞེས་པ། ཡོད་པ་འགག་པའི་མེད་པ་ནི་བདེན་པར་ཀུན་རྫོབ་སྙམ་ན་ཡོད་པས་སྟོང་ཡོད་ཕྱིས་རིག་པས་བཤིག་པའི་སྟོང་པར་འདོད་ན་ཆད་པའི་སྟོང་པ་ཞེས་བྱ་བ་སྟོང་ཉིད་ནོར་བའི་གོ་ལུགས་ཡིན་ཀྱང་དགག་བྱ་ཡོད་པ་ཉིད་ཡེ་གདོད་མ་ནས་གྲུབ་མ་མྱོང་བས་དེ་བསྟན་པ་ཙམ་ཡིན་གྱི། དགག་བྱའི་དོན་ཡོད་བཞིན་དུ་དགག་ན་ནི་དེ་འགོག་བྱེད་ཀྱི་རིག་པ་འཁྲུལ་བར་འགྱུར་ཏེ། གནས་ལུགས་ལས་ཕྱིར་ཅི་ལོག་ཏུ་བཟུང་བའི་ཕྱིར་རོ། །དེ་བས་ན་ཡོད་མེད་གཉིས་ལྟོས་འཛོག་ཡིན་པའི་ཕྱིར། །ལྟོས་པ་ཡོད་པ་ཉིད་ནི་གདོད་མ་ནས་མ་གྲུབ་པའི་ཕྱིར་ན་དེ་ལ་ལྟོས་པ་མེད་པ་ཡང་དེ་བཞིན་དུ་གྲུབ་པ་མེད་དོ། །དངོས་པོ་རྣམས་ཡེ་གདོད་མ་ནས་སྐྱེ་བ་མེད་པས་ཕྱིས་དེ་འགག

པ་ཡང་ཅི་ལྟར་ཡོད་དེ། འགག་པ་ནི་སྐྱེ་བ་སྔོན་དུ་སོང་བ་ལ་ལྟོས་པའི་ཕྱིར། དཔེར་ན་མོ་གཤམ་གྱི་བུ་སྐྱེ་བ་མེད་པས་དེ་འཆི་བའང་མེད་པ་བཞིན་ནོ། །མ་འགག་པའི་ཕྱིར་ན་མེད་པ་འགྲུབ་པར་མི་འགྱུར་རོ།།

གཉིས་པ་ལུང་གི་ངེས་པ་ནི། འཁྲུལ་བ་མཚན་མ་མེད་པའི་ཤེས་རབ་ཀྱིས། །ཕུང་པོ་ནམ་མཁའི་ངོགས་དང་འདྲ་བ་དེས། །སྟོང་པ་ལྟུང་བར་ཟད་པ་ལྟ་བའི་མཐའ། །སྤྲངས་ཞིང་མེད་དེ་སྟོང་པ་ཉིད་ཤེས་བྱ། །ཞེས་སྟོན་པས་གསུངས་པའི་མེད་པ་བདེན་པར་གྲུབ་པ་མེད་དོ།།

གསུམ་པ་དེ་ལས་གཞན་མ་གྲུབ་པ་ལ་གཉིས། དང་པོ་རིགས་པ་ནི། དེ་ཕྱིར་ཡོད་མེད་གཉིས་ཀ་གཉིས་མེད་དང་། །གཉིས་ཀ་མ་ཡིན་གཉིས་མེད་མ་ཡིན་པ། །མཐའ་དང་བྲལ་བ་དེ་འཛིན་མཐའ་རུ་འགྱུར། །དེ་ལ་སོགས་ཏེ་ཅིར་ཡང་གྲུབ་པ་མེད། །བོན་ཅན་མེད་པར་བོན་ཉིད་ཅི་ལྟར་ཡོད། །ཚིག་དང་ཡི་གེ་བཤད་དང་ཉན་བསམ་བསྒོམ། །མེད་ཕྱིར་མི་སྒོམ་བཞག་མེད་རྟོགས་པའི་ཐབས། །མ་གྲུབ་བསྟན་བྱའི་དོན་ཀྱང་དེ་བཞིན་ནོ། །ཞེས་པ། གོང་དུ་ཡོད་མེད་གཉིས་ཀ་ཡང་དག་པར་མ་གྲུབ་པར་བསྟན་པས། དེའི་ཕྱིར་ཡོད་མེད་གཉིས་ཀ་ཡིན་པའི་མཐའ་དང་། དེ་བཞིན་གཉིས་མེད་ཡིན་པའི་མཐའ་དང་། གཉིས་ཀ་མ་ཡིན་པ་དང་། གཉིས་མེད་མ་ཡིན་པའི་མཐའ་ཐམས་ཅད་དང་བྲལ་ཏེ། དེ་དག་གང་དུ་འཛིན་ཀྱང་མཐར་འཛིན་གྱི་ལྟ་བར་འགྱུར་རོ། །དེ་ལ་སོགས་ཏེ་བོན་ཐམས་ཅད་རྟོག་པས་བཞག་པ་ཙམ་མ་ཡིན་པར། རང་གི་ངོ་བོ་ཉིད་དུ་བདེན་པ་ཅིར་ཡང་གྲུབ་པ་མེད་གསུངས་ཏེ། ངོ་བོ་མེད་པར་དངོས་པོར་འབྱུང་རྟོག་པ། །དེ་ནི་རྟོག་པའི་དབང་གིས་ཕྱིན་ཅི་ལོག །རྟོག་པའི་རང་བཞིན་

བརྟག་ཅིང་ཕྱིར་ཕྱིར་མང་། །བག་ཆགས་མཐུ་བརྟས་བལྟས་པ་བཞིན་དུ་སྣང་། །ཞེས་དང་། སྣ་ཚོགས་ཡིད་དགའི་མེ་ཏོག་ཁ་བྱེ་ཞིང་། །གསེར་གྱི་ཁང་མཆོག་འབར་བ་ཡིད་འོང་བ། །འདི་ན་དེ་ལའང་བྱེད་པ་འགའ་མེད་དེ། །དེ་དག་རྟོག་པའི་དབང་གིས་བཞག་པ་ཡིན། །རྟོག་པའི་དབང་གིས་འཇིག་རྟེན་རྣམས་བརྟག་སྟེ། །ཞེས་གསུངས་པ་ལྟར་རོ། །འོན་ཀྱང་དོན་ལ་ཞིབ་ཏུ་མ་བསམ་པར་ཡོད་མེད་ལ་སོགས་པ་མུ་བཞི་གང་ཡང་མ་གྲུབ་པར་བསྟན་པའི་ཚིག་ཙམ་ལ་འབྲུམས་ནས་འདི་དང་འདི་ཉིད་བཞག་པ་གང་ཡང་མེད་པས། ཇོ་བོས་ནི་བལྟར་མེད་ཀྱི་ལྟ་བ་ཅན་ཡིན་པས་ཅིར་ཡང་མི་འདོད་དོ། །ཞེས་སོགས་ལྟ་བའི་འགྲོས་ཁྱུང་བྱེད་པ་དེས་ནི་ནང་པའི་ལྟ་བ་དང་། ཁྱད་པར་དུ་ཡང་དབུ་མའི་ལྟ་བ་ཡང་མི་འདོད་པས་ཕྱི་རོལ་དུ་འགྱུར་རོ། །ཡང་བོན་ཐམས་ཅད་ལ་རང་བཞིན་གྱིས་གྲུབ་པ་བཀག་པའི་རིགས་པས་ཐ་སྙད་ཙམ་དུ་སྣང་ཙམ་ཡང་བཀག་པར་འདོད་ན་རྟེན་འབྲེལ་བཤིག་པའི་ཆད་སྟོང་ཡིན་པས་ཤིན་ཏུ་མི་རུང་སྟེ། དེས་ན་རྒྱུ་འབྲས་རྟེན་འབྲེལ་ཅུང་ཟད་ཀྱང་མ་འཆོལ་བར་སྣང་བ་དང་། དེ་སྣང་བའི་ཚེ་དེ་ཉིད་གདོད་མ་ནས་རང་བཞིན་གྱིས་གྲུབ་པ་རྡུལ་ཙམ་མ་མྱོང་བའི་བདེན་གཉིས་ཀྱི་རྣམ་བཞག་ལ་ངེས་ཤེས་སྐྱེ་བ་གལ་ཆེའོ། །འོ་ན་བོན་ཅན་སྣང་བ་མེད་པ་ཙམ་ཡིན་གྱི། དེས་སྟོང་པའི་བོན་ཉིད་ནི་བདེན་པར་ཡོད་དོ་སྙམ་ན་སྟོང་ཉིད་བདེན་གྲུབ་ཏུ་ཡོད་པར་བལྟ་བ་ཡང་སྲོལ་མི་རུང་བའི་རྟག་ལྟ་ཅན་དུ་བཤད་པས། བོན་ཅན་སྣང་བ་རང་གིས་ངོ་བོ་མ་གྲུབ་པ་ཙམ་ལ་བོན་ཉིད་བཏགས་པ་ཙམ་ཡིན་གྱི། བོན་ཅན་སྣང་བའི་ལོགས་སུ་གཞན་བོན་ཉིད་དམ་སྟོང་ཉིད་བདེན་གྲུབ་ཏུ་ཡོད་པར་འདོད་ན་གཏན་ནས་མི་རུང་བའོ། །དེ་བས་ན་གནས་ལུགས་དཔྱོད་པ་ལ་ཞུགས་པའི་རིག་ངོ་ལ་བལྟས་

ཏེ་ཅིར་ཡང་གྲུབ་པ་མེད་ཅིང་ཚིག་དང་ཡི་གེ་མ་གྲུབ་པས་དེ་ལ་བཤད་པ་དང་ཉན་པ་དང་བསམ་པ་དང་བསྒོམ་པ་ཡང་མེད་པའི་ཕྱིར། ངེས་དོན་གྱི་གསུང་རབ་དག་ལས། ཉན་དུ་མེད་དོ། །བསམ་དུ་མེད་དོ། །བསྒོམ་དུ་མེད་དོ། །བཞག་ཏུ་མེད་པས་རྟོགས་ཐབས་མེད་དོ། །ཞེས་སོགས་བསྟན་པའི་དོན་ཡང་དེ་བཞིན་དུ་ཤེས་པར་བྱའོ།།

གཉིས་པ་ལུང་ནི། འཁྲུལ་པ་མེད་པའི་ཕུང་པོ་ནམ་མཁའ་ཡི། །ངོགས་དང་འདྲ་བ་དེ་ཡི་བོན་རྣམས་ལ། །འདི་ཞེས་བྱ་བའི་གཏད་འཆའ་བ་སྤངས་ཞིང་། །མེད་དེ་སྟོང་པ་ཉིད་དུ་ཤེས་པར་བྱའོ། །ཞེས་སྟོན་པས་གསུངས་པས། གང་ལ་ཡང་མཐར་ལྟ་བ་ལ་ཞེན་པར་མི་བྱའོ།།

གསུམ་པ་མདོར་བསྡུ་བ་ལ་གསུམ་ལས། དང་པོ་སྟོང་པ་དང་བདག་གཅིག་གི་གོ་དོན་ནི། སྟོང་པ་གང་ཡིན་བདག་ཏུ་འཛིན་པ་སྟོང་། །བདག་མེད་ཅི་ཕྱིར་སྟོང་པ་ཉིད་ཀྱིས་ཕྱིར། །དངོས་པོ་ཞིག་དང་གཅིག་ལ་གཅིག་འགག་པ། །སྟོང་པར་མི་བཟུང་ངོ་བོ་རང་བཞིན་མེད། །ཅེས་པ། འདི་བསྟན་གྱི་སྟོང་པ་ཉིད་གང་ཡིན་ཞེ་ན། བོན་དང་གང་ཟག་གི་བདག་འཛིན་གྱི་བློས་སྒྲོས་བཏགས་པ་ཙམ་མ་ཡིན་པ་རང་གི་རིག་པའི་ངོ་བོ་ཉིད་ཀྱིས་གྲུབ་པས་སྟོང་པ་ལ་སྟོང་ཉིད་ཅེས་བྱའོ། །བདག་མེད་པ་ཡང་ཅིའི་ཕྱིར་ཞེ་ན། བོན་དང་གང་ཟག་ལ་རང་གིས་ངོ་བོས་མ་གྲུབ་པའི་སྟོང་པ་ཉིད་ཡིན་པའི་ཕྱིར་བདག་མེད་པ་ཞེས་བྱ་བ་ཡིན་གྱི། སྣང་བའི་དངོས་པོ་དག་སྣར་ཡོད་ཕྱིས་ཞིག་པར་འདོད་པའི་ཆད་སྟོང་དང་། བུམ་པ་ཀ་བས་སྟོང་པ་ཡིན་གྱི་བུམ་པ་རང་གི་ངོས་ནས་སྟོང་པར་མི་འདོད་པས་གཅིག་ལ་གཅིག་ཁེགས་པར་འདོད་པའི་སྟོང་བའམ། སྣང་བ་ལས་མ་གཏོགས་པའི་སྟོང་ཉིད་གཞན་དུ་འཚོལ་བའི་གཞན་སྟོང་དང་། སྣང་བ་ལ་

བདེན་གྲུབ་མེད་པ་མ་ཤེས་པར་བློས་སྟོང་པར་བསྒོམ་པ་བློ་བྱས་ཀྱི་སྟོང་པ་དང་། སྣང་བ་སྟོང་པར་རྟོགས་ཀྱང་སྟོང་པ་བདེན་གྲུབ་ཏུ་འཛིན་པ་ཉི་ཚེ་བའི་སྟོང་པ་སོགས་ལ་སྟོང་པ་ཉིད་ཀྱི་དོན་དུ་མི་བཟུང་བར་ལྷ་ལ་སོགས་པའི་འགྲོ་བ་དྲུག་གི་གང་ཟག་དག་དང་གཟུགས་སྒྲ་ལ་སོགས་པའི་བོན་དུ་སྣང་བ་འདི་དག་གདོད་མ་ནས་རང་གི་ངོ་བོ་ཉིད་ཀྱི་གྲུབ་པའི་རང་བཞིན་མེད་པ་ལ་སྟོང་པ་ཉིད་དང་བདག་མེད་པའི་དོན་དུ་འདོད་དོ། །འོན་ཀྱང་བོན་ཐམས་ཅད་གདོད་མ་ནས་གྲུབ་མ་མྱོང་བར་རྟོགས་པའི་རང་རིག་པ་དེས་སྒྱུ་མ་ལྟ་བུའི་སྣང་ཙམ་ཡང་བཀག་པར་འདོད་ན་ཆད་ལྟ་བ་ཡིན་པས། ལས་འབྲས་རྟེན་འབྲེལ་གྱི་སྣང་བ་མི་འགོག་པར་མ་ཟད་ལས་འབྲས་ཕྲ་ཞིང་ཟད་ཀྱང་མ་འཚོལ་བའི་རྒྱུ་རྐྱེན་ལ་བརྟེན་ནས་སྐྱེ་བའི་རྟེན་འབྲེལ་གྱི་གཏན་ཚིགས་ཀྱིས་སྟོང་པ་ཉིད་ངེས་པའི་ངེས་ཤེས་འདྲེན་པ་དང་། ཐམས་ཅད་ལ་ཡང་དག་བདེན་པར་མ་གྲུབ་པའི་སྟོང་པར་རྟོགས་པ་དེ་ཉིད་ཀྱིས་སྒྱུ་མ་ལྟ་བུའི་ལས་འབྲས་ལ་ཕྲ་ཞིང་ཟད་ཀྱང་མ་འཚོལ་བར་བདེན་པའི་ངེས་ཤེས་འདྲེན་ཐུབ་པ་གཅིག་དགོས་སོ། །དེ་གཉིས་ཀྱི་རིམ་པ་རྟག་ཆད་དུ་ལྟ་བའི་གཉེན་པོ་བྱེད་པ་ཡིན་ནོ།།

གཉིས་པ་རྟོགས་ལུགས་ཐབས་དང་རིམ་པ་ནི། དེ་ཉིད་རྟོགས་པའི་རིམ་པས་ཁྱད་པར་ནི། ཡུལ་ནི་ཚིག་དང་དོན་དང་གཉིས་ཀ་ལས། །རྟོགས་ཐབས་ཉན་དང་བསམ་དང་བསྒོམ་པ་ཡིས། །ཚིག་ཤེས་བློ་ལ་གོ་དང་དོན་རྟོགས་འགྱུར། །ཞེས་པ། དེ་ལྟ་བུའི་རྟག་ཆད་ཀྱི་མཐའ་དང་བྲལ་བའི་བདེན་གཉིས་དེ་ཉིད་རྟོགས་པའི་ཁྱད་པར་གྱི་རིམ་པ་ནི། ཡུལ་ངེས་དོན་གྱི་གསུང་རབ་ཀྱི་ཚིག་རྣམས་ལ་ཉན་པས་ཚིག་ཤེས་པར་འགྱུར་ལ། དེ་ནས་ཚིག་དེའི་དོན་ལ་ལེགས་པར་བསམ་ན་བློ་ལ་དོན་གོ་ཞིང་། དེ་ནས་

ཚིག་དོན་གཉིས་ཀ་མ་འཁྲུལ་པར་རྟོགས་པ་དེས་དོན་ལ་ཡང་ཡང་གོམས་པའི་བསྒོམ་བྱས་པས། གོམས་པ་རབ་ཀྱིས་མཐར་ཕྱིན་པ་ན་མངོན་སུམ་དུ་རྟོགས་པར་འགྱུར་རོ།།

གསུམ་པ་ཡོན་ཏན་ནི། འཇིག་བྱེད་དུས་ཀྱི་བསྐལ་པའི་མེ་དཔུང་གིས། །སྣང་སྲིད་དངོས་པོ་ཐམས་ཅད་བསྲེག་པ་བཞིན། །པོན་དང་གང་ཟག་བདག་མེད་གང་རྟོགས་དེས། །འཁོར་བ་ཡོངས་སུ་མྱ་ངན་འདའ་བར་འགྱུར། །ཞེས་པ། སྟོང་པ་ཉིད་བདག་མེད་རྟོགས་པའི་ཡོན་ཏན་ནི། དཔེར་ན་འཇིག་བྱེད་དུས་ཀྱི་བསྐལ་པའི་མེ་དཔུང་གིས། སྣང་སྲིད་འཇིག་རྟེན་གྱི་དངོས་པོ་ཐམས་ཅད་བསྲེགས་ནས་སྟོང་པར་བྱེད་པ་བཞིན་དུ་པོན་དང་གང་ཟག་གི་བདག་མེད་པ་གང་ཞིག་རྟོགས་པའི་རྟོགས་ལྡན་དེ་ལ་འཁོར་བར་འཆིང་བྱེད་ཀྱི་དངོས་པོ་གང་ལ་ཡང་རང་གི་ངོ་བོས་གྲུབ་པར་འདོད་པའི་བདེན་འཛིན་ལོག་པས། འཁོར་བ་ལས་ཡོངས་སུ་མྱ་ངན་ལས་འདའ་བར་འགྱུར་རོ། །འཁོར་བ་ཡོངས་སུ་མ་གྲུབ་པ། །མྱ་ངན་ལས་འདས་དེ་ཉིད་ཡིན། །ཞེས་པ་ལྟར་ཡིན་ནོ། །དོན་བཅུ་གཅིག་པ་བདག་མེད་བསྟན་པའོ། །ཞེས་པས་མདོ་བསྡུ་བའོ།། །།

དེ་ལྟར་དབང་པོ་རབ་འབྲིང་ཐ་མ་གསུམ་གྱི་ལམ་དུ་འགྱུར་བའི་སློ་བསྟན་ཟིན་ནས། ད་ནི་ལམ་དེ་དག་མི་ཉམས་ཤིང་གང་ནས་གང་དུ་སྤེལ་བའི་ཕྱིར། ལེའུ་ཐ་མ་འཕྲེང་རློས་ཀྱི་ཚུལ་དུ་གདམས་པ་ལ་གཉིས། དངོས་དང་། གཞུང་རྫོགས་པའི་བྱ་བའོ། །དང་པོ་ལ་གཉིས། མདོར་བསྟན་དང་། རྒྱས་བཤད་དོ། །དང་པོ་ནི། ཚུལ་རོལ་མཐོང་བ་བདག་གིས་མཁས་རྣམས་ལ། །བསྐུལ་བར་མི་འོས་དམན་པར་གྱུར་པ་རྣམས། །སྙིགས་མའི་སེམས་ཅན་ཡོངས་སུ་མི་འདུལ་ཀྱང་། །བཀའ་ལུང་འཕྲིན་ཡིག་འདིར་སྟན་གསན་པར་ཞུ། །ཞེས་པ། ཚུལ་རོལ་མཐོང་བ་སྟེ་བདེན་པ་མངོན་སུམ་དུ

མཐོང་བའི་འཕགས་པ་མ་ཡིན་པར་འཁོར་བའི་ས་ལ་གནས་པའི་སྒྲིབ་གཉིས་ཀྱིས་འཆིང་བའི་བློ་དམན་པ་དག་གིས། རང་བས་མཁས་པ་དག་ལ་དགེ་བར་བསྐུལ་མི་འོས་ཏེ། བསྐུལ་བྱའི་དོན་དེ་ལ་རང་བས་ཁྱད་པར་འཕགས་པའི་ཕྱིར་རོ། །རང་བས་བློ་དང་བརྩོན་འགྲུས་དམན་པའི་གང་ཟག་རྣམས་ཀྱང་། དུས་དང་། སེམས་ཅན། ཚེ་དང་། ཉོན་མོངས་པ་དང་། ལྟ་བའི་སྙིགས་མ་སྟེ། སྙིགས་མ་ལྔས་སྨག་པའི་སེམས་ཅན་ཡིན་པས་ཡོངས་སུ་མི་འདུལ་ཀྱང་། བླ་མའི་བཀའ་དང་རྒྱལ་བའི་ལུང་ལས། སེམས་ཅན་ལ་ཕན་པར་གྱུར་པའི་བོན་གསུངས་པ་དག་ལས་རང་གིས་ཐོས་པ་དང་ཤེས་པ་སྟེ། ཕྱི་རབས་ཀྱི་རྗེས་འབྲང་གོ་བ་ཅན་རྣམས་ལ་ཉེས་ལེགས་འདོར་ལེན་གྱི་འཕྲིན་ཡིག་འདི་བསྙད་པས་ཆགས་སྡང་ལ་སོགས་པས་ཕྱོགས་ལྷུང་གིས་བློས་མ་བསླད་པར། དད་མོས་ཡིད་ཀྱིས་གསན་པར་ཞུ། ཞེས་པའོ།།

གཉིས་པ་རྒྱས་བཤད་ལ་དྲུག སྐྱེ་བ་སྔ་ཕྱི་ངེས་པའི་ལས་ཀྱི་ཁྱད་པར་གདམས་པ་དང་། ཐོས་བསམ་བསྒོམ་གསུམ་ལ་གདམས་པ་དང་། རང་སེམས་སྲུང་ཅིང་གཞན་སེམས་བསྲུང་བ་དང་། བསྟན་པ་མ་དར་བ་བྱང་ཆུབ་ཀྱི་ལམ་དུ་བསྒྱུར་བ་དང་། མོས་མ་མོས་ཀྱི་ཁྱད་པར་དང་། འབྲས་བུ་ཐེ་ཚོམ་མེད་པར་གདམས་པའོ། །དང་པོ་ལ་བཞི་ལས། དང་པོ་སྔ་ཕྱི་ངེས་པར་གདམས་པ་ནི། །སྔ་ལོ་འདི་དང་སང་ཕོད་ངེས་པ་བཞིན། །སྐྱེ་བ་སྔ་ཕྱི་ད་ལྟ་ཡོད་པར་ངེས། །ཞེས་པ། དཔེར་ན་སེམས་ཅན་རྣམས་ཀྱིས་མངོན་དུ་སྤྱོད་བས་གྲུབ་པའི་སྔོན་གྱི་ལོ་དང་། ད་ལྟའི་ལོ་དང་། སང་ཕོད་འོང་ངེས་པ་ལ་ཐེ་ཚོམ་མེད་པ་བཞིན། སྐྱེ་བ་ཡང་བྱིས་པ་རྣམས་ལ་ལྐོག་ཏུ་གྱུར་ཀྱང་སྔ་ཕྱི་ད་ལྟ་གསུམ་ཡོད་ངེས་ཏེ་ཐེ་ཚོམ་མི་དགོས་པའོ།།

གཉིས་པ་ཕྱི་མའི་དོན་བསྒྲུབ་པར་གདམས་པ་ནི། སྔ་མར་འབད་པའི་སྨོན་ཐོག་འདི་ལ་སྨྱུད། །སང་ཕོད་དོན་དུ་འདི་ལ་འབད་པ་བཞིན། །སྨོན་ནས་ཚོགས་བསགས་གཙང་མ་མི་ལུས་ཐོབ། །ད་ནི་འདི་ལ་ཕྱི་མའི་དོན་དུ་འབད། །ཅེས་པ། སྔ་མའི་ལོ་ལ་ཚོ་བཀྲོལ་བྱས་པའི་འབྲས་བུ་སྨོན་ཐོག་དེ་ད་ལྟའི་ལོ་འདི་ལ་ལོངས་སྤྱོད་ཅིང་། ཡང་སང་ཕོད་དོན་དུ་ད་ལོ་འབད་པ་བྱེད་དགོས་པ་བཞིན། སྐྱེ་བ་སྔ་མ་ནས་ཚུལ་ཁྲིམས་ལ་སོགས་དགེ་བའི་ཚོགས་བསགས་པའི་མཐུས་གཙང་མ་མི་ལུས་ཐོབ་པ་ཡིན་པས། ད་ནི་ཚེ་ཕྱི་མར་མངོན་མཐོ་དང་ངེས་ལེགས་ཐོབ་པའི་དོན་དུ་ཚུལ་ཁྲིམས་ལ་སོགས་པ་བསླབ་པ་གསུམ་གྱི་དགེ་བ་ལ་འབད་པར་བྱའོ། །དེ་ལས་གཞན་དུ་སྔོན་དགེ་བ་མ་བསགས་ན་ད་ལྟའི་མི་ལུས་མི་ཐོབ་ལ། ད་ལྟ་དགེ་བ་ལ་མ་འབད་ན་ཕྱི་མར་མཐོ་རིས་ཙམ་ཡང་མི་ཐོབ་སྡེ་སྡུག་བསྔལ་སྤྱོད་པའི་ཕྱིར་རོ།།

གསུམ་པ་སྤྱི་ལ་གདམས་པ་ནི། ངང་པས་ཆུ་ལས་འོ་མ་ལེན་པ་ལྟར། །སྡིག་པ་སྤངས་ཞིང་དགེ་བ་དང་དུ་ལེན། །ཞེས་པ། འོ་ན་ཚེ་ཕྱི་མའི་དོན་བསྒྲུབ་དགོས་ན་ཅི་ལྟར་བྱ་ཞེ་ན། དཔེར་ན་ངང་པས་ཆུ་དང་འོ་མ་འདྲེས་པ་ལས་ཆུ་ཕྱི་ནས་འོ་མ་ལེན་པ་ལྟར། རང་བཞིན་གྱི་ཁ་ན་མ་ཐོ་བའི་སྡིག་བཅུ་དང་བཅས་པའི་ཁ་ན་མ་ཐོ་བའི་ལྟུང་བ་གང་ཡིན་པ་སྤངས་ཞིང་། ཕྱིན་དྲུག་ལ་སོགས་པའི་དགེ་བ་དང་དུ་ལེན་པར་བྱའོ།།

བཞི་པ་བྱེ་བྲག་ལ་གདམས་པ་ནི། སྡིག་ནི་ཆུང་ཡང་མི་བརྙས་སྤང་ཞིང་བཤགས། །དགེ་བ་ཆུང་ཡང་ཁྱད་དུ་བསད་མི་བྱ། །ཁྲ་རབ་རྡུལ་བསགས་རི་རབ་ལྷུན་པོ་འཆམ། །མེ་སྟག་ནགས་ལ་མཆེད་པ་ལྟ་བུའོ། །ཞེས་པ། དེ་ལྟར་དགེ་སྡིག་སྤང་བླང་བྱས་པས་ཁ་ན་མ་ཐོ་བའི་སྡིག་པ་ནི་ཆུང་ངུ་ཙམ་ཡང་མི་བརྙེས་པར་དང་པོ་ནས་སྤང་

བར་བྱ་ཞིང་། གལ་ཏེ་བག་མེད་སོགས་ཀྱིས་ཉེས་པ་བྱུང་ན་ཡང་སྟོབས་བཞི་ཚང་བའི་སྒོ་ནས་མྱུར་དུ་བཤགས་པར་བྱའོ། །དེ་ལྟར་མ་བྱས་ན་སྡིག་པ་ཆུང་ངུས་ཀྱང་ཉེས་པ་ཆེན་པོ་བསྐྱེད་དེ། དཔེར་ན་མེ་སྟག་ཆུང་ངུ་ནགས་ལ་མཆེད་པ་ལྟ་བུའོ། །དགེ་བ་ཆུང་ངུ་ཡང་འདི་ཙམ་གྱིས་མི་འཚང་ཞེས་ཁྱད་དུ་གསོད་པར་མི་བྱ་སྟེ། སྔོན་དྲང་སྲོང་གཅིག་གིས་རང་གི་སྣ་སེན་བསྣོགས་པའི་མཆོད་རྟེན་ལ་སེམས་དྭངས་པས་ཕྱག་འཚལ་བའི་འབྲས་བུས་ས་ཏི་ཙམ་ནོན་པའི་འོག་ཏུ་དཔག་ཚད་བརྒྱད་ཁྲི་བཞི་སྟོང་གསེར་གྱི་འཁོར་ལོ་ལ་ཐུག་པའི་བར་གྱི་རྡུལ་དང་མཉམ་པའི་འཁོར་ལོ་བསྒྱུར་རྒྱལ་གྱི་རྒྱལ་སྲིད་སྟོང་འགྱུར་དུ་ལོངས་སྤྱོད་པར་བཤད་པ་དང་། དེ་བཞིན་གཤེགས་པ་ལ་སྲན་རྡོག་གཅིག་ཕུལ་བའི་འབྲས་བུའི་གླིང་བཞིའི་མི་ལ་དབང་བསྒྱུར་བའི་གསེར་གྱི་འཁོར་ལོ་བསྒྱུར་རྒྱལ་ཐོབ་པར་བཤད་པས་དགེ་བ་ཆུང་ངུ་ལ་ཡང་ཡིད་ཆེས་པར་སྤྱད་པར་བྱ་སྟེ། དཔེར་ན་ཕྲ་རབ་རྡུལ་བསགས་པས་རི་རབ་ལྷུན་པོ་ལྟ་བུའོ།།

གཉིས་པ་ཐོས་བསམ་བསྒོམ་གསུམ་ལ་གདམས་པ་ལ་གསུམ་ལས། དང་པོ་ཐོས་བསམ་བྱ་བ་ནི། ཡོང་བས་གནས་བསྙེགས་ལམ་ལ་བརྟེན་པ་འམ། །མུན་པའི་རྡུལ་གང་སྒྲོན་མེས་ཚོལ་བ་ལྟར། །མཁས་པ་རྣམས་ལ་ཉན་བསམ་སྒྲོས་འདོགས་བཅད། །མདོ་རྒྱུད་ལ་སོགས་ཡོངས་སུ་བལྟ་བར་བྱ། །ཞེས་པ། དེ་ལྟར་དགེ་སྡིག་གི་སྐྱོན་ཡོན་ཤིན་ཏུ་ཆེ་ཡང་སྟང་བླང་གི་གནས་ལ་རྨོངས་པ་རྣམས། ལོང་བ་བྱང་ཐང་དུ་ལུས་པ་ནི་གང་དུ་འགྲོ་བའི་ཆ་མེད་ཅིང་། མིག་ལྡན་སྣུན་པར་འཛོམ་པ་ལ་དུས་དང་ཟླ་མའི་ཆ་ཡང་ཕྱེད་མི་ནུས་པ་དང་འདྲ་བས། ལོང་བས་གང་དུ་འགྲོ་བར་འདོད་པའི་གནས་བསྙེགས་ན་ལམ་པ་ལ་བརྟེན་པ་དང་འདྲ་བར། སྡེ་སྣོད་ལ་མཁས་པ་རྣམས་ལ་ཉན

བསམ་བྱ་ཞིང་ཚིག་དོན་ལ་སློ་འདོགས་བཅད། སྨན་པའི་ནང་དུ་རྫས་ཚོལ་ན་སྦྱོན་མི་བཟུང་ནས་ཚོལ་བ་ལྟར་དུ་སྦྱོན་མི་དང་འདྲ་བའི་མདོ་སྡེ་དང་རྒྱུད་སྡེ་སོགས་ཚད་ལྡན་གྱི་དགོངས་འགྲེལ་དང་མན་ངག་རྣམས་ལ་ཡོངས་སུ་བལྟ་བར་བྱ་ལ་སྤང་བླང་གི་གནས་ལ་མཁས་པར་བྱའོ།།

གཉིས་པ་མ་བསྒྲུབ་ན་ཕན་པ་མེད་པ་ནི། གང་ཟག་ནད་ཀྱིས་གདུང་ལ་སྨན་དང་དཔྱད། །ཅི་སྙེད་མཐའ་བསྐོར་བཀླག་པས་སོས་མི་འགྱུར། །ཚིག་ལ་ཉན་བསམ་ཅི་སྙེད་བཤད་བྱས་ཀྱང་། །ཉོན་མོངས་ནད་ལས་ཡོངས་སུ་གྲོལ་མི་འགྱུར། །ཞེས་པ། དེ་ལྟར་ཡོངས་སུ་མཁས་པར་བྱས་ཀྱང་དེའི་དོན་ཉམས་སུ་མ་བླངས་ན་ཕན་པ་མེད། དཔེར་ན་གང་ཟག་ནད་ཀྱིས་གདུང་བ་ལ། སྨན་དང་སྨན་པས་མཐའ་བསྐོར་ཞིང་སྨན་དཔྱད་བཀླགས་པ་ཙམ་གྱིས་ནད་སོས་པར་མི་འགྱུར་བ་བཞིན་དུ། ཚིག་ལ་ཉན་བསམ་ཅི་སྙེད་ཅིག་བྱས་ཀྱང་དེའི་དོན་ཉམས་སུ་མ་བླངས་ན་ཉོན་མོངས་པའི་ནད་ལས་ཡོངས་སུ་གྲོལ་བར་མི་འགྱུར་རོ། །སྨན་དཔྱད་དངོས་སུ་བྱས་ན་སོས་པ་བཞིན། །གཉེན་པོ་ནན་ཏན་བསྟེན་ན་གྲོལ་བར་འགྱུར། །ཞེས་པ། དཔེར་ན་ནད་དེ་ལ་གནོད་པའི་ཟས་དང་སྤྱོད་ལམ་སྤངས་ཞིང་ཕན་པའི་སྨན་དཔྱད་དངོས་སུ་ལག་ལེན་བྱས་ན་མྱུར་དུ་ཕན་པ་བཞིན། ངན་འགྲོ་དང་འཁོར་བའི་རྒྱུ་སྡིག་པ་དང་ཉོན་མོངས་པ་རྣམས་དངོས་སུ་སྤང་ཞིང་མཐོ་རིས་དང་ཐར་པ་དང་ཐམས་ཅད་མཁྱེན་པའི་རྒྱུའམ་གཉེན་པོ་སྟེ། དགེ་བཅུ་ལ་སོགས་ཚུལ་ཁྲིམས་དང་། ངེས་འབྱུང་གི་བློས་བསྐྱུལ་བའི་བསླབ་པ་གསུམ་དང་། བྱང་ཆུབ་ཀྱི་སེམས་ཀྱིས་ཀུན་ནས་བསླང་བའི་ཚོགས་རྣམ་གཉིས་དངོས་སུ་བསྟེན་ཏེ་ཉམས་སུ་བླངས་ན་རིམ་པ་ལྟར་མངོན་མཐོ་དང་། འཁོར་

བ་ལས་གྲོལ་བའི་ཐར་པ་དང་། དོན་གཉིས་ཕུན་སུམ་ཚོགས་པའི་སངས་རྒྱས་ཐོབ་པར་འགྱུར་རོ། །དེ་དག་གི་དཔེ་དོན་གཞན་ཡང་སྨྲས་པ། བུ་རམ་མངར་བའི་རོ་མཆོག་ཐོབ་པ་དང་། །ལག་ཏུ་བྱུང་བས་མ་ཡིན་ཟོས་ན་མྱོང་། །དེ་བཞིན་དེ་ཉིད་སྙིང་པོ་ཉན་པ་དང་། །བསམ་པ་མ་ཡིན་བསྒོམ་ན་མངོན་དུ་འགྱུར། །ཞེས་པ། དཔེར་ན་བུ་རམ་མངར་བའི་རོ་མཆོག་ཀྱང་ཐོབ་ཙམ་དང་ལག་ཏུ་བླང་པ་ཙམ་གྱིས་མི་མྱོང་གི། དེ་ཉིད་མངོན་སུམ་དུ་ཟོས་ན་རོ་མྱོང་བ་ལྟར། དེ་བཞིན་དུ་དེ་ཁོ་ན་ཉིད་ཀྱི་སྙིང་པོ་དེ་ཟབ་མོ་སྟོང་ཉིད་ཀྱི་དོན་ཀྱང་ཚིག་ལ་ཉན་པ་ཙམ་དང་། དོན་ལ་བསམ་པ་ཙམ་གྱིས་མངོན་དུ་འགྱུར་བ་མ་ཡིན་པས། དོན་དེ་ཉིད་ཐོས་བསམ་ངེས་པར་བྱས་པའི་མཐར་ཡང་ཡང་བསྒོམ་ན་མངོན་སུམ་དུ་རྟོགས་པར་འགྱུར་རོ།།

གསུམ་པ་བསྒྲུབ་པ་ལ་གཏོར་བྱེད་པ་ནི། རང་གཞན་དོན་རྣམས་མྱུར་དུ་འགྲུབ་འདོད་ན། །སྒྲུབ་པ་ལྷུར་བླངས་སྙིང་པོར་འབད་པར་བྱའོ། །ཞེས་པ། རང་དོན་ཕུན་སུམ་ཚོགས་པའི་བོན་སྐུ་དང་། གཞན་དོན་ཕུན་སུམ་ཚོགས་པའི་གཟུགས་སྐུ་རྣམ་པ་གཉིས་མྱུར་དུ་ཐོབ་པར་འདོད་ན། དེའི་རྒྱུ་བསྒྲུབ་པ་ལྷུར་བླངས་ཏེ་ཉམས་སུ་བླང་པར་བྱའོ། །དེ་ཡང་དོན་དམ་བྱང་ཆུབ་ཀྱི་སེམས་ལ་བརྟེན་པའི་ཡེ་ཤེས་ཀྱི་ཚོགས་དང་། ཀུན་རྫོབ་བྱང་ཆུབ་ཀྱི་སེམས་ལ་བརྟེན་པའི་བསོད་ནམས་ཀྱི་ཚོགས་ཏེ། སྟོང་ཉིད་སྙིང་རྗེའི་སྙིང་པོ་ཅན་དེ་འབད་པས་བསྒྲུབ་པར་བྱའོ།།

གསུམ་པ་ལ་གཉིས། རང་སེམས་སྦྱང་བ་དང་། གཞན་སེམས་བསྐྱུང་བའོ། །དང་པོ་ལ་གསུམ། སྡུག་བསྔལ་གྱི་ངོ་བོ་རང་རྒྱུད་ངན་པ་འདུལ་བ་དང་། ཡོན་ཏན་བསྟེན་པ་དང་། ཉེས་སྐྱོན་སྤངས་པའོ། །དང་པོ་ལ་གཉིས་ལས། སྡུག་བསྔལ་གྱི་དུས་ཚིགས་

ནི། ཐོག་མ་མེད་ནས་ད་ལྟ་ཡན་ཆད་དུ། །འཁོར་བའི་སྡུལ་བསྔལ་འདིས་མནར་སྣང་ཆད་ཀྱང་། །བདག་མེད་མངོན་དུ་མ་གྱུར་བར་དུ་སྦྱོང་། །ཞེས་པ། དུས་ཐོག་མ་མེད་ནས་ད་ལྟ་ཡན་ཆད་དུ་གང་གིས་མནར་ན་འཁོར་བའི་སྡུག་བསྔལ་འདིས་མནར་རོ།། སྣང་ཆད་སྒྲིབ་གཉིས་རགས་པ་དང་བྲལ་བའམ་བདག་མེད་མངོན་སུམ་དུ་མཐོང་བའི་འཕགས་པར་མ་གྱུར་གྱི་བར་དུ་སྦྱོང་བར་བྱེད་དོ། །མཐོང་ལམ་འཕགས་པ་ཐོབ་ཙམ་ནའང་ལས་ཉོན་གྱི་དབང་གིས་འཁོར་བ་སྐྱེ་བ་ཡོད་ཀྱང་ཕྱི་ནང་གི་བོན་ཐམས་ཅད་མིག་གི་ཟེ་གོར་རམ་གཟུང་འཛིན་སྒྱུ་མ་ལྟ་བུ་མཐོང་བས་སྡུག་བསྔལ་དང་བདེན་འཛིན་གྱི་བློ་དང་བྲལ་བར་བཤད་དོ།།

གཉིས་པ་རང་རྒྱུད་གདུལ་དཀའ་བའི་གཉེན་པོ་བརྟེན་པ་ནི། རང་གིས་རང་སྒྲིབ་མེ་ལོང་གཡའ་སྒྲིབ་བཞིན། །བག་ཆགས་ཚན་ཆེ་ལས་ངན་ཁ་དྲག་ཅིང་། །བསླུ་བའི་རྐྱེན་མང་འཁྲུག་པའི་འཕྲང་དམ་པས། །ཞེས་པ། དཔེར་ན་ཐག་ཁྲ་སྦྲུལ་དུ་མཐོང་བ་ལྟར་བདག་མེད་པ་ལ་བདག་ཏུ་གཟུང་བས་རང་གིས་རང་སྒྲིབ་པ་མེ་ལོང་གཡའ་ཡིས་སྒྲིབ་པ་བཞིན་དུ་གྱུར་ནས། སོན་ཤིང་ཕུད་བུ་བཞིན་དུ་ཕྲ་ཞིང་མང་བར་སྐྲིས། །ཞེས་པ་ལྟར། ཐོག་མ་མེད་པ་ནས་བསགས་པའི་བག་ཆགས་ཚན་ཆེ་ཞིང་ལས་ཀྱི་རྣམ་པར་སྨིན་པ་ནི་སུས་ཀྱང་མི་ཟློག་གོ །ཞེས་པ་ལྟར་ལས་ངན་ཁ་དྲག་པས་རང་རྒྱུད་ལ་ལས་དང་ཉོན་མོངས་དབང་ཆེ་བའི་སྟོབས་ཀྱིས་བཟང་ངན་གང་ཡང་དེ་དང་སྒོ་མཐུན་པའི་བསླུ་བའི་རྐྱེན་དུ་འགྱུར་བ་མང་བས་རང་གི་སེམས་དགེ་བའི་ཕྱོགས་སུ་བསྒྲང་དུ་མི་ཉན་ཞིང་འཁྲུག་པའི་འཕྲང་དམ་པས་གདུལ་དཀའོ། །དེ་འདུལ་བའི་དོན་དུ། དྲན་པ་ཤེས་བཞིན་གཉིས་ཀྱི་བྱ་ར་ཡིས། །རང་རྒྱུད་འདུལ་བའི་གཉེན་པོ

ཡོངས་སུ་བརྟེན། །ཞེས་པ། རང་གིས་རང་ཉིད་ལ་ལྷ་རྟོག་བྱེད་པའི་དྲན་པ་ཤེས་བཞིན་གཉིས་ཀྱི་བྱ་ར་བས་སྐད་ཅིག་ཀྱང་མ་ཡེངས་པར་བལྟས་ལ་རང་རྒྱུད་ལ་ཉོན་མོངས་ཤས་གང་ཆེ་བ་དེ་འདུལ་བའི་གཉེན་པོ་ཡོངས་སུ་བརྟེན་པར་བྱའོ།།

གསུམ་པ་ཡོན་ཏན་བསྟེན་པ་ལ་གསུམ། རང་དོན་བསྒྲུབ་པ་དང་། གཞན་དོན་བསྒྲུབ་པ་དང་། དཀའ་བ་སྤྱད་ན་བསོད་ནམས་ཆེ་བའོ། །རང་དོན་ལ་དྲུག་ལས། ཁྱད་པར་གྱི་དུས་འདིར་དོན་ཆེན་བསྒྲུབ་པར་གདམས་པ་ནི། སྒྲ་བསམ་དབང་དང་ལྡན་པ་འདི་ཙམ་ཉིད། །སེམས་ཅན་སྨྱད་མ་རྣམས་ལ་སྐལ་པ་ཞན། །མི་རྟག་སེན་རྟུལ་ལྟ་བུའི་ཡུད་ཙམ་འདིར། །ནམ་ཞིག་གཏན་གྱི་སོ་ནམ་བསྒྲུབ་པར་བྱ། །ཞེས་པ། འགྲོ་བ་ལ་དཔག་ཏུ་མེད་ཀྱང་སྒྲ་བསམ་དབང་དང་ལྡན་པའི་དལ་འབྱོར་གྱི་མི་ལུས་ཐོབ་པ་འདི་ཙམ་གྱི་དུས་ཡིན་གྱིས། ལྷ་ལ་སོགས་པའི་སེམས་ཅན་སྨྱད་མ་རྣམས་ལ་དགེ་བ་སྤྱོད་པའི་སྐལ་པ་ཞན་ཏེ་མི་ཁོམས་པའི་ལུང་གོང་དུ་དྲངས་པས་ངེས་སོ། །ལྷ་རྣམས་ཀྱང་བདེ་འགྲོའི་སྐྱེ་བ་བཟང་པོ་ནི་མི་ཡིན་ནོ། །ཞེས་པ། མི་ལ་སྨོན་ལམ་འདེབས་པར་བཤད་ཅིང་། མདོ་ལས་ཀྱང་། གཙང་མ་མི་རུ་སྐྱེ་བས་བསོད་ནམས་ཤས་ཆེ་བས། །སྟོན་པའི་ཕྱུར་སྦྲོམ་མི་ཡི་ཡུལ་དུ་ལུས། །མི་ཡི་རྒྱལ་གྱིས་གར་བརྟེགས་ཐོགས་པ་མེད། །དེ་ཡང་མི་རྣམས་ཉིད་ཀྱི་བསོད་ནམས་ལས་དབང་ངོ་། །ཞེས་དང་། སྨད་མའི་སེམས་ཅན་ཐ་དད་སྤྱན་འདྲེན་འདོད་པ་ཡང་། བསོད་ནམས་སྐལ་པ་ཆ་ཞན་པས། སྟོན་པའི་ཕྱུར་སྦྲོམ་སྤྱན་མ་འདྲོང་། ཞེས་གསུངས་པ་ལྟར་རོ། །དེ་ལྟ་བུའི་རང་དབང་དང་ལྡན་པའི་སྐྱེ་བ་བཟང་པོ་ཐོབ་ཀྱང་ཚེ་ཡུན་རིང་དུ་མི་གནས་པས་མི་རྟག་སྟེ། དཔེར་ན་ལག་པ་བྱ་བྱེད་མང་པའི་དབང་གིས་སེན་སྟེང་དུ་རྟུལ་ཡུན་རིང་དུ་མི་གནས་པ་ལྟ་

བུ་སྟེ། འཆི་ཀྲེན་མང་པས་ཡུད་ཙམ་ལས་མི་ཐོམས་པས་ནམ་ཞིག་སྟེ། དུས་གཏན་གྱིས་སོ་ནམ་ད་རེས་བསྒྲུབ་དགོས་པས་ལོང་ཡོད་དང་ཕྱི་བཤོལ་མི་བྱ་བར་མྱུར་དུ་བསྒྲུབ་པར་བྱའོ། །ད་རེས་འདིར་སྐྱེ་བ་འདི་ལས་ཅུང་ཟད་འཕགས་པའི་རྒྱུ་དགེ་བ་བསགས་ནུས་ན་བདེ་བ་ནས་བདེ་བར་འགྲོ་ཞིང་བདེ་བའི་རྒྱུ་བསགས་པའི་ནུས་པ་མཐུ་ལྡན་དུ་འགྱུར་བས་མཐར་སངས་རྒྱས་ཐོབ་པ་ལ་མི་རིང་ལ། འདི་ལས་ཅུང་ཟད་དམན་པའི་སྐྱེ་བ་ལས་བླངས་མ་ནུས་ན་མར་མར་ལྷུང་པས་བསྐལ་པ་མང་པོར་བདེ་འགྲོའི་མིང་ཙམ་ཡང་མི་ཐོབ་པའི་ངན་འགྲོ་ཁོ་ནའི་སྐྱེ་བ་བླངས་ནས་སྡུག་བསྔལ་བར་འགྱུར་ཏེ། རང་གི་དལ་འབྱོར་ཐོབ་པའི་ཚེ་ཡང་འཕགས་མ་ནུས་པའི་ཕྱིར་དང་། འདྲེན་པ་པོ་ཡང་གཞན་མེད་པའི་ཕྱིར་རོ། །དེ་བས་ན་དུས་གཏན་གྱི་བདེ་སྡུག་ད་རེས་ཁོ་ན་ལ་རག་ལུས་པ་ལྟར་ཡིན་པས་ནུས་པ་ཅི་ཡོད་ཀྱི་སེམས་རྩལ་བསྐྱེད་ལ་འབད་པར་བྱའོ།།

གཉིས་པ་མ་བསྒྲུབ་ན་སངས་མི་རྒྱ་བ་ནི། རིན་ཆེན་རྡོ་ནི་དེ་ཡི་རང་བཞིན་ཏེ།། །བཞུ་བཏུལ་མ་བྱས་བར་དུ་དེ་མི་སྣང་། །འགྲོ་བ་ཀུན་ལ་སངས་རྒྱས་རྒྱུ་ཡོད་ཀྱང་། །དེ་ཉིད་མ་བསྒྲུབ་བར་དུ་སངས་མི་རྒྱ། །ཞེས་པ། དཔེར་ན་རིན་པོ་ཆེ་དངུལ་རྡོ་ལ་སོགས་པ་ནི་དངུལ་ལ་སོགས་པ་དེའི་རང་བཞིན་ཡིན་ཀྱང་། བཞུ་བཏུལ་མ་བྱས་ཀྱི་བར་དུ་དངུལ་སོགས་དེར་མི་སྣང་བ་བཞིན་དུ། འགྲོ་བ་ཀུན་ལ་སངས་རྒྱས་ཀྱི་གཞི་བདེར་གཤེགས་སྙིང་པོའི་མིང་ཅན་མཚན་མེད་སྤྲོས་བྲལ་དེ་བཞིན་ཉིད་ཀྱི་ཁྱབ་པར་ཡོད་ཀྱང་། དེ་ཉིད་སྒྲིབ་པ་སྦྱོང་ཞིང་ཚོགས་བསགས་པའི་ལམ་གྱིས་མ་སྒྲུབ་བར་དུ་སངས་མི་རྒྱས་པས་འབད་ནས་བསྒྲུབ་པར་བྱའོ།།

གསུམ་པ་ནི། ཇོ་ན་ཐབས་གང་གིས་བསྒྲུབ་ཞེ་ན། འདི་ལ་གསུམ་སྟེ། སྒྲུབ་ཐབས་སྤྱི་དང་། བྱེ་བྲག་སེམས་སྐྱུངས་པ་གཙོ་ཆེ་བ་དང་། བསྡུང་སྡོམ་མོ། །དང་པོ་ནི། བླ་མ་སངས་རྒྱས་སྐྱབས་གསོལ་རྗེས་འབྲང་ལ། །རྒྱུ་འབྲས་ལས་ལ་ཡིད་ཆེས་ཐག་ཆོད་པས། །སྡིག་པ་སྤང་ཞིང་གཉེན་པོ་བསྟེན་པ་དང་། །མཚན་བཅས་མཚན་མེད་དགེ་བའི་ཚོགས་ལ་འབད། །ཅེས་པ། གང་ཞིག་རང་གིས་རང་ཉིད་བསླུ་བར་མི་འདོད་ཅིང་གཅེས་པར་འཛིན་པ་དག་གིས་རང་གཞན་གྱི་རྒྱུད་པ་ཐམས་ཅད་སེལ་ཞིང་བདེ་ལེགས་ཐམས་ཅད་འབྱུང་བའི་གནས་རྫོགས་པའི་སངས་རྒྱས་ཉིད་བསྒྲུབ་པར་བྱ་དགོས་པས། དེའི་སྒྲུབ་ཐབས་ཀྱང་གོང་དུ་བསྟན་པའི་ལམ་གྱི་གོ་རིམ་བཞིན་དུ་ཚད་ལྡན་གྱི་བླ་མ་ལ་གུས་པས་བསྟེན་ནས་སངས་རྒྱས་སོགས་སྐྱབས་གནས་རྣམས་ལ་སྐྱབས་སུ་འགྲོ་ཞིང་རྗེས་སུ་འབྲང་སྟེ་དེའི་བསྟན་པ་ལ་འཇུག་པར་བྱའོ། །སངས་རྒྱས་ཀྱི་བསྟན་པ་དེ་ཡང་འབྲས་བུ་བདེ་སྡུག་ཏུ་སྣང་བ་འདི་རྒྱུ་ལས་བཟང་ངན་སྤྱོད་པ་ལས་འབྱུང་བ་ཁས་ལེན་པ་ཁོ་ནས་ཕྱེས་བ་ཡིན་པས་ན། ལས་རྒྱུ་འབྲས་ལ་ཡིད་ཆེས་ཐག་ཆོད་ཀྱི་བློས་ངན་འགྲོ་ལ་སོགས་པའི་སྡུག་བསྔལ་གྱི་རྒྱུ་སྡིག་པ་མཐའ་དག་སྤང་ཞིང་། འཁོར་བར་འཆིང་བྱེད་བདག་འཛིན་ལ་སོགས་པའི་ཉོན་མོངས་པ་རྣམས་ཀྱི་གཉེན་པོ་བསྟེན་པར་ཀུན་རྫོབ་བྱང་ཆུབ་ཏུ་སེམས་བསྐྱེད་པ་གཞིར་བྱས་པའི་སྦྱིན་ཚུལ་བཟོད་བརྩོན་སོགས་མཚན་བཅས་ཀྱི་དགེ་བ་དང་། དོན་དམ་བྱང་ཆུབ་ཀྱི་སེམས་བོན་ཐམས་ཅད་བདག་མེད་སྤྲོས་བྲལ་དུ་རྟོགས་པའི་ཤེས་རབ་དང་དེ་ལ་ཡང་ཡང་གོམས་པ་བསྐྱེད་པའི་བསམ་གཏན་སོགས་མཚན་མེད་ཀྱི་དགེ་བ་སྟེ། ཚོགས་རྣམ་པ་གཉིས་བསགས་པ་ལ་འབད་པར་བྱའོ།།

གཉིས་པ་ནི། རང་སེམས་གཞན་དུ་གཡེང་བའི་ལུས་ངག་གིས། །ལས་ཀྱི་འབྲས་བུ་འབྱིན་པ་ཤིན་ཏུ་དཀའ། །སྐྱོན་དང་ཡོན་ཏན་ཀུན་འབྱུང་སྟོབས་ཆེ་བས། །གཙོ་ཆེ་རང་སེམས་སྐྱོངས་ལ་ནན་ཏན་བྱ། །ཞེས་པ། རང་གི་སེམས་མདོ་བསམ་གཞན་དུ་གཡེང་ནས་བསམ་པ་དེ་དང་མི་གཅིག་པ་སྤྱོར་བ་ཡིད་མ་གཏད་པའི་ལུས་ངག་གི་ལས་ཅི་ལྟ་བུ་བྱས་ཀྱང་དེའི་འབྲས་བུ་འབྱིན་པ་ཤིན་ཏུ་དཀའ་བར་བཤད་དེ། བཟླས་བརྗོད་དང་ནི་དཀའ་ཐུབ་སོགས། །ཡུན་རིང་དུས་སུ་སྤྱད་བྱས་ཀྱང་། །སེམས་གཞན་ཡེངས་པའི་བྱ་བ་ནི། །དེ་ཉིད་རིག་པ་དོན་མེད་གསུངས། །ཞེས་སོ། །དེ་བས་ན་སྐྱོན་ལས་སྡུག་བསྔལ་དང་ཡོན་ཏན་ལས་བདེ་བ་ཀུན་འབྱུང་བའི་རྒྱུ་ལ་སྟོབས་ཆེ་བ་ནི་རང་གི་སེམས་ཡིན་པས་གཙོ་ཆེ་བར་སེམས་རང་གིས་དབང་དུ་འགྱུར་བའི་ཐབས་སྲུངས་པ་ལ་ནན་ཏན་བྱེད་པ་གལ་ཆེ་སྟེ། སེམས་བསྲུང་བརྟུལ་ཞུགས་མ་གཏོགས་པ། །བརྟུལ་ཞུགས་མང་པོས་ཅི་ཞིག་བྱ། །ཞེས་གསུངས་པ་ལྟར་རོ།།

གསུམ་པ་ནི། ཐེག་པ་གོང་འོག་སྡོམ་པ་གང་བླངས་དང་། །དམ་ཚིག་སྲོག་གི་ཕྱིར་ཡང་གཏོང་མི་བྱ། །གལ་ཏེ་ཉམས་ན་མིག་གི་རྟུལ་བཞིན་དུ། །མྱུར་དུ་བཤགས་ཤིང་སླར་ཡང་གསོ་བར་བྱ། །ཞེས་པ། ཐེག་པ་འོག་མ་ཉན་ཐོས་དང་། ཐུན་མོང་སོ་ཐར་སྡོམ་པ་དང་། ཐུན་མོང་མ་ཡིན་པ་གོང་མ་ཐེག་ཆེན་བྱང་སེམས་ཀྱི་སྡོམ་པ་གང་བླངས་པ་དང་། ཐེག་ཆེན་ནང་ནས་ཀྱང་ཁྱད་པར་གསང་སྔགས་ཀྱི་དམ་ཚིག་མནོས་པ་གང་ཡིན་པ་དེ་སྲོག་གིས་ཕྱིར་ཡང་གཏང་བར་མི་བྱ་སྟེ། སྲོག་འདོར་བ་ནི་ལན་གཅིག་ཙམ་གྱི་སྡུག་བསྔལ་ཆུང་ངུ་ཡིན་ལ་སྡོམ་པ་བཏང་བས་བསྐལ་པ་མང་པོར་ངན་འགྲོའི་སྡུག་བསྔལ་ཉམས་སུ་མྱོང་བའི་ཕྱིར་རོ། །གལ་ཏེ་བདག་མེད་པ་དང་ཉོན་

མོངས་པ་མང་བ་སོགས་ཀྱིས་ཉམས་ན་མིག་ལ་རྟུལ་སོང་བ་མྱུར་དུ་ཕྱི་བ་ལྟར། སྡོམ་པ་གསུམ་པོ་སོ་སོ་ནས་སྲུང་བའམ་ལྷུང་བ་བཤགས་ཚུལ་ལྟར་བྱ་ཞིང་སླར་ཡང་གསོ་བར་བྱའོ།།

བཞི་པ་བྱང་ཆུབ་རང་ལ་རག་ལས་པར་བསྟན་པ་ནི། འཁོར་འདས་གར་འགྲོ་རིག་པ་རང་དབང་ཆེ། །གཞན་གྱི་གྲོགས་ལ་མི་ལྟོས་བྱང་ཆུབ་ལམ། །གལ་ཏེ་ལྟོས་ན་སྟོན་པའི་ཐུགས་རྗེ་ཡི། །ཁམས་གསུམ་སྟོང་པར་སྟོན་ནས་དྲངས་ཟིན་ཡང་། །ཞེས་པ། ཁམས་བརྒྱད་ལས། བླ་མེད་བྱང་ཆུབ་བསྒྲུབ་པ་དང་། །འཁོར་བའི་གནས་སུ་ལྷུང་བ་ཡང་། །རིག་པའི་རྒྱལ་པོ་རང་དབང་ཆེ། །ཞེས་པ། ཐར་པ་བྱང་ཆུབ་ཐོབ་པའི་ཐབས་རང་གིས་མ་བསྒྲུབ་ན་གཞན་གྱིས་གྲོགས་བྱས་པ་ལ་མི་ལྟོས་ཏེ། གལ་ཏེ་རང་གིས་བསྒྲུབ་མི་དགོས་པར་འདྲེན་པ་པོ་གཞན་ཁོ་ན་ལ་ལྟོས་ན་སྟོན་པའི་ཐུགས་རྗེའི་ཁམས་གསུམ་གྱི་སེམས་ཅན་ཐམས་ཅད་སྟོང་པ་ཙམ་དུ་དྲངས་ཟིན་ཏེ། སེམས་ཅན་ལ་བརྩེ་བ་ཆེན་པོའི་ཐུགས་མངའ་བས་སྡུག་བསྔལ་གྱི་གནས་ལ་སྐད་ཅིག་ཀྱང་མི་འཇོག་པའི་ཕྱིར་རོ།།

ལྔ་པ་དུས་དོན་ཡོད་པར་འདའ་ཞིང་བརྟག་པ་ནི། འཁོར་བའི་གནས་འདིར་ཇི་སྲིད་ལུས་བླངས་ཀྱང་། །རང་གཞན་དོན་མེད་སྟོང་ལོག་ཁོ་ན་བྱས། །ད་ནི་ཉིན་མཚན་དོན་ཡོད་འདའ་བར་བྱ། །སྐབས་སུ་རང་གིས་རང་ལ་ཅི་བྱེད་ལྟ། །ཞེས་པ། འཁོར་བའི་གནས་འདིར་སྔར་ལྷ་དང་མིའི་ལུས་ཐོབ་པའང་གྲངས་ལས་འདས་པ་ཇི་སྙེད་ཅིག་བླངས་ཀྱང་རང་གཞན་གང་ལ་ཕན་གདགས་མ་ནུས་པ་དོན་མེད་སྟོང་ལོག་བྱས་པར་མ་ཟད། འཇིག་རྟེན་གྱི་བྱ་བ་ལ་གཡེང་ནས་འཁོར་བའི་སྡུག་བསྔལ་གྱི་རྒྱུ་འབའ་

ཞིག་བསྒྲུབ། ད་ནི་དམུས་ཞེས་པར་བྱས་ལ་ཉིན་མཚན་གང་ལ་ཡང་དོན་ཡོད་པའི་དགེ་བ་ཁོ་ནས་དུས་འདའ་བར་བྱེད་དགོས་པས་སྐབས་སྐབས་སུ་རང་གིས་རང་ལ་དགེ་སྡིག་ཅི་བྱེད་ཡང་ཡང་བལྟས་ལ་དལ་འབྱོར་གྱི་ལུས་ལན་ཅིག་ཐོབ་པ་འདི་སྐད་ཅིག་ཀྱང་དལ་བར་འཕང་སྟོམ་དུ་བསམ་ལ་དོན་བསྒྲུབ་པ་ལ་འབད་པར་བྱའོ།།

དྲུག་པ་དུས་ཀྱི་དགེ་བ་མི་འཆད་ཅིང་སྲོག་བཟུང་བ་ནི། ཨུ་དུམ་ཝ་ར་བྱུང་དུས་ཚོད་བསྙེགས་པ་བཞིན། །ཉིན་མཚན་དུས་སུ་དགེ་སྦྱོར་འཆག་མི་བྱ། །ཞེས་པ། དཔེར་ན་ཨུ་དུམ་ཝ་ར་མེ་ཏོག་གབ་པ་བྱུང་དུ་ལྟགས་པའི་དབྱར་དགུན་གྱི་དུས་ཚོད་མ་ནོར་བར་བསྙེགས་པ་བཞིན་དུ། རང་གིས་ཀྱང་ཉིན་མོར་ཐོ་རངས་དང་། སྲོ་དྲོ་དང་ཉིན་གུང་། ཕྱི་འཁྲེད་དང་ཉི་ནུབ་དང་། དེ་བཞིན་དུ་མཚན་མོ་ཡང་ཆ་བགོས་པས་དུས་དང་བསྟུན་པའི་དགེ་སྦྱོར་གང་བྱེད་ཀྱང་ངོ་བོ་གྲངས་ངེས་པ་ཅན་དུ་བྱས་ལ་བསྐྱངས་ཏེ། ཞག་གཅིག་གི་དགེ་སྦྱོར་མ་འཚོལ་བ་དེ་ལྟ་བུ་རྣམ་པ་ཐམས་ཅད་དུ་བསྐྱང་ན་དལ་འབྱོར་ཐོབ་པ་དོན་ཡོད་དུ་འགྱུར་རོ། །དེ་ལས་གཞན་དུ་གྲངས་དང་ངོ་བོ་མ་ངེས་པར་འཚོར་བར་རང་གི་ནམ་དྲན་བྱས་ན་དགེ་བ་གནད་དུ་འགྲོ་དཀའ་བས་ཚེ་ཕྱིལ་པོར་དོན་མེད་དུ་འགྱུར་རོ། །དལ་འབྱོར་ལུས་འདི་ཐར་པའི་སྐྲས་པ་ཡིན། །ཟས་གོས་སྤྱོད་ལམ་དྲན་པས་ཞིབ་ཏུ་བཟུང་། །ཞེས་པ། དལ་འབྱོར་གྱི་ལུས་འདི་ཡང་འཁོར་བའི་རྒྱ་མཚོ་ལས་བརྒལ་ནས་མྱང་འདས་སུ་འགྲོ་བའི་གྲུའམ། འོག་ཁང་ལྷ་བུའི་འཁོར་བའི་གནས་ནས་སྟེང་ཁང་ཐར་པ་འགྲོ་བའི་སྐྲས་དང་འདྲ་སྟེ་ལུས་འདི་ལ་བརྟེན་ནས་བསྒྲུབ་དགོས་པས། ལུས་སྲོག་བསྲུང་བའི་དོན་དུའང་ཟས་གོས་སྤྱོད་ལམ་གང་ལའང་དྲན་པས་ཞིབ་ཏུ་བརྟག་ལ་གནོད་པར་འགྱུར་བའི་ཟས་གོས་སོགས་སྤང་བར་བྱས་ལ་

ཡུན་རིང་བདེ་བར་གནས་ནས་དགེ་བ་ལ་བསྒོལ་བའི་ཐབས་བྱའོ།།

གཉིས་པ་གཞན་དོན་བསྒྲུབ་པ་ནི། སེམས་ཅན་རྣམས་ལ་སྙིང་རྗེ་ཕན་སེམས་བསྐྱེད། །གཞན་དོན་སེམས་བསྐྱེད་སྨོན་ལམ་རྩེ་གཅིག་བཏབས། །ལྷ་སྤྱོད་ཟུང་འབྲེལ་ཐབས་དང་ཤེས་རབ་འཛོམ། །ཕ་རོལ་ཕྱིན་སོགས་གཞན་གྱིས་དོན་ལ་སྤྱོད། །ཅེས་པ། བསམ་པ་སེམས་ཅན་རྣམས་ལ་ཕན་པའི་འདུ་ཤེས་ཀྱི་སྡུག་བསྔལ་མནར་ཚུལ་བསམ་ལ་སྙིང་རྗེ་ཕན་སེམས་བསྐྱེད་པས་ཀུན་ནས་བསླང་བའི་སྒོ་ནས་གཞན་དོན་དུ་བྱང་ཆུབ་ཀྱི་སེམས་བསྐྱེད་ལ་གཞན་དོན་འགྲུབ་པར་སྨོན་ལམ་རྩེ་གཅིག་ཏུ་གདབ་པར་བྱའོ། །སྦྱོར་བ་ལྷ་བ་རྟག་ཆད་ཀྱི་མཐའ་བསལ་བའི་བདེན་གཉིས་ཀྱི་གནས་ཚུལ་ལེགས་པར་རྟོགས་ཤིང་སྤྱོད་པ་སྤྱིར་ཁ་ན་མ་ཐོ་བ་ཙུང་ཟད་ཙམ་ལ་ཡང་འཛེམ་པ་དང་ཁྱད་པར་གང་ལ་ཡང་དམ་བཅས་པའི་ཚུལ་ཁྲིམས་ལ་ཉེས་པ་ཙུང་ཟད་ཀྱིས་མ་གོས་པ་ལ་འབད་པས་རང་རྒྱུད་ཞི་དུལ་འཛོམ་པར་བྱ་སྟེ། ལྷ་སྤྱོད་དེ་གཉིས་ཟུང་དུ་འབྲེལ་བའི་ཐབས་ཤེས་འཛོམ་པའི་སྒོ་ནས་སྦྱིན་པ་ལ་སོགས་ཕ་རོལ་དུ་ཕྱིན་པ་དྲུག་གམ་བཅུ་དང་བསྡུ་དངོས་བཞི་སོགས་ཀྱིས་གཞན་དོན་དུ་སྤྱོད་པར་བྱའོ།།

གསུམ་པ་དཀའ་བ་སྤྱད་ན་བསོད་ནམས་ཆེ་བ་ནི། ཞིང་ཁམས་གཞན་དང་མི་མཇེད་འཇིག་རྟེན་དང་། །བཟང་ངན་དུས་ལ་བསོད་ནམས་ཉེན་མོངས་པ། །ཁྱད་པར་ཆེ་བས་འདིར་ནི་དགེ་སྤྱོད་ན། །གཞན་པས་ཆེས་ལྷག་གཡུལ་རྣོན་དཔའ་བོ་བཞིན། །ཞེས་པ། ཞི་བ་འོ་མ་རྒྱ་འབྱམས་ལ་སོགས་པའི་ཞིང་ཁམས་གཞན་དུ་བསོད་ནམས་དང་ཉེན་མོངས་པ་གང་བྱས་པ་བས་མི་མཇེད་ཀྱི་འཇིག་རྟེན་འདིར་བྱས་པའི་ཁྱད་ཆེ་བ་དང་། དུས་ཀྱང་སྟོན་བསྐལ་པ་བཟང་པོ་ཆེ་ལོ་བརྒྱད་ཁྲི་སོགས་ནས་མར་མར་

བྱི་བ་ན་དགེ་སྡིག་གི་སྟོབས་ཁྱད་པར་ཆེ་བས་ན། འཇིག་རྟེན་འདི་དང་སྙིགས་དུས་འདིར་དགེ་བ་སྤྱད་ན་ཞིང་གཞན་དང་དུས་གཞན་དུ་དགེ་བ་སྤྱད་པ་བས་ཆེས་ལྷག་པ་སྟེ། འགྱུར་ཆེ་བས་དུས་འདིར་ཚུལ་ཁྲིམས་སོགས་དགེ་བ་སྤྱོད་པ་ནི་གཡུལ་ཟློག་པའི་དཔའ་བོ་སྟོབས་ལྡན་དང་འདྲ་སྟེ་འགལ་རྐྱེན་གྱི་དུ་འཛིང་བའི་དགྲས་མི་ཚུགས་པའི་སྐྱེས་བུ་རབ་ཡིན་པས་སེམས་རྩལ་བསྐྱེད་ལ་འབད་པར་བྱའོ།།

གསུམ་པ་ཉེས་སྐྱོན་སྤང་བ་ལ་ལྔ་ལས། དང་པོ་སྔོར་ཞུགས་ལྡོག་པའི་ཉེས་སྐྱོན་ཤེས་པར་བྱ་བ་ནི། གནམ་བྱ་རྒྱ་ལས་ཐར་པའི་ཚུལ་བཞིན་དུ། །འཁོར་བའི་འདམ་ལས་ཐར་བ་སླར་མི་ཞུགས། །དགེ་སྤྱོད་མ་ཡིན་ཅི་བྱས་སྡུག་བསྔལ་གྱི། །རྒྱུ་འགྱུར་རྩ་ཡི་མེ་བཞིན་ཤེས་པར་བྱ། །ཞེས་པ། དཔེར་ན་གནམ་བྱ་རྒྱ་ལ་ཚུད་པ་ལས་ཐར་ནས་སླར་རྒྱ་ལ་འཛིགས་སྐྲག་དང་བཅས་པས་རིང་དུ་བྲོས་པ་ལས་མི་འཇུག་པའི་ཚུལ་དེ་བཞིན་དུ་འཁོར་བའི་འདམ་རྫབ་དང་འདྲ་བའི་ཁྱིམ་ནས་ཁྱིམ་མེད་པར་རབ་ཏུ་བྱུང་སྟེ་དགེ་བའི་སྔོར་ཞུགས་པ་ན། སླར་ཡང་ཁྱིམ་ཐབ་ཏུ་མི་འཇུག་སྟེ། གང་གིས་ཕྱིར་ན་དགེ་སྤྱོད་མ་ཡིན་པའི་གཞན་འཇིག་རྟེན་འཁོར་བའི་ལས་སྤྱོད་ཅི་དང་ཅི་བྱས་ཐམས་ཅད་སྡུག་བསྔལ་གྱི་རྒྱུ་ཁོ་ནར་འགྱུར་ཏེ། རྩ་ཕུང་མེས་འབར་བ་མྱུར་རབ་ཏེ་ཆེར་མཆེད་པ་ལྟར་ཤེས་པར་བྱའོ།།

གཉིས་པ་སྐྱོན་དེ་སྤངས་པར་བྱ་བ་ནི། སྐྱོན་དང་འགྲོགས་དང་ཞུམ་པའི་སེམས་བྱུང་ན། །བླ་མ་བསམ་གཏན་ཡོན་ཏན་དད་གུས་ཤིང་། །སེམས་ཀྱི་གཟེངས་བསྟོད་སྤྲོ་བའི་མདངས་སྐྱུང་ལ། །མི་རྟག་སྡུག་བསྔལ་འཁོར་བའི་ཉེས་སྐྱོན་བསམ། །ཞེས་པ། རང་ཉིད་དང་པོ་དགེ་སྡིག་སྤང་བླངས་ཀོ་ཡུལ་ཙམ་ལས་མེད་པས་སླ་སླ་འདྲ་སྟེ།

དངོས་སུ་ཉམས་ལེན་ལ་བབ་པའི་ཚེ་སྡིག་པའི་སེམས་དང་ཉོན་མོངས་དག་ཡིད་ལ་རྒྱུ་བ་ཙམ་ཡང་སྤང་དགོས་པ་དང་། ཚུལ་ཁྲིམས་བསྲུང་བ་ན་ཉེས་བྱས་ཕྲ་རབ་ཀྱིས་ཀྱང་མ་གོས་པར་བསྲུང་དགོས་པས། སྔར་ཉོན་མོངས་ཀྱི་དབང་དུ་གྱུར་པའི་སེམས་ཀྱི་ལུས་ངག་གི་སྤྱོད་པ་རང་ཁར་ཤོར་བའི་བག་ཆགས་ཀྱིས་སྒོ་གསུམ་དགེ་བ་ལ་བཀོལ་དཀའ་བས། ཉམས་ལེན་ལ་ཡིད་སུན་ནས་སྒྱུ་བ་སྐྱེའོ། །ཡང་དད་པ་མི་བརྟན་པ་ཁ་ཅིག་གཞན་ལ་བྱས་པའམ་དགེ་བའི་ཡོན་ཏན་ཐོས་སམ། ལྷ་ཆོས་སྒྲུབ་པ་རྣམས་ཀྱི་བདེ་སྐྱིད་ཀྱི་ཕྱོགས་ལ་དམིགས་ནས་བྲོད་པའི་དད་པ་ལ་བརྟེན་ནས། ཟས་ནོར་གཏོང་པ་དང་རབ་ཏུ་བྱུང་བ་སོགས་དགེ་སྦྱོར་ཞུགས་པའི་ཚེ། དགེ་བའི་ཕན་ཡོན་དང་འབྲས་བུ་མངོན་དུ་སྨིན་པ་ཡང་མ་མཐོང་། རང་གིས་རེ་བ་ཅི་ལྟ་བ་བཞིན་ཡང་མ་གྲུབ་པའི་ཚེ་ན་འགྱོད་པའང་སྐྱེ་སྲིད་དོ། །ཡང་ལམ་གྱི་ཆ་ཤས་ཡོངས་རྫོགས་ལ་གོ་བ་མ་སྐྱེས་པའི་བློ་ཆུང་དག་གིས་ཞུམ་པ་མི་སྐྱེ་ཡང་། ལམ་ཡོངས་རྫོགས་ཀྱི་གོ་བ་ཐན་ཐུན་སྐྱེས་པའི་ཚེ། སངས་རྒྱས་བསྒྲུབ་པ་དུས་ཡུན་རིང་བ་བསྐལ་པ་གྲངས་མེད་གསུམ་སོགས་སུ་སྒོ་གསུམ་ཉིན་མཚན་ཀུན་ཏུ་མི་ངལ་བའི་བརྩོན་འགྲུས་ཀྱི་ཚོགས་མཐའ་ཡས་པ་བསགས་དགོས་པ་དང་། མགོ་རྐང་ལག་ཀྱང་གཏོང་དགོས་པ་སོགས་བསམ་པའི་ཚེ་བདག་གིས་དེ་ལྟ་བུ་བསྒྲུབ་མི་ནུས་སྙམ་ནས་ཞུམ་པའི་སེམས་འབྱུང་ངོ་། །དེ་ལ་ལམ་གྱིས་ཡིད་སུན་པའི་སྒྱུ་བ་དང་ཞུམ་པས་སངས་རྒྱས་བསྒྲུབ་མི་ནུས་སྙམ་པ་བྱུང་ན་སེམས་བསྐྱེད་ཀྱང་དངོས་སུ་གཏོང་བས་ཤིན་ཏུ་མི་རུང་ཞིང་། ཕྱིར་སྒྱུ་འགྱོད་ཞུམ་གསུམ་འདི་དགེ་སྦྱོར་གང་གིས་བར་ཆོད་ཆེ་ཤོས་ཡིན་པས་སྤང་དགོས་ལ། སྤངས་ཚུལ་ལ་སྒོ་བའི་གཉེན་པོ་ནི། འདི་ལྟར་ཐོག་མ་མེད་པ་ནས་ད་ལྟའི་བར་

དུ་གསད་པ་དང་སྲེག་པ་དང་བགྲེས་ཤིང་སྐྲམ་པ་སོགས་རིགས་དྲུག་གི་སྡུག་བསྔལ་དཔག་མེད་རེས་མོས་སུ་སྤྱོངས་ནས་རང་གཞན་གྱི་དོན་གང་ཡང་མ་གྲུབ། ད་དུང་ཡང་ཐར་ལམ་སྒྲུབ་པ་ན་བརྩོན་འགྲུས་འདོར་ན་སྔར་བས་ཀྱང་ཆེས་རིང་ཞིང་མཐའ་མེད་པའི་སྡུག་བསྔལ་ཕོ་ན་སྤྱོང་བར་འགྱུར་ན་དེ་ལ་སྐྱོ་ཤུན་མི་སྐྱེ་བར་འབྲས་བུ་ཆུང་ཟད་ཀྱང་མི་བསླུ་བའི་ལམ་གྱི་དཀའ་སྤྱོད་འདི་ཙམ་གྱིས་ཡིད་ཤུན་པ་ནི་རིགས་པ་མ་ཡིན་ནོ་སྙམ་པ་དང་། གཞན་ཡང་འདི་ཕྱི་གང་གི་དོན་མི་འགྲུབ་པར་མ་ཟད། སྡུག་བསྔལ་ངེས་པར་བསྐྱེད་པའི་ངོ་བོ་རང་གི་སྲོག་འདོར་བ་དང་རྨས་པའི་སྡུག་བསྔལ་ཡང་ཁྱད་དུ་བསད་ནས་གཡུལ་ངོར་མཆོན་ཁར་མཆོང་པ་དང་། ཕྱི་རོལ་པ་ཁ་ཅིག་དབང་ཕྱུག་ཡབ་ཡུམ་མཆོད་པའི་དོན་དུ་རང་ལུས་སྦྱིན་སྲེག་དང་མེ་ལྡེ་བསྙེན་པ་དང་རྩེ་གསུམ་དུ་མཆོང་བ་སོགས་ཀྱང་བྱེད་ན་དེའི་ཆ་ཤས་ཙམ་གྱིས་དཀའ་སྤྱད་ཀྱི་རང་བཞིན་གྱི་དོན་ཕུན་སུམ་ཚོགས་པ་ཐར་པ་དང་ཐམས་ཅད་མཁྱེན་པ་འགྲུབ་པར་ཉམས་སུ་ལེན་པ་ལ་སྐྱོ་བ་ཤིན་ཏུ་མི་རིགས་སོ་སྙམ་པ་དང་། སྔར་སངས་རྒྱས་ཀྱིས་ལོ་གསུམ་དང་དྲུག་སོགས་སུ་དཀའ་བ་སྤྱད་ཚུལ་བསྟན་པས་དྲིགས་པའི་བདུད་ཀྱང་ཕྲུལ་བ་ལྟར་དང་། སྔ་རབས་བླ་མ་རྣམས་ཀྱིས་དཀའ་སྤྱད་མཛད་པའི་རྣམ་ཐར་སོགས་ཀྱང་བསམ་ལ་སྐྱོ་བ་དགག་པ་དང་བསམ་གཏན་གྱི་ཏིང་འཛིན་བསྒོམ་ན་འཕྲལ་དུ་ལུས་སེམས་བདེ་བར་བྱེད་པ་དང་། མཐར་མངོན་ཤེས་དང་རྫུ་འཕྲུལ་ལ་སོགས་པ་ཡོན་ཏན་མངོན་དུ་གྲུབ་པ་ལ་བསམ་ནས་ཀྱང་དད་པ་དང་གུས་པར་བྱས་ལ་སྐྱོ་བ་དགག་པར་བྱའོ། །ཞུམ་པའི་སེམས་དགག་པ་ནི། བདག་གིས་སངས་རྒྱས་སྒྲུབ་པ་ཅིའི་ཕྱིར་མི་ནུས་ཏེ། མདོ་ལས། བདག་ཀྱང་དང་པོ་གང་ཟག་རིམ་པར་བརྒྱུད། །ཅེས་

གསུངས་པ་ལྟར་སྔར་དུས་གསུམ་གྱི་སངས་རྒྱས་རྣམས་དང་། རང་བས་དམན་པའི་གང་ཟག་གི་ལམ་སྒྲུབ་པས་རིམ་བཞིན་དུ་ལམ་གྱི་རྟོགས་པ་མཐོང་བས་སངས་རྒྱས་པ་ཡིན་གྱི། དང་པོ་ནས་ལམ་སྒྲུབ་མ་དགོས་པར་སངས་རྒྱས་ཟིན་པ་ཞིག་ཡོད་པ་མ་ཡིན་ནོ། །གཞན་ཡང་མདོ་སྡེ་ལས། གང་དག་སེང་གེ་དང་སྟག་དང་སྤྱང་ཁུ་དང་ཁྲ་དང་ཞེས་སོགས་ནས་སྲང་བུ་ཤ་སྲང་དུ་གྱུར་པ་དེ་དག་གིས་ཀྱང་མངོན་པར་རྫོགས་པར་སངས་རྒྱས་པར་འགྱུར་ན་བདག་མིར་གྱུར་བཞིན་དུ་ཅིའི་ཕྱིར་བྱང་ཆུབ་ཐོབ་པའི་བརྩོན་འགྲུས་ཉམས་པར་བྱེད། ཅེས་གསུངས་པ་ལྟར་ཤིན་ཏུ་སྡིག་ཅན་གྱི་ཁྲ་སྤྱང་དང་ཤིན་ཏུ་དམན་པའི་ཤ་སྲང་གིས་ཀྱང་སངས་རྒྱས་ཐོབ་པར་འགྱུར་གསུངས་ན། བདག་གིས་ནི་མིར་སྐྱེས་ནས་སྤང་བླང་གི་གནས་ངོ་ཤེས་ཤིང་བླང་དོར་འབྱེད་པའི་མཐུ་ཡོད་པས་ན་ལམ་ལ་བརྩོན་པ་མ་བཏང་ན་ཅིའི་ཕྱིར་སངས་རྒྱས་མི་ཐོབ་སྙམས་དུ་བསམ་ལ་སེམས་ཀྱིས་གཟེངས་བསྟོད་པར་བྱའོ། །རྐང་ལག་ལ་སོགས་པ་གཏོང་བའི་དཀའ་སྤྱད་ཀྱང་། གཏོང་མི་ཐོད་པའི་ལས་དང་པོ་བས་བྱེད་པ་མ་ཡིན་གྱི་རང་ལུས་ཆགས་པ་དང་བྲལ་ཞིང་ལུས་ཏེ་གཏོང་བ་ལ་སྤྲོ་བའི་སྙིང་རྗེ་དང་བཟོད་པའི་སྟོབས་རྒྱས་པའི་ཚེ་དེ་དག་གཏོང་བ་ལ་དཀའ་བ་མེད་དེ། གང་ཚེ་རང་གི་ལུས་ལ་ནི། །ཚོད་སོགས་ལྟ་བུའི་བློ་སྐྱེས་པས། །དེ་ཚེ་ཤ་སོགས་གཏོང་བ་ན། །དེ་ལ་དཀའ་བ་ཅི་ཞིག་ཡོད། །ཅེས་པ་ལྟར་རོ། །དུས་ཡུན་རིང་པས་ཀྱང་ཞུམ་པར་མི་བྱ་སྟེ། སྡུག་བསྔལ་གྱིས་ཉེན་ན་དུས་ཐུང་ངུ་ལ་ཡང་མི་བཟོད་ཀྱང་སྡུག་བསྔལ་མེད་པའི་བདེ་བ་ལོ་ན་ལ་ནི་ཡུན་རིང་ཡང་མི་གནོད་དེ། སྡུག་བསྔལ་བ་ལ་དུས་ཐུང་ཡང་། །བཟོད་དཀའ་ཡུན་རིང་སྨོས་ཅི་དགོས། །སྡུག་བསྔལ་མེད་ཅིང་བདེ་བ་ལ། །མཐའ་ཡས་དུས་ཀྱང་ཅི་ཞིག་གནོད། །

ཅེས་གསུངས་པ་ལྟར་རོ། །དེ་ཡང་རང་ཉིད་ཀྱིས་སྡིག་པ་མ་བྱས་ན་དེའི་འབྲས་བུ་སྡུག་བསྔལ་མི་འབྱུང་ལ། དགེ་བ་བྱས་པས་ནི་བདེ་བ་ནས་བདེ་བར་འགྲོ་བ་ཡིན་ནོ། །ཉམས་སུ་སྤྲོ་བའི་གདངས་སྤུང་སྟེ། །སྡིག་པ་སྤངས་ཕྱིར་སྡུག་བསྔལ་མེད། །དེ་བས་ལུས་སེམས་བདེ་བ་ནས། །གཞན་དོན་འཁོར་བ་གནས་ཀྱང་ནི། །སྙིང་རྗེ་ཅན་དག་ཅི་སྟེ་སྐྱོ། །ཞེས་གསུངས་པ་ལྟར་ཞུམ་པ་དགག་པར་བྱའོ། །འགྱོད་པའི་སེམས་བསལ་བ་ནི། བདག་གིས་ཐོག་མ་མེད་ནས་ད་ལྟའི་བར་དུ། ལུས་དང་ལོངས་སྤྱོད་དཔག་ཏུ་མེད་ཅིང་རང་གཞན་གྱི་དོན་གང་ལ་ཡང་མི་ཕན་པར་དབང་མེད་དུ་ཆུད་ཟོས་ལ་ཤོར། འདིར་ཡང་ཅི་ལྟ་བུའི་ལུས་ལོངས་སྤྱོད་ཡོད་ཀྱང་མི་རྟག་འགྲལ་ངེས་ཀྱི་རང་བཞིན་ཡིན་པས། རང་དབང་ཡོད་དུས་རང་ལ་ཕན་པར་འགྱུར་བའི་དགེ་ཕྱོགས་སུ་བཀོལ་ཞིང་ལོངས་སྤྱོད་པ་ནི་འགྱོད་པའི་གནས་མ་ཡིན་ནོ་སྙམ་པ་དང་། འཇིག་རྟེན་འདིའི་དོན་བསྒྲུབ་པ་རྣམས་སྡུག་བསྔལ་གྱིས་སྡུག་བསྔལ་བསྒྲུབ་པ་ཡིན་པས་དེ་ལ་མི་འགྱོད་ན་འདི་ཕྱིའི་དགེ་བ་བསྒྲུབ་པ་ལ་ནི་འགྱོད་པ་མེད་དོ། །གཞན་ཡང་། བསགས་དང་བསྲུང་དང་བརླག་པར་གདུང་བ་ཡི། །ནོར་ནི་ཕུང་བཀྲོལ་མཐའ་ཡས་ཤེས་པར་བྱ། །ཞེས་པ། ཉེས་དམིགས་བསམ་ལ་ལོངས་སྤྱོད་གཏོང་བའི་འགྱོད་པ་བསལ་ལ། བྱ་བ་གང་གི་དོན་པོ་མཆོག །དམ་པའི་སྤྱོད་པ་བདུད་རྩི་ཞུགས། །ཞེས་གསུངས་པ་ལ་བསམ་ན་རང་ཉིད་དགེ་སྦྱོར་ཞུགས་པ་ལ་མི་འགྱོད་པར་ཡི་རང་སྐྱེ་བའོ།།

གསུམ་པ་ང་རྒྱལ་དང་ཆགས་ཞེན་སྤངས་བར་གདམས་པ་ནི། ཡོན་ཏན་སྐྱེད་ཤིང་རྩ་ནས་གཅོད་བྱེད་པ། །ང་རྒྱལ་ཆེ་དྲེགས་རློམ་སེམས་རབ་ཏུ་སྤངས། །གང་ལ་ཆགས་མེད་མི་འཁོར་ལྟུང་མི་སྲིད། །འཇིག་རྟེན་མངོན་ཞེན་ཐམས་ཅད་རབ་ཏུ

སྤངས། །ཞེས་པ། གོང་དུ་བསྟན་ཟིན་པའི་ང་རྒྱལ་དང་། རྒྱུད་མ་དུལ་བའི་ཆེ་དྲེགས་དང་། རང་གི་ཡོན་ཏན་སོགས་ཀྱི་མགུ་བའི་རློམས་སེམས་རྣམས་ནི་སྤང་བར་བྱ་དགོས་ཏེ། རང་གི་ཡོན་ཏན་སྔར་ཡོད་རྩ་ནས་གཅོད་ཅིང་གསར་དུ་སྐྱེ་བའི་གེགས་བྱེད་པའི་ཕྱིར། དམ་པའི་ཞལ་ནས། ང་རྒྱལ་གྱི་སྒང་བུ་ལ་ཡོན་ཏན་གྱི་ཆུ་མི་རྫོལ། ཞེས་པས། དཔེར་ན་དབྱར་གྱི་རྩྭ་སྔོན་དེ་གཤོང་བུ་དམའ་ས་ན་སྐྱེས་ས་ཡི་སྒང་གང་མཐོ་ལ་མི་སྐྱེ་བ་ལྟར། མཐོ་འདོད་ཀྱི་ང་རྒྱལ་ཅན་ལ་ཡོན་ཏན་མི་སྐྱེ་གསུངས་པ་ལྟར་རོ། །ཡང་འཇིག་རྟེན་འདིའི་གཉེན་འབྲེལ་ལ་སོགས་པའི་གྲོགས་དང་ཟས་ནོར་སོགས་ལ་ཆགས་པའི་མངོན་ཞེན་དེ་ཡང་སྤངས་བར་བྱ་སྟེ། ཆགས་ཞེན་ཆེ་བ་དེས་མཐོ་རིས་དང་ཐར་པའི་གེགས་བྱེད་ཅིང་གང་ལའང་ཆགས་པ་མེད་པ་ནི། མི་འཁོར་ཞིང་ངན་སོང་དུ་ལྟུང་བ་མི་སྲིད་པའི་ཕྱིར་ཏེ། སེམས་ཆགས་པ་མེད་ན་འཁོར་བ་མེད། །འཁོར་བ་མེད་ན་ལྟུང་བ་མེད། །མ་ཆགས་པ་ནི་བོན་གྱི་མཆོག །ཅེས་སོ།།

བཞི་པ་འཇིག་རྟེན་གྱི་བསོད་ནམས་བདུད་དུ་བལྟ་ཞིང་ལེ་ལོ་སྤངས་བར་གདམས་པ་ནི། རྙེད་དང་བཀུར་བསྟི་ཁེ་དྲེགས་གཡོག་འཁོར་རྣམས། །བསྒྲུབ་པའི་བར་ཆོད་བདུད་ཀྱི་ལས་སུ་བལྟ། །ཞེས་པ། ཟས་ནོར་གྱི་འབུལ་བ་ལ་སོགས་རྙེད་པ་དང་གདན་བསྟོད་པ་སོགས་བཀུར་བསྟི་དང་། བསྟོད་ར་ཆེ་འདོད་སོགས་པའི་ཁེ་དྲེགས་དང་སློབ་མ་དང་ཡོན་བདག་ལ་སོགས་ཀྱི་འཁོར་གཡོག་འདོད་པ་རྣམས་ནི་ལམ་བསྒྲུབ་པའི་བར་ཆོད་ཡིན་པས་བདུད་ཀྱི་ལས་སུ་བལྟ་ལ་དེ་དག་དོན་དུ་མི་གཉེར་བར་སྤངས་པར་བྱའོ། །བསྒྲུབ་ལ་བཏང་སྙོམས་ཤེས་པ་ལྷིང་འགྱུར་ན། །དེ་སྤངས་རང་ལ་བརྩན་བསྐྱེད་རྩོལ་ཤུགས་བྱ། །ཞེས་པ། དགེ་བ་མྱུར་དུ་བསྒྲུབ་མི་ནུས་

པའི་བཏང་སྙོམས་ཏེ་གཡེང་བ་སྙོམས་ལས་བྱེད་པ་དང་། གཉིད་རྨུག་གི་དབང་དུ་གྱུར་པ་དང་། དོན་གྱི་མགོ་བྱེད་མི་ནུས་པའི་ཤེས་པ་ལྷིང་པར་གྱུར་ན། དེ་དག་སྤངས་པར་བྱ་ལ་ཁྲམ་ཟེ་སྨྲ་མཁན་ནམ་འབན་དགེ་བཤེས་ལྟར་རང་ལ་བཏྲན་བགྲང་ཞིང་རྩལ་ཤུགས་ཏེ་བརྩོན་པའི་ཞེ་བཅད་བྱའོ།།

ལྔ་པ་ཉེས་སྐྱོན་གཞན་རྣམས་སྤངས་བར་བྱ་བ་ནི། རང་སྐྱོན་བརྟག་ཅིང་བཅལ་བརྗོད་ཡོན་ཏན་སྨྲ། །ཞེས་པ། རང་གི་སྐྱོན་གཡོ་སྒྱུ་སོགས་ཁ་ན་མ་ཐོ་བའི་བསམ་སྦྱོར་རྣམས་ནི་གང་ཡོད་པ་བརྟག་ཅིང་བཅལ་ལ་གཞན་ལ་བརྗོད་ཅིང་རང་ཉིད་བཅོས་པར་བྱའོ། །ཡོན་ཏན་གང་ཡོད་ང་རྒྱལ་དང་དྲེགས་པས་གཞན་ལ་ངོམ་པ་མི་བྱ་བ་སྨྲ་བའི་ཚུལ་དུ་བྱའོ། །མི་བདེ་སྡུག་བསྔལ་སྔོན་གྱི་ལས་སུ་བལྟ། །ཞེས་པ། གཞན་དག་གིས་མནར་བ་ལ་སོགས་པའི་མི་བདེ་བ་དང་། ན་ཚ་སོགས་ཀྱི་སྡུག་བསྔལ་དག་ནི་སྔོན་ནས་རང་གིས་སྡིག་པའི་ལས་བྱས་པའི་འབྲས་བུ་ཡིན་པར་བལྟ་ལ་གཞན་ལེ་ལན་བསྐྱལ་ཞིང་བཤགས་སྡོམ་ལ་འབད་པར་བྱའོ། །བསྟོད་ན་ང་རྒྱལ་སྨད་ན་ཁོང་ཁྲོ་སྤངས། ཞེས། གཞན་དག་གིས་རང་ལ་བསྟོད་ར་བྱས་ན་ང་རྒྱལ་དང་། སྨད་པ་བྱས་ན་ཁོང་ཁྲོ་སྐྱེས་པ་སོགས་ཀྱང་སྤངས་ལ། བསྟོད་སོགས་བདག་ནི་གཡེང་བར་བྱེད། །ཅེས་གསུངས་པ་ལྟར་གྱི་ཉེས་དམིགས་དང་། དེ་ནི་བདག་གི་སྐྱོན་འཚོས་ཡིན། ཞེས་གསུངས་པ་ལྟར་གྱི་ཕན་གདགས་ཚུལ་བསམ་པར་བྱའོ། །བྱས་པ་དྲིན་དུ་བཟོ་བྱ་བརྗེད་མི་བྱ། །ཞེས་པ། རང་ལ་ཡིད་བརྩུགས་པ་དང་ཕན་གདགས་པར་བྱེད་པའི་དྲིན་ཅན་དུ་གཟོ་བར་བྱ་བ་དང་བརྗེད་པར་མི་བྱའོ། །རྟག་ཏུ་ངག་སྡོམ་སྨྲ་མང་ཉེས་པའི་གཞི། །ཞེས་པ། གཞན་གྱི་སྐྱོན་བརྗོད་ལ་རྐྱེན་པ་སོགས་དང་། བབ་ཅོལ་

གཏམ་པ་སོགས་མི་བྱེད་པར་རྟག་ཏུ་ངག་བསྡམ་པར་བྱ་སྟེ། སྨྲ་བ་མང་ན་ཉེས་པའི་གཞི་ཡིན་པའི་ཕྱིར་རོ། །དམན་པའི་ཆ་བཟུང་སྡིག་པའི་གྲོགས་པོ་སྤངས། །ཞེས་པ། ཡིད་གཞུང་ངག་འཇམ་བྲན་གྱི་ཐ་མ་བཞིན། །ཞེས་པ་ལྟར་རང་ཉིད་དམན་ཆ་བཟུང་ཞིང་གང་ན་འགྲོགས་ན་དགེ་ལེགས་ཀྱི་ཡོན་ཏན་སྔར་ཡོད་ཉམས་ཤིང་གསར་དུ་བསྐྱེད་མི་ནུས་པ་དང་། སྡིག་པ་དང་ཉོན་མོངས་པ་སྔར་ཡོད་འཕེལ་བ་དང་། གསར་དུ་བསྐྱེད་པའི་སྡིག་པའི་གྲོགས་སྤངས་བར་བྱའོ། །གང་ལ་ཞུགས་པ་མཐར་དབྱུང་ཀུན་མི་འགྲུབ། །ཅེས་པ་ནི། ལས་གང་ལ་ཞུགས་པའི་སྔོན་དུ་ཕན་གནོད་གང་འགྱུར་དང་བསྒྲུབ་ནུས་མིན་བརྟག་ལ་ནུས་ཤིང་ཕན་འགྱུར་གྱི་ལས་ལ་ཞུགས་པ་མཐར་དབྱུང་བར་བྱ་ཡི། གཅིག་མ་ཐོན་པར་ལས་སྣ་མང་པོ་བཤམས་ན་ཀུན་མི་འགྲུབ་པའི་རྒྱུན་དུ་འགྱུར་རོ། །ལམ་ལ་གང་གནོད་བདུད་ཡིན་སྤངས་པར་བྱ། །ཞེས་པ། མདོར་ན་རང་གི་ཚུལ་ཁྲིམས་དང་ཏིང་འཛིན་སོགས་ཀྱི་ལམ་ལ་གནོད་པ་དེ་བདུད་དང་འདྲ་བས་སྤངས་ཞིང་བཟློག་པར་བྱའོ།།

གཉིས་པ་གཞན་སེམས་བསྲུང་བ་ལ་གཉིས་ལས། འབྲེལ་བ་བསྐྱང་བ་ནི། སྔོན་གྱི་ལས་དང་སྨོན་ལམ་འབྲེལ་བ་ཡི། །གནས་གཅིག་རིགས་མཐུན་གྱུར་པའི་སེམས་ཅན་ལ། །བརྩེ་གདུང་སེམས་ཀྱིས་ཕན་སྟོང་ཅི་འགྲུབ་བྱ། །ཞེས་པ། མདོ་ལས། གནས་མཐུན་པ་ཐམས་ཅད་ནི་སྨོན་ལམ་གྱིས་འབྲེལ་པ་ཡིན་ནོ། །རིགས་མཐུན་པ་ཐམས་ཅད་ནི་ལས་ཀྱིས་འབྲེལ་བ་ཡིན་ནོ། །ཞེས་གསུངས་པ་ལྟར་གནས་གཅིག་ཏུ་སྐྱེ་བ་དང་། རིགས་མཐུན་པའི་སེམས་ཅན་ཐམས་ཅད་ནི་སྔོན་གྱི་སྨོན་ལམ་དང་ལས་ཀྱི་འབྲེལ་བ་ཡིན་པས། བརྩེ་གདུང་སེམས་ཀྱིས་ཕན་སྟོང་ཅི་འགྲུབ་སྒྲུབ་པར་བྱའོ། །

མཐུན་འཇུག་ཐབས་ལ་མཁས་པའི་སྤྱོད་པ་ཡིས། །གཞན་དགའ་རང་ལ་ཞེན་པ་མེད་པར་བྱ། །ཞེས་པ། གཞན་དག་གི་ཁམས་དང་མོས་པ་བརྟག་པར་བྱས་ཏེ་བློ་ལ་གང་འཐོད་དང་བསྟུན་པའི་མཐུན་མཇུག་ཐབས་ལ་མཁས་པའི་སྤྱོད་པས། གཞན་དགའ་བར་བྱས་ཤིང་གཞན་དག་རང་ཉིད་ལ་དགའ་བ་དེ་ལ་ཆགས་ཞེན་མེད་པར་བྱའོ། །ཀུན་དང་མཐུན་ཞིང་གང་དང་མ་འདྲེས་པར། །འགྲོགས་ན་སྐྱོ་ངས་འབྲལ་ན་བརྩེ་གདུང་སྐྱེས། །ཞེས་པ། སེམས་ཅན་གང་དང་ཡང་མི་འགལ་ཞིང་མཐུན་པའི་སྤྱོད་པས་གནས་ཞིང་འཇིག་རྟེན་ཐ་མལ་བའི་བསམ་སྦྱོར་གང་དང་མ་འདྲེས་པ་ཞིག་བྱ་དགོས་སོ། །སྟོན་ཚད་ཀུན་ལ་མ་མཐོང་བཞིན། །བཤེས་མེད་འཁོན་པའང་མེད་པར་བྱ། །ཞེས་གསུངས་པ་ལྟར་རོ། །ཡང་ལྡན་ཅིག་འགྲོགས་པའི་གྲོགས་སོགས་ལའང་འགྲོགས་པའི་ཚེ་སྐྱོ་བས་འབྲལ་བར་འདོད་ལ། འབྲལ་བའི་ཚེ་གདུང་སེམས་ཀྱིས་འཕྲད་པ་དང་འགྲོགས་པར་འདོད་པ་སོགས་བློ་གཅིག་ཏུ་མི་བརྟན་པ་སྐྱེ་བར་བྱའོ། །གཞན་སྣང་གང་ལ་རང་སེམས་འཚོར་མི་བྱ། །ཞེས་པ། གཞན་བདག་སྣང་བ་ཚོང་ཁེ་སོ་ནམས་སོགས་བྱ་བ་དང་། འདོད་པའི་ཁྱད་པར་དང་། རིགས་མཐོ་བ་དང་། གཟུགས་མཛེས་པ། ལོངས་སྤྱོད་ཆེ་བ་སོགས་གང་ལ་ཡང་སྨོན་པའི་ཡུལ་དུ་བྱས་ཏེ་རང་སེམས་དེ་ཡི་དབང་དུ་འཚོར་བར་མི་བྱའོ། །ཞི་དུལ་གསང་པོར་སྨྲ་ཞིང་སྙན་པ་བརྗོད། །གཞན་གྱི་གནད་ལ་ཐོག་ཚིག་ཤིན་ཏུ་སྤངས། །ཞེས་པ། རྟག་ཏུ་རང་གི་རྒྱུད་ཞི་དུལ་དང་ལྡན་པར་བྱས་ལ་དོན་དང་མཐུན་པའི་གཏམ་གསང་པོར་སྨྲ་ཞིང་ཚིག་འཇམ་པོས་སྙན་པར་བརྗོད་པར་བྱ། དེ་ལས་ལྡོག་པའི་གཞན་གྱི་གནད་ལ་ཐོག་པའི་ཚིག་རྩུབ་མོ་དང་འཁྲི་བ་ལྷ་བུའི་ངག་མི་སྙན་པ་སྟེ་ཡིད་དུ་མི་འོང་བའི་གཏམ་

ངན་པ་རྣམས་ཤིན་ཏུ་སྤངས་པར་བྱའོ། །འཐབ་རྩོད་མི་བྱ་བཟོད་དང་ལྡན་པར་བྱ། །ཞེས་པ། རང་གི་མི་འདོད་པ་ཙུང་ཟད་ཙམ་གཞན་དག་གིས་བྱས་ན་ཡང་འཐབ་རྩོད་ལ་དགའ་བར་མི་བྱ་བར་གནོད་པར་བྱེད་པ་བསྲན་ཐུབ་པའི་བཟོད་པ་དང་ལྡན་པར་བྱའོ། །ཁྲོ་གཉེར་ངོ་ཟུམ་མི་བྱ་འཛུམ་བཞིན་བསྟན། །ཞེས་པ། ཐྲིགས་པའི་རྣམ་འགྱུར་ཁྲོ་གཉེར་བསྡུས་པའི་ངོ་ཟུམ་པར་མི་བྱ་བར་གཞན་ལ་དགའ་བས་འཛུམ་པའི་བཞིན་བསྟན་པར་བྱའོ། །དངོས་དགའ་གསར་འགྲོགས་གཞན་ལ་བརྙས་མི་བྱ། །ཁྱད་གསོད་མི་བྱ་རྒྱུན་དུ་རྟག་པར་བསྟན། །ཞེས་པ། རང་གིས་གཞན་བསྟོད་པའི་འོས་སུ་མ་བབས་པ་ལ་ཡང་ཧ་ཅང་ངོ་བསྟོད་བྱེད་པ་དང་། གཞན་གྱིས་རང་ལ་བསྟོད་པར་དགའ་བ་དང་། གསར་འགྲོགས་ཏེ་ཨ་གསར་ཚེ་བ། གཞན་དམན་པ་ལ་བརྙས་པ་དང་། ཁྱད་དུ་གསོད་པ་ངར་བཙོག་པ་སོགས་མི་བྱ་བར་རྒྱུན་དུ་རང་གི་སེམས་པ་དང་སྤྱོད་པ་མི་བརྟན་པར་འགྱུར་ཚེ་བ་རྣམས་སྤངས་ལ་རྟག་པར་བརྟན་པར་ཞིག་བྱའོ། །འཇིག་རྟེན་སྤྱི་གཞུང་ལུགས་ལས་མི་ལྡོག་ཅིང་། །གང་གིས་ཚུལ་སྤྱོད་བརྟག་ལ་མཐུན་འཇུག་བྱ། །ཞེས་པ། ཡུལ་ལུགས་རྒྱལ་པོས་མི་བཅོས་ཟེར་བ་ལྟར་འཇིག་རྟེན་དག་གིས་མི་ཆོས་སམ། སྤྱར་སྤྱི་གཞུང་དུ་གྲགས་པའི་སྤྱོད་པའི་ལུགས་སྲོལ་ལས་མི་ལྡོག་ཅིང་། གང་གིས་ཚེ་ཡང་བསམ་པའི་ཚུལ་དང་སྤྱོད་པ་བརྟག་ལ་སྡིག་པའི་ལས་ཀྱིས་མི་གོས་པའི་མཐུན་འཇུག་གི་སྤྱོད་པ་དང་བསྟུན་པར་བྱའོ།།

གཉིས་པ་འབྲེལ་བ་གཅོད་དགོས་ཚུལ་ཡང་། སེམས་ཅན་འདོད་པ་མི་མཐུན་ཇི་སྙེད་པ། །ཚིམ་པར་སྤྲུལ་པའི་སྐུས་ཀྱང་མི་ནུས་ན། །བདག་གིས་ཅི་སྨོས་དེ་བས་འཇིག་རྟེན་གྱིས། །སེམས་ཟིན་ངོ་སྲུང་སྤངས་ན་དེ་ཉིད་འགྲུབ། །ཅེས་པ། སྤྱིར་སེམས་

ཅན་རྣམས་ཀྱི་ཁམས་དང་མོས་པ་མི་འདྲ་བའི་བྱེ་བྲག་གི་འདོད་པ་མི་མཐུན་པ་ཇི་སྙེད་པ་གཅིག་འདུག་པས་དེ་དག་ཕྱོགས་མེད་དུ་ཚིམ་པ་ནི། སྟོན་སངས་རྒྱས་སྤྲུལ་པའི་སྐུས་ཀྱང་མ་མཛད་དེ། བདུད་ཀྱི་སྟོན་པ་ལ་ཡང་ལོག་པར་བལྟ། །ཞེས་པའི་དོན། གཉེན་རབ་ནམ་མཁའི་ལྷ་ཡིན་ན། །འཁོར་བའི་ས་ལ་ཅི་སྟེ་འོང་། །མི་འབྱེད་མཉམ་པའི་སེམས་ཡོད་ན། །བདུད་དང་འཐབ་ཟླ་ཅི་ལ་བྱེད། །སྙིང་རྗེ་བྱམས་པའི་སེམས་ལྡན་ན། །ཚ་བོ་ཚ་མོ་ཅི་ལ་གསོད། །ཅེས་དང་། སྐྱོན་ཅན་དེ་ཡིས་བྲིད་དེ་སོང་། ཞེས་བཤད་པ་ལྟར། བདག་ནི་དངོས་སུ་རང་དོན་སྣ་གཅིག་ཀྱང་བསྒྲུབ་པར་མི་ནུས་ན་སེམས་ཅན་མི་མཐུན་པ་དག་གཅིག་གི་འདོད་པ་བསྒྲུབ་ན་གཅིག་ཤོས་མི་མགུ་བར་འགྱུར་བས་བཤད་པ་དེ་རྣམས་ཐམས་ཅད་དགའ་བར་བྱེད་ག་ལ་ནུས། དེ་བས་ན་རྒྱལ་པོ་ལ་སོགས་འཇིག་རྟེན་པ་ངོ་ཆེ་བ་རྣམས་ཀྱི་ངོ་བསྲུང་བྱེད་པ་ནི་རང་གི་དགེ་བ་ལ་གནོད་ན་སྤངས་པར་བྱས་ནས། དེས་ནས་རང་གཞན་གྱི་དོན་དུ་འགྱུར་བའི་དགེ་བ་བསྒྲུབ་པར་བྱའོ།།

བཞི་པ་བསྟན་པ་མ་དར་བའི་སྐྱོན་ནི། བྱང་ཆུབ་ཀྱི་ལམ་དུ་བསྒྱུར་བ་ལ་གཉིས་ལས། དང་པོ་སྒྲོ་བསྐུར་ལམ་དུ་བྱ་བ་ནི། །ཐ་མའི་དུས་འདིར་སེམས་ཅན་ཕྲག་དོག་ཆེ། །བསྟན་པ་འཕེལ་འགྲིབ་དབང་གིས་ཁ་མ་ཟིན། །སྒྲོ་བསྐུར་འདེབས་པ་ངན་ལན་མི་བརྗོད་པར། །སྙིང་རྗེ་བཟོད་པ་བསྒོམ་བྱ་བྱང་ཆུབ་ལམ། །ཞེས་པ། ལྔ་བརྒྱའི་ཐ་མ་ལ་ཉེ་བའི་སྙིགས་མའི་དུས་འདིར་སེམས་ཅན་ཕྲག་དོག་ལ་སོགས་པའི་ཉོན་མོངས་ཆེ་བ་དང་། སངས་རྒྱས་ཀྱི་བསྟན་པ་འཕེལ་འགྲིབ་ཆེ་བའི་དུས་རང་གི་ལས་མ་དག་པ་དང་ལོག་པར་ཕྱོགས་པའི་བདུད་རིགས་ཀྱིས་བསླུ་བའི་རྐྱེན་འཛོམ་པའི་དབང་གིས།

དུས་གསུམ་བདེ་བར་གཤེགས་པ་ཐམས་ཅད་ཀྱིས་བགྲོད་པ་གཅིག་པའི་གཞུང་ལམ་བཟང་པོ་བསྟན་པ་འདི་ལ་སྒྲོ་འདོགས་དང་བསྐུར་པ་འདེབས་པ་མང་དུ་འབྱུང་ལ། དེའི་ཚེ་ངན་ལན་མི་བརྗོད་པར་དེ་དག་ལ་སྙིང་རྗེ་དང་བཟོད་པ་བསྒོམ་པར་བྱས་ན་རང་གི་བྱང་ཆུབ་ཀྱི་ལམ་བསྐྱེད་པའི་གྲོགས་སུ་འགྱུར་རོ།།

གཉིས་པ་གཡེང་བ་མེད་པར་ལམ་དུ་བྱ་བ་ནི། ད་ལྟའི་དུས་འདིར་ཡོངས་སུ་མི་འདུལ་ཏེ། །སྐལ་ལྡན་འགའ་ཞིག་འདུ་འཛིས་མི་གཡེང་བར། །གཞན་དབང་མི་འགྱུར་འཇིག་རྟེན་འདི་མཐོང་གིས། །སྐྱོན་ཡིན་བྱང་ཆུབ་བསྒྲུབ་ལ་ཡོན་ཏན་ནོ། །ཞེས་པ། ད་ལྟར་སྙིགས་མའི་དུས་འདིར་ལས་ངན་མི་དགེ་བའི་དབང་གིས་ཡང་དག་པའི་ལམ་ལ་མི་མོས་པར་མ་ཟད་ལོག་པར་ཕྱོགས་པ་མང་བས་ཡོངས་སུ་མི་འདུལ་ཏེ། གྲུབ་མཐའ་མ་ནོར་བ་དང་ཕུན་སུམ་ཚོགས་པའི་ལམ་ལ་འཇུག་པའི་སྐལ་པ་དང་ལྡན་པ་ནི་ཤིན་ཏུ་ཉུང་ཞིང་། དེ་ལྟ་བུ་སྟོན་པའི་བཤེས་གཉེན་ལའང་མ་ཉུང་པར་བཤོལ་བར་བྱེད་དེ། ཇི་སྐད་དུ། དགེ་བ་ཅན་ནི་བསྐྲད་ཀྱང་སྟོན་པའི་སྤྱན་སྔར་འདུ། སྡིག་པ་ཅན་ནི་མི་འོང་ཤིན་ཏུ་འབྲོས། ཅེས་དང་། སྔོན་དགེ་མ་བསགས་བློ་ཡིས་བསླད་པ་གང་། །དམ་པ་མཐོང་ཚེ་མ་ཉུང་ཡིད་རབ་འཁྲུག །རང་དང་རྗེས་མཐུན་དག་གི་ཕྱོགས་ལ་མོས། །ལམ་ལོག་སྟོན་དང་ལོག་པར་ཕྱོགས་པ་ལ། །དྭངས་བས་བལྟ་ཞིང་སེམས་འཕང་མཐོ་བར་བྱེད། །ཅེས་གསུངས་པ་ལྟར་ཡིན་ནོ། །དེ་ནས་ལམ་བཟང་བསྟན་པའི་གཞུང་ལུགས་འདི་ལྟ་བུ་ལ་མོས་པ་སྐྱེས་པ་དཀའ་བས་སྐལ་པ་དང་ལྡན་པ་འགའ་རེ་ཙམ་ཞུགས་པ་ཡིན་ཏེ། དེ་དག་ཚོགས་འདུ་མང་པོ་འདུ་འཛིའི་བྲེལ་བས་གཡེང་བ་མེད་ཅིང་ལས་ཚན་ལ་སོགས་པ་ཕྱོགས་རིས་ཀྱི་སྡེ་འཁྲུག་དང་། བཀུར་

བསྡིི་དང་ཁེ་དྲག་ལ་སོགས་པའི་གཞན་དབང་དུ་མི་འགྱུར་རོ། །འོན་ཀྱང་རང་ཕྱོགས་ལ་མོས་པ་ཉུང་ཞིང་གྲགས་པ་དང་རྙེད་བཀུར་ཆུང་བ་དེ་ལ་འཇིག་རྟེན་འདི་མཐོང་སྟེ། ཚེ་འདི་ཁོ་ན་དོན་དུ་གཉེར་བ་དག་གིས་ནི་སྐྱོན་དུ་མཐོང་བ་ཡིན་ཀྱང་བྱང་ཆུབ་ཀྱི་ལམ་བསྒྲུབ་པ་དག་གིས་ནི་ཡོན་ཏན་དུ་འགྱུར་རོ།།

ལྔ་པ་ལ་གཉིས་ལས། མི་མོས་པས་མི་སྤང་བ་ནི། བདག་ནི་ཤེས་རབ་དྲི་མེད་ཐོབ་མིན་པས། །འདི་ལ་ཉེས་པའི་སྐྱོན་མེད་མ་ཡིན་ཀྱང་། །འགྲོ་ལ་ཕན་གདགས་བསམ་པས་འདི་བྱས་ཕྱིར། །མོས་པ་མེད་དུ་སྲིད་ཀྱང་སྤང་མི་བྱ། །ཞེས་པ། ཡར་འབྲོག་པ་མི་སྟོན་ཤེས་རབ་འོད་ཟེར་བདག་ནི་ས་དྲུག་པ་ལ་གནས་པའི་བྱང་ཆུབ་སེམས་དཔའ་ལྷ་བུའི་ཤེས་རབ་དྲི་མ་མེད་པ་ཐོབ་པ་མ་ཡིན་པས། གཞུང་འདི་བྱས་པ་ལ་ཡང་ཉེས་སྐྱོན་གྱིས་གོས་པ་གཏན་ནས་མེད་པ་མ་ཡིན་ཏེ། འོན་ཀྱང་སྔན་གྲགས་དང་མཁས་འདོད་མ་ཡིན་པར་སངས་རྒྱས་ཀྱི་བསྟན་པ་དང་འགྲོ་བ་རྣམས་ལ་ཕན་གདགས་པའི་སེམས་བསྐྱེད་ཀྱིས་བྱས་པ་ཡིན་པའི་ཕྱིར། ཕྲག་དོག་གིས་གདུང་བའི་གང་ཟག་དམུ་རྗོད་ལྷ་བུ་དག་གིས་མོས་པ་མེད་སྲིད་ཀྱང་། ཕྱོགས་ཞེན་གྱིས་མ་བསླད་པའི་གང་ཟག་བློ་གཟུ་བོར་གནས་པ་དག་གིས་ནི་སྤང་པར་མི་བྱ་སྟེ། ལོག་པའི་བསམ་པ་དང་བྲལ་ཞིང་སེམས་བསྐྱེད་དང་ལྡན་པའི་སྒོ་ནས་བརྩམས་པའི་ཕྱིར་རོ། །དེ་ཡང་བདག་གི་ཤེས་རབ་དྲི་མེད་མ་ཐོབ་པས། ཞེས་སོགས་གསུངས་པའང་ཁེངས་པ་བསྐྱུང་ནས་དུལ་བར་གནས་པ་དམ་པའི་རང་བཞིན་མངོན་པ་ཡིན་གྱིས། དོན་དངོས་གནས་སུ་རྗེ་འདི་ཉིད་བསྒྲགས་པ་གླིང་གྲགས་ལས་ཡིད་ཀྱི་ཁྲིའུ་ཆུང་གི་སྤྲུལ་པར་ལུང་བསྟན་པ་དང་། པད་འབྱུང་གི་མ་འོངས་ལུང་བསྟན་ལས། འཕགས་པ་ཀླུ་སྒྲུབ་ཀྱི་སྐྱེ་

བ་དངོས་ཡིན་པར་གསུངས་པས་ཡིད་ཆེས་ཀྱི་གནས་སོ་ནའོ།།

གཉིས་པ་མོས་པས་གཅེས་པར་དགོས་པ་ནི། རྗེས་འབྲང་གང་ཟག་འདི་ལ་མོས་རྣམས་ཀྱིས། །རབ་འབྲིང་སྡོད་ཀྱི་རིམ་པ་གང་ལྡོགས་ལ། ཡིད་བཞིན་ནོར་ལྟར་དོན་དང་ལྡན་བྱས་ཤིང་། །རིན་ཆེན་གཏེར་བས་འདི་བླང་མིག་ལྟར་བཙའ། །ཞེས་པ། རང་གི་རྗེས་སུ་འབྲང་བའི་ཕྱི་རབས་ཀྱི་གང་ཟག་རྣམས་ཀྱིས་གཞུང་འདི་ལ་མོས་པའི་སྒོ་ནས། དབང་པོ་རབ་འབྲིང་ཐ་མའི་སྡོད་ཀྱི་རིམ་པ་གང་ལྡོགས་དང་བསྟུན་ནས་གོང་དུ་བསྟན་པ་ལྟར་ལམ་ཚུལ་བཞིན་དུ་བསྒྲུབ་ན། ཡིད་བཞིན་ནོར་བུ་ལྟར་རང་གི་གང་འདོད་པའི་དོན་མྱུར་དུ་འགྲུབ་པ་དང་ལྡན་པ་ཤེས་པར་བྱ་ཞིང་། དགེ་ལེགས་ཟད་མི་ཤེས་པ་འབྱུང་བས་ན་རིན་པོ་ཆེ་གཏེར་ལས་ཀྱང་འདི་བླང་བར་རིགས་སོ། །དེ་བས་ན་རང་གིས་གང་དུ་འགྲོ་བར་འདོད་པའི་ལམ་ལ་མིག་གིས་བལྟས་ནས་འགྲོ་ཆོག་པའི་དབང་པོ་ཡོད་ཅིང་། མིག་མེད་ན་དེ་ལྟར་མི་འགྱུར་བས་མིག་ལ་གཅེས་སྤྲས་བྱེད་པ་ལྟར། གཞུང་འདི་ཡང་རྣམ་མཁྱེན་ལ་སོགས་པར་བགྲོད་པའི་ལམ་སྟོན་པའི་མིག་དང་འདྲ་བས་གཅེས་ཤིང་བཙའ་བར་བྱའོ།།

 དྲུག་པ་འབྲས་བུ་ཐེ་ཚོམ་མེད་པར་གདམས་པ་ནི། གང་ཞིག་སྐྱེས་བུས་དེ་ལྟར་གཞུང་བསྒྲུབ་ན། །སྒྲིབ་པ་གཉིས་བྱང་ཚོགས་གཉིས་རིམ་རྫོགས་ཏེ། །འབྲས་བུ་སྐུ་གཉིས་ཐོབ་ནས་འགྲོ་བ་ཡི། །དོན་རྣམས་མཐའ་རུ་ཕྱིན་པར་ངེས་པའོ། །ཞེས་པ། གང་ཞིག་གཞུང་འདིའི་དངོས་བསྟན་ནི། སྐྱེས་བུ་ཡང་རབ་ཐེག་ཆེན་གྱི་སྡོད་ལྡན་དག་གི་ལམ་དངོས་དང་། དེའི་ཆ་རྐྱེན་དུ་འགྱུར་བ་བསྟན་ནའང་། གང་ཟག་གི་བློ་སྟོབས་ཀྱི་ཁྱད་པར་གྱིས་ཐ་འབྲིང་གི་ལམ་དུའང་འགྱུར་སྲིད་དེ། འདི་ལས་བཤད་པ་ལྟར་

གྱི་གཞུང་མ་ནོར་བར་བསྒྲུབ་ན། གནས་སྐབས་མངོན་མཐོ་དང་ཐེག་དམན་གྱི་དགྲ་བཅོམ་ཅིང་མཐར་ཐུག་ཉོན་མོངས་པ་དང་ཤེས་བྱའི་སྒྲིབ་པ་གཉིས་བྱང་ནས་བསོད་ནམས་དང་ཡེ་ཤེས་ཀྱི་ཚོགས་གཉིས་རིམ་གྱིས་རྫོགས་ནས། བདག་དོན་ལྷུན་གྱིས་གྲུབ་པ་དོན་དམ་པའི་སངས་རྒྱས་བོན་སྐུ་དང་། གཞན་དོན་མཐར་ཕྱིན་པ་ཀུན་རྫོབ་ཀྱི་སངས་རྒྱས་གཟུགས་སྐུ་ཐོབ་ན་ཇི་སྲིད་འཁོར་བ་མ་སྟོང་གི་བར་དུ་འཕྲིན་ལས་བཞི་དང་མཛད་པ་བཅུ་གཉིས་སོགས་ཀྱིས་འགྲོ་བ་མཐའ་དག་གི་དོན་མཐར་ཕྱིན་པར་གནོན་མི་ཟའོ།།

སྤྱི་དོན་གསུམ་པ་གཞུང་རྫོགས་པའི་བྱ་བ་ལ་གཉིས། ཉེས་སྐྱོན་བཤགས་པ་དང་། དགེ་བ་བསྔོ་བའོ། །དང་པོ་ལ་ལྔ་ལས། དང་པོ་རྩོམ་པ་པོས་ཁེངས་པ་བསྐྱུང་བ་ནི། བཀའ་ལུང་ནམ་མཁའ་ལྟ་བུའི་གཏིང་དཔག་ལ། །ཚད་བཟུང་མཁས་པ་རྣམས་ལ་བསྐུལ་བ་ནི། །སྨོངས་པ་བདག་གིས་རིགས་པ་མ་ཡིན་པས། །ཅེས་པ། བླ་མའི་བཀའ་དང་སངས་རྒྱས་ཀྱི་ལུང་ནམ་མཁའ་ལྟ་བུར་གཏིང་ཟབ་པ་དཔག་པ་དཀའ་བ་ལ་ཚད་བཟུང་སྟེ་ཐམས་ཅད་ལ་བློ་སྦྱངས་པས། མཁས་པ་རྣམས་ལ་ལུང་གི་དོན་སྟོན་པ་དང་རྟོགས་པའི་དོན་ཉམས་སུ་ལེན་པར་བསྐུལ་བ་ནི་སྨོངས་པ་བདག་གིས་རིགས་པ་མ་ཡིན་པ་སྟེ། དེ་དག་རང་བས་མཁས་ཅིང་ཉམས་ལེན་ལ་བརྩོན་པའི་སྐྱེས་བུ་ཡིན་པའི་ཕྱིར་དེ་དག་གི་དོན་དུ་བརྩམས་པ་མ་ཡིན་ནོ།།

གཉིས་པ་བརྩམ་པའི་དགོས་པ་ནི། རང་དང་དམན་པ་རྣམས་ལ་ཕན་སྙམ་ནས། །ཞེས། རང་དང་སྐལ་པ་མཉམ་པ་རྣམས་ལ་ཚིག་དོན་གསལ་གདབ་པ་དང་། རང་བས་དམན་པའི་གང་ཟག་རྣམས་ལ་ཚིག་དོན་ཤེས་ཏེ་ཉམས་སུ་ལེན་པ་ལ་ཕན་པར་འགྱུར

སླེམ་ནས་བརྩམས་པའོ།།

གསུམ་པ་བཤགས་རྒྱུ་དངོས་ནི། བཀའ་ལུང་བཤད་ཁུམས་གོ་ཆོད་འདི་བཀོད་པར། །ནོང་བ་ཅི་མཆིས། ཞེས་པ། དགོངས་མཛོད་རི་ཁྲོད་ཆེན་པོ་སོགས་ཚད་ལྡན་གྱི་བླ་མ་རྣམས་ཀྱི་བཀའི་མན་ངག་དང་། ཁམས་བརྒྱད་དང་བྱུང་ཁུངས་མདོ་ལ་སོགས་རྒྱལ་བའི་ལུང་རྣམས་ལས་བཤད་པའི་དོན་རང་གིས་ཐོས་བསམ་བསྒོམ་གསུམ་སྦྱང་བའི་རིག་པས་ཁུམས་པ་དང་གོ་ཆོད་ལས་བྱུང་ཚུབ་སྒྲུབ་ཐབས་ཀྱི་''བོན་འདི་ཚིག་ཉུང་ཞིང་དོན་མ་ཚང་བ་མེད་པར་བཀོད་པ་ལ། སངས་རྒྱས་དང་རྒྱལ་སྲས་འཕགས་པའི་དགོངས་པ་ཟབ་མོ་ཤིན་ཏུ་རྟོགས་དཀའ་བའི་དོན་ཅི་ལྟ་བ་བཞིན་རྟོགས་མ་ནུས་པ་དང་དོན་ཉམས་པ་དང་། དོན་འགལ་བ་དང་དོན་གཅིག་པར་ཟློས་པ་དང་། ཐེ་ཚོམ་ཅན་དང་། རིམ་པ་ཉམས་པ་དང་། སྦྲ་དམན་པ་དང་། སྡེབས་སྦྱོར་ཉམས་པ་དང་། ཚིག་སྦྱོར་བྲལ་བ་དང་། འགལ་བ་སྟོན་པ་ལ་སོགས་པའི་སྐྱོན་གང་ཡིན་པས་ནོངས་པར་གྱུར་པ་ཅི་''མཆིས་པ་དེའོ།།

བཞི་པ་བཤགས་ཡུལ་དངོས་ནི། བླ་མ་སངས་རྒྱས་དང་། །དེ་སྲས་མཁས་པ་རྣམས་ལ། ཞེས་པ། ཚིག་དོན་དེ་དག་གི་མཐའ་མ་ལུས་པ་ཡོངས་དུ་ཚུད་དེ་སྐྱོན་དེ་རྣམས་ལས་གྲོལ་ཞིང་གཞན་གྱི་ནོངས་པ་གང་ཡང་བཤགས་ན་དེའི་ཉེས་པ་སེལ་ནུས་པའི་བླ་མ་སངས་རྒྱས་དང་། རྒྱལ་བའི་སྲས་པོ་གཡུང་དྲུང་སེམས་དཔའ་དང་། ལུང་རིག་ལ་མཁས་པའི་སྐྱེས་བུ་རྣམས་ལའོ།།

ལྔ་པ་བཤགས་པ་ཕུལ་བ་དངོས་དང་། གསོལ་བ་གདབ་པ་ནི། བཟོད་པར་གསོལ། །འདི་བཞེས་ཐུགས་ཀྱིས་ཁྲེལ་བ་ཞི་བར་མཛོད། །ཅེས་པ། ནོངས་པར་གྱུར་པ་

གང་ཡིན་པ་དེ་རང་ཁེངས་དང་བཀའ་བློ་མི་བདེ་བ་སོགས་ཀྱིས་མ་སློམས་པར་ནོངས་པ་ལ་ནོངས་པར་ཤེས་པའི་སྒོ་ནས་ཡུལ་དེ་རྣམས་ལ་བཟོད་པ་གསོལ་བ་འདི་བཞིན་ལ་མ་ཤེས་བཞིན་དུ་མཁས་པའི་ཁེངས་པས་བརྩམ་སེམས་སོགས་ཕྱོགས་ཀྱིས་ཁྲིལ་བ་དེ་ཞི་བར་མཛོད་ལ་བདག་གི་ཉེས་སྒྲིབ་སྦྱོངས་སུ་གསོལ། ཞེས་པའོ། །དབུ་མ་རང་འགྲེལ་ལས། འོན་ཀྱང་གཞན་དག་སྨྲས་བསྐུར་འདེབས་ཤིང་ཉེས་པ་བརྗོད་ན་བདེན་ཚིག་ཁྱད་དུ་གསོལ་བའང་། གཞན་གྱིས་བཤགས་ཀྱང་མི་ཉན་པར་ཁྲོས་པས་གཞན་ལ་འཚིག་པ་དང་། ཞེན་པའི་ལྷུང་བའི་ཉེས་པ་དེས། དེ་ཉིད་ལ་འབྱུང་བར་འགྱུར་རོ། །དེ་ལྟར་བཤགས་པ་ལ་ཡང་དགོས་པ་བཞི་སྟེ། རྩོམ་པ་པོ་ཚད་དང་མ་ལྡན་པས་དོན་ལོག་པ་དང་། གཞུང་སྡེབས་མ་ལེགས་པ་སོགས་ཀྱི་སྐྱོན་མཆིས་ན་གཞན་གྱི་དོན་དུ་འགྱུར་དཀའ་བར་གཟིགས་ནས་དེ་འདྲའི་ཉེས་པས་གོས་སྲིད་ན་བཟོད་པར་གསོལ་ནས་བཤགས་པ་ཕུལ་བ་ཡིན་ལ། དེ་ཕུལ་བས་ཉེས་པའི་མི་གོས་པ་དང་། དོགས་པ་བསལ་བ་དང་། རང་མཁས་པར་བསྙེམ་པའི་མངོན་པའི་ང་རྒྱལ་གྱི་དྲི་མས་མི་གོས་པ་དང་། ཕྱོན་བྱུང་གི་རྩོམ་པ་པོ་རྣམས་དང་རྗེས་སུ་མཐུན་པ་དང་། མཇུག་བསྡུ་བར་འོས་པས་བསྡུས་པས་རྩོམ་པ་པོ་ཚད་ལྡན་དུ་གོ་བའོ། །ཞེས་སོ།།

གཉིས་པ་བསྔོ་བ་ལ་གཉིས་རྩོམ་པ་པོས་དགེ་བ་གཞན་དོན་དུ་བསྔོ་བ་དང་། གཞུང་གཞན་དོན་དུ་བསྔོ་བའོ། །དང་པོ་ལ་གཉིས་ལས། དང་པོ་བསྔོ་རྒྱུའི་དགེ་བ་ནི། ལུས་དང་ངག་ཡིད་དག་པས་འབད་པ་ཡིས། །འདི་བགོད་དགེ་བ་བདག་ལ་ཅི་མཆིས་དེས། །ཞེས་པ། འདི་བརྩམ་པའི་དུས་སུ་ལུས་ངག་དང་ཡིད་དག་པ་སྟེ། སེམས་བསྐྱེད་ཀྱིས་ཀུན་ནས་བསླང་ནས་ལུས་ངག་གིས་འབད་པ་བྱས་ཏེ་གཞུང་འདི་བགོད་པ་དང་། དེ་ལ་བརྟེན་པའི་

བྲིས་གློག་ཉན་བཤད་ལ་སོགས་པའི་དགེ་བ་ཅི་མཆིས་པ་དེའོ། །བརྩམ་པའི་ཕན་ཡོན་ནམ་དགེ་བ་ཅི་ཙམ་ཡིན་ཞེ་ན། མདོ་སྡེ་ལས། སྟོང་ཆེན་འཇིག་རྟེན་ཁམས་འདིར་གསེར་དག་གིས། །བཀང་སྟེ་གང་ལ་སྦྱིན་པར་བྱིན་པ་བས། །ཚིག་བཞི་ཚིགས་སུ་བཅད་པ་གཅིག་བརྗོད་པས། །དེ་ཡི་ཕན་ཡོན་དེ་ལྟར་འགྱུར་བ་ཡིན། །ཞེས་པ་འཆད་པ་ལ་གསུངས་པ་ཡིན་པས་བརྩམ་པ་ལ་དེ་བས་ཀྱང་བསོད་ནམས་ཆེའོ།།

གཉིས་པ་བསྔོ་ཚུལ་ནི། འཁྲུལ་པའི་མུན་ནག་གནས་པའི་སེམས་ཅན་རྣམས། །ཤེས་རབ་སྒྲོན་གསལ་བྱང་ཆུབ་ཐོབ་པར་ཤོག །ཅེས་པ། བདག་མེད་པ་ལ་བདག་ཏུ་འཛིན་པའི་འཁྲུལ་བའི་དབང་གིས་འཁོར་བ་མུན་ནག་དང་འདྲ་བར་གནས་པའི་འགྲོ་བ་རིགས་དྲུག་གི་སེམས་ཅན་རྣམས་ཀྱིས་ཟབ་པ་དང་རྒྱ་ཆེ་བའི་ལམ་ཕུན་སུམ་ཚོགས་པ་བདེ་བླག་ཏུ་རྟོགས་པའི་ཤེས་རབ་སྒྲོན་མེ་ལྟར་གསལ་བ་ཐོབ་ནས་ཐར་པ་བྱང་ཆུབ་མྱུར་དུ་ཐོབ་པའི་དོན་དུ་བསྔོའོ།།

གཉིས་པ་གཞུང་གཞན་དོན་དུ་བསྔོ་བ་ལ་ཡང་གཉིས་ལས། དང་པོ་རྒྱ་ཆེ་བར་བསྔོ་བ་ནི། ས་ཡི་རྟུལ་ཕྲན་གྲངས་བཞིན་འཕེལ་གྱུར་ནས། །ཉི་མའི་ཟེར་བཞིན་ས་སྟེང་ཡོངས་ཁྱབ་ཏེ། །ཞེས་པ། སྟོང་གསུམ་གྱི་འཇིག་རྟེན་འདི་རྡུལ་ཕྲན་དུ་བསིལ་བའི་རྡུལ་གྱི་ཇི་སྙེད་ཀྱི་གྲངས་དང་མཉམ་པའི་སངས་རྒྱས་ཀྱི་ཞིང་རྣམས་ལ་གཞུང་བཟང་འདི་ཉིད་རྡུལ་དེ་སྙེད་ཀྱི་གྲངས་བཞིན་མང་དུ་འཕེལ་ནས་ཉི་མ་གང་དུ་ཤར་བའི་ཟེར་གྱིས་མུན་པ་སེལ་བར་བྱེད་པ་བཞིན་ས་སྟེང་ཡོངས་ལ་ཁྱབ་ཏེ་འགྲོ་བ་མཐའ་དག་གི་བློའི་མུན་པ་སེལ་བར་གྱུར་ཅིག ཅེས་པའོ།།

གཉིས་པ་འགྲོ་དོན་དུ་ཡང་དག་པར་བསྔོ་བ་ནི། འགྲོ་རྣམས་ཉན་བསམ་

བསྒོམ་པས་རྒྱུད་སྦྱངས་ནས། །བདག་མེད་དོན་རྟོགས་ཐར་པ་ཐོབ་པར་ཤོག །ཅེས་དེ། གཞུང་རྒྱ་ཆེར་འཕེལ་བ་དེ་ལྟ་བུ་ལ་བརྟེན་ནས་འགྲོ་བ་རྣམས་ཀྱིས་ཐོས་བསམ་བྱས་ཏེ་བཤེས་གཉེན་བསྟེན་ཚུལ་ནས་བདག་མེད་བསྟན་པའི་བར་གྱི་དོན་རྟོགས་ནས་བསྒོམ་པས་རྒྱུད་སྦྱངས་ནས། མཐར་ཐར་པ་དང་ཐམས་ཅད་མཁྱེན་པའི་གོ་འཕང་ཐོབ་པར་གྱུར་ཅིག ཅེས་པའོ། །དེ་ལྟར་བསྔོས་པ་ལ་ཡང་དགོས་པ་བཞི་སྟེ། དགེ་བ་དེ་དག་སེམས་ཅན་གྱི་དོན་དུ་བསྔོས་པས་ཐེག་པ་ཆེན་པོའི་དགེ་བར་འགྱུར་བ་དང་། བསྔོ་བ་རྣམ་པར་དག་པས་རྒྱས་ཐེབས་ན་མི་ཟད་ཅིང་རྒྱ་ཆེ་བ་དང་། སྔོན་བྱུང་གི་རྩོམ་པ་པོ་རྣམས་དང་རྗེས་སུ་མཐུན་པ་དང་། མཇུག་བསྡུ་བར་འོས་པས་བསྡུས་པས་རྩོམ་པ་པོ་ཁྱད་པར་ཅན་དུ་གོ་བའོ། །དོན་བཅུ་གཉིས་པ་ཉམས་ལེན་ལ་གདམས་པ་བསྟན་པའོ། །ཞེས་པས། མདོ་བསྡུ་བའོ། །གཞུང་འདིའི་ཚད་ནི་འཕགས་པའི་དབྱངས་ཀྱི་མིང་ཅན་ཚེག་བར་དགུ་ལ་ཚིག་རྐང་གཅིག་ཏུ་བྱས་པས་ཚིག་རྐང་སྟོང་དང་སུམ་བརྒྱ་ཉེ་ཤུ་སྟེ་ཚིག་རྐང་བཞི་ལ་ཚིགས་བཅད་རེར་བརྩིས་པའི་ཚིགས་སུ་བཅད་པ་སུམ་བརྒྱ་དང་སུམ་ཅུ་ཡོད་དོ།།

སྨྲས་པ།

རྒྱལ་བའི་གསུང་རབ་མཁའ་ལྟར་རྒྱ་ཆེ་ཞིང་།།
དགོངས་དོན་རྒྱ་མཚོའི་འཛིང་ལྟར་རབ་ཟབ་ལས།།
གང་གི་མཁྱེན་པའི་བློ་གྲོས་སྟོབས་རྒྱས་པས།།
ཡང་བཅུད་བསྡུས་དོན་ནོར་བུའི་འཕྲེང་འདི་སྤེལ།།

དེ་ཡི་གཞུང་ཚིག་དོན་རབ་གསལ་བ་ཡིས།།
ཚང་ལ་མ་ནོར་ཇི་བཞིན་འབྱེད་པའི་རྒྱུ།།
ལུང་རིགས་མན་ངག་གནད་ཀྱིས་འཕྲང་བཀྲོལ་བས།།
དམན་པའི་བློས་ཀྱང་གོ་སླའི་འགྲེལ་བ་འདི།།

བསོད་ནམས་དུ་མའི་དཔལ་གྱིས་རིགས་མཐོར་འཁྲུངས།།
གྲགས་པའི་གཞིར་གྱུར་སངས་རྒྱས་བསྟན་པ་ཡི།།
རྒྱལ་མཚན་འཛིན་པ་གང་དེས་རབ་བསྐུལ་ནས།།
དད་འདུན་ལྡན་པའི་བཤེས་གཉེན་དོན་དུ་བཤད།།

དམ་པའི་དགོངས་པ་ཟབ་མོ་རྟོགས་དཀའ་བས།།
བདག་བློ་སྦྱོངས་པས་ཚིག་དོན་ཅི་ལྟ་བར།།
བཀྲོལ་བར་མ་ནུས་གང་གིས་ནོངས་པ་དེ།།
མཁྱེན་ལྡན་མཁས་པ་རྣམས་ལ་བཟོད་པར་གསོལ།།

བདག་བློ་དམན་ཞིང་སྦྱངས་པ་ཆུང་བས་ཀྱང་།།
བཀའ་དང་མན་ངག་ཟབ་མོའི་དགོངས་པའི་དོན།།
ཅུང་ཟད་རྟོགས་པ་གང་དེ་ལྷག་པ་ཡི།།
ལྷ་དང་ཡོངས་འཛིན་བཤེས་གཉེན་དྲིན་དུ་ངེས།།

ལུང་རིགས་གནད་ལྡན་གཞུང་བཟང་འདི་དག་དང་།།
རྒྱལ་བས་བདེན་པའི་གསུང་དབྱངས་སྒྲོགས་པའི་ཚེ།།
ཕྲག་དོག་ཏུ་ཧུའི་ཡིད་ཅན་གང་དེ་དང་།།
འདོད་ལྷའི་བུ་མོའི་སྙིང་དང་མཉམ་དུ་བསྲེག །

ལེགས་བཤད་ཚིག་དོན་གསལ་བའི་འོད་དཀར་དང་།།
ནམ་མཁའི་ནོར་བུ་མཉམ་དུ་ཤར་བའི་ཚེ།།
ཕྱོགས་ཞེན་རྨོངས་པའི་མཐར་ལྷུང་གང་ཟག་དང་།།
འབྱུང་པོའི་བྱ་རྣམས་མཉམ་དུ་ཡོང་བར་བཤད།།

གསུང་རབ་རྣམ་དག་གངས་རིའི་ངོས་དག་ལས།།
བློ་གྲོས་ཚ་ཟེར་ཤར་བས་བཞུས་པ་ཡི།།
དོན་ཟབ་འགྲེལ་བཤད་གཙང་མའི་ཆུ་བོ་འདི།།
བློ་གསལ་བློ་ཡི་རྒྱ་མཚོའི་རྒྱན་དུ་བབ།།

མ་ཚངས་ནོར་བ་ཉམ་ངའི་ལམ་བསྟན་པ།།
རྟོག་གེ་ངན་པས་སྦྱར་བའི་གཞུང་ལུགས་དང་།།
ལོག་པའི་དུག་ཆུས་སྨྱོས་པའི་བཤེས་གཉེན་ལ།།
བསྟེན་ནས་བསྐལ་པར་འབད་ཀྱང་ངལ་བར་ཟད།།

རྒྱལ་དང་རྒྱལ་སྲས་སློབ་མས་བགྲོད་པ་ཡི།།
གཤེགས་ཤུལ་ལམ་བཟང་བསྟན་པའི་གསུང་རབ་འདི།།
ཡིད་བཞིན་པད་མའི་མཚོ་ལ་ངང་པ་ལྟར།།
ལེགས་འདོད་རྣམས་ཀྱིས་སྤྲོ་བས་འདིར་འཇུག་རིགས།།

བསམ་སྦྱོར་རྣམ་པར་དག་པས་འབད་པ་ཡི།།
འདི་བརྩམ་བསོད་ནམས་གང་ཐོབ་དེ་ཡི་མཐུས།།
མ་རྣམས་འགྲོ་བའི་ཉེར་འཚོའི་གཞིར་གྱུར་ཏེ།།
འདྲེན་པ་བླ་མེད་ཐོབ་པའི་དོན་དུ་བསྔོ།།

གནས་སྐབས་ཀུན་ཏུ་མངོན་མཐོའི་ཡོན་ཏན་དག །
མ་ལུས་ཚང་བར་ཐོབ་ནས་རྒྱལ་བ་ཡི།།
ལུང་རྟོགས་བསྟན་པ་རང་གིས་རབ་བཟུང་སྟེ།།
སྐལ་ལྡན་རྣམས་ལ་ལེགས་པའི་ལམ་སྟོན་ཤོག །

གང་གི་དད་དང་བློ་རྩལ་རིམ་པ་ཡིས།།
རང་རང་ཚུལ་དང་མཐུན་པའི་གཞུང་བསླབ་སྟེ།།
ལམ་གྱི་རྟོགས་པ་ཡར་ངོའི་ཟླ་བཞིན་དུ།།
འཕེལ་ནས་ཀུན་གྱིས་ཀུན་མཁྱེན་ཐོབ་པར་ཤོག །

ལམ་བཟང་སྟོན་པའི་གཞུང་བཟང་འདི་ཉིད་ལ།།
ལྷག་བསམ་དག་པས་རྩོམ་འཆད་ཁྲི་ལ་སོགས།།
ཕྱི་དོར་བྱེད་དང་མཐུན་རྐྱེན་སྒྲུབ་པ་དག །
རྟག་ཏུ་བསམ་འགྲུབ་འགལ་རྐྱེན་མེད་གྱུར་ཅིག །

ཅེས་བྱང་ཆུབ་སྒྲུབ་ཐབས་ཀྱི་བོན་ཚིགས་སུ་བཅད་པ་སུམ་བརྒྱ་སུམ་ཅུའི་ཏཱི་ཀཱ་གསལ་བའི་སྒྲོན་མེ་ཞེས་བྱ་བ་འདི་ནི། སྟོན་པ་རིན་ཆེན་བཟང་པོ་སོགས་དོན་གཉེར་ཅན་མང་པོས་སྣ་མོ་ནས་བསྐུལ་ཞིང་། ཕྱིས་མངོན་མཐོའི་དཔལ་དུ་མས་བརྒྱན་ཞིང་། ངེས་པར་ལེགས་པའི་ལམ་ལ་ཡིད་ཆེས་ཐོབ་པའི་དཔོན་པོ་གྲགས་པ་རྒྱལ་མཚན་གྱིས་བསྐུལ་བ་དང་། སློས་སུ་སངས་རྒྱས་ཀྱི་བསྟན་པ་ལ་མི་ཕྱེད་པའི་དད་པ་དང་ལྡན་པའི་དགེ་བཤེས་ཤེས་རབ་འོད་ཟེར་གྱི་དོན་དུ། རྒྱ་རོང་བ་རིན་ཆེན་རྒྱལ་མཚན་གྱིས་ཆུ་བོ་གསེར་ལྡན་གྱི་འགྲམ་གངས་དཀར་གཉེན་པོའི་རྒྱབ་ཟུར་གྱི་ནགས་ཁྲོད་དུ་སྦྱར་བས་མཉམ་མེད་རྒྱལ་བའི་རིང་ལུགས་དུས་ཀྱི་མཐའ་ཡང་གསལ་བའི་རྒྱུར་གྱུར་ཅིག སརྦ་མངྒལཾ། ཤུད་དྷེ།། །།

བསྒྲིགས་རྗེས་ཀྱི་གཏམ།

དེའང་བདག་ཅག་གི་སྟོན་པ་བཀའ་དྲིན་ཅན་མཆོག་གི་འཕྲིན་ལས་ཀྱི་རྒྱུན་དང་། རྟག་གཟིགས་ཞང་བོད་ཀྱི་རིག་འཛིན་ལོ་པཎ་སེམས་དཔའ་སྟོན་ཡོན་དམ་པའི་ཐུགས་བསྐྱེད་སྨོན་ལམ་གྱི་མཐུ་དང་། སྙིགས་དུས་བསྐལ་ཞུག་གི་སྟོན་པ་ཆེན་པོ་རྒྱལ་བ་སྨན་རིའི་༸ཁྲི་འཛིན་སོ་གསུམ་པ་མཆོག་དང་། ཡོངས་འཛིན་༸སྨྲ་བའི་སེང་གེ་རྣམ་གཉིས་ཀྱིས་དགའ་བ་ཆེད་དུ་བསད་དེ་བཤད་སྒྲུབ་འདུས་སྡེ་རྒྱ་མཚོའི་ས་བོན་བསྐྲུན་ནས་སྨྱུ་གུ་རྒྱས་འབྲས་བུ་སྨིན་པར་མཛད་པ་དང་། ཕྱོགས་མཚུངས་བོད་གངས་ཅན་ལྗོངས་སུ་སྲིད་བཟང་གི་ཉི་འོད་ཕོག་པ་དང་ལྷན་སྟོད་སྨད་བར་གསུམ་གྱི་བླ་མ་དགེ་བའི་བཤེས་གཉེན་རྣམས་ཀྱིས་རང་ནུས་གང་ཡོད་ཀྱིས་བསྟན་པའི་དགོན་སྡེ་བསྐྱར་བཞེངས་དང་། བཤད་སྒྲུབ་སྒོམ་གསུམ་གྱི་འདུས་སྡེ་བཙུགས་ཏེ་བསྟན་པ་ཉིན་མོར་བྱས། དེ་ལྟར་དཔལ་གཤེན་བསྟན་གོ་རྒྱལ་དགོན་བདེ་ཆེན་ཀུན་གྲགས་གླིང་འདིར། སྟག་ལའི་ཐུགས་སྤྲུལ་ཟླ་གྲགས་སྐུ་འཕྲེང་བརྒྱད་པ་འགྲོ་མགོན་སེམས་དཔའ་༸རིན་ཆེན་ཕུན་ཚོགས་རིན་པོ་ཆེ་མཆོག་གིས་དགོན་པ་བསྐྱར་བཞེངས་གནང་བ་དང་། བཤད་སྒྲུབ་ཀྱི་འདུས་སྡེ་བཙུགས། རྗེས་འཛིན་བླ་མ་མཁན་པོ་དགེ། བཤེས་ཏུ་ས་གསོ་སྐྱོང་གནང་སྟེ། བཤད་སྒྲུབ་བསྟན་པའི་གཞི་རྐང་ཚུགས་

པར་མཛད།

ངེད་དགོན་འདིའི་འདུས་སྡེའི་དགེ་སློབ་ཡོངས་ཀྱིས་བཤད་སྒྲུབ་འདུས་སྡེར་དགོས་ངེས་ཀྱི་དཔེ་ཆ་དུ་མ་དཔེ་སྐྲུན་འགྲེམ་སྤེལ་དང་། འདིར་བཞུགས་སློབ་གཉེར་བར་ཐོན་སྒྲིན་དང་། ཕྱོགས་ཁག་དཀའ་ངལ་ཡོད་པའི་འདུས་སྡེ་རེ་གཉིས་ལ་རིན་མེད་དུ་ཕུལ་བ་སོགས་བྱས། ན་ཉིང་དཔེ་ཚོགས་དེབ་སོ་གཉིས་ཅན་པར་སྐྲུན་བྱས་ནས་ཕྱོགས་སོ་སོར་ཕུལ་བ་དང་། འདི་ལོར་དཔེ་ཚོགས་དེབ་ཕྲེང་བཅོ་བརྒྱད་ཅན་པར་སྐྲུན་ཞུས་པ་ཡིན། དེའི་ནང་དེབ་ལྡིའི་མ་དཔེ་མཐུན་སྦྱོར་བ་ཁྲི་བརྟན་ནོར་བུ་རྩེའི་དཔེ་མཛོད་ཁང་། དེབ་གཅིག་གི་མ་དཔེ་མཐུན་སྦྱོར་བ་རྩེ་ཞིག་དགོན་གྱི་ཨ་ལགས་ཟླ་བ་ལགས། དེབ་གཅིག་གི་མ་དཔེ་མཐུན་སྦྱོར་བ་དགེ་བཤེས་གཙོ་ཚུལ་ཁྲིམས་དགེ་རྒྱས། ཞུ་དག་སྐབས་དགེ་བཤེས་བསྟན་འཛིན་སྐལ་བཟང་དང་། དགེ་བཤེས་བློ་གྲོས་རབ་རྒྱས། དགེ་བཤེས་ཚུལ་ཁྲིམས་རྒྱལ་མཚན། ཡིག་བཏག་སྐབས་རྨ་རྩ་ཁྱུང་དམར་ཚེ་རིང་། པར་སྐྲུན་མཐུན་རྐྱེན་སྐབས། རྫོགས་ཆེན་སྨྲ་མེད་གདལ་པ་ཚར་ཆིག་སྟོང་པར་སྐྲུན་འགྲོ་སོང་ཆ་ཚང་བྱེད་མཁན་འགའ་སྣང་བཙུན་མ་ཤེས་རབ་བཟང་མོ། གཞན་དང་བླང་གིས་ཞལ་འདེབས་འབུལ་མཁན། འགའ་སྣང་བཙུན་མ་དབྱིངས་རིག་སྒྲོན་མས་སྒོར། ༣༥༠༠ བྱམས་པ་སྒྲོན་མས་སྒོར། ༣༥༠༠ སྨོན་ལམ་བྱམས་མས་སྒོར། ༧༠༠༠ རང་རིག་སྒྲོན་མས་སྒོར། ༧༠༠༠ ཀུན་བཟང་དབང་མོས་སྒོར། ༥༠༠༠ སྨོན་ལམ་སྒྲོན་མས་སྒོར། ༧༠༠༠ བློ་ཟ་དཀའ་སྨན་གྱིས་སྒོར། ༧༠༠༠ ལྷག་དོན་དཔེ་སྐྲུན་ཐད་སི་ཁྲོན་མི་རིགས་དཔེ་སྐྲུན་ཁང་གི་དབུ་ཁྲིད་ཨ་སྟགས་ཚེ་རིང་བཀྲ་ཤིས་དང་། རྩོམ་སྒྲིག་

འགན་ཁུར་པ་གཞན་མོ་འགྲུབ། ལས་རྟགས་ཀྱི་མཐུན་སྒྱུར་བ་དབུ་ཆེན་མོ་ཧོར་ཙང་ནོར་བུ་གཡུལ་རྒྱལ་སོགས་གཙོས་ལས་དོན་འདིར་དངོས་ཤུགས་རྒྱུད་གསུམ་ནས་རྒྱབ་སྐྱོར་གནང་མཁན་ཡོངས་ལ་ཐུགས་རྗེ་ཆེ། བཀའ་དྲིན་ཆེ་ཞུ་བ་དང་། ཁྱེད་རྣམས་ལས་རླུང་དར་ཞིང་། ཁ་ལས་དགེ་བ་དང་། བསམ་དོན་འགྲུབ་ཅིང་། སྐུ་ཚེ་རིང་བ་སོགས་ཀྱི་སྨོན་འདུན་ཞུ་བ་དང་། འདི་ལྟར་རྣམ་དཀར་གྱི་བྱ་བ་རླབས་པོ་ཆེ་འདི་ཉིད་རྒྱལ་བ་གཉིས་ཀྱི་བསྟན་པ་རིན་པོ་ཆེར་འཛིན་སྐྱོང་སྤེལ་གསུམ་མཛད་བཞིན་པའི་སྐྱེས་ཆེན་རྣམ་པ་སྐུ་ཚེ་བརྟན་ཞིང་མཛད་འཕྲིན་རྒྱས་པ་དང་། བཤད་སྒྲུབ་སྒོམ་པའི་འདུས་སྡེ་དར་ཞིང་རྒྱས་ནས་ཡངས་པའི་འཛིག་རྟེན་ཁམས་འདིར་ནད་མུག་མཚོན་འཁྲུག་ཞི་ཞིང་འཚམས་མཐུན་ཞི་བདེ་ཡོང་བའི་རྒྱུ་རུ་བསྔོ་བ་དང་བཅས།

གང་གི་བདེན་ཚིག་རྟེན་འབྲེལ་བསླུ་མེད་ཀྱིས།།
གངས་ཅན་མགོན་པོ་རྒྱལ་བ་སྨན་རི་བའི།།
མདོ་སྔགས་བསྟན་པའི་བ་དན་མངོན་མཐོ་ཞིང་།།
སྲིད་མཐའི་བར་དུ་ཡུན་རིང་གནས་གྱུར་ཅིག །

ཞྭ་དཀར་རིང་ལུགས་འཛིན་པ་ཡི།།
འཕྲིན་ལས་གང་ཡང་སྒྲུབ་བྱེད་པའི།།
མ་བདུད་ལྷམ་དྲལ་རྣམས་ཀྱིས་ཀྱང་།།

བསྟན་པའི་བ་དན་སྒྲོར་ཞིག་གྱི།།

ཁྲུང་ཡུལ་ཀོ་རྒྱལ་དགོན་བཤད་སྒྲུབ་འདུས་སྡེའི་དགེ་སློབ་ཐུབ་མོང་གིས་སྤྱི་ལོ་2014 ལོའི་ཟླ་ 7 པའི་ཚེས་ 24 ཉིན་སྲིལ།

སྒྲོ་བའི་མཛོད་ལྔའི་ཡང་བཅུད།

བཀའ་འདྲི་ཞུ་ཡུལ། དབྲ་ཁྱུང་མཁྱེན་རབ་རྒྱ་མཚོ་རིན་པོ་ཆེ།

ལས་དོན་འགན་ཁུར་བ།

ཧོར་ཏུ་དགེ་བཤེས་ཡོན་ཏན་ཕུན་ཚོགས།

རྒྱ་ནེ་དགེ་བཤེས་ཚུལ་ཁྲིམས་བློ་གྲོས།

ཚ་འཕོར་དགེ་བཤེས་གཡུང་དྲུང་ཚུལ་ཁྲིམས།

ཡིག་བཏག་པ།

རིན་ཆེན་ནོར་བུ། མཁྱེན་བརྩེ་བློ་གསལ། རིག་འཛིན་སྙིང་པོ།

ཞུས་དག་པ།

དགེ་བཤེས་ཚུལ་ཁྲིམས་རྒྱལ་མཚན།

ཀོ་རྒྱལ་དགོན་བཤད་སྒྲུབ་འདུས་སྡེ།

མདུན་མཐུག་གི་རི་མོ་བ། ཧོར་ཚང་ནོར་བུ་གཡུལ་རྒྱལ།

སྤྱི་ཁྱབ་ཏུས་འགོད་པ། ཨ་ཕྱུགས་ཚེ་རིང་བཀྲ་ཤིས།
རྩོམ་སྒྲིག་འགན་འཁུར་པ། བཀྲ་ཤིས།

སྒོ་བཞི་མཛོད་ལྔའི་ཡང་བཅུད།

སུམ་བརྒྱ་པའི་འགྲེལ།

(༤༨~༥༠)

སི་ཁྲོན་དུས་དེབ་ཚོགས་པ།
སི་ཁྲོན་མི་རིགས་དཔེ་སྐྲུན་ཁང་གིས་བསྐྲུན་ནས་བཀྲམ།
ཁྲིན་ཏུའུ་རྩུའུ་ཐུང་པར་འདེབས་འགན་འཁྲི་ཚད་ཡོད་ཀུང་སིས་དཔར།
༢༠༡༩ལོའི་ཟླ༡༢པར་པར་གཞི་དང་པོ་བསྒྲིགས།
༢༠༡༩ལོའི་ཟླ༡༢པར་པར་ཐེངས་དང་པོ་དཔར།
དེབ་ཚད། ༡༧༠mm×༢༤༠mm
དཔར་ཤོག ༢༠.༧༥
ཡིག་འབྲུ་སྟོང་། ༢༤༥
དཔར་གྲངས། ༡~༢༠༠༠
དཔེ་རྟགས། ISBN 978-7-5409-5633-2
དཔེ་རིན་སྒོར། ༨༥.༠༠ (བོད༤༨~༥༠)